J. von Staudingers
Kommentar zum Bürgerlichen Gesetzbuch
mit Einführungsgesetz und Nebengesetzen
EGBGB/IPR
Internationales Versicherungsvertrags- und Devisenrecht
(Art 7 Rom I-VO, Art 63–67 AEUV, IWFÜ)

Kommentatorinnen und Kommentatoren

Dr. Christoph Althammer
Professor an der Universität Regensburg

Dr. Georg Annuß, LL.M., M.A.
Rechtsanwalt in München, Außerplanmäßiger Professor an der Universität Regensburg

Dr. Christian Armbrüster
Professor an der Freien Universität Berlin, Richter am Kammergericht a. D.

Dr. Arnd Arnold
Professor an der Universität Trier, Dipl.-Volksw.

Dr. Karin Arnold
Wiss. Mitarbeiterin an der Universität Tübingen

Dr. Markus Artz
Professor an der Universität Bielefeld

Dr. Martin Avenarius
Professor an der Universität zu Köln

Dr. Ivo Bach
Professor an der Universität Göttingen

Dr. Christian Baldus
Professor an der Universität Heidelberg

Dr. Wolfgang Baumann
Rechtsanwalt und Notar a. D. in Wuppertal, Professor an der Bergischen Universität Wuppertal

Dr. Winfried Bausback
Professor a. D. an der Bergischen Universität Wuppertal, bayerischer Staatsminister der Justiz a. D., Mitglied des Bayerischen Landtags

Dr. Oliver Becker
Notarassessor Notarkammer Pfalz

Dr. Roland Michael Beckmann
Professor an der Universität des Saarlandes, Saarbrücken

Dr. Andreas Bergmann
Professor an der Fernuniversität in Hagen

Dr. Falk Bernau
Richter am Bundesgerichtshof, Karlsruhe

Dr. Felix Berner, M. Jur.
Akad. Rat a. Z., Privatdozent an der Universität Tübingen

Dr. Martin Bialluch, LL.M.
Rechtsanwalt in Hamburg

Dr. Stephanie Bialluch-von Allwörden
Notarin in Hamburg

Dr. Marcus Bieder
Professor an der Universität Osnabrück

Dr. Werner Bienwald †
Professor an der Evangelischen Fachhochschule Hannover, Rechtsanwalt in Oldenburg

Dr. Tom Billing
Rechtsanwalt in Berlin

Dr. Reinhard Bork
Professor (em.) an der Universität Hamburg

Dr. Jan Busche
Professor an der Universität Düsseldorf

Dr. Georg Caspers
Professor an der Universität Erlangen-Nürnberg

Dr. Dr. h. c. Tiziana Chiusi
Professorin an der Universität des Saarlandes, Saarbrücken

Dr. Michael Coester, LL.M.
Professor an der Universität München

Dr. Dr. h. c. Dagmar Coester-Waltjen, LL.M.
Professorin an der Universität Göttingen

Dr. Johanna Croon-Gestefeld, LL.M.
Professorin an der Universität Lüneburg

Dr. Thomas Diehn, LL.M.
Notar in Hamburg, Lehrbeauftragter an der Universität Hamburg

Dr. Katrin Dobler
Richterin am Oberlandesgericht Stuttgart

Dr. Heinrich Dörner
Professor an der Universität Münster

Dr. Werner Dürbeck
Vorsitzender Richter am Oberlandesgericht Frankfurt a. M., Honorarprofessor an der Universität Frankfurt a. M.

Dr. Anatol Dutta, M. Jur.
Professor an der Universität München

Dr. Christina Eberl-Borges
Professorin an der Universität Mainz

Dr. Dr. h. c. mult. Werner F. Ebke, LL.M.
Professor an der Universität Heidelberg

Dr. Jan Eickelberg, LL.M. †
Professor an der Hochschule für Wirtschaft und Recht, Berlin

Jost Emmerich
Richter am Oberlandesgericht München

Dr. Volker Emmerich †
Professor an der Universität Bayreuth, Richter am Oberlandesgericht Nürnberg a. D.

Dr. Cornelia Feldmann
Rechtsanwältin in Freiburg i. Br.

Dr. Matthias Fervers
Professor an der Universität zu Kiel

Dr. Timo Fest, LL.M.
Professor an der Universität Erlangen-Nürnberg

Dr. Karl-Heinz Fezer
Professor em. an der Universität Konstanz, Honorarprofessor an der Universität Leipzig, Richter am Oberlandesgericht Stuttgart a. D.

Dr. Philipp S. Fischinger, LL.M.
Professor an der Universität Mannheim

Dr. Holger Fleischer
Direktor am Max-Planck-Institut für ausländisches und internationales Privatrecht in Hamburg, Professor an der Bucerius Law School, Hamburg

Dr. Robert Freitag, Maître en droit
Professor an der Universität Erlangen-Nürnberg

Dr. Jörg Fritzsche
Professor an der Universität Regensburg

Dr. Tobias Fröschle
Professor an der Universität Siegen

Dr. Susanne Lilian Gössl, LL.M.
Professorin an der Universität Bonn

Dr. Beate Gsell, Maître en droit
Professorin an der Universität München, Richterin am Oberlandesgericht München

Dr. Thomas Gutmann, M. A.
Professor an der Universität Münster

Dr. Martin Gutzeit
Professor an der Universität Gießen

Dr. Martin Häublein
Professor an der Universität Innsbruck

Dr. Johannes Hager
Professor an der Universität München

Dr. Felix Hartmann, LL.M.
Professor an der Freien Universität Berlin

Dr. Wolfgang Hau
Professor an der Universität München, Richter am Oberlandesgericht München a. D.

Dr. Rainer Hausmann
Professor an der Universität Konstanz

Dr. Stefan Heilmann
Vorsitzender Richter am Oberlandesgericht Frankfurt, Honorarprofessor an der Frankfurt University of Applied Sciences

Dr. Jan von Hein
Professor an der Universität Freiburg i. Br.

Dr. Jörn Heinemann
Notar a. D. in Neumarkt i.d. Opf., Professor an der Hochschule für Wirtschaft und Recht, Berlin

Dr. Christian Heinze
Professor an der Universität zu Köln

Dr. Stefan Heinze
Notar in Köln

Dr. Tobias Helms
Professor an der Universität Marburg

Dr. Silas Hengstberger, LL.B.
Wiss. Mitarbeiter an der Universität Mannheim

Dr. Dr. h. c. mult. Dieter Henrich
Professor an der Universität Regensburg

Dr. Carsten Herresthal, LL.M.
Professor an der Universität Regensburg

Christian Hertel, LL.M.
Notar in Weilheim i. OB.

Dr. Stephanie Herzog
Fachanwältin für Erbrecht in Würselen

Dr. Clemens Höpfner
Professor an der Universität zu Köln

Dr. Bernd von Hoffmann †
Professor an der Universität Trier

Dr. Rainer Hüttemann
Professor an der Universität Bonn

Dr. Martin Illmer, M. Jur.
Richter am Landgericht Hamburg, Privatdozent an der Bucerius Law School

Dr. Florian Jacoby
Professor an der Universität Bielefeld

Dr. Ulrich von Jeinsen
Rechtsanwalt und Notar in Hannover, Honorarprofessor an der Universität Hannover

Dr. Dagmar Kaiser †
Professorin an der Universität Mainz

Dr. Bernd Kannowski
Professor an der Universität Bayreuth

Dr. Christoph A. Kern, LL.M.
Professor an der Universität Heidelberg

Dr. Christian Kesseler
Notar in Düren, Honorarprofessor an der Universität Trier

Dr. Martin Kessen
Richter am Bundesgerichtshof, Honorarprofessor an der Universität zu Köln

Dr. Walter Klein
Rechtsanwalt in Köln

Dr. Fabian Klinck
Professor an der Universität Bochum

Dr. Frank Klinkhammer
Richter am Bundesgerichtshof a.D., Karlsruhe, Honorarprofessor an der Universität Marburg

Dr. Steffen Klumpp †
Professor an der Universität Erlangen-Nürnberg

Dr. Jürgen Kohler
Professor an der Universität Greifswald

Dr. Sebastian Kolbe
Professor an der Universität Bremen

Dr. Stefan Koos
Professor an der Universität der Bundeswehr München

Dr. Lena Kunz, LL.M.
Professorin an der Universität zu Kiel

Dr. Steffen Kurth, LL.M.
Rechtsanwalt, Fachanwalt für Erbrecht, Notar und Fachberater für Unternehmensnachfolge (DStV e.V.) in Bielefeld

Dr. Friederike Lang
Richterin am Oberlandesgericht Celle

Dr. Clemens Latzel
Privatdozent an der Universität München

Dr. Arnold Lehmann-Richter
Professor an der Hochschule für Wirtschaft und Recht Berlin

Dr. Saskia Lettmaier, B.A., LL.M.
Professorin an der Universität Hamburg, Richterin am Schleswig-Holsteinischen Oberlandesgericht in Schleswig

Stefan Leupertz
Richter a. D. am Bundesgerichtshof, Honorarprofessor an der TU Dortmund

Dr. Johannes Liebrecht
Professor an der Universität Zürich

Dr. Jan Lieder, LL.M.
Professor an der Universität Freiburg i. Br., Richter am Schleswig-Holsteinischen Oberlandesgericht

Dr. Dimitrios Linardatos
Professor an der Universität des Saarlandes, Saarbrücken

Dr. Martin Löhnig
Professor an der Universität Regensburg

Dr. Dirk Looschelders
Professor an der Universität Düsseldorf

Dr. Stephan Lorenz
Professor an der Universität München

Dr. Sigrid Lorz
Professorin an der Universität Greifswald

Dr. Katharina Lugani
Professorin an den Universitäten Düsseldorf und Linz

Dr. Tobias Lutzi, LL.M., M. Jur.
Professor an der Universität Augsburg

Dr. Gerald Mäsch
Professor an der Universität Münster, Richter am Oberlandesgericht Hamm a. D.

Dr. Robert Magnus
Professor an der Universität Bayreuth

Dr. Ulrich Magnus
Professor an der Universität Hamburg, Affiliate des MPI für ausländisches und internationales Privatrecht, Hamburg, Richter am Hanseatischen Oberlandesgericht zu Hamburg a. D.

Dr. Mark Makowsky
Professor an der Universität Mannheim

Dr. Peter Mankowski †
Professor an der Universität Hamburg

Dr. Dr. h. c. Heinz-Peter Mansel
Professor an der Universität zu Köln

Dr. Peter Marburger †
Professor an der Universität Trier

Dr. Wolfgang Marotzke
Professor an der Universität Tübingen

Dr. Sebastian A. E. Martens
Professor an der Universität Passau

Dr. Dr. Dr. h. c. mult. Michael Martinek, M.C.J.
Professor an der Universität des Saarlandes, Saarbrücken, Honorarprofessor an der Universität Johannesburg, Südafrika

Dr. Annemarie Matusche-Beckmann
Professorin an und Vizepräsidentin der Universität des Saarlandes, Saarbrücken, Stellv. Richterin am Verfassungsgerichtshof des Saarlandes

Dr. Felix Maultzsch, LL.M.
Professor an der Universität Frankfurt a. M.

Dr. Johannes Meier
Akad. Rat a. Z. an der Universität Marburg

Dr. Patrick Meier
Notar in Bischofsheim i.d. Rhön, Privatdozent an der Universität Würzburg

Dr. Dr. Detlef Merten
Professor an der Deutschen Universität für Verwaltungswissenschaften Speyer

Dr. Tanja Mešina
Staatsanwältin, Stuttgart

Dr. Rudolf Meyer-Pritzl †
Professor an der Universität zu Kiel, Richter am Schleswig-Holsteinischen Oberlandesgericht in Schleswig

Dr. Morten Mittelstädt
Notar in Hamburg

Dr. Oliver Moufang
Rechtsanwalt in Frankfurt a. M., Honorarprofessor an der Hochschule Wiesbaden

Dr. Peter O. Mülbert
Professor an der Universität Mainz

Dr. Hans-Heinrich Nöll
Rechtsanwalt in Hamburg

Dr. Jürgen Oechsler
Professor an der Universität Mainz

Dr. Hartmut Oetker
Professor an der Universität zu Kiel, Richter am Thüringer Oberlandesgericht in Jena a. D.

Wolfgang Olshausen
Notar a. D. in Rain am Lech

Dr. Dirk Olzen
Professor an der Universität Düsseldorf

Dr. Sebastian Omlor, LL.M., LL.M.
Professor an der Universität Marburg

Dr. Gerhard Otte
Professor an der Universität Bielefeld

Dr. Frank Peters †
Professor an der Universität Hamburg, Richter am Hanseatischen Oberlandesgericht zu Hamburg a. D.

Dr. Christian Picker
Professor an der Universität Tübingen

Dr. Andreas Piekenbrock
Professor an der Universität Heidelberg

Dr. Jörg Pirrung †
Richter am Gericht erster Instanz der Europäischen Gemeinschaften i. R., Honorarprofessor an der Universität Trier

Dr. Paul Popescu
Rechtsanwalt in Köln

Dr. Maximilian Freiherr von Proff zu Irnich
Notar in Köln

Dr. Lukas Rademacher M. Jur.
Professor an der Universität zu Kiel

Dr. Thomas Raff
Notar in Ludwigshafen

Dr. Manfred Rapp †
Notar a. D., Landsberg am Lech

Dr. Dr. h.c. Dipl. math. Thomas Rauscher
Professor a. D. an der Universität Leipzig, Professor h.c. an der Eötvös Loránd Universität Budapest

Dr. Peter Rawert, LL.M.
Notar in Hamburg, Honorarprofessor an der Universität zu Kiel

Dr. Wolfgang Reetz
Notar in Köln

Eckhard Rehme
Vorsitzender Richter am Oberlandesgericht Oldenburg i. R.

Dr. Moritz Renner
Professor an der Universität Mannheim

Dr. Tilman Repgen
Professor an der Universität Hamburg

Dr. Robin Repnow, M.A.
Akademischer Mitarbeiter an der Universität Heidelberg

Dr. Bettina Rentsch, LL.M.
Professorin an der Freien Universität Berlin

Dr. Philipp Reuß, M. Jur.
Professor an der Universität Göttingen

Dr. Christoph Reymann, LL.M. Eur.
Notar in Landsberg am Lech, Professor an der Privaten Universität Liechtenstein

Dr. Reinhard Richardi †
Professor an der Universität Regensburg, Präsident a. D. des Kirchlichen Arbeitsgerichtshofs der Deutschen Bischofskonferenz, Bonn

Dr. Volker Rieble
Professor an der Universität München, Direktor des Zentrums für Arbeitsbeziehungen und Arbeitsrecht

Dr. Daniel Rodi
Akad. Rat a. Z. an der Universität Heidelberg

Dr. Christian Rolfs
Professor an der Universität zu Köln

Dr. Dr. h. c. Herbert Roth
Professor an der Universität Regensburg

Dr. Ludwig Salgo
Apl. Professor an der Universität Frankfurt a. M.

Dr. Adam Sagan, M. Jur.
Professor an der Universität Bayreuth

Dr. Anne Sanders
Professorin an der Universität Bielefeld

Dr. Daniel Schäuble
Notar in Waldshut-Tiengen

Dr. Renate Schaub, LL.M.
Professorin an der Universität Bochum

Dr. Martin Josef Schermaier
Professor an der Universität Bonn

Dr. Gottfried Schiemann
Professor an der Universität Tübingen

Dr. Eberhard Schilken
Professor an der Universität Bonn

Dr. Martin Schmidt-Kessel
Professor an der Universität Bayreuth

Ulf Schönenberg-Wessel
Notar und Rechtsanwalt in Kiel

Dr. Günther Schotten
Notar a. D. in Köln, Honorarprofessor an der Universität Bielefeld

Dr. Andrea Schulz
Bundesministerium der Justiz und für Verbraucherschutz

Dr. Holger Schulz
Direktor des Amtsgerichts Meldorf

Dr. Roland Schwarze
Professor an der Universität Hannover

Dr. Andreas Schwennicke
Rechtsanwalt und Notar a. D. in Berlin

Dr. Stephan Seiwerth, LL.M.
Professor an der Universität Halle-Wittenberg

Dr. Stephan Serr
Notar in Ochsenfurt

Dr. Reinhard Singer
Professor an der Humboldt-Universität Berlin, Richter am Oberlandesgericht Rostock a. D.

Dr. Stephanie Sittmann-Haury, M.M.
Wiss. Mitarbeiterin an der Universität Mainz

Dr. Martin Soutier
Notar in Roth

Dr. Dr. h. c. Ulrich Spellenberg
Professor an der Universität Bayreuth

Dr. Ansgar Staudinger
Professor an der Universität Bielefeld

Dr. Björn Steinrötter
Professor an der Universität Potsdam

Dr. Malte Stieper
Professor an der Universität Halle-Wittenberg

Dr. Markus Stoffels
Professor an der Universität Heidelberg

Dr. Benedikt Strauß
Notar in Illertissen

Dr. Michael Stürner, M. Jur.
Professor an der Universität Konstanz, Richter am Oberlandesgericht Karlsruhe

Dr. Felipe Temming, LL.M.
Professor an der Universität Hannover

Burkhard Thiele
Präsident des Oberlandesgerichts Rostock a. D., Präsident des Landesverfassungsgerichts Mecklenburg-Vorpommern a. D.

Dr. Christoph Thole
Professor an der Universität zu Köln

Dr. Karsten Thorn
Professor an der Bucerius Law School, Hamburg

Dr. Gregor Thüsing, LL.M.
Professor an der Universität Bonn

Dr. Madeleine Tolani, LL.M.
Professorin an der Hochschule Wismar

Dr. Johannes Ungerer, LL.M. oec.
Senior Research Lecturer in Law an der University of Oxford, Global Associate Professor of Law an der University of Notre Dame (USA) in England

Dr. Barbara Veit
Professorin an der Universität Göttingen

Dr. Bea Verschraegen, LL.M., M.E.M.
Professorin an der Universität Wien, adjunct professor an der Universität Macao

Dr. Klaus Vieweg
Professor an der Universität Erlangen-Nürnberg

Dr. A. Olrik Vogel
Rechtsanwalt in München

Dr. Markus Voltz
Notar in Offenburg

Dr. Reinhard Voppel
Rechtsanwalt in Köln

Dr. Rolf Wagner
Professor an der Universität Potsdam, Ministerialrat im Bundesjustizministerium

Dr. Christoph Andreas Weber
Privatdozent an der Universität München

Gerd Weinreich
Vorsitzender Richter am Oberlandesgericht Oldenburg a. D., Rechtsanwalt in Oldenburg

Dr. Matthias Wendland, LL.M.
Professor an der Universität Oldenburg

Dr. Domenik H. Wendt, LL.M.
Professor an der Frankfurt University of Applied Sciences

Dr. Olaf Werner
Professor an der Universität Jena, Richter am Thüringer Oberlandesgericht Jena a. D.

Dr. Denise Wiedemann, LL.M.
Professorin an der Universität zu Kiel

Dr. Daniel Wiegand, LL.M.
Rechtsanwalt in München

Dr. Wolfgang Wiegand †
Professor an der Universität Bern

Dr. Peter Winkler von Mohrenfels †
Professor an der Universität Rostock, Richter am Oberlandesgericht Rostock a. D.

Dr. Felix Wobst
Notar in Gerolzhofen

Dr. Luitpold Graf Wolffskeel von Reichenberg, LL.M.
Notar in Bamberg

Dr. Hans Wolfsteiner †
Notar a. D., Rechtsanwalt in München

Dr. Anton S. Zimmermann, B.Sc.
Professor an der Universität Heidelberg

Dagmar Zorn
Dipl.-Rechtspflegerin, Großbeeren

Redaktorinnen und Redaktoren

Dr. Christian Baldus
Dr. Christine Budzikiewicz
Dr. Dr. h. c. mult. Christian von Bar, FBA
Dr. Tobias Fröschle
Dr. Hans Christoph Grigoleit
Dr. Johannes Hager
Dr. Rafael Harnos
Dr. Dr. h. c. mult. Dieter Henrich
Dr. Carsten Herresthal, LL.M.
Sebastian Herrler
Dr. Jürgen Kohler
Stefan Leupertz
Dr. Dr. h. c. Manfred Löwisch
Dr. Robert Magnus
Dr. Heinz-Peter Mansel
Dr. Peter O. Mülbert
Dr. Gerhard Otte
Dr. Thomas Raff
Dr. Volker Rieble
Dr. Christian Rolfs
Dr. Markus Stoffels
Dr. Barbara Veit

J. von Staudingers Kommentar zum Bürgerlichen Gesetzbuch mit Einführungsgesetz und Nebengesetzen

Einführungsgesetz zum
Bürgerlichen Gesetzbuch/IPR
Internationales Versicherungsvertrags- und Devisenrecht
(Art 7 Rom I-VO, Art 63–67 AEUV, IWFÜ)

Neubearbeitung 2026
von
Christian Armbrüster
Werner F. Ebke

Redaktor
Heinz-Peter Mansel

ottoschmidt – De Gruyter · Berlin

Die Kommentatorinnen und Kommentatoren

Neubearbeitung 2026
Internationales Versicherungsvertragsrecht: CHRISTIAN ARMBRÜSTER
Internationales Devisenrecht: WERNER F EBKE

Neubearbeitung 2021
Einl zur Rom I-VO; Art 1–6, Art 8 und 9 Rom I-VO: ULRICH MAGNUS
Art 7 Rom I-VO: Int Versicherungsvertragsrecht: CHRISTIAN ARMBRÜSTER
Anh zu Art 9 Rom I-VO: Int Devisenrecht: WERNER F EBKE
Art 10 Rom I-VO: RAINER HAUSMANN

Neubearbeitung 2016
Einl zur Rom I-VO; Art 1–6, Art 8 und 9 Rom I-VO: ULRICH MAGNUS
Art 7 Rom I-VO: Int Versicherungsvertragsrecht: CHRISTIAN ARMBRÜSTER
Anh zu Art 9 Rom I-VO: Int Devisenrecht: WERNER F EBKE
Art 10 Rom I-VO: RAINER HAUSMANN

Neubearbeitung 2011
Einl zur Rom I-VO; Art 1–6, Art 8 und 9 Rom I-VO: ULRICH MAGNUS
Art 7 Rom I-VO: Int Versicherungsvertragsrecht: CHRISTIAN ARMBRÜSTER
Anh zu Art 9 Rom I-VO: Int Devisenrecht: WERNER F EBKE
Art 10 Rom I-VO: RAINER HAUSMANN

Dreizehnte Bearbeitung 2002
Einl zu Art 27 ff, Vorbem zu Art 27 ff, Art 27–30, Art 32, Art 34, Art 36, Art 37 EGBGB: ULRICH MAGNUS
Art 31, Art 33, Anh zu Art 33, Art 35, Anh II zu Art 27–37 EGBGB: RAINER HAUSMANN
Anh zu Art 34 EGBGB: WERNER F EBKE
Anh I zu Art 37 EGBGB: CHRISTIAN ARMBRÜSTER

Sachregister

Dr. MARTINA SCHULZ, Pohlheim

Zitierweise

STAUDINGER/ARMBRÜSTER (2026) IntVersVertrR Rn 1
STAUDINGER/EBKE (2026) IntDevR

Zitiert wird nach Paragraph bzw Artikel und Randnummer.

Hinweise

Der **Staudinger ist auf juris und Otto Schmidt online** abrufbar.
Nähere Angaben dazu finden Sie auf www.staudinger-bgb.de.

Der **Stand der Bearbeitung** ist April 2026.

Am Ende eines jeden Bandes befindet sich eine Übersicht über den aktuellen Stand des Gesamtwerks STAUDINGER.

Die Deutsche Nationalbibliothek verzeichnet diese Publikation in der Deutschen Nationalbibliografie; detaillierte bibliografische Daten sind im Internet über http://dnb.dnb.de abrufbar.

ISBN 978-3-8059-0025-6

Satz: jürgen ullrich typosatz, Nördlingen.

Druck und Bindearbeiten: CPI books GmbH, Leck.

Umschlaggestaltung: Bib Wies, München.

∞ Gedruckt auf säurefreiem Papier, das die DIN ISO 9706 über Haltbarkeit erfüllt.

Fragen zur allgemeinen Produktsicherheit: productsafety@degruyterbrill.com

Inhaltsübersicht

Seite*

* Zitiert wird nicht nach Seiten, sondern
nach Paragraph bzw Artikel und Randnummer;
siehe dazu auch „Zitierweise“.

Internationales Versicherungsvertragsrecht

Schrifttum

1. Grundlagen, Früheres Recht (Art 7–15 EGVVG aF)

Armbrüster, Zur Harmonisierung des Privatversicherungsrechts in der EG, in: Jickeli ua (Hrsg), Jahrbuch junger Zivilrechtswissenschaftler 1991 (1992) 89

ders, Aktuelle Streitfragen des Internationalen Privatversicherungsrechts, ZVersWiss 1995, 139

ders, Geltung ausländischen zwingenden Rechts für deutschem Recht unterliegende Versicherungsverträge, VersR 2006, 1

Basedow, Das österreichische Bundesgesetz über internationales Versicherungsvertragsrecht – Eine rechtspolitische Würdigung, in: Reichert-Facilides (Hrsg), Aspekte des internationalen Versicherungsvertragsrechts im EWR (1994) 89

Basedow/Drasch, Das neue Internationale Versicherungsvertragsrecht, NJW 1991, 785

R M Beckmann, Auswirkungen des EG-Rechts auf das Versicherungsvertragsrecht, ZEuP 1999, 809

Berr, Droit européen des assurances: la directive du 22 juin 1988 sur la libre prestation des services, Rev trim dr eur 1988, 655

P Biagosch, Europäische Dienstleistungsfreiheit und deutsches Versicherungsvertragsrecht (1991)

A Bosse, Der Abschluß eines grenzüberschreitenden Versicherungsvertrages mit einem englischen Versicherer (Diss Münster 1992)

Bruck, Zwischenstaatliches Versicherungsrecht (1924)

Dörner, Nachträgliche Wahl des Versicherungsvertragsstatuts und Anknüpfung vorvertraglicher Informationspflichten, IPRax 2005, 26

Dubuisson, La loi applicable au contrat d'assurance, in: Mélanges Dalcq (1994) 111

Fetsch, Eingriffsnormen und EG-Vertrag (2002)

Fricke, Die Neuregelung des IPR der Versicherungsverträge im EGVVG durch das Gesetz zur Durchführung versicherungsrechtlicher Richtlinien des Rates der Europäischen Gemeinschaften, IPRax 1990, 361

ders, Das IPR der Versicherungsverträge außerhalb des Anwendungsbereichs des EGVVG, VersR 1994, 773

ders, Internationale Zuständigkeit und Anerkennungszuständigkeit in Versicherungssachen nach europäischem und deutschem Recht, VersR 1997, 399

Gärtner, EG-Versicherungsbinnenmarkt und Versicherungsvertragsrecht, EWS 1994, 114

Ganzer, Internationale Versicherungsprogramme (2012) 105

Geiger, Der Schutz der Versicherten im Europäischen Binnenmarkt (1992)

D G Gross, Die Anknüpfung des Versicherungsvertrages im Internationalen Privatrecht in rechtsvergleichender Sicht (1987)

Gruber, Internationales Versicherungsvertragsrecht (1999)

ders, International zwingende „Eingriffsnormen" im VVG, NVersZ 2001, 442

V Hahn, Die „europäischen" Kollisionsnormen für Versicherungsverträge (1992)

Heiss/Schnyder, Versicherungsverträge, in: Kronke/Melis/Schnyder (Hrsg), Handbuch Internat Wirtschaftsrecht (2005), Teil C Kapitel 2

U Hübner, Internationales Privatrecht des Versicherungsvertrages und EG-Recht, ZVersWiss 72 (1983) 21

ders, Zum Stand der Rechtsvereinheitlichung im internationalen Versicherungsvertragsrecht, in: vBar (Hrsg), Europäisches Gemeinschaftsrecht und Internationales Privatrecht (1991) 111

ders, Vertragsschluss und Probleme des Internationalen Privatrechts beim E-Commerce, ZVersWiss 2001, 351

Imbusch, Das IPR der Versicherungsverträge über innerhalb der EG belegene Risiken, VersR 1993, 1059

Kozuchowski, Der internationale Schadensversicherungsvertrag im EG-Binnenmarkt (Diss Trier 1995)
U Kramer, Internationales Versicherungsvertragsrecht (1995)
Kuckein, Die „Berücksichtigung“ von Eingriffsnormen im deutschen und englischen internationalen Vertragsrecht (2008)
Leverenz, Rechtliche Aspekte zum Versicherungsgeschäft im Internet (2001)
Liauh, Internationales Versicherungsvertragsrecht (2000)
Looschelders, Der Schutz von Verbrauchern und Versicherungsnehmern im Internationalen Privatrecht, in: FS E Lorenz (2004) 441
E Lorenz, Zum neuen internationalen Vertragsrecht aus versicherungsvertraglicher Sicht, in: FS Kegel (1987) 303
ders, Versicherungsvertragsrecht, Internationales Privatversicherungsrecht, in: Farny/Helten/Koch/Schmidt (Hrsg), Handwörterbuch der Versicherung (1988) 1183
ders, Das auf grenzüberschreitende Lebensversicherungsverträge anwendbare Recht – eine Übersicht über die kollisionsrechtlichen Rechtsgrundlagen, ZVersWiss 1991, 121
ders, Zur „Kontrolle“ der Lebensversicherungsverträge anhand der „Rechtsvorschriften des Allgemeininteresses“ im freien Dienstleistungsverkehr innerhalb der EG, in: FS G Büchner (1991) 89
ders, Die Umsetzung der internationalprivatrechtlichen Bestimmungen der Zweiten Schadenversicherungsrichtlinie (88/357/EWG) zur Regelung der Direktversicherung der in der EWG belegenen Risiken, in: Stoll (Hrsg), Stellungnahmen und Gutachten zum europäischen internationalen Zivilverfahrens- und Versicherungsrecht (1991) 210
ders, Zur Kontrolle grenzüberschreitender Versicherungsverträge anhand der „Rechtsvorschriften des Allgemeininteresses“ im freien Dienstleistungsverkehr innerhalb der EU, VersRdsch 1995, 8
Lübbert/Vogl, Grenzüberschreitende Versicherungsverträge, r+s 2000, 265 (Teil I), 311 (Teil II)
Mankowski, Nationale Erweiterungen der Rechtswahl im neuen Internationalen Versicherungsvertragsrecht, VersR 1993, 154
ders, Seerechtliche Vertragsverhältnisse im Internationalen Privatrecht (1995)
ders, Versicherungsverträge zu Gunsten Dritter, Internationales Privatrecht und Art 17 EuGVÜ, IPRax 1996, 427
ders, Internationales Versicherungsvertragsrecht und Internet, VersR 1999, 923
ders, Internationales Rückversicherungsrecht, VersR 2002, 1177
Martiny, Zur Einordnung und Anknüpfung der Ansprüche und der Haftung Dritter im Internationalen Schuldrecht, in: FS Magnus (2014) 483
Matusche-Beckmann, Die Entwicklung des europäischen Privatversicherungsrechts, ERPL 4 (1996) 201
Mewes, Internationales Versicherungsvertragsrecht unter besonderer Berücksichtigung der europäischen Dienstleistungsfreiheit im Gemeinsamen Markt (1995)
ders, Internationale Versicherungsverträge und Verbraucherschutz: Gerichtliche Zuständigkeit und anwendbares Recht, in: Basedow/Meyer/Schwintowski (Hrsg), Lebensversicherung, Internationale Versicherungsverträge und Verbraucherschutz, Versicherungsvertrieb (1996) 77
E Prölss, Zwischenstaatliches Rückversicherungsrecht (1942)
ders, Das Statut der Zweigniederlassung im internationalen Versicherungsrecht, RabelsZ 16 (1951)
J Prölss/Armbrüster, Europäisierung des deutschen Privatversicherungsrechts, DZWir 1993, 397, 449
L Raiser, Bestandszugehörigkeit im internationalen Versicherungsrecht, in: FS Lewald (1953) 349
Reichert-Facilides, Versicherungsverbraucherschutz und Internationales Privatrecht, in: FS R Schmidt (1976) 1023
ders, Auswirkungen des AGB-Gesetzes auf das deutsche Internationale Versicherungsvertragsrecht, VersR 1978, 481
ders, Zur Kodifikation des deutschen internationalen Versicherungsvertragsrechts, IPRax 1990, 1
ders, Bemerkungen zur Transformation des Internationalprivatrechtsteils der Zweiten Nicht-Lebensversicherungsrichtlinie, in: Stoll (Hrsg), Stellungnahmen und Gutachten zum europäi-

schen internationalen Zivilverfahrens- und Versicherungsrecht (1991) 242
ders, Gesetzesvorschlag zur Neuregelung des deutschen Internationalen Versicherungsvertragsrechts, in: ders (Hrsg), Aspekte des internationalen Versicherungsvertragsrechts im EWR (1994) 75 = VersR 1993, 1177
ders, Internationale Versicherungsverträge und Verbraucherschutz: Gerichtliche Zuständigkeit und anwendbares Recht, in: Basedow/Meyer/Schwintowski (Hrsg), Lebensversicherung, Internationale Versicherungsverträge und Verbraucherschutz, Versicherungsvertrieb (1996) 77
ders/Jesserun d'Oliveira (Hrsg), International Insurance Contract Law in the EC (1993)
J Richter, Internationales Versicherungsvertragsrecht (1980)
Ritter, Die Bewältigung der Problematik von Asbestschäden aus den USA im deutschen internationalen Rückversicherungsrecht (Diss Bonn 1994)
Schilling, Eingriffsnormen im europäischen Richtlinienrecht, ZEuP 2014, 845
W-H Roth, Internationales Versicherungsvertragsrecht (1985)
ders, Grundlagen des gemeinsamen europäischen Versicherungsmarktes, RabelsZ 54 (1990) 63
ders, Das Allgemeininteresse im europäischen Internationalen Versicherungsvertragsrecht, VersR 1993, 129
ders, Dienstleistungsfreiheit und Allgemeininteresse im europäischen internationalen Versicherungsvertragsrecht, in: Reichert-Facilides (Hrsg), Aspekte des internationalen Versicherungsvertragsrechts im EWR (1994) 1
ders, Internat. Versicherungsvertragsrecht in der EU – Ein Vorschlag zu seiner Neuordnung, in: FS E Lorenz (2004) 631
ders, Art 59 EEC-Treaty and its Implications for Conflicts Law in the Field of Insurance Contracts, in: Reichert-Facilides/Jesserun d'Oliveira (Hrsg), International Insurance Contract Law, 1993, 59
ders, Die Vollendung des Europäischen Binnenmarktes für Versicherungen, NJW 1993, 3028
Rudisch, Österreichisches internationales Versicherungsvertragsrecht (1994)
ders, Europäisches Internationales Versicherungsvertragsrecht für Österreich, ZvglRWiss 93 (1994) 80
ders, Österreichisches internationales Versicherungsvertragsrecht für den EWR, ZEuP 1995, 45
Schnyder, Internationale Versicherungsaufsicht zwischen Kollisionsrecht und Wirtschaftsrecht (1989)
ders, Internationale Versicherungsverträge auf der Grundlage des neuen schweizerischen IPR-Gesetzes, Schweizerische Versicherungs-Zeitschr 58 (1990) 4
ders, Parteiautonomie im europäischen Versicherungskollisionsrecht, in: Reichert-Facilides (Hrsg), Aspekte des internationalen Versicherungsvertragsrechts im EWR (1994) 49
ders, Europäisches Banken- und Versicherungsrecht (2005)
P Schuster, Fortentwicklung des Versicherungsvertragsrechts – EG-Harmonisierung und Reformüberlegungen, in: Symposium 80 Jahre VVG (1988) 70
Seatzu, Insurance in Private International Law (2003)
Smulders/Glazener, Harmonization in the field of insurance law through the introduction of community rules of conflict, CMLRev 31 (1992) 775
Sonnenberger, Die internationalprivatrechtliche Behandlung der Zession einer Kaufpreisforderung aus einem der CISG unterliegenden Kaufvertrag und der anschließenden Legalzession im grenzüberschreitenden Verhältnis Käufer-Verkäufer-Factor-Warenkreditversicherer, IPRax 2014, 400
A Staudinger, Die Kontrolle grenzüberschreitender Versicherungsverträge anhand des AGBG, VersR 1999, 401
Steindorff, Rechtsangleichung in der EG und Versicherungsvertrag, ZHR 144 (1980), 447
Uebel, Die deutschen Kollisionsnormen für (Erst-)Versicherungsverträge mit Ausnahme der Lebensversicherung über in der Europäischen Wirtschaftsgemeinschaft belegene Risiken (1994)
Wandt, Internationales Privatrecht der Versicherungsverträge, in: Reichert-Facilides/Schnyder (Hrsg), Versicherungsrecht in Europa – Kernperspektiven am Ende des 20. Jahrhunderts (2000) 85

Winter, Internationale Online-Versicherung als Korrespondenzversicherung, VersR 2001, 1461
Wördemann, Internationale zwingende Normen im Internationalen Privatrecht des Europäischen Versicherungsvertrages (1997).

2. Speziell zur Rom I-VO

Armbrüster, Das IPR der Versicherungsverträge in der Rom I-Verordnung, in: FS vHoffmann (2011) 23
Armbrüster/Schilbach, Nichtigkeit von Versicherungsverträgen wegen Verbots- oder Sittenverstoßes, VersR 2016, 109
Basedow, Das fakultative Unionsprivatrecht und das internationale Privatrecht, in: FS vHoffmann (2011) 50
ders, Zuständigkeitsderogation, Eingriffsnormen und ordre public, in: FS Magnus (2014) 337
Basedow/Scherpe, Das internationale Versicherungsvertragsrecht und „Rom I", in: FS Heldrich (2005) 513
Bonnamour, Article 7 – Contrats d'assurance, Rev Lamy Dr aff 2008 p 76 (No 29)
Böttger, Verbraucherversicherungsverträge – Vergleich der beiden Anknüpfungsregime nach Art 6 und Art 7 Rom-I-Verordnung und Vorschlag für eine zukünftig einheitliche Anknüpfung, VersR 2012, 156
Clausnitzer/Woopen, Internationale Vertragsgestaltung: die neue EG-Verordnung für grenzüberschreitende Verträge (Rom I-VO), BB 2008, 1798
Einsele, Auswirkungen der Rom I-Verordnung auf Finanzdienstleistungen, WM 2009, 289 (mit Schwerpunkt auf Finanzdienstleistungen iSv § 1 Abs 1, 1a KWG)
Ferrari/Leible (Hrsg), Ein neues Internationales Vertragsrecht für Europa (2007)
Fricke, Kollisionsrecht im Umbruch, Perspektiven für die Versicherungswirtschaft, VersR 2005, 726
ders, Das Versicherungs-IPR im Entwurf der Rom I-VO, VersR 2006, 745
ders, Das Internationale Privatrecht der Versicherungsverträge nach Inkrafttreten der Rom I-VO, VersR 2008, 443
Hauser, Eingriffsnormen in der Rom I-Verordnung (2012)
Heiss, Das Kollisionsrecht der Versicherungsverträge nach Rom I und II, VersR 2006, 185
ders, Optionales europäisches Versicherungsvertragsrecht, RabelsZ 76 (2012) 316
ders, Die Vergemeinschaftung des internationalen Vertragsrechts durch „Rom I" und ihre Auswirkungen auf das österreichische internationale Privatrecht, JBl 2006, 750
ders, Reform des Internationalen Versicherungsvertragsrechts, ZVersWiss 2007, 503
ders, Versicherungsverträge in „Rom I": Neuerliches Versagen des europäischen Gesetzgebers, in: FS Kropholler (2008), 459
ders, Transnationales Versicherungsrecht – Eine Skizze, in: FS vHoffmann (2011) 803
U Hübner, Das Kollisionsrecht nach Rom I – ein Sonderweg für Versicherungsverträge?, EuZW 2006, 449
Katschthaler/Leichsenring, Neues internationales Versicherungsvertragsrecht nach der Rom-I-Verordnung, r+s 2010, 45
R Koch, Kollisions- und versicherungsvertragsrechtliche Probleme bei internationalen D & O-Haftungsfällen, VersR 2009, 141
Köck, Die einheitliche Auslegung der Rom I-, Rom II- und Brüssel I-Verordnung im europäischen internationalen Privat- und Verfahrensrecht (2014)
Ritaine/Bonomi (Hrsg), Le nouveau règlement européen „Rome I" relative à la loi applicable aux obligations contractuelles (2008) 97 = Yb PrivIntL 10 (2008) 261
X Kramer, Conflict of Laws on Insurance Contracts in Europe, in: Hendrikse/Rinkes (Hrsg), Insurance and Europe (2007) 85
Loacker/Grolimund, Versicherungsverträge § 36, in: Reithmann/Martiny (Hrsg), Internationales Vertragsrecht (9. Aufl 2021)
Looschelders, Aktuelle Auswirkungen des EU-Rechts auf das deutsche Versicherungsvertragsrecht unter besonderer Berücksichtigung der geschlechtsspezifischen Tarifierung VersR 2011, 421 f
Looschelders/Smarowos, Das Internationale Versicherungsvertragsrecht nach Inkrafttreten der Rom-I-Verordnung, VersR 2010, 1
Lüttringhaus, Die „engere Verbindung" im europäischen internationalen Arbeitsrecht, EuZW 2013, 821

Mankowski, Interessenpolitik und europäisches Kollisionsrecht: Rechtspolitische Überlegungen zur Rom I- und zur Rom II-Verordnung (2011)
Maultzsch, Rechtswahl und ius cogens im internationalen Schuldvertragsrecht, RabelsZ 75 (2011) 60
Merkin, The Rome I Regulation and Reinsurance, J PrivIntL 5 (2009) 49
Perner, Das Internationale Versicherungsvertragsrecht nach Rom I, IPRax 2009, 218
Richters, Dienstleistungsfreiheit als Schranke des Internationalen Privatversicherungsrechts (2012)
W-H Roth, Eingriffsnormen im internationalen Versicherungsrecht nach Unamar, in: FS E Lorenz (2014) 421
ders, Internationales Versicherungsvertragsrecht, in: Beckmann/Matusche-Beckmann (Hrsg), Versicherungsrechts-Handbuch (4. Aufl 2025) § 4
ders, IZPR und IPR – terra incognita, IPrax 2014, 499
Spickhoff, Das Verbot der Versicherung von punitive damages im Internationalen Versicherungsvertragsrecht, in: FS E Lorenz (2014) 487
A Staudinger, Anknüpfung von Gerichtsstandsvereinbarungen und Versicherungsverträgen, in: Leible (Hrsg), Das Grünbuch zum Internationalen Vertragsrecht (2004) 37
ders, Internationales Versicherungsvertragsrecht, in: Ferrari/Leible (Hrsg), Ein neues Internationales Vertragsrecht für Europa (2007) 225
Stehl, Die Überwindung der Inkohärenz des internationalen Privatrechts der Bank- und Versicherungsverträge, 2008
Verschraegen, Internationales Privatrecht: Ein systematischer Überblick (2012) 97
Wandt, Versicherungsverbote im Rahmen von Embargomaßnahmen, VersR 2013, 257
Wedemann, Die D & O-Versicherung im Spiegel des Internationalen Zivilverfahrens- und Kollisionsrechts, ZIP 2014, 2469.

3. Kommentierungen

Armbrüster, in: Prölss/Martin (Hrsg), VVG (32. Aufl 2024) Art 7 Rom I-VO und Anh Rom I-VO (zit: Prölss/Martin/Armbrüster)
Dörner, in: H Honsell (Hrsg), Berliner Kommentar zum VVG (1999) Art 7–15 EGVVG (zit: Dörner; inhaltlich weitgehend identisch mit Dörner, Internationales Versicherungsvertragsrecht [1997])
ders, in: Bruck/Möller (Hrsg), Versicherungsvertragsgesetz (9. Aufl 2013) Band 11, Art 7 Rom I-VO und Art 46c EGBGB (zit: Bruck/Möller/Dörner)Dörner, in: H Honsell (Hrsg), Berliner Kommentar zum VVG (1999) Art 7–15 EGVVG (zit: Dörner; inhaltlich weitgehend identisch mit Dörner, Internationales Versicherungsvertragsrecht [1997])
Ehling, in: Prütting/Wegen/Weinreich (Hrsg), BGB (20. Aufl 2025) Art 7 Rom I-VO (zit: PWW/Ehling)
Gruber, in: Calliess/Renner (Hrsg), Rome Regulations (3. Aufl 2020) Art 7 Rome I (zit: Calliess/Renner/Gruber)
vHoffmann, in: Soergel (Namensgeber), BGB (12. Aufl 1996) Art 37 EGBGB Rn 54 ff (zit: Soergel/vHoffmann)
Junker, in: Herberger/Martinek/Rüssmann/Weth/Würdinger (Hrsg), juris PraxisKommentar BGB (9. Aufl 2020) Art 7 Rom I-VO (zit: jurisPK-BGB/Junker)
Leible, in: Heidel/Hüsstege/Mansel/Noack (Hrsg), NomosKommentar BGB, Allgemeiner Teil, EGBGB (4. Aufl 2021) Art 46d EGBGB (zit: NK-BGB/Leible)
ders, in: Hüsstege/Mansel (Hrsg), Nomos-Kommentar BGB, Rom-Verordnungen | EuGüVO | EuPartVO | HUP | EuErbVO (4. Aufl 2024) Art 7 Rom I-VO (zit: NK-BGB/Leible)
Looschelders, in: Langheid/Wandt (Hrsg), MünchKommVVG (3. Aufl 2024) Internationales Versicherungsvertragsrecht (zit: MünchKommVVG/Looschelders)
Lüttringhaus, in: Gsell/Krüger/Lorenz/Reymann (Hrsg), BeckOGK (Stand: 1. 12. 2023) Art 7 Rom I-VO (zit: BeckOGK/Lüttringhaus)
Martiny, in: Säcker/Rixecker/Oetker/Limperg/Schubert (Hrsg), MünchKommBGB (9. Aufl 2025) Art 7 Rom I-VO (zit: MünchKommBGB/Martiny)
Perner, in: Fenyves/Schauer (Hrsg), VersVG (5. Lfg 2020) Anhang Rom I-VO (zit: Fenyves/Schauer/Perner)
Schäfer, in: Looschelders/Pohlmann (Hrsg),

VVG (4. Aufl 2023) Internationales Versicherungsvertragsrecht (S 2065 ff; zit: LOOSCHELDERS/POHLMANN/SCHÄFER)
SPICKHOFF, in: BeckOK-BGB, BGB (77. Ed, Stand 1. 5. 2025) Art 7 Rom I-VO (zit: BeckOK-BGB/SPICKHOFF)
STAUDINGER, in: FERRARI (Hrsg), in: Rome I Regulation (2015) Art 7 Rom I-VO inhaltlich weitgehend identisch mit STAUDINGER, in: Internationales Vertragsrecht, Kommentar, Art 7 Rom I-VO; zit: FERRARI/STAUDINGER)
ders, in: FERRARI/KIENINGER/MANKOWSKI/OTTE/SAENGER/STAUDINGER/SCHULZE (Hrsg), Internationales Vertragsrecht, Kommentar (3. Aufl 2018) Art 7 Rom I-VO inhaltlich weitgehend identisch mit FERRARI/STAUDINGER; zit: STAUDINGER, in: Internat Vertragsrecht)
ders, in: SCHULZE/DÖRNER/EBERT ua (Hrsg), BGB (12. Aufl 2024) Art 7 Rom I-VO (zit: Hk-BGB/STAUDINGER)
STÜRNER, in: ERMAN (Namensgeber), WESTERMANN/GRUNEWALD/MAIER-REIMER (Hrsg), BGB (17. Aufl 2023) Band 3 Art 7 Rom I-VO (zit: ERMAN/STÜRNER)
THORN, in: GRÜNEBERG, Bürgerliches Gesetzbuch (85. Aufl 2026) Art 7 Rom I-VO (zit: GRÜNEBERG/THORN)
WENDT, in: RAUSCHER (Hrsg), EuZPR/EuIPR (5. Aufl 2023) Art 7 Rom I-VO (zit: RAUSCHER/WENDT).

Systematische Übersicht

Alphabetische Übersicht

I. Grundlagen

1. Überblick

1 Das IPR der Versicherungsverträge ist durch die Rom I-VO weitgehend neu gestaltet worden. Dieses Rechtsgebiet war bei der IPR-Reform von 1986 gem Art 37 Nr 4 EGBGB aF teilweise vom Anwendungsbereich der Art 27 ff EGBGB aF ausgespart worden. Grund dafür war, dass in diesem Bereich eine europäische Rechtsangleichung erwartet wurde (Giuliano/Lagarde ABl EG 1980 C 282/13). Diese Angleichung hat inzwischen in **mehreren Schritten** stattgefunden: Zunächst ist das für innerhalb des EWR belegene Risiken maßgebliche Richtlinien-IPR durch die Art 7 ff EGVVG aF in deutsches Recht umgesetzt worden. Für ab dem **17. 12. 2009** geschlossene Versicherungsverträge gilt gem Art 28 Rom I-VO das Kollisionsrecht der Rom I-VO (Rn 13).

2 Das Kollisionsrecht der Versicherungsverträge war im Kommissionsentwurf (Vorschlag für eine VO des Europäischen Parlaments und des Rates über das auf vertragliche Schuldverhältnisse anzuwendende Recht, KOM [2005] 650 endg) noch nicht enthalten (krit dazu Heiss ZVersWiss 2007, 503, 511 f; U Hübner EuZW 2006, 449), wurde letztlich aber doch noch in die Rom I-VO aufgenommen. Mit Art 7 Rom I-VO sollten die Probleme behoben werden, die aufgrund der nur teilweisen und auch inhaltlich als unzulänglich angesehenen Regelung der Thematik im europäischen Richtlinienrecht entstanden waren. Die Kollisionsregeln der Art 7 ff EGVVG aF und das ihnen zugrunde liegende Richtlinienrecht sahen sich vielfacher **rechtspolitischer Kritik** ausgesetzt (eingehend Heiss ZVersWiss 2007, 503, 506 ff; mit eigenem Reformvorschlag S 526 ff; Mankowski Interessenpolitik 47; ferner Staudinger, in: Internat Vertragsrecht Art 7 Rom I-VO Rn 1 ff; Versicherungsrechts-Handbuch/W-H Roth § 4 Rn 21 ff; plastisch Kegel/Schurig 690: „Dem Storch, der euch gebracht hat, sollte man die Lizenz entziehen"). Zu Recht wurde insbes beklagt, dass das Regelwerk im Vergleich zu den Art 27 ff EGBGB aF **viel zu kompliziert** ausgestaltet ist (Basedow/Drasch NJW 1991, 794; Reichert-Facilides VersR 1993, 1177; Soergel/vHoffmann Art 37 EGBGB Rn 84; W-H Roth, in: FS Lorenz [2004] 633 ff; Ganzer 105 ff). Zugleich wird die Rechtswahlfreiheit in einem weitergehenden Maße zurückgedrängt, als dies durch die berechtigten Schutzinteressen des Versicherungsnehmers geboten ist (Armbrüster, Jahrbuch 99; Armbrüster ZVersWiss 2000, 459 f; allg für einen rechtspolitischen Paradigmenwechsel plädierend Rühl, in: FS vHoffmann [2011] 364, 372 ff; **aA** Gruber 283 ff). Einigkeit bestand darüber, dass die Aufspaltung in zwei inhaltlich unterschiedliche Regelwerke unbefriedigend war. Der Gesetzgeber hatte bei der Schaffung der Art 7 ff EGVVG aF deren vorläufigen Charakter betont (BT-Drucks 11/6341, 38).

Auch das durch die Rom I-VO geschaffene Kollisionsrecht der Versicherungsverträge hat freilich **nicht die erhoffte inhaltliche Zusammenführung** der Regeln gebracht (eingehend und mit detailliertem Reformvorschlag RICHTERS 82 ff und 145 ff; s auch SPICKHOFF, in: FS E Lorenz [2014] 487, 495). Zudem weist es weiterhin mit seinen Abweichungen von den allg Kollisionsregeln der Art 3 ff Rom I-VO eine **große inhaltliche Komplexität** auf (BeckOGK/LÜTTRINGHAUS [1. 12. 2023] Art 7 Rom I-VO Rn 6.3, 9). Die bezweckte Förderung grenzüberschreitender Vertragsschlüsse ist insbes durch den neu geschaffenen **Art 7 Rom I-VO** bisher nicht erreicht worden (LOOSCHELDERS VersR 2011, 421 f; vgl auch BASEDOW EuZW 2014, 1). Für Direktversicherungsverträge (Erstversicherungsverträge, Gegenbegriff: Rückversicherungsverträge) über die Deckung von Massenrisiken (zum Begriff s Rn 60), die **außerhalb des EWR** belegen sind (zum Begriff der Risikobelegenheit s Rn 29 ff; zum Brexit s STAUDINGER/MAGNUS [2021] Einl 44 zur Rom I-VO), sowie für alle Rückversicherungsverträge gilt das allg Internationale SchuldvertragsR der Art 3 ff Rom I-VO (nach altem Recht gelten die Art 27–36 EGBGB aF insoweit auch für Großrisiken; s Rn 207 ff). Das IPR der Direktversicherung von **innerhalb des EWR** (zur Erstreckung auf Nicht-EU-Mitgliedstaaten im EWR s STAUDINGER/ARMBRÜSTER [2021] Art 7 Rom I-VO Rn 3) belegenen Risiken ist hingegen diesen Regeln nicht unterworfen; es richtet sich vielmehr inzwischen nach den speziellen Anknüpfungsregeln des **Art 7 Rom I-VO** (für Altverträge hingegen nach den Art 7 ff EGVVG aF; Rn 150 ff). 3

Die **Aufsplitterung des Rechtsgebiets** besteht mithin auch nach der Rom I-VO fort, wenngleich die unterschiedlichen Vorschriften nunmehr immerhin in ein und demselben Regelwerk enthalten sind (zur Kritik s noch Rn 6, 30). 4

Die spezielle Norm des **Art 46b EGBGB** zum sog **Richtlinienkollisionsrecht** ist gem Art 23 Rom I-VO im Geltungsbereich des Art 7 Rom I-VO nicht anwendbar (BeckOGK/LÜTTRINGHAUS [1. 12. 2023] Art 7 Rom I-VO Rn 44; MünchKommBGB/MARTINY Art 23 Rom I-VO Rn 14; einschränkend BRUCK/MÖLLER/DÖRNER Art 46b EGBGB Rn 5 ff; NK-BGB/LEIBLE Art 7 Rom I-VO Rn 82; s auch Rn 140, 201 [zu Art 7 ff EGVVG aF]). 5

Die Regelungsansätze der allgemeinen Schuldvertragsanknüpfung der Rom I-VO einerseits, des speziell für Versicherungsverträge geltenden Art 7 Rom I-VO andererseits verfolgen im Internationalen Privatversicherungsrecht übereinstimmend das **Ziel**, die **berechtigten Schutzinteressen des Versicherungsnehmers** zu wahren (KROLL-LUDWIGS, Die Rolle der Parteiautonomie im europäischen Kollisionsrecht [2013] S 463). In der inhaltlichen **Umsetzung** dieser Zielvorgabe unterscheiden sich beide Regelungen freilich (s bereits zum früheren Recht ARMBRÜSTER VersR 1998, 299 f): Die allgemeinen Regeln der Rom I-VO kombinieren – wie schon die Art 27 ff EGBGB aF – den Grundsatz völliger Rechtswahlfreiheit mit einer unter bestimmten Voraussetzungen (s insbes Art 6 Rom I-VO) eingreifenden zwingenden Anknüpfung an das „Heimatrecht“ des Versicherungsnehmers. Demgegenüber gewährt Art 7 Rom I-VO für innerhalb des EWR belegene Massenrisiken (zum Begriff s Rn 60) von vornherein nur eine in wesentlichen Fällen deutlich beschränkte Rechtswahlfreiheit (rechtspol **krit** KROLL-LUDWIGS 446 f). 6

Die Rom I-VO ist damit für Versicherungsverträge auf halbem Wege stehen geblieben: Zwar werden Verträge über **im EWR belegene Risiken** anders als im EVÜ sowie im ursprünglichen Verordnungsentwurf nicht ausgeklammert; allerdings besteht eine **inhaltliche Differenzierung** fort, ohne dass dafür ein sachlicher Grund erkennbar wäre 7 (**krit** daher Fricke VersR 2008, 443: „nicht der erhoffte große Wurf", 454: umfassende Reform geboten; Looschelders/Smarowos VersR 2010, 1, 10: „bloßer Zwischenschritt"; X Kramer, in: Hendrikse/Rinkes [Hrsg], Insurance and Europe [2007] 85, 102; Perner IPRax 2009, 218). Hoffnung auf eine Revision hat die ausdrückliche Nennung des Versicherungsrechts in der **Überprüfungsklausel** des Art 27 Abs 1 S 3 lit a Rom I-VO eröffnet (MünchKommBGB/Martiny Art 27 Rom I-VO Rn 3). Der danach bis zum 17. 6. 2013 von der Kommission vorzulegende Bericht ist allerdings bislang nicht erschienen (MünchKommBGB/Martiny Art 27 Rom I-VO Rn 4; Kieninger, in: Internat Vertragsrecht Art 27 Rom I-VO Rn 2).

8 Die Schaffung eines europäischen Kollisionsrechts in den dargelegten Schritten ging einher mit der Koordinierung (und aus deutscher Sicht: Liberalisierung) des **Versicherungsaufsichtsrechts** (R M Beckmann ZEuP 1999, 810 ff; Fahr VersR 1992, 1033 ff; H Müller, Versicherungsbinnenmarkt [1995] Rn 344 ff; W-H Roth RabelsZ 54 [1990] 63 ff, s auch den Überblick bei BeckOGK/Lüttringhaus [1. 12. 2023] Art 7 Rom I-VO Rn 195 ff).

9 Das **materielle Versicherungsvertragsrecht** ist demgegenüber bislang nicht umfassend angeglichen worden. Die Kommission ist freilich dafür eingetreten, das aufgrund der Kollisionsnormen anwendbare materielle Recht mit Blick auf den **freien Dienstleistungsverkehr** einer Kontrolle zu unterwerfen (Entwurf einer Mitteilung der Kommission zu Auslegungsfragen – Freier Dienstleistungsverkehr und Allgemeininteresse im Versicherungswesen – SEK [97] 1824 endg v 10. 10. 1997, 36 f; das Europ Parlament hat dies im Grundsatz gebilligt [ABl EG 1998 C 341/144]; s auch Wandt 102; Initiativstellungnahme des Europ Wirtschafts- und Sozialausschusses, CESE 1626/2004; dazu Heiss VersR 2005, 1 ff; vgl auch BGH NJW 2016, 3369 Rn 41: aufgrund von Richtlinienrecht sei auch das nationale zwingende Privatrecht einer Kontrolle anhand der primärrechtlich gewährleisteten Dienstleistungsfreiheit zu unterziehen).

10 Inzwischen liegt ein von Rechtswissenschaftlern auf rechtsvergleichender Basis erarbeitetes Regelwerk in Gestalt der **Principles of European Insurance Contract Law (PEICL**; Stand 1. 11. 2015, abgedruckt in Basedow/Birds/Clarke/Cousy/Heiss/Loacker, PEICL [2. Aufl 2016]) vor, das künftig als optionales Instrument den Parteien eine Alternative zu dem durch die Kollisionsrecht berufenen materiellen Versicherungsvertragsrecht bieten soll (s dazu Erwägungsgrund 13 und 14 der Rom I-VO). Dabei handelt es sich freilich bislang um einen keine Rechtsqualität aufweisenden Diskussionsentwurf (näher Armbrüster ZEuP 2008, 775 ff; Armbrüster EuZW 2013, 686, 691 f; Loacker VersR 2009, 289 ff; s auch Fricke VersR 2008, 443, 453; Heiss VersR 2006, 448, 453 ff; zur Transnationalisierung des Versicherungsvertragsrechts s Heiss, in: FS vHoffmann [2011] 803, 807 ff; ferner Basedow, in: FS vHoffmann [2011] 50, 55 ff und Richters 88 f, 91 f zur Frage des Verhältnisses von fakultativem Vertragsrecht und Rom I-VO). Insbes ist rechtspolitisch offen, auf welche Weise Versicherungsverträge rechtstechnisch dem optionalen Regime der PEICL unterstellt werden sollen (eingehend Basedow, in: FS vHoffmann [2011] 50, 55 f). Derzeit schon möglich ist eine **materielle Verweisung (sog Inkorporation)**, wie sie in Erwägungsgrund 13 Rom I-VO angesprochen wird (näher Versicherungsrechts-Handbuch/W-H Roth § 4 Rn 38, 45). Dieser Weg ist aber gegenüber einer parteiautonomen Rechtswahl mit Nachteilen behaftet. Denn die PEICL ersetzen dann das nach der Rom I-VO berufene Vertragsstatut nur insoweit, als die Bestimmungen der lex causae dispositiv sind (Ferrari/Staudinger Art 7 Rom I-VO Rn 25). **Wählbar** iSd Art 3 Abs 1 Rom I-VO sind die PEICL hingegen **nicht** (wie hier, wenn auch **krit** mit Blick auf einen möglichen Verstoß gegen Art 56 Abs 1 AEUV Richters 91 f; ebenso BeckOGK/Lüttringhaus [1. 12. 2023] Art 7 Rom I-VO Rn 39; NK-BGB/Leible Art 7 Rom I-VO Rn 65; jurisPK-BGB/Junker

Art 7 Rom I-VO Rn 36; Versicherungsrechts-Handbuch/W-H Roth § 4 Rn 45; instruktiv auch Heiss RabelsZ 76 [2012] 316 ff und Mankowski Interessenpolitik 27 ff; s ferner die Nachweise bei MünchKommBGB/Martiny Art 3 Rom I-VO Rn 7 [Fn 13, 14], 29 [Fn 124 ff]; **aA** McGuire SchiedsVZ 2011, 257, 266; Grundmann ZHR 163 [1999] 635, 660 f). Die Schaffung einer derartigen Option ist im Rahmen der Diskussion über die Ausgestaltung der Rom I-VO erörtert worden. Grundlage war insoweit Art 3 Abs 2 des Kommissionsentwurfs zur Rom I-VO (KOM [2005] 650), der die Wahl „auf internationaler oder Gemeinschaftsebene anerkannter Grundsätze und Regeln des materiellen Vertragsrechts" gestatten sollte. Die Bestimmung ist jedoch im Gesetzgebungsverfahren ersatzlos gestrichen worden. Daher ist eine Wahl nichtstaatlichen Rechts in der Tat aufgrund der **bewussten Entscheidung des Verordnungsgebers** ausgeschlossen (näher Mankowski Interessenpolitik 27 ff). Der Ruf nach Schaffung einer Wahloption de lege ferenda ist indessen noch nicht verhallt (vgl Graewer/Hofer/Kübler VersR 2016, 95, 96; s auch Basedow EuZW 2014, 1).

Das **Internat Verfahrensrecht** in Versicherungssachen wird durch die Rom I-VO nicht 11 geregelt (s dazu MünchKommVVG/Looschelders IntVersR Rn 250 ff; Bruck/Möller/Dörner Int VersProzR Rn 1 ff; Looschelders/Pohlmann/Schäfer, Int Versicherungsvertragsrecht Rn 13 ff; BeckOGK/Lüttringhaus [1. 12. 2023] Art 7 Rom I-VO Rn 205 ff; OLG Düsseldorf VersR 2004, 853; speziell zur Direktklage des Geschädigten s EuGH VersR 2008, 111 m Anm Thiede/Ludwichowska VersR 2008, 631). Die int Zuständigkeit in Versicherungssachen ergibt sich vorrangig aus Art 10 ff EuGVVO nF bzw den Art 8 ff des reformierten Lugano-Abkommens 2007. Sind diese Rechtsakte nicht anwendbar, so bestimmen die nationalen Vorschriften zur örtlichen Zuständigkeit auch die int Zuständigkeit (BGH NJW 2016, 3369 Rn 13 ff). Die früher in Art 14 EGVVG aF enthaltene internationalverfahrensrechtliche Vorschrift zur **Prozessstandschaft bei Versicherermehrheit** (s dazu Rn 196 ff) ist durch das IPR-Anpassungsgesetz von 2009 in § 216 VVG nF überführt worden (näher Prölss/Martin/Armbrüster VVG § 216 Rn 1 ff).

Auch das **Internat Insolvenzrecht** in Versicherungssachen ist nicht Regelungsgegen- 12 stand der Rom I-VO (zum europ internat Insolvenzrecht s den Überblick bei BeckOGK/Lüttringhaus [1. 12. 2023] Art 7 Rom I-VO Rn 200 ff).

2. Anwendungsbereich der Rom I-VO für Versicherungsverträge

a) Zeitlicher Anwendungsbereich

Was die zeitliche Geltung der jeweiligen Regelungen angeht **(Intertemporales Privat-** 13 **recht)**, so enthält Art 28 Rom I-VO eine klare Regel: Die Rom I-VO ist auf Verträge anzuwenden, die **ab dem 17. 12. 2009** geschlossen werden (insoweit zutr OLG München RdTW 2025, 390 Rn 19). Eine Rückwirkung des neuen Rechts, wie sie aufgrund des weniger klar gefassten Art 220 Abs 1 EGBGB hinsichtlich der Geltung der Art 7 ff EGVVG aF für Altverträge teils anzunehmen ist (Rn 137 f; eingehend Dörner Vor Art 7 EGVVG Rn 6 ff), ist in Art 28 Rom I-VO nicht vorgesehen. Soweit angenommen wird, durch **nachträgliche Rechtswahl** sei ein „Übergang zum neuen Recht" zulässig (Erman/Stürner Art 7 Rom I-VO Rn 2), bedarf dies der Präzisierung: Möglich ist es allein in den Grenzen der nach altem Recht erlaubten Rechtswahlmöglichkeiten (auch) ab dem 17. 12. 2009 ein Sachrecht zu wählen, das nach der Rom I-VO berufen wäre. Hingegen ist es nicht statthaft, im Vereinbarungswege die Geltung des Kollisionsrechts der Rom I-VO anstelle des alten Kollisionsrechts zu wählen. Für den Zeitraum vom 1. 9. 1986 bis zum 16. 12. 2009 sind hingegen, soweit es um Direktversicherungsverträge (Gegenbegriff: Rückversicherung) über im EWR belegene Risiken geht, die Anknüpfungsregeln der **Art 7–15 EGVVG aF** maßgeblich (näher Rn 150 ff; übersehen von OLG München RdTW 2025, 390 Rn 20, wonach die Art 27 ff EGBGB eingreifen sollen; berichtigt nachgehend in OLG München TransportR 2026, 44). Diese Vorschriften wurden mit Wirkung zum 17. 12. 2009 aufgehoben (Art 2 G zur Anpassung der Vorschriften des Internationalen Privatrechts an die Verordnung (EG) Nr 593/2008 v 25. 6. 2009); die anschließend neu eingefügten **Art 7–8 EGVVG nF** haben keinen inhaltlichen Bezug zum IPR.

14 Maßgeblich ist der **Zeitpunkt des Vertragsschlusses.** Für dessen Bestimmung enthält die VO freilich keine Regelung. Um eine echte Rückwirkung zu vermeiden, ist insoweit bislang verbreitet auf das nach dem EVÜ bis zum Stichtag (17. 12. 2009) berufene Sachrecht abgestellt worden (Bruck/Möller/Dörner Art 28 Rom I-VO Rn 2; MünchKommBGB/Martiny Art 28 Rom I-VO Rn 4 [zumindest tendenziell]; Staudinger, in: Internat Vertragsrecht Art 7 Rom I-VO Rn 12). Der EuGH favorisiert demgegenüber in seiner jüngeren Judikatur zum Arbeitsvertrag, dass Art 28 Rom I-VO **autonom und einheitlich** auszulegen ist. Art 28 Rom I-VO sei so zu verstehen, dass er nur auf Verträge Anwendung findet, die durch **gegenseitiges Einvernehmen der Vertragsparteien** begründet wurden, das sich **ab dem 17. 12. 2009 manifestiert** habe. Für Dauerschuldverhältnisse, die vor diesem Stichtag begründet wurden, ist der Anwendungsbereich der Rom I-VO demnach nur eröffnet, wenn sich der Vertragsinhalt durch Vereinbarung zwischen den Vertragsparteien nach diesem Stichtag in einem solchen Umfang geändert hat, dass diese **Änderung** keine bloße Aktualisierung oder Anpassung des Dauerschuldverhältnisses ist, sondern die **Entstehung einer neuen Rechtsbeziehung** zwischen den Vertragsparteien bewirkt (EuGH NZA 2016, 1389 Rn 29 ff, 35 ff). Dieser Ansicht ist auch für Versicherungsverträge zu folgen (BeckOGK/Lüttringhaus [1. 12. 2023] Art 7 Rom I-VO Rn 15). Der EuGH hat die Kriterien, nach denen eine reine Vertragsänderung von einem Neuabschluss abzugrenzen ist, bislang nicht näher konkretisiert. Insoweit lässt sich auf die für andere Stichtage entwickelten Grundsätze zurückgreifen (s etwa zur Anwendbarkeit des europarechtlichen Gleichbehandlungsgebots bzgl des Geschlechts in Versicherungsverträgen die Leitlinien der Kommission v 22. 12. 2011 – C(2011) 9497 endg und dazu Armbrüster VW 2012, 752, 753; **aA** Purnhagen NJW 2013, 115, 116 [Abgrenzung nicht autonom europarechtlich, sondern durch die Mitgliedstaaten]).

b) Gegenständlicher Anwendungsbereich

15 Die Rom I-VO enthält grundsätzlich Kollisionsnormen für **sämtliche** ab dem 17. 12. 2009 abgeschlossenen **Versicherungsverträge.** Dies gilt unabhängig davon, wo das Risiko belegen ist (s dazu Rn 31 ff), oder von sonstigen Differenzierungskriterien. Der Begriff des Versicherungsvertrags ist **autonom europarechtlich** auszulegen (BeckOGK/Lüttringhaus [1. 12. 2023] Art 7 Rom I-VO Rn 18; s auch EuGH NJW 2012, 1709 Rn 25 [zur RL 85/577/EWG]). Dabei kann die weit gefasste Definition des EuGH zum steuerrechtlichen Versicherungsumsatz (EuGH DStR 2013, 193 Rn 58 mwNw) und zur Klauselrichtlinie (EuGH NJW 2015, 1811 Rn 34) herangezogen werden, wonach sich der Versicherer vertraglich „verpflichtet, dem Versicherten gegen vorherige Zahlung einer **Prämie** beim Eintritt des Versicherungsfalls die bei Vertragsschluss vereinbarte **Leistung** zu erbringen" (BeckOGK/Lüttringhaus [1. 12. 2023] Art 7 Rom I-VO Rn 18). Darüber hinaus erscheint es – ohne dass der EuGH dazu bislang Stellung genommen hat – zur Abgrenzung von Garantien und Bürgschaften sowie von Spiel und Wette geboten, dass

vom Versicherer das übernommene Risiko auf eine Vielzahl von durch die gleiche Gefahr bedrohten Personen **verteilt** wird und dass der Risikoübernahme eine auf dem **Gesetz der großen Zahl** beruhende Kalkulation zu Grunde liegt (BeckOGK/Lüttringhaus [1. 12. 2023] Art 7 Rom I-VO Rn 19; jurisPK-BGB/Junker Art 7 Rom I-VO Rn 13). Auch **Versicherungsanlageprodukte** iSv Art 2 Abs 1 Nr 17 VersicherungsvertriebsRL IDD (2016/97) wie zB die fondsgebundene Lebensversicherung fallen unter den solchermaßen bestimmten Begriff des Versicherungsvertrags (BeckOGK/Lüttringhaus [1. 12. 2023] Art 7 Rom I-VO Rn 21). Bei der staatlichen **Exportkreditversicherung** handelt es sich im Hinblick darauf, dass der Staat einen privatrechtlich organisierten Versicherer einschaltet (derzeit die Euler Hermes AG), um einen Versicherungsvertrag (offenlassend BeckOGK/Lüttringhaus [1. 12. 2023] Art 7 Rom I-VO Rn 25). Hingegen wird die staatliche **Sozialversicherung** nicht vom Versicherungsvertragsstatut erfasst (BeckOGK/Lüttringhaus [1. 12. 2023] Art 7 Rom I-VO Rn 24).

Das Versicherungsvertragsstatut – das sich nach Art 7 Rom I-VO bzw nach den Art 3 ff Rom I-VO richtet – erfasst grundsätzlich **alle Rechtsfragen**, die mit dem Versicherungsvertrag zusammenhängen (MünchKommVVG/Looschelders IntVersR Rn 222; BeckOGK/Lüttringhaus [1. 12. 2023] Art 7 Rom I-VO Rn 85). Dies gilt namentlich für das **Zustandekommen** sowie die **Wirksamkeit** des Vertrages (Art 10 Abs 1 Rom I-VO), ferner für seine **Beendigung** (insbes durch Widerruf, Rücktritt, Anfechtung, Kündigung, Zeitablauf) sowie für die **Existenz und Geltendmachung von Rechten, Pflichten und Obliegenheiten** aus dem Vertrag, für die **Verjährung** und den Rechtsverlust infolge **Fristablaufs** sowie für die **Folgen einer Nichtigkeit** (Art 12 Abs 1 Rom I-VO). Ist eine **Kostenausgleichsvereinbarung** als Bestandteil des Versicherungsvertrags anzusehen (s dazu AG Berlin-Lichtenberg BeckRS 2013, 04172; W-H Roth IPRax 2014, 499, 502), so wird sie vom Versicherungsvertragsstatut erfasst. 16

Im Hinblick auf die **Erfüllung** ist nach Maßgabe von Art 12 Abs 2 Rom I-VO das Recht des Staates, in dem die Erfüllung erfolgt, zu „berücksichtigen“ (näher Staudinger/Magnus [2021] Art 12 Rom I-VO Rn 91 ff). Diese Regelung wird man auch auf die durch einen Versicherungsvertrag begründeten Obliegenheiten – als Verhaltensregeln eigener Art (Armbrüster Privatversicherungsrecht Rn 1652 ff, 1656) – zu beziehen haben. 17

Für die **Form** sind die alternativen Anknüpfungen in Art 11 Rom I-VO maßgeblich. 18

Bei der **Versicherung für fremde Rechnung** (§§ 43 ff VVG) als einem bes Fall des Vertrags zugunsten Dritter (§ 328 BGB) unterliegen die Rechtsbeziehungen eines Versicherten zum Versicherer dem Versicherungsvertragsstatut (BeckOGK/Lüttringhaus [1. 12. 2023] Art 7 Rom I-VO Rn 17, 87; auch KG VersR 2019, 748, 749). Das Verhältnis zwischen **Versichertem und Versicherungsnehmer** wird hingegen nach den dafür geltenden Regeln (zB Auftrag, Arbeitsvertrag, Miete, Gesellschaft) angeknüpft (MünchKommVVG/Looschelders IntVersR Rn 224; Armbrüster, in: FS vHoffmann [2011] 23, 26; BeckOGK/Lüttringhaus [1. 12. 2023] Art 7 Rom I-VO Rn 87). 19

Bei der Haftpflichtversicherung sind nach Art 18 Abs 2 Rom II-VO für den **Direktanspruch des Geschädigten** gegen den Versicherer alternativ das Deliktsstatut und das Versicherungsvertragsstatut maßgeblich. Gleiches gilt, sofern die dem Direkt- 20 anspruch zugrunde liegende Anspruchsgrundlage dem vertraglichen Bereich entspringt (Martiny, in: FS Magnus [2014] 483, 498 f).

21 Besteht zwischen dem Kfz-Haftpflichtversicherer und dem Haftpflichtversicherer des Anhängers mit Blick auf das **Gespann** eine Mehrfachversicherung (s §§ 19 Abs 4 StVG nF, 78 Abs 3 VVG nF; zur Rechtslage vor dem 17. 7. 2020 s BGHZ 187, 211 Rn 9; Langenick NZV 2014, 57 ff), so ist hinsichtlich der Frage, ob dem vollständig regulierenden Versicherer ein Rückgriffsanspruch gegen den anderen Versicherer zusteht, das nach Art 7 Rom I-VO berufene Sachstatut maßgeblich (EuGH VersR 2016, 797 Rn 60, 64; offenlassend, ob Art 19 Rom II-VO oder Art 7 Rom I-VO eingreift, BGH VersR 2021, 572 Rn 30 m Anm Zwickel VersR 2021, 575 und Pfeiffer LMK 2021, 812030; BGH NJW-RR 2023, 1146 mAnm Armbrüster LMK 2024, 807122; die Rechtsprechung zur Anwendbarkeit deutschen Rechts bestätigend BGH r+s 2021, 684 Rn 14 f; s auch OLG Schleswig BeckRS 2020, 11616 Rn 17 ff; OLG Köln BeckRS 2021, 9150 Rn 7 ff; OLG Karlsruhe VersR 2021, 1486, 1489). Durch die Neuregelung für Unfälle seit dem 17. 7. 2020 haben sich die Regressfälle weitgehend erledigt (Zwickel NZV 2021, 31, 33 f; zu Regressansprüchen bei Gespannunfällen mit Auslandsbeteiligung Rust r+s 2022, 481, 483 ff).

22 Der **Regressanspruch des Versicherers gegen einen mitversicherten Fahrer** richtet sich grds nach dem Recht des Mitgliedstaats, der die Versicherungspflicht für das streitgegenständliche Kfz vorschreibt (BGH NJW-RR 2020, 802 Rn 11 ff, 15 ff; **aA** [auf das Versicherungsvertragsstatut abstellend] vorgehend KG VersR 2019, 748, 749). Ob und in welchem Verhältnis Halter und Fahrer gemeinsam haften, bestimmt sich hingegen nach dem durch Art 4 ff, 19 Rom II-VO berufenen Sachstatut (vgl EuGH NJW 2016, 1005 Rn 59 f). Für den übergegangenen Anspruch des Versicherers gegen den Schädiger ist nach Art 4 Abs 1 iVm Art 15 lit h und Art 19 Rom II-VO das Recht des Staates maßgebend, das auch für den Anspruch des Geschädigten gegen den Schädiger gilt (insbes für die Verjährung EuGH NJW-RR 2023, 940 Rn 16 ff, 28, 30 f).

23 Die Voraussetzungen und der Umfang einer **Legalzession** nach § 86 VVG richten sich gem Art 19 Rom II-VO nach dem Versicherungsvertragsstatut (EuGH NJW 2016, 1005 Rn 57, 59; MünchKommVVG/Looschelders IntVersR Rn 228). Dies gilt auch für die Reichweite des sog Quotenvorrechts (AG Köln IPRax 2015, 358 m Anm Gebauer IPRax 2015, 331 ff).

24 Gegenüber dem in Rn 15 aufgezeigten Grundsatz sind die insbes in Art 1 Rom I-VO aufgeführten **Ausnahmen** zu beachten. Demnach gilt die Rom I-VO nicht für Schuldverhältnisse aus **vorvertraglichen Verhandlungen** (Art 1 Abs 2 lit i Rom I-VO; zum früheren Recht für vertragsakzessorische Anknüpfung eines Schadensersatzanspruchs wegen Verletzung von § 5a VVG aF s demgegenüber Dörner IPRax 2005, 26, 27). Insoweit greifen vielmehr die **Art 1 Abs 1, 2 Abs 1, 12 Rom II-VO** ein (Fricke VersR 2008, 443, 444; Seibl IPRax 2011, 240 f; s auch J Hoffmann, in: FS Dauses [2014] 153 ff, der freilich allein auf das Verhältnis zu Art 6 Abs 2 S 2 Rom I-VO und nicht zu Art 7 Rom I-VO eingeht). Diese Ausnahme vom Anwendungsbereich der Rom I-VO betrifft etwa die Verletzung vorvertraglicher **Informationspflichten** und dem pflichtwidrigen **Abbruch von Vertragsverhandlungen** (s Erwägungsgrund 30 S 1 Rom II-VO) sowie der Verletzung vorvertraglicher **Beratungs- und Dokumentationspflichten** durch den **Versicherer** (BeckOGK/Lüttringhaus [1. 12. 2023] Art 7 Rom I-VO Rn 27; Bruns, Privatversicherungsrecht [2015] § 34 Rn 19). Daneben betrifft die Ausnahme auch die **Haftung von Versicherungsvermittlern** nach § 63 VVG

für vorvertragliche Beratungsfehler (Bruck/Möller/Dörner Art 1 Rom I-VO Rn 12; BeckOGK/Lüttringhaus [1. 12. 2023] Art 7 Rom I-VO Rn 28; Katschthaler/Leichsenring r+s 2010, 45, 47). Soweit freilich in diesem Kontext zudem die **vorvertragliche Anzeigepflicht** des Versicherungsnehmers nach § 19 VVG genannt wird, steht dem entgegen, dass ein Verstoß kein Schuldverhältnis aus vorvertraglichen Verhandlungen iSv Art 1 Abs 2 lit i Rom I-VO begründet (**aA** offenbar Bruck/Möller/Dörner Art 1 Rom I-VO Rn 12 [„Haftung des Versicherungsnehmers für Anzeigepflichtverletzungen nach § 19 VVG"]; BeckOGK/Lüttringhaus [1. 12. 2023] Art 7 Rom I-VO Rn 27). Vielmehr wirkt sich eine Verletzung dieser vorvertraglichen Obliegenheit ausschließlich auf die Rechte der Parteien im laufenden Vertragsverhältnis aus.

Freilich wird sich in allen von Art 1 Abs 2 lit i Rom I-VO erfassten Fällen im Ergebnis regelmäßig kein Unterschied zur Anknüpfung nach Art 7 Rom I-VO ergeben, da **Art 12 Rom II-VO** für diese Fälle das **tatsächliche oder hypothetische Vertragsstatut** für maßgeblich erklärt (Heiss, in: FS Kropholler [2008] 459, 461; Katschthaler/Leichsenring r+s 2010, 45, 46 f; MünchKommVVG/Looschelders IntVersR Rn 53; Richters 83; BeckOGK/Lüttringhaus [1. 12. 2023] Art 7 Rom I-VO Rn 26). Dieser Gleichlauf ist insbes wichtig für den Fall einer Verletzung von **Beratungspflichten** nach Art des § 6 Abs 1, 4 VVG, da eine Statutenspaltung hinsichtlich der vor und nach Vertragsschluss bestehenden Pflichten vermieden wird. Für die Verletzung von **Informationspflichten** nach Art des § 7 VVG ist die Thematik weniger bedeutsam, da die wesentliche Sanktion hier darin liegt, dass die Widerrufsfrist nicht zu laufen beginnt (vgl § 8 Abs 2 Nr 1 VVG), und die Voraussetzungen des Widerrufsrechts zum Versicherungsvertragsstatut iSv Art 7 Rom I-VO zählen (Rn 16). Allerdings hält der BGH (NJW 20187, 3387 Rn 34 ff mkritAnm Armbrüster LMK 2017, 394412) es für möglich, dass eine fehlerhafte Widerrufsbelehrung einen Schadensersatzanspruch nach §§ 280 Abs 1, 241 Abs 2, 311 Abs 2 Nr 1 BGB auslöst. Folgt man dem, so ist darauf über Art 12 Rom II-VO das Versicherungsvertragsstatut anwendbar (vgl auch BeckOGK/Lüttringhaus [1. 12. 2023] Art 7 Rom I-VO Rn 29 aE). 25

Die Haftung des **Versicherungsmaklers** für Verstöße nach Vertragsschluss richtet sich nach dem für den **Maklervertrag** maßgeblichen Vertragsstatut (NK-BGB/Leible Art 7 Rom I-VO Rn 7). Für vorvertragliche Pflichtverletzungen ergibt sich dasselbe aufgrund der akzessorischen Anknüpfung nach Art 12 Rom II-VO (BeckOGK/Lüttringhaus [1. 12. 2023] Art 7 Rom I-VO Rn 27). Auch im Übrigen sind Vermittlungsverhältnisse nicht dem Versicherungsvertragsstatut zu unterwerfen (eingehend Rüsing, Grenzüberschreitende Versicherungsvermittlung im Binnenmarkt [2019] S 160 ff). 26

Die Ausnahme in Bezug auf das **Gesellschaftsrecht** (Art 1 Abs 2 lit f Rom I-VO) kann im Versicherungsbereich für den VVaG bedeutsam werden. Sofern es um die **Mitgliedschaft** und nicht um die Rechtsbeziehungen als Versicherungsnehmer geht (zur Differenzierung zwischen beidem s Armbrüster, in: Bürkle [Hrsg], Rechtliche Rahmenbedingungen für VVaGs [2008] 29 ff; Bruck/Möller/Dörner Art 1 Rom I-VO Rn 6 f), kommt die Rom I-VO **nicht** zum Zuge (Fricke VersR 2008, 443, 444; Rauscher/Wendt [2023] Art 7 Rom I-VO Rn 3; Bruck/Möller/Dörner Art 1 Rom I-VO Rn 7; BeckOGK/Lüttringhaus [1. 12. 2023] Art 7 Rom I-VO Rn 32; **aA** Staudinger, in: Internat Vertragsrecht Art 7 Rom I-VO Rn 17: Differenzierung kaum praktikabel, beim VVaG immer gesellschaftsrechtliche Anknüpfung). Die Rom I-VO bestimmt demnach für solche Rechtsfragen nicht das anwendbare Recht, bei denen es nicht um den Versicherungsschutz geht, sondern um die Mitgliedschaft 27 und die damit verbundenen Rechte und Pflichten. Weitere für Versicherungsverträge bedeutsame Ausnahmen im Katalog von Art 1 Abs 2 Rom I-VO betreffen ua die **Rechts- und Geschäftsfähigkeit** (lit a), **Schieds- und Gerichtsstandsvereinbarungen** (lit e) sowie das **Stellvertretungsrecht** (lit g; zum Vertretungsstatut s STAUDINGER/MAGNUS [2024] Art 8 EGBGB Rn 1 ff).

28 Unanwendbar ist die Rom I-VO nach **Art 1 Abs 2 lit j Rom I-VO** auch auf Versicherungsverträge im Rahmen der **betrieblichen Altersvorsorge,** die mit **außerhalb des EWR ansässigen Versicherern** abgeschlossen werden. Stattdessen ist für diese Sachverhalte das jeweilige Kollisionsrecht des Mitgliedstaates maßgeblich. Allerdings erfasst jene Ausnahmevorschrift nur sehr spezielle Fälle. Ein außerhalb des EWR ansässiger Versicherer benötigt nämlich ohnehin eine **Niederlassung** innerhalb des EWR, sofern er dort belegene Risiken versichert (Grünbuch der Kommission, KOM [2002] 654 endg, 26; PERNER IPRax 2009, 218, 219; FENYVES/SCHAUER/PERNER Rom I-VO Rn 2). Sofern der Versicherungsvertrag mit dieser Niederlassung abgeschlossen wird, gilt das Kollisionsrecht der Rom I-VO. Die Ausnahme betrifft daher allein die Versicherung von **außerhalb des EWR belegenen Risiken** betrieblicher Altersvorsorge durch einen **außerhalb des EWR ansässigen Versicherer** (BeckOGK/LÜTTRINGHAUS [1. 12. 2023] Art 7 Rom I-VO Rn 30 f; ARMBRÜSTER, in: FS vHoffmann [2011] 23, 26 f; s auch STAUDINGER, in: Internat Vertragsrecht Art 7 Rom I-VO Rn 18; für akzessorische Anknüpfung an das Statut der betrieblichen Altersversorgung BRUCK/MÖLLER/DÖRNER Art 1 Rom I-VO Rn 13 f). Auch der deutsche Gesetzgeber sieht hier keinen Bedarf für eine Sonderregelung (Begr zum IPR-Anpassungsges, BR-Drucks 7/09, 11).

c) Differenzierung nach der Risikobelegenheit

aa) Bedeutung der Risikobelegenheit

29 Wie bereits die Richtlinien und die darauf beruhenden Art 7–15 EGVVG aF, differenziert auch die Rom I-VO hinsichtlich der anwendbaren Regeln nach der **Belegenheit des Risikos**. Art 7 Rom I-VO kommt mithin ebenso wie Art 7 EGVVG aF die Funktion einer **„Meta-Kollisionsnorm“** zu (s zum alten Recht Rn 157; BRUCK/MÖLLER/DÖRNER Art 7 Rom I-VO Rn 6; BeckOGK/LÜTTRINGHAUS [1. 12. 2023] Art 7 Rom I-VO Rn 47; MünchKommBGB/MARTINY Art 7 Rom I-VO Rn 1). Allerdings bestehen mehrere wichtige **Unterschiede** zum früheren Recht: Zum einen ist eine Risikobelegenheit innerhalb des EWR (zur Ausdehnung von Art 7 Rom I-VO über die EU-Mitgliedstaaten hinaus s Rn 59; auf den EWR abstellend bereits Art 7 Abs 1 EGVVG aF) nicht mehr Voraussetzung dafür, dass das Regelwerk als Ganzes überhaupt anwendbar ist (vgl demgegenüber für Altfälle Rn 1). Zum anderen spielt die Risikobelegenheit in einem Mitgliedstaat für den Bereich der Großrisiken (zum Begriff s Rn 60) nach Art 7 Abs 1 S 1 Fall 1, Abs 2 Rom I-VO keine Rolle mehr. Mithin wird nur noch im Bereich der Massenrisiken danach differenziert, ob das Risiko in einem Mitgliedstaat belegen ist (zum Begriff des Mitgliedstaats s Rn 59). Die für das Kollisionsrecht maßgebliche Definition der Risikobelegenheit spielt auch im Steuerrecht – insbesondere für die **Versicherungssteuer** (vgl Art 157 Solvency II-RL [2009/138/EG]) – eine Rolle. Daher sind Gerichtsentscheidungen zu diesem Bereich auch im Kontext von Art 7 Rom I-VO von Interesse (s etwa zur W & I [Warranty and Indemnity]-Versicherung EuGH 17. 1. 2019 – C-74/18 A Ltd, BeckRS 2019, 108 = DStR 2019, 218 m Anm GRÜNWALD; s dazu auch STAUDINGER/ARMBRÜSTER [2021] Vorbem 25a zu Art 7 Rom I-VO; zur P & I [Protection and Indemnity]-Versicherung FG Köln BeckRS2017, 142959 = DStR 2018, 1293, 1295 ff m krit Anm MEDERT/VOSS DStR 2018, 1273).

30 Der Umstand, dass für **Massenrisiken** der für Versicherungsverträge geltende Art 7 Abs 1, 3 Rom I-VO nur eingreift, wenn das **Risiko innerhalb des EWR** belegen ist, während anderenfalls auf die allgemeinen Anknüpfungsregeln der Rom I-VO zurückzugreifen ist, wird im Schrifttum vereinzelt als **Redaktionsversehen** angesehen. Daraus wird gefolgert, dass auch für die außerhalb des EWR belegenen Risiken Art 7 Rom I-VO heranzuziehen sei (Fricke VersR 2008, 443, 448; zurückhaltender jetzt Rauscher/Wendt [2023] Art 7 Rom I-VO Rn 16). Zuzugeben ist dieser Ansicht, dass für die Ungleichbehandlung im Bereich der Massenrisiken **kein sachlicher Grund** ersichtlich ist, sodass rechtspolitisch alles für eine einheitliche Anknüpfung spricht (so auch Perner IPRax 2009, 218, 222). Dennoch kann dies angesichts des **klar entgegenstehenden Wortlauts** der VO nicht bereits de lege lata angenommen werden. Erwägungsgrund 32 der Rom I-VO, auf den die genannte Ansicht sich zur Begründung stützt, bezieht sich auf Art 7 und damit auch auf die nach dessen Wortlaut unmissverständlich vorgenommene **Differenzierung** (Looschelders/Smarowos VersR 2010, 1, 4; MünchKommVVG/Looschelders IntVersR Rn 106; MünchKommBGB/Martiny Art 7 Rom I-VO Rn 31; BeckOGK/Lüttringhaus [1. 12. 2023] Art 7 Rom I-VO Rn 104.1; Perner IPRax 2009, 218, 219 Fn 18; Armbrüster, in: FS vHoffmann 23, 24 [2011]; Rühl, in: FS vHoffmann [2011] 364, 375; Staudinger, in: Internat Vertragsrecht Art 7 Rom I-VO Rn 20 [Fn 102]; Calliess/Renner/Gruber Art 7 Rome I Rn 71 ff; Richters 93; jurisPK-BGB/Junker Art 7 Rom I-VO Rn 32; Versicherungsrechts-Handbuch/W-H Roth § 4 Rn 52; Spickhoff, in: FS E Lorenz [2014] 487, 498). Eine entsprechende Änderung ist aber mit Blick auf die in Art 27 Abs 1 lit a Rom I-VO vorgesehene Revision der durch die Rom I-VO geschaffenen Neuregelungen rechtspolitisch wünschenswert (s den Novellierungsvorschlag von Böttger VersR 2012, 156, 160 ff).

bb) Voraussetzungen der Risikobelegenheit

31 Art 7 Abs 6 Rom I-VO nimmt hinsichtlich der Bestimmung der Risikobelegenheit ausdrücklich Bezug auf die **Definitionen** in Art 2 lit d der Richtlinie 88/357/EWG (Zweite Richtlinie Schadensversicherung) sowie in Art 1 Abs 1 lit g der Richtlinie 2002/83/EG (konsolidierte Richtlinie Lebensversicherung). Die dazu entwickelten Regeln sind mithin auch für die Rom I-VO heranziehbar. Mit Wirkung zum 1. 1. 2016 sind an die Stelle der in Abs 6 genannten Richtlinienregeln die Definitionen in **Art 13 Nrn 13, 14 der Solvency II-RL** (2009/138/EG) getreten; s Art 310 S 2 jener Richtlinie (näher Rn 130). Eine inhaltliche Änderung ist damit nicht verbunden. Unerheblich ist für die Auslegung des Begriffs der Risikobelegenheit, wie die Versicherungsprämie innerhalb eines Konzerns fakturiert oder gezahlt wird (EuGH NVersZ 2001, 376). Im Einzelnen gilt Folgendes:

(1) Versicherung unbeweglicher Sachen

32 Betrifft ein Vertrag die Versicherung **unbeweglicher Sachen,** so ist das versicherte Risiko in dem Mitgliedstaat des EWR belegen, in dem die unbeweglichen Sachen belegen sind (Art 13 Nr 13 lit a Solvency II-RL [2009/138/EG]; vor dem 1. 1. 2016: Art 2 lit d Spiegelstrich 1 Richtlinie 88/357/EWG). Diese Regel gilt nicht nur für Sachversicherungen (zB Gebäude-Feuerversicherung), sondern auch für andere **Schadensversicherungen mit Bezug auf unbewegliche Sachen,** zB für Gebäude-Haftpflichtversicherungen (Dörner Art 7 EGVVG Rn 16; Soergel/vHoffmann Art 37 EGBGB Rn 78; Ferrari/Staudinger Art 7 Rom I-VO Rn 58; MünchKommVVG/Looschelders IntVersR Rn 72; BeckOGK/Lüttringhaus [1. 12. 2023] Art 7 Rom I-VO Rn 56) sowie für Gebäude-Rechtsschutzversicherungen (Gruber 24; MünchKommVVG/Looschelders IntVersR Rn 72; BeckOGK/Lüttringhaus [1. 12. 2023] Art 7 Rom I-VO Rn 56).

33 Erfasst werden auch Aufbauten, die nicht wesentliche Bestandteile eines Grundstücks (§ 94 BGB) sind, insbes **Scheinbestandteile** iS von § 95 BGB (Gruber 25 ff; Kramer 156; **aA** Hahn 17 f; Rudisch ZVglRWiss 93 [1994] 95). Die Regeln des deutschen Sachenrechts sind insofern nicht ausschlaggebend. Vielmehr ist eine **autonome europarechtliche Auslegung** des Gebäudebegriffs geboten (Gruber 26; MünchKommVVG/Looschelders IntVersR Rn 73; Staudinger, in: Internat Vertragsrecht Art 7 Rom I-VO Rn 61; BeckOGK/Lüttringhaus [1. 12. 2023] Art 7 Rom I-VO Rn 55). Ein an den §§ 94 f BGB orientiertes Verständnis wäre im Übrigen nicht sachgerecht, da dann ein Wertungswiderspruch zum Einschluss von Inventar entstünde (Rn 34); zudem könnte es zu einer nicht sachgerechten Statutenspaltung kommen. Tendenziell ist daher eine weite Auslegung angemessen (BeckOGK/Lüttringhaus [1. 12. 2023] Art 7 Rom I-VO Rn 55).

34 Für zum **Inventar** zählende Sachen (zB Möbel) ist die Risikobelegenheit des sie umgebenden Bauwerks dann maßgeblich, wenn Bauwerks- und Inventarrisiken durch denselben Vertrag gedeckt sind. In diesem Fall soll eine **Statutenspaltung vermieden** werden. Für eine – üblicherweise – separat (wenn auch uU zeitgleich beim selben Versicherer) abgeschlossene **Hausratversicherung** gilt hingegen der in Rn 42 ff behandelte Auffangtatbestand (Fricke VersR 1994, 774; MünchKommVVG/Looschelders IntVersR Rn 74; Soergel/vHoffmann Art 37 EGBGB Rn 78; Ferrari/Staudinger Art 7 Rom I-VO Rn 59; MünchKommBGB/Martiny Art 7 Rom I-VO Rn 52).

(2) Fahrzeugversicherungen

35 Risiken mit Bezug auf **zugelassene Fahrzeuge** sind in dem Mitgliedstaat belegen, in dem die Zulassung zu erfolgen hat (Art 13 Nr 13 lit b Solvency II-RL [2009/138/EG]; BGH NJW-RR 2020, 802 Rn 19, 21). Diese Regel (vor dem 1. 1. 2016: Art 2 lit d Spiegelstrich 2 RL 88/357/EWG; zu Einzelfragen s Gruber 32 f) erfasst **Fahrzeuge aller Art** und somit auch Wasserfahrzeuge (LG Hamburg NJOZ 2006, 197, 198 f; Mankowski, Seerechtliche Vertragsverhältnisse S 535 ff; MünchKommBGB/Martiny Art 7 Rom I-VO Rn 53) sowie Luftfahrzeuge (MünchKommVVG/Looschelders IntVersR Rn 75; BeckOGK/Lüttringhaus [1. 12. 2023] Art 7 Rom I-VO Rn 59). Sie gilt für alle Sparten der „fahrzeugbezogenen" Versicherung, also neben **Kaskoversicherungen** einschließlich der Schiffskaskoversicherung (dazu Mankowski, Seerechtliche Vertragsverhältnisse 535 ff) insbes auch für **Kfz-Haftpflicht-, Kfz-Unfall- und Kfz-Rechtsschutzversicherungen** (MünchKommVVG/Looschelders IntVersR Rn 77). Es muss sich freilich stets um **fahrzeugbezogene Risiken** handeln; anderenfalls greift der in Rn 42 ff behandelte Auffangtatbestand ein (BeckOGK/Lüttringhaus [1. 12. 2023] Art 7 Rom I-VO Rn 58; MünchKommVVG/Looschelders IntVersR Rn 77). Nicht unter lit b fällt ein Vertrag über die betriebliche Haftung des Versicherungsnehmers unabhängig von einzelnen Fahrzeugen; etwa wenn in der **Verkehrshaftpflichtversicherung** seine Haftung als Spediteur, Frachtführer oder Lagerhalter aus entgeltlichen Verkehrsverträgen gedeckt ist (OLG München TransportR 2026, 44).

36 Der **Normzweck** soll nach verbreiteter Ansicht (Fricke VersR 1994, 775; Kozuchowski 82 ff; MünchKommBGB/Martiny Art 7 Rom I-VO Rn 53; Soergel/vHoffmann Art 37 EGBGB Rn 79; s auch Imbusch VersR 1993, 1060) – ähnlich wie die inhaltlich freilich abweichende Anknüpfung für Transportmittel – darin liegen, einen bei jedem Grenzübertritt eintretenden **Statutenwechsel zu verhindern.** Indessen würde bei Fehlen der Regel zu Fahrzeugversicherungen nicht die jeweilige lex rei sitae gelten, sondern der Auffangtatbestand (Rn 42 ff). Die Anknüpfungsregel für Fahrzeugversicherungen hat dem-

gegenüber den Vorzug besonders **einfacher Handhabbarkeit.** Dies spricht dafür, sie **analog** auch dann anzuwenden, wenn ein Fahrzeug zwar **nicht zulassungspflichtig** ist, aber gleichwohl in ein amtliches Register **eingetragen** wurde (Looschelders/Pohlmann/Schäfer Art 7 Rom I-VO Rn 146; **aA** Staudinger, in: Internat Vertragsrecht Art 7 Rom I-VO Rn 65; Bruck/Möller/Dörner Art 7 Rom I-VO Rn 32). Dies kann bei Schiffen praktisch bedeutsam werden, die wegen ihrer geringen Größe oder Antriebsart nicht kennzeichnungspflichtig sind (vgl § 1 Nr 2 lit d–f KlFzKV-BinSch; BeckOGK/Lüttringhaus [1. 12. 2023] Art 7 Rom I-VO Rn 58). Abgesehen von diesem Sonderfall gilt für **nicht zulassungspflichtige** Fahrzeuge der in Rn 42 ff behandelte Auffangtatbestand (Fricke VersR 1994, 775; MünchKommVVG/Looschelders IntVersR Rn 76). Ein Beispiel bietet die Fahrrad-Diebstahlversicherung.

Auffällig ist, dass Art 7 Abs 6 Rom I-VO nur auf Art 2 lit d Spiegelstrich 2 und nicht 37
auch auf den durch die Neufassung der Kfz-HaftpflichtversicherungsRL durch Art 4 Nr 4 der RL 2005/14/EG neu eingefügten **Art 4a RL 88/357/EWG (nunmehr Art 15 RL 2009/103/EG [Kraftfahrzeug-Haftpflichtversicherungs-RL])** verweist. Auch **Art 13 Nr 13 lit b der Solvency II-RL** (2009/138/EG) enthält keine mit Art 4a RL 88/357/EWG bzw Art 15 RL 2009/103/EG vergleichbare Sonderregel. Gem Art 4a RL 88/357/EWG (Art 15 RL 2009/103/EG) ist abweichend von der oben genannten Grundregel bei einem Fahrzeug, das **von einem Mitgliedstaat in einen anderen versandt (überführt)** wird, während eines Zeitraums von **dreißig Tagen** unmittelbar nach der Annahme der Lieferung durch den Käufer der Bestimmungsmitgliedstaat als der Mitgliedstaat anzusehen, in dem das Risiko belegen ist, selbst wenn das Fahrzeug im Bestimmungsmitgliedstaat nicht offiziell zugelassen wurde. Der **Grund** für diese Sonderregelung liegt darin, dass im Falle einer **Überführung** ohnehin regelmäßig der Abschluss eines Kfz-Haftpflichtversicherungsvertrages notwendig ist. Dieser unterläge nach Art 13 Nr 13 lit b Solvency II-RL (2009/138/EG) dem Recht desjenigen Staates, in dem das Fahrzeug zugelassen wurde. Allerdings ist dieses – und insoweit ist die Rechtslage misslich – im Überführungsfall nicht das Recht des Bestimmungsstaates. Ein solches Auseinanderfallen sollte durch die Einführung des Art 4a RL 88/357/EWG verhindert und damit die **Erlangung von Versicherungsschutz** für noch zu überführende Fahrzeuge **erleichtert** werden (vgl Erwägungsgrund 18 RL 2005/14/EG). Der deutsche Gesetzgeber hatte diese Änderung bei der Neufassung des Art 7 Abs 2 Nr 2 EGVVG aF zum 17. 12. 2007 noch berücksichtigt (s den Textabdruck in Rn 157 ff). Vor diesem Hintergrund stellt sich die Frage, ob dem Verordnungsgeber hier ein **Redaktionsversehen** unterstellt und Art 7 Abs 6 Rom I-VO teleologisch extendierend dahin ausgelegt werden kann, dass trotz des nur eingeschränkten Verweises neben Art 13 Nr 13 lit b Solvency II-RL (2009/138/EG) **auch Art 4a RL 88/357/EWG bzw Art 15 RL 2009/103/EG anzuwenden** ist. Diese Frage ist zu **bejahen** (Bruck/Möller/Dörner Art 7 Rom I-VO Rn 34; MünchKommBGB/Martiny Art 7 Rom I-VO Rn 53 [Fn 204]; NK-BGB/Leible Art 7 Rom I-VO Rn 15; BeckOGK/Lüttringhaus [1. 12. 2023] Art 7 Rom I-VO Rn 60; **aA** Looschelders/Pohlmann/Schäfer, Int Versicherungsvertragsrecht Rn 149 [mit rechtspol Kritik]). Methodische Bedenken können dem nicht entgegengehalten werden. Dies folgt bereits aus dem Umstand, dass Art 2 lit d Spiegelstrich 2 88/357/EWG durch Art 4 Nr 4 RL 2005/14/EG ausdrücklich modifiziert worden ist. Zu **Gespannen** s Rn 21.

(3) Reise- und Ferienversicherungen

Hat eine Versicherung über ein **Reise- oder Ferienrisiko** eine Laufzeit von bis zu vier 38
Monaten, so ist das Risiko in dem Mitgliedstaat belegen, in dem der Versicherungs-

nehmer den **Vertrag geschlossen** hat (Art 13 Nr 13 lit c Solvency II-RL [2009/138/EG]; vor dem 1. 1. 2016: Art 2 lit d Spiegelstrich 3 Richtlinie 88/357/EWG). Nach Art 7 Abs 2 Nr 3 EGVVG aF wird hingegen darauf abgestellt, wo er die **zum Vertragsschluss notwendigen Rechtshandlungen** vorgenommen hat (näher Rn 40). Darin ist eine **sachgerechte Konkretisierung** zu sehen, die gegenüber einem Abstellen auf den Abschlussort Rechtsunsicherheit und unangemessene Ergebnisse vermeidet. Auch die Solvency II-RL (2009/138/EG) gebietet kein abweichendes Verständnis. Daher gilt das nach Art 7 Abs 2 Nr 3 EGVVG aF maßgebliche Kriterium auch im Rahmen der Rom I-VO fort (dafür im Erg auch MünchKommVVG/Looschelders IntVersR Rn 80; MünchKommBGB/Martiny Art 7 Rom I-VO Rn 54). Maßgeblich für die Viermonatsfrist ist entsprechend dem Wortlaut nicht die Dauer der Reise, sondern die vereinbarte Vertragslaufzeit (MünchKommVVG/Looschelders IntVersR Rn 79). Erfasst werden insbes die **Reisekranken-, Reiseunfall-, Reisegepäck-, Reisehaftpflicht und Reiserücktrittskostenversicherung** sowie die **Verkehrsservice-Versicherung** (Uebel 87; MünchKommVVG/Looschelders IntVersR Rn 79; MünchKommBGB/Martiny Art 7 Rom I-VO Rn 54; BeckOGK/Lüttringhaus [1. 12. 2023] Art 7 Rom I-VO Rn 61). Entscheidend ist, dass der Vertrag gerade das Reise- oder Ferienrisiko erfassen soll.

39 Die Belegenheitsregel kommt hingegen nicht zum Zuge, wenn **lediglich anlässlich einer Reise** eine allgemeine Haftpflicht-, Kranken-, Sach- oder Unfallversicherung abgeschlossen wird (Gruber 35; MünchKommVVG/Looschelders IntVersR Rn 79; **aA** Hahn 19 f; Kramer 157). Insoweit greift vielmehr der Auffangtatbestand ein (Rn 42 ff), der dem Versicherungsnehmer in Gestalt seines gewöhnlichen Aufenthalts einen von dem vorübergehenden Reisezeitraum losgelösten beständigeren Schutz bietet. Als Beispiel sei der Fall genannt, dass vor einer geplanten Auslandsreise eine Hausratversicherung abgeschlossen wird, die über das Wohnungsinventar hinaus als Außenversicherung auch während der Reise mitgeführtes Gepäck gegen Diebstahl absichert. Die Streitfrage ist freilich im Hinblick darauf praktisch nur wenig bedeutsam, dass die Sonderregel ohnehin nur für Verträge mit maximal viermonatiger Laufzeit gilt.

40 Die für den Vertragsschluss **notwendige Rechtshandlung** besteht idR in der Abgabe eines **Angebotes,** ansonsten in dessen Annahme. Dies wird für den Fall, dass der Versicherungsnehmer eine solche Handlung außerhalb seines gewöhnlichen Aufenthaltsstaates vorgenommen hat (zB Einwurf des Briefes auf der Reise), verbreitet als unangemessen erachtet (so für Art 7 Abs 2 Nr 3 EGVVG aF Basedow/Drasch NJW 1991, 787; Gruber 38 f; Reichert-Facilides IPRax 1990, 7; Uebel 228; für Internetnutzung U Hübner ZVersWiss 2001, 370). In der Tat erscheint der Bezug zur Rechtsordnung des Staates, in dem die Erklärung abgegeben wird, bisweilen als flüchtig. Indessen überzeugen die Vorschläge zur Abhilfe allesamt nicht (Looschelders/Pohlmann/Schäfer, Int Versicherungsvertragsrecht Rn 152; Bruck/Möller/Dörner Art 7 Rom I-VO Rn 36; NK-BGB/Leible Art 7 Rom I-VO Rn 18; jurisPK-BGB/Junker Art 7 Rom I-VO Rn 145; Versicherungsrechts-Handbuch/W-H Roth § 4 Rn 59).

41 Der Vorschlag von Reichert-Facilides (IPRax 1990, 1, 7), die Anknüpfung teleologisch auf den **Vertragsschluss unter Anwesenden** zu reduzieren, liefe darauf hinaus, dass die Regelung praktisch bedeutungslos würde (Soergel/vHoffmann Art 37 EGBGB Rn 80; gegen den Vorschlag auch MünchKommVVG/Looschelders IntVersR Rn 80; MünchKommBGB/Martiny Art 7 Rom I-VO Rn 54; Staudinger, in: Internat Vertragsrecht Art 7

Rom I-VO Rn 66; BeckOGK/Lüttringhaus [1. 12. 2023] Art 7 Rom I-VO Rn 62). Den weiteren Vorschlägen, die Anknüpfungsregel als **widerlegliche Vermutung** anzusehen (dafür Basedow/Drasch NJW 1991, 787; dagegen Gruber 40 f; MünchKommVVG/Looschelders IntVersR Rn 81; vgl auch BeckOGK/Lüttringhaus [1. 12. 2023] Art 7 Rom I-VO Rn 62 [Ausnahme allenfalls, wenn die Vornahme der Rechtshandlung in einem bestimmten Staat „völlig zufällig" erscheint]) oder die **Vorbereitungshandlungen** zu berücksichtigen (dafür mit Unterschieden iE Gruber 41 ff; Uebel 228; wohl auch MünchKommVVG/Looschelders IntVersR Rn 81), steht das Interesse an Rechtssicherheit entgegen. Auch der Versicherungsnehmerschutz gebietet kein abweichendes Ergebnis (**aA** Gruber 42): Typischerweise gibt der Versicherungsnehmer seine Vertragserklärung am **Ort seines gewöhnlichen Aufenthalts** ab, sodass die Belegenheit derjenigen des Auffangtatbestands (Rn 42 ff) entspricht; erfolgt die Abgabe hingegen im Ausland, so fehlt es an einem schutzwürdigen Vertrauen darauf, dass das Recht des gewöhnlichen Aufenthalts maßgeblich ist (MünchKommVVG/Looschelders IntVersR Rn 82; Armbrüster, in: FS vHoffmann [2011] 23, 28). Das so gefundene Ergebnis entspricht darüber hinaus dem Auffangtatbestand des Art 13 Nr 13 lit b Solvency II-RL (2009/138/EG), der Art 2 lit d Spiegelstrich 3 RL 88/357/EWG ersetzt. Es steht folglich im Einklang mit der in Art 7 Abs 6 Rom I-VO angeordneten Verweisung. Gibt der Versicherungsnehmer seine Erklärung durch einen **Vertreter** ab, so richtet sich die Belegenheit nach dem Ort, an dem der Vertreter handelt (Gruber 38; MünchKommVVG/Looschelders IntVersR Rn 80; BeckOGK/Lüttringhaus [1. 12. 2023] Art 7 Rom I-VO Rn 62).

(4) Andere Versicherungen (Auffangtatbestand)

Für die **Lebens-, Renten- und Berufsunfähigkeitszusatzversicherung** (vgl zum Begriff der Lebensversicherung Art 2 Abs 3 lit a Solvency II-RL [2009/138/EG]) und für die nicht von den genannten speziellen Regeln erfassten **Schadensversicherungen** (Kranken-, Unfall-, Gütertransport-, Haftpflicht-, Rechtsschutz-, Kreditversicherung usw) besteht hinsichtlich der Risikobelegenheit ein Auffangtatbestand (Art 13 Nr 13 lit d Solvency II-RL [2009/138/EG]; vor dem 1. 1. 2016: Art 2 lit d Spiegelstrich 4 Richtlinie 88/357/EWG). Dabei wird im Bereich der Lebensversicherung der Staat, in dem das Risiko belegen ist, als **„Staat der Verpflichtung"** bezeichnet (vgl Art 7 Abs 6 Rom I-VO). Nach dem Auffangtatbestand ist hinsichtlich der Risikobelegenheit wie folgt zu differenzieren, wobei jeweils der **Zeitpunkt des Vertragsschlusses** maßgeblich ist (Rn 54) und es auch bei der Fremdversicherung allein auf den **Versicherungsnehmer** und nicht auf den Versicherten ankommt (MünchKommVVG/Looschelders IntVersR Rn 83; näher Rn 47). 42

Ist der Versicherungsnehmer eine **natürliche Person,** so ist der Mitgliedstaat seines **gewöhnlichen Aufenthalts** maßgeblich (Art 13 Nr 13 lit d sublit i, Nr 14 lit a Solvency II-RL [2009/138/EG]). Umschrieben wird damit der Daseins- oder Lebensmittelpunkt (Schwerpunkt privater und beruflicher Beziehungen; s nur Staudinger/Magnus [2021] Art 19 Rom I-VO Rn 31). Dieser kann zu einem bestimmten Zeitpunkt jeweils nur an einem einzigen Ort bestehen (MünchKommBGB/vHein Art 5 EGBGB Rn 172 ff; **aA** Spickhoff IPRax 1995, 189). Ist ein gewöhnlicher Aufenthalt **nicht feststellbar,** so ist entsprechend Art 5 Abs 2 aE EGBGB auf den **schlichten Aufenthalt** abzustellen: Liegt er innerhalb des EWR, so ist das Risiko dort belegen (Dörner Art 7 EGVVG Rn 26; s aber auch Bruck/Möller/Dörner Art 7 Rom I-VO Rn 40 [analog Art 13 Nr 13 lit d RL 2009/138/EG]; allgemeiner für Ersatzanknüpfung an die Rechtsordnung der engsten Verbindung Gruber 55 f; nach altem Recht für Anwendung der Art 27 ff EGBGB aF Liauh 33). 43

44 Bei **gewerblich oder freiberuflich tätigen natürlichen Personen** ist das Risiko (nur) dann, wenn es mit dieser Tätigkeit in Zusammenhang steht, gem Art 19b Abs 1 UAbs 2 Rom I-VO am Ort der **Hauptniederlassung** der Person belegen; diese Regelung ist auch auf Art 13 Nr 13 lit d sublit i und auf Art 13 Nr 14 lit a Solvency II-RL (2009/138/EG) anwendbar (BeckOGK/Lüttringhaus [1. 12. 2023] Art 7 Rom I-VO Rn 71; Bruck/Möller/Dörner Art 7 Rom I-VO Rn 41 iVm Rn 45; zweifelnd Looschelders/Pohlmann/Schäfer, Int Versicherungsvertragsrecht Rn 155; weiter gehend MünchKommVVG/Looschelders IntVersR Rn 90 [auch Ort der sonstigen Niederlassung iSv Art 19 Abs 1 UAbs 2 Rom I-VO]; dagegen Bruck/Möller/Dörner Art 7 Rom I-VO Rn 42 iVm Rn 45).

45 Ist der Versicherungsnehmer eine **juristische Person,** so ist für die Risikobelegenheit derjenige Mitgliedstaat maßgeblich, in dem sich die Niederlassung des Versicherungsnehmers befindet, auf die sich der Versicherungsvertrag bezieht (Art 13 Nr 13 lit d sublit ii, Nr 14 lit b Solvency II-RL [2009/138/EG]; Beispiel: OLG München TransportR 2026, 44 [Verkehrshaftpflichtversicherung]). Zwar ist in diesen Normen allein von juristischen Personen die Rede. Indessen werden damit **sämtliche Versicherungsnehmer mit Ausnahme natürlicher Personen** erfasst, da anderenfalls eine Regelungslücke entstünde (Basedow/Drasch NJW 1991, 788; Gruber 46 f; Soergel/vHoffmann Art 37 EGBGB Rn 81; Wördemann 10). Die Anknüpfung gilt mithin insbes auch für solche Versicherungsnehmer, die nach der deutschen Dogmatik **weder juristische noch natürliche Person** sind. Dies betrifft insbesondere BGB-Gesellschaften und Personenhandelsgesellschaften (OHG, KG; vgl § 14 Abs 1 BGB) zudem Personenvereinigungen mit gesamthänderisch gebundenem Vermögen (Erbengemeinschaft) und nichtrechtsfähige Vereine.

46 Nach dem auf den Richtlinienvorgaben beruhenden Art 7 Abs 2 Nr 4b EGVVG aF ist das Risiko in dem Mitgliedstaat belegen, in dem sich **„das Unternehmen, die Betriebsstätte oder die entsprechende Einrichtung"** befindet, auf die sich die Versicherung bezieht. In diesem Sinne lässt sich auch die Richtlinie selbst verstehen und präzisieren. Geht es um ein Risiko, das nicht einer oder mehreren Betriebsstätten zuzuordnen ist, sondern einem **Unternehmen** als Ganzem, so ist dessen tatsächlicher **Hauptverwaltungssitz** maßgeblich (Gruber 48 f; Hahn 24; BeckOGK/Lüttringhaus [1. 12. 2023] Art 7 Rom I-VO Rn 69; s auch Mankowski VersR 1999, 928; Spickhoff, in: FS E Lorenz [2014] 487, 496). **Betriebsstätte** ist nach näherer Maßgabe von § 12 AO jede feste Geschäftseinrichtung oder Anlage, die der Tätigkeit eines Unternehmens dient. Bei nicht unternehmerischer Tätigkeit ist die **„entsprechende Einrichtung"** zB die Verwaltung eines Vereins, sodass es auf deren Sitz ankommt.

47 Bei der **W & I (Warranty and Indemnity)-Versicherung** und bei der **Haftpflichtversicherung für die steuerliche Haftung bei Unternehmensveräußerungen** ist Versicherungsnehmer je nach Vertragsgestaltung entweder der Verkäufer oder – in der Praxis häufiger – der Käufer des Unternehmens, auf das sich die dem Käufer gegebenen vertraglichen Zusicherungen beziehen. Es handelt sich anders als bei der D & O-Versicherung (Rn 49 ff) regelmäßig nicht um eine Versicherung für fremde Rechnung (Franz DStR 2019, 2006, 2010; vgl auch Prölss/Martin/Klimke § 43 Rn 38). Der EuGH (EuGH DStR 2019, 218 Rn 38 ff m Anm Grünwald; s dazu auch Armbrüster EuZW 2019, 757, 761) hat im Zusammenhang mit einer versicherungssteuerrechtlichen Frage Art 13 Nr 13 lit d sublit ii Solvency II-RL (2009/138/EG) dahin ausgelegt, dass das Risiko in dem Mitgliedstaat belegen ist, in dem der **Versicherungsnehmer (Verkäufer oder Käufer) niedergelassen** ist. Zur Begründung hebt der EuGH zutr darauf ab, dass weder die W & I-Versicherung noch die Haftpflichtversicherung für die steuerliche Haftung die Risiken eventueller Schäden oder finanzieller Verluste im Zusammenhang mit dem Betrieb der Zielgesellschaft, auf die sich der Erwerb bezieht, oder mit deren reibungslosem Funktionieren abdecken soll. Vielmehr geht es jeweils um das mit dem Wert der Aktien und der Berechtigung des vom Käufer gezahlten Kaufpreises verbundene **vertragliche Risiko** (EuGH DStR 2019, 218 Rn 36 f). Es wäre hingegen mit dem Wortlaut von Art 13 Nr 13 lit d sublit ii Solvency II-RL (2009/138/EG) unvereinbar, stets auf den Ort der Zielgesellschaft abzustellen. Ist der Käufer Versicherungsnehmer, so könnte die Zielgesellschaft erst ab ihrer Übertragung als „Niederlassung des Versicherungsnehmers" angesehen werden; bei einem vom Verkäufer geschlossenen Versicherungsvertrag gilt dies nur bis zur Übertragung (EuGH DStR 2019, 218 Rn 39 f; näher Franz DStR 2019, 2006, 2008 ff).

Fraglich ist, ob im Rahmen einer **Versicherung für fremde Rechnung** das Risiko am gewöhnlichen Aufenthaltsort des Versicherten oder aber des Versicherungsnehmers belegen ist. Aufgeworfen wurde diese Frage speziell für die **Gruppenversicherung,** für die bisweilen eine besondere Anknüpfungsregel fehlt. Prima facie scheint das Ergebnis bereits durch den **klaren Wortlaut** von Art 13 Nr 13 lit d, Nr 14 Solvency II-RL (2009/138/EG) vorgezeichnet. Dort wird der die Risikobelegenheit in demjenigen Mitgliedstaat lokalisiert, in dem der **Versicherungsnehmer** seinen gewöhnlichen Aufenthalt (bei jur Personen: seine Niederlassung) hat. Demnach ist allein der Wohn- oder Geschäftssitz des Versicherungsnehmers maßgeblich (MünchKommVVG/Looschelders IntVersR Rn 83; NK-BGB/Leible Art 7 Rom I-VO Rn 22; Ganzer 138 f; BeckOGK/Lüttringhaus [1. 12. 2023] Art 7 Rom I-VO Rn 63, 74; Lüttringhaus EuZW 2013, 821, 823 [GruppenLebensV]; Lange D & O-Versicherung und Managerhaftung [2014] § 23 Rn 40; vgl auch im Kontext des Steuerrechts EuGH DStR 2019, 218 Rn 38 und dazu Rn 47). 48

Demgegenüber meint Staudinger (in: Internat Vertragsrecht Art 7 Rom I-VO Rn 70; Staudinger, Düsseldorfer Vorträge zum Versicherungsrecht [2009] 19, 29 f; zust Wedemann ZIP 2014, 2469, 2473) mit Blick auf die **D & O-Versicherung** (allg zur Gruppenversicherung Calliess/Renner/Gruber Art 7 Rom I-VO Rn 17; Lüttringhaus EuZW 2013, 821, 823; in diese Richtung schon Heiss, in: Yearbook of Private International Law, Vol X [2008] 261, 278; zu Recht krit Richters 165 f; s aber auch Richters 95), dass aus teleologischen und systematischen Gründen entgegen dem Wortlaut der Richtlinie ausnahmsweise auf den Wohn- bzw Geschäftssitz der **Versicherten** abzustellen sei. Dann käme es, sofern die Organmitglieder ihren gewöhnlichen Aufenthalt dauerhaft in unterschiedlichen Mitgliedstaaten haben, zu einer Vertragsspaltung iSv Art 7 Abs 5 Rom I-VO, sofern es sich nicht um ein Großrisiko handelt (dann gilt ohnehin Rechtswahlfreiheit nach Art 7 Abs 2 Unterabs 1 Rom I-VO iVm Art 3 Abs 1 Rom I-VO bzw die objektive Anknüpfung gem Art 7 Abs 2 Unterabs 2 Rom I-VO). Hierfür wird angeführt, die Rom I-VO stehe in einem „Interpretationszusammenhang" (s Erwägungsgrund 7 Rom I-VO und EuGH NJW 2011, 505 Rn 39, 42) mit Art 11 Abs 1 lit b EuGVVO (Brüssel Ia-VO/VO [EU] Nr 1215/2012), der für Klagen des Versicherten gegen den Versicherer den Gerichtsstand am Wohn- oder Geschäftssitz des Versicherten bestimmt. 49

Stellungnahme: Das Anliegen, einen Gleichlauf von lex fori und lex causae herzustellen, ist gewiss begrüßenswert. Letztlich überzeugt die Argumentation mit Art 11 Abs 1 lit b EuGVVO und mit Erwägungsgrund 7 Rom I-VO jedoch nicht. Dort unterscheidet der Verordnungsgeber nämlich ausdrücklich und bewusst zwischen Ver- 50 sichertem und Versicherungsnehmer. Eine solche Differenzierung enthält Art 13 Nr 13 lit d, Nr 14 Solvency II-RL (2009/138/EG) hingegen gerade nicht. Sofern man annimmt, die Solvency II-RL (2009/138/EG) und die EuGVVO stünden in einem „Interpretationszusammenhang", ist die bewusst unterschiedliche sprachliche Abfassung der maßgeblichen Sekundärrechtsakte durch den europäischen Gesetzgeber zu berücksichtigen (zutr Richters 166; Ganzer 138). Für die Annahme eines Redaktionsversehens gibt es hier keine Anzeichen. Entscheidend gegen eine Vertragsspaltung spricht zudem der Umstand, dass es sich bei D & O-Versicherungen idR um **dynamische Gruppenpolicen** handelt. In ihnen werden die versicherten Organmitglieder meist nicht genau bezeichnet. Vielmehr knüpft der Versicherungsschutz bei der sog Side-A Deckung hinsichtlich der Leitungsorgane allein an die **Organstellung** an. Darüber hinaus sind regelmäßig auch ehemalige und künftige Organmitglieder in den Deckungsschutz einbezogen (Bruck/Möller/Baumann Ziff 1 AVB/AVG 2011/2013 Rn 16). Angesichts der großen personellen Fluktuation auf der Leitungsebene könnten die dem Vertrag zugrundeliegenden AVB nicht mehr zweckmäßig auf das jeweils anzuwendende Recht abgestimmt werden, wenn es auf die Versichertenstellung ankäme. Dem lässt sich auch nicht entgegenhalten, dass die materielle Vertragslaufzeit vom Abschluss bis zur Erneuerung, dem sog *Renewal*, idR nicht mehr als ein Jahr beträgt (vgl Bruck/Möller/Baumann Ziff 3 AVB-AVG 2011/2013 Rn 65). Insoweit sind nämlich die – als Ausgleich für die durch das Claims-Made-Prinzip bewirkten Nachteile für den Versicherungsnehmer und die Versicherten gewährte (Schramm, Anspruchserhebungsprinzip 181 ff) – Rückwärtsdeckung (vgl Ziff 3.2 AVB-AVG 2011/2013/A-5.2 AVB D&O Mai 2020) sowie die Nachhaftungsfrist (vgl Ziff 3.3 AVB-AVG 2011/2013/A-5.3 AVB D&O Mai 2020) zu beachten. Je nach Dauer von Rückwärtsdeckung und Nachhaftungsfrist und in Abhängigkeit von der Häufigkeit personeller Veränderungen in den Entscheidungsgremien führt die von Staudinger favorisierte Lösung zu unpraktikablen Ergebnissen und erschwert die Vertragsgestaltung. Besonders deutlich kommt dies bei Konzernpolicen zum Tragen (stets vorausgesetzt, dass kein Großrisiko vorliegt). Überdies sehen die üblichen D & O-Policen bisweilen eine **Eigenschadenversicherung** auch für die Gesellschaft als Versicherungsnehmerin vor (vgl Ziff 1.2 AVB-AVG 2011/2013/A-3 AVB D&O Mai 2020; sog company reimbursement [Side-B Deckung]; vgl Lange, D & O-Versicherung und Managerhaftung [2014] § 3 Rn 30 ff). Insoweit wäre dann zusätzlich das Vertragsstatut am Hauptverwaltungssitz des Versicherungsnehmers maßgeblich (dies übergeht Staudinger, in: Düsseldorfer Vorträge zum Versicherungsrecht [2009] 19, 30, wenn er meint, D & O-Policen würden lediglich Haftungsrisiken der Unternehmensorgane absichern). Die einheitlich konzipierte Deckung würde damit kollisionsrechtlich noch weiter auseinandergerissen, ohne dass dafür eine zwingende Notwendigkeit erkennbar wäre. Angesichts des dann anfallenden Gestaltungs- und Regulierungsaufwands liefe der Vorschlag auf ein faktisches Verbot von Gruppenpolicen im D & O-Bereich hinaus. Auch in der D & O-Versicherung ist daher regelmäßig daran festzuhalten, dass es für die Bestimmung der Risikobelegenheit auf den Sitz des **Versicherungsnehmers** ankommt, sofern nicht ohnehin Art 7 Abs 2 Unterabs 2 Rom I-VO greift. Ein anderes Ergebnis lässt sich auch nicht damit begründen, dass man die dann für den Belegenheitsort des Risikos maßgebliche Niederlassung des Versicherungsnehmers dort lokalisiert, wo die für das Unternehmen tätigen Versicherten ihren gewöhnlichen Aufenthalt haben (**aA** Staudinger, in: Düsseldorfer Vorträge zum Versicherungsrecht [2009] 19, 30 f). Diese Regeln gelten im Sinne einer einheitlichen Auslegung der Bestimmung auch für **sonstige Gruppenversicherungsverträge,** selbst wenn bei ihnen die praktischen Nachteile der Gegenansicht womöglich weniger gravierend sind.

cc) Gespaltene Risikobelegenheit („Mehrfachbelegenheit")

(1) Teilweise Belegenheit außerhalb des EWR

Werden durch einen Vertrag **mehrere Risiken** gedeckt, von denen **nur ein Teil innerhalb des EWR** (zur Erstreckung auf Nicht-EU-Staaten s Rn 59) belegen ist (gespaltene Risikobelegenheit oder „Mehrfachbelegenheit"), ist von einer **Statutenspaltung** auszugehen (MünchKommVVG/Looschelders IntVersR Rn 92; Bruck/Möller/Dörner Art 7 Rom I-VO Rn 98 ff; NK-BGB/Leible Art 7 Rom I-VO Rn 26; Calliess/Renner/Gruber Art 7 Rome I Rn 70; jurisPK-BGB/Junker Art 7 Rom I-VO Rn 137 ff; Perner IPRax 2009, 218, 219; Staudinger, in: Internat Vertragsrecht Art 7 Rom I-VO Rn 35; so bereits zum alten Recht Gruber 52 ff; Kieninger, in: Internat Vertragsrecht [1. Aufl 2007] Art 37 EGBGB Rn 24; E Lorenz, in: FS Kegel [1987] 307 f; Prölss/Armbrüster DZWir 1993, 449; **aA** Basedow/Drasch NJW 1991, 785, 788). Allein die Bündelung mehrerer Risiken in einem Vertrag darf nicht dazu führen, dass entgegen der gesetzlichen Regelung für den gesamten Vertrag Art 7 Rom I-VO gilt (dafür zum alten Recht Kramer 172 f) oder die Parteien zwischen Art 7 Rom I-VO und den allgemeinen Vertragsanknüpfungsregeln der Rom I-VO wählen können (dafür zum alten Recht Basedow/Drasch NJW 1991, 788). Die Annahme einer Statutenspaltung wird in **Erwägungsgrund 33** der Rom I-VO ausdrücklich bestätigt. Art 7 Rom I-VO gilt in solchen Fällen mithin nur insoweit, als das Risiko innerhalb des EWR belegen ist (PWW/Ehling Art 7 Rom I-VO Rn 9); im Übrigen greifen die allgemeinen Anknüpfungsregeln der Rom I-VO (insbes Art 3, 4, 6) ein. Die durch eine solche Statutenspaltung auftretenden misslichen Konsequenzen mögen durch eine **koordinierende Rechtswahl** umgangen werden können. Freilich ist ein derartiges Vorgehen bei Massenrisiken nur in den Grenzen des Art 7 Abs 3 Unterabs 1 Rom I-VO (für innerhalb des EWR belegene Risiken) und der Art 3, 6 Rom I-VO (für außerhalb des EWR belegene Risiken) zulässig (Bruck/Möller/Dörner Art 7 Rom I-VO Rn 100). **51**

Ist ein **einheitliches Risiko** teils innerhalb, teils außerhalb des EWR belegen, so kommt es für die Risikobelegenheit auf die engere Verbindung an (Gruber 55 ff). **52**

(2) Belegenheit in verschiedenen Mitgliedstaaten

Sofern ein und derselbe Versicherungsvertrag Risiken in **mehreren Mitgliedstaaten** deckt, ordnet Art 7 V Rom I-VO eine Spaltung an. Dies betrifft freilich nur die objektive Anknüpfung von innerhalb des EWR belegenen **Massenrisiken** sowie der Pflichtversicherung. Keine Statutenspaltung entsteht bei **Großrisiken,** da insoweit die objektive Anknüpfung an den Sitz des Versicherers vorgesehen ist (dies übergeht Fricke VersR 2008, 443, 454 bei seiner Kritik; wie hier Staudinger, in: Internat Vertragsrecht Art 7 Rom I-VO Rn 58; **aA** Bruck/Möller/Dörner Art 7 Rom I-VO Rn 97). **53**

dd) Maßgeblicher Zeitpunkt

Maßgeblicher Zeitpunkt für die Bestimmung der Risikobelegenheit ist derjenige des **Vertragsschlusses.** Es kommt daher auch infolge einer späteren Änderung der maßgeblichen Kriterien nicht zu einem Statutenwechsel. Vielmehr handelt es sich um eine **statische Anknüpfung** (MünchKommBGB/Martiny Art 7 Rom I-VO Rn 50; zu Art 7 Abs 2 Nr 4 EGVVG aF so bereits Fricke VersR 2008, 443, 449). **54**

d) Sachnormverweisung

Bei den Verweisungen der Rom I-VO handelt es sich nach Art 20 Rom I-VO vorbehaltlich abweichender Bestimmungen um **Sachnormverweisungen.** **55**

II. Die Vorgaben von Art 7 Rom I-VO

1. Gesetzestext

56 **Art 7 Rom I-VO**
Versicherungsverträge

(1) Dieser Artikel gilt für Verträge nach Absatz 2, unabhängig davon, ob das gedeckte Risiko in einem Mitgliedstaat belegen ist, und für alle anderen Versicherungsverträge, durch die Risiken gedeckt werden, die im Gebiet der Mitgliedstaaten belegen sind. Er gilt nicht für Rückversicherungsverträge.

(2) Versicherungsverträge, die Großrisiken im Sinne von Artikel 5 Buchstabe d der Ersten Richtlinie 73/239/EWG des Rates vom 24. 7. 1973 zur Koordinierung der Rechts- und Verwaltungsvorschriften betreffend die Aufnahme und Ausübung der Tätigkeit der Direktversicherung (mit Ausnahme der Lebensversicherung)* decken, unterliegen dem von den Parteien nach Artikel 3 der vorliegenden Verordnung gewählten Recht.

Soweit die Parteien keine Rechtswahl getroffen haben, unterliegt der Versicherungsvertrag dem Recht des Staats, in dem der Versicherer seinen gewöhnlichen Aufenthalt hat. Ergibt sich aus der Gesamtheit der Umstände, dass der Vertrag eine offensichtlich engere Verbindung zu einem anderen Staat aufweist, ist das Recht dieses anderen Staates anzuwenden.

(3) Für Versicherungsverträge, die nicht unter Absatz 2 fallen, dürfen die Parteien nur die folgenden Rechte im Einklang mit Artikel 3 wählen:

a) das Recht eines jeden Mitgliedstaats, in dem zum Zeitpunkt des Vertragsschlusses das Risiko belegen ist;

b) das Recht des Staates, in dem der Versicherungsnehmer seinen gewöhnlichen Aufenthalt hat;

c) bei Lebensversicherungen das Recht des Mitgliedstaats, dessen Staatsangehörigkeit der Versicherungsnehmer besitzt;

d) für Versicherungsverträge, bei denen sich die gedeckten Risiken auf Schadensfälle beschränken, die in einem anderen Mitgliedstaat als dem Mitgliedstaat, in dem das Risiko belegen ist, eintreten können, das Recht jenes Mitgliedstaats;

e) wenn der Versicherungsnehmer eines Vertrags im Sinne dieses Absatzes eine gewerbliche oder industrielle Tätigkeit ausübt oder freiberuflich tätig ist und der Versicherungsvertrag zwei oder mehr Risiken abdeckt, die mit dieser Tätigkeit in Zusammenhang stehen und in unterschiedlichen Mitgliedstaaten belegen sind, das Recht eines

---

* ABl L 228 vom 16. 8. 1973, S 3. Zum 1. 1. 2016 überführt in die Richtlinie 2009/138/EG des Europäischen Parlaments und des Rates vom 25. 11. 2009 betreffend die Aufnahme und Ausübung der Versicherungs- und der Rückversicherungstätigkeit (Solvabilität II) (Neufassung), ABl L 335 vom 17. 12. 2009, S 1.

betroffenen Mitgliedstaats oder das Recht des Staates des gewöhnlichen Aufenthalts des Versicherungsnehmers.

Räumen in den Fällen nach den Buchstaben a, b oder e die betreffenden Mitgliedstaaten eine größere Wahlfreiheit bezüglich des auf den Versicherungsvertrag anwendbaren Rechts ein, so können die Parteien hiervon Gebrauch machen.

Soweit die Parteien keine Rechtswahl gemäß diesem Absatz getroffen haben unterliegt der Vertrag dem Recht des Mitgliedstaats, in dem zum Zeitpunkt des Vertragsschlusses das Risiko belegen ist.

(4) Die folgenden zusätzlichen Regelungen gelten für Versicherungsverträge über Risiken, für die ein Mitgliedstaat eine Versicherungspflicht vorschreibt:

a) Der Versicherungsvertrag genügt der Versicherungspflicht nur, wenn er den von dem die Versicherungspflicht auferlegenden Mitgliedstaat vorgeschriebenen besonderen Bestimmungen für diese Versicherung entspricht. Widerspricht sich das Recht des Mitgliedstaats, in dem das Risiko belegen ist, und dasjenige des Mitgliedstaats, der die Versicherungspflicht vorschreibt, so hat das letztere Vorrang.

b) Ein Mitgliedstaat kann abweichend von den Absätzen 2 und 3 vorschreiben, dass auf den Versicherungsvertrag das Recht des Mitgliedstaats anzuwenden ist, der die Versicherungspflicht vorschreibt.

(5) Deckt der Vertrag in mehr als einem Mitgliedstaat belegene Risiken, so ist für die Zwecke von Absatz 3 Unterabsatz 3 und Absatz 4 der Vertrag als aus mehreren Verträgen bestehend anzusehen, von denen sich jeder auf jeweils nur einen Mitgliedstaat bezieht.

(6) Für die Zwecke dieses Artikels bestimmt sich der Staat, in dem das Risiko belegen ist, nach Artikel 2 Buchstabe d der Zweiten Richtlinie 88/357/EWG des Rates vom 22. 6. 1988 zur Koordinierung der Rechts- und Verwaltungsvorschriften für die Direktversicherung (mit Ausnahme der Lebensversicherung) und zur Erleichterung der tatsächlichen Ausübung des freien Dienstleistungsverkehrs*, und bei Lebensversicherungen ist der Staat, in dem das Risiko belegen ist, der Staat der Verpflichtung im Sinne von Artikel 1 Absatz 1 Buchstabe g der Richtlinie 2002/83/EG.

2. Überblick

Art 7 ist die **zentrale Spezialvorschrift** der Rom I-VO für private Versicherungsverträge. Zu Entstehungsgeschichte und systematischem Zusammenhang mit den allgemeinen Regeln der Rom I-VO s zunächst Rn 1 ff. **Abs 1** bestimmt den differenzierten Anwendungsbereich der speziellen Anknüpfungsregeln der Abs 2–5. Dabei werden **Rückversicherungsverträge** in S 2 umfassend ausgenommen; für sie gelten die all- 57

* ABl L 172 vom 4. 7. 1988, S 1. Zum 1. 1. 2016 überführt in die Richtlinie 2009/138/EG des Europäischen Parlaments und des Rates vom 25. 11. 2009 betreffend die Aufnahme und Ausübung der Versicherungs- und der Rückversicherungstätigkeit (Solvabilität II) (Neufassung), ABl L 335 vom 17. 12. 2009, S 1.

gemeinen Anknüpfungsregeln der Art 3 ff Rom I-VO, die nach der hier vertretenen Ansicht bei unterbliebener Rechtswahl zur Maßgeblichkeit des Sitzes des Erstversicherers führen (Rn 146). Gleichfalls vom Anwendungsbereich ausgeschlossen sind sog **verdeckte Mitversicherungen** (NK-BGB/Leible Rn 9, auch zur Abgrenzung von Direkt- und Rückversicherung; zur Qualifikation der verdeckten Mitversicherung als Rückversicherung s Schaloske, Das Recht der sogenannten offenen Mitversicherung [2006] S 13 f). **Abs 2** betrifft Großrisiken (zum Begriff s Rn 60); Unterabs 1 eröffnet für sie unabhängig von ihrer Belegenheit die Rechtswahlmöglichkeit nach Art 3, während Unterabs 2 eine spezielle objektive Anknüpfung enthält. **Abs 3** gestattet in Unterabs 1, 2 für Massenrisiken eine begrenzte Rechtswahl; Unterabs 3 sieht auch insoweit eine objektive Anknüpfung vor. In **Abs 4** sind Sonderregeln für die Pflichtversicherung vorgesehen. **Abs 5** regelt den Fall, dass ein Vertrag in mehreren Mitgliedstaaten belegene Risiken deckt. Schließlich erklärt **Abs 6** die Regelungen der Richtlinien zur Risikobelegenheit für maßgeblich. Alle Verweisungen in Art 7 Rom I-VO mit Ausnahme von Abs 3 UAbs 2 sind gemäß Art 20 Rom I-VO **Sachnormverweisungen** (Hk-BGB/Staudinger Rn 21).

3. Anwendungsbereich (Abs 1)

58 Aus Abs 1 wird deutlich, dass **Art 7 Rom I-VO nur einen Teil der Versicherungsverträge betrifft**. Erfasst werden aber ausschließlich Versicherungsverträge und keine anderen Vertragstypen (vgl zu einem Kfz-Kaufvertrag zutr gegen die Vorinstanz OLG Frankfurt BeckRS 2021, 43447 Rn 20 m zust Anm Busse jurisPR-IWR 3/2022 Anm 4). Es sind dies neben allen Verträgen über Großrisiken (zum Begriff s Rn 60) nur solche Verträge über Massenrisiken, bei denen das **Risiko innerhalb eines Mitgliedstaats** belegen ist (S 1). **Rückversicherungsverträge** sind hingegen nach S 2 umfassend von der Geltung des Art 7 Rom I-VO ausgenommen. Sofern nach diesen Regeln ein Versicherungsvertrag nicht den Anknüpfungsregeln des Art 7 Rom I-VO unterliegt, gelten die allgemeinen Vorschriften der Rom I-VO, mithin insbes die **Art 3, 4, 6 Rom I-VO**. Diese Differenzierung, die im Versicherungssektor weiterhin zur Anwendbarkeit verschiedener Anknüpfungsregeln führt, ist rechtspolitisch unbefriedigend. Sie ist jedoch de lege lata keiner korrigierenden Auslegung zugänglich (näher Rn 30).

59 Unbefriedigend ist es zudem, dass Art 7 Rom I-VO zwar nach Art 1 Abs 4 S 2 Rom I-VO alle EU-Mitgliedstaaten einschließlich Dänemark erfasst (s auch Art 178 der Solvency II-RL [2009/138/EG]; BeckOGK/Lüttringhaus [1. 12. 2023] Art 7 Rom I-VO Rn 50), nicht aber die übrigen **EWR-Staaten.** Die darin liegende Diskriminierung der betroffenen Staaten (derzeit sind dies Island, Liechtenstein und Norwegen) verstößt gegen Art 4 EWR-Abkommen. Sie ist durch eine Behandlung dieser Staaten **als Mitgliedstaaten im Rahmen von Art 7 Rom I-VO** zu beseitigen (Armbrüster, in: FS vHoffmann [2011] 23, 25; Heiss, in: FS Kropholler [2008] 459, 462 f; Looschelders/Smarowos VersR 2010, 1, 2; jurisPK-BGB/Junker Art 7 Rom I-VO Rn 30; MünchKommVVG/Looschelders IntVersR Rn 66; NK-BGB/Leible Art 7 Rom I-VO Rn 29; Calliess/Renner/Gruber Rn 76; BeckOGK/Lüttringhaus [1. 12. 2023] Art 7 Rom I-VO Rn 51 und Art 46d EGBGB Rn 12; Fenyves/Schauer/Perner Rom I-VO Rn 5; zurückhaltender MünchKommBGB/Martiny Art 7 Rom I-VO Rn 19: es sei wohl eine Legislativmaßnahme des Gemeinsamen Ausschusses für EU/EWR-Angelegenheiten erforderlich; ähnlich Staudinger, in: Internat Vertragsrecht Rn 32: Diskriminierung sollte de lege ferenda beseitigt werden, während de lege lata allein Klärung durch den EuGH möglich sei; gegen Korrektur de lege lata Bruck/Möller/Dörner Rn 3; Ferrari/Staudinger Rn 32; vgl auch Richters 84 ff,

der eine Korrektur auf methodischem Wege ausschließt, wohl aber einen Verstoß gegen Art 36 EWR-Abkommen bejaht]; nicht problematisiert von OLG Karlsruhe VersR 2014, 45 ff m krit Anm H-W Roth IPRax 2014, 499 ff). Mittlerweile wurde das Problem durch die Aufnahme der Solvency II-RL (2009/138/EG), insbes deren Art 178, in den **Anh IX (Finanzdienstleistungen) des EWR-Abkommens** durch Beschluss des gemeinsamen EWR-Ausschusses vom 1. 7. 2011 auf legislativer Ebene – wenn auch letztlich bislang unzureichend – adressiert (eingehend NK-BGB/Leible Art 7 Rom I-VO Rn 28 f; s auch BeckOGK/Lüttringhaus [1. 2. 2021] Art 46d EGBGB Rn 12: Problematik damit jedenfalls entschärft). Seitdem ist eine **Gleichstellung** der betroffenen EWR-Staaten mit den Mitgliedstaaten im Rahmen der Auslegung von Art 7 Rom I-VO umso dringlicher geboten (vgl Art 104 EWRAbk, hierfür auch Versicherungsrechts-Handbuch/W-H Roth § 4 Rn 3 [beschlusskonforme Auslegung]; so wohl auch Looschelders/Pohlmann/Schäfer, Int Versicherungsvertragsrecht Rn 67).

4. Anknüpfung von Verträgen über Großrisiken (Abs 2)

a) Anwendungsbereich

Die VO unterscheidet in der Sache zwischen Massenrisiken und Großrisiken. Dabei verwendet sie den Begriff des Massenrisikos nicht; seine Bedeutung ergibt sich erst in Abgrenzung zu den Großrisiken: Als **Massenrisiken** sind alle Risiken einzuordnen, die nicht als Großrisiko anzusehen sind (BeckOGK/Lüttringhaus [1. 12. 2023] Art 7 Rom I-VO Rn 103). Der Begriff des **Großrisikos** wurde zunächst in Art 5 lit d der Richtlinie 73/239/EWG definiert (eingehend Freitag r+s 2008, 96 ff; krit zu dieser Regelungstechnik Staudinger, in: Internat Vertragsrecht Rn 22). Auf diese Begriffsbestimmung nimmt Abs 2 Unterabs 1 ausdrücklich Bezug. Mit Wirkung zum 1. 1. 2016 ist die Definition in **Art 13 Nr 27 Solvency II-RL** (2009/138/EG) überführt worden. Die als Großrisiko eingestuften Risiken werden in Anhang I zu jener RL aufgeführt. Im deutschen Recht war die Definition früher in Art 10 Abs 1 S 2 EGVVG aF enthalten; im Zuge des IPR-Anpassungsges von 2009 ist sie in **§ 210 Abs 2 VVG nF** überführt worden. **60**

Zu den Großrisiken (ausf Heiss/Schnyder, in: Kronke/Melis/Schnyder [Hrsg], Hdb Internat Wirtschaftsrecht [2005] Rn 228; s auch Gruber 70 ff) zählen folgende der in der **Anlage 1 zum VAG 2016** aufgeführte Versicherungszweige: Schienen- und Luftfahrzeug-Kaskoversicherung, See-, Binnensee-, Flussschifffahrts-Kaskoversicherung; Transportgüterversicherung , Landtransport-, See-, Binnensee-, Flussschifffahrt- und Luftfahrzeug-Haftpflichtversicherung **(§ 210 Abs 2 S 1 Nr 1 VVG nF;** Beispiele: OLG Karlsruhe RdTW 2025, 20 Rn 17 [Transportgüterversicherung]; OLG München TransportR 2026, 44 [Verkehrshaftpflichtversicherung]**)**; Kredit- und Kautionsversicherung **(§ 210 Abs 2 S 1 Nr 2 VVG nF)**; Landfahrzeug-Kaskoversicherung, Versicherungen gegen Feuer-, Elementar-, Hagel-, Frost- und sonstige Sachschäden, Landfahrzeug-Haftpflichtversicherung; Versicherungen gegen verschiedene finanzielle Verluste und Allg Haftpflichtversicherung **(§ 210 Abs 2 S 1 Nr 3 VVG nF)**. In der zuletzt genannten Fallgruppe müssen zusätzlich zwei der drei in Nr 3 aufgeführten Größenmerkmale erfüllt sein. Bei einer Captive geht es idR um Großrisiken (Franz, in: Bürkle Compliance in Versicherungsunternehmen [3. Aufl 2020] § 5 Rn 67). **61**

Der Katalog ist angesichts seines hohen Detaillierungsgrads grundsätzlich **keinen Erweiterungen zugänglich**. So gehört zwar die Haftpflichtversicherung des Landfrachtführers, nicht jedoch die – in Anlage A zum VAG nicht aufgeführte – Haftpflichtver- **62** sicherung von Spediteuren oder Lagerhaltern zu dem Katalog; insoweit ist auch keine Analogie vorzunehmen (OLG Hamburg TransportR 2007, 258; Prölss/Martin/Klimke § 210 VVG Rn 3; Schwintowski/Brömmelmeyer/Klär § 210 VVG Rn 13; s auch BGH r+s 2009, 242, 243: Analogie ist vertretbar, aber die Rechtsfrage ist nicht iS der Zulassungsrechtsprechung des BGH umstritten; **aA** Heuer TransportR 2007, 55, 57 f).

63 **Lebensversicherungen** zählen nicht zu den Großrisiken (MünchKommVVG/Looschelders IntVersR Rn 96 aE; BeckOGK/Lüttringhaus [1. 12. 2023] Art 7 Rom I-VO Rn 94). Dies lässt sich daraus entnehmen, dass die in Art 13 Nr 27 Solvency II-RL (2009/138/EG) genannte Definition ausschließlich auf in **Anhang I** genannte Versicherungszweige Bezug nimmt, während die Lebensversicherung in Anhang II geregelt ist.

64 Der Grund dafür, Großrisiken anders als Massenrisiken zu behandeln und insoweit eine weit reichende Rechtswahlfreiheit zu eröffnen, liegt in der angenommenen **geringeren Schutzbedürftigkeit** des – in aller Regel professionellen – Versicherungsnehmers. Diese findet im deutschen Recht materiell-rechtlich ihren Niederschlag darin, dass § 210 Abs 1 VVG Verträge über Großrisiken von den im VVG ansonsten vorgesehenen Einschränkungen der Privatautonomie freistellt (s allerdings zur Frage einer Leitbildkontrolle von Großrisikoverträgen nach § 307 Abs 2 Nr 1 BGB Grunwald VersR 2020, 1423; **krit** Armbrüster, in: FS 100 Jahre Hamburger Seminar [2016] S 313, 325). Die Definition des Großrisikos kann freilich dazu führen, dass auch ein von einem **Verbraucher** geschlossener Vertrag über ein **begrenztes Risiko** als Großrisiko anzusehen ist. Dies gilt insbes für Schiffskasko- (s dazu Basedow/Scherpe, in: FS Heldrich [2005] 511, 515; **krit** Richters 88) und -haftpflichtversicherungen sowie für die Versicherung von Transportgütern. Auch in solchen Fällen richtet sich das anwendbare Recht ausschließlich nach Art 7 Rom I-VO (OLG Celle RdTW 2020, 129 Rn 58 ff betr Yacht-Haftpflichtversicherung). Ein Rückgriff auf die **Verbraucherschutznorm des Art 6** ist im Anwendungsbereich von Art 7 Rom I-VO nach Erwägungsgrund 32 ausgeschlossen (MünchKommBGB/Martiny Art 7 Rom I-VO Rn 58; NK-BGB/Leible Art 7 Rom I-VO Rn 31; Perner IPRax 2009, 218, 220). Dies ist Ausdruck der konzeptionellen Unterschiede zwischen Art 7 einerseits und den allg Kollisionsnormen der Art 3 ff andererseits (Bruck/Möller/Dörner Rn 6).

65 Maßgeblich dafür, ob die Versicherung sich auf ein Großrisiko bezieht, sind die Verhältnisse im Zeitpunkt des **Vertragsschlusses** (Fricke VersR 2008, 443, 446; MünchKommVVG/Looschelders IntVersR Rn 98; BeckOGK/Lüttringhaus [1. 12. 2023] Art 7 Rom I-VO Rn 96; PWW/Ehling Art 7 Rom I-VO Rn 3 aE). Eine zu diesem Zeitpunkt wirksam getroffene Rechtswahl (Rn 66) bleibt daher auch dann bestehen, wenn die für die Einstufung als Großrisiko maßgeblichen Grenzwerte anschließend **unterschritten** werden. Wird hingegen ein Massenrisiko nach Vertragsschluss zum Großrisiko, so eröffnet Art 3 Abs 2 S 1 Rom I-VO iVm Art 7 Abs 2 S 1 Rom I-VO nunmehr die Möglichkeit einer Rechtswahl (MünchKommVVG/Looschelders IntVersR Rn 98; Bruck/Möller/Dörner Rn 15; NK-BGB/Leible Art 7 Rom I-VO Rn 30; **aA** wohl Staudinger, in: Internat Vertragsrecht Rn 25: nach Art 7 Abs 3 Rom I-VO unwirksame Rechtswahl bleibe unzulässig, wenn nachträglich die Voraussetzungen eines Großrisikos erfüllt werden).

b) Anknüpfungsregeln

aa) Rechtswahl (Abs 2 Unterabs 1)

66 Abs 2 Unterabs 1 verweist vorrangig auf Art 3 Rom I-VO. Für Großrisiken besteht somit – wie bereits nach Art 10 EGVVG aF – **umfassende Rechtswahlfreiheit.** Dies ist

sachgerecht, da im Bereich der Großrisiken der Versicherungsnehmer keines besonderen Schutzes bedarf. **Reichweite und Wirkungen** der Rechtswahl bestimmen sich nach den **allg Regeln** (MünchKommVVG/Looschelders IntVersR Rn 99; zu jenen Regeln s Staudinger/Magnus [2021] Art 3 Rom I-VO Rn 26 ff und für Versicherungsverträge Rauscher/Wendt [2023] Art 7 Rn 11; speziell zur Frage, ob die Rechtswahl auch für das bei der Auslegung maßgebliche Rechtsverständnis gilt, s Steinkühler/Kassing VersR 2009, 607, 609 im Kontext von „claim first made" in der D & O-Versicherung). Die Wahl deutschen Rechts kann auch konkludent etwa durch einen **Verweis** in den Allgemeinen Versicherungsbedingungen auf die Bestimmungen des VVG (OLG Celle RdTW 2020, 129 Rn 60) oder durch eine Gerichtsstandsvereinbarung erfolgen (BeckOGK/Lüttringhaus [1. 12. 2023] Art 7 Rom I-VO Rn 97; Versicherungsrechts-Handbuch/W-H Roth § 4 Rn 41). Allerdings genügt es für eine Rechtswahl nicht, wenn ein **Informationsblatt des Versicherungsmaklers** eine Aussage über das anwendbare Recht enthält (OLG München RdTW 2025, 390 Rn 23 ff).

bb) Objektive Anknüpfung (Abs 2 Unterabs 2)

In der Praxis wird im Bereich der Großrisikoverträge **regelmäßig eine Rechtswahl** getroffen (BeckOGK/Lüttringhaus [1. 12. 2023] Art 7 Rom I-VO Rn 98; Beispiel: RheinSchiffOG Karlsruhe RdTW 2024, 187 Rn 29). Für den Fall, dass die Parteien sie unterlassen, sieht Art 7 Abs 2 Unterabs 1 Rom I-VO eine objektive Anknüpfung an das Recht des Staates vor, in dem der **Versicherer** seinen gewöhnlichen Aufenthalt hat (sog Betriebsstatut; rechtspolitisch **kritisch** Ganzer 145 ff). Maßgeblich ist grundsätzlich die **Hauptverwaltung;** wird der Vertrag jedoch von einer Zweigniederlassung, Agentur oder sonstigen Niederlassung ausgeschlossen oder verwaltet, so kommt es auf diese an (Art 19 Abs 1, 2 Rom I-VO; MünchKommVVG/Looschelders IntVersR Rn 101; BeckOGK/Lüttringhaus [1. 12. 2023] Art 7 Rom I-VO Rn 98). Treffen die Parteien lediglich eine **Teilrechtswahl** (Art 3 Abs 1 S 3 Rom I-VO), so wird der übrige Vertragsteil weiterhin nach Art 2 Unterabs 2 Rom I-VO objektiv angeknüpft (Richters 90). Zur objektiven Anknüpfung bei der (offenen) Mitversicherung von Großrisiken s Rn 129. **67**

Bei einer **offensichtlich engeren Verbindung** zu einem anderen Staat ist abweichend von Rn 67 dessen Recht maßgeblich (Art 7 Abs 2 Unterabs 2 S 2 Rom I-VO) (offengelassen, ob Art 19 Rom II-VO oder allein Art 7 Rom I-VO anwendbar ist auf den Ausgleichsanspruch des leistenden Haftpflichtversicherers BGH NJW-RR 2023, 1146 Rn 12 ff, 16 ff). Diese Ausweichklausel ist, wie auch durch das Wort „offensichtlich" zum Ausdruck kommt, **restriktiv** zu handhaben, damit nicht die Regelanknüpfung verwässert wird (MünchKommVVG/Looschelders IntVersR Rn 102; Staudinger, in: Internat Vertragsrecht Rn 29; Mankowski, Interessenpolitik 41). Mithin genügt für eine offensichtlich engere Verbindung nicht allein der Umstand, dass der Versicherungsnehmer seinen gewöhnlichen Aufenthalt in einem vom Betriebsstatut verschiedenen Staat hat oder dass das Risiko andernorts belegen ist (Fricke VersR 2008, 443, 447). **68**

Selbst wenn beide Anknüpfungspunkte **kumulativ** auf einen anderen Staat hindeuten, ergibt sich allein daraus jedenfalls dann noch keine engere Verbindung, wenn die **Risikobelegenheit** sich ihrerseits nach dem **gewöhnlichen Aufenthalt** des Versicherungsnehmers richtet (Rn 42 ff; weitergehend offenbar Fricke VersR 2008, 443, 447; Bruck/Möller/Dörner Rn 25; tendenziell auch jurisPK-BGB/Junker Art 7 Rom I-VO Rn 80; dagegen zutreffend MünchKommVVG/Looschelders IntVersR Rn 103; Calliess/Renner/Gruber Rn 27; Richters 90; Ganzer 137; BeckOGK/Lüttringhaus [1. 12. 2023] Art 7 Rom I-VO Rn 99.2; eher zurückhaltend auch Looschelders/Pohlmann/Schäfer, Int Versicherungsvertragsrecht Rn 81; **69**

Staudinger, in: Internat Vertragsrecht Rn 30; die Frage offen lassend MünchKommBGB/Martiny Art 7 Rom I-VO Rn 26). In Betracht kommt eine Anwendung von Abs 2 Unterabs 2 S 2 zB dann, wenn bei einer Kreditversicherung eine besonders enge Verbindung zu dem Staat besteht, dessen Recht für den Kreditvertrag maßgeblich ist (Erman/Stürner Art 7 Rom I-VO Rn 5). Weiteres Beispiel: Abfassung des Vertrags in niederländischer Sprache und Beteiligung von Versicherern, die mehrheitlich ihren Sitz in den Niederlanden haben (RheinSchiffOG Karlsruhe RdTW 2024, 187 Rn 30).

70 Wenn der Vertrag nur **teilweise** eine offensichtlich engere Verbindung zu einem anderen Staat aufweist, wird dadurch die Anknüpfung an das **Betriebsstatut** des Versicherers nicht infrage gestellt. Anderenfalls träte eine Statutenspaltung ein, die der Verordnungsgeber ersichtlich nicht gewollt hat (MünchKommVVG/Looschelders IntVersR Rn 104; BeckOGK/Lüttringhaus [1. 12. 2023] Art 7 Rom I-VO Rn 101; weniger streng Looschelders/Pohlmann/Schäfer, Int Versicherungsvertragsrecht Rn 82 [Ausnahmen möglich]).

5. Anknüpfung von Verträgen über Massenrisiken (Abs 3)

a) Rechtswahl (Abs 3 Unterabs 1)

71 Ist ein Massenrisiko (zum Begriff s Rn 60) innerhalb eines Mitgliedstaates des EWR belegen, so eröffnen Abs 1, 3 den Parteien eine **begrenzte Rechtswahl.** Diese Regelungen bieten durchaus einigen Raum für eine Rechtswahl (strenger Jank, Produktstandardisierung für Versicherungen – eine verbraucher- und binnenmarktfreundliche Alternative? [2018], S 129, allerdings den Regelungsgehalt von Abs 3 verkennend). Zum Schutz des Versicherungsnehmers ist die Rechtswahlfreiheit allerdings anders als bei Großrisiken in verschiedener Hinsicht tatbestandlich begrenzt. Die in Abs 3 aufgeführten Rechtswahlmöglichkeiten bestehen **nebeneinander;** sind also die Voraussetzungen mehrerer Tatbestände erfüllt, so können die Parteien zwischen diesen wählen (MünchKommVVG/Looschelders IntVersR Rn 109). Für außerhalb des EWR belegene Risiken gilt Abs 3 nicht (Erman/Stürner Art 7 Rom I-VO Rn 6).

72 Die Rechtswahl kann nur **„im Einklang“** mit Art 3 Rom I-VO erfolgen. Unanwendbar sind jedoch die Rechtswahlbeschränkungen in Art 3 Abs 3 und 4 Rom I-VO, da in allen von Art 7 Abs 3 Rom I-VO erfassten Fällen ohnehin ein spezifisches Sachverhaltselement unweigerlich mit der zur Wahl stehenden Rechtsordnung verknüpft ist (Bruck/Möller/Dörner Rn 52). **Wählbar sind nach Abs 3:**

73 **aa)** das Recht eines jeden Mitgliedstaats, in dem zum Zeitpunkt des Vertragsschlusses das **Risiko belegen** ist (**lit a**; zur **Belegenheit** des Risikos s Rn 31 ff). Diese Rechtswahlmöglichkeit ist angesichts dessen, dass die **objektive Anknüpfung** nach Abs 3 Unterabs 3 ebenfalls auf die Risikobelegenheit abstellt (Rn 91 f), praktisch nur wenig bedeutsam (zu streng jedoch Fricke VersR 2008, 443, 448; s auch MünchKommBGB/Martiny Art 7 Rom I-VO Rn 32: „funktionslos“; MünchKommVVG/Looschelders IntVersR Rn 111: „meistens nur klarstellende Bedeutung“; ebenso Bruck/Möller/Dörner Rn 55; Böttger VersR 2012, 156, 160 und Staudinger, in: Internat Vertragsrecht Rn 34 bezeichnen die Vorschrift als „überflüssig“; plakativ auch Calliess/Renner/Gruber Rn 31). Die Bedeutung von lit a erschöpft sich darin, dass zu den Mitgliedstaaten, die nach Abs 3 Unterabs 2 die Rechtswahlmöglichkeiten **erweitern** können, auch der Staat der Risikobelegenheit zählt (Perner IPRax 2009, 218, 221 Fn 34).

Sind **mehrere Risiken** mit unterschiedlicher Belegenheit durch einen einheitlichen Vertrag versichert, so gestattet lit a es nicht, den gesamten Vertrag dem Belegenheitsrecht eines dieser Risiken zu unterstellen. Dies würde dem **Schutzzweck der Wahlfreiheitsgrenzen** zuwiderlaufen; zudem lässt sich ein argumentum e contrario aus lit e herleiten (MünchKommVVG/Looschelders IntVersR Rn 113; Staudinger, in: Internat Vertragsrecht Rn 35; Bruck/Möller/Dörner Rn 89; NK-BGB/Leible Art 7 Rom I-VO Rn 38; Versicherungsrechts-Handbuch/W-H Roth § 4 Rn 67 [Umkehrschluss „zwingend"]; **aA** BeckOGK/Lüttringhaus [1. 12. 2023] Art 7 Rom I-VO Rn 110 f [zumindest de lege ferenda für Änderung]); 74

bb) das Recht des Staates, in dem der Versicherungsnehmer seinen **gewöhnlichen Aufenthalt** hat, also sein „Heimatrecht" **(lit b)**. Dieses ist meist, wenn auch nicht stets, mit dem Ort der **Risikobelegenheit** identisch (MünchKommBGB/Martiny Art 7 Rom I-VO Rn 33 [vielfach]; MünchKommVVG/Looschelders IntVersR Rn 114; BeckOGK/Lüttringhaus [1. 12. 2023] Art 7 Rom I-VO Rn 113; zum gewöhnlichen Aufenthalt s Staudinger/Magnus [2021] Art 19 Rom I-VO Rn 10 ff, 14 ff, 29 ff). Der Staat muss, wie sich bereits aus dem Wortlaut von lit b ergibt, nicht ein Mitgliedstaat sein (MünchKommVVG/Looschelders IntVersR Rn 116; BeckOGK/Lüttringhaus [1. 12. 2023] Art 7 Rom I-VO Rn 112). Anders als im Fall von lit a kann das Heimatrecht des Versicherungsnehmers bei mehreren Risiken mit unterschiedlicher Belegenheit auch zur **Vermeidung einer Vertragsspaltung** gewählt werden, und zwar sogar dann, wenn es sich um einen Drittstaat handelt (NK-BGB/Leible Art 7 Rom I-VO Rn 38; BeckOGK/Lüttringhaus [1. 12. 2023] Art 7 Rom I-VO Rn 114); 75

cc) bei der **Lebensversicherung** das Recht des Mitgliedstaats, dessen **Staatsangehörigkeit** der Versicherungsnehmer besitzt **(lit c)**. Welche Verträge unter den Begriff Lebensversicherung fallen, ist in Art 2 Abs 3 Solvency II-RL (2009/138/EG) im Einzelnen definiert. Die Wahlmöglichkeit des Versicherungsnehmers soll dem Umstand Rechnung tragen, dass er bei einer entsprechenden Wahl typischerweise noch eine Beziehung zu seinem Heimatstaat hat (Fricke VersR 2008, 443, 448; MünchKommVVG/Looschelders IntVersR Rn 117; BeckOGK/Lüttringhaus [1. 12. 2023] Art 7 Rom I-VO Rn 116). Die Wahlmöglichkeit nach lit c ist nicht abschließend. Vielmehr kann stattdessen auch das Recht des **gewöhnlichen Aufenthalts** gewählt werden (Fricke VersR 2008, 443, 448). Lit c stellt jedoch klar, dass jenes Recht nicht gegen das gewählte Heimatrecht angeführt werden kann (Clausnitzer/Woopen BB 2008, 1804; krit Heiss, in: FS Kropholler [2008] 459, 467 ff). Das Kriterium der Staatsangehörigkeit bietet insbes bei längerfristigen Versicherungen zur Altersvorsorge eine stabilere Anknüpfung als dasjenige des gewöhnlichen Aufenthalts (Rauscher/Wendt [2023] Art 7 Rn 18; BeckOGK/Lüttringhaus [1. 12. 2023] Art 7 Rom I-VO Rn 116). Unerheblich ist es, wo der Lebensversicherer seinen **Sitz** hat (MünchKommBGB/Martiny Art 7 Rom I-VO Rn 34; Reithmann/Martiny/loacker/Grolimund Rn 36.51). 76

Das Recht eines **Nicht-Mitgliedstaats** kann nicht gewählt werden, selbst wenn der Versicherungsnehmer dessen Staatsangehöriger ist. Damit soll sichergestellt werden, dass dem Versicherungsnehmer nicht der unionsrechtlich vorgesehene Schutz entzogen wird (Bruck/Möller/Dörner Rn 59; Calliess/Renner/Gruber Rn 38; MünchKommVVG/Looschelders IntVersR Rn 119; BeckOGK/Lüttringhaus [1. 12. 2023] Art 7 Rom I-VO Rn 117; **krit** hierzu Looschelders/Pohlmann/Schäfer, Int Versicherungsvertragsrecht Rn 100 [Verstoß gegen das Prinzip der Gleichwertigkeit der Rechtsordnungen]). Erlangt der Versicherungsnehmer nach Vertragsschluss die **Staatsangehörigkeit eines Nicht-Mitgliedstaats,** so berührt 77 dies die Wirksamkeit einer zuvor getroffenen Rechtswahl nicht (Versicherungsrechts-Handbuch/W-H Roth § 4 Rn 69).

78 Die Staatsangehörigkeit bestimmt sich nach dem Recht des jeweiligen Staats, auf dessen Staatsangehörigkeit sich der Versicherungsnehmer beruft (MünchKommVVG/Looschelders IntVersR Rn 120; BeckOGK/Lüttringhaus [1. 12. 2023] Art 7 Rom I-VO Rn 115.3). Besitzt der Versicherungsnehmer **mehrere Staatsangehörigkeiten**, so kann er jede davon wählen, die diejenige eines Mitgliedstaats ist; die Regelung in Art 5 Abs 1 EGBGB zur Maßgeblichkeit der **effektiven Staatsangehörigkeit** kann zur Auslegung der Rom I-VO nicht herangezogen werden (MünchKommVVG/Looschelders IntVersR Rn 120; BeckOGK/Lüttringhaus [1. 12. 2023] Art 7 Rom I-VO Rn 115.3; Staudinger, in: Internat Vertragsrecht Rn 39; Bruck/Möller/Dörner Rn 60; Richters 158; NK-BGB/Leible Art 7 Rom I-VO Rn 41; Calliess/Renner/Gruber Rn 39; Versicherungsrechts-Handbuch/W-H Roth § 4 Rn 70; Reithmann/Martiny/Loacker/Grolimund Rn 36.53; **aA** Erman/Stürner Art 7 Rom I-VO Rn 7 [unter Berufung darauf, dass lit c „das Recht des Staates" und nicht „eines Staates" formuliere, was diesen Schluss nicht rechtfertigt]; anders ist die Lage bei Art 9 Abs 5 EGVVG aF zu beurteilen; s Rn 178). Besitzt der Versicherungsnehmer die Staatsangehörigkeit eines Mitgliedstaates, der selbst **mehrere Rechtsordnungen inkorporiert** (zB bisher Vereinigtes Königreich), obliegt es vorrangig dem nationalen Gesetzgeber, die nach lit c wählbare Rechtsordnung zu bestimmen. Sofern eine solche Regelung nicht existiert, erscheint es sachgerecht, an das Rechts derjenigen lokalen Rechtsordnung anzuknüpfen, zu der der Versicherungsnehmer den **engsten Bezug** hat (Calliess/Renner/Gruber Rn 40).

79 Erfasst werden **ausschließlich natürliche Personen** als Versicherungsnehmer; lit c ist insbes nicht auf die von einer juristischen Person als Arbeitgeber geschlossene **Gruppen-Lebensversicherung** erstreckbar (Versicherungsrechts-Handbuch/W-H Roth § 4 Rn 69; MünchKommVVG/Looschelders IntVersR Rn 121 aE; BeckOGK/Lüttringhaus [1. 12. 2023] Art 7 Rom I-VO Rn 116). Maßgeblich ist ausweislich des Wortlauts allein die Person des **Versicherungsnehmers**; auf Gefahrpersonen oder Bezugsberechtigte kommt es nicht an (MünchKommVVG/Looschelders IntVersR Rn 122; BeckOGK/Lüttringhaus [1. 12. 2023] Art 7 Rom I-VO Rn 115).

80 Bei der autonomen Bestimmung dessen, was zur **Lebensversicherung** zählt, bietet sich eine Orientierung an Art 2 Abs 3 lit a sublit i-iii sowie Abs 3 lit b sublit i–ii iVm Anhang II Solvency II-RL (2009/138/EG) an (MünchKommVVG/Looschelders IntVersR Rn 118; BeckOGK/Lüttringhaus [1. 12. 2023] Art 7 Rom I-VO Rn 115.1). Demnach fallen unter diesen Begriff neben der Lebensversicherung auf den Erlebens- und derjenigen auf den Todesfall sowie kombinierte Formen auch die Lebensversicherung mit Prämienrückgewähr sowie die Heirats- und Geburtenversicherung, ferner die Rentenversicherung, Zusatzversicherungen zur Lebensversicherung sowie Tontinen- und Kapitalisierungsgeschäfte (zur Einordnung der Rentenversicherung als Lebensversicherung iSv Art 7 Rom I-VO OGH VersR 2022, 132, 133f; MünchKommVVG/Looschelders IntVersR Rn 118; BeckOGK/Lüttringhaus [1. 12. 2023] Art 7 Rom I-VO Rn 115.2). Diese Begriffsdefinition kann für das Verständnis von lit c herangezogen werden, wenngleich sie, anders als dies bei der Großrisikodefinition (Rn 60) der Fall ist, von der Rom I-VO nicht ausdrücklich in Bezug genommen wird (MünchKommVVG/Looschelders IntVersR Rn 118; Armbrüster, in: FS vHoffmann [2011] 23, 31);

dd) für Versicherungsverträge, bei denen sich die gedeckten Risiken auf **Schadensfälle** beschränken, die in einem **anderen Mitgliedstaat** als demjenigen der Risikobelegenheit eintreten können, das Recht jenes Mitgliedstaats **(lit d)**. Diese Wahlmöglichkeit gestattet es den Parteien, einen **Gleichlauf mit dem anwendbaren materiellen Schadensrecht** herzustellen; zugleich ist das kollisionsrechtliche Schutzbedürfnis geringer (Fricke VersR 2008, 443, 448; Böttger VersR 2012, 156, 161; Bruck/Möller/Dörner Rn 63; BeckOGK/Lüttringhaus [1. 12. 2023] Art 7 Rom I-VO Rn 118; **krit** Heiss, in: FS Kropholler [2008] 459, 467 ff). Erforderlich ist freilich schon nach dem Wortlaut, dass die Schadensfälle **ausschließlich** in einem anderen Mitgliedstaat eintreten können (Versicherungsrechts-Handbuch/W-H Roth § 4 Rn 73; BeckOGK/Lüttringhaus [1. 12. 2023] Art 7 Rom I-VO Rn 119). **Beispiele:** Reisekranken- oder -unfallversicherung für ausschließlich am ausländischen Reiseort eintretende Krankheiten oder Unfälle (BeckOGK/Lüttringhaus [1. 12. 2023] Art 7 Rom I-VO Rn 120); deutscher Kleinunternehmer versichert sich gegen in Österreich entstehende Umweltschäden (Perner IPRax 2009, 218, 221 Fn 35); Produkthaftpflichtversicherung für ausschließlich in einem anderen Mitgliedstaat vertriebene Produkte (MünchKommVVG/Looschelders IntVersR Rn 125). 81

Ist ein Schadenseintritt in **mehreren anderen Mitgliedstaaten** möglich, so eröffnet lit d entsprechend seinem Zweck, einen Gleichlauf zu ermöglichen, die **teilweise Wahl des jeweiligen Rechts** (Ferrari/Staudinger Rn 38; Versicherungsrechts-Handbuch/W-H Roth § 4 Rn 73; BeckOGK/Lüttringhaus [1. 12. 2023] Art 7 Rom I-VO Rn 121; Bruck/Möller/Dörner Rn 63; s auch Calliess/Renner/Gruber Rn 44: es seien jeweils Einzelpolicen abzuschließen). Unzulässig ist hingegen die Wahl eines der Rechte für den gesamten Versicherungsvertrag, da dies dem angestrebten Gleichlauf widerspräche (MünchKommVVG/Looschelders IntVersR Rn 126; BeckOGK/Lüttringhaus [1. 12. 2023] Art 7 Rom I-VO Rn 121; NK-BGB/Leible Art 7 Rom I-VO Rn 46). Kann der Schaden **allein in einem Nichtmitgliedstaat** eintreten, so ist das Recht jenes Staates ausweislich des Wortlauts von lit d nicht wählbar (Looschelders/Smarowos VersR 2010, 1, 6; BeckOGK/Lüttringhaus [1. 12. 2023] Art 7 Rom I-VO Rn 122; zum alten Recht Uebel S 113; **aA** Gruber S 112 ff [für Analogie]; zu Recht rechtspolitisch **krit** Rauscher/Wendt [2023] Rn 20); 82

ee) wenn der Versicherungsnehmer **gewerblich, industriell oder freiberuflich** tätig ist und der Versicherungsvertrag zwei oder mehr Risiken abdeckt, die mit dieser Tätigkeit in Zusammenhang stehen und in unterschiedlichen Mitgliedstaaten belegen sind, das Recht eines betroffenen Mitgliedstaats oder das Recht des Staates, in dem der Versicherungsnehmer seinen gewöhnlichen Aufenthalt hat **(lit e)**. Angesichts dieser klaren Differenzierung kann es sich bei dem Aufenthaltsstaat auch um einen Drittstaat handeln (BeckOGK/Lüttringhaus [1. 12. 2023] Art 7 Rom I-VO Rn 125). Diese Wahlmöglichkeit hinsichtlich des gesamten Vertrags ermöglicht es den Parteien, eine bei objektiver Anknüpfung nach Abs 3 Unterabs 3, Abs 5 möglicherweise eintretende Vertragsspaltung zu verhindern. 83

Die **Einordnung einer Tätigkeit** als gewerblich, industriell oder freiberuflich muss **autonom** erfolgen. Dies bedeutet, dass nicht der deutsche, sondern der **weiter gefasste unionsrechtliche Gewerbebegriff** maßgeblich ist; mit der Aufnahme des Begriffs „freiberuflich" sollte offenbar nur klargestellt werden, dass auch diese nach deutscher Vorstellung nicht als gewerblich einzuordnende Tätigkeit erfasst wird (BeckOGK/Lüttringhaus [1. 12. 2023] Art 7 Rom I-VO Rn 123.2). So ist insbes auch die **Land- und Forstwirtschaft** als gewerbliche Tätigkeit einzustufen, wie dies für Art 5 EVÜ und 84

Art 13 Abs 1 EuGVÜ (Art 17 Abs 1 EuGVVO) angenommen wird (MünchKommVVG/Looschelders IntVersR Rn 130; zu Art 13 Abs 1 EuGVÜ auch EuGH NJW 2005, 653, 655). Dasselbe gilt für die **bergbauliche Tätigkeit** (MünchKommVVG/Looschelders IntVersR Rn 131) sowie für das **Handwerk** (BeckOGK/Lüttringhaus [1. 12. 2023] Art 7 Rom I-VO Rn 123.1; MünchKommVVG/Looschelders IntVersR Rn 132).

85 Die Rechtswahlmöglichkeit nach lit e besteht auch für die **Lebensversicherung**; insoweit erlangt sie wegen des erforderlichen Bezugs zu einer gewerblichen usw Tätigkeit insbes für die betriebliche Altersvorsorge Bedeutung (MünchKommVVG/Looschelders IntVersR Rn 129; BeckOGK/Lüttringhaus [1. 12. 2023] Art 7 Rom I-VO Rn 127).

86 Auf **Verbraucher** als Versicherungsnehmer ist lit e angesichts der klaren Differenzierung und des darin zum Ausdruck kommenden Regelungswillens des Verordnungsgebers **auch nicht analog** anzuwenden (MünchKommBGB/Martiny Art 7 Rom I-VO Rn 36; Perner IPRax 2009, 218, 221; s aber auch BeckOGK/Lüttringhaus [1. 12. 2023] Art 7 Rom I-VO Rn 124 mit Rn 110 f). Freilich genügt es bei **gemischter gewerblich-privater Tätigkeit** für eine Anwendung von lit e, dass der gewerbliche Zweck (zB der gewerbliche Anteil der Nutzung des gegen Feuer versicherten Gebäudes) **nicht nur von ganz untergeordneter Bedeutung** ist, da bereits dann der Versicherungsnehmer weniger schutzbedürftig erscheint (MünchKommVVG/Looschelders IntVersR Rn 135; BeckOGK/Lüttringhaus [1. 12. 2023] Art 7 Rom I-VO Rn 123.3, jeweils unter zutreffendem Hinweis auf EuGH NJW 2005, 653 ff; s ferner EuGH NJW 2014, 841 Rn 25 ff m Anm Stadler IPRax 2015, 203 ff; wie hier auch Staudinger, in: Internat Vertragsrecht Rn 43; Böttger VersR 2012, 156, 157; **anders** Bruck/Möller/Dörner Rn 67: Wahlmöglichkeit besteht, wenn Deckung beruflicher Risiken überwiegt; allg zur einheitlichen Auslegung von EuGVVO und Rom I-VO s Würdinger RabelsZ 75 [2011] 102, 112; zu den Grenzen s Lüttringhaus RabelsZ 77 [2013] 31 ff; monographisch zur rechtsaktübergreifenden Auslegung s Köck 107 ff). Handelt es sich hingegen um einen kombinierten Vertrag, durch den **mehrere Einzelrisiken** versichert werden, so kommt die Rechtswahlmöglichkeit allein hinsichtlich des gewerblichen Risikos zum Zuge; insoweit muss eine Statutenspaltung hingenommen werden (MünchKommVVG/Looschelders IntVersR Rn 136; Armbrüster, in: FS vHoffmann [2011] 23, 31).

b) Erweiterungen der Rechtswahl (Abs 3 Unterabs 2)

87 Abs 3 Unterabs 2 enthält eine **Ermächtigungsnorm** (Basedow/Scherpe 513). Sie erlaubt es den nach lit a, b oder e berufenen Mitgliedstaaten, den Parteien **weitergehende Rechtswahlmöglichkeiten** zu eröffnen. Diese Öffnungsklausel ist – wie bereits diejenige des Richtlinienrechts (Rn 187) – das Ergebnis eines **Kompromisses** zwischen strengen und liberalen Mitgliedstaaten (Perner IPRax 2009, 218, 221; Böttger VersR 2012, 156, 161; Erman/Stürner Art 7 Rom I-VO Rn 9 [Rücksicht auf umfassendere Wahlfreiheit im Vereinigten Königreich]). Rechtspolitisch ist dieser Kompromiss unbefriedigend, da er sich vom Grundansatz einheitlicher Kollisionsregeln entfernt (MünchKommVVG/Looschelders IntVersR Rn 138; BeckOGK/Lüttringhaus [1. 12. 2023] Art 7 Rom I-VO Rn 129; s auch Erman/Stürner Art 7 Rom I-VO Rn 9; Bader Koordinationsmethoden im Internationalen Privat- und Verfahrensrecht, 2019, 221). Eine **Pflicht der Mitgliedstaaten,** von der Ermächtigung Gebrauch zu machen, besteht auch mit Blick auf Art 56 AEUV nicht (eingehend Richters 109 f).

88 Sofern die maßgeblichen nationalen Kollisionsrechte **mehrere Wahlmöglichkeiten** eröffnen, so bestehen diese **nebeneinander**; sie können also alternativ genutzt werden

(Heiss, in: FS Kropholler [2008] 459, 471; MünchKommBGB/Martiny Art 7 Rom I-VO Rn 37; Staudinger, in: Internat Vertragsrecht Rn 45; Bruck/Möller/Dörner Rn 73; BeckOGK/Lüttringhaus [1. 12. 2023] Art 7 Rom I-VO Rn 130; NK-BGB/Leible Art 7 Rom I-VO Rn 52). Dasselbe gilt, wenn mehrere nationale Kollisionsrechte jeweils eine Wahlmöglichkeit bieten (MünchKommVVG/Looschelders IntVersR Rn 140). Allerdings gilt die Wahlfreiheit jeweils nur insoweit, wie das jeweilige Kollisionsrecht sie gestattet. Ist sie lediglich für ein **Teilrisiko** eröffnet, so kann die Wahl daher zu einer **Statutenspaltung** führen (MünchKommVVG/Looschelders IntVersR Rn 141; BeckOGK/Lüttringhaus [1. 12. 2023] Art 7 Rom I-VO Rn 133).

Der **deutsche Gesetzgeber** hat von der ihm eingeräumten Regelungskompetenz bislang keinen Gebrauch gemacht, anders als etwa England, Italien oder Österreich (s zu den dortigen Regelungen BeckOGK/Lüttringhaus [1. 12. 2023] Art 7 Rom I-VO Rn 128.1–128.3; s auch Fenyves/Schauer/Perner Rom I-VO Rn 32; Versicherungsrechts-Handbuch/W-H Roth § 4 Rn 81). Vielmehr sind die **früher** auf Grundlage des Richtlinienrechts vorgesehenen **Erweiterungen der Rechtswahl** in Art 9 Abs 4 EGVVG aF (Korrespondenzversicherung; Rn 173) und in Art 10 Abs 2 EGVVG aF (gewerbliche usw Risiken; Rn 185) durch das IPR-Anpassungsges **ersatzlos entfallen** (Erman/Stürner Art 7 Rom I-VO Rn 9). Das Untätigbleiben des deutschen Gesetzgebers ist zwar unter integrationspolitischen Aspekten und mit Blick auf die Rechtseinheit im EWR-Raum zu begrüßen (vgl Böttger VersR 2012, 156 161). Es führt aber auch zu dem unbefriedigenden Ergebnis, dass die Rechtswahlfreiheit im deutschen Recht auf die von Art 7 Rom I-VO vorgesehenen Fälle beschränkt bleibt. **89**

Die Bezugnahme in Abs 3 Unterabs 1 auf **Art 3 Rom I-VO** hinsichtlich der **Modalitäten einer Rechtswahl** (s allg Rn 66) gilt auch für die in Abs 3 Unterabs 2 eröffneten Wahlmöglichkeiten. Jene Wahlmöglichkeiten stehen auch **nicht unter dem Vorbehalt des Art 6 Abs 2 S 2 Rom I-VO**, da Art 7 Rom I-VO anders als Art 6 Rom I-VO von vornherein nur eine eingeschränkte Rechtswahl eröffnet und damit einen spezifischen Schutz bietet, sodass Art 6 Rom I-VO gem Erwägungsgrund 32 (insgesamt) nicht anwendbar sein soll (Staudinger, in: Internat Vertragsrecht Rn 44; Richters 96; NK-BGB/Leible Art 7 Rom I-VO Rn 53; Calliess/Renner/Gruber Rn 57 f; jurisPK-BGB/Junker Art 7 Rom I-VO Rn 8, 118; BeckOGK/Lüttringhaus [1. 12. 2023] Art 7 Rom I-VO Rn 134; so nun auch MünchKommVVG/Looschelders IntVersR Rn 145; **aA** Heiss, in: FS Kropholler [2008] 461, 472). Anderenfalls hätte der Verordnungsgeber in Abs 3 Unterabs 2 eine dem Art 6 Abs 2 S 2 Rom I-VO entsprechende Regelung aufnehmen müssen. Freilich ist es möglich, dass die eine erweiterte Rechtswahl im **nationalen Kollisionsrecht** zulassenden Mitgliedstaaten diese Ausweitung ihrerseits ausdrücklich unter den Vorbehalt des Art 6 Abs 2 S 2 Rom I-VO stellen (Versicherungsrechts-Handbuch/W-H Roth § 4 Rn 79 [Fn 325]). Diesen Weg hat etwa Österreich in § 35a Abs 2 östIPRG beschritten. **90**

c) Objektive Anknüpfung (Abs 3 Unterabs 3)

Sofern die Parteien die ihnen eingeräumte Rechtswahlfreiheit nicht ausüben, greift nach Abs 3 Unterabs 3 eine objektive Anknüpfung an das Recht des Mitgliedstaates ein, in dem das Risiko bei Vertragsschluss belegen ist. Es handelt sich damit um eine **statische Anknüpfung,** was angesichts des bei Versicherungsverträgen bestehenden Anpassungsbedarfs hinsichtlich der AGB sinnvoll ist (Fricke VersR 2008, 443, 449 mit Fn 36; MünchKommVVG/Looschelders IntVersR Rn 148). Die Maßgeblichkeit der Risikobelegenheit führt dazu, dass meist ein Gleichlauf mit der **internationalen Zuständig-** **91**

keit nach Art 10 ff EuGVVO erzielt wird (MünchKommVVG/Looschelders IntVersR Rn 147; BeckOGK/Lüttringhaus [1. 12. 2023] Art 7 Rom I-VO Rn 135).

92 Die Anknüpfung an die **Risikobelegenheit** steht nicht unter dem Vorbehalt, dass der Sachverhalt eine **engere Verbindung** zu einem anderen Staat aufweist (vgl demgegenüber Art 4 Abs 3 Rom I-VO, Art 7 Abs 2 Unterabs 2 S 2 Rom I-VO). Angesichts der klaren Differenzierung handelt es sich um eine **bewusste Entscheidung** des Verordnungsgebers, die nicht durch eine analoge Anwendung von Abs 2 Unterabs 2 S 2 umgangen werden darf (Perner IPRax 2009, 218, 220; Staudinger, in: Internat Vertragsrecht Rn 49; Armbrüster, in: FS vHoffmann [2011] 23, 32).

6. Pflichtversicherung (Abs 4)

a) Normzweck

93 Schreibt ein Mitgliedstaat für eine bestimmte Tätigkeit oder Eigenschaft eine Pflichtversicherung vor, so verfolgt er mit dieser Einschränkung der negativen Vertragsfreiheit regelmäßig von ihm als besonders bedeutsam angesehene **Schutzziele** (Gemeinwohlbelange; näher Staudinger/Armbrüster [2021] Art 46d EGBGB Rn 4). Abs 4, der keine eigenständige Kollisionsnorm enthält, trägt diesem Interesse des jeweiligen Mitgliedstaates in mehrfacher Richtung Rechnung. Zum einen sind die von ihm festgelegten **Anforderungen** für die Beurteilung maßgeblich, ob ein Versicherungsvertrag der Pflicht entspricht (lit a; näher Rn 98 ff). Zum anderen kann er – wovon Deutschland in Art 46d EGBGB Gebrauch gemacht hat (Rn 104) – das Vertragsstatut abweichend von Art 7 Rom I-VO festlegen (**Öffnungsklausel** in lit b; näher Rn 103 f). Dieses **Durchsetzungsinteresse** ist freilich allein dann anzuerkennen, wenn die eine VersPflicht auslösende **Tätigkeit** des Versicherungsnehmers den die Pflicht anordnenden Mitgliedstaat betrifft.

b) Anwendungsbereich

94 Der Begriff der Versicherungspflicht ist ebenso wie derjenige in Art 46d EGBGB (Staudinger/Armbrüster [2021] Art 46d EGBGB Rn 5) **autonom europarechtlich** auszulegen (BeckOGK/Lüttringhaus [1. 12. 2023] Art 7 Rom I-VO Rn 138). Maßgeblich ist daher nicht, ob nach der Rechtsordnung des jeweiligen Mitgliedstaats eine Versicherungspflicht besteht. Nach dem Normzweck (Rn 93; Staudinger/Armbrüster [2021] Art 46d EGBGB Rn 4) ist der Begriff **weit auszulegen**. Es genügt, wenn ein **Gesetz im materiellen Sinne** (zB Rechtsverordnung; auf Gesetz beruhende berufsrechtliche Satzung einer Kammer) eine Versicherungspflicht anordnet (MünchKommVVG/Looschelders IntVersR Rn 152; BeckOGK/Lüttringhaus [1. 12. 2023] Art 7 Rom I-VO Rn 139; Basedow/Drasch NJW 1991, 785, 794). Eine autonome nicht auf Gesetz beruhende Satzung genügt hingegen nicht (Looschelders/Pohlmann/Schäfer, Int Versicherungsvertragsrecht Rn 128). Unzureichend ist auch eine durch **Parteivereinbarung** begründete Versicherungspflicht (Looschelders/Pohlmann/Schäfer, Int Versicherungsvertragsrecht Rn 128; MünchKommVVG/Looschelders IntVersR Rn 152). Zu nach deutschem Recht bestehenden Versicherungspflichten s Staudinger/Armbrüster (2021) Art 46d EGBGB Rn 10.

95 Abs 4 gilt unabhängig davon, ob es sich um einen Vertrag über ein **Groß-** oder ein **Massenrisiko** handelt (MünchKommBGB/Martiny Art 7 Rom I-VO Rn 42; Perner IPRax 2009, 218, 221; Staudinger, in: Internat Vertragsrecht Rn 50; Bruck/Möller/Dörner Rn 80). Dies

folgt bereits daraus, dass der Anwendungsbereich anders als in Abs 5 nicht beschränkt ist; zudem nimmt lit b ausdrücklich auf die Abs 2 und 3 Bezug.

Nach dem Wortlaut von Abs 4 S 1 gilt die Vorschrift für Versicherungsverträge über Massenrisiken nur, sofern die Risiken in einem oder mehreren **Mitgliedstaaten belegen** sind. Der Normzweck (Rn 93) spricht freilich dafür, die Regelung **analog** auch dann anzuwenden, wenn das Risiko außerhalb der EU/des EWR belegen ist. Anderenfalls käme es zu einem – vom Richtliniengeber offenbar nicht bedachten – **Wertungswiderspruch,** da die Risikobelegenheit für die Versicherungspflichtigkeit der in dem Mitgliedstaat ausgeübten Tätigkeit unerheblich ist (Perner IPRax 2009, 218, 222; ähnlich Rauscher/Wendt [2023] Rn 26: korrigierende Auslegung; s auch NK-BGB/Leible Art 7 Rom I-VO Rn 58; Bruck/Möller/Dörner Art 46c EGBGB Rn 6; Staudinger/Armbrüster [2021] Art 46d EGBGB Rn 6a; **aA** – eine analoge Anwendung verneinend – Calliess/Renner/Gruber Rn 13; jurisPK-BGB/Junker Art 7 Rom I-VO Rn 33, 130 f; ferner Looschelders/Pohlmann/Schäfer, Int Versicherungsvertragsrecht Rn 126; Böttger VersR 2012, 156, 161, welche die eine Versicherungspflicht anordnenden Vorschriften über **Art 9 Abs 2 Rom I-VO** zur Geltung bringen wollen; dafür wohl auch BeckOGK/Lüttringhaus [1. 12. 2023] Art 7 Rom I-VO Rn 142 f, 187). 96

Zur Erstreckung der in Art 7 Rom I-VO nur für EU-Mitgliedstaaten aufgestellten Regeln auf die übrigen **EWR-Staaten** s Rn 59. Abs 4 gilt wegen der vergleichbaren Interessenlage **analog** für den Fall, dass allein ein **Drittstaat die Versicherungspflicht anordnet** (Bruck/Möller/Dörner Rn 20; NK-BGB/Leible Art 7 Rom I-VO Rn 57; PWW/Ehling Art 7 Rom I-VO Rn 15; s auch Art 46d EGBGB Rn 6; Fricke VersR 2008, 443, 450; Staudinger/Armbrüster [2021] Art 46d EGBGB Rn 6; **aA** MünchKommBGB/Martiny Art 7 Rom I-VO Rn 46; Looschelders/Smarowos VersR 2010, 1, 7; MünchKommVVG/Looschelders IntVersR Rn 155; Looschelders/Pohlmann/Schäfer, Int Versicherungsvertragsrecht Rn 125; Perner IPRax 2009, 218, 221; BeckOGK/Lüttringhaus [1. 12. 2023] Art 7 Rom I-VO Rn 144; zurückhaltend Staudinger, in: Internat Vertragsrecht Rn 50: Entscheidung des EuGH erforderlich; offen lassend Wedemann ZIP 2014, 2469, 2474). Gegen diese Analogie kann nicht eingewandt werden, dass Art 7 Abs 4 Rom I-VO anders als Art 8 Abs 4 lit c der Richtlinie 73/239/EWG nicht von Staaten, sondern ausdr von Mitgliedstaaten spricht (so aber MünchKommVVG/Looschelders IntVersR Rn 155; BeckOGK/Lüttringhaus [1. 2. 2021] Art 46d EGBGB Rn 19); es geht ja gerade um eine Erstreckung der Regelung auf nicht von ihrem Wortlaut erfasste Fälle, und ein „beredtes Schweigen" des Verordnungsgebers hinsichtlich der – sachlich gebotenen – Erstreckung auf Drittstaaten lässt sich nicht feststellen. 97

c) Beurteilung der Erfüllung einer Versicherungspflicht (lit a)

Nach Abs 4 lit a S 1 richtet sich die Frage, ob ein Versicherungsvertrag einer bestehenden **Versicherungspflicht** genügt, nach dem Recht des diese Pflicht **anordnenden Staates.** Dessen Regeln zu dieser Frage werden mithin durch lit a zu **international zwingenden Normen** erklärt (Perner IPRax 2009, 218, 222). Das Recht des Mitgliedstaats, der die Versicherungspflicht aufstellt, hat daher insoweit **Vorrang** gegenüber dem Versicherungsvertragsstatut (LG Göttingen NJOZ 2020, 85 Rn 23; BeckOGK/Lüttringhaus [1. 12. 2023] Art 7 Rom I-VO Rn 146; vgl auch OLG Schleswig BeckRS 2020, 11616 Rn 32; OLG Bamberg BeckRS 2019, 54002 Rn 21). 98

Damit ist freilich nichts über das auf den **Versicherungsvertrag** anwendbare Recht gesagt. Insoweit greift vorbehaltlich einer mitgliedstaatlichen Sonderregel iSv Abs 4 99 lit b für Großrisiken Abs 2 und für Massenrisiken innerhalb des EWR Abs 3 ein (Staudinger/Armbrüster [2021] Art 46d EGBGB Rn 1). Gleichwohl kann sich auch die Antwort auf die von lit a S 1 betroffene Frage auf den Vertrag auswirken: Entspricht dieser nicht den Anforderungen, die das maßgebliche Recht des die Versicherungspflicht anordnenden Mitgliedstaates aufstellt, so kann dies zur **Unwirksamkeit** bestimmter der Kompatibilität entgegenstehender Abreden (zB Selbstbehalt, Serienschadensklausel, Höchstsummen) führen, sofern der Vertrag gerade deshalb geschlossen wurde, um einer Versicherungspflicht zu genügen (Armbrüster/Dallwig VersR 2009, 150, 151 ff).

100 Das Recht des die Versicherungspflicht anordnenden Staates setzt sich auch dann durch, wenn das Recht der Risikobelegenheit zu der in S 1 angesprochenen Frage zu einem **abweichenden Ergebnis** führt (Abs 4 lit a S 2).

101 Abs 4 lit a ist nicht allein für den Fall bedeutsam, dass das Versicherungsvertragsstatut für die betreffende Tätigkeit **überhaupt keine Versicherungspflicht** vorsieht, sodass entsprechende Regeln fehlen, sondern auch dann, wenn zwar Vorgaben bestehen (vgl zum deutschen Recht insbes § 114 VVG, aber auch zahlreiche Spezialvorschriften wie zB §§ 51, 59j BRAO), deren Anforderungen jedoch **geringer** sind als diejenigen des die Versicherungspflicht anordnenden Mitgliedstaates (zB niedrigere Mindestdeckungssumme; höhere Selbstbehaltsgrenze; Perner IPRax 2009, 218, 221; NK-BGB/Leible Art 7 Rom I-VO Rn 60). In einer solchen Situation sind nicht etwa die im Einzelfall strengsten Vorgaben heranzuziehen abzustellen (so aber noch Versicherungsrechts-Handbuch/W-H Roth [3. Aufl 2015] § 4 Rn 103; in der 4. Aufl § 4 Rn 108 nicht mehr vertreten). Vielmehr ist die Rechtsordnung desjenigen Staates maßgeblich, mit welcher der Versicherungsvertrag die **engste Verbindung** aufweist (Staudinger, in: Internat Vertragsrecht Rn 54; MünchKommVVG/Looschelders IntVersR Rn 167).

102 Bei **konkurrierenden Versicherungspflichten** verschiedener Staaten führt Art 7 Abs 5 Rom I-VO zu einer **Statutenspaltung** (Rn 127; eingehend Rn 119 ff; BeckOGK/Lüttringhaus [1. 12. 2023] Art 7 Rom I-VO Rn 147, 149; nunmehr mit zutreffender Ausnahme bei Risikobelegenheit in nur einem Mitgliedstaat).

d) Sonderanknüpfung des Pflichtversicherungsvertrags

aa) Ermächtigungsgrundlage (lit b)

103 Nach der **Ermächtigungsnorm** (Öffnungsklausel) des Abs 4 lit b kann ein Mitgliedstaat für den einer Versicherungspflicht unterliegenden **Versicherungsvertrag** in Abweichung von den Abs 2, 3 eine objektive Anknüpfung an das Recht des Staates vorschreiben, der die Pflicht anordnet. Ist dies geschehen, indem ein Mitgliedstaat eine solche vorrangige Sonderkollisionsnorm (Zwickel VersR 2021, 575, 576) geschaffen hat, so scheidet insbes eine Rechtswahl aus, aber auch die objektive Anknüpfung nach Abs 2 Unterabs 2, Abs 3 Unterabs 3. Zugleich wird ein „Rechtsmix“ (W-H Roth, Internat Versicherungsvertragsrecht 651; Heiss ZVersWiss 2007, 503, 519) verhindert, indem eine einheitliche Anknüpfung an das die Versicherungspflicht statuierende Recht und damit ein **einheitliches Pflichtversicherungsvertragsstatut** geschaffen wird (BeckOGK/Lüttringhaus [1. 12. 2023] Art 7 Rom I-VO Rn 149; s auch Basedow/Scherpe 526).

bb) Umsetzung in Art 46d EGBGB

(1) Überblick

Der **deutsche Gesetzgeber** hat in **Art 46d EGBGB** von der Ermächtigung von Abs 4 lit b Gebrauch gemacht, und zwar in Abs 1 für Versicherungspflichten anderer EWR-Mitgliedstaaten und in Abs 2 für deutsche Versicherungspflichten (BGH NJW 2025, 2089 Rn 30). Im letzteren Fall ist das Versicherungsvertragsstatut zwingend deutsches Recht; eine Rechtswahl ist ausgeschlossen (NK-BGB/Leible Art 46d EGBGB Rn 15; Grüneberg/Thorn Art 7 Rom I-VO Rn 9). **Österreich** hat hingegen die Ermächtigung bislang nicht genutzt (Fenyves/Schauer/Perner Rom I-VO Rn 38). 104

Artikel 46d EGBGB 105
Pflichtversicherungsverträge

(1) Ein Versicherungsvertrag über Risiken, für die ein Mitgliedstaat der Europäischen Union oder ein anderer Vertragsstaatstaat des Abkommens über den Europäischen Wirtschaftsraum eine Versicherungspflicht vorschreibt, unterliegt dem Recht dieses Staates, sofern dieser dessen Anwendung vorschreibt.

(2) Ein über eine Pflichtversicherung abgeschlossener Vertrag unterliegt deutschem Recht, wenn die gesetzliche Verpflichtung zu seinem Abschluss auf deutschem Recht beruht.

Bei der Pflichtversicherung richtet sich die Beurteilung, ob ein Vertrag der **Versicherungspflicht** entspricht, nach dem Recht des diese Pflicht **anordnenden Staates** (Art 7 Abs 4 lit a Rom I-VO). Damit ist freilich noch nichts über das auf den Vertrag anwendbare Recht gesagt. Vorbehaltlich einer durch Art 7 Abs 4 lit b Rom I-VO geschaffenen mitgliedstaatlichen Sonderregel (vorrangige Sonderkollisionsnorm; Zwickel VersR 2021, 575, 576) gilt insoweit für Großrisiken Art 7 Abs 2 Rom I-VO sowie für Massenrisiken innerhalb des EWR Art 7 Abs 3 Rom I-VO (Fricke VersR 2008, 443, 449). Der deutsche Gesetzgeber hat indessen von der in der **Öffnungsklausel des Art 7 Abs 4 lit b Rom I-VO** vorgesehenen Möglichkeit Gebrauch gemacht, indem er in **Art 46d Abs 1 EGBGB** eine **objektive Anknüpfung** an das Recht des Staates vorschreibt, der die Pflicht anordnet, sofern dieser Staat einen entsprechenden **Rechtsanwendungswillen** hat (BGH NJW-RR 2020, 802 Rn 16; BGH VersR 2021, 572 Rn 32). Im Hinblick auf diesen Vorbehalt handelt es sich insofern um eine **Gesamtverweisung**, als erst das die Pflicht anordnende Recht darüber entscheidet, ob es die Verweisung annimmt (BeckOGK/Lüttringhaus [1. 12. 2023] Art 7 Rom I-VO Rn 10 [„bedingte Gesamtverweisung"]; s auch BT-Drucks 16/12104, 10 [„Eine uneingeschränkte Verweisung hätte den Nachteil, dass sie zur Anwendung eines Rechts führen könnte, das aus dessen Sicht gar nicht angewendet werden will"]; **aA** Bruck/Möller/Dörner Rn 11 f mit Fn 15 [Sachverweisung]). Eine **Rechtswahlmöglichkeit** entfällt damit (Hk-BGB/Staudinger Art 7 Rom I-VO Rn 1; PWW/Ehling/Martiny Art 7 Rom I-VO Rn 1). Zugleich regelt **Art 46d Abs 2 EGBGB**, dass bei einer nach deutschem Recht bestehenden Versicherungspflicht auf den Vertrag deutsches Recht anwendbar ist. Damit wird festgehalten, dass Deutschland einen entsprechenden Anwendungswillen iSv Abs 1 hat. Abs 1 gilt gemäß seinem Wortlaut nicht allein für andere Mitgliedstaaten, sondern auch für Deutschland (insoweit offenbar **aA** BeckOGK/Lüttringhaus [1. 12. 2023] Art 7 Rom I-VO Rn 6); Abs 2 baut für nach deutschem Recht bestehende Pflichtversicherungen auf Abs 1 auf. 106

107 Art 46d EGBGB entspricht mWv 1. 7. 2018 ohne inhaltliche Änderungen **Art 46c EGBGB aF** (Art 2 Nr 5 des G v 17. 7. 2017, BGBl 2017 I 2394). Eine der Norm weitgehend entsprechende Regelung sah bereits **Art 12 Abs 1, 2 EGVVG aF** für das frühere Recht vor. Die Neuregelung verzichtet – abgesehen von redaktionellen Änderungen – lediglich auf eine Übernahme von Art 12 Abs 2 S 2, Abs 3 EGVVG aF. Nach Art 12 Abs 2 S 2 EGVVG aF sollten **abweichende Regelungen vorrangig** sein. Ein Beispiel für solche Vorschriften bieten im deutschen Recht die §§ 99 Abs 5, 103 LuftVZO, wonach für ein ausländisches Luftfahrzeug der Nachweis möglich ist, dass eine ausländische Transporthaftpflichtversicherung den deutschen Anforderungen entspricht. Die Geltung derartiger Regeln steht auch für das neue Recht außer Zweifel. Es handelt sich dann, wenn nach Art 46d Abs 2 EGBGB deutsches Recht berufen ist, schlicht um die Anwendung einer von dieser Berufung umfassten **inländischen Spezialvorschrift** (NK-BGB/Leible Art 46d EGBGB Rn 15; MünchKommVVG/Looschelders IntVersR Rn 164; Bruck/Möller/Dörner Rn 20; MünchKommBGB/Martiny Art 7 Rom I-VO Rn 16). In **Art 12 Abs 3 EGVVG aF** war speziell für die Pflichtversicherung angeordnet, was sich nunmehr als generelle Vorschrift zur Mehrfachbelegenheit in Art 7 Abs 5 Rom I-VO findet (s Gesetzesbegr, BR-Drucks 7/09, 11).

108 Schreibt der betreffende Staat die Anwendung seines eigenen Rechts **nicht** vor, so greift **Art 7 Rom I-VO** ein. Diese **Einschränkung der Sonderanknüpfung** durch den deutschen Gesetzgeber ist zwar in der Ermächtigungsnorm des Art 7 Abs 4 lit b Rom I-VO nicht ausdrücklich vorgesehen. Indessen trägt die Regelung dem allg Interesse daran Rechnung, Abweichungen von den Regelanknüpfungen der Rom I-VO möglichst beschränkt zu halten. Sie ist mithin **von der Ermächtigungsnorm gedeckt** (MünchKommVVG/Looschelders IntVersR Rn 155; Bruck/Möller/Dörner Rn 10; BeckOGK/Lüttringhaus [1. 12. 2023] Art 7 Rom I-VO Rn 11). Die Anwendung von Art 7 Rom I-VO kann zur Folge haben, dass das **mitgliedstaatliche Pflichtversicherungsrecht** unabhängig vom Versicherungsvertragsstatut zu beachten ist, und zwar aufgrund der Vorrangregel des **Art 7 Abs 4 lit a Rom I-VO** (BeckOGK/Lüttringhaus [1. 12. 2023] Art 7 Rom I-VO Rn 13). Demnach hat das Recht des Mitgliedstaats, der die Versicherungspflicht anordnet, gegenüber dem Recht der Risikobelegenheit Vorrang, wenn beide einander widersprechen.

109 Von der Ermächtigungsnorm des Art 7 Abs 4 lit b Rom I-VO gedeckt ist auch die Gleichbehandlung **anderer EWR-Mitgliedstaaten** mit EU-Mitgliedstaaten in Abs 1 (Rn 59; MünchKommVVG/Looschelders IntVersR Rn 156; BeckOGK/Lüttringhaus [1. 12. 2023] Art 7 Rom I-VO Rn 12). Diese Gleichbehandlung ist mittlerweile durch die Vorgabe in **Art 178 Solvency II-RL** (2009/138/EG), wonach sich die Geltung von Art 7 Rom I-VO auf die EWR-Mitgliedstaaten erstreckt, bestätigt worden, wenn auch in legislativ unvollkommener Form (Rn 59).

110 Maßgeblich für die Frage, ob ein Staat eine Versicherungspflicht anordnet, ist jeweils der **Zeitpunkt des Vertragsschlusses** (Hk-BGB/Staudinger Art 7 Rom I-VO Rn 1).

(2) Normzweck

111 Für die Pflichtversicherung von innerhalb des EWR belegenen Risiken wird Art 7 Rom I-VO in wesentlichen Teilen durch die **Sonderanknüpfung** des Art 46d EGBGB verdrängt (Bruck/Möller/Dörner Rn 1 f; MünchKommBGB/Martiny Art 7 Rom I-VO Rn 3; s auch Zwickel VersR 2021, 575, 576). Diese Sonderanknüpfung lässt sich dogmatisch als

Spezialregelung zu Art 9 Rom I-VO begreifen (Bruck/Möller/Dörner Rn 3). Sie soll dem engen territorialen Bezug zu dem die Versicherungspflicht vorschreibenden Staat Rechnung tragen (Hk-BGB/Staudinger Art 7 Rom I-VO Rn 1). Regelmäßig verfolgt dieser Staat damit bestimmte **Schutzinteressen der Allgemeinheit**, also öffentlichen Gemeinwohlbelangen (BeckOGK/Lüttringhaus [1. 12. 2023] Art 7 Rom I-VO Rn 3). Dabei geht es vor allem um den Schutz von Unfallopfern im Straßenverkehr durch die Kfz-HaftpflVers (jurisPK-BGB/Junker Art 7 Rom I-VO Rn 2). Darüber hinaus ist aber auch der Schutz der Empfänger bestimmter haftungsträchtiger Dienst- oder Werkleistungen, wie sie insbesondere von Angehörigen freier Berufe erbracht werden, erfasst (iE wie hier Kramer 251). Mit Art 46d Abs 1 EGBGB wird jenen Schutzinteressen dadurch Rechnung getragen, dass ein bestehender **Rechtsanwendungswille** des betreffenden Staates (NK-BGB/Leible Art 46d EGBGB Rn 10) – dessen Existenz Abs 2 für das deutsche Recht klarstellt (Rn 106) – beachtet wird. Die solchermaßen durch den Rechtsanwendungswillen bedingte Sonderanknüpfung dient dem internationalen Entscheidungseinklang und fördert die – im Versicherungssektor bislang unterentwickelte (Basedow EuZW 2014, 1) – Dienstleistungsfreiheit (BeckOGK/Lüttringhaus [1. 12. 2023] Art 7 Rom I-VO Rn 7; MünchKommBGB/Martiny Art 7 Rom I-VO Rn 5).

(3) Anwendungsbereich

Art 46d EGBGB setzt voraus, dass ein Mitgliedstaat eine Versicherungspflicht vorschreibt. Der Begriff der Versicherungspflicht ist ebenso wie derjenige in der dieser Norm zugrundeliegenden Öffnungsklausel des Art 7 Abs 4 lit b Rom I-VO (Rn 106) **autonom europarechtlich** auszulegen (BeckOGK/Lüttringhaus [1. 12. 2023] Art 7 Rom I-VO Rn 4). Es kommt also nicht darauf an, ob nach der Rechtsordnung des jeweiligen Mitgliedstaats eine Versicherungspflicht besteht, sondern ob dies aus Unionssicht der Fall ist. Dabei ist allerdings – vorbehaltlich eines strengeren Verständnisses durch den EuGH – nach dem Normzweck (Rn 111), den mitgliedstaatlichen Gemeinwohlbelangen Rechnung zu tragen, ein **weiter Maßstab** anzulegen. Mithin genügt es, wenn ein **Gesetz im materiellen Sinne** (zB Rechtsverordnung; auf Gesetz beruhende berufsrechtliche Satzung einer Kammer) eine Versicherungspflicht vorsieht (MünchKommVVG/Looschelders IntVersR Rn 152 [zu Art 7 Abs 4 Rom I-VO]; BeckOGK/Lüttringhaus [1. 12. 2023] Art 7 Rom I-VO Rn 5; Basedow/Drasch NJW 1991, 785, 794). Hingegen reicht eine auf **Parteivereinbarung** beruhende Versicherungspflicht nicht (Bruck/Möller/Dörner Rn 9; NK-BGB/Leible Art 46d EGBGB Rn 6; Hk-BGB/Staudinger Art 7 Rom I-VO Rn 1; so auch [jeweils zu Art 7 Abs 4 Rom I-VO] Looschelders/Pohlmann/Schäfer, Int Versicherungsvertragsrecht Rn 128; MünchKommVVG/Looschelders IntVersR Rn 152). Auch eine nicht auf der Ausübung gesetzlich erteilter Satzungskompetenz beruhende autonome Entscheidung einer satzungsgebenden Körperschaft reicht nicht (Looschelders/Pohlmann/Schäfer, Int Versicherungsvertragsrecht Rn 128 [zu Art 7 Abs 4 Rom I-VO]). 112

Art 46d EGBGB ist angesichts seines Wortlauts und Schutzzwecks nicht allein auf die Zweige der Schadensversicherung beschränkt, auch wenn sie dort – und insb bei der **Kfz-Haftpflichtversicherung** (s etwa zu Gespannen BGH NJW-RR 2020, 802 Rn 11 ff; BGH VersR 2021, 572 Rn 32 m Anm Zwickel; Zwickel NZV 2021, 31, 33 f; zu Gespannunfällen im Verhältnis zu Rumänien BGH NJW-RR 2023, 1146 mAnm Armbrüster LMK 2024, 807122; OLG Stuttgart BeckRS 2021, 41769; s ferner AG Köln BeckRS 2014, 16403; vgl für Litauen OGH Litauen BeckRS 2016, 17751) sowie der **Produkthaftpflichtversicherung** (OLG Hamm BeckRS 2017, 128423 Rn 22; OLG Oldenburg VersR 2018, 605, 606; OLG Frankfurt NJW 2019, 525 Rn 25) – in der Praxis ihren wesentlichen Anwendungsbereich hat (zur Krankheitskostenversicherung 113 vgl OLG Nürnberg r+s 2018, 79 f). Vielmehr gilt sie auch für die **Pflicht-Lebensversicherung**. Dies war auch schon zur Vorgängerregelung des Art 12 EGVVG aF anzunehmen, obwohl jene Vorschrift auf Art 7 Abs 3, Art 8 der 2. Richtlinie Schadensversicherung beruhte (s zur alten Rechtslage Rn 217; Dörner Art 12 EGVVG Rn 4; **aA** Gruber 184).

114 **Zeitlich** ist Art 46d EGBGB aufgrund seines systematischen Zusammenhangs mit Art 7 Abs 4 lit b Rom I-VO nur auf solche Verträge anwendbar, die der Rom I-VO unterliegen, somit auf Versicherungsverträge, die **ab dem 17. 12. 2009** geschlossen oder seit diesem Stichtag so wesentlich geändert wurden, dass materiell eine Vertragsersetzung vorliegt (BeckOGK/Lüttringhaus [1. 12. 2023] Art 7 Rom I-VO Rn 1; offenlassend OLG Hamm BeckRS 2017, 128423 Rn 22; zu den Kriterien s Rn 13).

115 Nach dem Wortlaut betrifft Abs 1 allein die Anknüpfung solcher Pflichtversicherungen, die ein EU/EWR-Mitgliedstaat anordnet. Eine **analoge Anwendung auf von Drittstaaten** außerhalb des EWR **aufgestellte Versicherungspflichten** ist jedoch geboten, da insoweit kein sachlicher Grund für eine Differenzierung besteht (Bruck/Möller/Dörner Rn 5; NK-BGB/Leible Art 46d EGBGB Rn 7; MünchKommBGB/Martiny Art 7 Rom I-VO Rn 10 f; Ganzer 141; so bereits zu Art 12 EGVVG aF Basedow/Drasch NJW 1991, 794; Lübbert/Vogl RuS 2000, 311, 313; Gruber 190 f; **aA** Uebel 237; BeckOGK/Lüttringhaus [1. 12. 2023] Art 7 Rom I-VO Rn 19, 21; Looschelders/Smarowos VersR 2010, 1, 7 [jeweils allerdings für Erstreckung de lege ferenda]; Liauh 144; Kramer 251 ff; jurisPK-BGB/Junker Art 7 Rom I-VO Rn 16; BeckOK-BGB/Spickhoff [1. 5. 2025] Art 7 Rom I-VO Rn 3; zu der entsprechenden Analogie bei der Ermächtigungsnorm des Art 7 Abs 4 lit b Rom I-VO s Rn 97).

116 Von der in Rn 6 angesprochenen Thematik zu unterscheiden ist der Fall, dass zwar die betreffende Versicherungspflicht für eine bestimmte Tätigkeit durch einen Mitgliedstaat angeordnet wird, das **Risiko** aber nach den kollisionsrechtlichen Wertungen **in einem Nichtmitgliedstaat belegen** ist. Hier stellt sich die Frage, ob auch hier **Art 7 Abs 4 lit a Rom I-VO und Art 46d EGBGB analog** angewendet werden sollen. Dabei geht es angesichts des Art 7 Abs 1 Rom I-VO allein um Massenrisiken (Rn 296; BeckOGK/Lüttringhaus [1. 12. 2023] Art 7 Rom I-VO Rn 14). Die Frage ist zu **bejahen** (Bruck/Möller/Dörner Rn 6; NK-BGB/Leible Art 46d EGBGB Rn 8; MünchKommBGB/Martiny Art 7 Rom I-VO Rn 9; Hk-BGB/Staudinger Art 7 Rom I-VO Rn 1; PWW/Ehling Art 7 Rom I-VO Rn 2; Perner IPRax 2009, 218, 222; Looschelders/Smarowos VersR 2010, 1, 7; **aA** Looschelders/Pohlmann/schäfer Int Versicherungsvertragsrecht Rn 126; jurisPK-BGB/Junker Art 7 Rom I-VO Rn 143; BeckOK-BGB/Spickhoff [1. 5. 2025] Art 7 Rom I-VO Rn 4; krit auch BeckOGK/Lüttringhaus [1. 12. 2023] Art 7 Rom I-VO Rn 15; Ferrari/Staudinger Art 7 Rom I-VO Rn 50 [EuGH-Entscheidung sei abzuwarten]; näher Rn 96).

117 Der Versicherungsschutz einer Pflicht-Haftpflichtversicherung kann **territorial begrenzt** werden, ohne dass dies zu einer rechtswidrigen Diskriminierung führen würde. Dies gilt jedenfalls dann, wenn der Pflichtversicherungsschutz unionsrechtlich nicht harmonisiert ist und eine territoriale Besonderheit darstellt (OLG Oldenburg VersR 2018, 605, 606 f [betr Frankreich], s auch OLG Köln VersR 2018, 871). Der EuGH (NJW 2020, 2169 Rn 28 ff mzustAnm Armbrüster – RB/TÜV Rheinland LGA Products GmbH) hat diese Einschätzung insoweit bestätigt, als Art 18 Abs 1 AEUV wegen der fehlenden unionsrechtlichen Regelung nicht auf den Sachverhalt anzuwenden sei.

Art 46d EGBGB gilt nicht für den **Direktanspruch** des Geschädigten (s dazu Rn 124). 118

(4) Konkurrierende Versicherungspflichten

Sind **mehrere Risiken** in verschiedenen Mitgliedstaaten belegen, so führt Art 7 Abs 5 119
Rom I-VO zu einer getrennten Anknüpfung **(Vertragsspaltung)**. Auf diese Weise wird sichergestellt, dass die nach dem jeweils gem Abs 1 maßgeblichen Recht geltenden Voraussetzungen erfüllt werden (BRUCK/MÖLLER/DÖRNER Rn 14; BeckOGK/LÜTTRINGHAUS [1. 12. 2023] Art 7 Rom I-VO Rn 22; so bereits zu Art 12 Abs 3 EGVVG aF BT-Drucks 11/6341, 39; SOERGEL/vHOFFMANN Art 37 EGBGB Rn 129; s auch Rn 127). Diese Regel gilt auch, wenn **ein Risiko** sich, etwa anhand der Belegenheit, in **mehrere Teilrisiken** zerlegen lässt (BRUCK/MÖLLER/DÖRNER Rn 14; NK-BGB/LEIBLE Art 46d EGBGB Rn 12). Schreibt einer der betr Staaten **die Anwendung seines Rechts nicht vor**, so greift Art 46d Abs 1 EGBGB insoweit nicht ein. Es verbleibt dann hinsichtlich dieses Risikos bei der Anknüpfung nach Art 7 Rom I-VO (Rn 108; NK-BGB/LEIBLE Art 46d EGBGB Rn 13; MünchKommBGB/MARTINY Art 7 Rom I-VO Rn 5).

Bestehen in Bezug auf **ein und dasselbe (unteilbare) Risiko** mehrere konkurrierende 120
Versicherungspflichten (Beispiel: Aufenthalts- und Tätigkeitsstaat schreiben Berufshaftpflichtversicherungen vor), so kommt das Recht des Staates zum Zuge, zu dem der Vertrag die **engsten Verbindungen** aufweist (BGH NJW-RR 2023, 1146 Rn 19; BGH NJW-RR 2020, 614 Rn 18; MünchKommVVG/LOOSCHELDERS IntVersR Rn 167; STAUDINGER, in: Internat Vertragsrecht Art 7 Rom I-VO Rn 54; MünchKommBGB/MARTINY Art 7 Rom I-VO Rn 7; so bereits zu Art 12 EGVVG aF REICHERT-FACILIDES, in: Aspekte 86; ausdrücklich § 11 Abs 2 S 2 östI-VersVG; wohl auch BeckOGK/LÜTTRINGHAUS [1. 12. 2023] Art 7 Rom I-VO Rn 26; LOOSCHELDERS/POHLMANN/SCHÄFER, Int Versicherungsvertragsrecht Rn 135; **aA** BRUCK/MÖLLER/DÖRNER Rn 14 [der Vertrag müsse kumulativ allen Vorgaben genügen]; Versicherungsrechts-Handbuch/W-H ROTH § 4 Rn 108). Dies wird idR das Recht des Staates sein, in dem das **Risiko belegen** ist (BGH NJW-RR 2023, 1146 Rn 19; BGH NJW-RR 2020, 614 Rn 19; MünchKommBGB/MARTINY Art 7 Rom I-VO Rn 7; näher zur Risikobelegenheit Rn 130 ff). Die Eingriffsnormen im Pflichtversicherungsrecht der anderen Staaten sind dann jedoch zu berücksichtigen (KRAMER 261 f). Im Fall der **Mehrfachbelegenheit eines einheitlichen (unteilbaren) Risikos** kommt es ebenso wie bei der einheitlichen Versicherung mehrerer Risiken (Rn 119) zu einer Vertragsspaltung nach Art 7 Abs 5 Rom I-VO. Dann ist jeder Vertragsteil isoliert an den jeweils am Belegenheitsort des auf ihn entfallenden Teilrisikos geltenden Pflichtversicherungsvorschriften zu messen.

Keine Besonderheiten ergeben sich nach der hier vertretenen Ansicht, wenn die **Ri-** 121
siken teilweise in Nichtmitgliedstaaten belegen sind. In diesem Fall sind die Art 7 Abs 4 lit a Rom I-VO und Art 46d EGBGB nämlich analog anzuwenden (Rn 116). Wer diese Analogie ablehnt, gelangt gleichfalls zu einer Vertragsspaltung, muss allerdings eine Anknüpfung nach Art 3 ff Rom I-VO vornehmen und die Regeln zur Pflichtversicherung ggf als Eingriffsnormen zumindest berücksichtigen (vgl dazu BeckOGK/LÜTTRINGHAUS [1. 12. 2023] Art 7 Rom I-VO Rn 24).

(5) Sonderanknüpfung deutschen Rechts (Abs 2)

Eine auf **deutschem Recht** beruhende Versicherungspflicht führt nach § 46b Abs 2 122
EGBGB dazu, dass deutsches Recht Vertragsstatut ist (krit zu dieser generellen Regelung UEBEL 371–373). Dies ist praktisch im Hinblick auf die große Zahl von Pflichtversicherungen (s die Auflistung in BT-Drucks 16/4973, 12 ff und 16/5497, 6 ff; BeckOGK/LÜTTRING-

HAUS [1. 12. 2023] Art 7 Rom I-VO Rn 25 ff; eingehend PRÖLSS/MARTIN/ARMBRÜSTER Einl VVG Rn 323) sehr bedeutsam. Wichtige Beispiele bieten die Vorgaben für die Halter von Fahrzeugen, allen voran die **Kfz-Haftpflichtversicherung** (§ 1 PflVG, § 1 Abs 1 PflVAuslG; BGH NJW-RR 2020, 802 Rn 17), aber etwa auch die Luftverkehrsfahrzeug-Haftpflichtversicherung (§§ 2 Abs 1 Nr 3, 43 LuftVG). Auch die Transporthaftpflichtversicherung (§ 7a GüKG; s dazu BGH NJW 2025, 2089 Rn 31) und die Eisenbahn-Haftpflichtversicherung (§ 14 AEG) haben herausgehobene Bedeutung. Hinzu kommen etwa die **Berufshaftpflichtversicherungen für die Angehörigen freier Berufe** (zB Rechtsanwälte gem § 51 BRAO, Notare gem § 19a BNotO, Steuerberater gem § 67 StBerG, Wirtschaftsprüfer gem § 54 WPO, Rechtsdienstleister gem § 12 Abs 1 Nr 3 RDG). Auch die substitutive **private Krankenversicherung** ist gem § 193 Abs 3 VVG nach deutschem Recht eine Pflichtversicherung, ebenso gem §§ 1 Abs 2 S 2, 23 Abs 1 SGB XI die **Pflegeversicherung** (MünchKommBGB/MARTINY Art 7 Rom I-VO Rn 14; BeckOK-BGB/SPICKHOFF [1. 5. 2025] Art 7 Rom I-VO Rn 5). Eine Sonderanknüpfung, wie Art 13 EGVVG aF sie auf der Grundlage der abweichenden früheren Rechtslage vorsah, ist daher nicht mehr erforderlich (s auch Gesetzesbegr, BR-Drucks 7/09, 12). Art 46d Abs 2 kommt nur insoweit zur Anwendung, wie eine Versicherungspflicht reicht und der Vertrag zu ihrer Erfüllung geschlossen wird; ansonsten gilt die Regelanknüpfung nach Art 7 Abs 3 Rom I-VO (Versicherungsrechts-Handbuch/W-H ROTH § 4 Rn 105). Es genügt, wenn sich die Versicherungspflicht aus einem Gesetz im materiellen Sinne ergibt, sodass auch – verfassungskonformes – **Berufsrecht** einer Kammer ausreicht (BASEDOW/DRASCH NJW 1991, 785, 794 [Standesrecht]; allg Rn 5). Nicht vom Wortlaut des Abs 2 erfasst sind demgegenüber durch **Parteivereinbarung** geschaffene Versicherungspflichten.

(6) Direktanspruch des Geschädigten

123 Das Haager Übereinkommen über das auf **Straßenverkehrsunfälle** anzuwendende Recht v 4. 5. 1971 (abgedruckt in RabelsZ 69, 343) enthält gleichfalls Regeln zur Pflichtversicherung (näher GRUBER VersR 2001, 16; zum Verfahrensrecht s HEISS VersR 2007, 327). Dabei geht es jedoch nicht um das Versicherungsvertragsstatut, sondern das auf den **Direktanspruch** anwendbare Recht. Dieses richtet sich nicht nach Art 46d EGBGB, sondern seit 1. 1. 1999 nach Art 40 Abs 4 EGBGB (GRUBER VersR 2001, 16 ff; s auch VOGELSANG NZV 1999, 501) sowie seit 11. 1. 2009 nach **Art 18 Rom II-VO** (jurisPK-BGB/ENGEL Art 18 Rom II-VO Rn 10 f; MünchKommBGB/MARTINY Art 7 Rom I-VO Rn 15; BeckOK-BGB/SPICKHOFF [1. 5. 2025] Art 7 Rom I-VO Rn 7). Das Haager Übereinkommen ist ua von Österreich (dazu RUDISCH 107 f), bislang jedoch nicht von Deutschland ratifiziert worden. Das Übereinkommen wird freilich gemäß seinem Art 11 von Vertragsstaaten auch gegenüber Nichtvertragsstaaten angewandt.

124 Ist nach Art 46d Abs 2 EGBGB deutsches Recht anwendbar, so besteht ein Direktanspruch nur in den Fällen des **§ 115 VVG**. Daher kann der Geschädigte bei einer Transportversicherung gem § 7a GüKG nicht unmittelbar gegen den Versicherer vorgehen (BGH NJW 2025, 2089 Rn 32 ff).

(7) Durchsetzung nationalen Rechts über Art 9 Rom I-VO

125 Wie stets ist auch bei Art 46d EGBGB zu prüfen, ob das demnach berufene Recht nach **Art 9** durch Eingriffsnormen einer anderen Rechtsordnung verdrängt wird (s allg Rn 130 ff). Die nationalen Regelungen zur Pflichtversicherung lassen sich regelmäßig als solche Eingriffsnormen ansehen. Dies ist für deutsche und im Regelfall

auch für ausländische Versicherungspflichten ohne weiteres möglich (BeckOGK/Lüttringhaus [1. 12. 2023] Art 7 Rom I-VO Rn 16). Probleme ergeben sich allerdings für den Fall, dass ein **Massenrisiko außerhalb der Mitgliedstaaten belegen** ist und die Versicherungspflicht durch einen Mitgliedstaat angeordnet wird. Lehnt man die für diesen Fall hier vorgeschlagene Analogie zu Art 7 Abs 4 lit a Rom I-VO und Art 46d EGBGB (Rn 116) ab, so bleibt wohl nur, die Regeln zur Pflichtversicherung als tatsächliche Umstände zu berücksichtigen (dies erwägt BeckOGK/Lüttringhaus [1. 12. 2023] Art 7 Rom I-VO Rn 17.2; ohne weiteres für Heranziehung von Art 9 Rom I-VO auch ohne Analogiebildung hingegen Böttger VersR 2012, 156, 157). Die Analogiebildung führt demgegenüber zu einer klareren und zugleich interessengerechten Lösung.

Dieselben Erwägungen gelten auch für die weitere Frage, wie mit **drittstaatlich angeordneten Versicherungspflichten** umzugehen ist. Auch insoweit ist eine analoge Anwendung von Art 7 Abs 4 lit a Rom I-VO und Art 46d EGBGB (Rn 115) gegenüber der rein tatsächlichen Berücksichtigung der Versicherungspflicht (dafür BeckOGK/Lüttringhaus [1. 12. 2023] Art 7 Rom I-VO Rn 21) vorzugswürdig. 126

7. Mehrfachbelegenheit (Abs 5)

Abs 5 soll sicherstellen, dass die Vorschriften **jedes Mitgliedstaates** insoweit Anwendung finden, als der Vertrag in diesem Mitgliedstaat belegene Risiken erfasst. Die **fiktive Aufspaltung mehrerer im selben Vertrag versicherter Risiken** in mehrere Verträge bewirkt, dass die Abs 3 Unterabs 3, Abs 4 auf die einzelnen Vertragsteile **jeweils gesondert anwendbar** werden. Die darin liegende Statutenspaltung wird zu Recht verbreitet kritisiert (s nur Fricke VersR 2008, 443, 447: „missliche Folge"; 449: „eminent unpraktikabel"; BeckOGK/Lüttringhaus [1. 12. 2023] Art 7 Rom I-VO Rn 78: „wenig interessengerecht"; Lagarde/Tenenbaum Rev crit dr int pr 97 [2008] 770 f; bereits zur Vorgängervorschrift des Art 12 Abs 3 EGVVG aF **krit** U Hübner, in: vBar 122 f). Sehr deutlich tritt dieser Missstand zutage, wenn der Vertrag **nur nach einem Teilstatut nichtig** ist oder wirksam angefochten, gekündigt oder aufgehoben wurde. Ob ein solcher Tatbestand auch auf den anderen Vertragsteil „durchschlägt", bestimmt sich nach dem auf diesen Vertragsteil anwendbaren nationalen Sachrecht, in Deutschland nach § 139 BGB (hierzu und zu anderen Divergenzfällen s Bruck/Möller/Dörner Rn 96; ferner NK-BGB/Leible Art 7 Rom I-VO Rn 27). Die Statutenspaltung wird sich bisweilen dadurch vermeiden lassen, dass die Parteien von einer ihnen in Abs 3 Unterabs 1 oder 2 eröffneten **Rechtswahlmöglichkeit** Gebrauch machen (MünchKommVVG/Looschelders IntVersR Rn 168; Looschelders/Pohlmann/Schäfer, Int Versicherungsvertragsrecht Rn 135; BeckOGK/Lüttringhaus [1. 12. 2023] Art 7 Rom I-VO Rn 78). Letzteres gilt auch im Hinblick auf eine Statutenspaltung, die bei der Mehrfachbelegenheit eines Risikos in Mitglied- und Nichtmitgliedstaaten eintritt, welche nicht durch Abs 5, sondern durch die Beschränkung in Abs 1 S 1 ausgelöst wird (BeckOGK/Lüttringhaus [1. 12. 2023] Art 7 Rom I-VO Rn 81). 127

Schreiben mehrere Mitgliedstaaten **für ein und dasselbe Risiko** eine **Versicherungspflicht** vor, so ist das Recht des Staates maßgeblich, zu dem der Vertrag **die engsten Verbindungen** aufweist (str; näher Rn 120). 128

Abs 5 bezieht sich nicht auf Verträge über **Großrisiken** (BeckOGK/Lüttringhaus [1. 12. 2023] Art 7 Rom I-VO Rn 75). Insoweit kann es zu einer Vertragsspaltung von vornherein nicht kommen, da die objektive Anknüpfung gem Abs 2 Unterabs 2 sich am 129

Sitz des Versicherers oder – falls der gesamte Vertrag eine engere Verbindung zu einem anderen Staat aufweist – am Recht jenes anderen Staates orientiert (PERNER IPRax 2009, 218, 220 Fn 33 gegen FRICKE VersR 2008, 443, 447, 454, der für die Differenzierung zwischen Groß- und Massenrisiken in Abs 5 keinen sachlichen Grund sieht). Haben im Fall einer **(offenen) Mitversicherung** die am Konsortium beteiligten Versicherer ihren Hauptverwaltungssitz in unterschiedlichen Mitgliedstaaten, handelt es sich nicht um einen Fall der Mehrfachbelegenheit. Vielmehr ist auch hier, sofern eine Großrisikoversicherung vorliegt bei fehlender Rechtswahl Art 7 Abs 2 Unterabs 2 S 1 Rom I-VO einschlägig, sodass die Leistungspflicht eines jeden Mitversicherers separat nach dem am Sitz seiner Hauptverwaltung geltenden Recht zu beurteilen wäre. Aus Gründen der Praktikabilität sollte freilich unter Anwendung von Art 7 Abs 2 Unterabs 2 S 2 Rom I-VO auf den **Hauptverwaltungssitz des führenden Versicherers** abgestellt werden (vgl BRUCK/MÖLLER/DÖRNER Rn 94 [Fn 110]; RAUSCHER/WENDT [2023] Rn 46; zum alten Recht allg SCHALOSKE, Das Recht der sogenannten offenen Mitversicherung [2006] 283 ff).

8. Risikobelegenheit (Abs 6)

130 Die Risikobelegenheit spielt für die Bestimmung des anwendbaren Rechts auch nach dem neuen IPR eine **bedeutsame Rolle,** wenngleich sich wichtige Unterschiede zur früheren Rechtslage ergeben (näher Rn 29 f). Für die Bestimmung der Risikobelegenheit verweist Abs 6 freilich auf die **Definitionen** in den Richtlinien, sodass insoweit Übereinstimmung mit dem alten Recht besteht und die dazu entwickelten Regeln weiterhin heranziehbar sind (zu ihnen s Rn 31 ff). Die in Art 7 Abs 6 Rom I-VO angeführten Art 2 lit d RL 88/357/EWG und Art 1 Abs 1 lit g RL 2002/83/EG sind mittlerweile durch die inhaltsgleichen Regelungen in **Art 13 Nr 13, 14 Solvency II-RL** (2009/138/EG) ersetzt worden. Art 310 S 2 Solvency II-RL (2009/138/EG) ordnet an, dass die überholten Verweisungen in Art 7 Abs 6 Rom I-VO als solche auf die Solvency II-RL gelten. Der Wortlaut von Art 7 Abs 6 Rom I-VO ist mithin veraltet, ohne dass sich an der Rechtslage etwas geändert hätte (BeckOGK/LÜTTRINGHAUS [1. 12. 2023] Art 7 Rom I-VO Rn 52.1).

9. Eingriffsnormen (Art 9 Rom I-VO)

131 Die Regelung in **Art 9 Rom I-VO** zur Heranziehbarkeit von **Eingriffsnormen** ermöglicht die Anwendung solcher Normen des Forumgerichts (Abs 2) sowie des Erfüllungsorts (Abs 3). Die Norm gilt auch für die Anknüpfung nach Art 7 Rom I-VO (MünchKommBGB/MARTINY Art 7 Rom I-VO Rn 59; MünchKommVVG/LOOSCHELDERS IntVersR Rn 232; REITHMANN/MARTINY/LOACKER/GROLIMUND Rn 36.65 ff; ERMAN/STÜRNER Art 7 Rom I-VO Rn 2; für Abs 2 hinsichtlich im EWR belegener Massenrisiken **aA** offenbar W-H ROTH, in: FS E Lorenz [2014] 421, 441 [insoweit abschließende Schutzkonzeption in Art 7 Abs 3 Rom I-VO]). Abweichend von Art 34 EGBGB aF (s dazu Rn 216 ff) handelt es sich um eine **allseitige Kollisionsnorm** mit freilich **engem Anwendungsbereich** (STAUDINGER/MAGNUS [2021] Art 9 Rom I-VO Rn 2; zum Begriff der **Eingriffsnorm** s Rn 216). Für die Bestimmung des **Erfüllungsorts** ist die Auslegung von Art 7 Nr 1a EuGVVO heranziehbar (näher R KOCH VersR 2009, 141, 146, im Kontext der D & O-Versicherung). Bei der Einordnung **deutscher versicherungsrechtlicher Vorschriften** als Eingriffsnorm ist **große Zurückhaltung** geboten (MünchKommVVG/LOOSCHELDERS IntVersR Rn 239; REITHMANN/MARTINY/LOACKER/GROLIMUND Rn 36.67 ff; s auch HEINZE NIPR 2009, 445, 452; W-H ROTH, in: FS E Lorenz [2014] 421, 441). Insofern können die **bereits zum früheren Recht aufgestellten Regeln übertragen** wer-

den (s dazu Rn 216 ff). Einen gewissen Schutz bietet der **ordre public-Vorbehalt des Art 21** (Rn 135; W-H Roth, in: FS E Lorenz [2014] 421, 441 aE); im Übrigen dürfen die einheitlichen Kollisionsnormen der Rom I-VO nicht durch eine zu weitreichende Durchsetzung nationaler Schutzregeln konterkariert werden.

Die Berücksichtigung **ausländischer Eingriffsnormen** regelt **Art 9 Abs 3 Rom I-VO**. 132
Hiernach kann nur solchen Eingriffsnormen Wirkung verliehen werden, welche die Erfüllung des Vertrages innerhalb des **Staates, in dem die Verpflichtung zu erfüllen** ist, unrechtmäßig werden lassen. Es handelt sich um einen Fall der **Sonderanknüpfung**; eine Berücksichtigung nur auf der Ebene der lex causae ist abzulehnen (zutr Hauser 110, str, näher Rn 220). Dabei bedarf es einer **abwägenden Entscheidung** des Forumrichters, die sich an Art und Zweck der jeweils in Rede stehenden Norm und an den Folgen ihrer Anwendung oder Nichtanwendung zu orientieren hat (Art 9 Abs 3 S 2 Rom I-VO). Trotz der nunmehr engen tatbestandlichen Grenzen sollte man bei der Anwendung ausländischen Eingriffsrechts weiterhin Zurückhaltung walten lassen.

Streit besteht darüber, ob eine Sonderanknüpfung von Eingriffsnormen über Art 9 133
Rom I-VO auch dann möglich ist, wenn die in Rede stehende Eingriffsnorm nicht der lex fori entspringt (dann gilt Art 9 Abs 2 Rom I-VO) und auch die Voraussetzungen des Art 9 Abs 3 Rom I-VO nicht vorliegen, oder ob Art 9 Abs 3 Rom I-VO **anderen drittstaatlichen Eingriffsnormen** gegenüber eine Sperrwirkung entfaltet (eingehende Darstellung des Streitstands bei Hauser 112 ff; zum alten Recht s BGH NJW 2015, 2328 Rn 53 und OLG Frankfurt BeckRS 2015, 11443 Rn 74). Der EuGH hat diese Frage auf Vorlagebeschluss des BAG vom 25. 2. 2015 (BAGE 151, 75 Rn 15 ff) dahingehend beantwortet, dass solche Eingriffsnormen **weder unmittelbar noch mittelbar angewendet** werden dürfen. Art 9 Rom I-VO verbietet es demnach hingegen nicht, die Eingriffsnorm **als tatsächlichen Umstand** zu berücksichtigen, soweit dies durch das kollisionsrechtlich berufene Sachrecht vorgesehen ist (EuGH NJW 2017, 141 Rn 50 f und 55). Dies verdient Zustimmung (für grundsätzliche Sperrwirkung auch Spickhoff, in: FS E Lorenz [2014] 487, 499; allg Staudinger/Magnus [2021] Art 9 Rom I-VO Rn 123).

Als mögliches Anwendungsbeispiel für eine Sonderanknüpfung nach Art 9 Abs 3 134
Rom I-VO kommt das in **Verbot der Versicherung von punitive damages** in Betracht, wie es einige Bundesstaaten der USA vorsehen. Indessen führt eine Missachtung dieses Verbots in einem deutschem Recht unterliegenden Versicherungsvertrag weder zur Sittenwidrigkeit iSv § 138 Abs 1 BGB noch zu einer Sonderanknüpfung nach Art 9 Abs 3 Rom I-VO, da punitive damages aus deutscher Sicht ihrerseits **ordre public-widrig** sind (näher Spickhoff, in: FS E Lorenz [2014] 487, 498 ff; zu weiteren Versicherungsverboten s Rn 222).

10. Ordre public (Art 21 Rom I-VO)

Der ordre **public-Vorbehalt des Art 21 Rom I-VO** gilt auch für die Anknüpfung nach 135
Art 7 Rom I-VO (MünchKommVVG/Looschelders IntVersR Rn 245; BeckOGK/Lüttringhaus [1. 12. 2023] Art 7 Rom I-VO Rn 192; Erman/Stürner Art 7 Rom I-VO Rn 2). Die für Versicherungsverträge bereits zu Art 6 EGBGB entwickelten Regeln lassen sich auch für die Anwendung von Art 21 Rom I-VO heranziehen. Dabei ist auch nach neuem Recht **Zurückhaltung** hinsichtlich der Annahme eines ordre public-Verstoßes angebracht (s im Einzelnen Rn 221 ff).

III. Anknüpfung von Versicherungsverträgen bei Unanwendbarkeit von Art 7 Rom I-VO

1. Überblick

136 Die verschiedenen legislatorischen Maßnahmen zum IPR der Versicherungsverträge (Rn 1 ff) hatten zur Folge, dass das geltende Recht mittlerweile aus **vier verschiedenen Rechtsquellen** mit unterschiedlichen Anwendungsbereichen zu entnehmen ist, nämlich neben der nur für Neuverträge geltenden Rom I-VO (insbes Art 7 Rom I-VO; zur Anknüpfung nach den allg Regeln der Rom I-VO s Rn 139 ff) aus den Art 7 ff EGVVG aF (s dazu Rn 150 ff), den Art 27 ff EGBGB aF (s dazu Rn 207 ff), und aus Gewohnheitsrecht (s dazu Rn 223 f). Darüber hinaus enthält § 78 Abs 2 S 2 VVG (§ 59 Abs 2 S 2 VVG aF) eine Sonderregel für die Doppelversicherung (dazu AG Köln VersR 1978, 835; E Lorenz, Handwörterbuch 1193).

137 **Intertemporales Privatrecht:** Die Anwendung der Rom I-VO auf die **vor dem 17. 12. 2009** abgeschlossenen Verträge kommt nicht in Betracht. Dies folgt aus der klaren Anordnung in Art 28 Rom I-VO (BGH NJW 2016, 3369 Rn 20) und steht außer Streit (s nur MünchKommVVG/Looschelders IntVersR Rn 3). Für diese Verträge ist hinsichtlich des maßgeblichen Kollisionsrechts zwischen **Altverträgen** (Vertragsschluss zwischen dem 1. 9. 1986 und dem 16. 12. 2009; s dazu Rn 13) und **„Uraltverträgen"** zu differenzieren: Gem **Art 220 Abs 1 EGBGB** gilt für Vorgänge im räumlichen Anwendungsbereich der Art 27 ff EGBGB aF, die vor Inkrafttreten dieser Regeln am 1. 9. 1986 **„abgeschlossen"** wurden, das frühere Gewohnheitsrecht (Rn 223 f) fort („Uraltfälle"). Bei Versicherungsverträgen ist für die Abgeschlossenheit eines Vorgangs in diesem Sinne nach überwiegender Ansicht der Zeitpunkt des **Vertragsschlusses** maßgeblich (Gruber 59 f; Hahn 148 ff; Liauh 24; Soergel/vHoffmann Art 37 EGBGB Rn 73; Uebel 96 f; BeckOGK/Lüttringhaus [1. 12. 2023] Art 7 Rom I-VO Rn 11.1). Dies wird regelmäßig den **Rechtsanwendungserwartungen** der Parteien entsprechen; zudem sind die Rechtsfolgen im Vertragsschluss bereits angelegt (Basedow/Drasch NJW 1991, 788). Allerdings handelt es sich bei der Versicherung um ein **Dauerschuldverhältnis**, bei dem die Geltung eines neuen Kollisionsrechts uU weit hinausgeschoben würde, wenn man sämtliche Wirkungen der vor seinem Inkrafttreten geschlossenen Verträge noch nach dem alten Recht beurteilen würde. Ferner entstünden schwierige Probleme bei der **Abgrenzung** von Änderung und Verlängerung eines Vertrages und dessen Neuabschluss (MünchKommBGB/Martiny [4. Aufl 2006] Vor Art 27 EGBGB Rn 45). Auch wird man dem **Vertrauensschutz** bei einer objektiven Anknüpfung nur sehr geringes Gewicht beimessen können. Letzteres ist freilich anders zu beurteilen, sofern das neue Kollisionsrecht anstelle einer zuvor bestehenden Rechtswahlfreiheit eine zwingende objektive Anknüpfung einführt (vgl insbes Art 8 EGVVG aF). Insoweit darf der Gesichtspunkt des Vertrauensschutzes nicht vernachlässigt werden.

138 Dementsprechend ist nach der hier vertretenen Ansicht zu **differenzieren**: Grundsätzlich ist auf vor dem 1. 9. 1986 geschlossene Versicherungsverträge („Uraltverträge") das **seinerzeit neue Kollisionsrecht** ab seinem Inkrafttreten anzuwenden (so ohne Einschränkung Dörner Vor Art 7 EGVVG Rn 25; Kramer 126 f; allg zum Übergangrecht von 1986 Staudinger/Magnus [2021] Art 28 Rom I-VO Rn 6; **aA** Gruber 59 f; Hahn 148 ff; Liauh 24; Soergel/vHoffmann Art 37 EGBGB Rn 73; Uebel 96 f; BeckOGK/Lüttringhaus [1. 12. 2023] Art 7 Rom I-VO Rn 11.1). Haben jedoch die Parteien von einer ihnen durch das

alte Recht eingeräumten **Rechtswahlmöglichkeit** Gebrauch gemacht, indem sie ein nach neuem Kollisionsrecht nicht mehr zur Wahl stehendes Recht gewählt haben, so bleibt das **gewählte Recht** im Zweifel auch für die künftigen Vertragswirkungen maßgeblich.

2. Anknüpfung von seit dem 17. 12. 2009 geschlossenen Verträgen über außerhalb des EWR belegene Massenrisiken

Für **außerhalb des EWR belegene Massenrisiken** gilt Art 7 Rom I-VO nach dessen Abs 1 S 1 nicht (argumentum e contrario); insoweit sind vielmehr die allgemeinen Kollisionsregeln anwendbar (hM; Rn 29 f). Demnach besteht grundsätzlich **Rechtswahlfreiheit** nach Art 3 Rom I-VO. Allerdings gelten für den im Versicherungssektor praktisch wichtigen Bereich der Verbraucherverträge einige **Einschränkungen.** Sie ergeben sich insbes aus Art 46b EGBGB (Rn 140) und aus Art 6 Rom I-VO (Rn 141). 139

Nach **Art 46b EGBGB** ist das sog **Richtlinienkollisionsrecht** vorrangig vor den Regeln der Rom I-VO anzuwenden. Diese Bestimmung gilt gem Art 23 Rom I-VO im Anwendungsbereich des Art 7 Rom I-VO nicht (Rn 5); dies hindert jedoch nicht ihre Anwendung auf Sachverhalte, die von jener Norm nicht erfasst werden, wie insbes Versicherungsverträge über außerhalb von Mitgliedstaaten belegene Massenrisiken (BeckOGK/Lüttringhaus [1. 12. 2023] Art 7 Rom I-VO Rn 166). Praktisch bedeutsam kann dies für Art 46b Abs 3 Nr 1 und 4 EGBGB, nämlich die **KlauselRL** (93/13/EWG) und die **Finanzdienstleistungs-FernabsatzRL** (2002/65/EG) werden (Bruck/Möller/Dörner Art 46b EGBGB Rn 4; BeckOGK/Lüttringhaus [1. 12. 2023] Art 7 Rom I-VO Rn 167). Für die Anwendbarkeit dieser Vorgaben ist jedoch außer der **Wahl eines drittstaatlichen Rechts** auch ein **enger Zusammenhang** des Vertrags mit einem Mitgliedstaat erforderlich (näher Staudinger/Magnus [2021] Art 46b EGBGB Rn 31 ff, 40 ff), was die praktische Bedeutung des Richtlinienkollisionsrechts begrenzt (s auch Bruck/Möller/Dörner Art 46b EGBGB Rn 8). 140

Handelt es sich bei dem Versicherungsvertrag um einen **Verbrauchervertrag,** so eröffnet **Art 6 Abs 2 S 1 Rom I-VO** für den Fall, dass die Voraussetzungen des **Art 6 Abs 1 Rom I-VO** erfüllt sind, eine **Rechtswahl** iSv Art 3 Rom I-VO (näher Katschthaler/Leichsenring r+s 2010, 45, 49 f; s auch Looschelders/Smarowos VersR 2010, 1, 8). Eine wichtige **Einschränkung** dieser Rechtswahlfreiheit liegt jedoch darin, dass gem **Art 6 Abs 2 S 2 Rom I-VO** durch ihre Ausübung dem Verbraucher nicht der durch die objektive Anknüpfung nach Art 6 Abs 1 Rom I-VO bezweckte Schutz entzogen werden darf. Mithin gilt hier – anders als im Anwendungsbereich von Art 7 Rom I-VO (BeckOGK/Lüttringhaus [1. 12. 2023] Art 7 Rom I-VO Rn 168) – das sog **Günstigkeitsprinzip** (vgl Staudinger/Magnus [2021] Art 6 Rom I-VO Rn 137 ff; kritisch im Hinblick auf die Praktikabilität des erforderlichen Günstigkeitsvergleichs Fricke VersR 2008, 443, 451 f). Es ist dann ein Vergleich der durch die subjektive und die objektive Anknüpfung berufenen Regelungen vorzunehmen (näher zu diesem Günstigkeitsvergleich Staudinger/Magnus [2021] Art 6 Rom I-VO Rn 143 ff). Die **Ausnahmen** vom Günstigkeitsprinzip in Art 6 Abs 4 Rom I-VO greifen bei Versicherungsverträgen mit Verbrauchern regelmäßig nicht ein. Dies gilt insbes auch für lit a, da der Versicherer idR Leistungen in dem Staat zu erbringen hat, in dem der Verbraucher seinen gewöhnlichen Aufenthalt hat (BeckOGK/Lüttringhaus [1. 12. 2023] Art 7 Rom I-VO Rn 169). 141

142 Sind die Voraussetzungen von Art 6 Abs 1 Rom I-VO nicht erfüllt, so ist den Parteien die **freie Rechtswahl nach Art 3 Rom I-VO** ohne die in Art 6 Abs 2 Rom I-VO vorgesehenen Einschränkung eröffnet **(Art 6 Abs 3 Rom I-VO)**. Dies gilt vorbehaltlich von **Eingriffsnormen iSv Art 9 Rom I-VO** (s dazu allg Staudinger/Magnus [2021] Art 9 Rom I-VO Rn 1 ff; speziell für Versicherungsverträge Rn 201 ff; BeckOGK/Lüttringhaus [1. 12. 2023] Art 7 Rom I-VO Rn 183 ff). Die über Art 6 Rom I-VO in Bezug genommenen Verbraucherschutznormen stellen freilich nicht zugleich Eingriffsnormen iSv Art 9 Rom I-VO dar; Art 6 Rom I-VO ist insoweit als speziellere Norm vorrangig (Einsele WM 2009, 289, 295; Freitag IPRax 2009, 109, 115 f; Thorn, in: Ferrari/Leible [Hrsg], Ein neues Internat Vertragsrecht für Europa [2007] 129, 140; s auch Fricke VersR 2008, 443, 451).

143 Treffen die Vertragsparteien (ausnahmsweise) **keine Rechtswahl**, so ist nach **Art 4 Abs 1 lit b Rom I-VO** bei Dienstleistungsverträgen das Recht des Staates berufen, in dem der **Dienstleister seinen gewöhnlichen Aufenthalt** hat. Versicherungen unterliegen als **Finanzdienstleistungen** grundsätzlich dieser Regelung (BGH NJW 2015, 555 Rn 30 m Anm Looschelders LMK 2014, 364497; Staudinger/Magnus [2021] Art 4 Rom I-VO Rn 41; MünchKommBGB/Martiny Art 7 Rom I-VO Rn 31; Bruck/Möller/Dörner Art 4 Rom I-VO Rn 4 f; Richters 137; BeckOGK/Lüttringhaus [1. 12. 2023] Art 7 Rom I-VO Rn 178; vgl auch Armbrüster VersR 2006, 1, 9 ff zu Art 49 EGV; nun auch Versicherungsrechts-Handbuch/W-H Roth § 4 Rn 32, 98; Calliess/Renner/Gruber Art 7 Rome I Rn 79; offenbar auch Fricke VersR 2008, 443, 452; für **Rückversicherungsverträge** Dienstleistung bejahend BeckOGK/Lüttringhaus [1. 12. 2023] Art 7 Rom I-VO Rn 157; verneinend jurisPK-BGB/Junker Art 7 Rom I-VO Rn 54 ff; zur davon zu unterscheidenden Frage nach einer vertragscharakteristischen Leistung iSv Art 28 Abs 2 EGBGB aF s Rn 209 f; zur Rückversicherung s auch Rn 145). Somit ist der Sitz des **Versicherers** als des Dienstleisters maßgeblich (**aA** Fricke VersR 2008, 443, 452: Risikobelegenheit als engere bzw engste Verbindung iSv Art 4 Rom I-VO Abs 3, 4, dagegen zutr BeckOGK/Lüttringhaus [1. 12. 2023] Art 7 Rom I-VO Rn 180). Besteht im Einzelfall eine **offensichtlich engere Verbindung** zu einem anderen Staat, so ist nach **Art 4 Abs 3 Rom I-VO** dessen Recht anzuwenden. Diese Regelung ist freilich grds restriktiv zu handhaben (MünchKommVVG/Looschelders IntVersR Rn 215 [deutliches Überwiegen erforderlich]; BeckOGK/Lüttringhaus [1. 12. 2023] Art 7 Rom I-VO Rn 180).

144 Für **Verbraucherverträge** greift bei fehlender Rechtswahl anstelle der in Rn 143 genannten Regeln nach **Art 6 Abs 1 Rom I-VO** die objektive Anknüpfung an den gewöhnlichen Aufenthalt des Versicherungsnehmers ein.

3. Anknüpfung von seit dem 17. 12. 2009 geschlossenen Rückversicherungsverträgen

145 Für **Rückversicherungsverträge** gelten die Anknüpfungsregeln von Art 7 Rom I-VO nach dessen Abs 1 S 2 nicht. Stattdessen sind die **allgemeinen Anknüpfungsregeln der Rom I-VO** maßgeblich (MünchKommBGB/Martiny Art 7 Rom I-VO Rn 21; Versicherungsrechts-Handbuch/W-H Roth § 4 Rn 30). Praktisch bedeutsam ist insoweit insbes **Art 3 Rom I-VO**, der im Grundsatz eine freie Rechtswahl gestattet. Eine **objektive Anknüpfung** führt, falls man **Art 4 Abs 1 lit b Rom I-VO** heranzieht (**ablehnend** jurisPK-BGB/Junker Art 7 Rom I-VO Rn 54 ff; zur grundsätzlichen Einordnung des Versicherungsvertrags als Dienstleistungsvertrag s Rn 143), zum Statut am **Sitz des Rückversicherers** (dafür Looschelders/Smarowos VersR 2010, 1, 9 f; Looschelders VersR 2012, 1, 8; MünchKommVVG/Looschelders IntVersR Rn 216 ff; Looschelders/Pohlmann/Schäfer, Int Versicherungsvertragsrecht

Rn 181 [zu Art 4 Rom I-VO; anders aber zu Art 28 EGBGB aF, vgl Looschelders/Pohlmann/Schäfer, Int Versicherungsvertragsrecht Rn 349]; Bruck/Möller/Dörner Art 4 Rom I-VO Rn 8; Ferrari, in: Internat Vertragsrecht Art 4 Rom I-VO Rn 156; NK-BGB/Leible Art 7 Rom I-VO Rn 76 f; Versicherungsrechts-Handbuch/W H Roth § 4 Rn 32; Calliess/Renner/Gruber Art 7 Rome I Rn 87; Perner IPRax 2009, 218, 220; Magnus IPRax 2010, 37, 39; Staudinger, in: Ferrari/Leible 225, 231; BeckOGK/Lüttringhaus [1. 12. 2023] Art 7 Rom I-VO Rn 161 [mit Hinweis auf die entsprechende Sichtweise der englischen Gerichte in Rn 162]; tendenziell auch Katschthaler/Leichsenring r+s 2010, 45, 48 f; Richters 138). Dies führt zu einer **Statutenspaltung**, wenn mehrere Rückversicherer mit Sitz in unterschiedlichen Staaten an demselben Rückversicherungsvertrag beteiligt sind (darin kein Problem sehend Mankowski VersR 2002, 1177, 1186). Diese dem Normzweck widersprechende Wirkung einer Anwendung von Art 4 Abs 1 lit b Rom I-VO wird übergangen, soweit im Schrifttum darauf hingewiesen wird, eine kollisionsrechtliche Sonderbehandlung sei nicht geboten, da beide Vertragsseiten grds „gleiches unternehmerisches Gewicht" (Erman/Stürner Art 7 Rom I-VO Rn 3) hätten.

Vorzugswürdig erscheint es, den für Rückversicherungsverträge insoweit nicht passenden Art 4 Abs 1 lit b Rom I-VO teleologisch zu reduzieren und stattdessen auch nach neuem Recht (zur früheren Rechtslage unter Geltung von Art 28 Abs 2 EGBGB aF s Rn 212 mN) in Anwendung von **Art 4 Abs 3 oder Abs 4 Rom I-VO** auf die **Risikobelegenheit** und damit auf den Sitz des **Erstversicherers** abzustellen (Fricke VersR 2008, 443, 446; MünchKommBGB/Martiny Art 7 Rom I-VO Rn 22; Reithmann/Martiny/Loacker/Grolimund Rn 36.54; BeckOK-BGB/Spickhoff [1. 5. 2025] Art 7 Rom I-VO Rn 10; iErg auch jurisPK-BGB/Junker Art 7 Rom I-VO Rn 57 ff; für Anknüpfung an den Sitz des Erstversicherers im **Einzelfall**, insbes bei Rückversicherungskonsortien Lüer/Schwepcke/Looschelders, Rückversicherungsrecht [2013] § 9 Rn 101 ff, 123 ff; Looschelders VersR 2012, 1, 8; Versicherungsrechts-Handbuch/W-H Roth § 4 Rn 32; in anderem Kontext, freilich iE übereinstimmend Franz/Keune VersR 2013, 12, 19 f; unklar Erman/Stürner Art 7 Rom I-VO Rn 3; offen lassend Staudinger, in: Internat Vertragsrecht Art 7 Rom I-VO Rn 20 [Fn 103]; **ablehnend** Calliess/Renner/Gruber Art 7 Rome I Rn 89; tendenziell gegen auf Art 4 Abs 3 Rom I-VO gestützte Ausnahmen auch BeckOGK/Lüttringhaus [1. 12. 2023] Art 7 Rom I-VO Rn 161). Damit lässt sich nicht nur eine Statutenspaltung bei Beteiligung mehrerer Rückversicherer vermeiden, sondern zudem vorbehaltlich einer abweichenden Anknüpfung des **Erstversicherungsvertrags** ein Gleichklang mit dessen Statut erzielen, wofür sachlich die **Schicksalsteilungspflicht** und uU die Deckung „back to back" sprechen (Franz, in: Bürkle Compliance in Versicherungsunternehmen [3. Aufl 2020] § 5 Rn 68). **146**

In der **Praxis** machen die Parteien regelmäßig von der **Rechtswahlfreiheit** Gebrauch (BeckOGK/Lüttringhaus [1. 12. 2023] Art 7 Rom I-VO Rn 152). So enthalten Rückversicherungsverträge häufig eine ausdrückliche Rechtswahl, zumindest aber eine **Schieds- oder Gerichtsstandsklausel**, mit der eine ausschließliche Zuständigkeit begründet werden soll. Darin liegt ein Indiz für eine entsprechende konkludente Rechtswahl (s Erwägungsgrund Nr 12 Rom I-VO). Überdies deutet auch die **Bezugnahme auf ein bestimmtes nationales Recht** in AVB auf einen entsprechenden Willen hin (Looschelders VersR 2012, 1, 7 f; BeckOGK/Lüttringhaus [1. 12. 2023] Art 7 Rom I-VO Rn 152; einschränkend Mankowski VersR 2002, 1177, 1180 f). Angesichts des Vorrangs einer Rechtswahl hat der Streit über die objektive Anknüpfung daher nur geringe praktische Bedeutung. Zudem unterfällt lediglich die Behandlung des Rückversicherungsvertrags dem am Sitz des Erstversicherers geltenden Recht. **147**

148 Das Rückversicherungsstatut erstreckt sich nicht auf die in Rückversicherungsverträgen regelmäßig enthaltenen **Schieds- oder Gerichtsstandsklauseln**. Vielmehr ist die Rom I-VO ausweislich ihres Art 1 Abs 2 lit e Rom I-VO insgesamt nicht auf Schieds- oder Gerichtsstandsklauseln (BeckOGK/Lüttringhaus [1. 12. 2023] Art 7 Rom I-VO Rn 154). Zu ihrer Anknüpfung s Staudinger/Magnus [2021] Art 1 Rom I-VO Rn 73 ff; Looschelders VersR 2012, 1, 8 f.

149 Die bei Rückversicherungsverhältnissen zwecks Beurteilung der Leistungspflicht zu klärende **Vorfrage**, ob in der Erstversicherung der **Versicherungsfall** eingetreten ist, richtet sich nach dem **Erstversicherungsstatut** (Bruck/Möller/Dörner Art 4 Rom I-VO Rn 12; BeckOGK/Lüttringhaus [1. 12. 2023] Art 7 Rom I-VO Rn 164).

4. Anknüpfung von vor dem 17. 12. 2009 geschlossenen Verträgen

a) Geltung der Art 7–15 EGVVG aF für vor dem 17. 12. 2009 geschlossene Direktversicherungsverträge über im EWR belegene Risiken

aa) Überblick

150 Die Art 7 ff EGVVG aF betreffen allein die **Direktversicherung** (Gegenbegriff: Rückversicherung) von innerhalb des EWR belegenen Risiken. Sie stellen die **Umsetzung mehrerer EG-Richtlinien** ins deutsche Recht dar. Diese Umsetzung ist in mehreren Schritten erfolgt. Mit den am 1. 7. 1990 in Kraft getretenen Art 7–14 EGVVG aF (BGBl 1990 I 1249) wurden die Art 7 und 8 der Richtlinie 88/357/EWG (ABl EG 1988 L 172/2; **„2. Richtlinie Schadensversicherung"**) umgesetzt. Das **EWR-AusführungsG** v 27. 4. 1993 (BGBl I 512) führte zu einer Erstreckung auf die in den seinerzeit nicht der EG angehörenden EWR-Staaten belegenen Risiken.

151 Durch das **Dritte DurchführungsG/EWG zum VAG** v 21. 7. 1994 (BGBl I 1630) erhielten die Art 7–15 EGVVG aF schließlich mit Wirkung vom 29. 7. 1994 eine neue Fassung. Durch diese Änderung wurde vor allem das Kollisionsrecht des EGVVG aF auf die Lebensversicherung erstreckt, und zwar in Umsetzung von Art 4 der Richtlinie 90/619/EWG (ABl EG L 330/50; **„2. Richtlinie Lebensversicherung"**). Hinzu kam eine Erweiterung der Rechtswahlfreiheit für Großrisiken; umgesetzt wurde dadurch Art 27 der Richtlinie 92/49/EWG (ABl EG L 228/1; **„3. Richtlinie Schadensversicherung"**).

152 Die Richtlinienvorgaben zum IPR der Versicherungsverträge, welche inzwischen in die Solvency II-RL (2009/138/EG) überführt worden sind. verstoßen nicht gegen die **Niederlassungs- und Dienstleistungsfreiheit** gem Art 43, 49 nF EGV (so aber W-H Roth RabelsZ 55 [1991] 656 f, 659 f). Vielmehr ist auch der weitgehende Ausschluss der Rechtswahlfreiheit zugunsten der Berufung eines dem schutzbedürftigen Versicherungsnehmer nahestehenden Rechts in Art 8 EGVVG aF nicht als Beschränkung der Grundfreiheiten anzusehen. Das IPR der Versicherungsverträge unterliegt daher – ebenso wie das dadurch berufene materielle Versicherungsvertragsrecht (s aber Rn 9 zum Verstoß der Kommission) und anders als das Versicherungsaufsichtsrecht – auch **keinem** europarechtlichen **Vorbehalt des Allgemeininteresses** (sehr **str**; wie hier Gärtner EWS 1994, 121; Prölss/Armbrüster DZWir 1993, 456 f; allg Armbrüster RabelsZ 60 [1996] 74 ff, 77; vgl auch Fahr VersR 1992, 1036; **aA** E Lorenz VersRdsch 1995, 11 ff; Präve VersR 1992, 12; W-H Roth VersR 1993, 129; vWilmowsky ZEuP 1995, 763; Wördemann 280 ff). Entschärft wird der Streit dadurch, dass die kollisionsrechtlichen Regelungen auch dann, wenn man einen entsprechenden Vorbehalt annimmt, noch als durch Belange des Allgemeininteresses

gedeckt anzusehen sind (Basedow RabelsZ 59 [1995] 34; Wördemann 311 ff, 321 f; zur davon zu unterscheidenden Frage einer Sonderanknüpfung von Eingriffsnormen s Rn 202 ff). Die aus Sicht der BaFin zum Allgemeininteresse zählenden deutschen Vorschriften sind in einer Liste (mit Stand 16. 5. 2019) zusammengestellt (https://www.bafin.de/SharedDocs/Veroeffentlichungen/DE/Merkblatt/VA/mb_110308_zulassung_eu_liste_vorschriftenallgemeininteresse_va.html?nn=9450978).

Die Anknüpfungsregeln der Art 7–15 EGVVG aF unterscheiden sich erheblich von denjenigen der Art 27 ff EGBGB aF (s auch Rn 6). Grundsatz ist nicht die freie Rechtswahl, sondern eine **objektive Anknüpfung**: Nach Art 8 EGVVG aF ist das Recht des Staates berufen, in dem der gewöhnliche Aufenthalt oder die Hauptniederlassung des Versicherungsnehmers und die Risikobelegenheit (Art 7 Abs 2 EGVVG aF) zusammentreffen. **153**

Fallen der Staat des gewöhnlichen Aufenthalts oder der Hauptniederlassung und derjenige der Risikobelegenheit auseinander, besteht gem Art 9 Abs 1 EGVVG aF eine **eingeschränkte Rechtswahlfreiheit**. Weitere Rechtswahlmöglichkeiten in besonderen Fällen werden eröffnet durch Art 9 Abs 2 EGVVG aF (Belegenheit von „Geschäftsrisiken" in verschiedenen Mitgliedstaaten); Abs 3 (Schadenseintritt in einem anderen Staat), Abs 5 (Lebensversicherung) sowie durch Art 10 Abs 2 EGVVG aF (teilweise Risikobelegenheit außerhalb des EWR). Eine **generelle Rechtswahlfreiheit** sehen Art 9 Abs 4 EGVVG aF für die sog **Korrespondenzversicherung** (zu ihr eingehend Gal VersR 2020, 948) und Art 10 Abs 1 S 1 EGVVG aF für **Großrisiken** (zum Begriff s Rn 60 ff) vor. Hinzu kommt die Verweisung in Art 10 Abs 3 EGVVG aF auf weiterreichende Rechtswahlmöglichkeiten nach einem wählbaren Recht. **154**

Haben die Parteien von der Möglichkeit einer Rechtswahl (Rn 154) keinen Gebrauch gemacht, so ist nach Art 11 Abs 1 EGVVG aF das Recht des Staates berufen, mit dem der Vertrag die **engsten Verbindungen** aufweist. Nach der Vermutungsregel des Art 11 Abs 2 EGVVG aF ist dies das Recht des Staates, in dem das Risiko belegen ist. **155**

Sonderregeln gelten insbes für die Pflichtversicherung (Art 12 EGVVG aF) und die Krankenversicherung (Art 13 EGVVG aF). **Ergänzend** werden in Art 15 EGVVG aF die Art 27–36 EGBGB aF für entsprechend anwendbar erklärt. **156**

bb) Einzelkommentierung der Art 7–15 EGVVG aF

Art 7 EGVVG aF **157**
Anwendungsbereich

(1) Auf Versicherungsverträge mit Ausnahme der Rückversicherung sind, wenn sie in einem Mitgliedstaat der Europäischen Gemeinschaft oder in einem anderen Vertragsstaat des Abkommens über den Europäischen Wirtschaftsraum belegene Risiken decken, die folgenden Vorschriften mit der Maßgabe anzuwenden, dass Vertragsstaaten des Europäischen Wirtschaftsraumes wie Mitgliedstaaten der Europäischen Gemeinschaft zu behandeln sind.

(2) Mitgliedstaat, in dem das Risiko belegen ist, ist

1. **bei der Versicherung von Risiken mit Bezug auf unbewegliche Sachen, insbesondere Bauwerke und Anlagen, und den darin befindlichen, durch den gleichen Vertrag gedeckten Sachen der Mitgliedstaat, in dem diese Gegenstände belegen sind,**

2. **bei der Versicherung von Risiken mit Bezug auf Fahrzeuge aller Art, die in einem Mitgliedstaat in ein amtliches oder amtlich anerkanntes Register einzutragen sind und ein Unterscheidungskennzeichen erhalten, dieser Mitgliedstaat; abweichend hiervon ist bei einem Fahrzeug, das von einem Mitgliedstaat in einen anderen überführt wird, während eines Zeitraums von 30 Tagen nach Abnahme des Fahrzeugs durch den Käufer der Bestimmungsmitgliedstaat als der Mitgliedstaat anzusehen, in dem das Risiko belegen ist,**

3. **bei der Versicherung von Reise- und Ferienrisiken in Versicherungsverträgen über eine Laufzeit von höchstens vier Monaten der Mitgliedstaat, in dem der Versicherungsnehmer die zum Abschluss des Vertrages erforderlichen Rechtshandlungen vorgenommen hat,**

4. **in allen anderen Fällen,**

   a) **wenn der Versicherungsnehmer eine natürliche Person ist, der Mitgliedstaat, in dem er seinen gewöhnlichen Aufenthalt hat,**

   b) **wenn der Versicherungsnehmer keine natürliche Person ist, der Mitgliedstaat, in dem sich das Unternehmen, die Betriebsstätte oder die entsprechende Einrichtung befindet, auf die sich der Vertrag bezieht.**

Die Vorschrift ist keine Kollisionsnorm; vielmehr legt sie den sachlichen und räumlichen Anwendungsbereich der Art 8–15 EGVVG aF fest (BGH NJW 2015, 555 Rn 32). Art 7 Abs 2 EGVVG aF definiert den für die Abgrenzung zum Geltungsbereich der Art 27 ff EGBGB (vgl Art 37 Nr 4 S 2 EGBGB) entscheidenden Begriff der Risikobelegenheit. Die Vorschrift ist damit Teil eines **Meta-Kollisionsrechts** (Basedow/Drasch NJW 1991, 787; Ganzer 107). Dies ändert freilich nichts daran, dass die Bestimmung der Risikobelegenheit bereits eine Frage des IPR ist (BGH r+s 2003, 394 f).

158 Maßgeblicher Zeitpunkt für die Bestimmung der Risikobelegenheit ist derjenige des **Vertragsschlusses** (Dörner Art 7 EGVVG Rn 12; Gruber 20; Imbusch VersR 1993, 1062; Soergel/vHoffmann Art 37 EGBGB Rn 81). Eine nachträgliche Änderung der Risikobelegenheit hat daher keinen Einfluss auf die Anwendbarkeit der Art 7 ff EGVVG aF. Die Bestimmungen gelten auch für Versicherungsnehmer, die nicht die Staatsangehörigkeit eines Mitgliedstaates haben, und für Versicherer mit Sitz außerhalb des EWR (Mankowski, Seerechtliche Vertragsverhältnisse 532 f; MünchKommBGB/Martiny [4. Aufl 2006] Art 37 EGBGB Rn 70; Soergel/vHoffmann Art 37 EGBGB Rn 83).

159 Für die Bestimmung der Risikobelegenheit (Abs 2) gelten dieselben Grundsätze wie iRv Art 7 Abs 6 Rom I-VO, der auf die Begriffsbestimmungen in den Richtlinien verweist (s dazu Rn 33 ff).

Art 8 EGVVG aF 160
Gesetzliche Anknüpfung

Hat der Versicherungsnehmer bei Schließung des Vertrages seinen gewöhnlichen Aufenthalt oder seine Hauptverwaltung im Gebiet des Mitgliedstaats, in dem das Risiko belegen ist, so ist das Recht dieses Staates anzuwenden.

Art 8 EGVVG aF enthält eine objektive Anknüpfung für die Fälle, in denen gewöhnlicher Aufenthalt (Staudinger/Magnus [2021] Art 19 Rom I-VO Rn 10 ff, 14 ff, 29 ff) bzw Hauptverwaltung des Versicherungsnehmers und Risikobelegenheit iS von Art 7 EGVVG aF zusammenfallen **(Konvergenzfälle)**. Die Vorschrift ist eine **Sachnormverweisung** (implizit nunmehr auch BGH NJW 2016, 3369 Rn 22; Kramer 278; **aA** [Gesamtverweisung] Hahn 28 ff). Dies geht aus Art 15 EGVVG aF iVm Art 35 Abs 1 EGBGB aF hervor und wird auch an Art 10 Abs 3 EGVVG aF deutlich. Da es für die Konvergenz auf den Zeitpunkt des Vertragsschlusses ankommt, handelt es sich um ein **unwandelbares Statut** (MünchKommBGB/Martiny [4. Aufl 2006] Art 37 EGBGB Rn 92). Kommt es freilich nachträglich zu einer Divergenz von gewöhnlichem Aufenthalt/Hauptverwaltung und Risikobelegenheit, so wird dadurch eine Rechtswahl gem Art 9 EGVVG aF eröffnet (Rn 164). Eine – begrenzte – Rechtswahl muss aber auch dann möglich sein, wenn nachträglich gewöhnlicher Aufenthalt/Hauptverwaltung und Risikobelegenheit in ein und denselben anderen Mitgliedstaat verlegt werden. Beispiel: Der Versicherungsnehmer verlagert seinen Lebensmittelpunkt unter Mitnahme des versicherten Hausrats von Deutschland nach Frankreich. Dadurch wird den Parteien nachträglich (analog Art 9 Abs 1 EGVVG aF) die Wahl französischen Rechts eröffnet. Die Unwandelbarkeit der objektiven Anknüpfung in Art 8 EGVVG aF steht, da sie Rechtssicherheit für die Parteien bezweckt (s dazu Imbusch VersR 1993, 1062), der Eröffnung einer nachträglichen Rechtswahlmöglichkeit für den genannten Fall nicht entgegen.

Zweck des Art 8 EGVVG aF ist es, den **Versicherungsnehmer zu schützen** (BT-Drucks 11/6341, 38). Durch Berufung des ihm gleichsam räumlich am nächsten liegenden Rechts wird dem Versicherungsnehmer sein heimischer Schutzstandard gewährleistet (R M Beckmann ZEuP 1999, 825; Hübner/Matusche/Beckmann EuZW 1995, 270). Zudem wird er in die Lage versetzt, sich mit vergleichsweise geringem Aufwand über dessen Inhalt zu informieren und sachkundigen Rechtsrat einzuholen (H J Wilke, in: FS Helmrich [1994] 894). 161

Umstritten ist, ob die Anknüpfung nach Art 8 EGVVG aF auch dann eingreift, wenn den Parteien nach Art 9, 10 EGVVG aF eine **Rechtswahl möglich war**, sie davon aber keinen Gebrauch gemacht haben. Gem Art 11 EGVVG aF soll in diesen Fällen das Recht des Staates anwendbar sein, mit dem der Vertrag die engsten Verbindungen aufweist. Nach verbreiteter Ansicht (Basedow/Drasch NJW 1991, 791; Dörner Art 8 EGVVG Rn 9; Kramer 237 f; E Lorenz, Stellungnahmen 229 f; Ganzer 118 f) setzt die Anwendung von Art 11 EGVVG aF freilich voraus, dass gewöhnlicher Aufenthalt bzw Hauptverwaltung und Risikobelegenheit auseinanderfallen **(Divergenzfälle)**. Diese Einschränkung lässt sich dem Wortlaut von Art 11 EGVVG aF indessen nicht entnehmen. Gegen eine Anwendung von Art 8 EGVVG aF spricht auch, dass der Zweck der starren Anknüpfung – Schutz des Versicherungsnehmers – ohnehin in den Fällen keine Geltung beansprucht, in denen den Parteien eine Rechtswahl er- 162 möglicht wird. Machen sie von dieser Möglichkeit keinen Gebrauch, so geben daher nach Art 11 EGVVG aF auch in Konvergenzfällen die engsten Verbindungen den Ausschlag (Armbrüster ZVersWiss 1995, 144; Armbrüster VersR 1998, 299; Gruber 167; Liauh 93 f; Lübbert/Vogl r+s 2000, 268; Soergel/vHoffmann Art 37 EGBGB Rn 90; s noch Rn 190 ff). Auf diese Weise kann zugleich das Fehlen einer dem Art 28 Abs 5 EGBGB vergleichbaren Öffnungsklausel in Art 8 EGVVG aF, das zu Recht kritisiert wird (Basedow/Drasch NJW 1991, 791; Imbusch VersR 1993, 1065), teilweise korrigiert werden. Mögliche Schwierigkeiten bei der praktischen Rechtsanwendung können bei der Beantwortung dieser Streitfrage nicht ausschlaggebend sein (**aA** Ganzer 118 f).

163 Sofern den Parteien nach Art 9, 10 EGVVG aF eine **Rechtswahl nicht offenstand,** kann die zwingende objektive Anknüpfung nach Art 7 Rom I-VO nicht unter Hinweis darauf übergangen werden, dass der Versicherungsnehmer auf seinen mit jener Anknüpfung bezweckten Schutz nach Eintritt des Versicherungsfalls selbst verzichten möchte (so aber LG Hamburg NJOZ 2006, 197, 198 f).

164 **Art 9 EGVVG aF**
Wählbare Rechtsordnungen

(1) Hat der Versicherungsnehmer seinen gewöhnlichen Aufenthalt oder seine Hauptverwaltung nicht in dem Mitgliedstaat, in dem das Risiko belegen ist, können die Parteien des Versicherungsvertrags für den Vertrag das Recht des Mitgliedstaats, in dem das Risiko belegen ist, oder das Recht des Staates, in dem der Versicherungsnehmer seinen gewöhnlichen Aufenthalt oder seine Hauptverwaltung hat, wählen.

(2) Übt der Versicherungsnehmer eine gewerbliche, bergbauliche oder freiberufliche Tätigkeit aus und deckt der Vertrag zwei oder mehrere in verschiedenen Mitgliedstaaten belegene Risiken in Verbindung mit dieser Tätigkeit, so können die Parteien des Versicherungsvertrags das Recht jedes dieser Mitgliedstaaten oder das Recht des Staates, in dem der Versicherungsnehmer seinen gewöhnlichen Aufenthalt oder seine Hauptverwaltung hat, wählen.

(3) Beschränken sich die durch den Vertrag gedeckten Risiken auf Schadensfälle, die in einem anderen Mitgliedstaat als demjenigen, in dem das Risiko belegen ist, eintreten können, können die Parteien das Recht des anderen Staates wählen.

(4) Schließt ein Versicherungsnehmer mit gewöhnlichem Aufenthalt oder mit Hauptverwaltung im Geltungsbereich dieses Gesetzes einen Versicherungsvertrag mit einem Versicherungsunternehmen, das im Geltungsbereich dieses Gesetzes weder selbst noch durch Mittelspersonen das Versicherungsgeschäft betreibt, so können die Parteien für den Vertrag jedes beliebige Recht wählen.

(5) Hat ein Versicherungsnehmer die Staatsangehörigkeit eines anderen Mitgliedstaates als desjenigen, in dem er bei Schließung des Vertrages seinen gewöhnlichen Aufenthalt hat, so können die Parteien bei der Lebensversicherung auch das Recht des Mitgliedstaates wählen, dessen Staatsangehörigkeit der Versicherungsnehmer besitzt.

Überblick: Art 9 EGVVG aF eröffnet den Parteien unter bestimmten Voraussetzungen eine **Rechtswahl**. Maßgeblicher Zeitpunkt, in dem die jeweiligen Voraussetzungen erfüllt sein müssen, ist derjenige der (anfänglichen oder nachträglichen) Rechtswahl (hiervon weichen Dörner Art 9 EGVVG Rn 20 und Liauh 66 lediglich terminologisch ab; s Armbrüster VersR 1998, 299). Die Vorschrift hat praktische Bedeutung nur für **Massenrisiken** (Soergel/vHoffmann Art 37 EGBGB Rn 94 mit Fn 109), da für Großrisiken nach richtiger Ansicht über den Wortlaut von Art 10 Abs 1 S 1 EGVVG aF hinausgehend ohnehin umfassende Rechtswahlfreiheit besteht (Rn 182).

Die **allg Modalitäten und Grenzen einer Rechtswahl** richten sich nach den gem Art 15 EGVVG aF anwendbaren Art 27 Abs 1 S 2–3, Abs 2–4, Art 31 EGBGB aF. Eine Rechtswahl kann daher insbes auch stillschweigend oder nur für einen Teil des Vertrages erfolgen. 165

Grundregel (Abs 1): Divergieren gewöhnlicher Aufenthalt bzw Hauptverwaltungssitz des Versicherungsnehmers und Risikobelegenheit iS von Art 7 Abs 2 EGVVG aF, so haben die Parteien gem Art 9 Abs 1 EGVVG aF die **Wahl** zwischen beiden Rechtsordnungen. Das Aufenthalts- bzw Sitzrecht können sie auch dann wählen, wenn es sich nicht um das Recht eines Mitgliedstaates handelt (Gruber 100; **aA** offenbar Fricke IPRax 1990, 363). 166

Sind die durch einen Vertrag gedeckten Risiken in verschiedenen Mitgliedstaaten belegen, so erstreckt sich die Wahlmöglichkeit jeweils **nur auf das betreffende Risiko**. Dies folgt im Umkehrschluss aus Abs 2 (Armbrüster ZVersWiss 1995, 144; Dörner Art 9 EGVVG Rn 19; Gruber 104 f; Hahn 41; Lübbert/Vogl r+s 2000, 269; **aA** Basedow/Drasch NJW 1991, 793 [Abs 2 sei überflüssig]; Kramer 200; MünchKommBGB/Martiny [4. Aufl 2006] Art 37 EGBGB Rn 104; Soergel/vHoffmann Art 37 EGBGB Rn 95, 97 [für zumindest analoge Anwendung von Art 9 Abs 1 EGVVG aF]). Anderenfalls könnten durch Einschluss bestimmter Risiken die Rechtswahlmöglichkeiten entgegen der gesetzlichen Konzeption erweitert werden. 167

Erweiterungen der Rechtswahl (Abs 2–5): Abs 2 ermöglicht bei einer **Bündelung** mehrerer Risiken aus gewerblicher, bergbaulicher oder freiberuflicher Tätigkeit eine über Abs 1 hinausgehende Rechtswahl: Für den gesamten Vertrag kann das Recht jedes der Staaten, in denen eines der Risiken belegen ist, oder das Aufenthalts-/Sitzrecht des Versicherungsnehmers gewählt werden. Damit wird der Geschäftsgewandtheit des Versicherungsnehmers und dem Vereinfachungsinteresse Rechnung getragen. Im Hinblick darauf ist die Regel weit auszulegen, sodass bereits ein nicht völlig untergeordneter teilgewerblicher Bezug des Risikos genügt (enger Gruber 104: maßgeblich sei der „überwiegende Zweck"). 168

Zu **gewerblicher** Tätigkeit iS von Abs 2 zählt nach dem Regelungszweck, der insoweit keine Differenzierung gebietet, auch das Handwerk (Gruber 73; **aA** iE Berr Rev trim dr eur 1988, 670). Demgegenüber folgt aus der ausdrücklichen Erwähnung des **Bergbaus** im Umkehrschluss, dass sonstige Urproduktionen nicht erfasst sind (rechtspolitisch zw; Basedow/Drasch NJW 1991, 793; Gruber 75). 169

Kann sich das Risiko ausschließlich in einem **anderen Mitgliedstaat** als dem der Risikobelegenheit verwirklichen (sog Auslandsschäden; zB Produkthaftpflichtversiche- 170 rung für Exportware), so kann nach **Abs 3** das Recht des anderen Staates gewählt werden. Darin liegt in den Fällen des Abs 1 (Divergenz von Aufenthalt/Sitz und Risikobelegenheit) eine Erweiterung der Rechtswahl. In den Konvergenzfällen, für die Art 8 EGVVG aF grundsätzlich eine objektive Anknüpfung vorsieht, wird eine Rechtswahl durch Abs 3 überhaupt erst eröffnet (Dörner Art 9 EGVVG Rn 32).

171 Abs 3 aF ermöglicht es den Parteien insbes, einen **Gleichlauf** des Versicherungsrechts mit dem Deliktsrecht (Soergel/vHoffmann Art 37 EGBGB Rn 100) und mit der internationalen Zuständigkeit (Gruber 109) zu erzielen. Kann sich ein Risiko in **mehreren** Mitgliedstaaten verwirklichen, so ist die Rechtswahl nur in Bezug auf das betreffende Teilrisiko möglich (Gruber 111 f).

172 Bei Versicherungen, die das Haftungsrisiko aus **Internet-Sachverhalten** abdecken, ist die Anwendung von Abs 3 aF im Hinblick darauf problematisch, dass Schadensfälle weltweit eintreten können. Hierzu wurde vertreten, Abs 3 aF sei insoweit nur dann anwendbar, wenn der Versicherungsschutz allein die Haftung gegenüber Dritten umfasst, die ihre Rechte in einem Staat verfolgen, der von dem Staat der Risikobelegenheit verschieden ist (Mankowski VersR 1999, 929). Indessen lässt sich damit der Zweck des Abs 3 aF, einen Gleichlauf von Versicherungs- und Deliktsrecht zu ermöglichen, nicht erreichen. Vorzugswürdig erscheint es, Abs 3 aF bei Internet-Haftungsrisiken auf die Fälle anzuwenden, in denen die Deckung allein die Haftung gegenüber Dritten umfasst, die in einem bestimmten Staat ansässig sind. Dadurch lässt sich, wenn die Parteien von der Rechtswahlmöglichkeit Gebrauch machen, trotz des im Internationalen Deliktsrecht geltenden, auch den Handlungsort einschließenden Ubiquitätsprinzips zumindest ein gewisser Gleichlauf von Haftungs- und Versicherungsvertragsstatut erzielen.

173 Schließt ein in Deutschland ansässiger Versicherungsnehmer einen Vertrag mit einem nicht im Inland tätigen Versicherer **(Korrespondenzversicherung)**, so ist nach **Abs 4** aF das anwendbare Recht frei wählbar. Trotz seiner Stellung hinter Abs 1 galt Abs 4 auch für Konvergenzfälle (BT-Drucks 11/6341, 38; Dörner Art 9 EGVVG Rn 40; Soergel/vHoffmann Art 37 EGBGB Rn 101). Unerheblich ist, wo innerhalb des EWR das Risiko belegen ist, und ob der Versicherungsnehmer seine Erklärung im In- oder Ausland abgibt (Gruber 92).

174 **Grund** für die in Abs 4 aF gewährte Wahlfreiheit ist, dass der Versicherungsnehmer nicht auf die Geltung des in seiner gewohnten Umgebung geltenden Rechts vertrauen kann, wenn der Versicherer dort nicht das Versicherungsgeschäft betreibt (BGH NJW 2016, 3369 Rn 28). Ein zum **Ausschluss** von Abs 4 aF führendes schutzwürdiges Vertrauen des Versicherungsnehmers besteht nicht nur dann, wenn der Versicherer im Inland eine Niederlassung unterhält; vielmehr genügt bereits ein **werbendes Auftreten** im Inland (OLG München VersR 2015, 1153, 1154; Kramer 208 f; Mankowski VersR 1999, 930 f; **aA** [Niederlassung erforderlich] Basedow/Drasch NJW 1991, 792; Dörner Art 9 EGVVG Rn 42; Uebel 127 f; offenbar auch MünchKommBGB/Martiny [4. Aufl 2006] Art 37 EGBGB Rn 106). Eine **Internet-Website** kann ausreichen (Mankowski VersR 1999, 930 f; Winter VersR 2001, 1461, 1467), wenn der Versicherer sein Angebot nicht ausdrücklich auf andere Länder beschränkt; Anhaltspunkte für ein werbendes Auftreten im Inland bieten die Sprache (wobei Englisch als Weltsprache kein Gegenindiz ist), die Währung, die Länderkennung „.de" oder inländische Kontaktadressen (U Hübner ZVersWiss 2001, 372; s auch Leverenz 42 f).

Mittelsperson iS von Abs 4 aF konnte außer einem Agenten (Versicherungsvertreter) 175
oder Bevollmächtigten auch ein Versicherungsmakler sein (Gesetzesbegr, BT-Drucks 11/6341, 24, 38; für den im Inland niedergelassenen Versicherungsmakler BGH NJW 2016, 3369 Rn 27; Gruber 93 f; s auch zu § 105 VAG Fahr/Kaulbach [VAG, 4. Aufl 2007] § 105 Rn 25 ff). Auf eine Beteiligung der Mittelsperson am konkreten Vertragsschluss kommt es nicht an, da **bereits die Betätigung** in Deutschland als solche gewisse Schutzerwartungen des Versicherungsnehmers weckt (offenlassend BGH NJW 2016, 3369 Rn 35 f; vorgehend OLG München 8. 1. 2015 – 14 U 2110/14, juris Rn 24; Looschelders/Pohlmann/Schäfer, Int Versicherungsvertragsrecht Rn 267; Gruber 95 f; Kramer 208; **aA** Basedow/Drasch NJW 1991, 785, 792; Dörner Art 9 EGVVG Rn 42; Geiger 128 f; Worgulla/Thonemann ErbStB 2008, 171, 174).

Abs 4 aF regelt unmittelbar nur den Fall, dass der Versicherungsnehmer seinen ge- 176
wöhnlichen Aufenthalt in Deutschland und der Versicherer seinen Sitz im Ausland hat (einseitige Kollisionsnorm). Die Vorschrift ist aber **analog** auf den Fall anzuwenden, dass der **Versicherungsnehmer** seinen gewöhnlichen Aufenthalt **außerhalb des EWR** hat. Dasselbe gilt, wenn der Versicherungsnehmer seinen gewöhnlichen Aufenthalt in einem EWR-Staat außerhalb Deutschlands hat und der **Versicherer** außerhalb des EWR ansässig ist (s mit Unterschieden im Einzelnen Basedow/Drasch NJW 1991, 785, 791; Gruber 97; Soergel/vHoffmann Art 37 EGBGB Rn 105; **aA** Dörner Art 9 EGVVG Rn 40; Hahn 64 f; Kramer 211). **Keine** analoge Anwendung findet Abs 4 aF hingegen, wenn ein **Versicherungsnehmer,** der seinen gewöhnlichen Aufenthalt in einem anderen Staat **innerhalb des EWR** hat, eine Korrespondenzversicherung mit einem gleichfalls innerhalb des EWR ansässigen Versicherer schließt (MünchKommBGB/Martiny [4. Aufl 2006] Art 37 EGBGB Rn 108 mit 110; Soergel/vHoffmann Art 37 EGBGB Rn 105).

Abs 5 aF wurde durch das Dritte DurchführungsG/EWG zum VAG (Rn 151) mit Wir- 177
kung zum 29. 7. 1994 eingefügt. Fallen Staatsangehörigkeit und gewöhnlicher Aufenthalt des Versicherungsnehmers auseinander, so kann bei der Lebensversicherung nach Abs 5 aF das Recht des Mitgliedstaates gewählt werden, dem er **angehört**. Hierdurch wird ua die Möglichkeit eröffnet, dass ein ausländischer Versicherungsnehmer mit gewöhnlichem Aufenthalt in Deutschland die Maßgeblichkeit seines Heimatlandes vereinbart (Fricke VersR 2008, 865, 868, im Kontext der Mitgliedschaft ausländischer Versicherer in einer Sicherungseinrichtung iSv §§ 124 ff VAG).

Maßgeblich ist gem Art 5 Abs 1 S 1 EGBGB die **effektive Staatsangehörigkeit** (Gru- 178
ber 136 f; **aA** Dörner Art 9 EGVVG Rn 51; MünchKommBGB/Martiny [4. Aufl 2006] Art 37 EGBGB Rn 114). Im Interesse des Versicherungsnehmerschutzes gilt dies abw von Art 5 Abs 1 S 2 EGBGB auch dann, wenn eine der Staatsangehörigkeiten die deutsche ist (Gruber 137; gegen Bevorzugung der deutschen Staatsangehörigkeit auch MünchKommBGB/Martiny [4. Aufl 2006] Art 37 EGBGB Rn 114). Eine analoge Anwendung von Abs 5 aF auf den Fall, dass der Versicherungsnehmer einem Drittstaat außerhalb des EWR angehört, kommt im Hinblick auf seine Schutzinteressen nicht in Betracht (Dörner Art 9 EGVVG Rn 49; Soergel/vHoffmann Art 37 EGBGB Rn 109; **aA** Gruber 138). Ein dem durch das Richtlinienrecht geschaffenen Schutz vergleichbarer Standard wäre nämlich bei der Wahl eines anderen Rechts nicht gewährleistet (MünchKommBGB/Martiny [4. Aufl 2006] Art 37 EGBGB Rn 115; Soergel/vHoffmann Art 37 EGBGB Rn 109).

179 Neben der Rechtswahlmöglichkeit nach Abs 5 besteht bei der Lebensversicherung diejenige gem **Abs 4**. Daneben sind die Erweiterungen nach **Art 10 Abs 3 EGVVG** aF zu beachten (Gruber 139 ff).

180 **Art 10 EGVVG aF**
Erweiterungen der Rechtswahl

(1) Für einen Versicherungsvertrag über ein Großrisiko können die Parteien das Recht eines anderen Staates wählen. Ein Versicherungsvertrag über ein Großrisiko im Sinne dieser Bestimmung liegt vor, wenn sich der Versicherungsvertrag bezieht

1. auf Risiken der unter den Nummern 4 bis 7, 10 Buchstabe b, 11 und 12 der Anlage Teil A zum Versicherungsaufsichtsgesetz erfassten Transport- und Haftpflichtversicherungen,

2. auf Risiken der unter den Nummern 14 und 15 der Anlage Teil A zum Versicherungsaufsichtsgesetz erfassten Kredit- und Kautionsversicherungen bei Versicherungsnehmern, die eine gewerbliche, bergbauliche oder freiberufliche Tätigkeit ausüben, wenn die Risiken damit in Zusammenhang stehen, oder

3. auf Risiken der unter den Nummern 3, 8, 9, 10, 13 und 16 der Anlage Teil A zum Versicherungsaufsichtsgesetz erfassten Sach-, Haftpflicht- und sonstigen Schadensversicherungen bei Versicherungsnehmern, die mindestens zwei der folgenden drei Merkmale überschreiten:

a) sechs Millionen zweihunderttausend ECU Bilanzsumme,

b) zwölf Millionen achthunderttausend ECU Nettoumsatzerlöse,

c) im Durchschnitt des Wirtschaftsjahres 250 Arbeitnehmer.

Gehört der Versicherungsnehmer zu einem Konzern, der nach § 290 des Handelsgesetzbuches, nach § 11 des Gesetzes über die Rechnungslegung von bestimmten Unternehmen und Konzernen vom 15. 8. 1969 (BGBl I S 1189), das zuletzt geändert worden ist durch Artikel 21 § 5 Abs 4 des Gesetzes vom 25. 7. 1988 (BGBl I S 1093), oder nach dem mit den Anforderungen der Richtlinie 83/349/EWG des Rates vom 13. 6. 1983 über den konsolidierten Abschluss (ABl EG Nr L 193 S 1) übereinstimmenden Recht eines anderen Mitgliedstaats der Europäischen Gemeinschaft oder eines anderen Vertragsstaats des Abkommens über den Europäischen Wirtschaftsraum einen Konzernabschluss aufzustellen hat, so sind für die Feststellung der Unternehmensgröße die Zahlen des Konzernabschlusses maßgebend. Als Gegenwert der ECU in den Währungen der Mitgliedstaaten der Europäischen Gemeinschaft gilt ab 31. Dezember jedes Jahres der Gegenwert des letzten Tages des vorausgegangenen Monats Oktober, für den der Gegenwert der ECU in allen Gemeinschaftswährungen vorliegt.

(2) Schließt ein Versicherungsnehmer in Verbindung mit einer von ihm ausgeübten gewerblichen, bergbaulichen oder freiberuflichen Tätigkeit einen Versicherungsvertrag, der Risiken deckt, die sowohl in einem oder mehreren Mitgliedstaaten als

auch in einem anderen Staat belegen sind, können die Parteien das Recht jedes dieser Staaten wählen.

(3) Lässt das nach Artikel 8 anzuwendende Recht die Wahl des Rechts eines anderen Staates oder lassen die nach Artikel 9 Abs 1 und 2 wählbaren Rechte eine weitergehende Rechtswahl zu, können die Parteien davon Gebrauch machen.

Art 10 EGVVG aF fasst drei völlig unterschiedliche Fälle zusammen, in denen eine Rechtswahl über die in Art 9 EGVVG aF gewährten Möglichkeiten hinaus eröffnet ist. Ebenso wie Art 9 Abs 4 EGVVG aF dies für die Korrespondenzversicherung vorsieht, besteht nach Art 10 Abs 1 EGVVG aF **völlige Rechtswahlfreiheit** für die Versicherung von Großrisiken. Abs 2 ermöglicht eine **begrenzte** Rechtswahl bei Mehrfachbelegenheit eines Risikos; hierdurch wird Art 9 Abs 2 EGVVG aF ergänzt (MünchKommBGB/Martiny [4. Aufl 2006] Art 37 EGBGB Rn 119). Abs 3 schließlich erweitert die Rechtswahlfreiheit auf die nach dem IPR anderer Staaten wählbaren Rechte.

Die Abs 1 und 3 gelten sowohl für **Konvergenz-** wie auch für **Divergenzfälle,** während Abs 2 eine Divergenz voraussetzt (MünchKommBGB/Martiny [4. Aufl 2006] Art 37 EGBGB Rn 121, 129, 131; Soergel/vHoffmann Art 37 EGBGB Rn 110, 115, 118). Abs 1 betrifft nur **Großrisiken,** die Abs 2 und 3 daneben auch **Massenrisiken** (MünchKommBGB/Martiny [4. Aufl 2006] Art 37 EGBGB Rn 129, 131). **181**

Für die Versicherung von sog **Großrisiken** (Definition: Abs 1 S 2; näher Rn 60 ff) sieht Art 7 Abs 1 lit f der 2. Richtlinie Schadensversicherung idF von Art 27 der 3. Richtlinie Schadensversicherung (Rn 150 f) **völlige Rechtswahlfreiheit** vor. Die Umsetzung in Abs 1 S 1 bleibt hinter dieser Vorgabe insofern zurück, als die Norm sich auf in **Deutschland** ansässige Versicherungsnehmer und dort belegene Risiken beschränkt. Für die hiernach nicht erfassten Fälle folgt die Rechtswahlfreiheit aus einer **unmittelbaren Anwendung der Richtlinien** (Imbusch VersR 1993, 1063; iE ähnlich [analoge Anwendung von Abs 1] LG Hamburg NJOZ 2006, 197, 199 f; Armbrüster VersR 1998, 299; Dörner Art 10 EGVVG Rn 23; Gruber 88 f; [richtlinienkonforme Auslegung] Looschelders/Pohlmann/Schäfer, Int Versicherungsvertragsrecht Rn 284; MünchKommBGB/Martiny [4. Aufl 2006] Art 37 EGBGB Rn 121; Soergel/vHoffmann Art 37 EGBGB Rn 113; **aA** Hahn 50; Liauh 63). Der Gesetzgeber hatte dieses Defizit bereits in Art 2 des Gesetzes zur Reform des Versicherungsvertragsgesetzes aufgegriffen und in Art 10 Abs 1 S 1 EGVVG aF eine entsprechende europarechtskonforme Korrektur vorgenommen (BT-Drucks 16/3945, 120; Looschelders/Pohlmann/Schäfer, Int Versicherungsvertragsrecht Rn 284). **182**

Der Grund dafür, dass abw von Art 9 EGVVG aF eine unbegrenzte Rechtswahlfreiheit eröffnet wird, liegt darin, dass die Versicherungsnehmer bei der Großrisikoversicherung idR bes **geschäftserfahren** sind und die Folgen einer Rechtswahl abschätzen können (Armbrüster, Jahrbuch 95). Materiell-rechtlich trägt diesem Umstand **§ 210 VVG nF** (§ 187 VVG aF) Rechnung. Danach sind die (halb-)zwingenden Regeln des VVG für die Großrisikoversicherung zwar nicht unanwendbar, aber dispositiv (BGHZ 118, 279; Looschelders/Pohlmann/Schäfer § 210 Rn 5). Insoweit bestehen mithin keine inländischen Schutzstandards, die durch eine Einschränkung der Rechtswahlfreiheit zu sichern wären (Gruber 69). **183**

184 Was zwingende Regeln **außerhalb des VVG** angeht, so wird die Rechtswahlfreiheit demgegenüber auch für Großrisiken durch Art 15 EGVVG aF iVm Art 27 Abs 3 EGBGB aF begrenzt (Rn 204; Gruber 69). Danach sind die zwingenden Bestimmungen des Staates anzuwenden, mit dem der Sachverhalt allein verbunden ist.

185 **Abs 2** ermöglicht bei Versicherungen, die im Zusammenhang mit den dort angeführten geschäftlichen Tätigkeiten (dazu s Rn 169) geschlossen werden und neben im EWR belegenen Risiken mindestens auch ein **außerhalb des EWR belegenes Risiko** decken („Mehrfachbelegenheit"), die freie Wahl des Rechts eines der Staaten, in denen ein Risiko belegen ist, für den gesamten Vertrag. Damit wird der Kreis der nach Art 9 Abs 1 EGVVG aF wählbaren Rechtsordnungen für typischerweise weniger schutzbedürftige Versicherungsnehmer um diejenigen von Drittstaaten erweitert. Mit Abs 2 hat der deutsche Gesetzgeber von einer in Art 7 Abs 1 lit d iVm lit b der 2. Richtlinie Schadensversicherung eingeräumten Befugnis Gebrauch gemacht. Voraussetzung für die Schaffung erweiterter Rechtswahlmöglichkeiten im deutschen UmsetzungsG ist danach allerdings, dass der **Versicherungsnehmer seinen gewöhnlichen Aufenthalt oder Sitz in Deutschland** hat oder dass ein **versichertes Risiko** dort belegen ist. Abs 2 enthält nach seinem Wortlaut eine derartige Einschränkung nicht. Die Vorgabe in Art 7 Abs 1 lit d iVm lit b der Richtlinie ist jedoch für den deutschen Gesetzgeber bindend. Sie enthält nicht nur einen Mindeststandard, sondern es handelt sich um eine begrenzte europarechtliche Ermächtigungsnorm (zu dieser Regelungstechnik Mankowski VersR 1993, 155 f). Abs 2 ist daher iS der genannten Einschränkung **richtlinienkonform auszulegen** (Gruber 109; Uebel 173; **aA** Kramer 220 Fn 720; offenbar auch Basedow/Drasch NJW 1991, 788).

186 Trotz ihrer Stellung hinter Abs 1 gilt die Vorschrift außer für Groß- auch für **Massenrisiken** (Gruber 106; MünchKommBGB/Martiny [4. Aufl 2006] Art 37 EGBGB Rn 129; Soergel/vHoffmann Art 37 EGBGB Rn 116); gerade für letztere ist sie praktisch bedeutsam. Für eine analoge Anwendung auf Versicherungen **ohne geschäftlichen Bezug** (dafür Basedow/Drasch NJW 1991, 788) ist wegen des Schutzbedürfnisses der betroffenen Versicherungsnehmer allerdings kein Raum (Gruber 107; Kramer 223; unentschieden MünchKommBGB/Martiny [4. Aufl 2006] Art 37 EGBGB Rn 130; Soergel/vHoffmann Art 37 EGBGB Rn 115 Fn 150).

187 Die Anknüpfung nach **Abs 3** ermöglicht den Parteien die Wahl jedes Rechts, das nach dem Kollisionsrecht einer nach Art 8 EGVVG aF berufenen oder nach Art 9 Abs 1, 2 EGVVG aF wählbaren Rechtsordnung wählbar ist. Sofern ein Mitgliedstaat daher **über die Richtlinienvorgaben hinausgehende Rechtswahlmöglichkeiten** eröffnet hat (insbes Dänemark, Großbritannien, Niederlande; Überblick bei Basedow/Scherpe, in: FS Heldrich [2005] 511, 513 f; Gruber 130 ff; Mankowski VersR 1993, 160 f), stehen diese den Parteien **alternativ** zur Verfügung (Gruber 122 ff; Liauh 80 f; Mankowski VersR 1993, 158; Soergel/vHoffmann Art 37 EGBGB Rn 120; **aA** [für kumulative Verweisung] Lagarde Rev crit dip 1989, 148). Bei dieser Erweiterung der Rechtswahl handelt es sich um ein „kollisionsrechtliches Unikum" (Basedow/Scherpe, in: FS Heldrich [2005] 511, 513), das sich aus einem Dissens der Mitgliedstaaten darüber erklärt, inwieweit bei Massenrisiken eine Rechtswahl eröffnet werden sollte. Abs 3 bezieht sich allein auf den **Umfang** der Rechtswahlmöglichkeiten, nicht auf den ordre public oder die Eingriffsnormen des betreffenden Staates (Gruber 118 f; s auch MünchKommBGB/Martiny [4. Aufl 2006] Art 37 EGBGB Rn 133).

Abs 3 ist **nicht** über seinen Wortlaut hinaus auf die **nach Abs 2 wählbaren** Rechte anwendbar (Soergel/vHoffmann Art 37 EGBGB Rn 121; **aA** Basedow/Drasch NJW 1991, 792 f; Gruber 129 f). Abs 2 bezweckt lediglich, eine Statutenspaltung zu vermeiden. Dafür reicht es, den Parteien überhaupt eine Rechtswahl zu eröffnen. **188**

Eine Verweisung auf **deutsches** Kollisionsrecht ist lediglich deklaratorisch, etwa bezüglich der Erweiterung der Rechtswahl in Art 9 Abs 4 EGVVG aF (Armbrüster VersR 1998, 299; Dörner Art 10 EGVVG Rn 43; Gruber 117). Art 27 Abs 1 S 1 EGBGB wird hierdurch jedoch ebenso wenig wie aufgrund von Art 15 EGVVG aF (Rn 200) anwendbar (**aA** Imbusch VersR 1993, 1064). **189**

Art 11 EGVVG aF **190**
Mangels Rechtswahl anzuwendendes Recht

(1) Soweit das anzuwendende Recht nicht vereinbart worden ist, unterliegt der Vertrag unter den Rechten, die nach den Artikeln 9 und 10 gewählt werden können, demjenigen des Staates, mit dem er die engsten Verbindungen aufweist. Auf einen selbständigen Vertragsteil, der eine engere Verbindung mit einem anderen Staat aufweist, dessen Recht gewählt werden kann, kann ausnahmsweise das Recht dieses Staates angewandt werden.

(2) Es wird vermutet, dass der Vertrag die engsten Verbindungen mit dem Mitgliedstaat aufweist, in dem das Risiko belegen ist.

Art 11 EGVVG aF sieht eine **objektive Anknüpfung** für den Fall vor, dass im konkreten Fall eine Rechtswahl nach Art 9, 10 EGVVG aF möglich war, aber nicht erfolgt ist. Berufen ist unter den wählbaren Rechten das Recht des Staates, zu dem die **engsten Verbindungen** bestehen. Diese Anknüpfung – und nicht diejenige nach Art 8 EGVVG aF – gilt auch für den Fall, dass der Versicherungsnehmer im selben Mitgliedstaat ansässig ist, in dem das Risiko belegen ist (Konvergenz; s Rn 162, auch zur verbreiteten Gegenansicht, die Art 11 EGVVG aF auf Divergenzfälle beschränken will). Maßgeblich für die Bestimmung der engsten Verbindungen ist grundsätzlich der Zeitpunkt des Vertragsschlusses.

Abs 2 stellt eine **Vermutung** zugunsten des Staates der Risikobelegenheit auf; damit wird auf die Definition in Art 7 Abs 2 EGVVG aF verwiesen (**aA** offenbar Deutsch VersR 2006, 577, 581: bei der vom Sponsor genommenen Probandenversicherung sei das Risiko am Ort der klinischen Prüfung belegen). Diese Vermutung ist **widerleglich** (Armbrüster ZVersWiss 1995, 144; Basedow/Drasch NJW 1991, 793; Geiger 125 f; Soergel/vHoffmann Art 37 EGBGB Rn 124; Einzelheiten zu den Anforderungen an eine Widerlegung bei Gruber 173 ff und Ganzer 112 ff). **191**

Abs 1 S 2 eröffnet die Möglichkeit einer gesonderten Anknüpfung für **selbstständige Vertragsteile**. Selbstständig ist ein Vertragsteil dann, wenn er sich auf ein Risiko bezieht, das auch durch einen eigenständigen Vertrag versichert werden könnte (Soergel/vHoffmann Art 37 EGBGB Rn 125). Diese Ausnahmevorschrift entspricht Art 28 Abs 1 S 2 EGBGB aF. Sie ist restriktiv zu handhaben, um eine Statutenspaltung möglichst zu vermeiden (MünchKommBGB/Martiny [4. Aufl 2006] Art 37 EGBGB Rn 143: nur ausnahmsweise; Smulders/Glazener CMLRev 31 [1992] 783; tendenziell **aA** Gruber 178). **192**

Im Falle einer Rechtswahlmöglichkeit nach Art 9 Abs 3 EGVVG aF ist unter dem Recht am Ort des Schadenseintritts und dem Recht der Risikobelegenheit dasjenige mit der engsten Verbindung anzuwenden (Gruber 171 f).

193 **Art 12 EGVVG aF**
Pflichtversicherung

(1) Ein Versicherungsvertrag, für den ein Mitgliedstaat eine Versicherungspflicht vorschreibt, unterliegt dem Recht dieses Staates, sofern dieser dessen Anwendung vorschreibt.

(2) Ein über eine Pflichtversicherung abgeschlossener Vertrag unterliegt deutschem Recht, wenn die gesetzliche Verpflichtung zu seinem Abschluss auf deutschem Recht beruht. Dies gilt nicht, wenn durch Gesetz oder aufgrund eines Gesetzes etwas anderes bestimmt ist.

(3) Stellt der Versicherungsvertrag die Deckung für Risiken sicher, die in mehreren Mitgliedstaaten belegen sind, von denen mindestens einer eine Versicherungspflicht vorschreibt, so ist der Vertrag so zu behandeln, als bestünde er aus mehreren Verträgen, von denen sich jeder auf jeweils einen Mitgliedstaat bezieht.

S dazu Rn 106 ff.

194 **Art 13 EGVVG aF**
Gesetzliche Krankenversicherung ersetzender Vertrag

(1) Ein über eine Krankenversicherung abgeschlossener Vertrag, der ganz oder teilweise den im gesetzlichen Sozialversicherungssystem vorgesehenen Kranken- oder Pflegeversicherungsschutz ersetzen kann, unterliegt deutschem Recht, wenn die versicherte Person ihren gewöhnlichen Aufenthalt in Deutschland hat.

(2) Gewährt ein Krankenversicherungsvertrag Versicherungsschutz für mehrere Personen, von denen einzelne ihren gewöhnlichen Aufenthalt in Deutschland haben, so unterliegt der Vertrag bezüglich dieser Personen deutschem Recht.

Für die sog **substituierende private Krankenversicherung**, die den sozialversicherungsrechtlichen Krankenversicherungsschutz ergänzt und für die bis 31. 12. 2008 keine Versicherungspflicht bestand (vgl demgegenüber nunmehr § 193 Abs 3 ff VVG nF), führt Art 13 EGVVG aF zur Anwendung deutschen Rechts, wenn der Versicherte (nicht: der vertragschließende Versicherungsnehmer) in Deutschland ansässig ist. Diese zwingende Anknüpfung soll sicherstellen, dass zugunsten des Versicherten die Schutzvorschriften des VVG (insbes dessen §§ 193 ff nF [§§ 178a ff aF]) gelten, sodass der Versicherungsschutz demjenigen einer gesetzlichen Krankenversicherung insoweit gleichwertig ist (BT-Drucks 12/6959, 108). Erfasst werden Krankheitskosten-, Krankentagegeld- und Pflegekrankenversicherungen (Dörner Art 13 EGVVG Rn 5). Es handelt sich um eine einseitige Kollisionsnorm, die nicht zur allseitigen auszubauen ist (Dörner Art 13 EGVVG Rn 8). Die Anknüpfung nach Abs 1 ist **zwingend**; dasselbe gilt für diejenige nach Abs 2, der sich auf die Mehrpersonenversicherung bezieht (MünchKommBGB/Martiny [4. Aufl 2006] Art 37 EGBGB Rn 158 f).

Maßgeblicher **Zeitpunkt** für die Bestimmung des gewöhnlichen Aufenthaltes ist grundsätzlich derjenige des Vertragsschlusses. Eine spätere Verlegung ins Ausland ändert daher nichts an der Geltung deutschen Rechts. Dies folgt dann aber aus Art 8 EGVVG aF (unwandelbares Statut), sodass Art 13 EGVVG aF einer nachträglichen **Rechtswahl** nach Maßgabe der Art 9, 10 EGVVG aF nicht entgegensteht (Dörner Art 13 EGVVG Rn 9; Gruber 202 f). Im umgekehrten Fall, dass der gewöhnliche Aufenthalt erst nach Vertragsschluss nach Deutschland verlegt wird, spricht jedoch die Funktion des Art 13 EGVVG aF dafür, die darin geregelte Anknüpfung heranzuziehen. Auf den Vertrag ist daher ab der Verlegung des gewöhnlichen Aufenthalts ins Inland deutsches Recht anzuwenden (Dörner Art 13 EGVVG Rn 9). 195

Art 14 EGVVG aF 196
Prozessstandschaft bei Versicherermehrzahl

Ist ein Versicherungsvertrag mit den bei Lloyd's vereinigten Einzelversicherern nicht über eine Niederlassung im Geltungsbereich dieses Gesetzes abgeschlossen worden und ist ein inländischer Gerichtsstand gegeben, so können Ansprüche daraus gegen den bevollmächtigten Unterzeichner des im Versicherungsschein an erster Stelle aufgeführten Syndikats oder einen von diesem benannten Versicherer geltend gemacht werden; ein darüber erzielter Titel wirkt für und gegen alle an dem Versicherungsvertrag beteiligten Versicherer.

Art 14 aF EGVVG (= Art 13 aF bis zur Einfügung der Neufassung von Art 13 aF durch das 3. DurchführungsG/EWG zum VAG [Rn 151]) enthält eine Regel des IZPR, die der prozessualen Erleichterung der Durchsetzung von Rechten gegenüber einer Mehrzahl von Versicherern dient. Schließt ein Versicherungsnehmer einen Vertrag mit der Londoner Versicherungsbörse **Lloyd's**, so wird der Versicherungsschutz durch eine Vielzahl von Versicherern übernommen. Art 14 EGVVG aF ermöglicht es dem Versicherungsnehmer, in einem allein gegen einen dieser Versicherer gerichteten Prozess einen Vollstreckungstitel gegen sämtliche Versicherer zu erlangen. Die dort angeordnete gesetzliche Prozessstandschaft umfasst auch Prozesskostenhilfe- und Schiedsverfahren (BT-Drucks 11/6341, 40). Ob ein inländischer Gerichtsstand besteht, richtet sich nach den Regeln über die internationale Zuständigkeit in Versicherungssachen (s dazu Rn 11).

Ist ein Vertrag mit einer Mehrzahl von Versicherern nicht im Dienstleistungsverkehr, sondern über eine inländische **Niederlassung** geschlossen worden, so gilt Art 14 EGVVG aF nicht. Eine weitgehend vergleichbare Prozessstandschaft und Rechtskrafterstreckung ordnet für diesen Fall freilich § 110b Abs 2 S 1, 2 VAG an. 197

Durch das IPR-Anpassungsges von 2009 ist Art 14 EGVVG aF wortgleich in **§ 216 VVG nF** überführt worden. 198

Art 15 EGVVG aF 199
Verweisung auf das EGBGB

Die Vorschriften der Artikel 27 bis 36 des Einführungsgesetzes zum Bürgerlichen Gesetzbuch sind im Übrigen entsprechend anzuwenden.

Art 15 aF (= Art 14 aF bis zur Einfügung der Neufassung von Art 14 aF durch das 3. DurchführungsG/EWG zum VAG [Rn 151])) EGVVG verweist ergänzend auf das Internationale Vertragsrecht des EGBGB aF. Für die nähere Bestimmung der **Reichweite** dieser Verweisung ist zu beachten, dass die Art 7 ff EGVVG eigene Kollisionsregeln für Versicherungsverträge aufstellen, die sich von denen der Art 27 ff EGBGB aF erheblich unterscheiden (Rn 2). Diese Unterschiede beruhen auf den verschiedenartigen Regelungsansätzen in den Richtlinien einerseits, dem Römischen Schuldvertragsrechtsübereinkommen andererseits; sie dürfen durch die Verweisung in Art 15 EGVVG aF nicht verwischt werden.

200 Die Anwendung von Art 15 EGVVG aF darf daher **nicht** dazu führen, dass die Anknüpfungsregel des **Art 27 Abs 1 S 1 EGBGB aF** angewandt wird (ganz hM; Armbrüster ZVersWiss 1995, 142; Dörner Art 15 EGVVG Rn 4; Gruber 98 f; Mankowski VersR 1993, 159 f; Soergel/vHoffmann Art 37 EGBGB Rn 136; **aA** Imbusch VersR 1993, 1064). **Nicht anwendbar** sind auch die Regeln über die objektive Anknüpfung in Art 28 Abs 1–4 EGBGB aF (näher Gruber 181 ff). Dasselbe gilt für die Verbraucherschutznorm des **Art 29 EGBGB aF**; diese Vorschrift ist Korrelat der Rechtswahlfreiheit nach Art 27 Abs 1 S 1 EGBGB aF, während das EGVVG aF den Versicherungsnehmer auf grundsätzlich andere Weise schützt (Rn 6 und näher Armbrüster ZVersWiss 1995, 142 f; so auch Gruber 157 ff; Staudinger, in: Internat Vertragsrecht Art 7 Rom I-VO Rn 8 [Fn 44]; Soergel/vHoffmann Art 37 EGBGB Rn 137; Winter VersR 2001, 1461, 1468 f; in dieser Richtung auch Basedow/Scherpe, in: FS Heldrich [2005] 511, 515 **aA** [für Anwendbarkeit von Art 29 EGBGB] U Hübner ZVersWiss 2001, 370, 373; Imbusch VersR 1993, 1064; Uebel 187 ff, 201; [für Anwendbarkeit nur von Abs 1] Dörner Art 15 EGVVG Rn 7 f; Dörner IPRax 2005, 26, 27; Kramer 288; Looschelders/Pohlmann/Schäfer, Int Versicherungsvertragsrecht Rn 333 f; Lübbert/Vogl r+s 2000, 271; Liauh 111; tendenziell auch MünchKommBGB/Martiny [4. Aufl 2006] Art 37 EGBGB Rn 173; wiederum anders und in praktisch kaum handhabbarer Weise differenzierend Wördemann 56 ff, 74 f).

201 **Art 29a EGBGB aF** (s jetzt Art 46b EGBGB) schreibt ua die Anwendung des AGB-Rechts (seit 1. 1. 2002: §§ 305 ff BGB) auf Verträge vor, die einen engen Zusammenhang mit Deutschland aufweisen (Rn 215). Ebenso wie Art 29 EGBGB aF wird auch diese Regelung für Versicherungsverträge **durch die Art 7 ff EGVVG aF verdrängt** (zur Vorgängervorschrift des § 12 AGBG so bereits Bosse 40; Gruber 230; zT auch Dörner Art 15 EGVVG Rn 27; **aA** Mankowski BB 1999, 1229; A Staudinger VersR 1999, 402 f, 409 ff, 413).

202 Eine Sonderanknüpfung **deutscher versicherungsrechtlicher Vorschriften** als Eingriffsnormen gem **Art 34 EGBGB aF** (monographisch Wördemann; s auch Gruber 205 ff) ist ebenso wenig anzunehmen wie im Anwendungsbereich der Art 27 ff EGBGB aF (dazu s Rn 216 ff; generell gegen Heranziehung von Art 34 über Art 15 EGVVG aF auch Basedow/Drasch NJW 1991, 790; teils **aA** Winter VersR 2001, 1461, 1469 f; differenzierend Remien, in: FS vHoffmann [2011] 334, 336 f). Soweit es um den **Schutz des Versicherungsnehmers** geht, wird dieses Ergebnis verbreitet darauf gestützt, dass insoweit das EGVVG aF einen ausreichenden Schutz gewährleiste (Hahn 101 ff; Reithmann/Limmer Rn 439). Diese Einschätzung ist zwar richtig; die Anwendbarkeit von Art 34 EGBGB aF scheitert indessen bereits daran, dass diese Vorschrift von vornherein insoweit nicht anwendbar ist, als es um Normen zum Ausgleich der Interessen Privater geht (Rn 216; speziell im hier interessierenden Kontext einer Heranziehung von Art 34 EGBGB aF über Art 15 EGVVG Wördemann 138 ff, 164 ff; zu Art 9 Rom I-VO NK-BGB/Leible Art 7 Rom I-VO Rn 78; Hauser

IPRax 2015, 182, 184 f; instruktiv zum Wandel dieses Verständnisses s Maultzsch RabelsZ 75 [2011] 60, 81 ff). Aus diesem Grund sind auch Schutzvorschriften zugunsten **Dritter** nicht über Art 34 EGBGB aF anzuknüpfen (Rn 217; eingehend Wördemann 167 ff). Normen zum Schutz der **Versicherer** (zB §§ 74 Abs 2, 78 Abs 3 VVG nF (§§ 51 Abs 3, 59 Abs 3 VVG aF)) sind ebenso wie Normen zum Schutz der öffentlichen Ordnung (zB Bußgeldversicherung) nicht über Art 34 EGBGB aF, sondern über Art 6 EGBGB aF zu beachten (Mankowski VersR 1999, 823 mwNw gegen Wördemann 246, 264).

Ausländische Eingriffsnormen sind nur in begrenztem Umfang im Wege einer Sonderanknüpfung zu beachten (s dazu im Anwendungsbereich der Art 27 ff EGBGB aF Rn 220). 203

Gem Art 15 EGVVG aF **anwendbar** sind hingegen insbes die Vorschriften des **Art 27 Abs 1 S 2–3, Abs 2–4 EGBGB aF** über die Modalitäten und Grenzen einer (nach dem EGVVG aF eröffneten) Rechtswahl sowie des **Art 31 EGBGB aF** über das Zustandekommen und die Wirksamkeit des Vertrages. **Art 28 Abs 5 EGBGB aF**, demzufolge bei einer engeren Verbindung mit einem anderen Staat die Vermutungen nach Abs 2–4 dieser Vorschrift als widerlegt gelten, ist entsprechend auf die Vermutung nach Art 11 Abs 2 EGVVG aF anzuwenden (MünchKommBGB/Martiny [4. Aufl 2006] Art 37 EGBGB Rn 172; Soergel/vHoffmann Art 37 EGBGB Rn 135). 204

Anwendbar ist auch **Art 35 Abs 1 EGBGB aF** (Armbrüster ZVersWiss 1995, 141; Gruber 101; **aA** Hahn 31). Damit ist klargestellt, dass die Verweisungen des EGVVG aF grundsätzlich (Ausnahme: Art 10 Abs 3 EGVVO) Sachnormverweisungen sind. Die Anwendbarkeit von **Art 35 Abs 2 EGBGB aF** führt dazu, dass die Art 7 ff EGVVG aF auch auf Gebietseinheiten desselben Staates mit eigenen Vertragsrechten anwendbar ist (MünchKommBGB/Martiny [4. Aufl 2006] Art 37 EGBGB Rn 181 aE). **Nicht** anwendbar ist hingegen das in **Art 36 EGBGB aF** enthaltene Gebot einheitlicher Auslegung für die Anwendung der Art 7 ff EGVVG aF (**aA** MünchKommBGB/Martiny [4. Aufl 2006] Art 37 EGBGB Rn 182). Da die Art 7 ff EGVVG aF auf Richtlinienrecht beruhen (Rn 150 f), gelten vielmehr – ebenso wie für Art 29a EGBGB aF, auf den Art 36 EGBGB aF gleichfalls nicht anwendbar ist – die europarechtlichen Regeln über die einheitliche Auslegung umgesetzten Richtlinienrechts. Hinsichtlich der Richtlinienvorgaben ist die Auslegungskompetenz des EuGH gem Art 267 AEUV zu beachten. 205

Über die Verweisung in Art 15 EGVVG aF hinausgehend ist das EGBGB auch **im Übrigen** ergänzend für die Anknüpfung von Versicherungsverträgen nach dem EGVVG aF heranzuziehen (Gesetzesbegr, BT-Drucks 11/6341, 40). Dies gilt etwa für die **Art 7, 9, 11 und 12 EGBGB aF**. Zudem ist gem **Art 6 EGBGB aF** bei der Anwendung ausländischen Rechts der deutsche ordre public zu beachten (Basedow/Drasch NJW 1991, 790; Gruber 224 ff; Winter VersR 2001, 1461, 1470). Insoweit ist jedoch Zurückhaltung geboten (Rn 221 f). 206

b) Geltung der Art 27 ff EGBGB aF für vor dem 17. 12. 2009 geschlossene Verträge mit Ausnahme von Direktversicherungsverträgen über im EWR belegene Risiken

aa) Rechtswahl

Sind die Art 7 ff EGVVG aF auf einen vor dem 17. 12. 2009 geschlossenen Versicherungsvertrag nicht anwendbar – dies betrifft Direktversicherungsverträge über au- 207 ßerhalb des EWR belegene Risiken sowie Rückversicherungsverträge –, so richtet sich die Anknüpfung nach den Art 27 ff EGBGB aF. Insoweit kommt zunächst eine **Rechtswahl** nach Art 27 Abs 1 S 1 EGBGB aF in Betracht. Haben die Parteien eine solche nicht ausdrücklich getroffen, so können die Vertragsbestimmungen oder die sonstigen Umstände eine stillschweigende Rechtswahl ergeben (zu den allg Anhaltspunkten hierfür s OLG München RdTW 2025, 390 Rn 23 ff). Bei Versicherungsverträgen liegt ein gewichtiges Indiz für eine solche Rechtswahl insbes in der Vereinbarung von Allg Versicherungsbedingungen, die auf einer bestimmten Rechtsordnung aufbauen (Fricke VersR 1994, 776; Gruber 143 f).

bb) Objektive Regelanknüpfung

208 Fehlt eine Rechtswahl, so ist nach Art 28 Abs 1 EGBGB aF die Rechtsordnung berufen, zu der die **engsten Verbindungen** des Vertrages bestehen. Was diese Anknüpfung bei Versicherungsverträgen bedeutet, ist zweifelhaft. Insoweit ist zunächst zwischen Direkt- und Rückversicherungsverträgen zu unterscheiden.

(1) Direktversicherungsverträge

209 Was Direktversicherungsverträge anbelangt, so wird überwiegend in Anwendung der **Vermutungsregel** des Art 28 Abs 2 S 1, 2 EGBGB aF grundsätzlich die Rechtsordnung des Staates für maßgeblich erachtet, in dem der **Versicherer** bei Vertragsschluss seinen Hauptverwaltungssitz bzw seine für die Vertragserfüllung maßgebliche Niederlassung hat (OLG Bremen VersR 1996, 868; OLG Karlsruhe WM 1993, 894; Czernich/Heiss/Czernich Art 4 EVÜ Rn 163; Dörner Anh Art 7–15 EGVVG Rn 18; Gruber 252 [s aber auch 255 Fn 1068]; Kramer 32; E Lorenz, in: FS Kegel [1987] 327; MünchKommBGB/Martiny [4. Aufl 2006] Art 37 EGBGB Rn 191 [s aber auch Rn 192]; Mankowski VersR 2002, 1177, 1182; Staudinger/Magnus [2002] Art 28 EGBGB Rn 485 f). Dies ist konsequent, wenn man die Hauptleistungspflicht des Versicherers in der Gefahrtragung (**Gefahrtragungstheorie**; Bruck/Möller, VVG [8. Aufl 1961] § 1 Anm 40 ff; Büchner ZVersWiss 1965, 436; Bundesgericht der Schweiz Urt v 17. 1. 2014 – 4 A 408/2013; dafür unzutr BGH NJW 2014, 2646 Rn 45 anführend Heyers NJW 2014, 2619, 2621; richtig hingegen Reiff r+s 2015, 105, 108 [Versicherungsschutz hat unabhängig von der Qualifikation der Hauptleistungspflicht des Versicherers Vermögenswert]; s auch [modifizierend] Versicherungsrechts-Handbuch/E Lorenz, § 1 Rn 130 ff; gegen die Gefahrtragungstheorie etwa OLG Nürnberg NVersZ 2000, 265; Prölss/Martin/Armbrüster § 1 VVG Rn 128 ff) oder in einer Geschäftsbesorgung (**Geschäftsbesorgungstheorie**; Schünemann JZ 1995, 430) erblickt, der die nicht vertragsprägende Pflicht des Versicherungsnehmers zur Prämienzahlung gegenübersteht.

210 Die genannten Theorien überzeugen indessen nicht. Die vom Versicherer versprochene Hauptleistung besteht vielmehr darin, dass er eine – durch den Eintritt des Versicherungsfalls aufschiebend bedingte – Verpflichtung zur Zahlung einer Geldsumme übernimmt (**Geldleistungstheorie**; vgl Prölss/Martin/Armbrüster § 1 VVG Rn 120 ff mwNw). Die Geltung dieser Theorie ist auch durch die Neuregelung in § 9 S 1 VVG nF nicht infrage gestellt worden, da bereits das Versprechen einer bedingten Geldleistung einen Vermögenswert hat. Mithin stehen einander zwei Zahlungspflichten gegenüber. Diese unterscheiden sich zwar dadurch, dass diejenige des Versicherers bedingt ist. Jener Unterschied kann indessen nicht ausschlaggebend sein (Armbrüster ZVersWiss 2000, 460; **aA** Gruber 252; wohl ebenso Ganzer 124). Doch selbst wenn man demgegenüber auf die Organisationspflichten des Versicherers abhebt, führt dies keineswegs zwingend dazu, ihn als Schuldner der vertragscharakteristischen Leistung anzusehen. Wie der Begriff der vertragscharakteristischen Leistung iS von Art 28 Abs 2 EGBGB aF zu verstehen ist, muss durch eine funktionale, am Sinn und Zweck der Vermutungsregel orientierte Auslegung ermittelt werden. Der **wesentliche Grund der Vermutung** nach Art 28 Abs 2 EGBGB aF ist darin zu sehen, dass „wegen der höheren Kompliziertheit der Nicht-Geldleistung" deren Schuldner die Erfüllung nach dem ihm vertrauten Recht soll vornehmen können (Soergel/vHoffmann Art 28 EGBGB Rn 28, 34). Beim Versicherungsvertrag treffen aber auch die andere Seite, dh den Versicherungsnehmer, komplexe, qualifizierte Verhaltenspflichten und Obliegenheiten (Armbrüster ZVersWiss 1995, 146; Fricke VersR 1994, 778 Fn 52; insoweit zutreffend auch Gruber 293). Verstöße dagegen können zur völligen Leistungsfreiheit des Versicherers führen. Hinzu kommt, dass durch am Verhalten des Versicherungsnehmers orientierte subjektive Risikoausschlüsse (zB § 81 VVG nF [§ 61 VVG aF]) der Versicherungsschutz bereits gegenständlich beschränkt ist. Auch der Versicherungsnehmer – und nicht allein der Versicherer – hat wegen dieser das „Rechtsprodukt" Versicherung maßgeblich bestimmenden Verhaltensregeln ein Interesse daran, dass die ihm vertraute Rechtsordnung anwendbar ist. Vergegenwärtigt man sich den Grund der Vermutung des Art 28 Abs 2 EGBGB aF, so sprechen die besseren Argumente dafür, diese Vermutung hier nicht einseitig zu Lasten des Versicherungsnehmers eingreifen zu lassen. Mithin lässt sich bei Versicherungsverträgen nach der hier vertretenen Ansicht eine **vertragscharakteristische Leistung nicht bestimmen** (Armbrüster, Jahrbuch 100; Armbrüster ZVersWiss 1995, 146; Fricke VersR 1994, 778; Versicherungsrechts-Handbuch/W-H Roth § 4 Rn 32; nur iE auch Soergel/vHoffmann Art 37 EGBGB Rn 142 f: zwar erbringe der Versicherer die vertragscharakteristische Leistung, gleichwohl sei die Risikobelegenheit am Aufenthaltsort des Versicherungsnehmers maßgeblich; **aA** zur Anknüpfung nach Art 4 Abs 2 Rom I-VO Richters 137; NK-BGB/Leible Art 7 Rom I-VO Rn 34, 67; Calliess/Renner/Gruber Art 7 Rome I Rn 83; jurisPK-BGB/Junker Art 7 Rom I-VO Rn 44; Ganzer 123 ff; wohl auch BGH NJW 2015, 555: nach Rn 23 muss die tätigkeitsbezogene Leistung „prägenden Charakter" haben, damit ein Dienstleistungsvertrag vorliegt; nach Rn 30 sind Versicherungsverträge als Dienstleistungsverträge einzuordnen, sodass dieser Anforderung offenbar genügt ist). Art 28 Abs 2 EGBGB aF ist daher gem seinem S 3 nicht anwendbar (**aA** die in Rn 209 Genannten, s insbes Staudinger/Magnus [2002] Art 28 EGBGB Rn 485 f).

Die engsten Verbindungen iS von Art 28 Abs 1 EGBGB aF sind vielmehr im Einzel- **211** fall zu ermitteln. Dabei kann auf die Regeln zurückgegriffen werden, die **Art 7 Abs 2 EGVVG aF** für die Risikobelegenheit aufstellt (Armbrüster, Jahrbuch 100; Armbrüster ZVersWiss 1995, 146; Fricke VersR 1994, 778; iE auch Liauh 141 f [Anwendung von Art 7 Abs 2 EGVVG aF über Art 28 Abs 5 EGBGB aF]). Regelmäßig führt dies dazu, dass das Recht des Staates anzuwenden ist, in dem der gewöhnliche Aufenthalt bzw Hauptverwaltungssitz des **Versicherungsnehmers** liegt (**krit** zu der darin liegenden Bevorzugung des zumal gewerblichen Versicherungsnehmers freilich Staudinger/Magnus [2002] Art 28 EGBGB Rn 486). Damit wird zugleich ein sachlich nicht gerechtfertigter Unterschied zwischen den Kollisionsnormen des EGBGB aF und denen des EGVVG aF vermieden (dies anerkennen auch MünchKommBGB/Martiny [4. Aufl 2006] Art 37 EGBGB Rn 192 und Ganzer 124). Gegenüber dem zum selben Ergebnis gelangenden Vorschlag, Art 28 Abs 3 EGBGB aF analog heranzuziehen (Soergel/vHoffmann Art 37 EGBGB Rn 143; **krit** dazu Gruber 256 ff), hat die Lösung über Art 28 Abs 1 EGBGB aF iVm Art 7 Abs 2 EGVVG aF den Vorzug größerer Gesetzesnähe.

(2) Rückversicherungsverträge

212 Bei der **Rückversicherung** (eingehend Mankowski VersR 2002, 1177 ff) ist nach im Ergebnis ganz überwiegender Ansicht beim Fehlen einer Rechtswahl das Recht des Staates maßgeblich, in dem der **Erstversicherer** seinen Sitz hat (E Lorenz, in: FS Kegel [1987] 327 f; MünchKommBGB/Martiny [4. Aufl 2006] Art 37 EGBGB Rn 195; Reichert-Facilides VersR 1993, 1181; s auch Spickhoff, in: FS E Lorenz [2014] 487, 493). Mit der Vermutungsregel des **Art 28 Abs 2 EGBGB aF** lässt sich dieses Ergebnis freilich nicht überzeugend begründen (Soergel/vHoffmann Art 37 EGBGB Rn 144). Wer entgegen der hier (Rn 210 f) vertretenen Ansicht in Anwendung dieser Regel bei der Direktversicherung auf den Sitz des Versicherers abstellt, müsste vielmehr bei der Rückversicherung den Sitz des **Rückversicherers** für maßgeblich erklären (so konsequent vBar IPR II Rn 531; NK-BGB/Leible Art 7 Rom I-VO Rn 76; Basedow, Aspekte 97 f; Gruber 264 f; Kramer 46; Mankowski VersR 2002, 1177, 1181 ff; Verschraegen Rn 468; Staudinger/Magnus [2002] Art 28 EGBGB Rn 487 mwNw). Dies würde indessen im häufigen Fall einer Mehrzahl von Rückversicherern zu einer oft **unangemessenen Statutenspaltung** führen (gegen diesen Vorwurf Mankowski VersR 2002, 1177, 1186; Abhilfe über Art 28 Abs 5 EGBGB aF erwägt Staudinger/Magnus [2002] Art 28 EGBGB Rn 488). Auch dies spricht dafür, die Vermutung des Art 28 Abs 2 EGBGB aF auf Versicherungsverträge **nicht anzuwenden** (Armbrüster ZVersWiss 1995, 148; Soergel/vHoffmann Art 37 EGBGB Rn 144). Insoweit hat auch Art 4 Abs 1 lit b Rom I-VO nach der hier vertretenen Ansicht im Erg keine Änderung gebracht (Rn 145; str). Freilich sollte die Thematik nicht überbewertet werden, da in der Praxis regelmäßig eine Rechtswahl erfolgt (Rn 147).

cc) Besondere Anknüpfungen

(1) Verbraucherverträge (Art 29 EGBGB aF)

213 Ist der Abschluss eines Versicherungsvertrages nicht der beruflichen oder gewerblichen Tätigkeit des Versicherungsnehmers zuzurechnen, so handelt es sich um einen Verbrauchervertrag iS von Art 29 EGBGB aF. Nach Abs 1 dieser Vorschrift setzen sich daher unter den Voraussetzungen von Nr 1 oder 2 vorbehaltlich von Abs 4 Nr 2 (dazu Soergel/vHoffmann Art 37 EGBGB Rn 147) die zwingenden **Verbraucherschutzbestimmungen** des Staates, in dem der Versicherungsnehmer seinen gewöhnlichen Aufenthalt hat, gegenüber dem gewählten Recht durch (eingehend Gruber 241 ff).

214 Fehlt eine Rechtswahl, so gilt gem Abs 2 für den Vertrag **insgesamt** das Recht des Staates des gewöhnlichen Aufenthalts. In diesem Fall gelangt man bei Verbraucherverträgen unter den in Abs 1 Nr 1 oder 2 genannten Voraussetzungen kraft ausdrücklicher gesetzlicher Anordnung stets zu derjenigen Anknüpfung, die nach der hier vertretenen Ansicht aufgrund von Art 28 Abs 1 EGBGB aF die Regel ist (Rn 211).

(2) Europäisches Verbraucherschutzrecht (Art 29a EGBGB aF)

215 Haben die Vertragsparteien das Recht eines Drittstaates außerhalb des EWR gewählt, so ist nach Art 29 a EGBGB aF das auf europäische Richtlinienvorgaben beruhende Verbraucherschutzrecht dennoch anwendbar, wenn ein enger Zusammenhang mit dem Gebiet eines EWR-Staates besteht. Diese Vorschrift umfasst mit Wirkung vom 30. 6. 2000 auch die internationale Anwendbarkeit des AGB-Rechts (seit 1. 1. 2002: §§ 305 ff BGB), die zuvor in dem zum selben Zeitpunkt aufgehobenen § 12 AGBG geregelt war (die Änderungen sind enthalten im FernabsatzG v 27. 6. 2000 [BGBl I 897]). Art 29a EGBGB aF gilt ebenso wie zuvor § 12 AGBG auch für Versicherungsverträge. Allerdings ist die praktische Bedeutung der Vor-

schrift im Hinblick darauf gering, dass vorrangig Art 29 EGBGB aF zum Zuge kommt (BT-Drucks 14/2658, 50; A STAUDINGER RIW 2000, 419).

(3) Eingriffsnormen (Art 34 EGBGB aF)

Sehr streitig ist, inwieweit im Versicherungsvertragsrecht **zwingende Normen des deutschen Rechts** nach **Art 34** EGBGB aF das Schuldvertragsstatut überlagern (eingehend zum Streitstand WÖRDEMANN 111 ff; s auch Rn 202 für den Fall, dass Art 34 EGBGB aF nur über Art 15 EGVVG aF anwendbar ist). Nach richtiger Ansicht ist Art 34 EGBGB aF **restriktiv anzuwenden**. Die Sonderanknüpfung umfasst nur **Eingriffsnormen** ieS, also Normen, die nicht dem internen Interessenausgleich Privater dienen, sondern externen staatlichen (Gemeinwohl-)Interessen (statt Vieler STAUDINGER/MAGNUS [2002] Art 34 EGBGB Rn 68 ff; eher restriktiv auch BGHZ 135, 124 = RIW 1997, 878; BGH NJW 2015, 555 Rn 35 und ZIP 2015, 42 Rn 19; ferner LG Kleve BeckRS 2014, 21544 [zur Qualifikation von §§ 305 ff BGB]; vgl aber auch CALLIESS/RENNER/GRUBER Art 9 Rome I Rn 20 f [verbraucherschützende Vorschriften können, obwohl sie primär dem Ausgleich privater Interessen dienen, über Art 9 Rom I-VO eine Sonderanknüpfung erfahren]; ferner OGH IPRax 2013, 366, 368 m Anm THOMALE 375, 378 [jedenfalls primär Schutz öffentlicher Belange erforderlich]; wieder anders LAG Mecklenburg-Vorpommern 3. 4. 2014 – 4 Sa 57/13, juris Rn 65 [„zumindest auch“ Verfolgung öffentlicher Gemeinwohlinteressen]; **aA** EuGH EuZW 2013, 956 Rn 42 ff m Anm MANKOWSKI EWiR 2014, 11 f und SCHILLING ZEuP 2014, 845, 848 ff [Berücksichtigung auch solcher Vorschriften möglich, die lediglich einen privaten Interessenausgleich bezwecken]; vgl auch den Ansatz von MAULTZSCH RabelsZ 75 [2011] 60, 90 f). Dementsprechend erfasst die Sonderanknüpfung nach Art 34 EGBGB aF von vornherein **nicht** die (halb-)zwingenden Vorschriften des VVG zum **Schutz des Versicherungsnehmers** (GRUBER NVersZ 2001, 444 f; NK-BGB/LEIBLE Art 7 Rom I-VO Rn 78; MünchKommVVG/LOOSCHELDERS IntVersR Rn 45, 240; differenzierend hingegen die hM; vgl Rn 202). Insoweit besteht ohnehin kein Bedarf, da bereits durch Art 29 EGBGB aF, der als Spezialvorschrift vorrangig ist (BT-Drucks 10/504, 83; BGH NJW 1994, 264), ein weit reichender Schutz bewirkt wird. 216

Was **Schutzvorschriften zugunsten Dritter** angeht, so ist eine Sonderanknüpfung nach Art 34 EGBGB aF gleichfalls abzulehnen. In einigen Fällen folgt dies bereits daraus, dass die betr Regeln nicht als vertragsrechtlich zu qualifizieren sind, sodass sich die Frage ihres international zwingenden Charakters iRv Art 34 EGBGB aF von vornherein nicht stellt. So sind die Schutzregeln der §§ 94 f, 142–147 VVG nF (§§ 99–107c VVG aF) für die **Inhaber von Grundpfandrechten** dem Sachenrechtsstatut (lex rei sitae, Art 43 Abs 1 EGBGB aF) zuzuordnen (GRUBER 219; GRUBER NVersZ 2001, 446; MünchKommVVG/LOOSCHELDERS IntVersR Rn 241; WÖRDEMANN 186; in dieser Richtung bereits DÖRNER Art 15 EGVVG Rn 40; **aA** implizit HAHN 109 ff; REICHERT-FACILIDES IPRax 1990, 12). Maßgeblich hierfür ist der enge Zusammenhang mit den sachenrechtlichen Regeln der §§ 1127 ff BGB. Die §§ 94 f, 142–147 VVG nF sind mithin nur dann anwendbar, wenn das grundpfandrechtsbelastete, feuerversicherte Grundstück in Deutschland belegen ist (WÖRDEMANN 186). Entsprechendes gilt für die §§ 95–97 VVG nF (§§ 69–71 VVG aF; GRUBER 221; GRUBER NVersZ 2001, 446; **aA** HAHN 116 f; WÖRDEMANN 188). Die Drittschutzvorschriften aus der **Haftpflichtversicherung** (§§ 108, 110, 117–124 VVG nF (§§ 156, 157, 158c–158k VVG, § 3 PflVersG aF) sind ganz überwiegend delikts- bzw verfahrensrechtlich zu qualifizieren (näher WÖRDEMANN 197 ff; zust MANKOWSKI VersR 1999, 823). In anderen Fällen scheidet eine Sonderanknüpfung drittschützender Normen im Hinblick auf das gebotene enge Verständnis des Begriffs der Eingriffsnorm (Rn 216) aus. Dies gilt auch für die Vorschriften der §§ 150 Abs 2, 179 Abs 2 nF 217

(§§ 159 Abs 2, 179 Abs 3 VVG aF; s dazu Versicherungsrechts-Handbuch/W-H Roth § 4 Rn 127) zum **Schutz vertragsfremder Gefahrpersonen** mit gewöhnlichem Aufenthalt in Deutschland. Sie sind im Einzelfall allenfalls über Art 6 EGBGB heranziehbar (Gruber NVersZ 2001, 447; Mankowski VersR 1999, 823; MünchKommVVG/Looschelders IntVersR Rn 241 [zu Art 9 Rom I-VO]; insoweit **aA** Wandt 96; Wördemann 172 ff; [für Sonderanknüpfung nach Art 9 Rom I-VO] BeckOGK/Maultzsch [1. 3. 2026] Art 9 Rom I-VO Rn 290).

218 Abzulehnen ist iE auch eine Sonderanknüpfung von **Vorschriften zum Schutz des Versicherers**. Hinsichtlich eines ungeschriebenen **allg Bereicherungsverbots** folgt dies bereits daraus, dass ein solches nicht anzuerkennen ist (A Staudinger JR 1999, 355; iE so bereits Hahn 115 f); dies hatte bereits der BGH (VersR 1998, 307; BGH VersR 2001, 749) überzeugend entschieden, und im Zuge der VVG-Reform von 2008 ist § 55 VVG aF als die Norm, aus der früher teils ein allg Bereicherungsverbot hergeleitet wurde, ersatzlos gestrichen worden. Sofern es um den Versicherer schützende Normen wie zB §§ 74 Abs 2, 78 Abs 3 VVG nF (§§ 51 Abs 3, 59 Abs 3 VVG aF; **Verbot betrügerischer Über- oder Unterversicherung**) geht, kommt eine Anwendung von Art 34 EGBGB aF (dafür Wördemann 229 ff) zwar durchaus in Betracht. Allerdings wird meist bereits das berufene ausländische Vertragsstatut entsprechende Regeln kennen. Wo dies nicht der Fall ist und das Ergebnis unerträglich erscheint, ist eine Ergebniskorrektur über **Art 6 EGBGB** vorzuziehen (s dazu Rn 221 f). Sie ist flexibler als die Sonderanknüpfung nach Art 34 EGBGB aF und ermöglicht eine bessere Anpassung der eigenen Schutzvorstellungen an das grundsätzlich berufene ausländische Recht (iE so auch Mankowski VersR 1999, 823; MünchKommVVG/Looschelders IntVersR Rn 240, 247 [zu Art 9, 21 Rom I-VO]; s ferner Gruber NVersZ 2001, 445 f).

219 Auch für Normen zum **Schutz der öffentlichen Ordnung,** die Gemeinwohlinteressen dienen (zB Verbot der Geldstrafen- oder Bußgeldversicherung) erscheint eine Ergebniskorrektur nach Art 6 EGBGB gegenüber der Sonderanknüpfung nach Art 34 EGBGB aF vorzugswürdig (Mankowski VersR 1999, 823; für Anwendung von Art 34 EGBGB aF wiederum Wördemann 247 ff). Dies gilt umso mehr, als derartige Regeln wegen ihrer unzureichenden Ausgestaltung für eine Sonderanknüpfung wenig geeignet sind (Mankowski VersR 1999, 823).

220 Art 34 EGBGB aF betrifft lediglich die Geltung deutscher Eingriffsnormen bei ausländischer lex causae. Die umgekehrte Frage, inwieweit bei deutschem Sachstatut **ausländische Eingriffsnormen** zum Zuge kommen, ist überaus streitig (eingehend mit Bezug auf das Versicherungsrecht Armbrüster VersR 2006, 1 ff; allg Fetsch, Eingriffsnormen und EG-Vertrag, 2002, S 11 ff). Jedenfalls ist eine Anknüpfung an solche Vorschriften nicht bereits durch den von Deutschland gem Art 22 Abs 1 lit a EVÜ erklärten Vorbehalt betreffend die Anwendung des Art 7 Abs 1 EVÜ ausgeschlossen (Kuckein 65 f; unrichtig daher die Begründung bei LAG Nürnberg 21. 5. 2014 – 4 Sa 374/12, juris Rn 123). Nach der hier vertretenen Ansicht sind solche Normen dann im Wege einer **Sonderanknüpfung** heranzuziehen, wenn der Sachverhalt zu der betroffenen Rechtsordnung eine enge Verbindung aufweist, die tatbestandlichen Voraussetzungen der Eingriffsnorm erfüllt sind, das von ihr geschützte Interesse nicht bereits durch die Wertungen der inländischen Regelanknüpfung ausreichend beachtet wird und die Norm einer inhaltlichen Überprüfung anhand grundlegender Wertungen der lex fori sowie des Gemeinschaftsrechts standhält (speziell für das IPR der Versicherungsverträge Armbrüster VersR 2006, 1, 6; Armbrüster VersR 2008, 853, 856 f; für Sonderanknüpfung auch [mit Unterschieden im

Einzelnen] MünchKommBGB/Martiny [4. Aufl 2006] Art 37 EGBGB Rn 196, 201; Soergel/vHoffmann Art 37 EGBGB Rn 158; Wördemann 331 ff; allg Staudinger/Magnus [2002] Art 34 EGBGB Rn 141 ff; zu Art 9 Abs 3 Rom I-VO so auch Hauser 110; **aA** offenbar R Koch VersR 2009, 141, 143 ff; wohl auch Gruber/Mitterlechner/Wax § 12 Rn 59 ff im Anschluss an BGHZ 55, 334, 339; 59, 82, 85: Berücksichtigung iRv § 138 BGB; ebenso LAG Hamm 3. 4. 2014 – 17 Sa 1387/13, juris Rn 130 und LG Hamburg VersR 2015, 1024, 1025 m krit Anm Looschelders 1025 ff; offen lassend BGH ZIP 2015, 42 Rn 19). Folgt man dem, so scheidet eine Berücksichtigung ausländischer **aufsichtsrechtlicher Zulassungserfordernisse** aus, insbes dann, wenn das ausländische Recht als Konsequenz die Nichtigkeit des Versicherungsvertrages anordnet (näher Armbrüster VersR 2008, 853, 856 f; zum selben Ergebnis auch unter Geltung von Art 9 Abs 3 Rom I-VO s Wedemann ZIP 2014, 2469, 2474 f; instruktiv Gruber/Mitterlechner/Wax § 12 Rn 55 ff; differenzierend Ganzer 276 ff; zur praktischen Seite des sog *non-admitted*-Problems s Bialowons/Kerst r+s 2011, 317 ff). Drittstaatliche **Embargobestimmungen** können demgegenüber einer Sonderanknüpfung zugänglich sein (iErg zutreffend LG Hamburg VersR 2015, 1024, 1025 m insoweit krit Anm Looschelders 1026; Wandt VersR 2013, 257, 262 [Berücksichtigung über § 138 BGB]). Die mit einer Sonderanknüpfung verbundenen Probleme lassen sich dadurch entschärfen, dass man bei der Qualifikation ausländischer Regeln als Eingriffsnorm **Zurückhaltung** übt (restriktiv auch MünchKommVVG/Looschelders IntVersR Rn 243 [zu Art 9 Abs 3 Rom I-VO]; Soergel/vHoffmann Art 37 EGBGB Rn 158; vgl auch Hauser IPRax 2015, 182, 184 f). Diese Zurückhaltung ist umso mehr angezeigt, als nach der hier vertretenen Ansicht (Rn 216 ff) umgekehrt deutsches zwingendes Recht bei grundsätzlich nach ausländischem Recht zu beurteilenden Sachverhalten nur in eng umgrenzten Fällen über Art 6 EGBGB zum Zuge kommt. Gleichwohl kann die Sonderanknüpfung zB dazu führen, dass eine ausländische Vorschrift, die den Einschluss eines bestimmten Risikos in Sachversicherungsverträge verbindlich vorschreibt, wegen der darin liegenden Beschränkung der Dienstleistungsfreiheit dann nicht heranziehbar ist, wenn sie sich nicht durch einen zwingenden Grund des Allgemeininteresses rechtfertigen lässt (Armbrüster VersR 2006, 1, 6 ff am Beispiel von Art L 126-2 des franz Code des Assurances; Armbrüster VersR 2008, 853, 856 f).

dd) Ordre public (Art 6 EGBGB)

Führt die Anknüpfung gem Art 27 ff EGBGB aF zu einer ausländischen Rechtsordnung, so kann der **ordre public-Vorbehalt** des Art 6 EGBGB auch bei Versicherungsverträgen im Einzelfall eine Korrektur des Anknüpfungsergebnisses bewirken. Unter den Vorschriften zum **Schutz des Versicherungsnehmers** zählt zu den schlechthin grundlegenden Regeln des deutschen Versicherungsvertragsrechts, die über Art 6 EGBGB auch für nach ausländischem Recht zu beurteilende Verträge Anwendung finden, insbes das aus § 28 VVG nF (§ 6 VVG aF) zu entnehmende generelle **Erfordernis eines Verschuldens** für die Verwirkung von Versicherungsschutz (BeckOGK/Lüttringhaus [1. 12. 2023] Art 7 Rom I-VO Rn 193; NK-BGB/Leible Art 7 Rom I-VO Rn 81 [zu Art 21 Rom I-VO]; iE ähnlich [für Sonderanknüpfung gem Art 34 EGBGB; dazu **krit** Rn 75] Kramer 55; Soergel/vHoffmann Art 37 EGBGB Rn 152). Auch der – freilich eher theoretische – Fall, dass eine ausländische Rechtsordnung an eine **betrügerische Über- oder Mehrfachversicherung** (vgl §§ 74 Abs 2, 78 Abs 3 VVG) keine effektiven Sanktionen knüpft, wäre als Verstoß gegen den deutschen ordre public einzuordnen (MünchKommVVG/Looschelders IntVersR Rn 247 [zu Art 21 Rom I-VO]; BeckOGK/Lüttringhaus [1. 12. 2023] Art 7 Rom I-VO Rn 193). Das **Alles-oder-nichts-Prinzip** verstößt hingegen nicht gegen den deutschen ordre public, zumal es erst im Zuge der VVG-Reform 2008 abgeschafft worden ist (KG VersR 2019, 748, 749; BeckOGK/Lüttringhaus [1. 12. 2023] Art 7 Rom I-VO Rn 193). **221**

222 Sofern es um Versicherungsverbote zum **Schutz der öffentlichen Ordnung** geht, ist das Korrektiv des Art 6 EGBGB aF freilich bes zurückhaltend zu handhaben, nicht zuletzt um Innovationen im Versicherungsschutz nicht übermäßig zu behindern. **Produkterpressungs- und Lösegeldversicherungen** widersprechen nach mittlerweile auch von der Versicherungsaufsicht geteilter Ansicht grundsätzlich nicht dem deutschen ordre public (VerBAV 1998, 139 f, 182; BeckOGK/Lüttringhaus [1. 12. 2023] Art 7 Rom I-VO Rn 193; **aA** noch die früher hM; s nur Wördemann 248). Einer **Geldstrafen- oder Bußgeldversicherung** steht Art 6 EGBGB jedoch im Hinblick darauf entgegen, dass bei Zulassung einer solchen Versicherung der mit den Straf- bzw Ordnungswidrigkeitsvorschriften verfolgte Abschreckungszweck weitgehend leer liefe (NK-BGB/Leible Art 7 Rom I-VO Rn 81; BeckOGK/Lüttringhaus [1. 12. 2023] Art 7 Rom I-VO Rn 193; MünchKommVVG/Looschelders IntVersR Rn 248; Bruck/Möller/Dörner Art 21 Rn 3; so iE auch [freilich für Heranziehung des Verbots über Art 34 EGBGB aF] Wördemann 248; s auch Armbrüster VersR 2026, 257, 260 ff; vgl zur Versicherbarkeit kartellrechtlicher Geldbußen in der D & O-Versicherung Dreher VersR 2015, 781 ff; vgl auch Erfurth, Der Bußgeldregress im Kapitalgesellschaftsrecht [2020] 62 ff).

c) Anknüpfung von „Uraltverträgen"

223 Für zwischen dem 1. 9. 1986 und dem Inkrafttreten der Art 7 ff EGVVG aF am 1. 7. 1990 geschlossene Schadensversicherungsverträge mit Ausnahme der Rückversicherung über in einem der seinerzeitigen **EG-Mitgliedstaaten** belegene Risiken gilt das **Gewohnheitsrecht** im unter Rn 137 f geschilderten Umfang fort (für Fortgeltung ohne Einschränkung Basedow/Drasch NJW 1991, 788; **aA** – für analoge Anwendung der Art 27 ff EGBGB aF, entgegen Art 37 Nr 4 S 1 EGBGB aF – E Lorenz, in: FS Kegel [1987] 338 f; Soergel/vHoffmann Art 37 EGBGB Rn 74). Für Verträge über Risiken, die in – jedenfalls seinerzeit – nicht der EG, wohl aber dem **EWR** angehörenden Staaten belegen sind (Österreich, Finnland, Island, Norwegen, Schweden), gilt dies sogar – vorbehaltlich eines zwischenzeitlichen EG-Beitritts – für die Zeit bis zum 29. 7. 1994 (Inkrafttreten des 3. DurchführungsG/EWG zum VAG [Rn 151]; Dörner Vor Art 7 EGVVG Rn 17; s auch Dörner Art 7 EGVVG Rn 10). Das Gewohnheitsrecht gilt ua auch für Lebensversicherungsverträge fort, die zwischen dem 1. 9. 1986 und dem 29. 7. 1994 (Inkrafttreten des Kollisionsrechts der Art 7 ff EGVVG aF für die Lebensversicherung) geschlossen wurden.

224 Das Gewohnheitsrecht, wie es sich in den Jahrzehnten vor Inkrafttreten der Art 7 ff EGVVG aF herausgebildet hatte, stellt die **Parteiautonomie** in den Vordergrund: Die Parteien können das anwendbare Recht wählen (BGHZ 9, 17; BGHZ 37, 76 f; W-H Roth, Internat Versicherungsvertragsrecht 45; zum von der Rspr teils unterstellten hypothetischen Parteiwillen vgl **krit** Soergel/vHoffmann Art 37 EGBGB Rn 58). Fehlt es an einer Rechtswahl, so ist das Recht des Staates maßgeblich, in dem der Versicherer bei Vertragsschluss seine Niederlassung hat (Anknüpfung an das **Betriebsstatut**; BGH IPRspr 1954/55 Nr 32; W-H Roth, Internat Versicherungsvertragsrecht 340 ff; Triebel/Brandt RIW 1996, 4; **aA** für die Lufttransportversicherung [Bestimmungsort der Güter maßgeblich] OLG Frankfurt IPRspr 1972 Nr 28). Unter mehreren Niederlassungen kommt es auf diejenige an, die den Vertrag geschlossen hat. Dem Schutz der Versicherungsnehmer diente ursprünglich eine sehr weit reichende **aufsichtsrechtliche Kontrolle** der ausländischen Versicherer, die im Inland tätig werden wollten (Soergel/vHoffmann Art 37 EGBGB Rn 57). Diese Kontrolle ist mittlerweile weitgehend entfallen (Rn 141).

Internationales Devisenrecht

Schrifttum

I. Älteres Schrifttum (bis 1989)

ABBATESCIANNI, Recognition of English Judgments in Italy: The Terruzzi Case, NewJL 135 (1985) 179

ALVAREZ PASTOR/EGUIDAZU, Control de cambios: régimen jurídico de las transacciones con el extranjero (1977)

ANDEREGG, Ausländische Eingriffsnormen im internationalen Vertragsrecht (1989)

ANSELME/RABINOVITCH, La réglementation des changes en droit français et en droit international et le statut du Fonds Monétaire International, Rev de la Banque 19 (1955) 318

ASCARELLI, Studi Giuridici Sulla Moneta (1952)

AUFRICHT, Das Abkommen des Internationalen Währungsfonds und die Unerzwingbarkeit bestimmter Verträge, (österr) ZöR 6 (1955) 529

BAINBRIDGE, Comity and Sovereign Debt Litigation: A Bankruptcy Analogy, 10 MdJIntL & Trade 1 (1986)

K L BAKER, Enforcement of Foreign Exchange Control Laws, 3 MdJIntL 247 (1977)

R K BAKER, Extraterritorial Enforcement of Exchange Regulations, 16 StanfordLRev 202 (1963)

BALFOUR, Extraterritorial Recognition of Exchange Control Regulations: The English Viewpoint, in: HORN (Hrsg), The Law of International Trade Finance (1989) 125

BAUER, Devisenrecht (1942)

BAYITCH, Florida and International Legal Developments 1962–1963, 18 UMiamiLRev 321 (1963–64)

BAZYLER, Abolishing the Act of State Doctrine, 134 UPaLRev 325 (1986)

BEER, Begriff, Arten und Umfang der Genehmigung im Devisenrecht (1933)

BEGLIN, United States Enforcement of Foreign Exchange Control Laws – A Rule in Transition?, 10 NYUJIntL & Pol 535 (1978)

BEITEN, Die Behandlung mitteldeutscher auf DM-Ost gerichteter Leistungsurteile in der Bundesrepublik (1967)

BENDER, Verfügungen und Verfügungsbeschränkungen im Devisenrecht unter Mitberücksichtigung des allgemeinen Rechts (1939)

BENDHEIM, Das deutsche Devisenrecht und die Schweiz (1936)

BENTLEY (Hrsg), A World Guide to Exchange Control Regulations (1985)

BIPPUS, Der internationale Schutz von Investitionen im Ausland – unter Berücksichtigung des diplomatischen Schutzrechts der Staaten (1989)

BLAU, Währungsreform und Devisenrecht: zugleich ein Beitrag zum Problem der Rechtsgebietsvergleichung, SüddtJZ 1949, 153

BLECKMANN, Deutsche Rechtsprechung in völkerrechtlichen Fragen 1969–1970, ZaöRV 32 (1972) 71

BÖHLHOFF/BAUMANNS, Extraterritorial Recognition of Exchange Control Regulations – A German Viewpoint, in: HORN (Hrsg), The Law of International Trade Finance (1989) 107

BÖSE, Der Einfluß des zwingenden Rechts auf internationale Anleihen (1963)

BOGDAN, Svensk internationell privat- och processrätt (3. Aufl 1987)

BONET CORREA, El control de cambios y las obligaciones monetarias (1967)

BORROWDALE, Shares and the Evasion of Exchange Control, SALJ 102 (Febr 1985) 22

BOTHE/BRINK/KIRCHNER/STOCKMEYER, Rechtsfragen der internationalen Verschuldungskrise: Voraussetzungen, Formen und Verfahren internationaler Umschuldungsmaßnahmen und Umschuldungsvereinbarungen (1988)

BRAECKMANS, Juridische aspecten van consortiumkredieten in eurodeviezen (1985)

BRAUN, Vertragliche Geldwertsicherung im grenzüberschreitenden Wirtschaftsverkehr (1982)

Bülck, Anerkennung ausländischen Devisenrechts, JbIntR 5 (1955) 115

Bürki, L'influence des accords de clearing sur le commerce extérieur de la Suisse (1942)

Burke, Enforcement of Foreign Exchange Control Regulations in Domestic Courts: Banco Frances e Brasileiro SA v John Doe No 1 et al, 70 AmJIntL 101 (1976)

Buschke, Die deutsche Devisenbewirtschaftung nach dem Stande von Anfang November 1933 (1934)

R Buxbaum, The Effect of Foreign Moratorium Orders on Bank Loans and Certificates of Deposits: The Act of State Defense, in: Norton (Hrsg), Prospects for International Lending and Reschedulings (1988) ch 27

Bydlinski, Devisenvorschriften und internationalcs Privatrecht, öJBl 78 (1956) 380

ders, Die kollisionsrechtliche Behandlung devisenrechtlicher Leistungsbeschränkungen, JBl 81 (1959) 526

Cabot, Exchange Control and the Conflict of Laws: An Unsolved Puzzle, 99 UPaLRev 476 (1951)

Canaris, Die Bedeutung allgemeiner Auslegungs- und Rechtsfortbildungskriterien im Wechselrecht, JZ 1987, 543

Carreau, Le Fonds Monétaire International (1970)

dies, Souveraineté et coopération monétaire internationale (1970)

Carreau/Juillard/Flory, Droit international économique (1978)

Chandler, Exchange Control and the International Monetary Fund, 12 UWAustralLRev 566 (1976)

Child, The Theory and Practice of Exchange Control in Germany – A Study of Monopolistic Exploitation in International Markets (1958)

Cline, International Debt: Systematic Risk and Policy Response (1984)

Coing, Inländische Werte und ausländisches Devisenrecht. Zur Auslegung von Artikel VIII 2 (b) des Abkommens von Bretton Woods, WM 1972, 838

Collier, Letter of Credit – Duty of Bank to Honour against Fraudulent Documents – Foreign Exchange Control and Bretton Woods Agreement – Unenforceability of Contract, CambrLJ 1983, 49

Coyne, Allied Bank III and United States Treatment of Foreign Exchange Controls: The Effects of the Act of State Doctrine, the Principle of Comity, and Article VIII, Section 2(b) of the International Monetary Fund Agreement, 9 BCIntCompLRev 409 (1986)

Crook, Applicable Law In International Commercial Arbitration: The Iran-US-Claims Tribunal, 83 AmJIntL 278 (1989)

Czapski, Inwieweit müssen die Gerichte eines Landes die Devisenbestimmungen eines anderen Landes berücksichtigen?, RIW 1955, 93

Dach, Conversion of Foreign Money, 3 AmJCompL 155 (1954)

ders, Legal Nature of the Euro-Dollar, 13 AmJCompL 30 (1964)

ders, The Eurodollar and the Risk of Currency Restrictions, 1 IntLaw 392 (1966–1967)

ders, Floating-Rate Loans in the Euro-market, 19 AmJCompL 700 (1971)

Dam, The Rules of the Game: Reform and Evolution in the International Monetary System (1982)

Dannenberg, Der Einfluss des Devisenrechts auf Hypotheken- und Grundstücksgeschäfte nach dem Stande von Ende Oktober 1934 (1936)

Debevoise, Exchange Controls and External Indebtedness: A Modest Proposal for a Deferral Mechanism Employing the Bretton Woods Concepts, 7 Houston JIntL 157 (1984)

de Kock, World Monetary Policy After the Present War, 9 SAJEcon 113 (1941)

Delaume, De l'élimination des conflits de lois en matière monétaire réalisée par les Statuts du Fonds Monétaire International et ses limites, Clunet 81 (1954) 332

ders, Law and Practice of Transnational Contracts (1988)

Derains, Les normes d'application immédiate dans la jurisprudence arbitrale internationale, in: Études offertes à Berthold Goldman (1982) 29

Dönhoff, Die gegenseitige Anerkennung devisengesetzlicher Bestimmungen, insbesondere in der internationalen Handelsschiedsgerichtsbarkeit, BB 1950, 413

Dolzer, Staatliche Zahlungsunfähigkeit: Zum

Begriff und zu den Rechtsfolgen im Völkerrecht, in: FS Partsch (1989) 531
Domke, Foreign Exchange Restrictions (A Comparative Survey), 21 JCompLegIntL (1939) 54
ders, Zur Auslandsanwendung deutschen Devisenrechts, JZ 1954, 484
Drakidis, Du caractère „non exécutoire" de certains „contrats du change" d'après les Statuts du Fonds Monétaire International, Rev crit d i p 59 (1970) 363
Dreyer/Haberler/Willett (Hrsg), The International Monetary System: A Time of Turbulence (1982)
Drobnig, Die Anwendung des Devisenrechts der Sowjetzone durch westdeutsche Gerichte, NJW 1960, 1088
ders, Internationale Schiedsgerichtsbarkeit und wirtschaftsrechtliche Eingriffsnormen, in: FS Kegel (1987) 95
Ebenroth, Banking on the Act of State. International Lending and the Act of State Doctrine (1985)
Ebenroth/Teitz, Winning (or Losing) by Default: The Act of State Doctrine, Sovereign Immunity and Comity in International Business Transactions, 19 IntLaw 225 (1985)
Ebenroth/Tzeschlock, Rechtswahlklauseln in internationalen Finanzierungsverträgen nach New Yorker Recht, IPRax 1988, 197
Ebke, Article VIII, Section 2(b), International Monetary Cooperation, and the Courts, 23 IntLaw 677 (1989)
ders, Enforcement Techniques within the European Communities: Flying Close to the Sun with Waxen Wings, JAirL&Com 50 (1985) 685 = (mit Änderungen) in: Norton (Hrsg), Public International Law and the Future World Order, Liber Amicorum in Honor of A. J. Thomas (1987) 6–1
ders, Les techniques contentieuses d'application du droit des Communautés européennes, RTDE 22 (1986) 209
Eck, Note, Rev crit d i p 63 (1974) 492
vEdlinger, Handbuch des Devisenrechts (1937)
Edwards, International Monetary Collaboration (1985)
ders, Extraterritorial Application of the U.S. Iranian Assets Control Regulations, 75 AmJIntL 870 (1981)
Ehninger, Die Einwirkung der deutschen Devisengesetzgebung auf privatrechtliche Schuldverhältnisse (1937)
Einzig, Exchange Control (1934)
ders, The History of Foreign Exchange (1962; reprinted 1979)
Ellis, Exchange Control in Central Europe (1941)
Erler, Die Rechtsstellung der Exportgläubiger gegenüber der zentralen Verrechnungsstelle bei internationalen Clearing-Abkommen, ZaöRV 15 (1953/54) 1
ders, Grundprobleme des Internationalen Wirtschaftsrechts (1956)
Ernst, Die Bedeutung des Gesetzeszweckes im internationalen Währungs- und Devisenrecht (1963)
Espinosa, The Extraterritoriality of Exchange Control Regulations Under the IMF Articles of Agreement, 62 PhilLJ 227 (1987)
Evans, Current and Capital Transactions: How the Fund Defines Them, 5 Fin & Dev 30 (1968)
Fawcett, The International Monetary Fund and International Law, BritYbIntL 40 (1964) 32
Ferralli, Der deutsch-schweizerische Verrechnungsverkehr von seiner Entstehung im Jahre 1934 bis zum Ende des zweiten Weltkrieges (1955)
Fischer, Die Devisenzwangsbewirtschaftung in Ungarn in den Jahren 1931 und 1932 (1933)
Flint, Foreign Investment Law in Australia (1985)
Focsaneanu, Le droit international monétaire selon le deuxième amendement aux statuts du Fonds Monétaire International, J dr int 105 (1978) 805
ders, Les problèmes de l'endettement extérieur et de la renégociation des dettes en 1985, in: Hahn (Hrsg), Geld im Recht (1986) 165
Förger, Probleme des Art VIII Abschn 2 b des Abkommens über den Internationalen Währungsfonds im Realkreditgeschäft, NJW 1971, 309
Freutel, Exchange Control, Freezing Order in the Conflict of Laws, 56 HarvLRev 30 (1942)
Frey, Das Clearing- und Devisenrecht der Schweiz (1942)

Friedmann, Foreign Exchange Control in American Courts, 26 StJohn'sLRev 97 (1951)
Frumkin, The Act of State Doctrine and Foreign Sovereign Defaults on United States Bank Loans: A New Focus for a Muddled Doctrine, 133 UPaLRev 469 (1985)
Fürnrohr, Das Devisenrecht im deutsch-italienischen Wirtschaftsverkehr (1984)
Garritsen de Vries, The IMF in a Changing World 1945–1985 (1986)
dies, The International Monetary Fund, 1966–1971: The System Under Stress (2 Bde 1976)
Gelpke, Clearing und Devisen (1940)
Georgieff, Kollisionen durch extraterritoriale staatliche Regelungen im internationalen Wirtschaftsrecht (1989)
Gerster, Die Schweiz und der internationale Währungsfonds: Interessenlage und entwicklungspolitische Optionen, SchwJbEntwPol 1981, 237
Gianviti, Le blocage des avoirs officiels iraniens par les Etats-Unis (executive order du 14 novembre 1979), Rev crit d i p 69 (1980) 279
ders, Le contrôle des changes étrangers devant le juge national, Rev crit d i p 69 (1980) 479 und 659
ders, Réflexions sur l'article VIII, section 2 b) des Statuts du Fonds Monétaire International, Rev crit d i p 62 (1973) 471 und 629
ders, Resolution of Sovereign Lending Liquidity Crises: Recourse to an Interpretation of Article VIII, Section 2(b) of the International Monetary Fund's Articles, in: Effors (Hrsg), Current Legal Issues Affecting Central Banks (Bd V 1989) 359
ders, The International Monetary Fund and External Debt, RdC 215 (1989-III) 213
Giel, Gegenwart und Zukunft des innerdeutschen Handels, Wirtschaftsdienst 1971/VIII, 417
Gillen, Die zivilrechtliche Bedeutung der Erteilung oder Nichterteilung einer devisenrechtlichen Genehmigung: in Bezug auf Schuldverhältnisse aus Verträgen (1938)
Giuliano, La cooperazione degli Stati e il commercio internazionale (1978)
Glenn, Persuasive Authority, 32 McGillLJ 261 (1987)
Göppner, Der Einfluss des Devisenrechts auf Einfuhrgeschäfte: Abgeschlossen vor Kriegsbeginn (1939)
Gold, Algunos Efectos de los Articulos del Convenio Constitutivo del Fondo Monetario Internacional en el Derecho Internacional Privado, Jurídica 14 (1982) 295
ders, Article VIII, Section 2(b), of the Fund Agreement and the Unenforceability of Certain Exchange Contracts: A Note, 4 Staff Papers 330 (1955)
ders, Article VIII, Section 2(b) of the IMF Articles in Its International Setting, in: Horn (Hrsg), The Law of International Trade Finance (1989) 65
ders, Aspects of the IMF's Activities in Relation to International Trade, in: Southern Methodist University (Hrsg), Third Annual Institute on International Finance: World Trade and World Finance (1984) ch B-3
ders, Australia and Article VIII, Section 2(b) of the Articles of Agreement of the IMF, 57 AustralLJ 560 (1983)
ders, „Exchange Contracts", Exchange Control, and the IMF Articles of Agreement: Some Animadversions on Wilson, Smithett & Cope Ltd v Terruzzi, 33 IntCompLQ 777 (1984)
ders, Exchange Control: Act of State, Public Policy, the IMF's Articles of Agreement, and Other Complications, 7 Houston JIntL 1 (1984)
ders, Exchange Rates in International Law and Organization (1988)
ders, IMF: Some Effects on Private Parties and Private Transactions, in: Norton (Hrsg), Prospects for International Lending and Reschedulings (1988) ch 13
ders, Interpretation by the Fund (1968)
ders, L'application des statuts du Fonds Monétaire par les tribunaux, Rev crit d i p 40 (1951) 582
ders, Legal and Institutional Aspects of the International Monetary System: Selected Essays, Bd I (1979); Bd II (1984)
ders, Some Legal Aspects of the IMF's Activities in Relation to International Trade, (österr) ZöR 36 (1986) 157
ders, Special Drawing Rights: The Role of Language (1971)
ders, Strengthening the Soft International Law of Exchange Arrangements, 77 AJIL 443 (1983)
ders, Symmetry as a Legal Objective of the In-

ternational Monetary System, 12 NYUJIntL & Pol 423 (1980)
ders, The Bretton Woods Agreement of July 22, 1944 in the Courts, Parts I–IV, RabelsZ 19 (1954) 601; RabelsZ 22 (1957) 601; RabelsZ 27 (1962/63) 606; RabelsZ 38 (1974) 683
ders, The Cuban Insurance Cases and the Articles of the Fund (1966)
ders, The Fund Agreement in the Courts, Bd I (1962)
ders, The Fund Agreement in the Courts, Bd II (1982)
ders, The Fund Agreement in the Courts, Bd III: Further Studies in Jurisprudence Involving the Articles of Agreement of the International Monetary Fund (1986)
ders, The Fund Agreement in the Courts, Bd IV: Some Problems of the Uniform Interpretation of Multilateral Treaties (1989)
ders, The International Monetary Fund and Private Business Transactions: Some Legal Effects of the Articles of Agreement (1965)
ders, The International Monetary Fund and the International Recognition of Exchange Control Regulations: The Cuban Insurance Cases, Rev de la Banque 1967, 523
ders, The Interpretation by the International Monetary Fund of Its Articles of Agreement, IntCompLQ 3 (1954) 256
ders, The Iran-United States Claims Tribunal and the Articles of Agreement of the International Monetary Fund, 18 GeoWashJIntLEcon 537 (1985)
ders, Recent International Decisions to Prevent Restrictions on Trade and Payments, 9 JWorldTradeL 63 (1975)
ders, The Reform of the Fund (1969)
ders, The Restatement of the Foreign Relations Law of the United States (Revised) and International Monetary Law, 22 IntLaw 3 (1988)
ders, The Second Amendment of the Fund's Articles of Agreement (1978)
ders, Unauthorized Changes of Par Value and Fluctuating Exchange Rates in the Bretton Woods System, 65 AJIL 113 (1971)
ders, Use, Conversion, and Exchange of Currency Under the Second Amendment of the Fund's Articles (1978)
Gold/Delaume, Note on Perutz v Bohemian Discount Bank in Liquidation, Clunet 80 (1953) 797
Gold/Lachman, The Articles of Agreement of the International Monetary Fund and the Exchange Control Regulations of Member States (A Note on the Moojen Decision), Clunet 89 (1962) 666
Gomez-Palacio, Mexico's Foreign Exchange Controls. Two Administrations – Two Solutions. Thorough and Benign, 16 UMiamiIntAmLRev 267 (1984)
Gordon, The Origin and Development of the Act of State Doctrine, 8 RutgersCambLJ 595 (1977)
Gothot, Loi monétaire tierce et loi du contrat, Rev de la Banque 1979, 70
Gowa, Closing the Gold Window – Domestic Politics and the End of Bretton Woods (1983)
Gränicher, Die kollisionsrechtliche Anknüpfung ausländischer Devisenmassnahmen (1984)
Grossfeld, Praxis des Internationalen Privat- und Wirtschaftsrechts. Rechtsprobleme multinationaler Unternehmen (1975)
Grossfeld/Ebke, Strukturprinzipien des deutschen Rundfunks und privatrechtliche Organisationsformen im EG-Bereich, in: Hübner/Oehler/Stern (Hrsg), Satellitenfernsehen und deutsches Rundfunksystem (1983) 29
Grossmann, Die schweizerische Rückversicherung und das ausländische Devisenrecht, SJES 78 (1942) 118
Guillebaud, Das Abkommen von Bretton Woods und seine internationale Bedeutung (1947)
Gurski (Hrsg), Das Abkommen über deutsche Auslandsschulden und seine Durchführungsbestimmungen (1955)
ders, Das geltende Devisenrecht, NJW 1949, 375
Gutzwiller, Der Geltungsbereich der Währungsvorschriften. Umrisse eines Internationalrechts der Geldverfassungen (1940)
Hafner, Gestaltung der Vertragsverhältnisse unter dem Devisenrecht (1936)
Hahn, Das Völkerrecht der Auslandsschuldenregelungen, Kreditwesen 1989, 314
ders, Der Finanzplatz Bundesrepublik und ausländische Zahlungsmoratorien, in: GS Küchenhoff (1987) 209
ders, German Foreign Exchange Control – Rise

and Demise, 23 IntLaw 873 (1988) = FS Gold (1990) 155
Halasi, International Monetary Cooperation, 9 Social Research 183 (1942)
Harlandt, Die Evolution des Geldes (1989)
Harz, Die Schutzklauseln des Kapital- und Zahlungsverkehrs im EWG-Vertrag (1985)
Hexner, Das Verfassungs- und Rechtssystem des Internationalen Währungsfonds (1960)
ders, Die Rechtsnatur der interpretativen Entscheidungen des Internationalen Währungsfonds, ZaöRV 20 (1959) 73
Hinsch/Horn, Das Vertragsrecht der internationalen Konsortialkreditverträge und Projektfinanzierungen (1985)
Hirschberg, Das interzonale Währungs- und Devisenrecht der Unterhaltsverbindlichkeiten (1968)
Hjerner, Foreign Exchange Restrictions and Private International Law. Studies in the Enforcement and Recognition of Foreign Penal, Revenue, Confiscatory and Political Laws in Different Legal Systems (Diss Upsala 1956)
ders, Främmande Valutalag och Internationell Privaträtt (1956)
Horn (Hrsg), The Law of International Trade Finance (1989)
Horsefield, The International Monetary Fund, 1945–1965 (3 Bde 1969)
Howard, Exchange and Borrowing Control (1948)
Hug, Das Clearingrecht und seine Einwirkung auf die vertraglichen Schuldverhältnisse (1937)
Humburg, Einwirkung des Devisennotrechts auf Privatrechtsverhältnisse (1936)
Hwang, Extraterritorial Recognition of Exchange Control Regulations – The Singapore Perspective, in: Horn (Hrsg), The Law of International Trade Finance (1989) 153
Isaacs, American Accord – English Courts and Exchange Contracts, IntFinLRev July 1982, 7
ders, Unenforceable Commercial Contracts – The Effect of Breaches of Exchange Control, Butterworths JIntBankFinL 1 (1986) 27
Isaakides, Die devisen- und clearingsrechtlichen Probleme des Transithandels (1951)
Jacoment/Didier, Les relations financières avec l'étranger – Le contrôle des changes (3. Aufl 1985)
Jayme, Ausländische Rechtsregeln und Tatbestand inländischer Sachnormen – Bemerkungen zu Ehrenzweigs Datum-Theorie, in: GS Ehrenzweig (1976) 35
Jayme/Nicolaus, Rechtswahl- und Gerichtsstandsklauseln – Gesetzesnovelle in New York, IPRax 1987, 131
Jessurun d'Oliveira, Eigen huis is vreemde valuta waard, Ars Aequi 29 (1980) 254
Jolly, Traité des opérations de compensation (1935)
Juillard, La nullité d'un contrat de change conclu en violation de l'article VIII-2-b des statuts du Fonds Monétaire International (à propos de l'arrêt de la Cour de Paris du 14 mai 1970), Sem juridique 1971 I Doc 2399
Kägi, Der Einfluss des Devisenrechts auf internationale schuldrechtliche Verträge (1961)
Kalson, The International Monetary Fund Agreement and Letters of Credit: A Balancing of Purposes, 44 UPittsLRev 1061 (1983)
Kegel, Probleme des internationalen Enteignungs- und Währungsrechts (1956)
Kern, Der Internationale Währungsfonds und die Berücksichtigung ausländischen Devisenrechts (1968)
Kleiner, Internationales Devisen-Schuldrecht. Fremdwährungs-, Euro- und Rechnungseinheitsschulden (1985)
Klüber, Devisenrecht und Internationales Privatrecht, DevArch 6 (1941) 859
Koenig, Das Kassa- und Termingeschäft im Interbankendevisenhandel – Eine rechtliche Analyse (1989)
Koeppel, Die deutsche Devisengesetzgebung im internationalen Privatrecht (Diss Göttingen 1938)
Kohl, Zur Anwendbarkeit von Art VIII Abschnitt 2(b) des Abkommens von Bretton Woods, IPRax 1986, 285
Krasnostein, The Use of Multi-currency and Multi-international Jurisdiction Stability Agreements Under Article VIII (2)(b) of the International Monetary Fund Agreement, 12 Syracuse JIntLCom 15 (1985)
Kratz, Ausländische Eingriffsnorm und inländischer Privatrechtsvertrag (1986)
Kreuzer, Ausländisches Wirtschaftsrecht vor deutschen Gerichten. Zum Einfluß fremdstaatli-

cher Eingriffsnormen auf private Rechtsgeschäfte (1986)
KRINGE, Das neue Devisenrecht der DDR, ROW 1974, 137
KRISPIS, Money in Private International Law, RdC 120 (1967-I) 191
KÜHN/ROTTHEGE, Inanspruchnahme des deutschen Bürgen bei Devisensperre im Lande des Schuldners, NJW 1983, 1233
KÜHNE, Grundriß des Devisenrechts (1939)
ders, Handbuch des Devisenrechts (Bd. 1 und 2 1952–1953)
LACHAZE, L'Office français de Compensation et les règlements internationaux (1934)
LACHMAN, The Articles of Agreement of the International Monetary Fund and the Unenforceability of Certain Exchange Contracts, NTIR 2 (1955) 148
LANGE/BORN, The Extraterritorial Application of National Laws (1987)
LANGEN, Devisenrecht der Westzonen Deutschlands (1950; 3. Aufl 1958)
ders, Kommentar zum Devisengesetz (1952)
LEBEDOFF, Book Review, 11 FordhamIntLJ 684 (1988)
LEHMANN, Zwingendes Recht dritter Staaten im internationalen Vertragsrecht. Zur Bedeutung und Anwendung des Art 7 Abs 1 EuIPrÜ (1986)
LEYENDECKER, Auslandsverschuldung und Völkerrecht (1988)
LICHTENSTEIN, The Battle for International Bank Accounts: Restrictions on International Payments for Political Ends and Article VIII of the Fund Agreement, 19 NYUJIntLPol 981 (1987)
LINK, Article VIII, Section 2(b) of the IMF Articles – The Current United States Practice and Outlook, in: HORN (Hrsg), The Law of International Trade Finance (1989) 143
LIPFERT, Nationaler und internationaler Zahlungsverkehr (2. Aufl 1970)
LIPOWSCHEK (Hrsg), Beiträge zum Bank- und Devisenrecht in Südosteuropa (1965)
LÖBER, Anmerkung zu LG Karlsruhe 24. 8. 1984 – O 15/84 KfH II, RIW 1986, 387
MAAR, Das neue österreichische Devisenrecht (1947)
MADSEN-MYGDAL, The Bretton Woods Agreement Article VIII, sec 2(b), NordTIR 25 (1955) 63
MALLMANN, Devisenrecht und Internationales Privatrecht (Diss Bonn 1972)
MANN, Der Internationale Währungsfonds und das Internationale Privatrecht, JZ 1953, 442
ders, Der Internationale Währungsfonds und das Internationale Privatrecht, JZ 1970, 709
ders, Der Internationale Währungsfonds und das Internationale Privatrecht, JZ 1981, 327
ders, Documentary Credits and Bretton Woods, LQRev 98 (1982) 526
ders, Money in Public International Law, BritYbIntL 1949, 249
ders, The Bretton Woods Agreement in the English Courts, IntCompLQ 16 (1967) 539
ders, The Exchange Control Act 1947, ModLRev 1947, 411
ders, The Private International Law of Exchange Control Under the International Monetary Fund Agreement, IntCompLQ 2 (1953) 97
vMEHREN, The Iran-U.S.A. Arbitral Tribunal, 31 AmJCompL 713 (1983)
MEICHSNER, The Legal Interpretation of Article VIII Sec 2(b) of the International Monetary Fund Agreement, in: International Law Association (Hrsg), Report of the Forty-Seventh Conference, held at Dubrovnik August 26 – September 1, 1956 (1957) 274 und 311
MEIER, The Bretton Woods Agreement – Twenty-five Years After, 23 StanLRev 235 (1971)
METZGER, Exchange Controls and International Law, 1959 UIllLF 311
MEYER, Recognition of Exchange Controls after the International Monetary Fund Agreement, 62 YaleLJ 867 (1953)
MILLER, Das Geldwechselgeschäft (1912)
MILLER/SAÏDI/BOSMAN, Exchange Controls For Ever?, in: SALIN (Hrsg), Currency Competition and Monetary Union (1984) 263
C-H MÜLLER, Grundriß der Devisenbewirtschaftung (1938)
NAUMANN, Devisenrecht und Liegenschaftseigentum (1940)
NEGRI, Extraterritorialidad de las Normas de Control de Cambios, 18 Rev der com y obl 513 (1985)
NEUMANN, Devisennotrecht und Internationales Privatrecht (1938)

Neumayer, Die Notgesetzgebung des Wirtschaftsrechts im internationalen Privatrecht, BerDGesVölkR Heft 2 (1958) 54
Niehoff/Stiehle, In Sachen Zoll- und Devisenrecht (1987)Note, Bretton Woods Agreement Held not to Provide Tort Action for Evasion of Foreign Exchange Control Laws, 63 ColumLRev 1334 (1963)
Note, Conflict of Laws – International Law – Revenue Law Rule Preempted by Policy of International Monetary Fund Agreement Where Plaintiff Is a Private Party, 7 SetonHallLRev 437 (1976)
Note, Debt Situs and the Act of State Doctrine: A Proposal for a More Flexible Standard, 49 AlbLRev 647 (1985)
Note, Default on Foreign Debt: A Question for the Courts, 18 IndLRev 959 (1985)
Note, Foreign Debt – Act of State – Unilateral Deferral of Obligations by Debtor Nations is Inconsistent with United States Law and Policy: Allied Bank International v Banco Credito Agricola de Cartago, 15 GaJIntLCompL 657 (1985)
Note, Foreign Exchange Restrictions and the Conflict of Laws, 47 YaleLJ 451 (1938)Note, Renegotiation of External Debt: The Allied Bank Case and the Chapter 11 Analogy, 17 UMiami-IntAmLRev 59 (1985)
Note, The Act of State Doctrine and Allied Bank, 31 VillLRev 291 (1986)
Note, The Act of State Doctrine: Resolving Debt Situs Confusion, 86 ColumLRev 594 (1986)
Note, The Iranian Assets Control Regulations and the International Monetary Fund: Are the Regulations „Exchange Control Regulations"?, 4 BCIntCompLRev 203 (1981)
Note, The Unenforceability of International Contracts Violating Foreign Exchange Regulations: Article VIII, Section 2(b) of the International Monetary Fund Agreement, 25 VaJIntL 967 (1985)
Note, Treatment of Foreign Exchange Controls in the Conflict of Laws, 34 VaLRev 697 (1948)
Note, Use of Bretton Woods Agreement in Enforcement of Foreign Currency Restrictions by American Courts, 53 ColumLRev 747 (1953)
Nussbaum, A History of the Dollar (1957)
ders, Das Geld in Theorie und Praxis des deutschen und ausländischen Rechts (1925)
ders, Derecho monetario nacional é internacional. Estudio comparado en el linde del derecho y de la economía (1954)
ders, Exchange Control and the International Monetary Fund, 59 YaleLJ 421 (1950)
ders, Money in the Law, National and International. A Comparative Study in the Borderline of Law and Economics (1950)
Oberson, L'Ordre Public en Matière Monétaire (1956)
Obeyesekere, International Economic Cooperation Through International Law: The IMF Agreement and the Recognition of Foreign Exchange Control Regulations, GermanYbIntL 27 (1984) 142
Paradise, Cuban Refugee Insureds and the Articles of Agreement of the International Monetary Fund, 18 UFlaLRev 29 (1965)
Penning, Devisenordnung in Berlin und im sowjetischen Besatzungsgebiet, JR 1949, 375
Petschelt, Der Begriff der Verfügung und der Genehmigung im Devisenrecht (1937)
Petzold, Die internationalen Gläubiger-Schuldner-Beziehungen im Recht der Staatsinsolvenz (1986)
Philip, Den Internationale Valutafond og Dansk Ret, NordTIR 23 (1953) 12
Philipson, Das Devisenrecht Schwedens (1943)
Pingel, Überblick über das geltende Devisenrecht, JZ 1952, 518
vPreuschen, Anwendung fremder Devisenkontrollbestimmungen im Geltungsbereich des Abkommens von Bretton Woods?, AWD 1969, 56
Pritzel, Der Interzonenhandel – Entwicklung, wirtschaftliche Bedeutung, politische Aspekte, APuZ 48/1967, 3
Rasch, Die neue Devisengesetzgebung (1935)
Rashba, Foreign Exchange Restrictions and Public Policy in the Conflict of Laws, 41 MichLRev 777 und 1089 (1943)
Rebhuhn, Das sowjetische Wechselrecht – unter Berücksichtigung des in Deutschland geltenden internationalen Privatrechts (1930)
Rendell, The Allied Bank Case and Its Aftermath, 20 IntLaw 819 (1986)
Rippmann, Die Rechtspflege im gebundenen Zahlungsverkehr (1959)

Rosset, Les accords de clearing et les obligations contractuelles, ZSR 55 (1936) 201
Rüssmann, Auslandskredite, Transferverbote und Bürgschaftssicherung, WM 1983, 1126
Ruiloba Santana, Aspectos teóricos del control de cambios en derecho internacional privado, An der int II 1975, 85
Rutishauser, Clearing- und Kompensationsverkehr (1940)
Rutke, Anmerkung, WM 1983, 1369
Rutzke, The Lybian Asset Freeze and Its Application to Foreign Government Deposits in Overseas Branches of United States Banks: Lybian Arab Foreign Bank v Bankers Trust Co., 3 AmUIntLRev 241 (1988)
Sack, (Non-)Enforcement of Foreign Revenue Laws, in International Law and Practice, 82 UPaLRev 559 (1933)
Sandrock, Are Disputes over the Application of Article VIII, Section 2(b) of the IMF Treaty Arbitrable?, 23 IntLaw 933 (1989) = in: FS Gold (1990) 351
ders, Internationales Wirtschaftsrecht in Theorie und Praxis (1995)
Santucci, Sovereign Debt Resolution Through the International Monetary Fund: An Alternative to the Allied Bank Decision, 14 DenJIntLPol 1 (1985)
Schaumann, Ausländische Konfiskationen, Devisenkontrolle und Public Policy. Eine kritische Rechtsvergleichung unter besonderer Berücksichtigung der anglo-amerikanischen „Act of State"-Doktrin, SchwJBfIntR 10 (1953) 131
Schnitzer, The Legal Interpretation of Article VIII 2(b) of the Bretton Woods Agreement, in: International Law Association (Hrsg), Report of the Forty-Seventh Conference, held at Dubrovnik August 26 – September 1, 1956 (1957) 299
Schramm, Die Auswirkungen der devisenrechtlichen Verbote im internationalen Privatrecht, DevRdschau 1953, 33
Schütz, Der Zusammenhang zwischen Währungsrecht und Devisenrecht, JR 1951, 466
ders, Neues Devisenrecht in Berlin, JR 1950, 627
Schulz, Die neue Fassung des Devisengesetzes, DRZ 1950, 51
Schwartz, Money in Historical Perspective (1987)
Schwarzer/Csoklich (Hrsg), Das österreichische Währungs- und Devisenrecht einschließlich Nationalbankgesetz (2. Aufl 1967)
Schwind, Zur Frage der Anwendung ausländischen Devisenrechts. Eine Entscheidungsbesprechung, öJBl 81 (1959) 65
Seetzen, Zur innerstaatlichen und internationalen Zulässigkeit von Fremdwährungsschulden und -klauseln, AWD 1969, 253
Seidl-Hohenveldern, Article VIII, Section 2 (b) of the IMF Articles of Agreement and Public Policy, 23 IntLaw 957 (1989) = in: FS Gold (1990) 379
ders, Probleme der Anerkennung ausländischer Devisenbewirtschaftungsmaßnahmen, (österr) ZöR 3 (1957–58) 82
ders, Umschuldung und Internationales Privatrecht, in: FS Kegel (1987) 605
Shuster, The Public International Law of Money (1973)
Siebel, Geld- und Kapitalverkehr im deutschen Außenwirtschaftsrecht (1973)
Siehr, Ausländische Eingriffsnormen im inländischen Wirtschaftskollisionsrecht, RabelsZ 52 (1988) 41
Siesby, Lex Monetae, NordTIR 23 (1953) 22
Silard, Exchange Controls and External Indebtedness: Are the Bretton Woods Concepts Still Workable? A Perspective from the International Monetary Fund, 7 Houston JIntL 53 (1984)
ders, Money and Foreign Exchange, IntEncCompL XVII ch 20 (1975)
ders, The Impact of the International Monetary Fund on International Trade, 2 JWorldTradeL 121 (1968)
Simmel, Die Philosophie des Geldes (1922)
Spender/Burton, Aspects of Conflict of Laws in Banking Transactions, 61 AustralLJ 65 (1987)
Spiller, Finanz- und Währungsbeziehungen zu nichtsozialistischen Ländern (1984)
Stanger, Exchange Control, 17 OhioStLJ 302 (1956)
Stiefel, Deutsches Devisenrecht vor amerikanischen Gerichten, BB 1952, 957
Stockman/Hernández, Exchange Controls, Capital Control, and International Financial Markets, AmEconRev 78 (1988) 362
Swidrowski, Exchange and Trade Control (1975)
Tepper, Die Auswirkungen ausländischer Devi-

senembargos auf Bürgschaften und Guaranties im US-amerikanischen Recht (1989)
TRECHSEL, Vertrag und Clearingrecht (1948)
TREVES, Il controllo dei cambi nel diritto internazionale privato (1967)
TRICKEY, The Extraterritorial Effect of Foreign Exchange Control Laws, 62 MichLRev 1232 (1964)
TRÖGER, Der Kapitalverkehr im deutschen Devisenrecht (1934)
URBANEK, Das deutsche Devisenrecht (1936)
VAN CAMPENHOUT, United States: International Monetary Fund Agreement and Foreign Exchange Control Regulations, 2 AmJCompL 389 (1953)
VAN DORMAEL, Bretton Woods: Birth of a Monetary Order (1978)
VAN HECKE, Currency, IntEncCompL III ch 36 (1972)
ders, Les répercussions des règles du contrôle des changes sur la validité et l'exécution des obligations commerciales, Rev de la Banque 12 (1953) 1
VAN KOOLWIJK, Die Bedeutung des Sperrkontos im Devisenrecht (1936)
VÁZQUEZ PANDO, Legal Aspects of Mexican Exchange Controls, 18 IntLaw 309 (1984)
VEELKEN, Interessenabwägung im Wirtschaftskollisionsrecht (1988)
VERBIT, International Monetary Reform and the Developing Countries: The Rule of Law Problem (1975)
VINCZE, The International Payments and Monetary System in the Integration of the Socialist Countries (1984)
VISCHER, Zwingendes Recht und Eingriffsgesetze nach dem schweizerischen IPR-Gesetz, RabelsZ 53 (1989) 438
WABNITZ, Unklagbarkeit von Ansprüchen aus gewissen Devisenvereinbarungen, BB 1955, 586
WAHLE, Beiträge zum Devisenrecht (1933)
WEBER, Vertragserfüllung und fremdes Devisenrecht, IPRax 1985, 56
WEIDEN, Foreign Exchange Restrictions (1939)
WESENBERG, Devisenrecht und ordre public, JZ 1951, 433
WESTBERG, Contract Excuses in International Business Transactions: Awards of the Iran-United States Claims Tribunal, 4 ICSID Rev/ForeignInvestLJ 215 (1989)
vWESTPHALEN, Preiskontrollen von Drittstaaten auf dem Territorium der Bundesrepublik Deutschland und ihre rechtliche Zulässigkeit, RIW 1980, 88
WILLIAMS, Enforcement of Foreign Exchange Control Regulations in Domestic Courts, 70 AmJIntL 101 (1976)
ders, Extraterritorial Enforcement of Exchange Control Regulations Under the International Monetary Fund Agreement, 15 VaJIntL 319 (1975)
ders, Foreign Exchange Control Regulation and the New York Court of Appeals: J. Zeevi & Sons, Ltd v Grindlays Bank (Uganda), Ltd, 9 CornellIntLJ 239 (1976)
WITTLESEY, Exchange Control, 22 AmEconRev 585 (1932)
WOOD, Law and Practice of International Finance (1980)
ZAMORA, Exchange Control and Global Financial Markets, in: NORTON (Hrsg), Prospects for International Lending and Rescheduling (1988) ch 8
ders, Exchange Control in Mexico: A Case Study in the Application of IMF Rules, 7 Houston JIntL 103 (1984)
ders, Peso-Dollar Economics and the Imposition of Foreign Exchange Controls in Mexico, 32 AmJIntL 99 (1984)
ders, Recognition of Foreign Exchange Controls in International Creditors' Rights Cases: The State of the Art, 21 IntLaw 1055 (1987)
ders, Sir Joseph Gold and the Development of International Monetary Law, 23 IntLaw 1009 (1989) = in: FS Gold (1990) 439
ZANDER, The Act of State Doctrine, 53 AmJIntL 826 (1959)
ZWEIGERT, Nichterfüllung auf Grund ausländischer Leistungsverbote, RabelsZ 14 (1942) 283.

II. Neueres Schrifttum (ab 1990)

AAKEN, Zwischen Scylla und Charybdis: Völkerrechtlicher Staatsnotstand und Internationaler Investitionsschutz, ZVerglRW 105 (2006) 544
ADINOLFI, Poteri a interventi del Fondo Monetario Internazionale (2012)

Aerts/Bizarro, The Reform of the European Stability Mechanism, 15 CapMktLJ 159 (2020)
Allegaert, Recalcitrant Creditors Against Debtor Nations, or How to Play Darts, 6 MinnJGlobalTrade 429 (1997)
Andritzky, Sovereign Default Risk Valuation – Implications of Debt Crises and Bond Restructurings (2006)
Anselmann, Auswege aus Staatsschuldenkrisen – Eine Untersuchung verschiedener Optionen anhand historischer Fallbeispiele (2012)
Armbrüster, „Golden Shares“ und die Grundfreiheiten des EG-Vertrages, JuS 2003, 224
Arnold/Garber, Ein vermeintlicher Pyrrhussieg für Griechenland: Die Grenzen staatlicher Souveränität im Internationalen Zivilverfahrensrecht, IPRax 2019, 385
Arnold/Gulati/Panizza, How to Restructure Euro Area Sovereign Debt in the Era of Covid-19, 15 CapMktLJ 322 (2020)
Assakkali, Europäische Union und Internationaler Währungsfonds (2017)
Attanasio/Norton (Hrsg), Multilateralism v Unilateralism: Policy Choices in a Global Society (2004)
Baars/Böckel, Argentinische Auslandsanleihen vor deutschen und argentinischen Gerichten, ZBB 2004, 445
Bachner, Publizität und stärkste Beziehung bei Mobiliarsicherheiten im deutsch-österreichischen Rechtsverkehr, ÖJZ 2020, 53
Bader, Rechtsnatur und Erfüllung einer auf Kryptowährung lautenden Schuld, cognitio (Studentisches Forum für Recht und Gesellschaft, Schweiz) 2023/1, 1
Bagheri, International Contracts and National Economic Regulation (2000)
Baldwin/Weder di Mauro (Hrsg), Economics in the Time of COVID 19 (2020)
dies (Hrsg), Mitigating the COVID Economic Crisis: Act Fast and Do Whatever It Takes (2020)
Ball, The Fed and Lehman Brothers: Setting the Record Straight on a Financial Disaster (2018)
Baltag, Special Section on the 2008 Survey on Corporate Attitudes Towards Recognition and Enforcement of International Arbitral Awards: Enforcements of Arbitral Awards Against States, 19 AmRevIntArb 391 (2008)
Baltensperger/Cottier, The Role of International Law in Monetary Affairs, JIntEconL 13 (2010) 911
Bandau, Wer zahlt für die Krise? Die Politik der Schuldenbekämpfung in Island und Großbritannien, 6 ZPublPolyR & Mgmt 441 (2013)
Bankas, The State Immunity Controversy in International Law, Private Suits Against Sovereign States in Domestic Courts (2005)
Banken, Das nationalsozialistische Devisenrecht als Steuerungs- und Diskriminierungsinstrument 1933–1945, in: Bähr/Banken (Hrsg), Wirtschaftssteuerung durch Recht im Nationalsozialismus. Studien zur Entwicklung des Wirtschaftsrechts im Interventionsstaat des „Dritten Reichs“ (2006) 121
Basedow, The Law of Open Societies: Private Ordering and Public Regulation of International Relations: General Course on Private International Law, RdC 360 (2013) 9
Beck/Prinz, Staatsverschuldung – Ursachen, Folgen, Auswege (2. Aufl 2013)
Beck/Wentzel, Ordnungspolitische Überlegungen zu einer Insolvenzordnung für Staaten, ORDO 62 (2011) 71
Behrens, Die Zukunft des EU-internen Investitionsschutzes nach dem EuGH-Urteil in der Rs Achmea, RIW 2018, 701
Bejesky, Currency Cooperation and Sovereign Financial Obligations, 24 FlaJIntL 91 (2012)
Belke, „EU Governance“ und Staateninsolvenz: Optionen jenseits der Kommissionsvorschläge, ORDO 62 (2011) 29
Bělohlávek, Rome Convention – Rome I Regulation, Bd 2 (2010)
Benrath, Die Konkretisierung von Loyalitätspflichten. Strukturen und Werkzeuge der Konkretisierung von Verfahrensregelungen in der EU durch den Grundsatz der loyalen Zusammenarbeit (2019)
Bentley/Crossan (Hrsg), The Guide to Exchange Control Regulations (4. Aufl 1990)
Benzler, Nettingvereinbarungen im außerbörslichen Derivatehandel (1999)
Berdejo, Collective Action Clauses & Corporate Bond Spreads: Evidence from Chile, 36 NwJIntL & Bus 469 (2016)

A BERGER, Eine kritische Auseinandersetzung mit dem Internationalen Währungsfonds und der IWF-Kreditvergabe (Mag iur Arbeit, Universität Graz 2023)
K J BERGER, Der Aufrechnungsvertrag. Aufrechnung durch Vertrag. Vertrag über Aufrechnung (1996)
ders, Devisenrecht in der internationalen Wirtschaftsschiedsgerichtsbarkeit, ZVerglRW 96 (1997) 316
ders, Die Einwirkung drittstaatlicher Eingriffsnormen auf internationale Verträge am Beispiel islamischer Zinsverbote, in: HERRMANN/BERGER/WACKERBARTH (Hrsg), Deutsches und Internationales Bank- und Wirtschaftsrecht (1997) 322
BERMANN/MISTELIS (Hrsg), Mandatory Rules in International Arbitration (2011)
BERNANKE, The Courage to Act: A Memoir of a Crisis and its Aftermath (2015)
BERNSTEINER/MIERNICKI, SEPA-Lastschrift und Valutaverhältnis – Zivilrechtliche Fragen von Erstattung und Widerruf, ÖBA 67 (2019) 411
BEULKER, Die Eingriffsnormenproblematik in internationalen Schiedsverfahren (2005)
BIANCHI/LORENZONI, The Prudential Use of Capital Controls and Foreign Currency Reserves, 6 HbIntEcon 237 (2022)
BIANCO, The Bitter End of Sovereign Debt Restructurings: The Abaclat v Argentina Arbitration and the Eurozone Crisis, 40 LIEI 315 (2013)
BICKEL, Die Argentinien-Krise aus ökonomischer Sicht: Herausforderungen an Finanzsystem und Kapitalmarkt (2005)
BIEHL, Eingriffsnormen und Schiedsvereinbarungen – Eine Untersuchung der Auswirkungen von Eingriffsnormen auf die Anerkennung einer internationalen Schiedsvereinbarung in der Einredesituation (2019)
BIERMANN/LINDERMANN/LIEGMANN (Hrsg), Krypto-Assets in der Vermögens- und Nachfolgeplanung (2025)
BILLINGTON, European Collective Action Clauses, in: LASTRA/BUCHHEIT, Sovereign Debt Management (2014) 399
BINDER, Nichterfüllung völkerrechtlicher Vertragspflichten wegen Notstands – Der Notstand im Völkergewohnheitsrecht und in besonderen Vertragsbestimmungen, in: WITTICH/REINISCH/GATTINI (Hrsg), Kosovo – Staatsschulden – Notstand – EU-Reformvertrag – Humanitätsrecht (2009) 119
BISCHOFF, Völkerrechtlicher Rechtsschutz bei Staatsbankrott? ICSID-Schiedsgericht bejaht seine Zuständigkeit für argentinische Staatsanleihen, WM 2012, 1371
BLACK, Foreign Currency Claims in the Conflict of Laws (2010)
BLACKMAN/MUKHI, The Evolution of Modern Sovereign Debt Litigation: Vultures, Alter Egos, and Other Legal Fauna, 73 Law & ContempProbs 47 (2010)
BLAIR, Interference of Public Law in the Performance of International Monetary Obligations, in: GIOVANOLI (Hrsg), International Monetary Law: Issues for the New Millenium (2000) 395
BLAIR/GORTSOS/ZILIOSI (Hrsg), International Monetary and Banking Law post Covid-19 (2023)
BLESSING, Impact of the Extraterritorial Application of Mandatory Rules of Law on International Contracts (1999)
BLÖCKER, Die rechtlichen Aspekte der Zusammenarbeit des Internationalen Währungsfonds (IWF) mit der Russischen Föderation (2000)
BLUMROSEN/MALET-DERAEDT, NML Capital Ltd v Republic of Argentina, 107 AmJIntL 638 (2013)
BÖSE, Das Übereinkommen zur Beendigung bilateraler Investititionsschutzverträge zwischen den Mitgliedstaaten der EU (2022)
vBOGDANDY/GOLDMANN, Die Restrukturierung von Staatsanleihen als Ausübung internationaler öffentlicher Gewalt: Zur Möglichkeit der inkrementellen Entwicklung eines Staateninsolvenzrechts, ZaöRV 73 (2013) 61
BOLHÖFER, Trade Facilitation – WTO-Recht und dessen Reform zur Erleichterung des internationalen Warenhandels (2006)
BOLTON/SKEEL, Odious Debts or Odious Regimes, 70 Law & ContempProbs 83 (2007)
BONAFÈ, State Immunity and the Protection of Private Investors: The *Argentine Bonds* Case Before Italian Courts, ItalYBIntL 16 (2006) 165
BONOMI, Le régime des règles impératives et des lois de police dans le Règlement „Rome I" sur la loi applicable aux contrats, in: CASHIN RITAINE/BONOMI (Hrsg), Le nouveau règlement euro-

péen „Rome I" relative à la loi applicable aux obligations contractuelles (2008) 217
ders, Overriding Mandatory Provisions in the Rome I Regulation on the Law Applicable to Contracts, YbPIL 10 (2008) 285
Booysen, Principles of International Trade Law as a Monistic System (2007)
Borowski, Zur Verschränkung von Grundfreiheiten und Grundrechten. Der „einheitliche Kontrollmaßstab" von Generalanwalt Manuel Campos Sánchez-Bordona, in: FS Ebke (2021), 123
Bothe/Brink, Public Debt Restructuring – The Case for International Economic Co-operation, 29 GermanYBIntL 86 (1986)
Boudreau, Restructuring Sovereign Debt Under Local Law: Are Retrofit Collective Action Clauses Expropriatory?, 2 HarvBusLRev 164 (2012)
Bramberger, Payment Services Directive II (2019)
Brandner/Grech, Die EU-Mitgliedstaaten im IWF – Eine Analyse der Stimmmachtverhältnisse, Geldpolitik & Wirtschaft Q3/09, 103
Bratton, Pari Passu and a Distressed Sovereign's Rational Choices, 53 EmoryLJ 823 (2004)
Brauneck, EU-Verordnungsvorschlag zur Einführung des digitalen Euro: Gefährliche Alternative zum Bargeld der EZB?, RdZ 2023, 148
Briggs, The Revenue Rule in the Conflict of Laws: Time for a Makeover, SingaporeJLegStud 2001, 280
Broemel, Euro-Bargeld und digitaler Euro als gesetzliche Zahlungsmittel, RdZ 2024, 13
Broomfield, Subduing the Vultures: Assessing Government Caps on Recovery in Sovereign Debt Litigation, 2010 ColumBusLRev 473
Broos/Grund, The IMF's Jurisdiction Over the Capital Account – Reviewing the Role of Surveillance in Managing Cross-Border Capital Flows, 21 JIntEconL 489 (2018)
Brown-Hruska/Wagener, The Virtual Currency Regulatory Framework in Global Context, 13 CapMrktLJ 487 (2018)
Buchheit/Gulati, Restructuring Sovereign Debt After NML v Argentina, 12 CapMktLJ 224 (2017)
Buchheit/Gulati/Thompson, The Dilemma of Odious Debts, 56 DukeLJ 1201 (2007)
Buchheit/Pam, The Pari Passu Clause in Sovereign Debt Instruments, 53 EmoryLJ 869 (2004)
Budde, Das Vertragsrecht der Zahlungsdienste – Neugestaltung unter dem Einfluss der Zahlungsdiensterichtlinie (2017)
Burn, Pari Passu Clauses: English Law after NML v Argentina, 9 CapMktLJ 2 (2014)
Butensky, Tango or Sirtaki? The Argentine and Greek Dance With Sovereignty and a Multilateral Sovereign Debt Restructuring Framework, 35 BUIntLJ 157 (2017)
H Buxbaum, Public Regulation and Private Enforcement in a Global Economy: Strategies for Managing Conflict, RdC 399 (2019) 267
Cafaro, Il governo delle istituzioni di Bretton Woods (2012)
Callsen, Eingriffsnormen und Ordre public-Vorbehalt im internationalen Arbeitsrecht: Ein deutsch-französischer Vergleich (2015)
Campbell-Verduyn, Bitcoin, Crypto-Coins, and Global Anti-Money Laundering Governance, 69 Crime, Law & Social Change 283 (2018)
Campos/Estefania-Flores/Furceri/Ostry/Timini, Revisiting the Effects of Exchange and Capital Restrictions on Trade, 46 JPolyMod 763 (2024)
Cárdenas, The 1982 Freeze of British Assets in Argentina: A Retrospective Overview, 6 JIntBankL 81 (1991)
Caroni, Finanzsanktionen der Schweiz im Staats- und Völkerrecht – Dargestellt am Beispiel der Sperrung von Geldern (2008)
Cencini, Monetary Theory – National and International (1995)
Chan, The Relationship Between International Investment Arbitration and Sovereign Debt Restructuring, 7 ContempAsiaArbJ 229 (2014)
Chevry, Poštavá banka v Greece as and Istrokapital SE v Hellenic Republic, ICSID Case No. ARB/13/8 (Poštová banka v Greece), 15 WTRev 169 (2016)
Chiu/Willett, Capital Controls and Currency Crises Revisited: A Political Economy Analysis, 56 Emerging Markets Finance and Trade 1 (2019)
Choi/Gulati/Posner, Pricing Terms in Sovereign Debt Contracts: A Greek Case Study with Implications for the European Crisis Resolution Mechanism, 6 CapMktLJ 163 (2011)

Choi/Posner, The Critique of the Odious Debt Doctrine, 79 Law & ContempProbs 33 (2007)
Choo, Cryptocurrency and Virtual Currency: Corruption and Money Laundering/Terrorism Financing Risks?, in: Chuen (Hrsg), Handbook of Digital Currency (2. Aufl 2024) 259
Christen, Die Rechtswahl in der internationalen und nationalen Schiedsgerichtsbarkeit – unter besonderer Berücksichtigung der Problematik der Eingriffsnormen (2014)
Chuen/Zhao, Historical Experience of Money and Future Expectations on Digital Money, Cross-border Payments, and the International Monetary System, in: Chuen (Hrsg), Handbook of Digital Currency (2. Aufl 2024) 583
Chung/Papaioannou, Enhanced Collective Action Clauses and Sovereign Borrowing Costs, 25 MultinatFinJ 187 (2021)
Combe/Tacheix, L'essentiel de la Monnaie (2001)
Copley, Governing Financialization: The Tangled Politics of Financial Liberalisation in Britain (2021)
Corten/Daems/Robert, Les Questions Monétaires devant le Tribunal des Différends Irano-Américains, 33 Rev belge dr int 142 (1998)
Cottier/Jackson/Lastra (Hrsg), International Law in Financial Regulation and Monetary Affairs (2012)
Cottier/Lastra/Tietje (Hrsg), The Rule of Law in Monetary Affairs (2014)
Cottier/Oesch, Die unmittelbare Anwendbarkeit von GATT/WTO-Recht in der Schweiz, SZIER 2004, 121
Cranshaw, Fragen der gerichtlichen Durchsetzung von Forderungen aus ausländischen Staatsanleihen in der Krise des Schuldners – Zugleich Besprechung des Urteils des OLG Frankfurt vom 13. 6. 2006 – 8 U 107/03, DZWiR 2007, 133
Cremer, Embargovorschriften als Eingriffsnormen – Kollisionsrechtliche und rechtstatsächliche Probleme der Beachtung drittstaatlicher Embargos, BuceriusLJ 2016, 18
Cross, Arbitration as a Means of Resolving Sovereign Debt Disputes, 17 AmRevIntArb 335 (2006)
Cruces/Samples, Settling Sovereign Debt's „Trial of the Century", 31 EmoryIntLRev 5 (2016–2017)
Czernich, Die Rom-I VO als Grundlage für die Anwendung von Eingriffsnormen durch Schiedsgerichte, RIW 2016, 701
D'Angelo, Greece & the Odious Debt Doctrine, 78 BrookLRev 1619 (2013)
D'Avout, Le sort des règles impératives dans le règlement Rome I, in: Bollée/Lemaire, Le règlement n° 593/2008 du 17 juin 2008 sur la loi applicable aux obligations contractuelles, dit Rome I, Recueil Dalloz 2008, 2165
Dam, The Rules of the Game (1982)
Damill/Frenkel/Rapetti, The Argentinean Debt – History, Default, and Restructuring, in: Herman/Ocampo/Spiegel (Hrsg), Overcoming Country Debt Crises (2010) 179
Danwerth, Das Finanztransfergeschäft als Zahlungsdienst (2017)
Dellapenna, Deciphering the Act of State Doctrine, 35 VillLRev 1 (1990)
Derleder/Knops/Bamberger (Hrsg), Handbuch zum deutschen und europäischen Bankrecht (2. Aufl 2009)
Derstadt, Ausländischer Staatsnotstand und Internationales Privatrecht, in: FS Nobbe (2009) 507
Desantes Real, Las obligaciones contractuales internacionales en moneda extranjera: problemas relativos al ámbito de la ley aplicable (1994)
Deutscher Bundestag (Wissenschaftliche Dienste), Zur Frage von Auswanderung und staatlichen Beschränkungen und Verboten der Ausreise während der Zeit des Nationalsozialismus und in der DDR [2025] (WD 1 – 3000 – 013/25)
Dey, Collective Action Clauses: Sovereign Bondholders Cornered?, 15 L & BusRevAm 485 (2009)
Diaz, The Territoriality Under the Act of State Doctrine: Continuing the Search for an Appropriate Application of Situs of Debt Rules in International Debt Disputes, 10 ILSA JInt & CompL 525 (2004)
Dilek, Das Internationale Privatrecht digitaler Werte: Kollisionsrechtliche Interessen bei der Digitalisierung von Vermögenswerten (2024)
Djankov/Panizza (Hrsg), COVID-19 in Developing Economies (2020)
Dodge, The Penal and Revenue Rules, State Law and Federal Preemption, in: Stephan

(Hrsg), Foreign Court Judgments and the United States Legal System (2014) 54
Dörr, Staatenimmunität als Anerkennungs- und Vollstreckungshindernis, in: Leible/Ruffert (Hrsg), Völkerrecht und IPR (2006) 175
Dolzer, Indirect Expropriations: New Developments?, 11 NYUEnvironLJ 64 (2002)
Donovan/Murphy, The Fall of the Celtic Tiger: Ireland and the Euro Debt Crisis (2013)
Dopsch/Wutscher, Beschränkungen der Kapital- und Zahlungsverkehrsfreiheit am Beispiel der Maßnahmen im Rahmen der Zypernkrise, EuZW 2014, 729
Dorofejev, Sdelki c inostrannoi valutoi (Rechtsgeschäfte in ausländischer Währung), ChiP 2000, 41
Douglas, The International Law of Investment Claims (2009)
Drecoll, Der Fiskus als Verfolger. Die steuerliche Diskriminierung der Juden in Bayern 1933–1941/42 (2009)
Drögemüller, Blockchain-Netzwerke und Krypto-Token im Internationalen Privatrecht (2023)
Droschl-Enzi (Hrsg), Geldwäscherei und Terrorfinanzierung (2024)
Duden (Hrsg), IPR für eine bessere Welt – Vision – Realität – Irrweg? (2022)
Dullien/Schwarzer, Der Umgang mit Staatsbankrotten im Euroraum: bislang nur Hilfskonstruktionen, in: Klemm/Schultheiss (Hrsg), Die Krise in Griechenland: Ursprünge, Verlauf, Folgen (2015) 373
Ebenroth, The Changing Legal Framework for Resolving the Debt Crisis: A European's Perspective, 23 IntLaw 629 (1989) = FS Gold (1990) 39
Ebenroth/Bühler, Die Implementierung der Brady-Initiative in Mexiko und den Philippinen, RIW 1990, 23
Ebenroth/Müller, Der Einfluß ausländischen Devisenrechts auf zivilrechtliche Leistungspflichten unter besonderer Berücksichtigung des IWF-Abkommens, RIW 1994, 269
Ebenroth/Neiss, Internationale Kreditverträge unter Anwendung von Artikel VIII, Abschnitt 2 (b) IWF-Abkommen, RIW 1991, 617
Ebenroth/Parche, Schiedsklauseln als alternative Streiterledigungsmechanismen in internationalen Konsortialkreditverträgen und Umschuldungsabkommen, RIW 1990, 341
Ebenroth/Peter/Kemner, Rescheduling of the Sovereign Debt: A New Role for the Paris Club, 7 JIBL 280 (1995)
Ebenroth/Reiner, International Swaps and Derivatives Association, Inc – Master Agreement, in: Schütze (Hrsg), Münchener Vertragshandbuch, Bd 3, 2. Halbbd (6. Aufl 1997) 734
Ebenroth/Woggon, Einlageforderungen gegen ausländische Gesellschafter und Art VIII Abschn 2(b) IWF-Abkommen, IPRax 1993, 151
dies, Keine Berücksichtigung ausländischer Kapitalverkehrsbeschränkungen über Art VIII Abschnitt 2(b) IWF-Abkommen, IPRax 1994, 276
Ebke, Anmerkung zu EuGH v 14. 12. 1995 – verb Rs C-163/94, C-165/94 und C-250/94, WuB I H 4-1.96
ders, Are Interpretations by the International Monetary Fund of Article VIII, Section 2(b) of the IMF Articles of Agreement Bindung Upon the Courts of the IMF Member States?, ZVerglRW 115 (2016) 299 = (mit Änderungen) in: FS Koresuke Yamauchi (2017) 61
ders, Article VIII, Section 2(b), International Monetary Cooperation and the Courts, 23 IntLaw 677 (1989) = in: FS Gold (1990) 63
ders, Article VIII, Section 2(b) of the IMF Articles of Agreement and International Capital Transfers: Perspectives from the German Supreme Court, 28 IntLaw 761 (1994)
ders, Article VIII, Section 2(b) of the IMF Articles of Agreement: A Viable Stay Mechanism for Sovereign Debt Restructuring in Times of COVID-19?, ZVerglRW 121 (2022) 258
ders, Artikel VIII Abschnitt 2(b) des Übereinkommens über den Internationalen Währungsfonds und die Schweiz: „2(b) or Not 2(b)“, in: FS Kleiner (1993) 303
ders, Bestechung ausländischer Amtsträger und Act of State Doctrine: Anmerkungen zur Kirkpatrick-Entscheidung des United States Supreme Court, IPRax 1991, 148
ders, Book Review, 27 IntLaw 563 (1993)
ders, Buchbesprechung, ZVerglRW 92 (1993) 115
ders, Buchbesprechung, ZVerglRW 125 (2026) 75
ders, Carsten Thomas Ebenroth und das (Inter-)

nationale Wirtschaftsrecht, ZVerglRW 113 (2014) 118

ders, Das Internationale Devisenrecht im Spannungsfeld völkerrechtlicher Vorgaben, nationaler Interessen und parteiautonomer Gestaltungsfreiheit, ZVerglRW 100 (2001) 365

ders, Das Internationale Privatrecht der Haftung des gesetzlichen Abschlussprüfers nach der Rom I-VO und der Rom II-VO, ZVerglRW 109 (2010) 397

ders, Der Euro – Ein Glücksfall für Europa, EWS 1999 Heft 2 S I

ders, Der Internationale Währungsfonds und das internationale Devisenrecht, RIW 1991, 1

ders, Devisenrecht als Kapitalaufbringungssperre?, RIW 1993, 613

ders, Die Freiheit des internationalen Zahlungs- und Kapitalverkehrs und ihre unionsrechtlichen Grenzen, in: FS Henssler (2023) 841

ders, Die Rechtsprechung zur „Unklagbarkeit" gemäß Art VIII Abschn 2(b) Satz 1 IWF-Übereinkommen im Zeichen des Wandels, WM 1993, 1169

ders, Global Economy – Global Law?, in: Attanasio/Norton (Hrsg), Multilateralism v Unilateralism: Policy Choices in a Global Society (2004) 83

ders, Globalisierung: Wirtschaft und Recht, in: Krystek/Zur (Hrsg), Handbuch Internationilisierung (2. Aufl 2002) 125

ders, Internationale Kreditverträge und das internationale Devisenrecht, JZ 1991, 335

ders, Internationale Kreditverträge und das internationale Devisenrecht: Schlußwort, JZ 1992, 784

ders, Internationales Devisenrecht (1990) (japanische Übersetzung ヴェルナー・F・エプケ著 [1995]; russische Übersetzung: Вернер Ф. Эбке, Международное валютное право [1997])

ders, Kapitalverkehrskontrollen und das Internationale Privatrecht nach der Bulgarien-Entscheidung des Bundesgerichtshofs, WM 1994, 1357

ders, Kleine und mittlere Unternehmen im Aufwind der Globalisierung, ZVerglRW 104 (2005) 1

ders, Sir Joseph Gold and the International Law of Exchange Controls, 35 IntLaw 1475 (2001)

ders, Staatsinsolvenz, private Gläubiger und Internationales Privatrecht, in: GS U Hübner (2012) 653

ders, State Debt Crisis, Private Creditors, and the IMF Articles of Agreement, in: FS Wolfrum (2012) 17

ders, Wirtschaft und Recht im Zeichen der Globalisierung, in: FS Druey (2002) 99

Ebke/Kirchhof/Mincke (Hrsg), Sprache und Recht – Recht und Sprache (2009)

Ebke/Norton (Hrsg), FS Joseph Gold (1990)

Ebke/Norton/Balch (Hrsg), Commentaries on the Restatement (Third) of the Foreign Relations Law of the United States (1992)

Ebke/Tavakoli, Anmerkung zu EuGH v 16. 3. 1999 – C-222/97, WuB I F 3–9.99

Ebke/Traub, Kommentar zu EuGH, Entscheidung vom 4. Juni 2002 – C-483/99, EWS 2002, 335

Ebke/Vagts (Hrsg), Demokratie, Marktwirtschaft und Recht/Democracy, Market Economy, and the Law (1995)

Edwards, The Role of the General Counsel of an International Financial Institution, 17 KansasJL&PubPol'y 254 (2008)

Effros, Sir Joseph Gold and His Times, 8 Law & BusRevAm 9 (2002)

Egli, Don't Get Bit: Addressing ICSID's Inconsistent Application of Most-Favored-Nation Clauses to Dispute Resolution Provisions, 34 PeppLRev 1045 (2007)

Ehlers-Munz, Die Beachtung ausländischen Devisenrechts: Bretton Woods und autonomes nationales Recht (1991)

Ehricke, Die Funktion des Art VIII Abschnitt 2b S 1 des IWF-Vertrages in der internationalen Schuldenkrise, RIW 1991, 365

Eichengreen/Woods, The IMF's Unmet Challenges, 30 JEconPersp 29 (2015)

Einsele, Auswirkungen der Rom I-Verordnung auf Finanzdienstleistungen, WM 2009, 289

dies, Bank- und Kapitalmarktrecht – Nationale und internationale Bankgeschäfte (5. Aufl 2022)

dies, Der Erfüllungsort von Geschäften in Finanzinstrumenten, in: FS Kronke (2020) 61

Ellenberger/Bunte (Hrsg), Bankrechts-Handbuch, Bd II (6. Aufl 2022)

A Elsing, Das Geldwäschegesetz in der notariellen Praxis (4. Aufl 2025)

Enz, Kryptowährungen im Lichte von Geldrecht und Konkursaussonderung (2019)
Ermrich, Die Zahlungsunfähigkeit von Staaten, ein Problem der Staatenverantwortlichkeit und des Entwicklungsvölkerrechts sowie der Kontrollmechanismen des IWF (2007)
Euliss, The Feasibility of the IMF's Sovereign Debt Restructuring Mechanism: An Alternative Statutory Approach to Mollify American Reservations, 19 AmUIntLRev 107 (2003)
Fang/Schumacher/Trebesch, Restructuring Sovereign Bonds: Holdouts, Haircuts and the Effectiveness of CACs, 69 IFM EconRev 155 (2021)
Fassbender, Der europäische „Stabilisierungsmechanismus" im Lichte von Unionsrecht und deutschem Verfassungsrecht, NVwZ 2010, 799
Fetsch, Eingriffsnormen und EG-Vertrag (2002)
Fischer/Fischer, Spanisches Handels- und Wirtschaftsrecht (2. Aufl 1995)
Fishlow, Conditionality and Willingness to Pay: Some Parallels from 1890s, in: Eichengreen (Hrsg), The International Debt Crisis in Historical Perspective (2. Aufl 1991) 86
Flanders, Toward a Theory of Persuasive Authority, 62 OklaLRev 55 (2009)
Florstedt, Kryptowerte als Sachen: Nutzen und Bedeutung der Besitz- und Sachfiktion für eine Wirtschaftsordnung der digitalen Güter, AcP 224 (2024) 477
Folsom/Gordon, International Business Transactions, Bd 2 (1995) 206
Forsthoff, Der Europäische Stabilitätsmechanismus – Institutionelles und modus operandi, in: Hufeld/Ohler (Hrsg), Europäische Wirtschafts- und Währungsunion (2022) 633
Foster, Collecting From Sovereigns: The Current Legal Framework for Enforcing Arbitral Awards and Court Judgments Against States and Their Instrumentalities, 25 ArizJInt & CompL 665 (2008)
Fouret/Khayat, Award of 9 April 2015, Poštavá banka, AS and Istrokapital SE v Hellenic Republic, ICSID CaseLRev 15 (2016) 558
Fox, Reexamining the Act of State Doctrine: An Integrated Conflicts Analysis, 33 HarvIntLJ 521 (1992)
C Franke, Die Rolle der Devisenstellen bei der Enteignung der Juden, in: Stengel (Hrsg), Vor der Vernichtung: Die staatliche Enteignung der Juden im Nationalsozialismus (2007) 80
ders, Legalisiertes Unrecht: Devisenbewirtschaftung und Judenverfolgung am Beispiel des Oberfinanzpräsidiums Hannover 1931–1945 (2011)
M Franke, Chinas Währungspolitik in der Kritik des US-amerikanischen und des internationalen Wirtschaftsrechts (2018)
Franks, Some Issues in Sovereign Debt and Distressed Reorganizations, in: Eichengreen/Portes (Hrsg), Crisis? What Crisis? Orderly Workouts for Sovereign Debtors (1995) 87
Freitag, Die kollisionsrechtliche Behandlung ausländischer Eingriffsnormen nach Art 9 Abs 3 Rom I-VO, IPRax 2009, 109
ders, Mitgliedstaatliche Beschränkungen des Kapitalverkehrs und Europäisches Gemeinschaftsrecht, EWS 1997, 186
Frenz/Ehlenz, Der Euro ist gefährdet: Hilfsmöglichkeiten bei drohendem Staatsbankrott?, EWS 2010, 65
dies, Schuldenkrise und Grenzen der europäischen Wirtschaftspolitik, EWS 2010, 211
Friedenberger, Fiskalische Ausplünderung. Die Berliner Steuer- und Finanzverwaltung und die jüdische Bevölkerung 1933–1945 (2008)
Fritsche, Anmerkung zum Urteil des BGH vom 8. 11. 1994 – II ZR 216/92, WiB 1994, 123
Fuchs, Argentinisches Zahlungsmoratorium vor US-amerikanischen Gerichten, IPRax 1994, 148
dies, Auf dem Weg zur engen Auslegung des Art VIII Abschn 2 b) IWF-Abkommen, IPRax 1995, 82
dies, Die teilweise Klagbarkeit als Rechtsfolge von Artikel VIII Abschnitt 2 b) Satz 1 des Abkommens von Bretton Woods, IPRax 1992, 361
dies, Freigabe libyschen Vermögens in England trotz US-Einfrierungsbeschluß, IPRax 1990, 260
dies, Lateinamerikanische Devisenkontrollen in der internationalen Schuldenkrise und Art VIII Abschn 2 b) IWF-Abkommen (1995)
dies, Zur rechtlichen Behandlung der Eurodevisen, ZVerglRW 95 (1996) 283
Fuest/Heinemann/Schröder, A Viable Insolvency Procedure for Sovereigns (VIPS), ZEW Discussion Papers Nr 14-053 (2014)
Funk, Der Internationale Währungsfonds – Status, Funktion, Legitimation (2018)

Gabrisch, Zur Kritik der Kapitalmarktunion, Wirtschaftsdienst 96 (2016) 891
Gallagher, Policy Spaces to Prevent and Mitigate Financial Crises in Trade and Investment Agreements (2010)
Ganzer, Internationale Versicherungsprogramme – Strukturen, privatrechtliche Beurteilung und aufsichtsrechtliche Zulässigkeit (2012)
Gari, GATS Disciplines on Capital Transfers and Short-term Capital Inflows: Time for Change?, 17 JIntEconL 399 (2014)
Geck, Neues zur Klageabweisung als „zurzeit unbegründet" – auch bei fehlender Prüffähigkeit der Schlussrechnung?, BauR 2024, 687
Gehl (Hrsg), Geldwäschebekämpfung, Zeugenschutz, Gewinnabschöpfung. Wege zur Bekämpfung der Organisierten Kriminalität? (2004)
Gehrlein, Ausschluß der Klagbarkeit einer Forderung kraft IWF-Übereinkommen, DB 1995, 129
Geiger, Das Währungsrecht im Binnenmarkt der Europäischen Union (1996)
Geimer, Internationales Zivilprozessrecht (7. Aufl 2015)
Gelpern, Odious, Not Debt, 70 Law & ContempProbs 81 (2007)
dies, What Iraq and Argentina Might Learn from Each Other, 6 ChiJIntL 391 (2005)
Gelpern/Setser, Domestic and External Debt: The Doomed Quest for Equal Treatment, 35 GeoJIntL 795 (2004)
Germelmann, Konkurrenz von Grundfreiheiten und Missbrauch von Gemeinschaftsrecht – Zum Verhältnis von Kapitalverkehrs- und Niederlassungsfreiheit in der neueren Rechtsprechung, EuZW 2008, 596
Ghodoosi, The Limits of the Free Movement of Capital: The Status of Customary International Law of Money, 7 NwInterdiscLRev 287 (2014)
Giannitsis, Die griechische Staatsverschuldung und die Krise, in: Klemm/Schultheiss (Hrsg), Die Krise in Griechenland: Ursprünge, Verlauf, Folgen (2015) 198
Gianviti, Evolving Role and Challenges for the International Monetary Fund, 35 IntLaw 1371 (2001)
ders, The Fund Agreement in the Courts, in: Effros (Hrsg), Current Legal Issues Affecting Central Banks (Bd 1 1992) 1
Giovanoli (Hrsg), International Monetary Law: Issues for the New Millenium (2000)
Giovanoli/Devos (Hrsg), International Monetary and Financial Law – The Global Crisis (2010)
Glinavos, Haircut Undone? The Greek Drama and Prospects for Investment Arbitration, JIDS 5 (2014) 475
Gössl (Hrsg), Politik und Internationales Privatrecht (2017)
Gössling, Europäisches Kollisionsrecht und internationale Schiedsgerichtsbarkeit (2019)
Gold, Legal Effects of Fluctuating Exchange Rates (1990)
ders, The Restatement of the Foreign Relations Law of the United States (Third) and Monetary Law, in: Ebke/Norton/Balch (Hrsg), Commentaries on the Restatement (Third) of the Foreign Relations Law of the United States (1992) 243
Grabenwarter/Griller/Holoubek, Europäisches und öffentliches Wirtschaftsrecht I (5. Aufl 2008)
Greenawalt, Does International Arbitration Need A Mandatory Rules Method?, 18 AmRevIntArb 103 (2007)
Grosse Steffen/Grund/Schumacher, Collective Action Clauses in the Euro Area: A Law and Economic Analysis of the First Five Years, 14 CapMktLJ 134 (2019)
Grossfeld, Der Fall Lehman Brothers und das Bilanzrecht, RIW 2010, 504
ders, Internationales und Europäisches Unternehmensrecht. Das Organisationsrecht transnationaler Unternehmen (2. Aufl 1995)
ders, Unsere Aufgabe, in: Ebke/Kirchhof/Mincke (Hrsg), Sprache und Recht – Recht und Sprache (2009) 53
Grossfeld/Rogers, A Shared Values Approach to Jurisdictional Conflicts in International Economic Law, IntCompLQ 32 [1983] 931
Grothe, Fremdwährungsverbindlichkeiten (1999)
ders, Zur Berücksichtigung des Zahlungsnotstandes eines Staates bei Leistungsklagen von Gläubigern, WuB I H 4-1.03, 697
G Gruber, Geldwertschwankungen und handelsrechtliche Verträge in Deutschland und Frankreich – Bestandsaufnahme und Aussichten

für das europäische Währungs- und Privatrecht (2002)
M Gruber/Tüchler, Raub, Recht und Restitution. Rechtsfragen der Entziehung, Bereinigung und Rückstellung von Wertpapieren (2004)
Gruenbaum, From Statehood to Effectiveness: The Law of Unrecognised States in Private International Law, RabelsZ 86 (2022) 577
Grund, Enforcing Sovereign Debt in Court – A Comparative Analysis of Litigation and Arbitration Following the Greek Debt Restructuring of 2012, 1 UViennaLRev 34 (2017)
Grundmann/Möslein, Die Golden Shares Grundsatzentscheidungen des Europäischen Gerichtshofs, BKR 2002, 758
dies, Die Goldene Aktie, ZGR 2003, 317
Günther, Die Anwendbarkeit ausländischer Eingriffsnormen im Lichte der Rom I- und Rom II-Verordnungen (2011)
Guntrum, Die europäische Finanzmarktintegration von der Krise bis zur Kapitalmarktunion, in: Bieling/Guntrum (Hrsg), Neue Segel, alter Kurs? Die Eurokrise und ihre Folgen für das europäische Wirtschaftsregieren (2019) 139
Guski, Rechtsmissbrauch als Paradoxie – Negative Selbstreferenz und widersprüchliches Handeln im Recht (2019)
Gyparakis, The Illegality of the Greek Sovereign Debt Crisis: Contract Law's Response to the Greek Government, 16 JIntBus & L 139 (2016)
Haas, Bretton-Woods-Abkommen im Kapitalverkehr mit den Niederlanden, DB 1990, 824
Habermeier, Neue Wege zum Wirtschaftskollisionsrecht (1997)
Hadaschik, Ursachen und Auswirkungen der Finanzkrise „step by step", BRJ 2/2009, 107
Hagan, Designing a Legal Framework to Restructure Sovereign Debt, 36 GeoJIntL 299 (2005)
ders, Enhancing the IMF's Regulatory Authority, 13 JIntEconL 955 (2010)
ders, Sovereign Debtors, Private Creditors, and the IMF, 8 LawBusRevAm 49 (2002)
ders, The IMF and the Evolution of International Monetary and Financial Law, in: McGuinness/Stewart (Hrsg), Research Handbook on Law and Diplomacy (2022) 123
ders, Transfer of Funds (2000)
Hahn, Währungsrecht (1990)
Hahn/Häde, Währungsrecht (2. Aufl 2010)
Halverson-Cross, Arbitration as a Means of Resolving Sovereign Debt Disputes, 17 AmRevIntArb 335 (2006)
dies, The Extraterritorial Reach of Sovereign Debt Enforcement, 12 BerkeleyBusLJ 111 (2015)
Handl, Immunitätsrechtliche Probleme in Zusammenhang mit Argentinienanleihen-Klagen in Deutschland, Italien und den USA, in: Wittich/Reinisch/Gattini (Hrsg), Kosovo – Staatsschulden – Notstand – EU-Reformvertrag – Humanitätsrecht (2009) 69
vHarder, Die Interdependenzen zwischen Währungsunion und politischer Union in der Europäischen Union des Maastrichter Vertrages: ökonomische Funktionsbedingungen – nationale Souveränität – Integrationsautomatismus (1997)
Harms, Neuauflage der Datumtheorie im Internationalen Privatrecht (2019)
Harrison, The American Act of State Doctrine, 47 GeoJIntL 507 (2016)
Hartmann/Wallraf, Novelle der EU-SEPA-Verordnung – Kodifizierung der Echtzeitüberweisung und weitere Änderungen im Zahlungsrecht, RdZ 2024, 148
Hartwig-Jacob, Die Vertragsbeziehungen und die Rechte der Anleger bei internationalen Anleiheemissionen (2001)
ders, Neue rechtliche Mechanismen zur Lösung internationaler Schuldenkrisen – Die Vorteile der Anwendung von „Collective Action Clauses" bei Staatsanleihen, in: FS Horn (2006) 717
Hauser, Eingriffsnormen in der Rom I-Verordnung (2012)
He/Habermeier/Leckow/Haksar/Almeida/Kashima/Kyriakos-Saad/Oura/Sedik/Stetsenko/Verdugo-Yepes, Virtual Currencies and Beyond: Initial Considerations (IMF Staff Discussion Note, January 2016)
Héber/Schreger, The Costs of Sovereign Default: Evidence from Argentina, 107 AmEconRev 3119 (2017)
Heide, Die rechtliche Konstruktion des Geldes – Über das historisch-rechtsinstitutionelle Verhältnis zwischen Geld, Fiskus und Notenbank (2025)
vHein, Konflikte zwischen völkerrechtlichen Übereinkommen und europäischem Sekundär-

recht auf dem Gebiet des Internationalen Privatrechts, in: FS M Schröer (2012) 29
vHein/Wolf, Internationales Privatrecht der Zahlungsdienstleistungen, RdZ 2020, 164
Heinemann, Rechtliche Transplantate zwischen Europäischer Union und der Schweiz, in: Fahrländer/Heizmann (Hrsg), Europäisierung der Schweizer Rechtsordnung (2013) 4
Heinze, Zu den Anforderungen an eine Auslandsklage zur Hemmung der Verjährung nach § 204 Abs 1 Nr 1 BGB, in: FS Kronke (2020) 161
Hellwig, Zur Problematik staatlicher Beschränkungen der Beteiligung und der Einflussnahme von Investoren bei großen Unternehmen, ZHR 172 (2008) 768
Hemler, Die Methodik der „Eingriffsnorm" im modernen Kollisionsrecht (2019)
Herdegen, Der Staatsbankrott: Probleme eines Insolvenzverfahrens und der Umschuldung bei Staatsanleihen, WM 2011, 913
ders, International Monetary Law and International Financial Relations, in: Herdegen (Hrsg), Principles of International Economic Law (3. Aufl 2024) 533
ders, Internationales Wirtschaftsrecht (11. Aufl 2017, 13. Aufl 2023)
Herrmann, Griechische Tragödie – der währungsverfassungsrechtliche Rahmen für die Rettung, den Austritt oder den Ausschluss von überschuldeten Staaten aus der Eurozone, EuZW 2010, 413
ders, Staatsbankrott in der EU: Versagen, Bewährung oder Chance der Europäischen Währungsverfassung?, in: vLewinski (Hrsg), Staatsbankrott als Rechtsfrage (2011) 29
ders, Währungshoheit, Währungsverfassung und subjektive Rechte (2010)
Herrmann/Dornacher, International and European Monetary Law – An Introduction (2017)
Herzog, Geldwäschegesetz – Kommentar (6. Aufl 2025)
Hindelang, Direktinvestitionen und Europäische Kapitalverkehrsfreiheit im Drittstaatenverhältnis, JZ 2009, 829
ders, The Free Movement of Capital and Foreign Direct Investment: The Scope of Protection in EU Law (2009)
Hirigoyen, Bank Crisis in Argentina: The Constitutionality of Bank Deposits Pesification, the Massa Case, 14 LawBusRevAm 53 (2008)
Hobe, Völkerrechtlicher Notstand im internationalen Investitionsrecht, KSzW 2011, 121
Hofmann/Keller, Collective Action Clauses, ZHR 175 (2011) 684
Hofmeister/Hofmeister, Rechtmäßigkeit von Kapitalverkehrskontrollen im Falle eines Austritts aus der Eurozone, ZRP 2012, 196
Hohenwart/Plansky, Die Kapitalverkehrsfreiheit mit Drittstaaten im Lichte der Rechtssache Holböck, SWI 2007, 346
Holoubek/Potacs (Hrsg), Öffentliches Wirtschaftsrecht, Bd 2 (4. Aufl 2019)
Hong, Foreign Exchange Control in China (2004)
Honrath, Umfang und Grenzen der Freiheit des Kapitalverkehrs (1998)
Honsell (Hrsg), Kommentar zum UN-Kaufrecht (2. Aufl 2010)
Horn, Die Reform der Europäischen Währungsunion und die Zukunft des Euro, NJW 2011, 1398
ders, Die Stellung der Anleihegläubiger nach neuem Schuldverschreibungsgesetz und allgemeinem Privatrecht im Licht aktueller Marktentwicklung, ZHR 173 (2009) 12
ders, Die Verteidigung des Euro – Ein historischer Rückblick auf die Euro-Krise im Mai 2010, in: FS Maier-Reimer (2011) 245
ders, Erfüllungsverweigerung wegen Notstandes bei internationalen Staatsanleihen, in: FS Nobbe (2009) 601
Hornfischer/Skauradszun, Von der Staateninsolvenz zur Insolvenzfähigkeit von Staaten, KTS 2012, 1
Hornung, Internationales Privatrecht zwischen Wertneutralität und Politik (2021)
Hotz-Hart/Schmuki/Dümmler, Volkswirtschaft der Schweiz. Aufbruch ins 21. Jahrhundert (4. Aufl 2006)
Howse, Fragmentation and Utopia: Towards an Equitable Integration of Finance, Trade, and Sustainable Development, in: Cassese (Hrsg), Realizing Utopia: The Future of International Law (2012) 427
L Hübner, Lieferkettenregulierung per kollisionsrechtlicher Eingriffsnorm, in: FS Ebke (2021) 415

Hufeld, Europäische Wirtschafts- und Währungsunion: Das System, in: Hufeld/Ohler (Hrsg), Europäische Wirtschafts- und Währungsunion (2022) 71
Huguenin, L'application du contrôle des changes étranger par le juge national. Etude comparé de l'article VIII (2)(b) des Statuts du FMI, de la théorie américaine de l'Act of State et de la loi suisse de droit international privé, en particulier les articles 13 et 19 LDIP (2000)
IMF, The International Architecture for Resolving Sovereign Debt Involving Private Sector-Creditors – Recent Developments, Challenges and Reform Options, 23 September 2020 (abrufbar unter https://www.imf.org/en/Publications/Policy-Papers/Issues/2020/09/30/The-International-Architecture-for-Resolving-Sovereign-Debt-Involving-Private-Sector-49796)
Issing, Entwicklungsgeschichte der Wirtschafts- und Währungsunion, in: Hufeld/Ohler (Hrsg), Europäische Wirtschafts- und Währungsunion (2022) 45
Jacomet/Didier, Les relations financières avec l'étranger (5. Aufl 1990)
James, International Monetary Cooperation Since Bretton Woods (1996)
Janssen, Die Zahlungsdiensterichtlinie (PSD I) und ihre aufsichtsrechtliche Umsetzung im Vereinigten Königreich und Deutschland (2017)
Jayme, Wilhelm Wengler als Internationalprivatrechtler – Eine persönliche Erinnerung und Würdigung, ZaöRV 76 (2016) 579
Joswig, Die Geschichte der Kapitalverkehrskontrollen im IWF-Übereinkommen (2012)
Kadner Graziano, Autonome Auslegung und Rechtsvergleichung – (k)ein Widerspruch? Zu Legitimität und Nutzen richterlicher Rechtsvergleichung im Allgemeinen und im Einheitlichen Kaufrecht im Besonderen, in: Blaurock/Maultzsch (Hrsg), Einheitliches Kaufrecht und Vereinheitlichung der Rechtsanwendung (2017) 13
Kämmerer, Der Staatsbankrott aus völkerrechtlicher Sicht, ZaöRV 65 (2005) 651
Kaeser, La longue marche vers Bretton Woods: Chronique des relations de la Suisse avec le fonds monétaire international et la banque mondiale (2004)
Kalss/Krönke/Völkel (Hrsg), Crypto-Assets (2024)
Kammel/Schramm, Grundriss des Devisenrechts (2006)
Kaplan, Collective Action and the Competence of Courts: The Lessons of NML v Argentina, 20 StanfordJLBus & Fin 1 (2014)
Kappel, Die Klageabweisung „zur Zeit" (1999)
Karampatzos, Supervening Hardship as Subdivision of the General Frustration Rule: A Comparative Analysis with Reference to Anglo-American, German, French and Greek Law, 2 ERPL 105 (2005)
Kasenetz, Desperate Times Call for Desperate Measures: The Aftermath of Argentina's State of Necessity and the Current Fight in the ICSID, 41 GeoWashIntLRev 709 (2010)
Kemmerer, Kapitalverkehrsfreiheit und Drittstaaten (2010)
Keller, Umschuldung von Staatenanleihen unter Berücksichtigung einer Aggregation aller Anleihegläubiger, in: Baums/Cahn (Hrsg), Die Reform des Schuldverschreibungsrechts (2004) 157
Kerber, Souveränität und Konkurs, Zur Institutionenökonomie der Suspendierung staatlicher Schuld im internationalen Recht (2005)
Kilian, Vereinbarkeit des VW-Gesetzes mit Europarecht, NJW 2007, 3469
Kimms, Kapitalverkehrsfreiheit im Recht der Europäischen Union (1996)
Kingdon, Leveraging Litigation: Enforcing Sovereign Debt Obligations in NML Capital, Ltd v Republic of Argentina, 37 BCInt & CompLRev 30 (2014)
P Kirchhof, Deutschland im Schuldensog. Der Weg vom Bürgen zurück zum Bürger (2012)
ders, Die Resolvenz des Staates, in: Ebke/Seagon/Blatz (Hrsg), Solvenz – Insolvenz – Resolvenz (2013) 49
Klein, De l'application de l'Article VIII (2)(b) des Statuts du Fonds Monétaire International en Suisse, in: Études de droit international en l'honneur de Pierre Lalive (1993) 261
Kleiner, La monnaie dans les rélations privées internationales (2010)
Kleinheisterkamp, Eingriffsnormen und Schiedsgerichtsbarkeit: Ein praktischer Versuch, RabelsZ 73 (2009) 818

Kleinlein, Anforderungen an den Verzicht auf diplomatische Immunität, NJW 2007, 2591
ders, Rechtsfragen staatlicher Auslandsanleihen: Odious Debts, Staatsnotstand und Immunität, AVR 44 (2006) 405
Klemm/Schultheiss (Hrsg), Die Krise in Griechenland: Ursprünge, Verlauf, Folgen (2015)
Knieper, Elemente des internationalen Rechts grenzüberschreitenden Kapital- und Zahlungsverkehrs, WiRO 2001, 353
Knopp, Griechenland-Nothilfe auf dem verfassungsrechtlichen Prüfstand, NJW 2010, 1777
Koch, Internationale Währungs- und Finanzbeziehungen (2025)
ders, Internationale Wirtschaftsbeziehungen II: Das Weltfinanzsystem – Währungsordnungen, globale Finanzmärkte und Finanzkrisen (4. Aufl 2024)
Köhler, Eingriffsnormen – Der „unfertige Teil" des europäischen IPR (2013)
Koemm, Eine Bremse für die Staatsverschuldung? Verfassungsmäßigkeit und Justiziabilität des neuen Staatsschuldenrechts (2011)
Köndgen, Das SEPA-Rulebook als Rechtsquelle des Europäischen Zahlungsdiensterechts, in: FS Hopt (2020) 539
Kohler, Parteiautonomie, zwingendes Recht und loyale Zusammenarbeit in der EU, in: FS Kronke (2020) 253
Kokott/Rosch, Eingriffsnormen und ordre public im Lichte der Rom I-VO, der Rom II-VO, der EuGVVO und der EU-InsVO, in: FS Kronke (2020) 265
Koller/Sennhauser, Das EuGH-Urteil Persche aus der Sicht von Drittstaaten, insbesondere der Schweiz, in: FS Reuter (2010) 1061
Kolling, Aktuelle Entwicklungen in Sachen „Argentinien-Anleihen-Klagen deutscher Gläubiger", BKR 2007, 481
ders, Der völkerrechtliche Notstand und die staatliche Zahlungsunfähigkeit (2017)
Kolo, Transfer of Funds: The Interaction between the IMF Articles of Agreement and Modern Investment Treaties – A Comparative Law Perspective, in: Schill (Hrsg), International Investment Law and Comparative Public Law (2010) 345
Konow, Der Stabilitäts- und Wachstumspakt: Ein Rechtsrahmen für Stabilität in der Wirtschafts- und Währungsunion (2002)
Kosyrin, Valjutnyi kontrol vnešnetorgovoi dejatelnosti [Devisenkontrolle in Außenhandelsbeziehungen] (1998)
Kotthaus, Binnenmarktrecht und externe Kapitalverkehrsfreiheit (2012)
Kräft, Staatsinsolvenz berechtigt nicht zur Verweigerung der Zahlung auf Staatsanleihen, GWR 2015, 211
Krajewski, Wirtschaftsvölkerrecht (3. Aufl 2012; 5. Aufl 2021)
Krause, Die Novellierung des Außenwirtschaftsgesetzes und ihre Auswirkungen auf M & A-Transaktionen mit ausländischen Investoren, BB 2009, 1082
Kriebaum, Eigentumsschutz im Völkerrecht. Eine vergleichende Untersuchung zum internationalen Investitionsrecht sowie zum Menschenrechtsschutz (2008)
Krolop, Schutz vor Staatsfonds und anderen ausländischen Kapitalmarktakteuren unter Ausblendung des Kapitalmarktrechts?, ZRP 2008, 40
ders, Staatliche Einlasskontrolle bei Staatsfonds und anderen ausländischen Investoren im Gefüge von Kapitalmarktregulierung, nationalem und internationalem Wirtschaftsrecht, Humboldt Forum Recht 2008, 1
ders, Das Verhältnis von Kapitalverkehrsfreiheit und Niederlassungsfreiheit bei Investoren aus Drittstaaten, in: Cech/Krolop (Hrsg), Folgen der aktuellen europäischen Rechtsentwicklung für die grenzüberschreitende Mobilität von Gesellschaften (2008) 241
Kronke/Melis/Kuhn (Hrsg), Handbuch Internationales Wirtschaftsrecht (2. Aufl 2016)
Krueger, A New Approach to Sovereign Debt Restructuring (2002)
Krüger, Zahlungsauslösedienste – Die moderne Form der E-Payments nach Umsetzung der Zweiten Zahlungsdiensterichtlinie (2023)
Kube, Geldmonopol und Privatautonomie – Zur Abgrenzung von Kompetenzen in der Europäischen Union, in: FS Ebke (2021) 545
Kube/Reimer, Grenzen des Europäischen Stabilisierungsmechanismus, NJW 2010, 1911
Kuckein, Die „Berücksichtigung" von Eingriffs-

normen im deutschen und englischen internationalen Vertragsrecht (2008)
KÜHNE, Rechtswahl und Eingriffsnormen in der Rechtsprechung des EuGH, in: FS Wegen (2015) 451
KYNASTON, The Long Life and Slow Death of Exchange Controls, 2 JIntFinMkts 37 (2000)
LAIMER, Internationalprivatrechtliche Probleme alternativer Zahlungsmethoden im Online-Handel, in: LAIMER/PERATHONER (Hrsg), Regulierung digitaler Geschäftsmodelle (2025) 69
LAMOND, Persuasive Authority in the Law, 17 HarvRevPhil 16 (2010)
M LANG, Kapitalverkehrsfreiheit, Steuerrecht und Drittstaaten, StuW 2011, 209
LANGEN, Völker- und europarechtliche Fragen des Staatsbankrotts: Zur Entwicklung eines Staatsinsolvenzrechts (2014)
LASTRA, International Financial and Monetary Law (2. Aufl 2015)
dies, Legal Foundations of International Monetary Stability (2006)
dies, The Role of the IMF as a Global Financial Authority, 2 EurYbIntEconL 121 (2011)
LASTRA/BUCHHEIT (Hrsg), Sovereign Debt Management (2014)
LASTRA/LOUIS, European Economic and Monetary Union, YbEurL 2013, 1
LAUTENBERG, La Suisse et les institutions de Bretton Woods, in: RIKLIN/HAUG/PROBST (Hrsg), Neues Handbuch der schweizerischen Aussenpolitik/Nouveau Manuel de la politique extérieure suisse, Bd 11, 1992, 863
LAVRANOS/SIGLA, Achmea: Groundbreaking or Overrated?, SchiedsVZ 2018, 348
LEHMANN, Regulation, Global Governance and Private International Law: Squaring the Triangle, JPIL 16 (2020) 1
LEHNER, Die Straftatbestände zur Bekämpfung der Terrorfinanzierung. Eine rechtsvergleichende Untersuchung der deutschen und österreichischen Bestimmungen unter Berücksichtigung internationaler und europäischer Rechtsinstrumente (2020)
LEIBLE/LEHMANN, Die Verordnung über das auf vertragliche Schuldverhältnisse anzuwendende Recht („Rom I"), RIW 2008, 528
LENIHAN, The Legal Implications of the European Monetary Union Under U.S. and New York Law (1998)
vLEWINSKI, Öffentlichrechtliche Insolvenz und Staatsbankrott – Rechtliche Bewältigung finanzieller Krisen der öffentlichen Hand (2011)
LEWIS, Restructuring the Odious Debt Exception, 25 BUIntLJ 297 (2007)
LICHTENSTEIN, Reflections on the Intellectual History of the International Regulation of Monetary Affairs, 4 EurYbIntEconL 3 (2013)
LIENDO, Sovereign Debt Litigation Problems in the United States: A Proposed Solution, 9 OrRevIntL 101 (2007)
LILLTEICHER, Die Rückerstattung jüdischen Eigentums in Westdeutschland nach dem Zweiten Weltkrieg. Eine Studie über Verfolgungserfahrung, Rechtsstaatlichkeit und Vergangenheitspolitik 1945–1971 (Diss Freiburg i B 2002)
LINGELBACH (Hrsg), Staatsfinanzen – Staatsverschuldung – Staatsbankrotte in der europäischen Staaten- und Rechtsgeschichte (2000)
LINHART, Internationales Einheitsrecht und einheitliche Auslegung (2005)
LINS, BREXIT – Abschied aus dem europäischen Finanzmarkt? Art 50 EUV, Europäische Integration & das Leben als Drittstaat (Diss Linz 2021)
LIPPERT, Staatsverschuldung in Deutschland, Italien und Griechenland: Ist die Schuldenlast der öffentlichen Haushalte noch tragbar? (2014)
LITVACK, Why IMF Article VIII(2)(b) May Nullify the Enforceability of Financing Contracts When Spiraling Oil Prices Prompt the Use of Exchange Controls, 13 FordhamJCorp & FinL 805 (2008)
LÖBIG/WENDT, Brexit und der Finanzmarkt. Die rechtlichen Auswirkungen auf grenzüberschreitende Finanzdienstleistungen (2019)
LORENZ, MiCAR – Markets in Crypto-Assets Regulation, ZIP 2024, 49
LORZ, Ausländische Staaten vor deutschen Zivilgerichten – zum Spannungsverhältnis von Staatenimmunität und Recht auf Zugang zu Gericht (2017)
LOUKA, The Global Economic Order – The International Law and Politics of the Financial and Monetary System (2020)
LOWENFELD, International Economic Law (2. Aufl 2008)

ders, The International Monetary System: A Look Back Over Seven Decades, 13 JIntEconL 575 (2010)
LÜBKE, Der Erwerb von Gesellschaftsanteilen zwischen Kapitalverkehrs- und Niederlassungsfreiheit (2006)
MACK, Die „rechtsscheinbare" Autorisierung von Zahlungsvorgängen – Rechtsscheingrundsätze im europarechtlich determinierten Zahlungsdiensterecht (2018)
MAGNUS, Die Rom I-Verordnung, IPRax 2010, 27
ders, Konventionsübergreifende Interpretation internationaler Staatsverträge privatrechtlichen Inhalts, in: BASEDOW/DROBNIG/ELLGER/HOPT/KÖTZ/KULMS/MESTMÄCKER (Hrsg), Aufbruch nach Europa – 75 Jahre Max-Planck-Institut für Privatrecht (2001) 571
MALCHER, Unter Geiern – Der Fall Argentinien zeigt: Die Welt braucht ein Insolvenzrecht für Staaten, IP 69 (2014) 78
P MALHERBE, Les „actions dorées" et le droit communautaire, Revue pratique des sociétés 2010, 383
MALLINAK, The Revenue Rule: A Common Law Doctrine for the Twenty-First Century, 16 DukeJCompIntL 79 (2006)
MANGER-NESTLER, Zur Rechtsnatur des digitalen Euro als funktionales Bargeldäquivalent, ZdR 2024, 170
MANKOWSKI, Anmerkung zu OLG Schleswig v 4. 12. 2014 – 5 U 89/14, EWiR 2015, 431
ders, Der Vorschlag für die Rom I-Verordnung, IPRax 2006, 101
ders, Die völkervertragliche Sonderanknüpfung vertragsstaatlichen Devisenrechts durch Art VIII (2) (b) IWF-Abkommen im System der Rom I-VO, in: FS Ebke (2021) 631
ders, Drittstaatliche Embargonormen, Außenpolitik im IPR, Berücksichtigung von Fakten statt Normen: Art 9 Abs 3 Rom-I VO im praktischen Fall, IPRax 2016, 485
ders, Griechische Staatsanleihen und der griechische Schuldenschnitt vor dem EuGH (Folge zwei), ZIP 2019, 193
ders, Zuordnung okkupierter oder annektierter Gebiete im IPR und IZVR, IPRax 2017, 347
MANN, Die Schweiz und der Internationale Währungsfonds, SZW/RSDA 1992, 34
ders, Kreditverträge und das internationale Devisenrecht, JZ 1991, 614
ders, The Legal Aspect of Money (5. Aufl 1992)
MANN/PROCTOR, Mann on the Legal Aspect of Money (8. Aufl 2022)
MARKS, Exchange Control Regulations Within the Meaning of the Bretton Woods Agreement: A Comparison of Judicial Interpretation in the United States and Europe, 8 IntTaxBusL 104 (1990)
MARTENS, Die Förderung des Justizstandortes als juristisches Argument bei der Auslegung, in: FS Ebke (2021) 643
MARTHA, Inability to Pay Under International Law and Under the Fund Agreement, 41 NILR 85 (1994)
MARTI/WIDRIG-GIALLOURAKI, Slalomkurs um die Kapitalverkehrsfreiheit?, EuGH CRC-Regeln und Cadbury-Schweppes-Entscheid, ST 2007, 121
MARTINI, Zu Gast bei Freunden?: Staatsfonds als Herausforderung an das europäische und internationale Recht, DÖV 2008, 314
MARTINY, Europäisches Internationales Vertragsrecht in Erwartung der Rom I-Verordnung, ZEuP 16 (2008) 79
ders, Neues deutsches internationales Vertragsrecht, RIW 2009, 737
ders, Virtuelle Währungen, insbesondere Bitcoins, im Internationalen Privat- und Zivilverfahrensrecht, IPRax 2018, 553
MARTY, Ausländische Devisenkontrollregulierungen gemäss Art VIII Abschn 2 lit b IWF-Abkommen und die „unenforceability" der Verträge nach schweizerischem Recht (2009)
MATTHES, Reform des Europäischen Stabilitätsmechanimus – eine Einordnung, Wirtschaftsdienst 101 (2021) 54
MAULTZSCH, Forumfremde Eingriffsnormen im Schuldvertragsrecht zwischen Macht- und Wertedenken, in: FS Kronke (2020) 363
ders, Rechtswahl und ius cogens im Internationalen Schuldvertragsrecht, RabelsZ 75 (2011) 60
Maume, The Regulation on Markets in Crypto-Assets (MiCAR): Landmark Codification, or First Step of Many, or Both?, 20 EurComp&FinLRev 243 (2023)
MAUME (Hrsg), MiCAR: Verordnung über Märkte für Kryptowerte (2025)

MAYER, Staateninsolvenz nach dem Argentinien-Beschluss des Bundesverfassungsgerichts – Eine Chance für den Finanzplatz Deutschland?, WM 2008, 425
MCCUSKER, Are Trade Restrictions to Protect the Balance of Payments Becoming Obsolete?, RevEurEconPol'y 35 (2000) 89
MEGLIANI, Single-Limb Collective Action Clauses and the European Stability Mechanism Reform, 32 EBLR 77 (2021)
J MEIER (Hrsg), Handbuch MiCAR: Europäische Regulierung der Kryptowerte (2025)
MEISTER, Die Zahlungsauslösedienstleister (2024)
MERCURIO, Capital Controls and International Economic Law (2023)
MERCURIO/BUCKLEY/JIANGYUAN FU, The Legitimacy of Capital Controls During A Retreat From Globalisation, IntCompLQ 70 (2021) 59
MIERNICKI, Kryptowerte im Privatrecht: Zur Einordnung von Werteinheiten und Tokens im österreichischen Sachen-, Schuld- und Wertpapierecht (2023)
MIERNICKI/SCHINERL (Hrsg), Handbuch Kryptowerte (2025)
MILLER/THOMAS, Euro-Zone Sovereign Debt Restructuring: Keeping the Vultures at Bay, 29 OxfordRevEconPol 745 (2013)
MITSOU, Greek Debt Restructuring and Investment Treaty Arbitration: Jurisdictional Stumbling Blocks for Bondholders, JIA 2016, 687
MOCKENHAUPT, VW-Gesetz und Goldene Aktien: Zur Kapitalverkehrs- und Niederlassungsfreiheit nach dem VW-Urteil des EuGH (2012)
MÖSLEIN, Inhaltskontrolle aktienrechtlicher Entsenderechte: Europäische Anforderungen und Ausgestaltung im deutschen Aktienrecht, AG 2007, 770
MOKAL, Priority as Pathology: The Pari Passu Myth, 60 CambridgeLJ 581 (2001)
MOLZAHN, Die normativen Verknüpfungen von Kapitalverkehrsfreiheit und Währungs-Union im EG-Vertrag (1999)
MONTANARO, (Case Comment) Poštavá banka SA and Istrokapital SE v Hellenic Republic – Sovereign Bonds and the Puzzling Definition of ‚Investment' in International Investment Law, ICSID Rev 30 (2015) 549
MORO/BEKER, Modern Financial Crises – Argentina, United States and Europe (2016)
H MÜLLER/HEMPEL, Änderungen des Außenwirtschaftsrechts zur Kontrolle ausländischer Investoren, NJW 2009, 1638
J MÜLLER/SIMON, Das Achmea-Urteil des EuGH und die Auswirkungen auf Streitbeilegungsmechanismen im Rechtsraum der EU, NJOZ 2018, 961, Kapitalverkehrsfreiheit in der Europäischen Union (2000)
L MÜLLER/ONG, Aktuelles zum Recht der Kryptowährungen, AJP/PJA 2/2020, 198
M MÜLLER, Neues russisches Devisenrecht in der Praxis – Teil I, WiRO 2006, 193, Teil II, WiRO 2006, 230
ders, Russisches Devisenrecht (2005)
M J MÜLLER, Anmerkung zu BGH, Urt. vom 19. 12. 2017 – XI ZR 796/16, NJW 2018, 857
ders, RIW-Kommentar zu OLG Oldenburg, Urt. vom 18. 4. 2016 – 13 U 43/15, RIW 2016, 464
ders, RIW-Kommentar zu LG Osnabrück v 15. 5. 2015 – 7 O 2995/13, RIW 2016, 80
ders, Staatsbankrott und private Gläubiger (2015)
ders, Zum Verhältnis von Staaten und ihren privaten Gläubigern, RIW 2015, 717
M W MÜLLER, Konstitutionelle Garantien in der Krise: Die Rolle des internationalen Investitionsschutzrechts bei der rechtlichen Aufarbeitung der globalen Wirtschafts- und Finanzkrise, in: BAUERSCHMIDT/FASSBENDER/MÜLLER/SIEHR/UNSELD, Konstitutionalisierung in Zeiten Globaler Krisen (2015) 221
MUKWIRI, Brexit and Implications for the Free Movement of Capital, 46 Legal Issues of European Integration 7 (2019)
MUNEVAR/PUSTOVIT, Back to the Future: A Sovereign Debt Standstill Mechanism IMF Article VIII, Section 2(b), SAFE Working Paper No. 282 (2020)
MUNYAI, Gradual Relaxation or Gradual Tightening of Exchange Controls? A Review of South Africa's Obligations Under Article VIII (2) of the IMF Articles, SAMercLJ 25 (2013) 148
ders, Trade Implications of the South African Exchange Control Regulation and Article 8(2)(b) of the IMF Agreement, 4 IJPL 406 (2011)
MUSE-FISHER, Starving the Vultures: NML Capital v Republic of Argentina and Solutions to

the Problem of Distressed-Debt Funds, 102 CalLRev 1671 (2014)
D MUSSGNUG, Die Reichsfluchtsteuer 1931–1953 (1993)
NAKANIMA, Parallel Universes of Investment Protection? A Divergent Finding on the Definition of Investment in ICSID Arbitration on Greek Sovereign Debt, ICSID Case LRev 15 (2016) 472
NASTANSKY/STROHE, Die Ursachen der Finanz- und Bankenkrise im Lichte der Statistik (2009)
NELSON, Towards the Increased International Mobility of Capital Under the Articles of Agreement of the International Monetary Fund, 5 Yale Studies in World Public Order 1 (1979)
NETTESHEIM, Unternehmensübernahmen durch Staatsfonds: Europarechtliche Vorgaben und Schranken, ZHR 172 (2008) 729
B NEUMANN, Das genuine link-Kriterium – Ein zusätzliches ungeschriebenes Merkmal in Art XV Abs 5 S 2 des deutsch-(US)amerikanischen Handelsvertrages (2006)
N NEUMANN, Internationale Handelsembargos und privatrechtliche Verträge (2001)
NEVE, NML Capital, Ltd v The Republic of Argentina: An Alternative to the Inadequate Remedies Under the Foreign Sovereign Immunities Act, 39 NCJIntL & ComReg 631 (2014)
NICITA, Exchange Rates, International Trade and Trade Policies (2013)
NIELSEN, EU PIL and Denmark 2019, IPRax 2019, 449
NIYONZIMA, La clause de monnaie étrangère dans les contrats internationaux (1991)
NODOUSHANI, Die Restrukturierung von Staatsanleihen im Euroraum, WM 2012, 1798
NOTE, Too Sovereign to Be Sued: Immunity of Central Banks in Times of Financial Crisis, 124 HarvLRev 550 (2010)
OECD, COVID-19 and Global Capital Flows, 3 July 2020 (abrufbar unter http://www.oecd.org/coronavirus/policy-responses/covid-19-and-global-capital-flows-2dc69002/)
OELOFSE, Suid-Afrikaanse Valutabeheerwetgewing (1991)
OESCH, Schweiz – Europäische Union: Grundlagen, Bilaterale Abkommen, Autonomer Nachvollzug (2. Aufl 2025)
OESCH/NAEF, EU-Grundrechte, der EuGH und die Schweiz, ZSR 2017, 117
OESTERHELT, Bedeutung der Kapitalverkehrsfreiheit für die Schweiz. Erkenntnisse aus kürzlich ergangenen Urteilen des EuGH zu Art 56 EG-Vertrag, ST 2008, 256
OHLER, Der Staatsbankrott, JZ 2005, 590
ders, Die Kapitalverkehrsfreiheit und ihre Schranken, WM 1996, 1801
ders, Europäische Kapital- und Zahlungsverkehrsfreiheit. Kommentar zu den Artikeln 56–60 EGV, der Geldwäscherichtlinie und Überweisungsrichtlinie (2002)
OKOLI, Place of Performance: A Comparative Analysis (2020)
OLIVARES-CAMINAL, To Rank Pari Passu Or Not To Rank Pari Passu: That Is the Question in Sovereign Bonds After the Latest Episode of the Argentine Saga, 15 BusLRevAm 745 (2009)
OLMOS GIUPPONI, ICSID Tribunals and Sovereign Debt Restructuring-Related Litigation: Mapping the Further Implications of the Alemanni Decision, 30 ICSID Rev 556 (2015)
OMLOR, Geldprivatrecht (2014)
ders, Echtzeitüberweisung und Empfängerüberprüfung nach der reformierten SEPA-Verordnung, NJW 2024, 3478
ORTINO, GATT, in: The Oxford Handbook on International Trade Law (2009) 129
PACZOS/SHAKHNOV, Sovereign Risk After COVID-19: Don't Forget Domestic Debt, VoxEU. org 24 September 2020
PAJUNK, Die Bedeutung und Reichweite der Kapitalverkehrs- und Dienstleistungsfreiheit des EG-Vertrages (1999)
PALM, Beitritte zum Internationalen Währungsfonds – Positionsverschlechterung für deutsche Unternehmen?, RIW 1990, 485
PAUKNEROVÁ, Eingriffsnormen im tschechischen Internationalen Privatrecht, in: FS Sonnenberger (2004) 575
dies, Mandatory Rules and Public Policy in International Contract Law, ERA Forum 11 (2010) 29
C PAULUS, A Statutory Procedure for Restructuring Debts of Sovereign States, RIW 2003, 401
ders, Geordnete Staateninsolvenz – eine Lösung mit Hilfe des Vertragsrechts, ZIP 2011, 2433
ders, Konturen eines modernen Insolvenzrechts –

Überlappung mit dem Gesellschaftsrecht, DB 2008, 2523
ders, Schritte auf dem Weg zu einem Resolvenzrecht für zahlungsunfähige Staaten, WM 2015, 953
ders, Staatsschulden – Covid-19 – Pleite. Was bedeutet Schulden heute?, in: FS Ebke (2021) 779
ders, The Evolution of the „Concept of Odious Debts", ZaöRV 68 (2008) 391
C Paulus/Tirado, Ein Arrangement mit dem Faktischen: Das „Resolvenzverfahren" und das Crisis Management Framework Eurozone, in: Ebke/Seagon/Blatz (Hrsg), Refinanzieren statt Sanieren? – Unternehmen und Staaten in der Krise (2014) 123
D Paulus, Anmerkung zu BGH v 24. 2. 2015 – XI ZR 193/14, EWiR 2015, 297
Peter/de Kuyper/de Candolle, Arbitration and Renegotiation of International Investment Agreements (2. Aufl 1995)
Pfeiffer, Neues Internationales Vertragsrecht – Zur Rom-I-Verordnung, EuZW 2008, 622
ders, Zahlungskrisen ausländischer Staaten im deutschen und internationalen Rechtsverkehr, ZVerglRW 102 (2003) 141
Pfeiffer/Kopp, Der Immunitätsverzicht in Staatsanleihen und seine Reichweite, ZVerglRW 102 (2003) 563
Pickerill, Das Marblegate-Urteil und die Restrukturierung von Anleihen nach dem Recht von New York – Mögliche Auswirkungen auf deutsche Emittenten von Unternehmensanleihen, RIW 2017, 487
Pilz/Dittmann, Die Europäische Wirtschafts- und Währungsunion am Scheideweg – Essentialia eines ständigen robusten Krisenmechanismus, DÖV 2011, 438
Pirrung, EuGH und internationale Investitionsschieds)gerichtsbarkeit, in: FS Kronke (2020) 1507
Pisskalla, Goldene Aktien aus EG-rechtlicher Sicht: Eine Untersuchung staatlicher und privater Sonderrechte in Wirtschaftsgesellschaften unter besonderer Berücksichtigung der Kapitalverkehrsfreiheit (2006)
Poelzig/Bärnreuther, Die Folgen des Brexit im Finanzmarktrecht, in: Baldus/Schmidt-Kessel/Kramme (Hrsg), Brexit – Privat- und wirtschaftsrechtliche Folgen (2. Aufl 2020) 365
Poelzig/Kläsener, Phänomenologie und zivilrechtliche Einordnung von Kryptowährungen und anderen Kryptowerten, ZVerglRW 122 (2023) 252
Pötting, Die Beachtung forumsfremder Eingriffsnormen bei vertraglichen Schuldverhältnissen nach europäischem und Schweizer IPR – Eine vergleichende Betrachtung (2012)
Potacs, Devisenbewirtschaftung. Eine verfassungs- und verwaltungsrechtliche Untersuchung unter Berücksichtigung des Völker- und Europarechts (1991)
Power, Sovereign Debt: The Rise of the Secondary Market and Its Implications for Future Restructurings, 64 FordhamLRev 2701 (1996)
Prütting/Wegen/Weinreich (Hrsg), BGB Kommentar (20. Aufl 2025)
PWC, Bekämpfung der Geldwäscherei und der Terrorfinanzierung in der Schweiz (4. Aufl 2016)
Qin, Eingriffsnormen im Recht der Volksrepublik China und das neue chinesische IPR-Gesetz, IPRax 2011, 603
Raffer, Finanzkrise und Staatsinsolvenzen: Marktlösung statt Spekulantensubvention, ZFAS 4 (2011) 387
Rakers, Die rechtlichen Herausforderungen der Echtzeitüberweisung (2023)
Rathke, Der Europäische Stabilitätsmechanismus – Stabilitätshilfeverfahren, in: Hufeld/Ohler [Hrsg], Europäische Wirtschafts- und Währungsunion (2022) 655
Rauscher, Internationales Bereicherungsrecht bei Unklagbarkeit gemäß Art VIII Abs 2(b) IWF-Abkommen, in: FS W Lorenz (1991) 471
ders, Internationales Privatrecht (5. Aufl 2017)
Rautner, Der Staatsbankrott im Völkerrecht unter besonderer Berücksichtigung der Menschenrechte (Diss Universität Graz, 2010)
Reimer, Staatenimmunität und Staatsverschuldung. Hoheitliche Zwangsrestrukturierung ausländischer Staatsanleihen vor nationalen Gerichten (2020)
Reiner, Derivative Finanzinstrumente im Recht (2002)
Reinhart, Eingriffsnormen im Schweizer Arbeitsprivatrecht (2024)
Reinhuber, Grundbegriffe und internationaler Anwendungsbereich von Währungsrecht (1995)
Reinisch, Debt Restructuring and State Re-

sponsibility Issues, in: CARREAU/SHAW (Hrsg), La dette extérieure/The External Debt (1995) 537
ders, Sachverständigengutachten zur Frage des Bestehens und der Wirkung des völkerrechtlichen Rechtfertigungsgrundes „Staatsnotstand“, ZaöRV 68 (2008) 3
ders, State Insolvency – Consequences and Obligations Under Investment Treaties – Comment, in: HOFMANN/TRAMS (Hrsg), The International Convention on the Settlement of Investment Disputes (ICSID) – Taking Stock after 40 Years (2007) 175
ders, State Responsibility for Debts, International Law Aspects of External Debt and Debt Restructuring (1995)
REITHMANN/MARTINY, Internationales Vertragsrecht. Das internationale Privatrecht der Schuldverträge (9. Aufl 2021)
RHODE, Freier Kapitalverkehr in der Europäischen Gemeinschaft (1999)
ders, Wirtschafts- und Währungsunion und freier Kapitalverkehr, EWS 1999, 453
RIEDEL, Die Grundrechtsprüfung durch den EuGH – Systematisierung, Analyse und Kontextualisierung der Rechtsprechung nach Inkrafttreten der EU-Grundrechtecharta (2020)
RIEFFEL, Restructuring Sovereign Debt, The Case for Ad Hoc Machinery (2003)
RITSCHL, Fiscal Destruction: Confiscatory Taxation of Jewish Property and Income in Nazi Germany, LSE Economic History Working Papers No 297 (2019)
ROGERS, A Comment on the Extraterritorial Application of American Law in the 1990's, in: FS Großfeld (1999) 901
vROSENBERG/HILF/KLEPPE, Protektion statt offener Märkte?, DB 2009, 831
W-H ROTH, Drittstaatliche Eingriffsnormen und Rom I-Verordnung, IPRax 2018, 177
ders, Europäische Kollisionsrechtsvereinheitlichung, EWS 2011, 314
ders, Öffentliche Interessen im internationalen Privatrechtsverkehr, AcP 220 (2020) 458
ROY, Niederlassungsrecht und Kapitalverkehrsfreiheit in Polen, Tschechien und Ungarn – Die Auswirkungen der Europa-Abkommen auf die Tätigkeit der Kreditinstitute (2002)
RÜESCH, Neutralität oder Solidarität? Die Schweiz und die Bretton Woods-Institutionen 1944–1951, SchwJbPolWiss 19 (1993) 217
SADIKOV, Die Kodifikation des Internationalen Privatrechts Russlands, RabelsZ 67 (2003) 318
SÁINZ DE VICUÑA, The European Monetary Union as a Catalyst for the Integration of Financial Markets in Europe, 8 LawBusRevAm 37 (2002)
SALDA, The International Monetary Fund (1992)
SAMPLES, Rogue Trends in Sovereign Debt: Argentina, Vulture Funds, and Pari Passu Under New York Law, 35 NwJIntL & Bus 49 (2014)
SANDER, Case C-112/05, European Commission v Federal Republic of Germany, The Volkswagen Case and Art 56 EC – A Proper Result, Yet Also A Missed Opportunity?, 14 ColumJEurL 359 (2008)
ders, Höchststimmrechte und Kapitalverkehrsfreiheit nach der VW-Gesetz-Entscheidung – Psychologisiert der EuGH den Schutzbereich des Art 56 EG?, EuZW 2008, 33
SANDROCK, Argentiniens Zahlungsunfähigkeit im Juli 2014 und die Rechtsstellung seiner privaten Anleihegläubiger, RIW 2014, 703
ders, Drei Ergänzungen zu möglichen Ersatzansprüchen geschädigter deutscher privater Inhaber von griechischen Staatsanleihen, RIW 2013, 12
ders, Ersatzansprüche geschädigter deutscher Inhaber von griechischen Staatsanleihen, RIW 2012, 429
ders, Internationale Kredite und die Internationale Schiedsgerichtsbarkeit, WM 1994, 405 und 445
ders, Griechenland und Zypern in der Finanzkrise: die Rechtsstellung ihrer privaten Finanzinvestoren, RIW 2014, 16
ders, Is International Arbitration Inept to Solve Disputes Arising out of International Loan Agreements?, JIntArb 11 (1994) 33
ders, Nationaler und internationale Schutz von privaten Inhabern von Staatsanleihen gegenüber Schuldenschnitten, WM 2013, 393
ders, Schuldenschnitte fremder Staaten vor deutschen Gerichten, RIW 2016, 549
ders, Schuldenschnitte in Argentinien und Griechenland: Bisherige Erfahrungen und künftige Perspektiven, RIW 2015, 93
ders, The Case for More Arbitration When So-

vereign Debt Is To Be Restructured: Greece As An Example, 23 AmRevIntArb 507 (2012)
ders, Welches Kollisionsrecht hat ein internationales Schiedsgericht anzuwenden?, RIW 1992, 785 = SANDROCK, Internationales Wirtschaftsrecht in Theorie und Praxis (1995) 1
SAXER, Der Einfluss ausländischer Devisenkontrollvorschriften auf Verträge gemäß Art VIII Abs 2 lit b des IMF-Übereinkommens, in: FG Schweiz Juristentag 1994 (1994) 32
SCHACHT, Einheitlicher Euro-Zahlungsverkehrsraum, in: SCHACHT (Hrsg), Das neue Lastschriftrecht (2012) 44
SCHACHTSCHNEIDER, Grenzen der Kapitalverkehrsfreiheit, in: SCHACHTSCHNEIDER (Hrsg), Rechtsfragen der Weltwirtschaft (2002) 253
SCHÄFER/VOLLAND, Staatsfonds: Die Kontrolle ausländischer Investitionen auf dem Prüfstand des Verfassungs-, Europa- und Welthandelsrechts, EWS 2008, 166
SCHARF, Die Kapitalverkehrsfreiheit gegen Drittstaaten (2008)
SCHEFOLD, Moratorien ausländischer Staaten und ausländisches Devisenrecht, IPRax 2007, 313
SCHIER, Towards a Reorganisation System for Sovereign Debt – An International Law Perspective (2007)
SCHIFFER, Normen ausländischen öffentlichen Rechts in internationalen Handelsschiedsverfahren (1990)
SCHILL, Auf zu Kalypso? Staatsnotstand und Internationales Investitionsschutzrecht, SchiedsVZ 2007, 178
ders, Der völkerrechtliche Staatsnotstand in der Entscheidung des BVerfG zu Argentinischen Staatsanleihen – Anachronismus oder Avantgarde?, ZaöRV 68 (2008) 45
ders, Enabling Private Ordering: Function, Scope and Effect of Umbrella Clauses in International Investment Treaties, 18 MinnJIntL 1 (2009)
ders, From Calvo to CMS: Burying an International Law Legacy – Argentina's Currency Reform in the Face of Investment Protection: The ICSID Case CMS v Argentina, SchiedsVZ 2005, 285
ders, Völkerrechtlicher Investitions- und Eigentumsschutz in der ICSID-Entscheidung TECMED, RIW 2005, 330
SCHLECHTRIEM/SCHWENZER/SCHROETER, Kommentar zum UN-Kaufrecht (CISG) (8. Aufl 2025)
SCHLICHTING/SCHIFFER, Staatsschuldenkrise Griechenlands (2013)
SCHMALENBACH, Die Digitalisierung des Zahlungswesens (2019)
SCHMERLER, Restructuring Sovereign Debt, in: SILKENAT/SCHMERLER (Hrsg), The Law of International Insolvencies and Debt Restructurings (2006) 431
K SCHMIDT, Devisenrecht, Kapitalaufbringung und Aufrechnungsverbot, ZGR 1994, 665
SCHNEIDER, Die Kapitalverkehrsfreiheit im Verhältnis zu Drittstaaten und ihre Auswirkung auf die Anerkennung ausländischer Gesellschaften (2018)
SCHNYDER, Anwendung ausländischer Eingriffsnormen durch Schiedsgerichte: Überlegungen zu einem Grundsatzentscheid des Schweizer Bundesgerichts, RabelsZ 59 (1995) 293
ders, Eingriffsnormen im Versicherungskollisionsrecht des Fürstentums Liechtenstein, in: Liber amicorum Brehm (2012) 405
ders, Vertragsstatut und Eingriffsnormen in der internationalen Schiedsgerichtsbarkeit der Schweiz, in: FS Bucher (2009) 683
ders, Wirtschaftskollisionsrecht (1990)
SCHÖN, Der Kapitalverkehr mit Drittstaaten und das internationale Steuerrecht, in: FS Wassermeyer (2005) 489
ders, Grundfreiheiten und internationales Gesellschaftsrecht, in: FS Reichert (2026) 1111
SCHORN, Neue EU-Regeln zur Bekämpfung von Geldwäsche, DB 2024, M4
SCHREINER, Die Zahlungsverkehrsfreiheit des EG-Vertrages (2010)
SCHROETER/KRÄMER, Anmerkung zu BGH v 24. 2. 2015 – XI ZR 193/14, LMK 2015, 370161
SCHÜCKING, Das Internationale Privatrecht der Banken-Konsortien, WM 1996, 281
SCHÜTZE, Devisen- und Embargobestimmungen in der notariellen Praxis, BWNotZ 1992, 170
SCHUHMACHER, Zur Kapitalverkehrsfreiheit EG/Schweiz: Inländergleichbehandlung beim Immobilienerwerb nur bei natürlichen Personen, wbl 24 [2010] 136
SCHULZE, Die Naturalobligation. Rechtsfigur und Instrument des Rechtsverkehrs einst und

heute – zugleich Grundlegung einer zivilrechtlichen Forderungslehre (2008)
SCHURIG, Anmerkung zu OGH 30. 9. 1992, ÖBA 1994, 645
ders, Zwingendes Recht, „Eingriffsnormen“ und neues IPR, RabelsZ 54 (1990) 217
SCHURR/LAYR, Emission und Übertragung im internationalen Privatrecht Liechtensteins und der Schweiz, ZVerglRW 121 (2022) 32
SCHWANDER, Sonderanknüpfung? Sonderanknüpfungen und „Sonderanknüpfungen“!, in: FS Schnyder (2018) 315
SCHWARZER/LIST (Hrsg), Das österreichische Devisenrecht mit einem historischen Überblick über die österreichische Devisenbewirtschaftung, dem Devisengesetz, den Kundmachungen zum Devisengesetz und einschlägigen EG-Richtlinien (2. Aufl 1992)
SCHWEISS, Die Wirtschafts- und Währungsunion und der Internationale Währungsfonds (2016)
SCHWEMMER, Das Tokensachstatut: Zur kollisionsrechtlichen Behandlung der Übertragung von Bitcoin, Kryptowertpapieren und anderen Kryptotoken, IPRax 2022, 331
SEDEMUND, Die mittelbare Wirkung der Grundfreiheiten für in Drittstaaten ansässige Unternehmen nach den EuGH-Urteilen Fidium Finanz AG und Cadbury Schweppes, BB 2006, 2781
SEITZ, Umschuldungsklauseln (Collective Action Clauses) in Staatsanleihen des europäischen Währungsraums (2014)
SERVAIS, Ein europäischer Finanzraum (3. Aufl 1995)
SESTER, Argentinische Staatsanleihen: Schicksal der „Hold Outs“ nach Wegfall des Staatsnotstands, NJW 2006, 2891
ders, Beteiligung von privaten Investoren an der Umschuldung von Staatsanleihen im Rahmen des European Stability Mechanism (ESM), WM 2011, 1057
ders, Die Rolle der EZB in der europäischen Staatsschuldenkrise, EWS 2012, 80
ders, Transparenzkontrolle von Anleihebedingungen nach Einführung des neuen Schuldverschreibungsrechts, AcP 209 (2009) 628
SEUSS, Exterritoriale Geltung von Devisenkontrollen. Art VIII 2 b) S 1 des Übereinkommens über den Internationalen Währungsfonds (1991)
SHEN, Is SAFE Safe Now? – Foreign Exchange Regulatory Control Over Chinese Outbound and Inbound Investments and a Political Economy Analysis of Policies, 11 JWorldInvestm & Trade 227 (2010)
SIEBEL, Rechtsfragen Internationaler Anleihen (1997)
SIEGEL, Legal Aspects of the IMF/WTO Relationship: The Fund's Articles of Agreement and the WTO Agreement, 96 AmJIntL 561 (2002)
SIEHR, Das Internationale Privatrecht der Schweiz (2002)
ders, Internationales Privatrecht. Deutsches und europäisches Kollisionsrecht für Studium und Praxis (2001)
SIGURGEIRSDÓTTIR/WADE, From Control by Capital to Control of Capital: Iceland's Boom and Bust, and the IMF's Unorthodox Rescue Package, 22 RevIntPolEcon 103 (2014)
SILKENAT, The Restatement and International Monetary Law: The Practitioner's Perspective, in: EBKE/NORTON/BALCH (Hrsg), Commentaries on the Restatement (Third) of the Foreign Relations Law of the United States (1992) 271
SIMMONS, Money and the Law: Why Comply with the Public International Law of Money?, 25 YaleLJ 323 (2000)
dies, The Legalization of International Monetary Affairs, 54 Int'l Org 573 (2000)
SIMON/CRAWFORD, The Impact of The Republic of Argentina v NML Capital, Ltd: Why the Supreme Court's Ruling Against Argentina Avoided a Host of Unintended, Negative Consequences, 30 MdJIntL 55 (2015)
SKAURADSZUN, Das Internationale Privatrecht der Kryptowerte, elektronischen Wertpapiere und Kryptowertpapiere, ZfPW 2022, 56
SMEETS/HERZBERG, Staatliche Insolvenz in einer Währungsunion, Aussenwirtschaft 65 (2010) 379
SOBEL, Strengthening Collective Action Clauses: Catalysing Change – The Back Story, 11 CapMktLJ 3 (2016)
SONG, Between Scylla and Charybdis: Can a Plea of Necessity Offer Safe Passage to States in Responding to an Economic Crisis Without Incurring Liability to Foreign Investors?, 19 AmRevIntArb 235 (2008)
SPANNUTH, Rückerstattung Ost – Der Umgang der DDR mit dem „arisierten“ Eigentum der Ju-

den und die Rückerstattung im wiedervereinigten Deutschland (2007)
SPIES, Die Kapitalverkehrsfreiheit in Konkurrenz zu den anderen Grundfreiheiten (2015)
STEINFORT, Entsenderechte in den Aufsichtsrat im europäischen Kontext – Privatautonome aktienrechtliche Bestellungskompetenz im Lichte des Übernahmerechts und der Kapitalverkehrsfreiheit (2015)
STEINHAUER, Die Auslegung, Kontrolle und Durchsetzung mitgliedstaatlicher Pflichten im Recht des Internationalen Währungsfonds und der Europäischen Gemeinschaft (1997)
STIGLITZ/RASHID, How to Prevent the Looming Sovereign Debt Crisis, VoxEU.org 3 August 2020
STOBER/PASCHKE (Hrsg), Deutsches und Internationales Wirtschaftsrecht (2. Aufl 2012)
STROBEL, Die Verordnungsentwürfe zum digitalen Euro und zu gesetzlichen Zahlungsmitteln, ZIP 2024, 377
STÖBENER DE MORA, Das Achmea-Urteil zum Intra-EU-Investitionsschutz – Die Auswirkungen und die Notwendigkeit eines EU-weiten Schutzmechanismus, EuZW 2018, 363
STORCK, Anmerkung zu BGH v 24. 2. 2015 – XI ZR 193/14, DB 2015, 1277
SZODRUCH, Staateninsolvenz und private Gläubiger. Rechtsprobleme des Private Sector Involvement bei staatlichen Finanzkrisen im 21. Jahrhundert (2008)
ders, State Insolvency – Consequences and Obligations Under Investment Treaties, in: HOFMANN/TAMS (Hrsg), The International Convention on the Settlement of Investment Disputes (ICSID) – Taking Stock after 40 Years (2007) 141
TAMIRISA, Exchange and Capital Controls as Barriers to Trade, 46 IMF EconRev 69 (1999)
TERLAU, Die zweite Zahlungsdienstrichtlinie – zwischen technischer Innovation und Ausdehnung des Aufsichtsrechts, ZBB 2016, 122
THODE, Devisenkontrakt bei internationaler Kapitalübertragung, WuB VII B 2.-1.94
THODE/WENNER, Internationales Architekten- und Bauvertragsrecht (1998)
THORN, Eingriffsnormen, in: FERRARI/LEIBLE (Hrsg), Ein neues Internationales Vertragsrecht für Europa – Der Vorschlag für eine Rom I-Verordnung (2007) 129
THORSTENSEN/MÜLLER/RAMOS, Exchange Rate Measures: Who Judges The Issue – IMF or WTO?, 18 JIntEconL 117 (2015)
THORSTENSEN/RAMOS/MÜLLER, The „Missing Link" Between the WTO and the IMF, 16 JIntEconL 353 (2013)
TIETJE, Bilaterale Investitionsverträge zwischen EU-Mitgliedstaaten (Intra-EU-BITs) als Herausforderung im Mehrebenensystem des Rechts (2011)
ders, Die Argentinienkrise aus rechtlicher Sicht: Staatenanleihen und Staateninsolvenz (2005)
ders, Internationales Investitionsschutzrecht im Spannungsverhältnis von staatlicher Regelungsfreiheit und Schutz wirtschaftlicher Individualinteressen (2010)
TIETJE/KLUTTIG, Beschränkungen ausländischer Unternehmensbeteiligungen und -übernahmen (2008)
TIETJE/SZODRUCH, Staatsnotstand bei Staateninsolvenz – Individualrechte und Gemeinwohlbelange im transnationalen Wirtschaftsrecht, ZBB 2007, 498
THOLE, Klagen geschädigter Privatanleger gegen Griechenland vor deutschen Gerichten?, WM 2012, 1793
A TOBLER, Die Schweiz in den Bretton-Woods-Institutionen: Einfluss, Nutzen und Kompetenzteilung in der Bundesverwaltung, Die Volkswirtschaft 5-2004, 59
S TOBLER, MiCAR– Höhenflug oder unsanfte Landung für Schweizer Krypto-Anbieter?, EuZ 4/2023, 45
TOMZ, Reputation and International Cooperation: Sovereign Debt Across Three Centuries (2007)
TRAUTMANN, Europäisches Kollisionsrecht und ausländisches Recht im nationalen Zivilverfahren (2011)
TRUDER, Grundsatzfragen des ZaDiG infolge der ZDRL II – Einbeziehung von FinTechs in den Anwendungsbereich der PSD II (2019)
TSCHINDER, Die Entziehung jüdischen Vermögens im Nationalsozialismus (jur. Magisterarbeit, Universität Linz 2023)
TURCHI, Restructuring a Sovereign Bond Pari Passu Work-Around: Can Holdout Creditors

Ever Have Equal Treatment?, 83 FordhamLRev 2171 (2015)
Tykshow, Informal Foreign Affairs Formalism: The Act of State Doctrine and the Reinterpretation of International Comity, 43 VaJIntL 275 (2002)
UNCTAD, Capital Account Regulations and Global Economic Governance: The Need for Policy Space, UNCTAD Policy Brief No 28 (Nov 2013)
UNCTAD, From the Great Lockdown to the Great Meltdown: Developing Country Debt in the Time of COVID-19 (2020)
UNCTAD, Investment Policy Monitor Issue 22: Latest Trends in Investment Policy Measures and International Investment Agreements (20 Dec 2019)
UNCTAD, Managing Capital Inflows to Reduce Resource Transfer from Developing to Developed Countries, UNCTAD Policy Brief No 76 (Dec 2019)
UNCTAD, Transfer of Funds (2000)
UNCTAD/OECD, Twenty-third Report on G20 Investment Measures (29 June 2020)
Unteregge, Ausländisches Devisenrecht und internationale Kreditverträge (1991)
Usenko, Problemy eksterritorialnogo deistvija nazionalnogo sakona [Probleme der extraterritorialen Geltung von nationalen Gesetzen], MŽMP 1996, 13
Usher, The Evolution of the Free Movement of Capital, FordhamIntLJ 31(2008) 1533
Usoikin, Valjutnye sdelki, lišennye iskovoi siky [Unklagbare Devisengeschäfte], Zakonodatel'stvo 8/2001, in: Garant (elektronische Ausgabe) 1
van der Beck, Schiedsgerichtlicher Investitionsschutz innerhalb der Europäischen Union: Zu den Implikationen der „Achmea"-Entscheidung des EuGH (2022)
van Houtte, The Law of International Trade (1995)
Vischer, Geld- und Währungsrecht im nationalen und internationalen Kontext (2010)
ders, Zur Stellung der Anleihensgläubiger bei Zahlungsunfähigkeit des Schuldnerstaates, SZIER/RSDIE 21 (2011) 243
Vischer/Huber/Oser, Internationales Vertragsrecht (2. Aufl 2000)
Visvizi, The Crisis in Greece and the EU-IMF Rescue Package: Determinants and Pitfalls, Acta oeconomica 62 (2012) 15
Viterbo, International Economic Law and Monetary Measures: Limitations to States' Sovereignty and Dispute Settlement (2012)
dies, International Monetary Fund (3. Aufl 2019)
dies, La ristrutturazione del debito sovrano greco allo scrutinio della Corte europea dei diritti umani: nessuna tutela per i piccoli investitori, 11 Diritti umani e diritto internazionale 294 (2017)
dies, Sovereign Debt Restructuring: The Role and Limits of Public International Law (2020)
dies, Supranational Creditors: A Threat to the Equal Status of Bondholders?, 10 CapMktLJ 193 (2015)
dies, The Enforcement of Extraterritorial Sanctions, in: Ruys/Ryngaert/Silvestre (Hrsg), The Cambridge Handbook of Secondary Sanctions and International Law (2024) 287
dies, The Impact of Sovereign Debt on EU Monetary Affairs, in: Cottier/Lastra/Tietje (Hrsg), The Rule of Law in Monetary Affairs (2014) 232
dies, The Return of Capital Controls as Emergency Tools to Counter Financial Crises. Iceland's Capital Controls and the Constraints Imposed by the EEA Agreement, 6 CapMktLJ 214 (2011)
dies, The Role of the Paris and London Clubs: Is It Under Threat?, in: Waibel (Hrsg), The Legal Implications of Global Financial Crises (2020) 295
Viterbo/Cisotta, La crisi del debito sovrano e gli interventi dell'UE: dai primi strumenti finanziari al Fiscal Compact, Diritto dell'Unione europea 2012, 325
dies, La crisi della Grecia, l'attacco speculativo all'euro e le risposte dell'Unione europea, Diritto dell'Unione europea 2010, 961
Völker, Zur Dogmatik des ordre public. Die Vorbehaltsklauseln bei der Anerkennung fremder gerichtlicher Entscheidungen und ihr Verhältnis zum ordre public des Kollisionsrechts (1998)
Vogel, Drittstaatliche zwingende Normen im internationalen Vertragsrecht (1993)
Voser, Die Theorie der lois d'application immédiate im Internationalen Privatrecht. Unter-

suchung zur zwingenden Anwendung von Bestimmungen des schweizerischen Rechts gemäss Art 18 IPRG (1993)
VOSSESTEIN, Volkswagen: The State of Affairs of Golden Shares, General Company Law and European Free Movement of Capital, EurComp&FinLR 5 (2008) 115
WAAG, Die Lehman Brothers Pleite und ihre Folgen (2011)
WACLAWIK, Die Verbindlichkeit von Devisenterminvereinbarungen (2000)
WAIBEL, Bit by Bit: The Silent Liberalization of the Capital Account, in: Essays in Honour of Christoph Schreuer (2009) 506
ders, Opening Pandora's Box: Sovereign Bonds in International Arbitration, 101 AmJIntL 711 (2007)
ders, Sovereign Debt Before International Courts and Tribunals (2008)
ders, Staateninsolvenzen in historischer Sicht, in: KODEK/REINISCH (Hrsg), Staateninsolvenz (2011) 55
WALCHSHÖFER, Die Abweisung einer Klage als „zur Zeit" unzulässig oder unbegründet, in: FS Schwab (1990) 521
WANG/HSIEH, Cryptocurrency Is New Vogue: A Reflection on Money Laundering Prevention, 37 SecurityJ 25 (2024)
WEBER, Die Geschichte der österreichischen Nationalbank von 1938 bis 1979, Teil 3 Bd 2 (2019)
WEBER/SCHALAST, Handlungsspielräume von Staatsfonds in Deutschland (2009)
WEBERLING, Die griechische Staatsschuldenkrise und private Gläubiger (2023)
WEGEN, 2(b) or Not 2(b): Fifty Years of Questions – The Practical Implications of Article VIII Section 2(b), 62 FordhamLRev 1931 (1994)
WEGEN/M J MÜLLER, Artikel VIII Abschnitt 2 (b) des Übereinkommens über den Internationalen Währungsfonds und die Vollstreckung von Schiedssprüchen und ausländischen Entscheidungen, in: FS Ebke (2021) 1047
WEI/ZHANG, Collateral Damage: Exchange Controls and International Trade, 26 JIntMoney&Fin 841 (2007)
WEIDEMAIER, Restructuring Euro Area Sovereign Debt: Have the Options Narrowed?, 6 JFinReg 125 (2020)
WEIDEMAIER/GULATI, A People's History of Collective Action Clauses, 54 VaJIntL 51 (2013)
WEIDINGER, Kryptowerte in der Insolvenz: Technische Grundlagen, Privatrecht, Exekutions- und Insolvenzrecht, 2023
M WELLER, Persönliche Leistungen (2013)
M WELLER/WALTER, Kurzer Prozess – Neues zur Zulässigkeit von Anlegerklagen gegen den griechischen Schuldenschnitt, zugleich Besprechung von EuGH, Urt. v 15. 11. 2018, Rs C-308/17, und öOGH, Beschl. v 22. 1. 2019 – 10 Ob 103/18x, BKR 2019, 123
M-P WELLER, Ausländische Staatsfonds zwischen Fusionskontrolle, Außenwirtschaftsrecht und Grundfreiheiten, ZIP 2008, 857
ders, Die Vertragstreue: Vertragsbindung – Naturalerfüllungsgrundsatz – Leistungstreue (2009)
ders, Die Grenze der Vertragstreue von (Krisen-)Staaten – Zur Einrede des Staatsnotstands gegenüber privaten Anleihegläubigern (2013)
M-P WELLER/GROTZ, Staatsnotstand bei Staatsanleihen – Zugleich Besprechung von BGH, Urteil v 24. 2. 2015 – XI ZR 192/14, JZ 2015, 989
WENDEHORST, Kryptowerte und anwendbares Recht, in: WELSER (Hrsg), Buchgeld und Bargeld, Bd II (2020) 11
WENDELSTEIN, Der Handel von Kryptowährungen aus der Perspektive des europäischen Internationalen Privatrechts, RabelsZ 86 (2022) 644
WENGERT, Schuldrecht der Kryptowährungen (2024)
WERNER, Der Streit um das VW-Gesetz: Wie Europäische Kommission und Europäischer Gerichtshof die Unternehmenskontrollen liberalisieren (2013)
WESS, Drittstaatenregulierung im Finanzdienstleistungsrecht der EU und ihre Auswirkung auf die Schweiz (2020)
WIESMANN, Staateninsolvenzen vor Gericht (2020)
WILKENS, Eingriffsnormen im Gesamtsystem der internationalen privaten Schiedsgerichtsbarkeit: Interessen, Einflussnahme und mögliche Konsequenzen für die Zukunft (2012)
vWILMOWSKY, Freiheit des Kapital- und Zahlungsverkehrs, in: EHLERS (Hrsg), Europäische Grundrechte und Grundfreiheiten (2. Aufl 2005) 343

Witte, Greek Bond Haircut: Public and Private International Law and European Law Limits to Unilateral Sovereign Debt Restructuring, 9 ManchesterJIntL 307 (2012)
Wolff, Ausländische Staatsfonds und Staatliche Sonderrechte: Zum Phänomen „Sovereign Wealth Funds“ und zur Vereinbarkeit der Beschränkung von Unternehmensbeteiligungen mit Europarecht (2009)
Wong, NML Capital, Ltd v Republic of Argentina and the Changing Roles of the Pari Passu and Collective Action Clauses in Sovereign Debt Agreements, 53 ColumJTransnatL 396 (2015)
Wood, How the Greek Debt Reorganisation of 2012 Changed the Rules of Sovereign Insolvency, 14 BusLIntS 3 (2013)
Wu/Zhu, The Fundamentals of Digital Currency: Demystifying the Social Experiment of New Money (2024)
Wunderlich/Blaschke, Die Gewährleistung der Kapitalverkehrsfreiheit in Bezug auf Drittstaaten – Neuere Entwicklungen in der Rechtsprechung des EuGH, IStR 2008, 754
Wunsch, Legal Aspects of Exchange Control, 112 SALJ 405 (1995)
Yassari, Staatszerfall und Internationales Privatrecht, RabelsZ 82 (2018) 944
Yermack, Is Bitcoin a Real Currency? An Economic Appraisal, in: Chuen (Hrsg), Handbook of Digital Currency (2. Aufl 2024) 29
Yianni/de Vera, The Return of Capital Controls?, 73 Law & ContempProbs 357 (2010)
Zäch/Weber, Die Entwicklung des freien Kapitalverkehrs im Recht der Europäischen Gemeinschaft, in: FG Schweiz Juristentag 1994 (1994) 405
Zagaris, Trends in International Money Laundering from a US Perspective, 35 IntLaw 839 (2001)
Zahrte, Trends im Zahlungsdiensterecht, ZIP 2024, 542
Zamour, NML v Argentina and the Ratable Payment Interpretation of the *Pari Passu* Clause, 38 YaleJIntL 55 (2013)
Zentes/Glaab (Hrsg), GwG – Geldwäschegesetz, GeldtransferVO, relevante Vorgaben aus AO, KWG, StGB, VAG, ZAG (4. Aufl 2025)
Zeppenfeld, Allseitige Anknüpfung von Eingriffsnormen im Internationalen Wirtschaftsrecht (2001)
Zettelmeyer/Trebesch/Gulati, The Greek Debt Restructuring: An Autopsy, 75 EconPoly 513 (2013)
Zetzsche/Lehmann (Hrsg), Grenzüberschreitende Finanzdienstleistungen – Das Internationale Finanzmarkt-, Privat- und Zivilprozessrecht Deutschlands, Österreichs, der Schweiz und Liechtensteins (2018)
Ziegenhain, Extraterritoriale Rechtsanwendung und die Bedeutung des Genuine-Link-Erfordernisses: Eine Darstellung der deutschen und amerikanischen Staatenpraxis (1992)
Ziegler, Russische Kapitalverkehrs- und Kulturgüterschutzbestimmungen im deutschen Internationalen Privatrecht (2006)
Ziereis, Die Staatensukzession im Internationalen Privatrecht (2021)
Zimmer, Ausländisches Wirtschaftsrecht vor deutschen Zivilgerichten: Zur Unterscheidung zwischen einer normativen Berücksichtigung fremder zwingender Normen und einer bloßen Beachtung ihrer tatsächlichen Folgen, IPRax 1993, 65
A S Zimmermann, Kriegskollisionsrecht: Ein Beitrag zum international-privatrechtlichen Umgang mit Gebietseroberungen, RabelsZ 87 (2023) 465
C Zimmermann, A Contemporary Concept of Monetary Sovereignty (2013)
ders, Exchange Rate Misalignment and International Law, 105 AmJIntL 427 (2011)
ders, The Concept of Monetary Sovereignty Revisited, 24 EurJIntL 797 (2013)
Zoeller, Closing the Gold Window: The End of Bretton Woods as a Contingency Plan, 47 Politics & Society 3 (2019)
Zürn, Interessen und Institutionen in der internationalen Politik (1992)
Zwilling, Devisenstellen, in: Meinl/Zwilling, Legalisierter Raub: Die Ausplünderung der Juden im Nationalsozialismus durch die Reichsfinanzverwaltung in Hessen (2004) 403.

Systematische Übersicht

Alphabetische Übersicht

I. Begriff: Internationales Devisenrecht

Internationales Devisenrecht ist die Summe derjenigen Kollisionsnormen, die darüber bestimmen, ob und welche Beschränkungen des laufenden internationalen Zahlungsverkehrs bzw des internationalen Kapitalverkehrs von den Gerichten und Verwaltungsbehörden eines Landes anzuwenden bzw zu berücksichtigen sind (Ebke, IntDevR 35; ähnlich Soergel/vHoffmann [12. Aufl] Art 34 Rom I-VO Rn 133; Ellenberger/Bunte/Schefold, BankR-HdB [6. Aufl 2022], Bd II, § 100 Rn 30; Reithmann/Martiny/Thode [9. Aufl 2021] Rn 5.156; Ziegler 175; enger MünchKommBGB/Martiny Art 9 Anh II Rom I-VO Rn 1). 1

1. Art VIII Abschn 2(b) S 1 IWFÜ

Zu beachten ist in diesem Zusammenhang **Art VIII Abschn 2(b) S 1 des Übereinkommens über den Internationalen Währungsfonds** (IWFÜ) (zur deutschen Fassung s Rn 87), der zwischen den derzeit (Stand: 1. 1. 2026) 191, Rn 101) Mitgliedstaaten des Internationalen Währungsfonds (IWF) gilt (Rn 86 ff – zu den Regelungen des internationalen Zahlungs- und Kapitalverkehrs im Recht des IWF, der OECD, der WTO, des GATT und des GATS s Rn 81; zur Regelung des internationalen Zahlungs- und Kapitalverkehrs im Recht der EU s Rn 34 ff). Diese **„wahrlich globale" Bestimmung** (Ebke, in: FS Druey [2002] 99, 104; Ebke ZVerglRW 115 [2016] 299, 330 [„When we deal with article VIII, section 2(b) of the IMF Articles of Agreement, we deal with a judicial oak that has grown from little more than a legislative acorn"]; s auch Effros Law & BusRevAm 8 [2002] 9, 19 [„The provision has given rise to more cases and more discussion among legal scholars than any other provision in the Fund Articles"]; Lebedoff 11 FordhamIntLJ 684, 685 [1988] [„It is striking to note that a rather brief provision has resulted in such an extraordinary range of issues, judicial interpretation, and scholarly glosses"]; zweifelnd noch Mann 59 YaleLJ 421, 429–430 [1950]: „... one may doubt whether Art VIII § 2(b) will assume any major importance in legal practice". Seit Beginn des 21. Jahrhunderts ist die Zahl der Entscheidungen zu Art VIII Abschn 2(b) S 1 IWFÜ allerdings weltweit rückläufig – zu den Gründen s Mankowski, in: FS Ebke [2021] 631, 632; s auch Mann/Proctor [8. Aufl 2022] 414 Rn 15.34, die bezweifeln, „whether the provision continues to remain relevant in a world in which exchange control regulation generally is in retreat". Die Erfahrung lehrt aber, dass explodierende Staatsschulden [Rn 34], Finanz- und Bankenkrisen [Rn 33] und Pandemien [Rn 33] sehr schnell den Ruf nach Beschränkungen des internationalen Zahlungs- und Kapitalverkehrs zum Schutze nationaler Interessen, Institutionen und Zahlungsbilanzen auslösen können. Neue Anwendungsgebiete könnten sich für 2

Art VIII Abschn 2(b) S 1 IWFÜ außerdem aus der international verstärkten Bekämpfung von Geldwäsche und Terrorismusfinanzierung mittels devisenrechtlicher Vorschriften ergeben [Rn 33 und Rn 143 f]. Zur Legitimität von Kapitalverkehrskontrollen in Zeiten des Rückbaus der Globalisierung Mercurio/Buckley/Jiangyuan Fu IntCompLQ 70 [2021] 59; Bianchi/Lorenzoni 6 HbIntEcon 237 [2022]; monographisch Mercurio, Capital Controls and International Economic Law [2023] 3 ff) ist eine **vorrangige völkervertragliche Regelung** iSv **Art 3 Nr 2 EGBGB**, die, soweit sie reicht, dem **autonomen deutschen Internationalen Devisenrecht** (Rn 213 ff) vorgeht (Ebke, IntDevR 123 f; Ebke ZVerglRW 115 [2016] 299, 332 f [„Where article VIII, section 2[b] of the IMF Articles of Agreement applies, it preempts other statutory or judicially created rules of conflict of laws under national law"]; Wegen 62 FordhamLRev 1931, 1936 [1994] [„Thus, German law views section 2(b) as a conflict of laws rule that preempts rules for special statutory choice of law and general conflict of laws"]; Mann/Proctor [8. Aufl 2022] 390 f Rn 15.11; Lowenfeld 667).

2. Vergemeinschaftetes Kollisionsrecht

3 Das sekundäre Unionsrecht enthält in der **Rom I-VO** über das auf vertragliche Schuldverhältnisse anzuwendende Recht (Verordnung [EG] Nr 593/2008, ABl L 177 vom 4. 7. 2008, S 6) Normen, die darüber bestimmen, ob, inwieweit und wie devisenrechtlichen Eingriffsnormen des Forumstaates (Art 9 Abs 2 Rom I-VO – Rn 11 und 227) sowie solchen ausländischer Staaten (Art 9 Abs 3 S 1 Rom I-VO – Rn 228 ff) auf der Ebene grenzüberschreitender vertraglicher Schuldverhältnisse Wirkung verliehen werden kann (zu Einzelheiten Rn 222 ff). Fraglich ist, wie **Art VIII Abschn 2(b) S 1 IWFÜ** (Rn 1, 83 ff) sich in das **System der Rom I-VO** einfügt und welche Bedeutung insbesondere Art 9 Abs 3 S 1 Rom I-VO (Rn 228 ff) zukommt (der IWF-/EU-Mitgliedstaat Dänemark beteiligt sich nicht an der Annahme der Rom I-VO; für dänische Gerichte ist die Rom I-VO daher nicht bindend und anwendbar [MünchKommBGB/Martiny Art 1 Rn 3 Rom I-VO], umgekehrt wenden alle anderen Mitgliedstaaten die Rom I-VO im Verhältnis zu Dänemark genauso an wie gegenüber Drittstaaten [Ebke ZVerglRW 109 (2010) 397, 408]).

a) Ausgangspunkt: Art 25 Abs 1 Rom I-VO

4 Ausgangspunkt ist Art 25 Abs 1 Rom I-VO (für außervertragliche Schuldverhältnisse s Art 28 Abs 1 Rom II-VO). Diese Bestimmung regelt das Verhältnis von Kollisionsnormen für vertragliche Schuldverhältnisse in völkerrechtlichen Altverträgen der EU-Mitgliedstaaten zu dem „vergemeinschafteten", „verunionisierten" IPR (Mankowski, in: FS Ebke [2021] 631, 633; vHein, in: FS M Schröder [2012] 29), namentlich Art 9 Rom I-VO (Rn 222 ff). Gem **Art 25 Abs 1 Rom I-VO** bleiben internationale Übereinkommen, denen die Mitgliedstaaten bei Annahme der Rom I-VO angehören (weiter früher Art 21 EVÜ: „... Übereinkommen, denen ein Vertragsstaat angehört *oder angehören wird*") und die Kollisionsnormen für vertragliche Schuldverhältnisse enthalten, von der Rom I-VO **„unberührt"**. Dies gilt sowohl im Verhältnis der Mitgliedstaaten der Rom I-VO zueinander als auch für das Verhältnis eines Rom I-Mitgliedstaates zu Drittstaaten, und zwar auf Dauer (MünchKommBGB/Martiny Art 25 Rn 3 Rom I-VO mwNw). Art 25 Abs 1 Rom I-VO löst damit potenzielle Konflikte zwischen Kollisionsnormen in völkerrechtlichen Altübereinkommen der EU-Mitgliedstaaten und der Rom I-VO, indem „**Spezialabkommen** der **Vorrang vor dem Rom I-VO** eingeräumt wird, um deren Befolgung sicherzustellen und den Mitgliedstaaten zu erlauben, ihre bestehenden völkerrechtlichen Verpflichtungen einzuhalten" (Mankowski, in: FS Ebke [2021] 631, 633). Die **„safeguard"-** oder **„compatability"-Klausel** des Art 25 Abs 1 Rom I-VO soll „größtmögliche Konsistenz innerhalb der mitgliedstaatlichen Rechts-

ordnungen und deren jeweiligen völkervertraglichen Verpflichtungen gegenüber Drittstaaten gewährleisten“ (MANKOWSKI, in: FS Ebke [2021] 631, 633 f).

Art 25 Abs 1 Rom I-VO **erfasst** auch **Art VIII Abschn 2(b) S 1 IWFÜ**, auch wenn er in dem Verzeichnis der Kommission gem Art 26 Abs 2 Buchst a Rom I-VO (ABl EU 2010 C343/3 v 17. 12. 2010) nicht erwähnt ist (MANKOWSKI, in: FS Ebke [2021] 631, 634; iE ebenso MünchKommBGB/MARTINY Art 25 Rn 3 Rom I-VO; PWW/SEGGER-PIENING/REMIEN [19. Aufl 2024] Art 9 Rom I-VO Rn 48; MANN/PROCTOR [8. Aufl 2022] 387 Rn 15.04 Fn 11). Denn Art VIII Abschn 2(b) S 1 IWFÜ ist nach zutreffender (wenn auch bestrittener) Ansicht (auch) Kollisionsnorm (Rn 103). Dass Art VIII Abschn 2(b) S 1 IWFÜ **ausnahmsweise** aufgrund von **Art 351 Abs 1 AEUV** (zur Entwicklung und zur Funktion der eng auszulegenden Vorschrift s BGH 27. 7. 2023 – I ZB 43/22, openJur 2023, 7998 Rn 107–110; BGH 27. 7. 2023 – I ZB 75/22, openJur 2023, 8058 Rn 99–102; ebenso EuGH 14. 3. 2024 – C-516/22 *Kommission/UK*, ECLI: EU2024:231 Rn 81 [betr Art 54 ICSID-Übereinkommen] [„Art 351 Abs 1 AEUV ist ... eng auszulegen, damit die allgemeinen Regelungen der Unionsverträge nicht ausgehöhlt werden“]) hinter Art 9 Rom I-VO **zurückzutreten** hätte, um die in den Erwägungsgründen (zur rechtlichen Qualität von Erwägungsgründen in Unionsrechtsakten s nur EuGH 19. 6. 2014 – C-345/13 *Karen Millen Fashions*, ECLI:EU:C:2014:2013 Rn 31; EuGH 13. 9. 2018 – C-287/17 *Ceska pojistovna a s/ WCZ, spol S r o*, ECLI:EU:2018:707 Rn 33; EuGH 24. 11. 2005 – C-136/04 *Deutsches Milchkontor*, ECLI:EU:C:2005:716 Rn 32; aus dieser Rechtsprechung lässt sich schließen, dass bei der unionsrechtskonformen Auslegung die Erwägungsgründe jedenfalls nicht dazu herangezogen werden dürfen, um von den Bestimmungen des Unionsrechtsaktes abzuweichen; maßgeblich für die Auslegung und Anwendung des Rechtsaktes ist daher zuvörderst der normative Teil des Rechtsaktes) der Rom I-VO zum Ausdruck kommenden **Ziele** dieses Unionsrechtsaktes (insbesondere ErwG [6] [einheitliches Kollisionsrecht und Verhinderung von forum shopping], ErwG [11] [freie Rechtswahl], ErwG [16 S 1] [hohes Maß an Berechenbarkeit im Interesse der Rechtssicherheit], ErwG [23] [Schutz schwächerer Parteien vor einer nachteiligen Rechtswahl] und ErwG [37] [Schutz öffentlicher Interessen unter außergewöhnlichen Umständen]) nicht zu gefährden, lässt sich im Lichte der (zu Art 71 Brüssel I-VO ergangenen) Entscheidung der Großen Kammer des **EuGH** 4. 5. 2010 in der Rs C-533/08 (TNT/AXA) (ECLI:EU:C:2010:243 Rn 52; danach dürfen von den EU-Mitgliedstaaten mit Drittstaaten geschlossene Übereinkommen in den Beziehungen zwischen den EU-Mitgliedstaaten nicht entgegen den Zielen des Unionsrechts angewandt werden) **nicht begründen** (vgl MANKOWSKI, in: FS Ebke [2021] 631, 636 und 639). 5

Gleiches gilt nach der zu Art 7 Abs 1 Brüssel IIb-VO ergangenen Entscheidung des EuGH 6. 3. 2025 – C-395/23 *Anikovi*, ECLI:EU:C:2025:142 Rn 44. Art 351 Abs 1 AEUV bezweckt, „die Mitgliedstaaten vor Völkerrechtsbrüchen gegenüber Drittstaaten zu schützen, die durch den Vorrang des Unionsrechts bewirkt würden, und trägt damit der Maxime **‚pacta sunt servanda'** Rechnung“ (BGH 27. 7. 2023 – I ZB 43/22, openJur 2023, 7998 Rn 109; BGH 27. 7. 2023 – I ZB 75/22, openJur 2023, 8058 Rn 100 [beide das ICSID-Übereinkommen betreffend]). Art 351 Abs 1 AEUV hat insoweit allgemeine Tragweite, als dass er unabhängig von seinem Gegenstand für alle internationalen Übereinkünfte gilt, die sich auf die Unionsverträge auswirken können (EuGH 14. 3. 2024 – C-516/22 *Kommission/UK*, ECLI:EU2024:231 Rn 59 [betr Art 54 ICSID-Übereinkommen]). Diese Bestimmung ermächtigt die Mitgliedstaaten jedoch nicht, Rechte aus solchen Übereinkünften in den Beziehungen innerhalb der Union geltend zu machen (EuGH 14. 3. 2024 – C-516/22 *Kommission/UK*, ECLI:EU2024:231 Rn 61). 6

b) Folgen

7 Unbeschadet des grundsätzlichen **Vorrangs** des **Art VIII Abschn 2(b) S 1 IWFÜ** gem Art 25 Abs 1 Rom I-VO ist folgendes zu beachten: Art VIII Abschn 2(b) S 1 IWFÜ erfasst nach seinem Wortlaut **nicht forumeigenes Devisenrecht** (Rn 11); da Art VIII Abschn 2(b) S 1 IWFÜ in einem solchen Fall nicht angewandt werden will, kann Art 25 Abs 1 Rom I-VO aus Sicht eines IWF-/Rom I-/EU-Mitgliedstaates als Forumstaat nicht greifen (Mankowski, in: FS Ebke [2021] 631, 641 f, der zu Recht darauf hinweist, dass eine Anwendung allfälliger forumeigener Eingriffsnormen mit Hilfe des Art 9 Abs 2 Rom I-VO in Betracht kommen kann – dazu Rn 227). Gleiches gilt, wenn man mit dem BGH und der Rechtsprechung anderer wichtiger kapitalexportierender Staaten (zB Großbritannien und New York) der Ansicht ist, dass Art VIII Abschn 2(b) S 1 IWFÜ auf Beschränkungen des internationalen Kapitalverkehrs („exchange control regulations") bzw auf Geschäfte des internationalen Kapitalverkehrs (zB bedeutende langfristige Kreditverträge oder Staatsanleihen) nicht anwendbar ist (zu Einzelheiten Rn 83, 117 ff). Bei **forumfremden („ausländischen") Beschränkungen** des internationalen **Kapitalverkehrs** oder von internationalen **Kapitalverkehrsgeschäften** (Rn 148 f) greift Art 25 Abs 1 Rom I-VO aus Sicht eines dieser Ansicht folgenden IWF-/Rom I-/EU-Mitgliedstaates als Forumstaat also grundsätzlich ebenfalls nicht (was einem IWF-/Rom I-/EU-Mitgliedstaat als Forumstaat die Möglichkeit der Anwendung von Art 9 Abs 3 S 1 Rom I-VO [Rn 228 ff] und – zB jenseits der Erfüllungsortbeschränkungen des Art 9 Abs 3 S 1 Rom I-VO – des autonomen deutschen Internationalen Devisenrechts [Rn 213 ff] eröffnet).

8 Sofern – wie etwa im Falle Griechenlands und Zyperns (Rn 18, 76) – ein **Mitglied der Eurozone** ausnahmsweise zur Abwendung einer massiven Kapitalflucht, des Zusammenbruchs des Bankensystems oder eines drohenden Staatsbankrotts den internationalen Kapitalverkehr beschränkt und zeitweilig unionsrechtskonforme Kapitalverkehrskontrollen einführt (vgl Art 65 Abs 1 lit b Var 3 AEUV – Rn 70 ff), kommt Art VIII Abschn 2(b) S 1 IWFÜ jedenfalls in Deutschland als Forumstaat schon deshalb nicht zur Anwendung, weil nach der Rechtsprechung des BGH Geschäfte des internationalen Kapitalverkehrs und Kapitalverkehrsbeschränkungen („exchange control regulations") von Art VIII Abschn 2(b) S 1 IWFÜ nicht mehr erfasst werden (Rn 35, 117) – soweit durch die Maßnahme nicht „Zahlungen für laufende Geschäfte eingeschränkt oder Übertragungen von Mitteln zur Erfüllung von Verbindlichkeiten ungebührlich verzögert werden" (vgl Art V Abschn 3 IWFÜ – zust Lichtenstein EurYbIntEconL 2013, 3, 13); insoweit handelt es sich – jedenfalls nach hM – um Beschränkungen des internationalen Zahlungsverkehrs (Rn 126). Gleiches gilt für Kapitalverkehrsbeschränkungen durch EU-Mitgliedstaaten **außerhalb der Eurozone** (sog Mitgliedstaaten, für die eine Ausnahmeregelung gilt oder „Mitgliedstaaten mit Ausnahmeregelung", Art 139 Abs 1 AEUV – Rn 78).

9 Dagegen greift Art 25 Abs 1 Rom I-VO bei **forumfremden („ausländischen") Beschränkungen des internationalen Zahlungsverkehrs** aus Sicht eines IWF-/Rom I-/EU-Mitgliedstaates als Forumstaat ein. Denn solche Beschränkungen werden nach Ansicht sowohl des IWF als auch der Rechtsprechung deutscher Gerichte von Art VIII Abschn 2(b) S 1 IWFÜ grundsätzlich erfasst, sofern die tatbestandlichen Voraussetzungen dieser Norm erfüllt sind (Rn 166 ff). In solchen Fällen hat Art VIII Abschn 2(b) S 1 IWFÜ mithin Vorrang vor Art 9 Abs 3 S 1 Rom I-VO. Eine **Sperrwirkung** des Art 9 Abs 3 S 1 Rom I-VO (wonach einschränkend forumfremden devisenrechtlichen Eingriffsnormen nur solcher Staaten Wirkung verliehen werden kann, in denen die

durch den grenzüberschreitenden Vertrag begründeten Verpflichtungen erfüllt werden sollen oder erfüllt worden sind, und die die Erfüllung des Vertrages unrechtmäßig werden lassen – Rn 228), gegenüber dem insofern weiter reichenden Art VIII Abschn 2(b) S 1 IWFÜ (Rn 148 ff) lässt sich auch im Lichte der (zu Art 71 Brüssel I-VO ergangenen) Entscheidung der Großen Kammer des EuGH 4. 5. 2010 – C-533/08 *TNT/AXA*, ECLI: EU:C:2010:243 (Rn 5; danach dürfen von den EU-Mitgliedstaaten mit Drittstaaten geschlossene Übereinkommen in den Beziehungen zwischen den EU-Mitgliedstaaten nicht entgegen den Zielen des Unionsrechts angewandt werden) über Art 351 Abs 1 AEUV **nicht annehmen** (vgl Mankowski, in: FS Ebke [2021] 631, 639). Gleiches gilt nach der zu Art 7 Abs 1 Brüssel IIb-VO ergangenen Entscheidung des EuGH 6. 3. 2025 – C-395/23 *Anikovi*, ECLI:EU:C:2025:142 Rn 44 (Rn 6). Einen solchen Fall wird es im Übrigen zwischen EU-Mitgliedstaaten im Allgemeinen schon deshalb selten geben, weil gem Art 63–66 AEUV sowie Art 144 AEUV Beschränkungen des internationalen Zahlungsverkehrs nicht nur zwischen EU-Mitgliedstaaten und Drittstaaten, sondern auch zwischen EU-Mitgliedstaaten grundsätzlich verboten sind (vgl Rn 18, 65 ff). Deshalb fehlt es Art VIII Abschn 2(b) S 1 IWFÜ insofern grundsätzlich „schlichtweg an den Objekten für eine Sonderanknüpfung" (Mankowski, in: FS Ebke [2021] 631, 639 f). Soweit Beschränkungen des internationalen Zahlungsverkehrs nach EU-Recht ausnahmsweise zulässig sind und unionsrechtskonform angewandt werden, kann Art VIII Abschn 2(b) S 1 IWFÜ eingreifen, sofern die Voraussetzungen dieser Bestimmung erfüllt sind (Rn 113 ff).

3. Inländisches versus ausländisches Devisenrecht

Art VIII Abschn 2(b) S 1 IWFÜ, die Vorschriften des Art 9 Rom I-VO und das **10**
autonome deutsche Internationale Devisenrecht **unterscheiden** bei internationaldevisenrechtlichen Sachverhalten kollisionsrechtlich allesamt zwischen inländischem (Rn 52 ff) und ausländischem (Rn 85 ff) Devisenrecht.

II. Inländisches Devisenrecht

Inländisches zwingendes Devisenrecht (mit internationalem Geltungswillen) wird **11**
nach **Art 9 Abs 2 Rom I-VO** (Rn 227) – wie schon nach Art 34 EGBGB aF (Ebke, IntDevR 127) und Art 7 Abs 2 EVÜ (ABl L 266 v 9. 10. 1980, S 1 ff) – unabhängig von dem auf das vertragliche Schuldverhältnis anwendbaren Recht (Vertrags- oder Schuldstatut) angewandt, sofern alle Anwendungsvoraussetzungen der jeweiligen Vorschrift erfüllt sind und der Sachverhalt einen (gemeinschaftsrechtlich-autonom zu bestimmenden) hinreichend engen Bezug zu dem Staat des angerufenen Gerichts (Eingriffsstaat) hat (zu den früheren Versuchen von Rechtsprechung und Lehre, die schuldstatutsunabhängige Anwendung inländischen Devisenrechts zu begründen, s Ebke, IntDevR 134 ff; Lüderitz, IPR [2. Aufl 1992] 135 Fn 53; MünchKommBGB/Martiny Art 9 Anh II Rom I-VO Rn 5 ff). **Art VIII Abschn 2(b) S 1 IWFÜ** (Rn 86 ff) ist insoweit **nicht anwendbar**, weil Devisenrecht des Forumstaates nach heute ganz hM von dieser Bestimmung nicht erfasst wird (Rn 104; s Ebke, IntDevR 315; Mankowski, in: FS Ebke [2021] 631, 642; Ziegler 178; Ellenberger/Bunte/Schefold, BankR-HdB [6. Aufl 2022], Bd II, § 100 Rn 49; ebenso öOGH 30. 9. 1992 – 2 Ob 573/92, WBl 1993, 25 = ÖBA 1994, 641 [Schurig]). Entsprechendes wie nach Art 9 Abs 2 Rom I-VO für vertragliche Schuldverhältnisse gilt nach **Art 16 Rom II-VO** für außervertragliche Schuldverhältnisse: „Diese Verordnung berührt nicht die Anwendung der nach dem Recht des Staates des angerufenen Gerichts gel-

tenden Vorschriften, die ohne Rücksicht auf das für das außervertragliche Schuldverhältnis maßgebende Recht den Sachverhalt zwingend regeln" (dazu MünchKommBGB/Junker Art 16 Rom II-VO Rn 25 ff; zu Einzelheiten der Rom II-VO s Ebke ZVerglRW 109 [2016] 397, 423–443 mwNw). Zu der Frage, ob Art VIII Abschn 2(b) S 1 IWFÜ auf außervertragliche Schuldverhältnisse anwendbar ist, s Rn 130.

1. Rückblick: Materielles Devisenrecht

12 Die Formen, Inhalte und Motive staatlicher Maßnahmen zur Steuerung bzw Beschränkung des internationalen Zahlungs- oder Kapitalverkehrs sind vielfältig (s zB Leckow/Rendak/Strauss, „Currency Controls", in: MPEPIL [online edition 2014] Rn 2 ff; Yianni/de Vera 73 Law & ContempProbs 357, 358 [2010]; Ellenberger/Bunte/Schefold, BankR-HdB [6. Aufl 2022], Bd II, § 100 Rn 6; Edwards, International Monetary Cooperation [1985] 380 ff).

a) Erste Hälfte des 20. Jahrhunderts

13 In der ersten Hälfte des 20. Jahrhunderts waren **Beschränkungen** des laufenden internationalen Zahlungsverkehrs und des internationalen Kapitalverkehrs in Deutschland (Rn 28 ff) und vielen anderen europäischen und außereuropäischen Staaten **weit verbreitet** (s nur Domke 21 JCompLegIntL 54 [1939]; Freutel 56 HarvLRev 30 [1942]; Ellis, Exchange Control in Central Europe [1941]; Howard, Exchange and Borrowing Control [1948]; Einzig, Exchange Control [1934]; Hjerner, Främmande Valutalag och Internationell Privaträtt [1956]; Rashba 41 MichLRev 777 und 1089 [1943]; Weiden, Foreign Exchange Restrictions [1939]; Stiefel BB 1952, 957; Ebke, IntDevR 118 ff; Hahn 23 IntLaw 873 [1988] = in: FS Gold [1990] 155; Staudinger/Weber[10/11] Vorbem 51 ff zu § 244; Metzger 1959 UIllLF 311; zur **Geschichte** s Einzig, The History of Foreign Exchange [1962]; zu **Frankreich** s Jolly, Traité des opérations de compensation [1935]; Lachaze, L'Office français de Compensation et les règlements internationaux [1934]; Friedmann 26 StJohn'sLRev 97, 98 [1951]; zu **Großbritannien** Mann ModLRev 1947, 411; Stanger 17 OhioStLJ 302 [1956]; Mann/Proctor [8. Aufl 2022] 375 ff Rn 14.01 ff; zur Aufhebung der Beschränkungen Ende der 1970er Jahre s Copley, Governing Financialization: The Tangled Politics of Financial Liberalisation in Britain [2021] 89–110; Kynaston 2 JIntFinMkts 37 [2000]; Miller/Saïdi/Bosman, Exchange Controls For Ever?, in: Salin [Hrsg], Currency Competition and Monetary Union [1984] 263; zu **Österreich** s Wahle, Beiträge zum Devisenrecht [1933]; Seidl-Hohenveldern [österr] ZöR 3 [1957–58] 82; Maar, Das neue österreichische Devisenrecht [1947]; Schwarzer/List [Hrsg], Das österreichische Devisenrecht [2. Aufl 1992]; zu **Spanien** s Fischer/Fischer [2. Aufl 1995] 330 ff; BGH 8. 3. 1979, IPRspr 1979 Nr 139, S 473; LG Karlsruhe 24. 8. 1984 – O 15/84 KfH II, IPRspr 1984 Nr 118 A, S 278, 280 m Anm Löber RIW 1986, 387; zu **Schweden** Philipson, Das Devisenrecht Schwedens [1943]; Hjerner, Främmande Valutalag och Internationell Privaträtt [1956]; zu **Ungarn** s Fischer, Die Devisenzwangsbewirtschaftung in Ungarn in den Jahren 1931 und 1932 [1933]; zur **Schweiz** Bürki, L'influence des accords de clearing sur le commerce extérieur de la Suisse [1942]; Ferralli, Der deutsch-schweizerische Verrechnungsverkehr von seiner Entstehung im Jahre 1934 bis zum Ende des zweiten Weltkrieges [1955]; Frey, Das Clearing- und Devisenrecht der Schweiz [1941]; Gelpke, Clearing und Devisen [1940]; Hug, Das Clearingrecht und seine Einwirkung auf die vertraglichen Schuldverhältnisse [1937]; Rosset, Les accords de clearing et les obligations contractuelles, ZSR 55 [1936] 201; Rutishauser, Clearing- und Kompensationsverkehr [1940]; Trechsel, Vertrag und Clearingrecht [1948]; Grossmann SJES 78 [1942] 118; Schaumann SchwJBfIntR 10 [1953] 131; aus der Rechtsprechung etwa Schweizer BG 13. 12. 1955, BGE 81 II 613). Das Schweizer Bundesgericht hat das **damalige Verständnis** von der Notwendigkeit devisenrechtlicher Beschränkungen des internationalen Zahlungs- und Kapitalverkehrs anschaulich auf den Punkt gebracht: Devisenvorschriften stellen, so betont

das BG, „durch die Zeitumstände für das eigenstaatliche Interesse hervorgerufene Schutzmassnahmen dar"; es handele „sich um Eingriffe in das private Eigentum sowie die Verfügungs- und Vertragsfreiheit des Einzelnen für die Zwecke des Staates und seiner Wirtschaft" (BG 28. 2. 1950 – BGE 76 II 33, 41 f).

aa) Deutsches Reich (1933–1945)

Die Einzelheiten des Devisenrechts des Deutschen Reichs zwischen 1933 und 1945 (dem Devisenrecht war eigens eine Zeitschrift gewidmet: Das „**Devisenarchiv** – Zeitschrift für das gesamte Devisenrecht" erschien erstmals 1936 und stellte sein Erscheinen 1945 ein) sind Gegenstand zahlreicher Veröffentlichungen (Bauer, Devisenrecht [1942]; Beer, Begriff, Arten und Umfang der Genehmigung im Devisenrecht [1933]; Bender, Verfügungen und Verfügungsbeschränkungen im Devisenrecht unter Mitberücksichtigung des allgemeinen Rechts [1939]; Buschke, Die deutsche Devisenbewirtschaftung nach dem Stande von Anfang November 1933 [1934]; Dannenberg, Der Einfluss des Devisenrechts auf Hypotheken- und Grundstücksgeschäfte nach dem Stande von Ende Oktober 1934 [1936]; vEdlinger, Handbuch des Devisenrechts [1937]; Ehninger, Die Einwirkung der deutschen Devisengesetzgebung auf privatrechtliche Schuldverhältnisse [1937]; Gillen, Die zivilrechtliche Bedeutung der Erteilung oder Nichterteilung einer devisenrechtlichen Genehmigung: in Bezug auf Schuldverhältnisse aus Verträgen [1938]; Göppner, Der Einfluss des Devisenrechts auf Einfuhrgeschäfte: Abgeschlossen vor Kriegsbeginn [1939]; Hafner, Gestaltung der Vertragsverhältnisse unter dem Devisenrecht [1936]; Humburg, Einwirkung des Devisennotrechts auf Privatrechtsverhältnisse [1936]; Kühne, Grundriß des Devisenrechts [1939]; C-H Müller, Grundriß der Devisenbewirtschaftung [1938]; Naumann, Devisenrecht und Liegenschaftseigentum [1940]; Petschelt, Der Begriff der Verfügung und der Genehmigung im Devisenrecht [1937]; Urbanek, Das deutsche Devisenrecht [1936]; Rasch, Die neue Devisengesetzgebung [1935]; Tröger, Der Kapitalverkehr im deutschen Devisenrecht [1934]; Hahn 23 IntLaw 873 [1989] = FS Gold [1990] 155; zu den im Februar 1935 eingerichteten **Sperrkonten** jüdischer Emigranten, deren Guthaben nur unter hohen Verlusten übertragen werden konnten, s van Koolwijk, Die Bedeutung des Sperrkontos im Devisenrecht [1936]; Deutscher Bundestag [Wissenschaftliche Dienste], Zur Frage von Auswanderung und staatlichen Beschränkungen und Verboten der Ausreise während der Zeit des Nationalsozialismus und in der DDR [2025] 11 f; Tschinder, Die Entziehung jüdischen Vermögens im Nationalsozialismus [2023] 22, 33 Fn 209, 42 und 54). Zum damaligen deutschen **„Devisennotrecht"** aus österreichischer Sicht s Weber, Die Geschichte der österreichischen Nationalbank von 1938–1979 (2019) 106–113. 14

Das Devisenrecht des Deutschen Reichs war zwischen 1933 und 1945 ein wichtiges **Instrument** staatlicher **Wirtschaftssteuerung** (Banken, in: Bähr/Banken [Hrsg], Wirtschaftssteuerung durch Recht im Nationalsozialismus [2006] 121–236). Während des Zweiten Weltkriegs wurde es auf annektierte und einige besetzte Gebiete ausgedehnt: Westpolen, Elsass-Lothringen, Luxemburg, Eupen-Malmedy, die Untersteiermark, Krain und den Bezirk Bialystok. 1941 wurden die besetzten Niederlande in den deutschen Wirtschaftsraum einbezogen. In anderen besetzten Gebieten führten deutsche Behörden ebenfalls Devisenrecht ein oder ergänzten vorgefundene Bestimmungen in ihrem Sinne (Banken, in: Bähr/Banken (Hrsg), Wirtschaftssteuerung durch Recht im Nationalsozialismus [2006] 225 ff; Krähling, Das Devisenschutzkommando Belgien, 1940–1944, Magisterarbeit Universität Konstanz [2005]). Durch das Zusammenwirken von Devisenrecht, Steuer- und Abgabenrecht (insbes der **Judenvermögensabgabe** nach der DurchführungsVO über die Sühneleistung der Juden v 21. 11. 1938, RGBl I 1638 f, und der **Reichsfluchtsteuer** gem VO v 8. 12. 1931, RGBl 1931 I 699, 731, geändert durch VO v 23. 12. 1931, RGBl I 571, 572, wesentlich geändert durch G v 18. 5. 1934, RGBl I 392, danach sechsmal verlängert und letztmals durch VO v 9. 12. 1942, RGBl 15

I 682 „bis auf weiteres" verlängert) entstand ein Sonderrecht zur Diskriminierung von Juden, aber auch von nichtjüdischen Gegnern des Nationalsozialismus (DRECOLL, Der Fiskus als Verfolger [2009] 125 ff; FRIEDENBERGER, Fiskalische Ausplünderung [2008] 67 ff; D MUSSGNUG, Die Reichsfluchtsteuer [1993] 11 ff; RITSCHL, Fiscal Destruction: Confiscatory Taxation of Jewish Property and Income in Nazi Germany [2019]; zur Rolle des Devisenrechts bei der **Verfolgung** und **Enteignung** von Juden s C FRANKE, Legalisiertes Unrecht: Devisenbewirtschaftung und Judenverfolgung [2011]; C FRANKE, in: STENGEL [Hrsg], Vor der Vernichtung: Die staatliche Enteignung der Juden im Nationalsozialismus [2007] 80 ff; ZWILLING, in: MEINL/ZWILLING, Legalisierter Raub: Die Ausplünderung der Juden im Nationalsozialismus durch die Reichsfinanzverwaltung in Hessen [2004], 403; Deutscher Bundestag [Wissenschaftliche Dienste], Zur Frage von Auswanderung und staatlichen Beschränkungen und Verboten der Ausreise während der Zeit des Nationalsozialismus und in der DDR [2025] 10 f). Die Vorschriften über die Reichsfluchtsteuer wurden erst durch das „Gesetz zur Aufhebung überholter steuerrechtlicher Vorschriften" v 23. 7. 1953, BStBl I 276 aufgehoben. Art 19 **MRG Nr 59** v 10. 11. 1947 (Rückerstattungsgesetz) bestimmte für das US-amerikanische Besatzungsgebiet, dass die **Reichsfluchtsteuer** zu **erstatten** sei, soweit sie auf verfolgungsbedingte Emigration zurückgeführt werden konnte. Für die britische Besatzungszone zog MRG Nr 59 v 12. 5. 1949 nach. Für die französische Besatzungszone und West-Berlin galten davon abweichende Regelungen. Die Sowjetische Besatzungszone hat sich (ebenso wie die DDR) Erstattungsansprüchen weitgehend entzogen (SPANNUTH, Rückerstattung Ost – Der Umgang der DDR mit dem „arisierten" Eigentum der Juden und die Rückerstattung im wiedervereinigten Deutschland [2007] 192). MRG Nr 59 wurde abgelöst durch das **Bundesrückerstattungsgesetz** v 19. 7. 1957, BGBl I 734 (zu Einzelheiten s LILLTEICHER, Die Rückerstattung jüdischen Eigentums in Westdeutschland nach dem Zweiten Weltkrieg [Diss Freiburg i B 2002] 201 ff; M GRUBER/TÜCHLER, Raub, Recht und Restitution. Rechtsfragen der Entziehung, Bereinigung und Rückstellung von Wertpapieren [2004] 163 ff).

16 Die zwischen 1933 und 1945 auftretenden **internationaldevisenrechtlichen Fragen** im Zusammenhang mit Beschränkungen des internationalen Zahlungs- und Kapitalverkehrs wurden in der Literatur eingehend aufgearbeitet (s etwa NEUMANN, Devisennotrecht und Internationales Privatrecht [1938]; KOEPPEL, Die deutsche Devisengesetzgebung und das internationale Privatrecht [1938]; BENDHEIM, Das deutsche Devisenrecht und die Schweiz [1936]; GUTZWILLER, Der Geltungsbereich der Währungsvorschriften [1940]; HUG, Das Clearingrecht und seine Einwirkung auf die vertraglichen Schuldverhältnisse [1937]; KLÜBER DevArch 6 [1941] 859; REBHUHN, Das sowjetische Wechselrecht – unter Berücksichtigung des in Deutschland geltenden internationalen Privatrechts [1930]).

bb) Ökonomische Kritik

17 Unilaterale Beschränkungen des internationalen Zahlungs- und Kapitalverkehrs („exchange controls") stießen bereits in den 30er Jahren des 20. Jahrhunderts auf Kritik, vor allem von Ökonomen (s nur WITTLESEY 22 AmEconRev 585 [1932]). Sie sahen in ihnen unerwünschte Handelshemmnisse („trade barriers" – s auch Rn 28 f). Schon vor Ende des Zweiten Weltkriegs gab es seitens der politischen Ökonomie daher Überlegungen zur **Überwindung des Unilateralismus** hin zu einer internationalen Zusammenarbeit der Staaten in Währungsangelegenheiten (**„international monetary cooperation"**, „coopération monétaire international") in der Nachkriegszeit (Rn 27): s nur HALASI 9 Social Research 183 (1942); DE KOCK 9 SAJEcon 113 (1941).

b) Nachkriegszeit

Nach **Ende des Zweiten Weltkriegs** am 8. 5. 1945 und der **Währungsreform** v 20. 6. 1948 (s dazu Blau SüddtJZ 1949, 153) galten mit Wirkung v 19. 9. 1949 in Westdeutschland und West-Berlin (s dazu Schütz JR 1950, 627; Pingel JZ 1952, 518; Langen, Devisenrecht der Westzonen Deutschlands [1. Aufl 1950, 3. Aufl 1958]; Langen, Kommentar zum Devisengesetz [1952]; zur Devisenordnung im damaligen sowjetischen Besatzungsgebiet s Penning JR 1949, 375) alliierte Devisenbewirtschaftungsgesetze. **18**

aa) Alliierte Devisenbewirtschaftungsgesetze

Zu erwähnen sind insbesondere das Gesetz Nr 53 der amerikanischen und der britischen Militärregierung über die Devisenbewirtschaftung und Kontrolle des Güterverkehrs **(MRG Nr 53)**, in Kraft getreten am 19. 9. 1949 (ABl MR Deutschland – Amerikanisches Kontrollgebiet, Ausgabe 0 v 21. 9. 1949 S 20; ABl MR Deutschland – Britisches Kontrollgebiet, Ausgabe Nr 39 v 8. 10. 1949 Teil 5 B S 14) und die gleichlautende **VO Nr 235** des Französischen Hohen Kommissars in Deutschland über die Devisenbewirtschaftung und Kontrolle des Güterverkehrs v 18. 9. 1949 (ABl des französischen Oberkommandos in Deutschland Nr 305 v 20. 9. 1949 S 2155). Der ursprüngliche Zweck des MRG Nr 53 bestand in der Erfassung aller Devisenwerte, der Beschlagnahme und Wegnahme des deutschen Auslandsvermögens sowie der Verhinderung jeglichen Verkehrs mit den Devisenwerten, um dieses Vermögen zur Leistung von Reparationen sicherzustellen. Darüber hinaus hatte das Gesetz von Anfang an den **Zweck** einer sinnvollen Devisenbewirtschaftung und Steuerung des Zahlungs- und Kapitalverkehrs mit dem Ausland (BVerfG 3. 11. 1982 – 1 BvR 210/79, BVerfGE 62, 169 Rn 48). Die Durchführung des MRG Nr 53 im Bereich des Zahlungs- und Kapitalverkehrs wurde der **Bank deutscher Länder** (BdL) übertragen (Rechtsgrundlage für die BdL war in der amerikanischen Besatzungszone das Gesetz Nr 60 v 1. 3. 1948, in der britischen Besatzungszone die VO Nr 129 v 1. 3. 1948 und in der französischen Besatzungszone die VO Nr 203 v 26. 3. 1948, die fast wortgleich waren; s dazu unter besonderer Berücksichtigung von Clearing-Abkommen Erler ZaöRV 15 [1953/54] 1, 8; die Befugnisse der BdL gingen später auf die Deutsche Bundesbank über). Die besatzungsrechtlichen Vorschriften des MRG Nr 53 und die VO Nr 235 warfen **materiellrechtlich** wie **kollisionsrechtlich** zahlreiche **Fragen** auf (s dazu etwa BGH 9. 11. 1994 – VIII ZR 41/94, BGHZ 127, 368, 374; BGH 17. 11. 1994 – III ZR 70/93, BGHZ 128, 41, 49 Rn 38 ff; LG Ravensburg 6. 5. 1954 – O 229/53, IPRspr 1954–1955 Nr 75 S 238, 241, betr MRG Nr 53, italienisches Schuldstatut; s ferner Ebke, IntDevR 119 ff, 314 f; Dönhoff BB 1950, 413; Gurski NJW 1949, 375; Schramm DevRdschau 1953, 33; Schütz JR 1950, 627; Schütz JR 1951, 466; Schulz DRZ 1950, 51; Wesenberg JZ 1951, 433; Kegel, Probleme des internationalen Enteignungs- und Währungsrechts [1956]; Neumayer, Die Notgesetzgebung des Wirtschaftsrechts im internationalen Privatrecht, BerDGesVölkR Heft 2 [1958] 54; Mallmann, Devisenrecht und Internationales Privatrecht [Diss Bonn 1972]; Kägi, Der Einfluss des Devisenrechts auf internationale schuldrechtliche Verträge [1961]; zur Berücksichtigung ausländischen Devisenrechts aus damaliger Sicht s nur Bülck JbIntR 5 [1955] 115; Dönhoff BB 1950, 413; Domke JZ 1954, 484). **19**

bb) Aufbruch: Außenwirtschaftsgesetz

Nach Beendigung des Besatzungsregimes im Jahre 1955 wurden die alliierten Devisenbewirtschaftungsgesetze formell zwar nicht aufgehoben, das grundsätzliche Außenhandelsverbot (iS eines Verbots mit Erlaubnisvorbehalt) wurde aber durch zahlreiche „Runderlasse Außenwirtschaft“ des Bundeswirtschaftsministeriums und „Allgemeine Genehmigungen“ der **Bank deutscher Länder** und später der Deutschen Bundesbank zunehmend gelockert (vgl BVerfG 21. 3. 1961 – 1 BvL 3, 18, 99/58, BVerfGE 12, **20**

281 Rn 4; BGH 14. 12. 1994 – 5 StR 210/94, BGHSt 40, 378, 384). Nach Inkrafttreten des **Außenwirtschaftsgesetzes** (AWG) v 28. 4. 1961 (BGBl I 481) am 1. 9. 1961 betrafen die besatzungsrechtlichen Vorschriften des MRG Nr 53 und der VO Nr 235 nur noch den Wirtschaftsverkehr zwischen der Bundesrepublik Deutschland und der DDR einschließlich des Ostsektors von Berlin, also den **innerdeutschen Wirtschaftsverkehr**, und nicht mehr den „Außenwirtschaftsverkehr" (§ 47 Abs 1 Nr 1–3, § 4 Abs 1 Nr 2 iVm § 1 Abs 1 S 1 AWG 1961; zu den Gründen des Gesetzgebers für die unterschiedliche Behandlung des Außenwirtschaftsverkehrs und des innerdeutschen Wirtschaftsverkehrs s BGH 2. 4. 1996 – GSSt – 2/95, BGHSt 42, 113 Rn 37 mwNw).

cc) Innerdeutscher nichtkommerzieller Zahlungsverkehr

21 Für den innerdeutschen nichtkommerziellen Zahlungsverkehr behielten das MRG Nr 53 sowie die VO Nr 235 mithin weiterhin Geltung (vgl BVerfG 16. 2. 1965 – 1 BvL 15/62, BVerfGE 18, 353 Rn 4; BVerfG 3. 11. 1982 – 1 BvR 210/79, BVerfGE 62, 169 Rn 3); sie bildeten nach der Gesetzesbegründung dessen Rechtsgrundlage, „bis dieser Bereich des Wirtschaftsverkehrs auf eine neue gesetzliche Grundlage gestellt wird" (vgl BVerfG 16. 2. 1965 – 1 BvL 15/62, BVerfGE 18, 353 Rn 5). In der Praxis warfen das MRG Nr 53 sowie die VO Nr 235 zahlreiche **Fragen** auf (zum interzonalen Währungs- und Devisenrecht s zB Anderegg 11 f und 15; Hirschberg, Das interzonale Währungs- und Devisenrecht der Unterhaltsverbindlichkeiten [1968]; Staudinger/K Schmidt [1997] Vorbem E 13–17 zu § 244; Drobnig NJW 1960, 1088; Penning JR 1949, 375; Schütz JR 1951, 466; s auch BGH 28. 1. 1965 – Ia ZR 273/63, BeckRS 1965, 31176635 = IzRspr 1964–1965 Nr 68, S 226, 231 und 234). In den 80er Jahren des vergangenen Jahrhunderts gerieten mehrere Regelungen der alliierten Devisenbewirtschaftungsgesetze auf den **verfassungsrechtlichen Prüfungstand** des BVerfG (vgl BGH 2. 4. 1996 – GSSt – 2/95, BGHSt 42, 113 Rn 37 ff). Nach Ansicht des BVerfG ist die Verfolgung des Zweckes der Devisenbewirtschaftung und Devisenkontrolle im Bereich des innerdeutschen nichtkommerziellen Zahlungsverkehrs verfassungsrechtlich zwar nicht zu beanstanden, die jeweiligen Regelungen müssen sich aber an der Verfassung, zB an Art 14 Abs 1 GG und dem Rechtsstaatsprinzip, messen lassen (BVerfG 3. 11. 1982 – 1 BvR 210/79, BVerGE 62, 269, wonach es gegen Art 14 Abs 1 GG iVm dem Rechtsstaatsprinzip verstößt, „wenn in der Bundesrepublik Deutschland belegene Guthaben von Bewohnern der DDR einer Sperre unterworfen werden, um dadurch die Behörden der DDR zu weiteren Abkommen im innerdeutschen nichtkommerziellen Zahlungsverkehr zu veranlassen").

dd) Innerdeutscher kommerzieller Zahlungsverkehr

22 Der innerdeutsche kommerzielle Zahlungsverkehr wurde durch das Abkommen über den Handel zwischen den Währungsgebieten der Deutschen Mark (DM-West) und den Währungsgebieten der Deutschen Mark der Deutschen Notenbank (DM-Ost) v 20. 9. 1951 **(„Berliner Abkommen")** mit späteren Änderungen geregelt (vgl BVerfG 3. 11. 1982 – 1 BvR 210/79, BVerfGE 62, 169 Rn 2; s dazu Giel Wirtschaftsdienst 1971/VIII, 417; Pritzel APuZ 48/1967, 3, 6 ff; zu Einzelheiten des innerdeutschen Handels zwischen 1949 und 1989 s Zürn, Interessen und Institutionen in der internationalen Politik [1992] 249–305). Das Abkommen bildete die Rechtsgrundlage für den innerdeutschen Handel. Dieser erhielt einen Sonderstatus **(Währungsgebietsklausel)** und wurde nach vereinbarten Warenlisten auf dem Verrechnungsweg („clearing") abgewickelt (Isaakides, Die devisen- und clearingsrechtlichen Probleme des Transithandels [1951]). Durch die alliierten Devisenbewirtschaftungsgesetze und die sie ergänzenden Vorschriften (iS eines Verbots mit Erlaubnisvorbehalt) war der **innerdeutsche Handelsverkehr** weitaus **restriktiver** geregelt als der Außenwirtschaftsverkehr nach dem AWG, der „grundsätzlich frei" ist (§ 1

Abs 1 S 1 AWG) und nur unter bestimmten Voraussetzungen beschränkt werden darf (§§ 5–14 AWG). Bei dieser Rechtslage blieb es bis zur Herstellung der deutschen Einheit (vgl BGH 2. 4. 1996 – GSSt – 2/95, BGHSt 42, 113 Rn 24 mwNw).

ee) Wiedervereinigung Deutschlands

Nach dem Beitritt der DDR zum Geltungsbereich des Grundgesetzes der Bundesrepublik Deutschland am 3. 10. 1990 wurden das **MRG Nr 53**, die VO Nr 235 und die **IZHVO** (Verordnung über den Warenverkehr mit den Währungsgebieten der Deutschen Mark der Deutschen Notenbank [DM-Ost] v 18. 7. 1951 [BGBl I 463] idFv 22. 5. 1968 [BAnz Nr 97/1968]) **gegenstandslos** und verloren damit ihre Geltung (vgl BGH 2. 4. 1996 – GSSt – 2/95, BGHSt 42, 113 Rn 25). Seit Inkrafttreten des **Einigungsvertrags** v 31. 8. 1990 (BGBl II 885, 889) gibt es in Deutschland keine getrennten Rechts- und Wirtschaftsgebiete mehr. In dem Strafverfahren gegen den DDR-Staatsgeschäftsmann Alexander Schalck-Golodkowski (1932–2015) wurden das MRG-Nr 53 und die IZHVO jedoch noch einmal angewendet (BGH 2. 4. 1996 – GSSt – 2/95, BGHSt 42, 113, betr die Frage, ob die Herstellung der deutschen Einheit die Strafbarkeit wegen Zuwiderhandlung gegen Art I Abs 1d und Art VIII MRG Nr 53 iVm § 1 Abs 1 Nr 2 und § 14 IZHVO berührt; der GSSt des BGH hat die Frage verneint; s auch BGH 9. 7. 1997 – 5 StR 544/96, BGHSt 43, 129 mwNw). 23

Währungs- und devisenrechtliche Fragen spielten auch im Recht der **ehemaligen DDR** und damit auch in ihrem Verhältnis zur Bundesrepublik Deutschland eine beträchtliche Rolle (s nur das Devisengesetz v 19. 12. 1973 [GBl DDR I 1973, 574]; dazu Kringe ROW 1974, 137; s ferner Spiller, Finanz- und Währungsbeziehungen zu nichtsozialistischen Ländern [1984]; aus der Rechtsprechung s zB Bezirksgericht Magdeburg [sowj] 20. 2. 1963 – 5 BCR 6/63, ROW 1964, 40). Nach der Wiedervereinigung Deutschlands am 3. 10. 1990 gab das **Devisengesetz** der ehemaligen DDR v 19. 12. 1973 (GBl DDR I 1973, 574) wiederholt Anlass zu Klagen (s zB zur Wirksamkeit eines Grundstückkaufvertrages, der nach dem Devisengesetz der ehemaligen DDR genehmigungsbedürftig war, BGH 10. 12. 2004 – V ZR 120/04, NJW-RR 2005, 599; OLG Dresden 8. 3. 2000 – 18 U 2888/19, VIZ 2000, 369; monographisch Beiten, Die Behandlung mitteldeutscher auf DM-Ost gerichteter Leistungsurteile in der Bundesrepublik [1967]). 24

2. Die Gründung des IWF

Die Gründung des Internationalen Währungsfonds (IWF) auf der **Bretton Woods Konferenz** in New Hampshire/USA (1. bis 22. 7. 1944; eine Chronologie der Genese des IWF findet sich bei van Dormael, Bretton Woods: Birth of a Monetary Order [1978]; Horsefield, The International Monetary Fund, 1945–1965 [3 Bde 1969]; Garritsen de Vries, The IMF in a Changing World, 1945–85 [1986]; Salda [1992] xxiii–xxxviii; die Dokumente der Bretton Woods Konferenz sind abgedruckt in United Nations Monetary and Financial Conference, Bretton Woods, New Hampshire 1944 [2 Bde 1948]; zu Status, Funktion und Legitimation des IWF s Funk, Der Internationale Währungsfonds [2018]; Koch, Internationale Wirtschaftsbeziehungen II [4. Aufl 2024] 89–120) und das Inkrafttreten des IWF-Übereinkommens vom 22. 7. 1944 am 27. 12. 1945 (2 UNTS 39 [27. 12. 1945]) stellten das internationale Devisen- und Währungssystem im Allgemeinen und den internationalen Kapital- und Zahlungsverkehr im Besonderen auf eine **völkerrechtliche Grundlage** (Ebke ZVerglRW 115 [2016] 299, 300 f mwNw; Lowenfeld 13 JIntEconL 575 [2010]; Viterbo, International Monetary Fund [3. Aufl 2019]; Guillebaud, Das Abkommen von Bretton Woods und seine internationale Bedeutung [1947]; Joswig, Die Geschichte der Kapitalverkehrskontrollen im IWF-Übereinkommen [2012] 7 ff; Simmons 54 Int'l Org 573, 577 [2000] spricht unter Hinweis auf Sir Joseph Gold, The International Monetary Fund and 25

International Law: An Introduction [1965] 10 f von „Rules of Good Conduct", EDWRADS, International Monetary Collaboration [1985] 17 von einem „Code of Good Conduct" und DAM, The Rules of the Game [1982] von „Spielregeln"). **Deutschland trat** dem **IWFÜ** durch Gesetz v 28. 7. 1952 **bei** (BGBl II 637).

a) Ziele der IWF

26 Nach Art 1 IWFÜ **zielt** der IWF **auf** die **internationale Zusammenarbeit** auf dem Gebiet der Währungspolitik, die Ausweitung und ein ausgewogenes Wachstum des Welthandels, die Förderung der Stabilität der Währung und geordnete Währungsbeziehungen, die Errichtung eines multilateralen Zahlungssystems für die laufenden Geschäfte zwischen den IWF-Mitgliedern, die **Beseitigung von Devisenverkehrsbeschränkungen** und die Bereitstellung von Mitteln zum Ausgleich von Zahlungsbilanzdefiziten und zur Beseitigung von Zahlungsbilanzungleichgewichten (EDWRADS, International Monetary Collaboration [1985] 11 f; FUNK 62 ff; M FRANKE 7 f). Darüber hinaus bezeichnet Art 4 Abschn 1 IWFÜ „die Schaffung von Rahmenbedingungen zur Erleichterung des Waren-, Dienstleistungs- und Kapitalverkehrs zwischen den Ländern und zur Aufrechterhaltung eines gesunden Wirtschaftswachstums" als **„eigentlichen Zweck"** („essential purpose") des internationalen Währungssystems und betont als „ein Hauptziel" („a principal objective") des internationalen Währungssystems, „die geordneten Grundbedingungen ständig weiterzuentwickeln, welche für die Währungs- und Wirtschaftsstabilität notwendig sind" (EDWRADS, International Monetary Collaboration [1985] 12; M FRANKE 8 f, 22 ff; SIMMONS 54 Int'l Org 573, 578 [2000]).

b) International Monetary Cooperation

27 KENNETH W DAM bezeichnet die **völkerrechtliche Konstitutionalisierung** des internationalen Devisen- und Währungssystems in Bretton Woods in seinem Buch „The Rules of the Game" [1982] 71 mit Recht „the key international monetary policy decision of the [twentieth] century" (zu den Schwierigkeiten einer einheitlichen Auslegung der unterschiedlichen und teilweise gegenläufigen Zielvorgaben von Art 1 IWFÜ und Art 4 Abschn 1 IWFÜ s EBKE ZVerglRW 115 [2016] 299, 301 mwNw; EBKE 23 IntLaw 677, 686 [1989] mwNw; GOLD, The Rule of Law in the International Monetary Fund [1980] 5 ff). Zu Einzelheiten und Entwicklung des **Grundsatzes der internationalen Zusammenarbeit in monetären Angelegenheiten** („international monetary cooperation", „coopération monétaire international") seit Bretton Woods s JAMES, International Monetary Cooperation Since Bretton Woods (1996); CARREAU, Souveraineté et coopération monétaire international (1970); DAM, The Rules of the Game (1982); LASTRA, International Financial and Monetary Law (2015). Zur Bedeutung dieses Grundsatzes für das Internationale Devisenrecht s Rn 12 und Rn 114, 219 f und Rn 228. Die intensive Auseinandersetzung der Wissenschaft mit Art VIII Abschn 2(b) S 1 IWFÜ und dessen jahrzehntelange Bedeutung in der Praxis zahlreicher IWF-Mitgliedstaaten unterstreicht die zunehmende internationale Interdependenz der Staaten auf dem Gebiet des Devisen- und Währungsrechts (LEBEDOFF 11 FordhamIntLJ 684, 685 f [1988]).

c) Ende des Goldstandards und der festen Wechselkurse

28 Seit der **Aufhebung des Goldstandards** (sog Closing of the Gold Window) am 15. 8. 1971 (zu den Hintergründen und Folgen s GOLD 77 AJIL 443, 447 ff [1983]; MANN/PROCTOR [8. Aufl 2022] 73 f Rn 210 ff; GOWA, Closing the Gold Window [1983]; ZOELLER 47 Politics & Society 3 [2019]; DREYER/HABERLER/WILLETT [Hrsg], The International Monetary System: A Time of Turbulence [1982]) und dem **Ende der festen Wechselkurse** („fixed exchange rates") im Jah-

re 1973 (s dazu Ebke, IntDevR 79 mwNw; Simmons 54 Int'l Org 573, 579 [2000] bezeichnet die Ereignisse als „[T]he most spectacular instance of noncompliance" mit den Regeln des IWF; Mann/Proctor [8. Aufl 2022] 73 Rn 210; Gold 65 AJIL 113 [1971]; Effros Law & BusRevAm 8 [2002] 9, 29 ff; s auch allg Gold, Exchange Rates in International Law and Organization [1988]; Garritsen de Vries, The International Monetary Fund, 1966–1971: The System Under Stress [2 Bde 1976]) gelten **Beschränkungen** des internationalen Zahlungs- und Kapitalverkehrs mehr und mehr als **überholt**, als Hemmnis für das Wachstum des Welthandels (vgl Art 1[iv] IWFÜ) sowie Gefahr für den nationalen und internationalen Wohlstand (vgl Art 1 [v] IWFÜ) und als eine wenig effektive Art der Intervention des Staates in die Finanzmärkte, die auf international vernetzten Finanzmärkten unerwünschte Nebenwirkungen haben kann (s dazu allgemein Lowenfeld 13 JIntEconL 575 [2010]; Lichtenstein, EurYbIntEconL 2013, 3). Zu den Auswirkungen der Beibehaltung von Beschränkungen des internationalen Zahlungs- und Kapitalverkehrs auf den internationalen Handel s Campos/Estefania-Flores/Furceri/Ostry/Timini 46 JPolyMod 763 (2024); Wei/Zhang, 26 JIntMoney&Fin 841 (2007); Tamirisa 46 IMF EconRev 69 (1999).

d) Liberalisierung in der EU

In der EU sieht man das ähnlich. In Anbetracht der Freiheit des internationalen Kapital- und Zahlungsverkehrs gemäß Art 63–66 AEUV (*ex*-Art 56–59 EGV – Rn 34 ff), der **Schaffung des europäischen Finanzraums** durch Liberalisierung des Kapitalverkehrs und finanzielle Integration (s dazu Servais, Ein europäischer Finanzraum [3. Aufl 1995]) sowie der **Einführung des Euro** durch inzwischen (Stand: 1. 4. 2026) 21 der 27 Mitgliedstaaten der EU (s dazu Ebke EWS 1999 Heft 2 S I; Hahn/Häde, Währungsrecht [2. Aufl 2010] 122 ff; s auch den kurzen geschichtlichen Überblick über den Euro in https://www.nbb.be/de/munzen-und-banknoten/ein-kurzer-geschichtlicher-uberblick-uber-den-euro; die übrigen sechs EU-Mitgliedstaaten – mit Ausnahme Dänemarks – sind verpflichtet, den Euro einzuführen, sobald sie die Konvergenzkriterien, die sog **Maastricht-Kriterien**, erreichen; Dänemark kann den Euro einführen, muss es de jure aber nicht: Mann/Proctor [8. Aufl 2022] 766 Rn 31.43) erschienen in Europa **Beschränkungen** des internationalen Zahlungs- und Kapitalverkehrs bis zum Ausbruch der internationalen Finanzmarktkrise im Jahre 2007 (Rn 77) und der jüngsten Staatsschuldenkrisen (Rn 78) ebenfalls als **Relikte vergangener Zeiten** (s dazu Mann/Proctor [8. Aufl 2022] 748 Rn 31.05 [„It has been seen that – at least in the absense of extreme crisis conditions – Member States could no longer apply any general system of exchange control; indeed, the very existence of a monetary union implies the abolition of all forms of such control, at the very least, as between the constituent territories"]). **29**

In **Deutschland** kommt Beschränkungen des Zahlungs- und Kapitalverkehrs mit dem Ausland – abgesehen von den in den Art 64–66, 75 und 215 AEUV (s dazu Rn 58 ff) sowie in den (europarechtskonform auszulegenden) §§ 54–73 AWV genannten Fällen (die Auslegung der genannten Vorschriften der AWV obliegt den nationalen Gerichten, diese können Auslegungsfragen aber im Rahmen eines Vorabentscheidungsverfahrens nach Art 267 AEUV durch den EuGH klären lassen: EuGH 27. 2. 2025 – C-18/23 *Dyrektor Krajowej Informacji Skarbowej*, ECLI:EU:C:2025:119 Rn 35 f; über die Erforderlichkeit und Erheblichkeit der Vorlage entscheidet grundsätzlich das nationale Gericht: EuGH 30. 4. 2025 – C-602/23 *Finanzamt für Großbetriebe*, ECLI:EU:C:2025:290 Rn 33) – heute in der Tat **keine große praktische Bedeutung** mehr zu (Derleder/Knops/Bamberger [Hrsg], Handbuch S 1372 f Rn 23–33). Das geltende deutsche Recht ist – ebenso wie zB das französische, österreichische und spanische Recht (zum schweizerischen Recht s Marty 241 ff, zum englischen Recht s Mann/Proctor [8. Aufl 2022] 375 ff Rn 14.01 ff) – im Grundsatz gekennzeichnet durch die **Freiheit von** **30**

Devisenbewirtschaftung, durch die freie Konvertierbarkeit des Euro sowie durch die Freiheit des internationalen Kapital- und Zahlungsverkehrs (§ 1 Abs 1 S 1 AWG [„grundsätzlich frei"]; Ellenberger/Bunte/Schefold, BankR-HdB [6. Aufl 2022], Bd II, § 100 Rn 7).

31 Diskutiert wird seit einiger Zeit, ob die **EU** als ausschließlich Zuständige für die Währungspolitik ihrer Eurozone-Mitgliedstaaten (Rn 78) nicht **Mitglied des IWF** werden sollte (Assakkali, Europäische Union und Internationaler Währungsfonds [2017] 9 ff, 178 ff, 296 ff; Schweiss, Die Wirtschafts- und Währungsunion und der Internationale Währungsfonds [2016]). Mann/Proctor [8. Aufl 2022] 759 Rn 31.28 sind der Ansicht, die Eurozone-Mitgliedstaaten seien sogar verpflichtet, im Wege einer Neuverhandlung des IWF-Übereinkommens darauf hinzuwirken, dass die EU selbst IWF-Mitglied werden kann. Kurzfristig ist eine **EU-Mitgliedschaft** im IWF aber **rechtlich nicht möglich**, da nach Art II Abschn 2 IWFÜ nur souveräne Staaten Mitglied sein können und die EU kein Staat ist. Notwendig wäre also eine Änderung des IWFÜ oder des völkerrechtlichen Status der EU. Derzeit sind alle EU-Mitgliedstaaten selbst Mitglied des IWF. Einige (wie Deutschland, Frankreich und Italien) haben ein relativ hohes Stimmgewicht im IWF (IMF, IMF Members' Quotas and Voting Power, and IMF Board of Governors, abrufbar unter https:/www.imf.org/en/About/executive-board/members-quotas). Eine EU-Mitgliedschaft könnte die Position der EU innerhalb des IWF bündeln und stärken, aber auch zu Konflikten im Zuge der internen Koordinierung führen (Brandner/Grech Geldpolitik & Wirtschaft Q3/09, 103). Gleichzeitig müsste geklärt werden, wie die Stimmengewichte zwischen der EU und ihren Mitgliedstaaten aufgeteilt werden, was politisch heikel sein dürfte. Hinzu kommen praktische Herausforderungen. So könnten unterschiedliche wirtschaftliche Interessen der EU-Mitgliedstaaten eine gemeinsame Position innerhalb des IWF erschweren und die Schaffung einer einheitlichen Stimme könnte kleinere EU-Mitgliedstaaten politisch schwächen. Politisch ist eine IWF-Mitgliedschaft der EU nur dann sinnvoll, wenn die EU in der Wirtschafts- und Währungspolitik deutlich stärker integriert ist als heute (zB durch eine gemeinsame Währungs- und Fiskalpolitik). Solange das nicht der Fall ist, dürfte eine **stärkere Koordinierung der EU-Mitgliedstaaten** innerhalb des IWF der realistischere Weg sein.

e) Auswirkungen des BREXIT

32 Zu rechtlichen Auswirkungen des **BREXIT** (das Abkommen über den Austritt des Vereinigten Königreichs Großbritannien und Nordirland aus der EU und Euratom, ABl EU C 384 I/01 v 12. 11. 2019, wurde am 31. 1. 2020 wirksam) auf den internationalen Zahlungs- und Kapitalverkehr sowie auf grenzüberschreitende Finanzdienstleistungen s Mukwiri 46 Legal Issues of European Integration 7 (2019); Merkt/Sempere-Culler WM 2018, 1817; Poelzig/Bärnreuther, in: Baldus/Schmidt-Kessel/Kramme (Hrsg), Brexit – Privat- und wirtschaftsrechtliche Folgen (2. Aufl 2020) 365; monographisch Löbig/Wendt, Brexit und der Finanzmarkt (2019); Lins, BREXIT – Abschied aus dem Finanzmarkt? (Diss Linz 2021).

f) Krisen und Pandemien

33 Die 2007 einsetzende **internationale Finanz- und Bankenkrise** (zu den Ursachen s zB Nastansky/Strohe, Die Ursachen der Finanz- und Bankenkrise im Lichte der Statistik [2009], Hadaschik BRJ 2/2009, 107 sowie den Abschlussbericht der von der US-amerikanischen Bundesregierung eingesetzten Financial Crisis Inquiry Commission [FCIC – sog Angelides Commission] „Final Report of the National Commission on the Causes of the Financial and Economic Crisis in the United States" [Januar 2011]), die ihren Höhepunkt in dem Zusammenbruch der US-amerika-

nischen Großbank **Lehman Brothers** am 15. 9. 2008 hatte (s dazu etwa BERNANKE, The Courage to Act: A Memoir of a Crisis and Its Aftermath [2015]; BALL, The Fed and Lehman Brothers: Setting the Record Straight on a Financial Disaster [2018]; WAAG, Die Lehman Brothers Pleite und ihre Folgen [2011]; GROSSFELD RIW 2010, 504), sowie die jüngsten **Staatsschuldenkrisen** (s dazu näher WEBERLING 34 ff mwNw) haben aber gezeigt, dass selbst innerhalb des EWR die Einführung von Kapitalverkehrskontrollen zur Abwendung einer massiven Kapitalflucht bzw eines Staatsbankrotts nicht völlig auszuschließen ist (Rn 76 sowie M J MÜLLER 386 ff; VITERBO 6 CapMktLJ 214 [2011]; YIANNI/DE VERA 73 Law & Contemp-Probs 357 [2010]; WEBERLING 155 ff). Die Kapitalverkehrskontrollen hatten auch Auswirkungen auf den internationalen Zahlungsverkehr (zB bezüglich der Rückzahlung fälliger Zinsen – Rn 126). Hinzu kommt: Während der **COVID-19-Pandemie** (ab Januar 2020) bestand zeitweise die Sorge, dass insbesondere stark verschuldete Schwellenländer zu Devisenkontrollen greifen könnten, um der zunehmenden Kapitalflucht und der wachsenden Staatsverschuldung Herr zu werden (s etwa https://www.cash.ch/news/politik/coronakrise-greifen-die-schwellenlander-zum-mittel-der-devisenkontrollen-432843; EBKE, ZVerglRW 121 [2022] 258, 261 ff; MANN/PROCTOR [8. Aufl 2022] 414 f Rn 15.35 f; ARNOLD/GULATI/PANIZZA 15 CapMktLJ 322 [2020]). Beschränkungen des internationalen Zahlungs- und Kapitalverkehrs sind daher nach wie vor denkbar und damit auch juristisch relevant.

3. Einblick: Die Freiheit des internationalen Zahlungs- und Kapitalverkehrs und die EU

Das Recht der Europäischen Union geht heute im Grundsatz von der Freiheit des internationalen Kapital- und Zahlungsverkehrs aus (EBKE, in: FS Henssler [2023] 841, 844 f; HINDELANG, The Free Movement of Capital and Foreign Direct Investment [2009] 3 ff; POTACS/MAYER, in: HOLOUBEK/POTACS [Hrsg], Öffentliches Wirtschaftsrecht [3. Aufl 2013], Bd 2, S 1229; ELLENBERGER/BUNTE/SCHEFOLD, BankR-HdB [6. Aufl 2022], Bd II, § 100 Rn 11 ff; ZÄCH/WEBER, in: FG Schweiz Juristentag 1994 [1994] 405; MünchKommBGB/MARTINY Art 9 Anh II Rom I-VO Rn 51 f; für den **EWR** s Art 40 ff EWR-Abk, ABl EG v 3. 1. 1994 L 1/3). **Art 63–66 AEUV** (*ex*-Art 56–59 EGV) schreiben die sekundärrechtlich erreichte Liberalisierung des internationalen Kapital- und Zahlungsverkehrs (s dazu EBKE, IntDevR 102 ff mwNw; EBKE, in: FS Henssler [2023] 841, 845 ff; FREITAG EWS 1997, 186; OHLER WM 1996, 1801) primärrechtlich fest und erweitern sie in einigen Bereichen (Rn 58 ff). 34

a) Liberalisierungsbestrebungen

Die ersten Maßnahmen der EWG zur Liberalisierung des Kapital- und Zahlungsverkehrs (zur Abgrenzung s EBKE, in: FS Henssler [2023] 841, 845 ff; WEBERLING 305 f) zwischen den Mitgliedstaaten sowie zwischen Mitgliedstaaten und Drittstaaten waren von begrenzter Tragweite (EBKE, IntDevR 102 ff mwNw; EBKE, in: FS Henssler [2023] 841, 845 ff; HARZ, Die Schutzklauseln des Kapital- und Zahlungsverkehrs im EWG-Vertrag [1985]; vWILMOWSKY, in: EHLERS [Hrsg], Europäische Grundrechte und Grundfreiheiten [2. Aufl 2005] 343). 35

aa) EWG-Vertrag

Im EWG-Vertrag (Treaty of Rome) von 1957 war festgelegt worden, dass Beschränkungen des Kapitalverkehrs nur in dem für das **Funktionieren des Gemeinsamen Marktes** erforderlichen Maß aufgehoben werden müssen (Art 67 Abs 1 EWG-Vertrag [„soweit es für das Funktionieren des Gemeinsamen Marktes notwendig ist“]; dazu EuGH 11. 11. 1981 – Rs 203/80 [Casati] Slg 1981, 2595 Rn 10, 12 und 13; MANN/PROCTOR 36

[8. Aufl 2022] 632 Rn 25.03; Lins 86; Usher FordhamIntLJ 31 [2008] 1533; Werner, Der Streit um das VW-Gesetz [2013] 68). Daher konnten zunächst nur sekundärrechtliche Maßnahmen zu über das Primärrecht hinausgehenden Verpflichtungen der Mitgliedstaaten führen, Beschränkungen des grenzüberschreitenden Kapitalverkehrs zu beseitigen. Mit der **„ersten Kapitalrichtlinie“** (Erste Richtlinie zur Durchführung des Artikels 67 des Vertrags, ABl 43 v 12. 7. 1960, S 921) aus dem Jahr 1960, geändert 1962, wurden Beschränkungen für bestimmte Arten gewerblicher und privater Kapitalbewegungen abgeschafft, etwa für Immobilienkäufe, die kurz- oder mittelfristige Kreditvergabe für Handelsgeschäfte und den Erwerb börsengehandelter Wertpapiere (Ebke, IntDevR 108 f mwNw; Mann/Proctor [8. Aufl 2022] 633 Rn 25.03; Lins 86; Werner, Der Streit um das VW-Gesetz [2013] 70 f). Einige Mitgliedstaaten (namentlich Deutschland und die Benelux-Staaten) gingen noch weiter und hoben mit einseitigen nationalen Maßnahmen praktisch alle Beschränkungen des grenzüberschreitenden Kapitalverkehrs auf. 1972 folgte eine weitere Richtlinie zur Regulierung der internationalen Finanzströme und zur Neutralisierung ihrer unerwünschten Wirkungen auf die binnenwirtschaftliche Liquidität (Richtlinie 72/156/EWG des Rates v 21. 3. 1972, ABl v 18. 4. 1972, L 91/13). Die **Liberalisierung** wurde 1985 und 1986 mit Änderungen an der ersten Kapitalrichtlinie ua auf langfristige Handelskredite und den Erwerb nicht börsengehandelter Wertpapiere **ausgedehnt** (Ebke, IntDevR 113 ff mwNw).

bb) Vertrag von Maastricht

37 1988 wurde der Kapitalverkehr durch die Richtlinie 88/361/EWG des Rates v 24. 6. 1988 zur Durchführung von Art 67 des Vertrages (ABl EG v 8. 7. 1988 L 178/5) vollständig liberalisiert und alle verbleibenden Beschränkungen des Kapitalverkehrs zwischen den Bewohnern der Mitgliedstaaten ab dem 1. 7. 1990 aufgehoben (Werner, Der Streit um das VW-Gesetz [2013] 75 [„bedeutender Erfolg für die Kommission“]; Sáinz de Vicuña 8 LawBusRevAm 37 [2002]; Rohde EWS 1999, 453; Mann/Proctor [8. Aufl 2022] 644 Rn 25.27; Ebke, in: FS Henssler [2023] 841, 848 ff). Dadurch sollte auch der Kapitalverkehr mit **Drittstaaten** *(erga omnes)* auf ähnliche Weise liberalisiert werden (s dazu näher Rn 64). Im Februar 1995 erklärte der EuGH den Liberalisierungsauftrag aus Art 1 der Kapitalverkehrs-Richtlinie 88/361/EWG für unmittelbar anwendbar (EuGH 23. 2. 1995 – C-358/93 *Bordessa*, Slg 1995, I-361 Rn 33 ff) und schuf so eine „sekundärrechtliche Grundfreiheit“. Die Entscheidung stimmte mit dem Willen der Mitgliedstaaten überein, die Kapitalverkehrsfreiheit im **Vertrag von Maastricht** (EUV, in Kraft getreten am 1. 11. 1993) in den Status einer primärrechtlichen Grundfreiheit mit unmittelbarem Liberalisierungsauftrag zu erheben (Art 73b Abs 1 EUV). Bald darauf, im Dezember 1995, entschied der EuGH, dass die **Kapitalverkehrsfreiheit** nach Art 73b Abs 1 EUV (heute: Art 63 Abs 1 AEUV) „ein eindeutiges, nicht an Bedingungen geknüpftes Verbot enthält, das keiner Durchführungsmaßnahmen bedarf“ und das **„dem Bürger Rechte verleiht,** die dieser gerichtlich geltend machen kann und die die nationalen Gerichte schützen müssen“ (EuGH 14. 12. 1995 – verb Rs C-163/94, C-165/94 und C-250/94 *Sanz de Lera u a*, ECLI:EU:C:1995:451 Rn 43 und 45 m Anm Ebke, WuB I H 4.-1.96, 1273).

cc) Golden Shares

38 Die Entscheidung des EuGH fiel in die Zeit der einsetzenden Privatisierungen in Europa, vor allem jene des Energie-, Telekommunikations- und Postsektors. Im Zuge dieser Privatisierungen setzten viele Staaten [zB Portugal, Italien, Frankreich, Belgien, Spanien, Großbritannien, Dänemark und die Niederlande] auf sog Goldene Aktien („golden shares“) als Instrumente der **Privatisierungskontrolle** zur Wahrung

„öffentlicher" oder „nationaler" Interessen (Armbrüster JuS 2003, 224; Grundmann/Möslein ZGR 2003, 317; Vossestein EurComp&FinLR 5 [2008] 115; Werner, Der Streit um das VW-Gesetz [2013] 81 ff; Mockenhaupt, VW-Gesetz und Goldene Aktien [2012] 31 ff; Ebke/Traub EWS 2002, 335, 336; P Malherbe Revue pratique des sociétés 2010, 383), die sich an der Kapitalverkehrsfreiheit als allgemeinem Beschränkungsverbot messen lassen müssen. So erklärte der EuGH mit Urt vom 2. 6. 2005 eine italienische Regelung, nach der Stimmrechte von Anteilseignern mit Anteilen von über zwei Prozent an privatisierten Elektrizitäts- und Gasunternehmen automatisch ausgesetzt werden, für unvereinbar mit Art 56 Abs 1 EGV (EuGH 2. 6. 2005 – C-174/04 *Kommission/Italien*, ECLI:EU:C:2005:350). Zuvor hatte der EuGH in mehreren Urteilen (EuGH 4. 6. 2002 – C-367/98 *Kommission/Portugal*, ECLI:EU:C:2002:326; EuGH 4. 6. 2002 – C-483/99 *Kommission/Frankreich*, ECLI:EU:C:2002:327; EuGH 4. 6. 2002 – C-503/99 *Kommission/Belgien*, ECLI:EU:C:2002:328; EuGH 13. 5. 2003 – C-463/00 *Kommission/Spanien*, ECLI:EU:C:2003:272; EuGH 13. 5. 2003 – C-98/01 *Kommission/Vereinigtes Königreich*, ECLI:EU:C:2003:273) entschieden, dass Gesetze, die eine unterschiedliche und beschränkende Behandlung der von einer bestimmten Gruppe von Anlegern getätigten Investitionen vorsehen, den **freien Kapitalverkehr** innerhalb der Gemeinschaft **behindern** (Ebke/Traub EWS 2002, 335, 336; P Malherbe Revue pratique des sociétés 2010, 383). Derartige Regelungen schreckten insbesondere beteiligungswillige öffentliche Unternehmen eines anderen Mitgliedstaats von einem Anteilserwerb ab, da es diesen Unternehmen unmöglich sei, sich in zweckdienlicher Weise an den Entscheidungen dieser Gesellschaften zu beteiligen und einen Einfluss auf ihre Verwaltung auszuüben (zu der EuGH-Rechtsprechung zu den „Goldenen Aktien" s Grundmann/Möslein BKR 2002, 758; Werner, Der Streit um das VW-Gesetz [2013] 106 ff; Mockenhaupt, VW-Gesetz und Goldene Aktien [2012] 53 ff; Pisskalla, Goldene Aktien aus EG-rechtlicher Sicht [2006]).

dd) VW-Gesetz

In Deutschland stellte (und stellt) sich die Frage, ob und inwieweit das sog VW-Ge- **39**
setz (Gesetz über die Überführung der Anteilsrechte an der Volkswagenwerk Gesellschaft mit beschränkter Haftung in private Hand vom 21. 7. 1960, BGBl 1960 I 585; zuletzt geändert durch Art 14c des Gesetzes vom 30. 7. 2009, BGBl 2009 I 2479) und darauf beruhende Bestimmungen der **Satzung der Volkswagen AG** mit der Kapitalverkehrsfreiheit im Einklang stehen (Ebke/Traub EWS 2002, 335, 338; Werner, Der Streit um das VW-Gesetz [2013] 127 ff; Mockenhaupt, VW-Gesetz und Goldene Aktien [2012] 39 ff und 83 ff; Kilian NJW 2007, 3469; Sander EuZW 2008, 33; Vossestein EurComp&FinLR 5 [2008] 115). Das VW-Gesetz 1960, das der besonderen Entstehungsgeschichte des Unternehmens geschuldet war, garantierte sowohl dem Land Niedersachsen und dem Bund (bis zum Verkauf der VW-Aktien durch den Bund im Jahre 1988) als auch den Arbeitnehmervertretern Vetorechte bei zentralen Unternehmensentscheidungen. Die fünf zentralen Instrumente der Unternehmenskontrolle **Höchststimmrecht** (§ 2 Abs 1 VW-Gesetz 1960), **Sperrminorität** (§ 4 Abs 3 VW-Gesetz 1960), beschränktes **Depotstimmrecht** (§ 3 VW-Gesetz 1960), **Entsenderecht** (§ 4 Abs 1 VW-Gesetz 1960) und Zweidrittelregelung für **Produktionsstätten-Entscheidungen** (§ 4 Abs 2 VW-Gesetz 196) (dazu näher Werner, Der Streit um das VW-Gesetz [2013] 131 ff) führten im September 2001 zu einem Streit zwischen der Europäischen Kommission und der Bundesrepublik Deutschland. In dem anschließenden Vertragsverletzungsverfahren (heute Art 258 Abs 2 AEUV) entschied der EuGH, dass die Begrenzung des Stimmrechts eines einzelnen Aktionärs auf 20 % des Grundkapitals (§ 2 Abs 1 VW-Gesetz 1960) *in Verbindung mit* der Absenkung der Sperrminorität von 25 % auf 20 % (§ 4 Abs 3 VW-Gesetz 1960) sowie das Ent-

senderecht „öffentlicher Akteure" (§ 4 Abs 1 VW-Gesetz 1960) mit der **Kapitalverkehrsfreiheit nicht vereinbar** sind. Diese Regelungen seien geeignet, den Erwerb von Aktien der betreffenden Unternehmen zu unterbinden oder zu beschränken oder aber Investoren aus anderen EU-Mitgliedstaaten davon abzuhalten, in diese Unternehmen Kapital zu investieren. Der von der Bundesrepublik Deutschland geltend gemachte **Schutz der Arbeitnehmer** rechtfertigt nach Ansicht des EuGH die Eingriffe der genannten Vorschriften des VW-Gesetzes 1960 in die Kapitalverkehrsfreiheit nicht (EuGH 23. 10. 2007 – C-112/05 *Kommission/Deutschland*, ECLI:EU:C:2007:623).

40 Der deutsche Gesetzgeber änderte daraufhin das VW-Gesetz. Mit dem Gesetz zur **Änderung des Gesetzes** über die Überführung der Anteilsrechte an der Volkswagenwerk Gesellschaft mit beschränkter Haftung in private Hand vom 8. 12. 2008 (BGBl 2008 I 2369) hob der Gesetzgeber § 2 und § 4 Abs 1 VW-Gesetz 1960 auf. Die **Sperrminoritätsregelung** des § 4 Abs 3 VW-Gesetz 1960 **blieb** dagegen **in Kraft**. Die Europäische Kommission hielt die Änderungen des VW-Gesetzes durch das VW-Gesetz 2008 für unzulänglich. Sie war der Auffassung, dass die Herabsetzung der Sperrminorität gemäß § 4 Abs 3 VW-Gesetz 1960 von 25 % auf 20 % eine selbständige Verletzung von Art 63 Abs 1 AEUV darstellt und die Vorschrift daher ebenfalls aufgehoben oder geändert werden müsse. Der EuGH teilte die Ansicht der Kommission bezüglich der behaupteten **fehlerhaften Umsetzung** seines Urteils durch die Bundesrepublik Deutschland jedoch nicht. In dem anschließenden Verfahren nach Art 260 Abs 2 AEUV stellte der EuGH fest, dass die Bundesrepublik Deutschland ihren Verpflichtungen zur Umsetzung seines VW-Gesetz-Urteils dadurch fristgemäß nachgekommen ist, dass sie § 2 und § 4 Abs 1 VW-Gesetz 1960 aufgehoben und somit die **„kumulativen Wirkungen"** von § 2 Abs 1 und § 4 Abs 3 VW-Gesetz 1960 beseitigt hat. Bezüglich § 4 Abs 3 VW-Gesetz 1960 habe er, so betont der EuGH, keine selbständige Vertragsverletzung festgestellt. Zu der inhaltlichen Frage, ob § 4 Abs 3 VW-Gesetz 1960 für sich genommen (also nicht nur im Zusammenspiel mit § 2 Abs 1 des VW-Gesetzes 1960) eine selbständige Beschränkung des freien Kapitalverkehrs darstellt, nahm der Gerichtshof keine Stellung, auch nicht *obiter*. Die Rüge der Kommission bezüglich der unterbliebenen Änderung der Satzung der Volkswagen AG wurde aus verfahrensrechtlichen Gründen als unzulässig zurückgewiesen.

41 Das geltende **VW-Gesetz von 2008/2009** enthält indes nach wie vor mehrere Bestimmungen, deren Wirksamkeit nach nationalem Recht bzw Unionsrecht (namentlich der Kapitalverkehrsfreiheit) fragwürdig ist (zum Zusammenwirken von Kapitalverkehrs- und Niederlassungsfreiheit zur Gewährleistung des grenzüberschreitenden Erwerbs von Gesellschaftsanteilen s Rn 60, 63).

(1) Produktionsstätten-Entscheidungen

42 Rechtlich problematisch sind zunächst die **Sonderrechte des Aufsichtsrats** bei Produktionsstätten-Entscheidungen: Der Vorstand bedarf zur Errichtung und Verlegung von Produktionsstätten der vorherigen Zustimmung des Aufsichtsrats (§ 4 Abs 2 Satz 1 VW-Gesetz 1960/2008/2009; § 9 Abs 1 Ziffer 2 Satzung VW AG 2024; die Schließung von Produktionsstätten ist von dem Wortlaut des Gesetzes und der Satzung nicht erfasst). Eine solche Zustimmung bedarf allerdings der Mehrheit von *zwei Drittel* der Mitglieder des mitbestimmten Aufsichtsrats (§ 4 Abs 2 Satz 2 VW-Gesetz 1960/2008/2009; § 15 Abs 4 Satzung VW AG 2024). Produktionsstätten-Beschlüsse bedürfen demnach der Zustimmung von 14 Mitgliedern des 20-köpfigen

Aufsichtsrats (vgl § 7 Abs 1 Satz 1 Nr 3 MitbestG) der Volkswagen AG; sieben Aufsichtsratsmitglieder (auch solche der Arbeitnehmerseite) können mithin beispielsweise Beschlüsse über **Produktionsverlagerungen** ins Ausland oder die Errichtung von Produktionsstätten im Ausland **blockieren** und dadurch die Leitungsmacht des Vorstands (§ 76 Abs 1 AktG) wesentlich beschränken. Die gesetzliche und satzungsmäßige Verschärfung des Erfordernisses der Mehrheit der abgegebenen Stimmen (§ 29 Abs 1 MitbestG; § 15 Abs 3 Satz 1 Satzung VW AG 2024) durch das Erfordernis einer Zweidrittelmehrheit durchbricht das mitbestimmungsrechtlich austarierte, tendenziell auf Kooperation und Einigung ausgerichtete und durch das Bundesverfassungsgericht als verfassungsgemäß bestätigte (BVerfG BVerfGE 50, 290) System der Kapitaleigner- und Arbeitnehmerinteressenvertretung mit **ausschlaggebendem Zweitstimmrecht** *(tie-breaking vote)* des Aufsichtsratsvorsitzenden (der im Allgemeinen von den Anteilseignern gestellt wird, § 27 Abs 1 und 2 MitbestG) bei Stimmengleichheit im Aufsichtsrat (vgl § 29 Abs 2 MitbestG; § 15 Abs 3 Satz 2 Satzung VW AG 2024). Die Blockademöglichkeit stellt zugleich eine **Beschränkung** der unionsrechtlichen **Kapitalverkehrsfreiheit** dar, denn sie kann die Ausübung der Grundfreiheit zB durch Direktinvestoren „unterbinden, behindern oder weniger attraktiv machen" (Ebke/Traub EWS 2002, 335, 337 u Rn 51), was weder aus einem im AEUV genannten Grund noch aus zwingenden Gründen des Allgemeininteresses gerechtfertigt werden kann.

(2) Sperrminorität

Die gesetzlich (§ 4 Abs 3 VW-Gesetz 1960/2008) und satzungsmäßig (§ 25 Abs 2 Satzung VW AG 2024) verankerte **Sperrminorität** des Landes **Niedersachsen** in der Hauptversammlung verstößt für sich genommen ebenfalls gegen die Kapitalverkehrsfreiheit, ohne dass die Beschränkung nach dem „4-Faktoren-Test" (Ebke/Traub EWS 2002, 335, 337 u Rn 65) gerechtfertigt werden könnte. Die Sperrminorität gilt insbesondere, aber nicht ausschließlich (s zB § 262 Abs 1 Ziffer 2 [Auflösung der Gesellschaft], § 274 Abs 1 Satz 2 [Fortführung einer aufgelösten Gesellschaft], § 319 Abs 2 Satz 2 AktG [Eingliederung]), für alle Maßnahmen der Kapitalbeschaffung und Kapitalherabsetzung (§§ 182, 291, 207, 221, 222 AktG), für sonstige Satzungsänderungen (§ 179 Abs 2 Satz 1 AktG) und Maßnahmen nach dem Umwandlungsgesetz sowie für Beschlüsse nach dem Wertpapiererwerbs- und Übernahmegesetz, die gesetzlich einer Mehrheit bedürfen, die mindestens drei Viertel des bei der Beschlussfassung vertretenen Grundkapitals beträgt (vgl § 25 Abs 2 Satz 2 Satzung VW AG 2024). Damit hat das Land **Niedersachsen** mit seinem derzeitigen Anteil von 20,01 % an den stimmberechtigten Stammaktien der Volkswagen AG bei allen Entscheidungen der Hauptversammlung bezüglich grundlegender und für die Zukunft des Unternehmens wesentlicher Angelegenheiten der Volkswagen AG eine **beherrschende Stellung**. Denn das Land Niedersachsen kann allein, also ohne Mitwirkung weiterer Aktionäre, aus politischen, wirtschaftlichen, sozialen, steuerlichen oder industriepolitischen Eigeninteressen Hauptversammlungsbeschlüsse blockieren, was nach allgemeinem Aktienrecht nur stimmmächtigeren Aktionären möglich ist. Die Sperrminorität ist nicht satzungsförmiger Ausdruck der **Selbstbestimmung** der **Gesellschafter**; vielmehr hat sich der Staat die Sperrminorität durch das VW-Gesetz 1960 selbst eingeräumt zugunsten des Bundes (bis 1988) und des Landes Niedersachsen. Erschwerend kommt hinzu: Die Sperrminorität als Sonderrecht kann dem Land Niedersachsen ohne seine Zustimmung nicht entzogen werden (vgl § 35 BGB) und auch durch Satzungsänderung ohne seine Zustimmung nicht geändert werden (§ 4 Abs 3 43

VW-Gesetz 1960/2008/2009; § 179 Abs 2 Satz 2 AktG; § 25 Abs 2 Satz 1 Satzung VW AG 2024).

44 Diese Rechtslage macht **Direktinvestitionen** aktueller und potenzieller Anleger in die Volkswagen AG weniger attraktiv und kann (gerade in Zeiten der Transformation der Automobilindustrie und eines weltweit schwieriger werdenden Wettbewerbs und grundlegender Marktveränderungen) wirtschaftlich notwendige Kapitalbeteiligungen erschweren oder gar verhindern. Mit **Arbeitnehmerinteressen** (zB Sicherung von Arbeitsplätzen in Niedersachsen bzw Deutschland) lassen sich derartige Beschränkungen, so der EuGH, jedenfalls allein nicht rechtfertigen. Eine Rechtfertigung aus Gründen des Schutzes der **Minderheitsaktionäre** wurde mangels Erforderlichkeit und Geeignetheit der Maßnahme ebenfalls abgelehnt. Nicht vorgetragen wurde von der Bundesrepublik Deutschland in dem Vertragsverletzungsverfahren die mit den Regelungen des VW-Gesetzes gewollte **Zweckbindung** der **Kapitalbeteiligungen** der staatlichen Akteure für die „Förderung von Wissenschaft und Technik in Forschung und Lehre“ und die quasi treuhänderische Verwaltung der staatlichen Beteiligung für die Stiftung Volkswagenwerk (heute: VolkswagenStiftung). Ob die **Förderung** von **Wissenschaft** und **Forschung** einen zwingenden Grund des Allgemeininteresses darstellt und damit Beschränkungen der Kapitalverkehrsfreiheit gerechtfertigt werden können, war bisher noch nicht Gegenstand einer Prüfung durch den EuGH (Kilian NJW 2007, 3469, 3470). Die Förderung von Wissenschaft und Forschung stellt **keine Rechtfertigung** im Sinne der Rechtsprechung des EuGH dar (**aA** Kilian NJW 2007, 3469, 3470). Die Sperrminorität ist jedenfalls **nicht erforderlich**, um die historisch gewollte Zweckbindung der Kapitalbeteiligung des Landes Niedersachsen an der Volkswagen AG zu gewährleisten. Denn es sind durchaus geeignete **Alternativgestaltungen** denkbar (zB Shareholder Agreements, Rahmenverträge oder entsprechende Satzungsbestimmungen), um eine nachhaltige Wissenschafts- und Forschungsförderung betreiben und Förderprogramme auflegen zu können. Die in der Literatur geäußerte Sorge, „[a]ls Folge des VW Urteils könnte nun mit Drei-Viertel-Mehrheit (§ 293 Abs 1 Satz 2 AktG) des vertretenen Grundkapitals in einer Hauptversammlung der VW-AG ein **Gewinnabführungsvertrag** mit der **Porsche** Automobil Holding SE geschlossen werden, der Auswirkungen auf die Höhe der Dividenden der VW-AG und damit auf den Umfang der künftigen Wissenschaftsförderung haben dürfte“ (Kilian NJW 2007, 3469, 3470), ist angesichts der gesetzlichen und satzungsmäßigen Mehrheitserfordernisse (§§ 133 Abs 1 AktG, § 25 Abs 1 Satzung VW AG 2024, §§ 293 Abs 1 Satz 2, 140 Abs 2 AktG, § 293 Abs 1 Satz 3 AktG, § 25 Abs 2 Satz 1 Satzung VW AG 2024) und der Sperrminorität des Landes Niedersachsen (§ 4 Abs 3 VW-Gesetz 1960/2008/2009; § 25 Abs 2 Satzung VW AG 2024) derzeit **unbegründet**.

(3) Entsenderecht

45 Fragwürdig ist nicht zuletzt das *satzungsmäßige* Recht des Landes Niedersachsen, zwei Vertreter in den Aufsichtsrat der Volkswagen AG zu entsenden. Das seit 1960 bestehende *gesetzliche* **Entsenderecht** des Landes Niedersachsen (§ 4 Abs 1 VW-Gesetz 1960) wurde durch das VW-Gesetz 2008 im Zuge der Umsetzung des VW-Gesetz-Urteils des EuGH (EuGH 23. 10. 2007 – C-112/05 *Kommission/Deutschland*, ECLI:EU:C:2007:623) **aufgehoben**. § 4 Abs 1 VW-Gesetz 1960 verstieß nach Ansicht des EuGH als vorausgesetzte Basisvorschrift gegen die Kapitalverkehrsfreiheit (Art 63 AEUV). Heute ist das Entsenderecht des Landes Niedersachen allein in der **Satzung** der VW AG **verankert** (§ 11 Abs 1 Satz 2 Satzung VW AG 2024). § 101 Abs 2 AktG gestattet

ein *satzungsmäßig* begründetes Entsenderecht unter bestimmten Voraussetzungen. Der Zweck eines satzungsmäßig begründeten Entsenderechts besteht regelmäßig darin, den Einfluss bestimmter Aktionäre über die ihnen zustehende Stimmrechtsmacht hinaus zu erweitern und für die Zukunft zu sichern. § 101 Abs 2 Satz 4 AktG begrenzt Entsenderechte lediglich durch eine **Höchstzahl** („... höchstens für ein Drittel der sich aus dem Gesetz oder der Satzung ergebenden Zahl der Aufsichtsratsmitglieder der Aktionäre"). Die Höchstzahl ist im Falle der VW AG eingehalten. Anderen Aktionären der VW AG mit vergleichbarer Beteiligungshöhe am Grundkapital (zB der Qatar Holding LLC) wird ein solches Entsenderecht jedenfalls in der Satzung der VW AG nicht gewährt.

Ob die unterschiedliche Behandlung, die dem Entsendungsrecht immanent ist, eine unzulässige **Ungleichbehandlung** darstellt oder sachlich gerechtfertigt ist (vgl § 53a AktG), hängt von den Umständen des Einzelfalls ab (**verneinend** für das satzungsmäßig begründete Entsendungsrecht eines *nicht-staatlichen* Anteilsinhabers OLG Hamm NZG 2008, 914, 915, Nichtzulassungsbeschwerde zurückgewiesen: BGH ZIP 2009, 1566; **bejahend** LG München I AG 2020, 448, 451). Nach Ansicht des Landgerichts München I ist ein *satzungsmäßig* begründetes Entsenderecht zugunsten eines *privaten* Anteilseigners grundsätzlich gerechtfertigt. Eine Ausnahme von diesem Grundsatz soll nur gelten, wenn das Entsenderecht **unabhängig** von der Höhe des **Aktienanteils** besteht (wie das nach dem 2008 aufgehobenen § 4 Abs 1 VW-Gesetz 1960 der Fall war) oder auch bei einem **verschwindend kleinen Anteil** am Grundkapital ausgeübt werden kann (LG München I, AG 2020, 448, 451). Im Falle der Volkswagen AG besteht das satzungsmäßige Entsenderecht des Landes Niedersachsen, „solange dem Land Niedersachsen unmittelbar oder mittelbar mindestens 15 Prozent der Stammaktien der Gesellschaft gehören" (§ 11 Abs 1 Satz 2 Satzung VW AG 2024). Das ist eine wesentliche **Verschärfung** im Vergleich zu der Regelung in § 4 Abs 1 VW-Gesetz 1960, wonach das Land Niedersachsen zwei Aufsichtsratsmitglieder zu entsenden berechtigt war, „solange [dem Land Niedersachsen] Aktien der Gesellschaft gehören," also unabhängig von der Aktiengattung, dem Aktienanteil und selbst bei einem verschwindend kleinen Anteil am Grundkapital. Ein Entsenderecht wurde nach § 4 Abs 1 VW-Gesetz 1960 im Extremfall bereits dann ausgelöst, wenn das Land Niedersachsen nur eine einzige VW-Aktie besessen hätte (so lag auch der Fall, den das LG München I, AG 2020, 448, 451, zu entscheiden hatte; demgegenüber wurde in dem vom OLG Hamm NZG 2008, 914, 915, entschiedenen Fall der Thyssen Krupp AG ein gestaffeltes Entsendungsrecht eingeführt und durch die Gerichte bestätigt, bei dem das Entsendungsrecht an eine Mindestbeteiligungsquote von 10 % gekoppelt war). 46

So gesehen ist die *satzungsmäßige* Begründung eines Entsenderechts zugunsten des Landes Niedersachsen ***aktienrechtlich*** **nicht problematisch**. Die besondere Problematik liegt hier vielmehr darin, dass das Entsenderecht aufgrund der gesetzlichen Vorschrift des § 4 Abs 1 VW-Gesetz 1960 zugunsten „öffentlicher Akteure" begründet wurde, die nach Ansicht des EuGH als Basisvorschrift **gegen** die **Kapitalverkehrsfreiheit verstößt** und die nicht ohne Mitwirkung des begünstigten Landes Niedersachsen aus der Satzung der Volkswagen AG entfernt werden kann, weil es als Sonderrecht dem berechtigten Land Niedersachen nur mit seiner eigenen Zustimmung entzogen werden (§ 35 BGB) und in der Satzung der VW AG nur geändert werden kann, wenn das Land Niedersachsen die notwendige Satzungsänderung nicht mit Hilfe der gesetzlich (§ 4 Abs 3 VW-Gesetz 1960/2008/2009) und satzungsmäßig (§ 25 Abs 2 Satz 2 Satzung VW AG 2024) verankerten Sperrminorität blockiert (§ 179 Abs 2 47

Satz 1 AktG). Das Entsenderecht des Landes Niedersachsen ist daher nicht satzungsförmiger Ausdruck privatautonomer **Selbstbestimmung** der **Gesellschafter** (wie in dem vom OLG Hamm entschiedenen Fall: OLG Hamm NZG 2008, 914, 915 [Thyssen Krupp AG], Nichtzulassungsbeschwerde zurückgewiesen: BGH ZIP 2009, 1566), sondern eine vom Bundesgesetzgeber zugunsten des Landes Niedersachsen vorgegebene nationale Maßnahme mit **„Ewigkeitscharakter"** (ob uU eine Zustimmungspflicht des Landes Niedersachen zum Verzicht auf das Entsenderecht etwa aus mitgliedschaftlicher Treuepflicht besteht, ist höchstrichterlich nicht geklärt; ungeklärt ist auch, ob und inwieweit eine inhaltliche **Kontrolle der Satzungsgestaltung** bezüglich des Entsenderechts erfolgen kann), die die Kapitalfreiheit insbesondere von aktuellen und potenziellen Direktinvestoren in nicht zu rechtfertigender Weise beschränkt (s dazu monographisch Steinfort, Entsenderechte in den Aufsichtsrat im europäischen Kontext [2015] 110 ff; Möslein AG 2007, 770; offenlassend LG München I AG 2020, 448, 451). Hinzu kommt: Dem so begründeten Entsenderecht fehlt es an der die unionsrechtliche Kapitalverkehrsfreiheit gerade für Direktinvestitionen kennzeichnende **Symmetrie** von **Kapitalmacht** und korrespondierender **Stimmrechtsmacht**, wenn der Anteil des Landes Niedersachsen an den Stammaktien unter die heutige Marke von 20,01 % bis zur satzungsmäßigen Untergrenze von 15 % sinkt (vgl Sander EuZW 2008, 33). Auch wenn die Asymmetrie bei den derzeitigen Beteiligungsverhältnissen des Landes Niedersachsen (20,01 % der Stammaktien) nicht besteht, reicht die rechtlich eröffnete Möglichkeit einer wesentlichen Asymmetrie bei Absinken der Beteiligung auf die satzungsmäßige Untergrenze von 15 % für die Annahme einer nicht zu rechtfertigenden Beschränkung der Kapitalverkehrsfreiheit durch das Entsenderecht des Landes Niedersachsen aus.

b) Kapitalmarktunion

48 Trotz der Fortschritte, die bei der Liberalisierung des Kapitalverkehrs in der EU erzielt wurden, sind die **Kapitalmärkte** nach wie vor **fragmentiert**. Aufbauend auf der Investitionsoffensive für Europa startete die Kommission unter dem damaligen Präsidenten Jean-Claude Juncker im September 2015 ihre Leitinitiative **„Kapitalmarktunion"** (Capital Markets Union – CMU) (Mann/Proctor [8. Aufl 2022] 652 ff Rn 26.08 ff). Hierfür sind **sechs Hauptziele** definiert: (1) Beseitigung von Hindernissen, (2) Verbesserung des Zugangs zu Finanzmitteln, (3) Diversifikation der Finanzierungsmöglichkeiten, (4) Erleichterte Kapitalaufnahme für KMU, (5) Attraktivitätssteigerung der EU für Investitionen aus der ganzen Welt und (6) dadurch Erhöhung des wirtschaftlichen Wachstums und Schaffung von Arbeitsplätzen in der Union (s auch das Grünbuch „Schaffung einer Kapitalmarktunion", COM[2015] 63 final; Ebke, in: FS Henssler [2023] 841, 846; zur Kritik an der KMU Gabrisch Wirtschaftsdienst 96 [2016] 891). Zu den Fortschritten beim Aufbau eines Kapitalbinnenmarktes s die Mitteilung der EU Kommission v 15. 3. 2019 „Kapitalmarktunion: Fortschritte beim Aufbau eines Kapitalbinnenmarkts für eine starke Wirtschafts- und Währungsunion" (COM[2019] 136 final). Am 24. 9. 2020 legte die EU Kommission einen **neuen Aktionsplan** zur Stärkung der Kapitalmarktunion vor („KMU-Aktionsplan" – s die Mitteilung der Kommission v 24. 9. 2020 „Eine Kapitalmarktunion für die Menschen und Unternehmen – neuer Aktionsplan", COM[2020] 590 final). Der vorgelegte Aktionsplan verfolgt mit 16 konkreten Maßnahmen drei übergeordnete **Ziele**: (1) Gewährleistung einer grünen, digitalen, inklusiven und widerstandsfähigen wirtschaftlichen Erholung in der EU, indem europäischen Unternehmen, insbesondere KMU, der Zugang zu Finanzierungen erleichtert wird, (2) Ausgestaltung eines EU-Finanzplatzes, an dem Privatpersonen in einem noch sichereren Umfeld als bisher langfristig sparen und investieren können und (3)

Integration der nationalen Kapitalmärkte in einen echten EU-weiten Kapitalbinnenmarkt (Ebke, in: FS Henssler [2023] 841, 846). S dazu die **Entschließung des Europäischen Parlaments** vom 8. 10. 2020 zu der Weiterentwicklung der Kapitalmarktunion: Verbesserung des Zugangs zu Finanzmitteln am Kapitalmarkt, insbesondere durch KMU, und Verbesserung der Beteiligungsmöglichkeiten für Kleinanleger (2020/20236 [INI]; zur europäischen Finanzmarktintegration von der Krise bis zur Kapitalmarktunion s Guntrum, in: Bieling/Guntrum [Hrsg], Neue Segel, alter Kurs? [2019] 139).

aa) Gesetzespaket

Ein Jahr nach dem Aktionsplan veröffentlichte die **Europäische Kommission** am 25. 11. 2021 das erste **Gesetzespaket zur Kapitalmarktunion** (Mitteilung der Kommission „Regionen: Kapitalmarktunion – Umsetzung ein Jahr nach dem Aktionsplan", COM[2021] 720 final). Es besteht aus vier Gesetzgebungsvorschlägen: (1) zentrales europäisches Zugangsportal für Anleger (European Single Access Point – **ESAP**), (2) Überprüfung der Verordnung über europäische langfristige Investmentfonds (European Long-term Investment Fund – **ELTIF**), (3) Überprüfung der Richtlinie 2011/61/EU über Verwalter alternativer Investmentfonds (Alternative Investment Fund Managers – **AIFMD**) und (4) Überprüfung der Verordnung (EU) 600/2014 v 15. 5. 2014 über Märkte für Finanzinstrumente (Regulation on Markets in Financial Instruments – **MiFIR**) und die Richtlinie 2014/65/EU v 15. 5. 2014 über Märkte für Finanzinstrumente (Markets in Financial Instruments Directive – **MiFID II**). Die vorgeschlagenen Änderungen wurden inzwischen verabschiedet und sind in Kraft getreten (VO [EU] 2023/2859 v 13. 12. 2023, ABl L 2023/2859 S 1, ELI: http://data.europa.eu/eli/reg/2023/2859/oj; VO [EU] 2023/606 v 15. 3. 2023, ABl EU L 80 v 20. 3. 2023, S 1; VO [EU] 2024/791 v 28. 2. 2024, ABl L 2024/791 v 8. 3. 2024 S 1, ELI: http://data.europa.eu/eli/reg/2024/791/oj; RL [EU] 2024//790 v 28. 2. 2024, ABl L 2024/790 S 1). Am 7. 12. 2022 stellte die Kommission weitere Maßnahmenvorschläge vor (s zB COM[2022] 760 final; COM[2022] 762 final). 49

bb) Euro-Gruppe

In ihrer Erklärung vom 11. 3. 2024 forderte die Euro-Gruppe (ein Gremium, in dem die Staaten der Eurozone ihre Steuer- und Wirtschaftspolitik koordinieren, und das außerdem über die Einhaltung des Euro-Stabilitätspaktes wacht, um das Funktionieren der Europäischen Wirtschafts- und Währungsunion sicherzustellen – zu Einzelheiten des **Europäischen Stabilitätsmechanismus** [ESM] s Forsthoff, in: Hufeld/Ohler [Hrsg], Europäische Wirtschafts- und Währungsunion [2022] 633; Rathke, in: Hufeld/Ohler [Hrsg], Europäische Wirtschafts- und Währungsunion [2022] 655; Koch, Internationale Währungs- und Finanzbeziehungen [2025] 125 ff; Kube/Reimer NJW 2010, 1911; Matthes Wirtschaftsdienst 101 [2021] 54) die Kommission auf, die Kapitalmarktunion weiter zu vertiefen und **Legislativvorschläge** für drei vorrangige Aktionsbereiche vorzulegen: (1) für die Marktarchitektur, um ein wettbewerbsorientiertes, gestrafftes und intelligentes Regulierungssystem zu entwickeln, das es ermöglicht, Mittel besser in innovative EU-Unternehmen zu lenken, (2) für Unternehmen, um einen besseren Zugang zu privaten Finanzmitteln sicherzustellen, und (3) für die Bürgerinnen und Bürger, um bessere Möglichkeiten zum Aufbau von Wohlstand und zur Verbesserung der finanziellen Sicherheit zu schaffen, insbesondere durch eine bessere Beteiligung von Kleinanlegern (abrufbar unter https://www.concilium.europa.eu). Die Euro-Gruppe hat dazu 13 konkrete Punkte zur Neubelebung der Kapitalmarktunion vorgelegt; sie setzt damit die **Prioritäten** für die Jahre **2024–2029**. 50

cc) Zahlungen innerhalb des Euro-Währungsgebiets

51 Darüber hinaus hat die Europäische Union verschiedene Aspekte des **internationalen Zahlungsverkehrs weiter liberalisiert** (Ebke, in: FS Henssler [2023] 841, 850 ff; Schmalenbach, Die Digitalisierung des Zahlungswesens [2019] 5 ff). Aus Sicht der Verbraucher und Unternehmen sind in diesem Zusammenhang die Entgelte für grenzüberschreitende Zahlungen innerhalb der Union sowie Entgelte für Währungsumrechnungen von besonderer Bedeutung. Derartige Entgelte können die Ausübung der Grundfreiheiten (Kapital- und Zahlungsverkehrsfreiheit, Dienstleistungs- und Warenverkehrsfreiheit sowie Niederlassungsfreiheit und Personenfreizügigkeit) „unterbinden, behindern oder weniger attraktiv machen" (vgl EuGH 4. 6. 2002 – C-367/98 *Kommission/Portugal*, ECLI:EU:C:2002:326 Rn 45: „... geeignet, den freien Kapitalverkehr illusorisch zu machen") und bedürfen daher unionsrechtlich der Rechtfertigung (vgl EuGH 30. 11. 1995 – C-55/94 *Gebhard*, Slg 1993 I-4165 Rn 37). Eine 2001 verabschiedete Verordnung zielte auf die Harmonisierung der Kosten innerstaatlicher und grenzüberschreitender **Zahlungen innerhalb des Euro-Währungsgebiets** (Verordnung [EG] Nr 2560/2001 des Europäischen Parlaments und des Rates v 19. 12. 2001 über grenzüberschreitende Zahlungen in Euro [ABl v 28. 12. 2001, L 344/13]). Diese Verordnung wurde 2009 aufgehoben und durch die Verordnung (EG) Nr 924/2009 des Europäischen Parlaments und des Rates v 16. 9. 2009 über grenzüberschreitende Zahlungen in der Gemeinschaft (ABl v 9. 10. 2009, L 266/11) ersetzt. Die neue Verordnung brachte Bürgern und Unternehmen Vorteile, da die Entgelte für grenzüberschreitende Zahlungen in Euro damit praktisch auf null herabgesetzt wurden. Die Verordnung von 2009 wurde 2019 geändert (Verordnung [EU] 2019/518 des Europäischen Parlaments und des Rates vom 19. 3. 2019 zur Änderung der Verordnung [EG] Nr 924/2009 in Bezug auf Entgelte für grenzüberschreitende Zahlungen in der Union und Entgelte für Währungsumrechnungen [ABl v 29. 3. 2019 L 91/36]), um die Entgelte für grenzüberschreitende Zahlungen zwischen Mitgliedstaaten innerhalb und außerhalb des Euro-Währungsgebiets zu senken (etwa 80 % aller grenzüberschreitenden Zahlungen aus EU-Mitgliedstaaten, die nicht zum Euro-Währungsgebiet gehören, entfallen auf grenzüberschreitende Zahlungen in Euro: s Erwägungsgrund 2 der Verordnung [EU] 2019/518). Hohe Entgelte für grenzüberschreitende Zahlungen stellen ein **Hindernis** dar für die vollständige **Integration** von Unternehmen sowie von Bürgern in EU-Mitgliedstaaten, die nicht dem Euro-Währungsgebiet angehören, in den Binnenmarkt, was ihre Wettbewerbsfähigkeit beeinträchtigt (Erwägungsgrund 3 der Verordnung [EU] 2019/518).

dd) Zahlungsdienste

52 Mit der ersten **Zahlungsdienste-Richtlinie (ZDRL I)** (Richtlinie 2007/64/EG des Europäischen Parlaments und des Rates vom 13. 11. 2007 über Zahlungsdienste im Binnenmarkt, zur Änderung der Richtlinien 97/7/EG, 2002/65/EG, 2005/60/EG und 2006/48/EG sowie zur Aufhebung der Richtlinie 97/5/EG, ABl v 5. 12. 2007, L 319/1) wurde die Rechtsgrundlage für die Einführung eines Regelwerks geschaffen, das für alle Zahlungsdienste in der EU gilt und das Ziel hat, grenzüberschreitende Zahlungen so leicht, effizient und sicher wie Zahlungen innerhalb eines Mitgliedstaats zu machen und durch mehr Wettbewerb, der sich aus der Öffnung des Zahlungsmarkts für neue Teilnehmer ergibt, die Effizienz zu stärken und die Kosten zu senken (Budde, Das Vertragsrecht der Zahlungsdienste [2017] 41 ff; zur Frage, ob die Mitgliedstaaten nach der ZDRL I bezüglich der Haftung der Parteien eines Zahlungsvorgangs einen Spielraum haben und ob die ZDRL I auch für Bürgen gilt, s EuGH 2. 9. 2021 – C-337/20 *Caisse régionale de Crédit agricole mutuel (CRCAM) – Alpes-Provence*, ECLI:EU:C:2021:671; zum Anspruch des Zahlungsdienstenutzers auf Korrektur bei nichtautorisierter Nutzung eines Zahlungsinstruments EuGH 1. 8. 2025 – C-665/23 *Veracash*, ECLI:EU:C:2025:598). Die Zah-

lungsdienste-Richtlinie bildete den erforderlichen Rahmen für eine Initiative der europäischen Banken- und Zahlungsdienstleistungsbranche, den sog **einheitlichen Euro-Zahlungsverkehrsraum** (Single Euro Payments Area – **SEPA**) von 36 europäischen Staaten, dazu gehören alle 27 EU-Mitgliedstaaten, die drei weiteren Mitgliedsstaaten des EWR (Island, Liechtenstein und Norwegen) sowie die Schweiz, Monaco, San Marino, Andorra, der Heilige Stuhl (Vatikanstadt) und – ungeachtet des **BREXIT** (dazu Mukwiri 46 Legal Issues of European Integration 7 [2019]) – das Vereinigte Königreich (dazu Janssen, Die Zahlungsdiensterichtlinie (PSD I) und ihre aufsichtsrechtliche Umsetzung im Vereinigten Königreich und Deutschland [2017]; Schacht, in: Schacht [Hrsg], Das neue Lastschriftrecht [2012] 44; Köndgen, in: FS Hopt [2020] 539; Lins 119). Ende 2010 waren die SEPA-Instrumente zwar verfügbar, wurden aber kaum verwendet. Daher wurde 2012 eine Verordnung verabschiedet, in der EU-weit festgelegt wurde, wann die Umstellung der alten nationalen Überweisungen und Lastschriften auf die SEPA-Instrumente abgeschlossen sein musste (**Verordnung [EU] Nr 260/2012** des Europäischen Parlaments und des Rates v 14. 3. 2012 zur Festlegung der technischen Vorschriften und der Geschäftsanforderungen für Überweisungen und Lastschriften in Euro und zur Änderung der Verordnung [EG] Nr 924/2009 [ABl v 30. 3. 2012, L 94/22]).

2015 verabschiedeten die Legislativorgane der EU die **zweite Zahlungsdienste-Richtlinie (ZDRL II)** (Richtlinie [EU] 2015/2366 des Europäischen Parlaments und des Rates v 25. 11. 2015 über Zahlungsdienste im Binnenmarkt, zur Änderung der Richtlinien 2002/65/EG, 2009/110/EG und 2013/36/EU und der Verordnung [EU] Nr 1093/2010 sowie zur Aufhebung der Richtlinie 2007/64/EG, ABl v 23. 12. 2015, L 337/35), mit der die ZDRL I aufgehoben wurde (s dazu das Gesetz zur Umsetzung der Zweiten Zahlungsdienstrichtlinie vom 17. 7. 2017, BGBl 2017 I 2446; zur intertemporalen Geltung s BGH 18. 6. 2019 – XI ZR 768/17, BGHZ 222, 240 = WM 2019, 2153 Rn 26). Die neue Richtlinie und das Umsetzungsgesetz erweitern den Kreis der Zahlungsdienste um sog **Zahlungsauslösedienste** (zu Einzelheiten Krüger, Zahlungsauslösedienste [2023]; Meister, Die Zahlungsauslösedienstleister [2024]; Schmalenbach, Die Digitalisierung des Zahlungswesens [2019] 182 ff) und **Kontoinformationsdienste** und zielen auf die Neukonturierung der Ausnahmetatbestände der Richtlinie und die Verbesserung der Sicherheit bei der Zahlungsabwicklung (insbesondere durch die „starke Kundenauthentifizierung“ [englisch: „strong customer authentication“]; s dazu Mack, Die „rechtsscheinbare“ Autorisierung von Zahlungsvorgängen [2018]; aus der Rechtsprechung: BGH 3. 3. 2026 – XI ZR 20/24, WM 2026, 668 [„Eine starke Kundenauthentifizierung im Sinne von § 675v Abs. 4 S 1 Nr 1 BGB erfordert im manuellen chipTAN-Verfahren nicht die Angabe des Namens des Zahlungsempfängers im Display des TAN-Generators“]; BGH 22. 7. 2025 – XI ZR 107/24, WM 2025, 1592; OLG Karlsruhe 23. 12. 2025 – 17 U 113/23). Darüber hinaus enthalten die Richtlinie und das Umsetzungsgesetz zahlreiche Vorgaben, deren Ziel es ist, den **Schutz** der **Zahlungsdienstnutzer** insbesondere bei nicht autorisierten Zahlungsvorgängen weiter zu verbessern (Terlau ZBB 2016, 122; Kronke/Melis/Kuhn [Hrsg], Handbuch Internationales Wirtschaftsrecht [2. Aufl 2017] 1102 ff; zu Einzelheiten s Bramberger passim; Budde passim; Danwerth passim; Janssen passim; Mack, Die „rechtsscheinbare“ Autorisierung von Zahlungsvorgängen [2018]). Zur Einbeziehung von **FinTech** in den Anwendungsbereich der ZDRL II aus österreichischer Sicht Truder passim. 53

Außerdem werden die Bestimmungen im Hinblick auf die Bereitstellung innovativer Zahlungsdienste, einschließlich **Internetzahlungen** und mobiler Zahlungen, angepasst (zu den innovativen Bezahlverfahren im Lichte des novellierten Zahlungsdienstrechts s Schmalenbach, Die Digitalisierung des Zahlungswesens [2019] 210 ff; zur Zulässigkeit der Verein- 54 barung eines Entgelts für die Nutzung bargeldloser Zahlungsmittel hat der BGH 25. 3. 2021 – I ZR 203/19, WM 2021, 872 entschieden, dass der Erhebung eines Entgelts für zusätzliche Leistungen [zB für die Einschaltung des Zahlungsdienstleisters **„PayPal“**, der neben dem Auslösen der Zahlung weitere Dienstleistungen wie die Überprüfung der Bonität des Zahlers und die Unterrichtung des Zahlungsempfängers über das Ergebnis erbringt] das Verbot der Vereinbarung eines Entgelts für die Nutzung einer Lastschrift, Überweisung oder Zahlungskarte iSv § 270a BGB nicht entgegensteht). Die zweite Zahlungsdienste-Richtlinie trat am 12. 1. 2016 in Kraft und wurde am 13. 1. 2018 wirksam (vgl BGH 18. 6. 2019 – XI ZR 768/17, BGHZ 222, 240 = WM 2019, 2153 Rn 26; zur intertemporalen Anwendbarkeit des Verbots eines Entgelts für die Nutzung eines bestimmten Zahlungsinstruments nach Art 62 Abs 4 RL 2015/2366 s EuGH 2. 12. 2021 – C- 484/20 *Vodafone Kabel Deutschland*, ECLI:EU:C:2021:975 Rn 33). Die (auf den Vorschlag der Europäischen Kommission vom 26. 10. 2022, COM[2022] 546 final, zurückgehende) **Verordnung EU 2024/886** vom 13. 3. 2024 zur Änderung der Verordnungen (EU) Nr 260/2012 und (EU) 2021/1230 sowie der Richtlinien 98/26/EG und (EU) 2015/2366 (ABl L 1 vom 19. 3. 2024) schafft nunmehr einheitliche Regeln für einen integrierten Markt für **Echtzeitüberweisungen** („instant payments“) in Euro, bei denen das Geld in Sekunden auf dem Konto des Empfängers eingeht (Omlor NJW 2024, 3478; Hartmann/Wallraf RdZ 2024, 148; Rakers, Die rechtlichen Herausforderungen der Echtzeitüberweisung [2023]). Der Empfang von Echtzeitüberweisungen ist seit dem 9. 1. 2025 möglich. Für das Aufgeben von Überweisungen gilt eine Übergangszeit von 18 Monaten: Sie müssen ab dem 9. 10. 2025 möglich sein. Ab dem 9. 7. 2027 sind Echtzeitüberweisungen auch mit Nicht-EWR-Ländern sowie mit Nicht-EWR-Territorien, die am Europäischen Zahlungsverkehrsraum (SEPA) teilnehmen (Rn 52), möglich. Die Echtzeitüberweisung wird damit zum neuen Standard.

55 Seit dem 2. 7. 2024 gibt es in Europa einen neuen **Zahlungsdienstleister „Wero“** (Zusammensetzung aus „We“ und „Euro“), der von der European Payments Initiative **(EPI)** entwickelt worden ist. Der Dienst soll ähnlich wie der Dienstleister PayPal aus den USA und anderen bestehenden Bezahldiensten (zB Giropay, Klarna, Paylib, Payconiq und iDeal) schnelle Überweisungen vom Computer oder Smartphone aus ermöglichen („la solution de virement instantané“), ohne IBAN und BIC, und Europa unabhängig machen von PayPal und Kreditkarten wie Visa, Mastercard und Co. Ab Mitte 2025 soll die Bezahlung in **Online Shops** ermöglicht werden und damit zu PayPal und Kreditkarten in Wettbewerb treten. Bis 2026 soll die Bezahllösung für den Handel in Europa flächendeckend verfügbar sein (Zahrte ZIP 2024, 542).

ee) Vertragsrecht der Zahlungsdienste

56 Zu Fragen des **Vertragsrechts** der **Zahlungsdienste** (zB Vertragsbeziehungen zwischen Zahlungsdienstanbietern und Zahlungsdienstnutzern, Informationspflichten, Zahlungsbedingungen, Zahlungsanweisungen und Zahlungsaufträge, Haftung für unbefugten Zahlungsverkehr, Haftungsausschluss, Widerrufsrechte, Vertragskündigung, Entgelte bei Zahlungsvorgängen) s neben den Kommentierungen der §§ 675c–676c BGB in den einschlägigen BGB-Kommentaren zB Rakers, Die rechtlichen Herausforderungen der Echtzeitüberweisung [2023]; Budde, Das Vertragsrecht der Zahlungsdienste (2017) mBespr Hingst RabelsZ 84 (2020) 152; Mack , Die „rechtsscheinbare“ Autorisierung von Zahlungsvorgängen (2018); Bernsteiner/Miernicki ÖBA 67 [2019] 411; Schmalenbach, Die Digitalisierung des Zahlungswesens [2019] 36 ff; Danwerth ZJS 3/2013, 225; Fornasier AcP 212 [2012] 410. Zur Erstattung nicht autorisierter Zahlungen BGH 22. 7. 2025 – XI ZR 107/24, WM 2025, 1592;

wNw in Rn 53. Zur Frage der Autorisierung von Zahlungsvorgängen und einer Limiterhöhung durch mehrfache Freigaben im pushTAN-Verfahren durch den Zahler OLG Dresden 5. 5. 2025 – 8 U 1482/24, WM 2025, 1733. Zum PushTAN-Betrug OLG Bremen 30. 8. 2024 – 1 U 32/24, ZIP 2025, 1013. Zur Darlegungs- und Beweislast für die Autorisierung von Zahlungsvorgängen s BGH 5. 3. 2024 – XI ZR 107/22, BGHZ 240, 23.

ff) Zahlungsdienstleistungen und IPR

Zum **Internationalen Privatrecht** der Zahlungsdienstleistungen s vHein/Wolf RdZ 2020, 164; Laimer, in: Laimer/Perathoner (Hrsg), Regulierung digitaler Geschäftsmodelle (2025) 69; Dilek, Das Internationale Privatrecht digitaler Werte (2024). 57

c) Art 63 bis 66 AEUV

Die Vorschriften des AEUV über den freien internationalen Kapital- und Zahlungsverkehr (**Art 63–66 AEUV** [*ex*-Art 56–59 EGV]) (zu Einzelheiten und der einschlägigen Rechtsprechung des EuGH s Ebke, in: FS Henssler [2023] 841, 848 ff; Weberling 304 ff) finden nach der Rechtsprechung des EuGH keine Anwendung auf Sachverhalte, deren „Merkmale sämtlich nicht über die Grenzen eines Mitgliedstaats hinausweisen" (EuGH 15. 11. 2016 – C-268/15 *Ullens de Schooten*, ECLI:EU:C:2016:874 Rn 47; EuGH 18. 1. 2022 – C-261/20 *Thelen Technopark Berlin*, ECLI:EU:C:2022:33 Rn 50). Positiv gewendet: Erforderlich für eine Anwendbarkeit der Art 63–66 AEUV ist eine die **Grenzen** eines Mitgliedstaats **überschreitende Transaktion** („cross border transaction") des Kapital- oder Zahlungsverkehrs (EuGH 18. 6. 2020 – C-78/18 *Kommission/Ungarn*, ECLI:EU:C:2020:476 Rn 46 und 51 [„mit grenzüberschreitender Dimension"]; s auch die Schlussanträge des Generalanwalts Gerard Hogan 19. 11. 2020 in der Rs C-388/19 *Autoridade Tributária e Aduaneira*, ECLI:EU:C:2020:940 Rn 21). Die Einhaltung der Vorschriften der Art 63–66 AEUV und des Art 144 AEUV ist nicht nur materiellrechtlich, sondern auch kollisionsrechtlich von Bedeutung, zB im Rahmen des Art 9 Rom I-VO (Rn 227). 58

Aus der ständigen Rechtsprechung des EuGH geht hervor, dass der **Begriff „Kapitalverkehr"** mangels einer Definition im AEUV unter – indikativer und nicht erschöpfender – Berücksichtigung der **Nomenklatur** in Anhang I der Richtlinie 88/361/EWG v 24. 6. 1988 zur Durchführung von Artikel 67 des EG-Vertrags, der durch den Vertrag von Amsterdam aufgehoben wurde (ABl EG v 8. 7. 1988, L 178/5), auszulegen ist (s nur EuGH 2. 3. 2023 – C-78/21 *Privatbank*, ECLI:EU:C:2023:137 Rn 27; EuGH 7. 4. 2022 – C-342/20 *Verinsaajien oikeudenvalvontayksikkö*, ECLI:EU:C:2022:276 Rn 40; EuGH 16. 7. 2020 – C-686/18 *Adusbef*, ECLI:EU:C:2020:567 Rn 99 mwNw; EuGH 18. 6. 2020 – C-78/18 *Kommission/Ungarn*, ECLI:EU:C:2020:476 Rn 47 mwNw; EuGH 16. 9. 2020 – C-339/19 *Romenergo und Aris Capital*, ECLI:EU:C:2020:709 Rn 32 mwNw; EuGH 16. 3. 1999 – C-222/97 *Trummer*, ECLI:EU:C:1999:143 Rn 21 m Anm Ebke/Tavakoli WuB I F 3-9.99; s auch die Schlussanträge von Generalanwältin Verica Trstenjak v 20. 3. 2012 in der Rs C-31/11 *Scheunemann*, ECLI:EU:C:2012:150 Rn 35 sowie die Schlussanträge des Generalanwalts Gerard Hogan v 19. 11. 2020 in der Rs C-388/19 *Autoridade Tributária e Aduaneira*, ECLI:EU:C:2020:940 Rn 20). 59

Hieraus **definiert** sich der **Kapitalverkehr** (vgl Koller/Sennhauser, in: FS Reuter [2010] 1061, 1068; Wess 52 Rn 66) als jede über die Grenzen eines EU-Mitgliedsstaates hinweg stattfindende einseitige Übertragung von **Geld- oder Sachkapital**, zB Immobilieninvestitionen oder **Direktinvestitionen** (dh Investitionen in Form der Beteiligung an einem Un- 60 ternehmen durch den Besitz von Aktien, die die Möglichkeit verschafft, sich tatsächlich an der Verwaltung dieser Gesellschaft oder an deren Kontrolle zu beteiligen – s EuGH 23. 10. 2007 – C-112/05 *Kommission/Deutschland*, ECLI:EU:C:2007:623 Rn 54 [betr das VW-Gesetz, dazu Rn 39 ff]; s ferner das Gutachten des EuGH 16. 5. 2017 betr das Freihandelsabkommen zwischen der EU und der Republik Singapur, ECLI:EU:C:2017:376 Rn 80; EuGH 19. 12. 2024 – C-295/23 *Halmer Rechtsanwaltsgesellschaft uG*, ECLI:EU:C:2024:1037 Rn 75; EuGH 26. 2. 2019 – C-135/17 *X GmbH/Finanzamt Stuttgart Körperschaften*, ECLI:EU:C:2019:136 Rn 26; EuGH 20. 9. 2018 – C-685/16 *EV*, ECLI:EU:C:2018:743 Rn 67; EuGH 4. 6. 2002 – C-483/99 *Kommission/Französische Republik*, ECLI:EU:C:2002:327 Rn 6 m Anm Ebke/Traub EWS 2002, 335, 336 und EuGH 4. 6. 2002 – C-367/98 *Kommission/Portugiesische Republik*, ECLI:EU:C:2002:326 Rn 38) **sowie** sog **Portfolioinvestitionen** (dh Investitionen in Form des Erwerbs von Wertpapieren auf dem Kapitalmarkt allein in der Absicht einer Geldanlage, ohne auf die Verwaltung oder Kontrolle des Unternehmens Einfluss nehmen zu wollen – s EuGH 16. 7. 2020 – C-686/18 *Adusbef*, ECLI:EU:C:2020:567 Rn 101 mwNw; EuGH 26. 2. 2019 – C-135/17 *X GmbH/Finanzamt Stuttgart Körperschaften*, ECLI:EU:C:2019:136 Rn 26). Zum Zusammenwirken von Kapitalverkehrs- und Niederlassungsfreiheit zur Gewährleistung des grenzüberschreitenden Erwerbs von Gesellschaftsanteilen s Lübke, Der Erwerb von Gesellschaftsanteilen zwischen Kapitalverkehrs- und Niederlassungsfreiheit (2006); Schön, in: FS Reichert (2026) 1111, 1121 ff (zu EuGH 25. 4. 2024 – C-276/22 *Edil Work*, ECLI:EU:C:2024:348).

61 Die unter Rubrik XI („Kapitalverkehr mit persönlichem Charakter") von Anhang I der Richtlinie 88/361/EWG fallenden **Erbschaften** (EuGH 12. 10. 2023 – C-670/21 *BA*, ECLI:EU:C:2023:763 Rn 38; s dazu auch die Schlussanträge von Generalanwältin Verica Trstenjak 20. 3. 2012 in der Rs C-31/11 *Scheunemann*, ECLI:EU:C:2012:150 Rn 36) und **Schenkungen** sind von dem Begriff des Kapitalverkehrs ebenfalls erfasst (EuGH 18. 6. 2020 – C-78/18 *Kommission/Ungarn*, ECLI:EU:C:2020:476 Rn 48 mwNw; s auch Koller/Sennhauser, in: FS Reuter [2010] 1061, 1068; M Lang StuW 2011, 209, 210). Ebenso umfasst der Begriff „Kapitalverkehr" **Darlehen** und **Zuwendungen** von Geldbeträgen (EuGH 2. 3. 2023 – C-78/21 *Privatbank*, ECLI:EU:C:2023:137 Rn 28 ff; EuGH 7. 9. 2023 – C-15/22 *RF*, ECLI:EU:C:2023:636 Rn 4; die Rückzahlung des vertraglich festgehaltenen Nennwerts einer **Staatsanleihe** gehört ebenfalls zum Kapitalverkehr: M J Müller 386; Weberling 305) sowie **Bürgschaften** und andere **Garantien** von Gebietsfremden an Gebietsansässige, die in den Rubriken VIII und IX von Anhang I aufgeführt sind (EuGH 18. 6. 2020 – C-78/18 *Kommission/Ungarn*, ECLI:EU:C:2020:476 Rn 48; EuGH 25. 2. 2021 – C-712/19 *Novo Banco SA/Junta de Andalucía*, ECLI:EU:C:2021:137 Rn 41) sowie **Kontokorrent-** und **Termingeschäfte** mit Finanzinstitutionen, die ua Geschäfte von Gebietsansässigen mit ausländischen Finanzinstitutionen umfassen (EuGH 2. 3. 2023 – C-78/21 *Privatbank*, ECLI:EU:C:2023:137 Rn 28 ff; EuGH 15. 2. 2017 – C-317/15 *X/Staatssecretaris van Financiën*, ECLI:EU:C:2017:119 Rn 27).

62 In Abgrenzung zu dem Begriff des Kapitalverkehrs ist nach der Rechtsprechung des EuGH (grundlegend EuGH 14. 12. 1995 – C-163/94, C-165/94 und C-250/94 *Sanz de Lera u a*, EU:C:1995:451 Rn 17 m Anm Ebke, WuB I H 4.-1.96, 1273) unter dem **Begriff „Zahlungsverkehr"** ein die Grenzen eines Mitgliedstaats überschreitender Transfer von Zahlungsmitteln (erfasst sind neben Bargeld zB auch Überweisungen, Schecks, Kreditkarte oder elektronisches Geld) iS einer „wirtschaftlichen Gegenleistung zum Gebrauchmachen von einer der Verkehrsfreiheiten" zu verstehen (vgl Ebke, in: FS Henssler [2023] 841, 849 f; Ellenberger/Bunte/Schefold, BankR-HdB [6. Aufl 2022], Bd II, § 100 Rn 19; Grabenwarter/Griller/Holoubek [5. Aufl 2008] 182; Schreiner, Die Zahlungsverkehrsfreiheit des EG-Vertrages [2010] 220 ff). Der Schuldner, der eine Geldsumme zB für eine Warenlieferung oder

eine Dienstleistung schuldet, soll seine vertragliche Verpflichtung freiwillig und ohne unzulässige Beschränkung erfüllen und der Gläubiger eine solche Zahlung frei empfangen können (s schon EuGH 22. 6. 1966 – C-412/97 *ED Srl*, ECLI:EU:C:1999:324 Rn 17 zu Art 73b Abs 2 EGV]). Die **Zahlungsverkehrsfreiheit** ist aber **keine Annexfreiheit** zu den anderen Grundfreiheiten, sondern eine eigenständige Grundfreiheit (WEBERLING 305 f; WESS 53 Rn 66) und nicht notwendig synallagmatisch an ein Grundgeschäft gebunden. Ihr unterfallen vielmehr alle Zahlungen, „die unmittelbar oder mittelbar mit der Wahrnehmung einer anderen Grundfreiheit verbunden sind" (WEBERLING 306), beispielsweise zivilrechtliche Schadensersatzzahlungen oder die Zahlung einer Prozesskostensicherheit (ELLENBERGER/BUNTE/SCHEFOLD, BankR-HdB [6. Aufl 2022], Bd II, § 100 Rn 19).

Der EuGH hat in Bezug auf die Verkehrsfreiheiten entschieden, dass in Fällen, in denen eine nationale Maßnahme gleichzeitig mit **mehreren Grundfreiheiten** im Zusammenhang steht, er sie grundsätzlich nur im Hinblick auf eine dieser Freiheiten prüft, wenn sich herausstellt, dass unter den Umständen des Einzelfalls die anderen Freiheiten dieser ersten gegenüber **„völlig zweitrangig"** sind und ihr zugeordnet werden können (EuGH 19. 12. 2024 – C-295/23 *Halmer Rechtsanwaltsgesellschaft uG*, ECLI:EU:C:2024:1037 Rn 53 [in casu hat der EuGH die nationalen Regeln aber sowohl an der Kapitalverkehrsfreiheit als auch an der Niederlassungsfreiheit gemessen: Rn 57]; EuGH 2. 3. 2023 – C-78/21 *Privatbank*, ECLI:EU:C:2023:137 Rn 39; EuGH 16. 2. 2023 – C-707/20 *Gallaher Limited*, ECLI:EU:C:2023:101 Rn 57; EuGH 11. 6. 2020 – C-206/19 *„KOB" SIA*, ECLI:EU:C:2020:463 Rn 22 unter Hinweis auf EuGH 8. 6. 2017 – C-580/15 *Van der Weegen*, ECLI:EU:C:2017:429 Rn 25; s auch EuGH 30. 4. 2020 – C-565/18 *Société Générale SA*, ECLI:EU:C:2020:318 Rn 19; EuGH 3. 3. 2020 – C-323/18 *Tesco-Global àruházak Zrt*, ECLI:EU:C:2020:140 Rn 53 f; EuGH 14. 2. 2019 – C-630/17 *Milivojević*, ECLI:EU:C:2019:123 Rn 54; EuGH 6. 3. 2018 – verb Rs C-52/16 und C-113/16 *SEGRO*, ECLI:EU:C:2018:157 Rn 53; EuGH 20. 9. 2018 – C-685/16 *EV*, ECLI:EU:C:2018:743 Rn 33; EuGH 24. 2. 2022 – C-257/20 *Viva Telecom Bulgaria*, ECLI:EU:C:2022:125 Rn 78; EuGH 7. 4. 2022 – C-342/20 *Veronsaajien oikeudenvalvontaysikkö*, ECLI:EU:C:2022:276 Rn 37; s auch die Schlussanträge von Generalanwältin VERICA TRSTENJAK v 20. 3. 2012 in der Rs C-31/11 *Scheunemann*, ECLI:EU:C:2012:150 Rn 32; aus der Literatur s EBKE WuB I H 4-1. 96, 1277 mwNw; zum Verhältnis der Kapitalverkehrsfreiheit zu anderen Grundfreiheiten in der EuGH-Rechtsprechung SPIES, Die Kapitalverkehrsfreiheit in Konkurrenz zu den anderen Grundfreiheiten [2015]; J C W MÜLLER, Kapitalverkehrsfreiheit in der Europäischen Union [2000] 190 ff; KOTTHAUS 43 ff; zur Konkurrenz von Kapitalverkehrs- und Niederlassungsfreiheit SCHÖN, in: FS Reichert [2026] 1111, 1121 ff, GERMELMANN EuZW 2008, 596, ROY passim sowie Rn 60; zur Konkurrenz von Kapitalverkehrs- und Dienstleistungsfreiheit s PAJUNK passim; M LANG StuW 2011, 209, 213). Zu **prüfen** ist mithin letztlich, welche unionsrechtliche Grundfreiheit „im **Schwerpunkt**" betroffen ist (s die Schlussanträge von Generalanwältin Verica Trstenjak v 20. 3. 2012 in der Rs C-31/11 *Scheunemann*, ECLI:EU:C:2012:150 Rn 31; s auch KOLLER/SENNHAUSER, in: FS Reuter [2010] 1061, 1069 [„in welchen Anwendungsbereich die betroffene nationale Regelung hauptsächlich fällt"]). **63**

aa) Art 63 AEUV: Grundsatz

Nach Art 63 Abs 1 und 2 AEUV sind im Rahmen der Bestimmungen des AEUV-Kapitels über den Kapital- und Zahlungsverkehr alle **Beschränkungen** des Kapital- und Zahlungsverkehrs **zwischen** den **Mitgliedstaaten** (s dazu etwa WEBERLING 303 ff; HONRATH, Umfang und Grenzen der Freiheit des Kapitalverkehrs [1998]; J C W MÜLLER, Kapitalverkehrsfreiheit in der Europäischen Union [2000] 189 ff ; RHODE, Freier Kapitalverkehr in der Europäischen Gemeinschaft [1999]; KIMMS, Kapitalverkehrsfreiheit im Recht der Europäischen Union **64**

[1996]; Sandrock RIW 2015, 93; Sandrock RIW 2012, 429) sowie zwischen den Mitgliedstaaten und **dritten Ländern** (EuGH 30. 4. 2025 – C-602/23 *Finanzamt für Großbetriebe*, ECLI:EU:C:2025:290 Rn 44; EuGH 12. 10. 2023 – C-670/21 *BA*, ECLI:EU:C:2023:763 Rn 37; EuGH 22. 6. 2023 – C-258/22 *Finanzamt Hannover-Nord*, ECLI:EU:C:2023:506 Rn 29; EuGH 18. 1. 2018 – C-45/17 *Jahin*, ECLI:EU:C:2018:18 Rn 20; dazu aus der Literatur Schneider, Die Kapitalverkehrsfreiheit im Verhältnis zu Drittstaaten [2018] 42 ff; Kemmerer, Kapitalverkehrsfreiheit und Drittstaaten [2010] 60 ff; Scharf, Die Kapitalverkehrsfreiheit gegen Drittstaaten [2008]; Hohenwart/Plansky SWI 2007, 346; Hindelang JZ 2009, 829; Schön, in: FS Wassermeyer [2005] 489; M Lang StuW 2011, 209) ohne Voraussetzung der Gegenseitigkeit **verboten** (EuGH 27. 2. 2025 – C-18/23 *Dyrektor Krajowej Informacji Skarbowej*, ECLI:EU:C:2025:119 Rn 57; EuGH 16. 7. 2020 – C-686/18 *Adusbef*, ECLI:EU:C:2020:567 Rn 99; EuGH 18. 6. 2020 – C-78/18 *Kommission/Ungarn*, ECLI:EU:C:2020:476 Rn 45; EuGH 24. 11. 2016 – C-464/14 *SECIL*, ECLI:EU:C:2016:896 Rn 24; vgl EuGH 14. 12. 1995 – verb Rs C-163/94, C-165/94 und C-250/94 *Sanz de Lera u a*, ECLI:EU:C:1995:451 Rn 19; EuGH 30. 4. 2020 – C-565/18 *Société Générale SA*, ECLI:EU:C:2020:318 Rn 22). Nach dem AEUV ist auch eine **geringfügige** oder **wenig bedeutende** Beschränkung einer Grundfreiheit grundsätzlich untersagt (EuGH 2. 3. 2023 – C-78/21 *Privatbank*, ECLI:EU:C:2023:137 Rn 53). Nach gefestigter Rechtsprechung des EuGH muss der Begriff der Beschränkung des Kapitalverkehrs für Transaktionen zwischen Mitgliedstaaten, mit EWR-Staaten sowie zwischen Mitgliedstaaten und Drittstaaten in der gleichen Weise ausgelegt werden (s die Schlussanträge von Generalanwalt Anthony M Collins 9. 2. 2023 – C-670/21, ECLI:EU:C:2023:89 Rn 27. Zur Kapitalverkehrsfreiheit im Verhältnis zu den **EWR-Staaten** Island, Norwegen und Liechtenstein s Scharf, Die Kapitalverkehrsfreiheit gegen Drittstaaten [2008] 24 f. Zur Bedeutung der Kapitalverkehrsfreiheit für die **Schweiz** Koller/Sennhauser, in: FS Reuter [2010] 1061, 1066 [gilt **„unmittelbar, erga omnes und ohne Gegenseitigkeitsvorbehalt"**]; Oesch, Schweiz – Europäische Union [2. Aufl 2025] 223, 237 f, 288, 291; Heinemann, in: Fahrländer/Heizmann [Hrsg], Europäisierung der Schweizer Rechtsordnung [2013] 4, 16; Oesterhelt ST 2008, 256; Marti/Widrig-Giallouraki ST 2007, 121; Schuhmacher wbl 24 [2010] 136; Wunderlich/Blaschke IStR 2008, 754). Art 63 Abs 1 AEUV enthält „ein eindeutiges, nicht an Bedingungen geknüpftes Verbot ..., das keiner Durchführungsmaßnahmen bedarf und das den Einzelnen **Rechte verleiht,** die sie gerichtlich geltend machen können" (EuGH 24. 11. 2016 – C-464/14 *SECIL*, ECLI:EU:C:2016:896 Rn 24; ebenso schon EuGH 14. 12. 1995 – verb Rs C-163/94, C-165/94 und C-250/94 *Sanz de Lera u a*, ECLI:EU:C:1995:451 Rn 43; EuGH 18. 12. 2007 – C-101/05 *Skatteverket*, ECLI:EU:C:2007:804 Rn 21).

65 Nach ständiger Rechtsprechung des EuGH können **Beschränkungen** (iSv „unterbinden, behindern oder weniger attraktiv machen" – Rn 51) einer der durch den Vertrag garantierten Grundfreiheiten **nur zulässig** sein, **wenn** diese aus einem im AEUV genannten Gründen (zB Art 65 AEUV: EuGH 2. 3. 2023 – C-78/21 *Privatbank*, ECLI:EU:C:2023:137 Rn 57) oder aus **zwingenden Gründen** des **Allgemeininteresses** iSd Rechtsprechung des EuGH **gerechtfertigt** sind (EuGH 27. 2. 2025 – C-18/23 *Dyrektor Krajowej Informacji Skarbowej*, ECLI:EU:C:2025:119 Rn 89; EuGH 29. 7. 2024 – C-39/23 *Keva u a*, ECLI:EU:C:2024:648 Rn 64; EuGH 17. 3. 2022 – C-545/19 *AllianzGI-Fonds AEVN*, ECLI:EU:C:2022:193 Rn 75; EuGH 4. 6. 2002 – C-367/98 *Kommission/Portugal*, ECLI:EU:C:2002:326 Rn 49; EuGH 18. 6. 2020 – C-78/18 *Kommission/Ungarn*, ECLI:EU: C:2020:476 Rn 76; EuG [Dritte Kammer] 9. 2. 2022 – T-868/16 *Q1*, ECLI:EU:T:2022:58 Rn 144; EuG [Dritte Kammer] 23. 5. 2019 – T-107/17 *Steinhoff*, ECLI:EU:Z:2019:353 Rn 121, Berufung zurückgewiesen, EuGH 12. 3. 2020 – C-571/19 *Steinhoff*, ECLI:EU:C:2020:208; EuGH 7. 4. 2022 – C-342/20 *Veronsaajien oikeudenvalvontaysikkö*, ECLI:EU:C:2022:276 Rn 79). In einem solchen Fall muss die Anwendung einer solchen Maßnahme aber auch **geeignet** sein, die Verwirklichung des verfolgten Zwecks zu gewährleisten, und darf nicht über das hinausgehen, was zu seiner Erreichung **erforderlich** ist (s nur EuGH 10. 9. 2020 – verb Rs C-41/20 bis C-43/20 *DQ u a*, ECLI:EU:C:2020:703 Rn 50; EuGH 6. 3. 2018 – verb Rs C-52/16 und C-113/16 *SEGRO*, ECLI:EU:C:2018:157 Rn 65 und 76; EuGH 26. 2. 2019 – C-135/17 *Finanzamt Stuttgart Körperschaften*, ECLI:EU:C:2019:136 Rn 70; EuGH 18. 6. 2020 – C-78/18 *Kommission/Ungarn*, ECLI:EU:C:2020:476 Rn 76), so dass sie dem Kriterium der **Verhältnismäßigkeit** entspricht (EuGH 12. 12. 2024 – C-419/23 *CN*, ECLI:EU:C:2024:1016 Rn 64; EuGH 24. 2. 2022 – C-257/20 *Viva Telecom Bulgaria*, ECLI:EU:C:2022:125 Rn 112; EuGH 4. 6. 2002 – C-367/98 *Kommission/Portugal*, ECLI: EU:C:2002:326 Rn 49; EuGH 14. 12. 1995 – verb Rs C-163/94, C-165/94 und C-250/94 *Sanz de Lera u a*, EU:C:1995:451 Rn 49 m Anm Ebke WuB I H 4-1.96; EuG [Dritte Kammer] 23. 5. 2019 – T 107/17 *Steinhoff*, ECLI:EU:T:2019:353 Rn 122, Berufung zurückgewiesen, EuGH 12. 3. 2020 – C-571/19 *Steinhoff*, ECLI:EU:C:2020:208). Eine Berufung auf zwingende Gründe des Allgemeininteresses ist nur möglich, soweit es keine Harmonisierungsmaßnahmen auf Unionsebene zur Gewährleistung des Schutzes dieser Interessen gibt (Generalanwalt Anthony M Collins v 9. 2. 2023 – C-670/21, ECLI:EU:C:2023:89 Rn 29).

Ist die Kommission der Auffassung, dass ein Mitgliedstaat den freien Kapital- oder Zahlungsverkehr in ungerechtfertigter Weise beschränkt und dadurch gegen „eine Verpflichtung aus den Verträgen“ verstoßen hat, so kann sie gegen den Mitgliedstaat eine **Vertragsverletzungsklage** vor dem EuGH nach Art 258 Abs 2 AEUV (*ex*-Art 226 EGV) erheben (zu diesem Instrument s allg Ebke JAirL&Com 50 [1985] 685 [englisch] = RTDE 22 [1986] 209 [französisch]). In diesem Verfahren prüft der Gerichtshof nicht nur die Rechtfertigung der Beschränkung der nationalen Maßnahme (einschließlich einer Maßnahme nach Art 64–66 AEUV) nach dem klassischen **„4-Faktoren-Test“** (sog **Gebhard-Formel** nach EuGH 30. 11. 1995 – C-55/94 *Gebhard*, Slg 1993 I-4165 Rn 37; zu Art 63 AEUV EuGH 16. 12. 2021 – C-274/20 *Prefettura di Massa Carrara*, ECLI:EU:C:2021:1022 Rn 31; Ebke/Traub EWS 2002, 335, 337), sondern auch deren Vereinbarkeit mit der **Charta der Grundrechte** der Europäischen Union (Rn 74 – s EuGH 4. 10. 2021 – C-544/19 *ECOTEX Bulgaria*, ECLI:EU:C:2021:803 Rn 88; EuGH 21. 5. 2019 – C-235/17 *Kommission/Ungarn – Nießbrauchsrechte an landwirtschaftlichen Flächen*, ECLI:EU:C:2019:432, Rn 58 ff; EuGH 18. 6. 2020 – C-78/18 *Kommission/Ungarn – Transparenz von Vereinigungen*, ECLI:EU:C:2020:476 Rn 98 ff; zur Prüfungsfolge und zum Prüfungsstandard s die Schlussanträge von Generalanwalt Manuel Campos Sánchez-Bordona v 14. 1. 2020 in der Rs C-78/18 *Kommission/Ungarn – Transparenz von Vereinigungen*, ECLI:EU:C:2020:1 Rn 82 ff). Das Verhältnis der Grundfreiheiten und der Grundrechte zueinander wirft nach wie vor Fragen auf. Zur Verschränkung von Grundfreiheiten und Grundrechten s Borowski, in: FS Ebke (2021) 123 ff. Zur **Grundrechtsprüfung** durch den EuGH nach Inkrafttreten der EU-Grundrechtecharta Riedel, Die Grundrechtsprüfung durch den EuGH (2020). Zur Bedeutung der **EU-Grundrechte** im Verhältnis zur **Schweiz** s Oesch, Schweiz – Europäische Union (2. Aufl 2025) 64 ff; Oesch/Naef ZSR 2017, 117. 66

bb) Art 64 AEUV: Begrenzte Ausnahmen

Art 64 AEUV regelt begrenzte Ausnahmen im Verhältnis zu bestimmten Staaten (EuGH 13. 11. 2019 – C-641/17 *College Pension Plan of British Columbia*, ECLI:EU:C:2019:960 Rn 91; EuGH 20. 9. 2018 – C-685/16 *EV*, ECLI:EU:C:2018:743 Rn 66). Im Unterschied zu Art 66 AEUV (Rn 76) und 75 AEUV (ex-Art 60 EGV – betr Verhütung und Bekämpfung von Terrorismusfinanzierung – Rn 140) erfasst Art 64 AEUV **lediglich** den **Kapitalverkehr,** nicht auch den Zahlungsverkehr (Kotthaus 179 ff; Koller/Sennhauser, in: FS Reuter [2010] 1061, 1071; M Lang StuW 2011, 209, 211). Art 64 Abs 1 AEUV enthält „eine er- 67 schöpfende Liste von Kapitalbewegungen ..., die der Anwendung von Art 63 Abs 1 AEUV entzogen sein können" (EuGH 21. 5. 2015 – C-560/13 *Finanzamt Ulm*, ECLI:EU:C:2015:347 Rn 21; EuGH 24. 11. 2016 – C-464/14 *SECIL*, ECLI:EU:C:2016:896 Rn 24; EuGH v 17. 10. 2013 – C-181/12 *Welte*, ECLI:EU:C:2013:662 Rn 29). Neben der Möglichkeit, dass Mitgliedstaaten an einem bestimmten Stichtag bestehende Beschränkungen auf Drittstaaten im Zusammenhang mit Direktinvestitionen einschließlich Anlagen in Immobilien und mit bestimmten anderen Kapitalbewegungen beibehalten (Art 64 Abs 1 AEUV: **„Stillhalte-Klausel"** oder „Grandfathering"-Klausel"), können der Rat und das Europäische Parlament auch legislative Maßnahmen für den **Kapitalverkehr mit dritten Ländern** im Zusammenhang mit Direktinvestitionen einschließlich Anlagen in Immobilien, mit der Niederlassung, der Erbringung von Finanzdienstleistungen oder der Zulassung von Wertpapieren zu den Kapitalmärkten beschließen (Art 64 Abs 2 AEUV). Darüber hinaus kann der Rat nach Anhörung des Europäischen Parlaments einstimmig Maßnahmen beschließen, die für die Liberalisierung des Kapitalverkehrs mit Drittländern einen Rückschritt darstellen (Art 64 Abs 3 AEUV). Als **Ausnahme** von dem Grundprinzip des freien Kapitalverkehrs sind die Vorschriften des Art 64 AEUV nach ständiger Rechtsprechung des EuGH aber **eng auszulegen** (EuGH v 17. 10. 2013 – C-181/12 *Welte*, ECLI:EU:C:2013:662 Rn 29; EuGH 21. 5. 2015 – C-560/13 *Finanzamt Ulm*, ECLI:EU:C:2015:347 Rn 21; EuGH 26. 2. 2019 – C-135/17 *Finanzamt Stuttgart Körperschaften*, ECLI:EU:C:2019:136 Rn 42; EuGH 20. 9. 2018 – C-685/16 *EV*, ECLI:EU:C:2018:743 Rn 81).

68 Die **„Stillhalte-Klausel"** oder „Grandfathering"-Klausel" (Koller/Sennhauser, in: FS Reuter [2010] 1061, 1072 mwNw) in Art 64 Abs 1 AEUV (EuGH 26. 2. 2019 – C-135/17 *X GmbH/Finanzamt Stuttgart Körperschaften*, ECLI:EU:C:2019:136 Rn 28; s auch die Schlussanträge von Generalanwalt Pedro Cruz Villalòn v 9. 12. 2010 in der Rs C-384/09 *Prunus Sarl*, ECLI:EU:C:2010:759 Rn 63) berechtigt die Mitgliedstaaten, Beschränkungen, die in den sachlichen Geltungsbereich dieser Klausel fallen, ohne zeitliche Begrenzung weiter anzuwenden, sofern diese Beschränkungen in ihrem Wesen erhalten bleiben; doch setzen die Worte „am 31. Dezember 1993 **bestehende** Beschränkung" (für Bulgarien, Estland und Ungarn ist der Stichtag der 31. 12. 1999, für Kroatien der 31. 12. 2002 – s Art 64 Abs 1 Satz 2 und 3 AEUV) nach ständiger Rechtsprechung des EuGH voraus, dass der rechtliche Rahmen, in den sich die betreffende Beschränkung einfügt, seit diesem Datum ununterbrochen Teil der nationalen Rechtsordnung war (vgl EuGH 26. 2. 2019 – C-135/17 *Finanzamt Stuttgart Körperschaften*, ECLI:EU:C:2019:136 Rn 38). Wäre dies anders, könnte ein Mitgliedstaat nämlich jederzeit Beschränkungen für den Kapitalverkehr nach oder aus Drittstaaten wieder einführen, die in der nationalen Rechtsordnung am 31. 12. 1993 bestanden, die aber nicht aufrechterhalten worden sind (vgl FG Köln 6. 9. 2011 – 13 K 482/07, EFG 2012, 973 Rn 449; zu ähnlichen Fragen im Rahmen des Art VIII Abschn 2 [b] S 1 IWFÜ s Rn 166). Die **Voraussetzungen,** die nationale Rechtsvorschriften erfüllen müssen, um trotz einer späteren Änderung des einzelstaatlichen Rechtsrahmens als am 31. 12. 1993 „bestehend" angesehen werden zu können (Art 64 Abs 1 Satz 1 AEUV), sind ebenfalls **eng auszulegen** (EuGH 20. 9. 2018 – C-685/16 *EV*, ECLI:EU:C:2018:743 Rn 81). Bezüglich der zeitlichen Kriterien in Art 64 Abs 1 AEUV ist es gefestigte Rechtsprechung des EuGH, „dass zwar grundsätzlich das nationale Gericht den Inhalt der Rechtsvorschriften festzustellen hat, die zu einem in einem Unionsrechtsakt festgelegten Zeitpunkt bestehen, es aber dem Gerichtshof zukommt, die Kriterien für die Auslegung des unionsrechtlichen Begriffs zu liefern, der den Bezugspunkt für die Anwendung einer unionsrechtlichen Ausnahmeregelung auf zu einem festgelegten Zeitpunkt ‚bestehende' nationale Rechtsvorschriften darstellt" (EuGH 13. 11. 2019 – C-641/17 *College Pension Plan of British Columbia*, ECLI:EU:C:2019:960 Rn 92; s auch EuGH 20. 9. 2018 – C-685/16 *EV*, ECLI:EU:C:2018:743 Rn 73).

Der sachliche **Geltungsbereich der „Stillhalte"-Klausel** oder „Grandfathering"-Klausel" des Art 64 Abs 1 AEUV hängt nach Ansicht des EuGH nicht von dem spezifischen Gegenstand einer nationalen Beschränkung ab, sondern von deren Auswirkung auf den von Art 64 Abs 1 AEUV erfassten Kapitalverkehr (EuGH 26. 2. 2019 – C-135/17 *X GmbH/Finanzamt Stuttgart Körperschaften*, ECLI:EU:C:2019:136 Rn 31 mwNw; EuGH 15. 2. 2017 – C-317/15 *X/Staatssecretaris van Financiën*, ECLI:EU:C:2017:119 Rn 21 und 22). Außerdem hat der EuGH entschieden, dass die nationale Maßnahme, um unter die in Art 64 Abs 1 AEUV vorgesehene Ausnahme zu fallen, Kapitalbewegungen betreffen muss, die einen hinreichend engen Zusammenhang mit der Erbringung von Finanzdienstleistungen aufweisen, was einen **Kausalzusammenhang** zwischen den Kapitalbewegungen und der Erbringung der Finanzdienstleistungen voraussetzt (EuGH 21. 5. 2015 C-560/13 *Wagner-Raith* ECLI:EU:C:2015:347, Rn 43 und 44; bestätigt durch EuGH 15. 2. 2017 – C-317/15 *X/Staatssecretaris van Financiën*, ECLI:EU:C:2017:119 Rn 28 und 33). 69

cc) Art 65 AEUV: Weitere Ausnahmen

Art 63 AEUV berührt nach **Art 65 Abs 1 lit a AEUV** auch nicht das Recht der Mitgliedstaaten, die einschlägigen Vorschriften ihres Steuerrechts anzuwenden, die Steuerpflichtige mit unterschiedlichem Wohnsitz oder Kapitalanlageort unterschiedlich behandeln (EuGH 27. 2. 2025 – C-18/23 *Dyrektor Krajowej Informacji Skarbowej*, ECLI:EU:C:2025:119 Rn 75; EuGH 7. 3. 2022 – C-545/19 *AllianzGI-Fonds AEVN*, ECLI:EU:C:2022:193 Rn 40; EuGH 20. 9. 2018 – C-685/16 *EV*, ECLI:EU:C:2018:743 Rn 85; EuGH 24. 11. 2016 – C-464/14 *SECIL*, ECLI:EU:C:2016:896 Rn 52). Diese Bestimmung ist als Ausnahme von dem Grundprinzip des freien Kapitalverkehrs jedoch **eng auszulegen** (EuGH 27. 2. 2025 – C-18/23 *Dyrektor Krajowej Informacji Skarbowej*, ECLI:EU:C:2025:119 Rn 76; EuGH 7. 11. 2024 – C-782/22 *XX*, ECLI:EU:C:2024:932 Rn 43; EuGH 29. 7. 2024 – C-39/23 *Keva u a*, ECLI:EU:C:2024:648 Rn 42; EuGH 12. 10. 2023 – C-670/21 *BA*, ECLI:EU:C:2023:763 Rn 54; EuGH 13. 11. 2019 – C-641/17 *College Pension Plan of British Columbia*, ECLI:EU:C:2019:960 Rn 63; EuGH 20. 9. 2018 – C-685/16 *EV*, ECLI:EU:C:2018:743 Rn 86; EuGH 24. 11. 2016 – C-464/14 *SECIL*, ECLI:EU:C:2016:896 Rn 53; EuGH 13. 3. 2014 – C-375/12 *Bouanich*, ECLI:EU:C:2014:138 Rn 62; EuGH 26. 2. 2019 – C-135/17 *Finanzamt Stuttgart Körperschaften*, ECLI:EU:C:2019:136 Rn 60; EuGH 18. 1. 2018 – C-45/17 *Jahin*, ECLI:EU:C:2018:18 Rn 32; EuGH 29. 4. 2021 – C-480/19 *Veronsaajien oikeudenvalvontayksikkö*, ECLI:EU:C:2021:334 Rn 29; s aber auch die Schlussanträge des Generalanwalts Gerard Hogan v 19. 11. 2020 in der Rs C-480/19 *„E"*, ECLI:EU:C:2020:942 Rn 36 ff und die Schlussanträge des Generalanwalt Anthony Michael Collins v 20. 1. 2022 in der Rs C-572/20 *ACC Silicones*, ECLI:EU:C:2022:48 Rn 46; Weberling 309). Sie kann also nicht dahin verstanden werden, dass jede **Steuerregelung,** die zwischen Steuerpflichtigen nach ihrem Wohnort oder nach dem Mitgliedstaat ihrer Kapitalanlage unterscheidet, ohne Weiteres mit dem AEUV vereinbar wäre (EuGH 27. 2. 2025 – C-18/23 *Dyrektor Krajowej Informacji Skarbowej*, ECLI:EU:C:2025:119 Rn 76; EuGH 20. 9. 2018 – C-685/16 *EV*, ECLI:EU:C:2018:743 Rn 86; EuGH 18. 1. 2018 – C-45/17 *Jahin*, ECLI:EU:C:2018:18 Rn 32 unter Hinweis ua auf EuGH 17. 10. 2013 – C-181/12 *Welte*, ECLI:EU:C:2013:662 Rn 4). Die nach Art 65 Abs 1 lit a AEUV **zulässige Ungleichbehandlung** („Vergleichbarkeitsprüfung": Koller/Sennhauser, in: FS Reuter [2010] 1061, 1073 mwNw; M Lang StuW 2011, 209, 215 ff; aus der Rechtsprechung beispielhaft EuGH 27. 2. 2025 – C-18/23 *Dyrektor Krajowej Informacji Skarbowej*, ECLI:EU:C:2025:119 Rn 78 ff) wird nämlich ihrerseits **durch Art 65 Abs 3 AEUV eingeschränkt,** wonach die in Art 65 Abs 1 lit a 70

AEUV genannten nationalen Vorschriften „weder ein Mittel zur willkürlichen Diskriminierung noch eine verschleierte Beschränkung des freien Kapital- und Zahlungsverkehrs" iSd Art 63 AEUV darstellen dürfen (EuGH 27. 2. 2025 – C-18/23 *Dyrektor Krajowej Informacji Skarbowej*, ECLI:EU:C:2025:119 Rn 77; EuGH 29. 7. 2024 – C-39/23 *Keva u a*, ECLI:EU:C:2024:648 Rn 42; EuGH 12. 10. 2023 – C-670/21 *BA*, ECLI:EU:C:2023:763 Rn 54; EuGH 29. 4. 2021 – C-480/19 *Veronsaajien oikeudenvalvontayksikkö*, ECLI:EU:C:2021:334 Rn 29; EuGH 20. 9. 2018 – C-685/16 *EV*, ECLI:EU:C:2018:743 Rn 86; EuGH 30. 4. 2020 – C-565/18 *Société Générale SA*, ECLI:EU:C:2020:318 Rn 23; EuGH 13. 3. 2014 – C-375/12 *Bouanich*, ECLI:EU:C:2014:138 Rn 62; EuGH 26. 2. 2019 – C-135/17 *Finanzamt Stuttgart Körperschaften*, ECLI:EU:C:2019:136 Rn 61; EuGH 20. 9. 2018 – C-685/16 *Finanzamt Lippstadt*, ECLI:EU:C:2018:743 Rn 87).

71 Daher ist zwischen **Ungleichbehandlungen,** die nach Art 65 Abs 1 lit a AEUV erlaubt sind, und den durch Art 65 Abs 3 AEUV **verbotenen Diskriminierungen** zu **unterscheiden** (EuGH 27. 2. 2025 – C-18/23, EuGH 27. 2. 2025 – C-18/23 *Dyrektor Krajowej Informacji Skarbowej*, ECLI:EU:C:2025:119 Rn 77; EuGH 19. 12. 2024 – C-601/23 *Credit Suisse Securities [Europe] Ltd*, ECLI:EU:C:2024:1048 Rn 52; EuGH 29. 7. 2024 – C-39/23 *Keva u a*, ECLI:EU:C:2024:648 Rn 43; EuGH 18. 3. 2021 – C-388/29 *Autoridade Tributária e Aduaneira*, ECLI:EU:C:2021:212 Rn 35; EuGH 30. 4. 2020 – C-565/18 *Société Générale SA*, ECLI:EU:C:2020:318 Rn 24; EuGH 13. 3. 2014 – C-375/12 *Bouanich*, ECLI:EU:C:2014:138 Rn 62; EuGH 20. 9. 2018 – C-685/16 *EV*, ECLI:EU:C:2018:743 Rn 87; EuGH 18. 1. 2018 – C-45/17 *Jahin*, ECLI:EU:C:2018:18 Rn 34). Eine nationale Regelung kann nur dann als mit den Vertragsbestimmungen über den freien Kapitalverkehr vereinbar angesehen werden, wenn die unterschiedliche Behandlung entweder Situationen betrifft, die nicht objektiv miteinander vergleichbar sind, oder wenn sie durch **zwingende Gründe des Allgemeininteresses** gerechtfertigt ist, geeignet ist, die Erreichung des mit ihr verfolgten Ziels in kohärenter und systematischer Weise zu gewährleisten, und nicht über das hinausgeht, was zur Erreichung dieses Ziels erforderlich ist (EuGH 27. 2. 2025 – C-18/23 *Dyrektor Krajowej Informacji Skarbowej*, ECLI:EU:C:2025:119 Rn 90; EuGH 21. 12. 2021 – C- 394/20 *XY*, ECLI:EU:C:2021:1044 Rn 36 und 61; EuGH 29. 4. 2021 – C-480/19 *Veronsaajien oikeudenvalvontayksikkö*, ECLI:EU:C:2021:334 Rn 56; EuGH 18. 1. 2018 – C-45/17 *Jahin*, ECLI:EU:C:2018:18 Rn 34 mwNw). Der **Grundsatz der Verhältnismäßigkeit** kommt nach der Rechtsprechung des EuGH auch im Verhältnis zu Drittstaaten zum Tragen, wenngleich mit gewissen Unterschieden zu unionsinternen Sachverhalten (dazu M Lang StuW 2011, 209, 220 ff).

72 Unberührt bleibt gemäß **Art 65 Abs 1 lit b AEUV** außerdem das Recht der Mitgliedstaaten, die **unerlässlichen Maßnahmen** zu treffen, um Zuwiderhandlungen gegen innerstaatliche Rechts- und Verwaltungsvorschriften, insbesondere auf dem Gebiet des Steuerrechts (EuGH 24. 11. 2016 – C-464/14 *SECIL*, ECLI:EU:C:2016:896 Rn 58 ff) und der Aufsicht über Finanzinstitute, zu verhindern (Art 65 Abs 1 lit b Var 1 AEUV), und **Meldeverfahren** für den Kapitalverkehr zwecks administrativer oder statistischer Information vorzusehen (Art 65 Abs 1 lit b Var 2 AEUV) (zu der Frage, ob die EU-Mitgliedstaaten die Ausfuhr von Hartgeld, Banknoten oder Inhaberschecks von einer behördlichen Zustimmung abhängig machen dürfen, s EuGH 14. 12. 1995 – verb Rs C-163/94, C-165/94 und C-250/94 *Sanz de Lera u a*, ECLI:EU:C:1995:451 m Anm Ebke WuB I H 4-1.96; s auch EuGH 6. 3. 2018 – verb Rs C-52/16 und C-113/16 *SEGRO*, ECLI:EU:C:2018:157 Rn 95; EuGH 23. 2. 1995 – verb Rs C-358/93 und C-416/93 *Bordessa u a*, Slg 1995 I 361 = WM 1995, 1176 = JZ 1995, 1007 m Anm H-K Ress JZ 1995, 1008 und Jarvis EurLRev 20 [1995] 514; EuGH 24. 11. 2016 – C-464/14 *SECIL*, ECLI:EU:C:2016:896; s außerdem die VO [EU] 2018/1672 23. 10. 2018 über die Überwachung von Barmitteln, die in die Union oder aus der Union verbracht werden, ABl v 12. 11. 2018 L 284/6, die

nach ihrem Erwägungsgrund 9 „nicht die Möglichkeit der Mitgliedstaaten [berührt], im Rahmen ihres nationalen Rechts zusätzliche nationale Kontrollen von **Barmittelbewegungen innerhalb der Union** vorzusehen, vorausgesetzt, diese Kontrollen stehen im Einklang mit den Grundfreiheiten der Union, insbesondere mit den Artikeln 63 und 65 des AEUV") oder Maßnahmen zu ergreifen, die aus Gründen der öffentlichen Ordnung oder Sicherheit gerechtfertigt sind (Art 65 Abs 1 lit b Var 3 AEUV).

Der EuGH hat anerkannt, dass die Bekämpfung der **Geldwäsche und Terrorismusfinanzierung**, die Teil des Ziels des Schutzes der öffentlichen Ordnung ist, ein legitimes Ziel darstellt, das eine Beschränkung der durch den Vertrag garantierten Grundfreiheiten rechtfertigen kann (s nur EuGH 2. 3. 2023 – C-78/21 *Privatbank*, ECLI:EU:C:2023:137 Rn 61, 63 und 66). Zur Übermittlung von **Angaben bei Geldtransfers** gleich welcher Währung (zum Begriff der einheitlichen Währung im Unionsrecht s die Schlussanträge von Generalanwalt Giovanni Pitruzzella v 29. 9. 2020 in den verb Rs C-422/19 und C-423/19 *Dietrich u a*, ECLI:EU:C:2020:756 Rn 74 ff) von oder an Zahlungsdienstleister(n) oder zwischengeschaltete(n) Zahlungsdienstleister(n) mit Sitz in der Union siehe die VO (EU) 2015/847 über die Übermittlung von Angaben bei Geldtransfers v 20. 5. 2015 (ABl EU v 5. 6. 2015 L 141/1). Die **außenwirtschaftlichen Meldepflichten** nach der **AWV** sind als (zulässige) Beschränkung gem Art 65 Abs 1 lit b AEUV anzusehen (vgl EuGH 14. 12. 1995 – C-163/94, C-165/94 und C-250/94 *Sanz de Lera u a*, ECLI:EU:C:1995:451 Rn 22; zust Ellenberger/Bunte/Schefold, BankR-HdB [6. Aufl 2022], Bd II, § 100 Rn 12). **73**

Da die in Art 65 Abs 1 lit b Var 3 AEUV genannten **Gründe der öffentlichen Ordnung und Sicherheit** es erlauben, von einer im AEUV vorgesehenen Grundfreiheit abzuweichen, sind sie nach ständiger Rechtsprechung des EuGH eng auszulegen (s nur EuGH 6. 3. 2018 – verb Rs C-52/16 und C-113/16 *SEGRO*, ECLI:EU:C:2018:157 Rn 96), so dass ihre Tragweite nicht von jedem Mitgliedstaat einseitig ohne Kontrolle durch die Unionsorgane bestimmt werden kann und darf (EuGH 18. 6. 2020 – C-78/18 *Kommission/Ungarn*, ECLI:EU:C:2020:476 Rn 91; EuGH 6. 3. 2018 – verb Rs C-52/16 und C-113/16 *SEGRO*, ECLI:EU: C:2018:157 Rn 95 und 96). Daher können diese Gründe nur geltend gemacht werden, wenn eine **„tatsächliche, gegenwärtige und hinreichend schwere Gefährdung"** vorliegt, die ein Grundinteresse der Gesellschaft berührt (vgl in diesem Sinne etwa EuGH 2. 3. 2023 – C-78/21 *Privatbank*, ECLI:EU:C:2023:137 Rn 62; EuGH 14. 3. 2000 – C-54/99 *Église de scientologie*, ECLI:EU:C:2000:124 Rn 17; EuGH 18. 6. 2020 – C-78/18 *Kommission/Ungarn*, ECLI:EU:C:2020:476 Rn 91). Erforderlich ist darüber hinaus die **Verhältnismäßigkeit** der Maßnahme (EuGH 12. 12. 2024 – C-419/23 *CN*, ECLI:EU:C:2024:1016 Rn 64; EuGH 2. 3. 2023 – C-78/21 *Privatbank*, ECLI:EU:C:2023:137 Rn 72 ff; s auch M J Müller 390 f; Weberling 303 und 311 ff mwNw; Koller/Sennhauser, in: FS Reuter [2010] 1061, 1074). Die Maßnahmen müssen also **geeignet** sein, die Erreichung des verfolgten Ziels zu gewährleisten. Ausschließlich wirtschaftlichen Zwecken dienende Maßnahmen erfüllen die Voraussetzungen des Art 65 Abs 1 lit b Var 3 AEUV nicht (s schon EuGH v 9. 6. 1982 – Rs 95/81 *Kommission/Italien*, ECLI:EU:C:1982:216 Rn 27: „Art 36 EWG-Vertrag enthält ‚Tatbestände nichtwirtschaftlicher Art'"; ebenso EuGH 2. 3. 2023 – C-78/21 *Privatbank*, ECLI:EU:C:2023:137 Rn 62; Weberling 310). Nationale Bestimmungen, die einen präventiven Charakter aufweisen und mit einem risikobasierten Ansatz darauf abzielen, beispielsweise **Geldwäsche** und **Terrorismusfinanzierung** effektiv zu bekämpfen, um zu verhindern, dass Ströme von illegalem Geld die Integrität, Stabilität und das Ansehen des Finanzsektors der Europäischen Union schädigen und eine Bedrohung für deren Binnenmarkt sowie die internationale Entwicklung darstellen können, können demgegenüber als verhältnismäßig an- **74** gesehen werden (EuGH 2. 3. 2023 – C-78/21 *Privatbank*, ECLI:EU:C:2023:137 Rn 75). Darüber hinaus können nationale Maßnahmen, durch die eine Grundfreiheit eingeschränkt wird, nur gerechtfertigt sein, wenn sie **erforderlich** sind, das verfolgte Ziel also nicht mit weniger einschränkenden Maßnahmen erreicht werden kann (EuGH 2. 3. 2023 – C-78/21 *Privatbank*, ECLI:EU:C:2023:137 Rn 83). Ob eine Maßnahme als erforderlich angesehen werden kann, entscheidet nicht der EuGH, sondern das angerufene nationale Gericht.

75 Macht ein Mitgliedstaat geltend, dass eine Maßnahme, deren Urheber er ist und mit der eine vom AEUV gewährleistete Grundfreiheit eingeschränkt wird, aufgrund dieses Vertrags oder eines im Unionsrecht anerkannten zwingenden Grundes des Allgemeininteresses gerechtfertigt sei, ist eine solche Maßnahme nach der Rechtsprechung des EuGH als Durchführung des Unionsrechts im Sinne von Art 51 Abs 1 der **Grundrechte-Charta** anzusehen (Rn 65); sie muss dann auch mit den dort verankerten Grundrechten im Einklang stehen (EuGH 12. 12. 2024 – C-419/23 *CN*, ECLI:EU:C:2024:1016, Rn 60; EuGH 18. 6. 2020 – C-78/18 *Kommission/Ungarn – Transparenz von Vereinigungen*, ECLI:EU:C:2020:476, Rn 98 ff; EuGH 21. 5. 2019 – C-235/17 *Kommission/Ungarn – Nießbrauchsrechte an landwirtschaftlichen Flächen*, EU:C:2019:432 Rn 64 und 65; EuGH 21. 12. 2016 – C-201/15 *AGET Iraklis*, ECLI:EU:C:2016:972 Rn 63 f; zur **Prüfungsfolge** und zum **Prüfungsstandard** s die Ausführungen von Generalanwalt Manuel Campos Sánchez-Bordona v 14. 1. 2020 in den Schlussanträgen zu der Rs C-78/18 *Kommission/Ungarn – Transparenz von Vereinigungen*, ECLI:EU:C:2020:1 Rn 82 ff).

76 Beschränkungen des Kapitalverkehrs aus Gründen der **öffentlichen Ordnung und Sicherheit** iSd Art 65 Abs 1 lit b Var 3 AEUV können beispielsweise gerechtfertigt sein (krit dazu Mann/Proctor [8. Aufl 2022] 771 Rn 31.57 [„… the imposition of exchange controls by a eurozone Member State is inconsistent with the very notion of a currency union“]: differenzierend Ebke ZVerglRW 125 [2026] 75, 78), wenn ein Mitgliedstaat die beschränkenden Maßnahmen zur Abwendung einer massiven **Kapitalflucht,** eines drohenden **Zusammenbruchs** des **Bankensystems** bzw **Staatsbankrotts** erlässt (M J Müller 389; Miller/Thomas 29 OxfordRevEcon-Pol 745 [2013]; MünchKommBGB/Martiny Art 9 Anh II Rom I-VO Rn 52). In der Eurozone wurden zuletzt unter Berufung auf Art 65 Abs 1 lit b Var 3 AEUV Kapitalverkehrskontrollen eingeführt von **Zypern** (sie galten dort von März 2013 bis April 2015; dazu Sandrock RIW 2014, 16; Dopsch/Wutscher EuZW 2014, 729; Mann/Proctor [8. Aufl 2022] 772 Rn 31.58 f; zum Hintergrund der finanziellen Schwierigkeiten Zyperns s EuGH 13. 7. 2018 – T-680/13 *Chrysostomides*, ECLI:EU:T:2018:486 Rn 10 ff) und **Griechenland** (in Kraft seit Juni 2015, aufgehoben zum 1. 9. 2019; dazu Sandrock RIW 2015, 93; Mann/Proctor [8. Aufl 2022] 772 f Rn 31.60 f und umfassend Weberling passim; zu den im Spätherbst 2008 erlassenen Kapitalverkehrskontrollen und den anschließenden Schuldenbekämpfungsmaßnahmen des EWR-Mitgliedstaates **Island** s Sigurgeirsdóttir/Wade 22 RevIntPolEcon 103 [2014]; Bandau 6 ZPublPolyR & Mgmt 441 [2013]; Viterbo 6 CapMktLJ 214 [2011]; Yianni/de Vera 73 Law & ContempProbs 357, 368 f [2010]). Die Maßnahmen und Verfahren dürfen aber weder ein Mittel zur **willkürlichen Diskriminierung** noch eine **verschleierte Beschränkung** des freien Kapital- oder Zahlungsverkehrs iSd Art 63 AEUV darstellen (vgl Art 65 Abs 3 AEUV – EuGH 27. 2. 2025 – C-18/23 *Dyrektor Krajowej Informacji Skarbowej*, ECLI:EU:C:2025:119 Rn 77; EuGH 13. 11. 2019 – C-641/17 *College Pension Plan of British Columbia*, ECLI:EU:C:2019:960 Rn 63; EuGH 24. 11. 2016 – C-464/14 *SECIL*, ECLI:EU:C:2016:896 Rn 53; EuGH 10. 4. 2014 – C-192/12 *Emerging Markets Series of DFA Investment Trust Company*, ECLI:EU:C:2014:249 Rn 55 f mwNw; s dazu auch M J Müller 391 f; Weberling 315). Die Notstandsmaßnahmen müssen außerdem mit dem Grundsatz der **Verhältnismäßigkeit** („principle of proportionality") im Einklang stehen (M J Müller 390 f; Weberling 315).

dd) Art 66 AEUV: Schutzklausel

Art 66 AEUV betrifft **Dringlichkeitsmaßnahmen** („emergency measures") gegenüber Drittstaaten, die auf eine Dauer von sechs Monaten begrenzt sind: Falls Kapitalbewegungen nach oder aus dritten Ländern (s dazu allg Kemmerer, Kapitalverkehrsfreiheit und Drittstaaten [2010]; Scharf, Die Kapitalverkehrsfreiheit gegen Drittstaaten [2008]) unter außergewöhnlichen Umständen das Funktionieren der Wirtschafts- und Währungsunion (**WWU** – zur Entwicklungsgeschichte der WWU s Issing, in: Hufeld/Ohler [Hrsg], Europäische Wirtschafts- und Währungsunion [2022] 45; zum System der WuW s Hufeld, in: Hufeld/Ohler [Hrsg], Europäische Wirtschafts- und Währungsunion [2022] 71; J C W Müller, Kapitalverkehrsfreiheit in der Europäischen Union [2000] 240 ff) schwerwiegend stören oder zu stören drohen, kann der Rat auf Vorschlag der Kommission und nach Anhörung der Europäischen Zentralbank gegenüber dritten Ländern Schutzmaßnahmen mit einer Geltungsdauer von **höchstens sechs Monaten** treffen, wenn diese unbedingt **erforderlich** sind (Art 66 AEUV) (vgl MünchKommBGB/Martiny Art 9 Anh II Rom I-VO Rn 52; Kotthaus 140 ff; Ebke, in: FS Henssler [2023] 841, 856). Von den Maßnahmen der Union gem Art 66 AEUV zur Beschränkung von Kapitalbewegungen, die das Funktionieren der Wirtschafts- und Währungsunion schwerwiegend stören oder zu stören drohen, sind Maßnahmen zur Kontrolle von **Barmittelbewegungen an den Außengrenzen der Union** aufgrund der VO (EU) 2018/1672 v 23. 10. 2018 über die Überwachung von Barmitteln, die in die Union oder aus der Union verbracht werden (ABl v 12. 11. 2018 L 284/6), zu unterscheiden (zum Begriff „Barmittel" s Art 2 Abs 1 lit a der VO [EU] 2018/1672). 77

d) Art 144 AEUV: Schutzmaßnahmen

EU-Mitgliedstaaten **außerhalb** der **Eurozone** (sog Mitgliedstaaten, für die eine Ausnahmeregelung gilt oder „Mitgliedstaaten mit Ausnahmeregelung": Art 139 Abs 1 AEUV) erlaubt Art 144 AEUV (*ex*-Art 120 EGV), bei einer „plötzlichen Zahlungsbilanzkrise" erforderliche Schutzmaßnahmen („balance of payments assistance measures") zu ergreifen (Kotthaus 147 ff; zur Rolle der EU Kommission in derartigen Situationen s Art 143 AEUV). Schutzmaßnahmen gem Art 143, 144 AEUV im Falle einer **plötzlichen Zahlungsbilanzkrise** sind zu unterscheiden von Maßnahmen zur Kontrolle von Barmittelbewegungen an den Außengrenzen der Union aufgrund der VO (EU) 2018/1672 v 23. 10. 2018 über die Überwachung von Barmitteln, die in die Union oder aus der Union verbracht werden (ABl v 12. 11. 2018 L 284/6). Zum Begriff Barmittel s Art 2 Abs 1 lit a der VO (EU) 2018/1672. Zur Rechtmäßigkeit von Kapitalverkehrskontrollen im Falle des **Austritts** bzw **Ausschlusses aus der Eurozone** s Hofmeister/Hofmeister ZRP 2012, 196; Hermann EuZW 2010, 413; Mann/Proctor [8. Aufl 2022] 774 ff Rn 32.01 ff. 78

e) Kryptowerte

Das wachsende digitale Finanzwesen – insbesondere die zunehmende Verbreitung von digitalen Währungen wie **Blockchain**-basierten **Kryptowährungen** (Rn 133), die aktuelle Diskussion über die Schaffung von digitalem Zentralbankgeld („Central Bank Digital Currency" [CBDC] – dazu Koch, Internationale Währungs- und Finanzbeziehungen [2025] 171 ff) und das umfangreiche „Financial Data Access and Payment Package" der EU Kommission vom 26. 6. 2023, das die Grundlage für Konzeption und Einführung des 79

„digitalen Euro" als funktionalem Bargeldäquivalent bildet (Brauneck RdZ 2023, 148; Broemel RdZ 2024, 13; Manger-Nestler ZdR 2024, 170; Strobel ZIP 2024, 377; Zahrte ZIP 2024, 542; die EZB plant die Einführung des digitalen Euro für 2029) – könnte die aktuellen Konzepte zur Sicherstellung des freien Zahlungs- und Kapitalverkehrs vor besondere Herausforderungen stellen (Lins 131 f; zu Kryptowährungen im Zahlungsdiensterecht s Schmalenbach, Die Digitalisierung des Zahlungswesens [2019] 320 ff). Zu den Bemühungen der EU, die Regulierung der Distributed Ledger-Technologie (DLT) und virtuelle Vermögenswerte in der EU zu vereinfachen und gleichzeitig Verbraucher und Investoren zu schützen s die VO [EU] 2023/1114 v 31. 5. 2023 über **Märkte für Kryptowerte** (kurz: Markets in Crypto-Assets Regulation – **MiCAR**), ABl L 150/40 v 9. 6. 2023; die MiCAR wurde vom EU-Parlament am 20. 4. 2023 verabschiedet und ist seit 30. 12. 2024 vollständig anwendbar (Maume 20 EurComp&FinLRev 243 [2023]). Die MiCAR ähnelt der Richtlinie über Märkte für Finanzinstrumente (kurz: Markets in Financial Instruments Directive [**MiFiD**]), die den rechtlichen Rahmen für Wertpapiermärkte, Anlagevermittler und Handelsplätze bildet – Rn 48). Zu Einzelheiten der MiCAR s Miernicki/Schinerl (Hrsg), Handbuch Kryptowerte (2025); Maume (Hrsg), MiCAR: Verordnung über Märkte für Kryptowerte (2025); Meier (Hrsg), Handbuch MiCAR (2025); Kalss/Krönke/Völkel (Hrsg), Crypto-Assets (2024); Miernicki, Kryptowerte im Privatrecht (2023); Weidinger, Kryptowerte in der Insolvenz, 2023; Florstedt AcP 224 (2024) 477; Lorenz ZIP 2024, 49; Hanten/Stedler RdZ 2023, 76; zum Schweizer Recht s Tobler EuZ 4/2023, 45.

f) Kryptowerte und IPR

80 Zu Kryptowerten im Internationalen Privatrecht s Drögemüller, Blockchain-Netzwerke und Krypto-Token im Internationalen Privatrecht (2023) 118 ff; Dilek, Das Internationale Privatrecht digitaler Werte (2024) 29 ff; Wendehorst, in: Welser (Hrsg), Buchgeld und Bargeld, Bd II (2020) 11; Biermann, in: Biermann/Lindermann/Liegmann (Hrsg), Krypto-Assets in der Vermögens- und Nachfolgeplanung (2025) 299 ff; Schurr/Layr ZVerglRW 121 (2022) 32; Wendelstein RabelsZ 86 (2022) 644; Schwemmer IPRax 2022, 331; Skauradszun ZfPW 2022, 56, 61. Die BaFin hat die Leitlinien der Europäischen Aufsichtsbehörden **(ESA)** für ein umfassendes Berichtswesen für Emittenten und Dienstleister von Krytowerten für **direkt anwendbar** erklärt (abrufbar unter https://www.bafin.de/DE/unternehmen-maerkte/recht-regelungen/verwaltungspraxis/anwendbar-micar_node.html). Zu der Frage, ob „digitale Währungen" wie Blockchain-basierte Kryptowährungen „Währungen" („currencies") iSv Art VIII Abschn 2(b) S 1 IWFÜ sind, s Rn 133.

4. Ausblick: Völkerrecht

81 Im Völkerrecht finden sich zahlreiche Regelungen bezüglich des internationalen **Zahlungs- und Kapitalverkehrs** (Caroni 204 ff; Kotthaus 210 ff; Molzahn 24 ff). Zu der Regelung des internationalen Kapital- und Zahlungsverkehrs durch den Internationalen Währungsfonds **(IWF)** s statt vieler Ebke, IntDevR 48 ff; Edwards, International Monetary Collaboration (1985) 380 ff; Viterbo, International Economic Law (2012) 150 ff; Yianni/de Vera 73 Law & Contemp Probs 357, 360–364 (2010). Zur Einführung von Kapitalverkehrskontrollen nach dem IWFÜ bei drohendem Staatsbankrott oder zur Vermeidung von Kapitalflucht s Krueger, A New Approach to Sovereign Debt Restructuring (2002) 35 ff. Zum internationalen Zahlungs- und Kapitalverkehr im Recht der World Trade Organization **(WTO)** ausführlich Viterbo, International

Economic Law (2012) 205 ff; zum Verhältnis von IMF und WTO s Siegel 96 AmJIntL 561 (2002); Thorstensen/Ramos/Müller 16 JIntEconL 353 (2013); Thorstensen/Müller/Ramos 18 JIntEconL 117 (2015); C Zimmermann 105 AmJIntL 427 (2011). Art XV(9) des General Agreement on Tariffs and Trade **(GATT)**, Vorgängerorganisation der WTO (1948–1994), erlaubte den Mitgliedern den Gebrauch von „exchange controls or exchange restrictions in accordance with the Articles of Agreement of the International Monetary Fund" (s dazu näher Ortino, in: The Oxford Handbook on International Trade Law [2009] 147 ff; Howse, in: Cassese [Hrsg], Realizing Utopia [2012] 427, 435 ff; McCusker, RevEurEconPol'y 35 [2000] 89; C Zimmermann, A Contemporary Concept [2013] 123 ff; Bolhöfer, Trade Facilitation [2006] 86). Aus dem General Agreement on Trade in Services **(GATS)** s Art XI(1) („A Member shall not apply restrictions on international transfers and payments for current transactions relating to its specific commitments"), Art XI(2) („... a Member shall not impose restrictions on any capital transactions inconsistently with its specific commitments regarding such transactions, except under Article XII or at the request of the Fund") und Art XII (betr „Restrictions to safeguard the balance of payments"); zu Einzelheiten des GATS-Regimes s Gari 17 JIntEconL 399 (2014); Caroni 214 ff; Herrmann, Währungshoheit, Währungsverfassung und subjektive Rechte (2010) 255; UNCTAD, Transfer of Funds (2000) 24 ff.

Zu den Regelungen der Organisation für Wirtschaftliche Zusammenarbeit und Entwicklung **(OECD)** bezüglich des Kapital- und Zahlungsverkehrs s statt vieler Ebke, IntDevR 95 ff mwNw; Caroni 209 ff; Edwards, International Monetary Collaboration (1985) 443 ff; Molzahn 24 ff; Ohler 193 ff; UNCTAD, Transfer of Funds [2000] 18 ff. Zur Regelung des internationalen Zahlungs- und Kapitalverkehrs im Internationalen Investitionsrecht und in bilateralen Investitionsabkommen (Bilateral Investment Treaties **[BIT]**) s statt vieler Yianni/de Vera 73 Law & Contemp-Probs 357, 364 f (2010); Bücheler/Vasiljevic SchiedsVZ 2016, 336; Egli 34 PeppLRev 1045 (2007); Waibel, in: Essays in Honour of Christoph Schreuer (2009) 506; Viterbo, International Economic Law (2012) 237 ff; Kolo, in: Schill (Hrsg), International Investment Law (2010) 345 ff; UNCTAD, Transfer of Funds (2000) 28 ff. Die **UNCTAD** beschäftigt sich mit Aspekten des internationalen Zahlungs- und Kapitalverkehrs sowie des Währungsrechts im Zusammenhang mit deren Auswirkungen auf den internationalen Handel und auf internationale Investitionen (s zB UNCTAD, Transfer of Funds [2000] 11 ff und 43 ff; UNCTAD/OECD, Twenty-third Report on G20 Investment Measures [29 June 2020]; UNCTAD, Investment Policy Monitor Issue 22 [20 Dec 2019]; UNCTAD Policy Brief No 76 [Dec 2019]; UNCTAD Policy Brief No 28 [Nov 2013]; Gallagher, Policy Spaces to Prevent and Mitigate Financial Crises in Trade and Investment Agreements [2010]; Nicita, Exchange Rates, International Trade and Trade Policies [2013]). 82

III. Ausländisches Devisenrecht

Hinsichtlich ausländischer Beschränkungen des laufenden internationalen Zahlungsverkehrs und des internationalen Kapitalverkehrs (zur Abgrenzung s Rn 121) ist nach Art VIII Abschn 2(b) S 1 IWFÜ kollisionsrechtlich zu differenzieren. Bei **Beschränkungen des laufenden internationalen Zahlungsverkehrs** durch Mitgliedstaaten des IWF ist von deutschen Gerichten und Verwaltungsbehörden (Rn 94) Art VIII Abschn 2(b) S 1 des Übereinkommens über den Internationalen Währungsfonds (IWFÜ) v 22. 7. 1944 (Bretton Woods-Abkommen) zu beachten (Rn 86 ff); Deutschland ist seit dem 29. 7. 1952 Mitglied des IWF (BGBl 1952 II 637, 728; Ebke RIW 1991, 1, 1 Fn 1). 83

Die Vorschrift hat, soweit sie reicht, Vorrang vor den Regeln des autonomen Internationalen Devisenrechts (Art 3 Nr 2 EGBGB; Ebke, IntDevR 129; Delaume, Law and Practice of Transnational Contracts [1988] 71 f; Oelofse, Suid-Afrikaanse Valutabeheerwetgewing [1991] 152) und grundsätzlich auch vor dem vergemeinschafteten Kollisionsrecht (insbes Art 9 Rom 1-VO – Rn 222 ff). **Beschränkungen des internationalen Kapitalverkehrs** durch einen IWF-Mitgliedstaat fallen nach der Bulgarien-Entscheidung des II. Zivilsenats des BGH 8. 11. 1993 – II ZR 216/92 (NJW 1994, 390 = RIW 1994, 151 = WM 1994, 54 = WuB VII B 2.-1.94 m Anm Thode; s auch die Bespr-Aufsätze von Ebke WM 1994, 1357; Ebke 28 IntLaw 671 [1994]; Ebenroth/Müller RIW 1994, 269; Ebenroth/Woggon IPRax 1994, 276; K Schmidt ZGR 1994, 665; aus Schweizer Sicht ebenso Caroni 206; **aA** Mann/Proctor [8. Aufl 2022] 393 ff Rn 15.17 ff und M J Müller 92 [beide für Einbeziehung des internationalen Kapitalverkehrs), der der XI. Zivilsenat des BGH mit anderer Begründung im Ergebnis gefolgt ist (BGH 22. 4. 1994 – XI ZR 16/93, BB 1994, 531 = RIW 1994, 327 = WM 1994, 581 = ZIP 1994, 524 = EWiR 1994, 471 m Anm Ebenroth/Woggon; Ebke WM 1994, 1357 – s dazu Rn 117; ausdrücklich bestätigt in BGH NJW-RR 1997, 686 = RIW 1997, 426 = WM 1997, 560 = BB 1997, 1554 = WuB I E 1 Nr 5.97 m Anm Bateau), dagegen grundsätzlich **nicht** mehr in den **Anwendungsbereich** des Art VIII Abschn 2(b) S 1 IWFÜ (Ebke WM 1994, 1357, 1368; Ebke, in: FS Wolfrum [2012] 27 f; Ebke, in: GS U Hübner [2012] 661 f; Geimer 99 Rn 235; Steinhauer 57; Krajewski [3. Aufl 2012] 255 Rn 855; Rautner 28; **aA** Mann/Proctor [8. Aufl 2022] 393 ff Rn 15.17 ff und M J Müller 92 [für Einbeziehung des internationalen Kapitalverkehrs]; monographisch Mercurio, Capital Controls and International Economic Law [2023] 49 ff; zu den Auswirkungen der BGH-Rechtsprechung auf internationale Staatsanleihen bei Zahlungsunfähigkeit oder Überschuldung des die Staatsanleihe begebenden ausländischen Staates [s dazu näher Rn 125] s LG Frankfurt aM WM 2003, 783, 785 [in diesem Sinne auch dieselbe Kammer des LG Frankfurt aM Urt v 11. 9. 2008 – 2-21 O 400/07 <unveröffentlicht>]; insoweit bestätigt durch OLG Frankfurt NJW 2006, 2931 = IPRax 2007, 331 m Bespr-Aufsätzen von Baars/Böckel ZBB 2004, 445, Schefold IPRax 2007, 313 und Cranshaw DZWiR 2007, 133; Kolling BKR 2007, 481; s ferner Mayer WM 2008, 425, 426 und Tietje/Szodruch ZBB 2007, 498 zu dem Beschluss des BVerfG 8. 5. 2007, BVerfGE 118, 124 = NJW 2007, 2610; s Rn 160 zu den Folgen der Ausblendung des internationalen Kapitalverkehrs für internationale Staatsanleihen von Staaten in der Krise). Für Kapitalverkehrsbeschränkungen gelten daher die Grundsätze des „vergemeinschafteten" IPR (Rn 156 ff) bzw des autonomen Internationalen Devisenrechts (Rn 213 ff), unabhängig davon, ob sie von einem IWF-Mitgliedstaat oder von einem Staat erlassen wurden, der dem IWF nicht angehört (Rn 101 f).

84 Das „vergemeinschaftete" IPR (Rn 228 ff) bzw das **autonome Internationale Devisenrecht** (Rn 213 ff) entscheidet auch darüber, ob, unter welchen Voraussetzungen und wie ausländischen Beschränkungen des laufenden internationalen Zahlungsverkehrs, die nicht in den Anwendungsbereich des Art VIII Abschn 2(b) S 1 IWFÜ fallen, im Inland Geltung zu verschaffen ist (Rn 101 f – Ebke, in: FS Kleiner [1993] 322 f; Grossfeld, IntEurUntR [2. Aufl 1975] 223;). Entsprechendes gilt für Beschränkungen des laufenden internationalen Zahlungsverkehrs durch Staaten, welche dem IWF nicht (mehr) angehören (Ebke, IntDevR 159 f; Ziegler 176); Art VIII Abschn 2(b) S 1 IWFÜ gilt nämlich nicht im Verhältnis zu Staaten, welche dem IWF nicht (mehr) angehören (unstreitig – Ebke 23 IntLaw 677, 679 Fn 9 [1989]; Delaume 72; Gold Article VIII 88; van Houtte 319 Fn 33; Waclawik 62; zu dem maßgeblichen Zeitpunkt der Fondszugehörigkeit s Rn 184 ff und 209). Deshalb hat das Schweizer Bundesgericht in seinem Urteil v 20. 7. 1992 (BGE 118, II 348, 352 f) Art VIII Abschn 2(b) S 1 IWFÜ mit Recht nicht in Betracht gezogen. Zwar ist das IWF-Übereinkommen für die Schweiz am 29. 5. 1992 in Kraft getreten

(BBl 1991 II 1153–1415 – Rn 85); das von der beklagten Nationalbank von Kuba gegen die (in Prosequierung eines in Zürich erwirkten Arrestes vor dem Handelsgericht des Kantons Zürich erhobene) Zahlungsklage der Zentralbank von Chile eingewandte öffentlichrechtliche Erfüllungsverbot gehörte aber nicht dem chilenischen Vertragsstatut, sondern dem Recht von Kuba an. Da Kuba im Jahre 1964 aus dem IWF ausgetreten war und bis heute nicht wieder Mitglied geworden ist (Rn 85), konnte Art VIII Abschn 2(b) S 1 IWFÜ *in casu* nicht zur Anwendung kommen. Zu der Anwendbarkeit des Art VIII Abschn 2(b) S 1 IWFÜ bei **Souveränitätswechsel** (wie im Falle des Saarlandes) oder bei völkerrechtlichem **Alleinvertretungsanspruch** (wie im Falle der Volksrepublik China bzgl **Taiwan** [sog Ein-China-Prinzip]) s Ebke, IntDevR 260 ff (Taiwan [Republic of China] war eines der Gründungsmitglieder des IWF. Nach dem Verlust ihres Sitzes in der UNO an die Volksrepublik China im Jahre 1971 behielt Taiwan ihre Mitgliedschaft im IWF für neun Jahre bei, bis es 1980 aus dem Fonds ausgeschlossen wurde. Bemühungen um eine erneute IWF-Mitgliedschaft blieben bislang ohne Erfolg). Zum maßgeblichen Recht bei **Zerfall** eines **Staates** (dazu Yassari RabelsZ 82 [2018] 944) bzw eines **Gesamtstaates** in mehrere Einzelstaaten (wie im Falle der Tschechischen und Slowakischen Föderativen Republik [**ČSFR**] oder der UdSSR) s OLG Nürnberg FamRZ 2017, 698 Rn 36 (zu Einzelheiten der Auflösung der ČSFR durch Beschluss der Bundesversammlung vom 25. 11. 1992 und Bildung der beiden neuen Staaten Tschechien und Slowakei s Stein, in: Ebke/Vagts [Hrsg], Demokratie, Marktwirtschaft und Recht [1995] 341. Die Tschechoslowakei war eines der Gründungsmitglieder des IWF und war dem Fonds am 27. 12. 1945 beigetreten, aber 1954 wegen Verstoßes gegen die Statuten aus dem IWF ausgeschlossen worden; am 20. 9. 1990 trat die ČSFR dem IWF als 152. Mitglied des Fonds bei. Nach der friedlichen Auflösung der ČSFR zum 1. 1. 1993 übernahmen sowohl die Tschechische Republik als auch die Slowakische Republik die Mitgliedschaft im IWF als Nachfolgestaaten) oder bei **Teilrechtsnachfolge** wie im Falle Sloweniens und Jugoslawiens (Rn 206; s dazu allgemein OLG Stuttgart 9. 2. 2015 – 17 WF 172/14, NJW-RR 2015, 838; öOGH 26. 2. 2002 – 1Ob149/01a; sowie monografisch Ziereis, Die **Staatensukzession** im Internationalen Privatrecht [2021]; aus Schweizer Sicht BG 14. 7. 1955, BGE 81 II 319 [betr den **Schweizerisch-Badischen Staatsvertrag** von 1856 über die gegenseitigen Bedingungen über Freizügigkeit und weitere nachbarliche Verhältnisse]). Zur kollisionsrechtlichen Zuordnung **okkupierter** oder **annektierter Gebiete** (zB im Zusammenhang mit dem russischen Angriffskrieg auf die Ukraine) s A S Zimmermann RabelsZ 87 [2023] 465; Mankowski IPRax 2017, 347 (zu OLG München v 18. 12. 2015 – 12 UF 1239/15, IPRax 2017, 395).

Umgekehrt brauchen **Staaten, die dem IWF nicht (mehr) angehören** (das sind derzeit **85**
[Stand: 1. 4. 2026] **Kuba** [Gründungsmitglied des IWF, trat 1964 aus politischen Gründen aus dem Fonds aus und ist bis heute nicht zurückgekehrt; zu den Folgen des Austritts Kubas für die sog kubanischen Versicherungsfälle s Gold Rev de la Banque 1967, 523; Paradise 18 UFlaLRev 29 [1965]; Mann/Proctor [8. Aufl 2022] 408 Rn 15.29 mit Fn 139], **Monaco**, Nordkorea, **Taiwan** [Republic of China] und der **Heilige Stuhl** [Vatikanstadt]), Art VIII Abschn 2(b) S 1 IWFÜ nicht zu beachten (Ebke RIW 1991, 1, 2; Ebke, IntDevR 259; Waclawik 62). Daher hat beispielsweise die II. Zivilkammer des Obergerichts Zürich in ihrer Entscheidung v 29. 4. 1983 (BlZRspr 1984 Nr 14; s dazu R Weber IPRax 1985, 56) in dem Verfahren einer **Schweizer Bank** gegen eine türkische Bank Art VIII Abschn 2(b) S 1 IWFÜ zu Recht nicht angewandt (das IWF-Übereinkommen ist für die Schweiz erst am 29. 5. 1992 in Kraft getreten [BBl 1991 II 1153–1415 – Rn 84]; zum Hintergrund des Beitritts s Kaeser, La longue marche vers Bretton Woods [2004]; Lautenberg, in: Riklin/Haug/Probst [Hrsg], Neues Handbuch der schweizerischen Aussenpolitik/Nouveau Manuel de la politique extérieure suisse, Bd 11, 1992, 863; Rüesch, SchwJbPolWiss 19 [1993] 217; A Tobler Die Volkswirtschaft 5-2004, 59; zu den **Folgen des Beitritts**

der Schweiz zum IWF für das schweizerische Internationale Devisenrecht s EBKE, in: FS Kleiner [1993] 303; KLEIN, in: Études de droit international en l'honneur de Pierre Lalive [1993] 261; DASSER, in: HONSELL/VOGT/SCHNYDER/BERTI [Hrsg], BaslerKomm/IPR [2. Aufl 2007] Art 147 Rn 26 ff; SAXER, in: FG Schweiz Juristentag 1994 [1994] 329; MANN SZW/RSDA 1992, 34; VISCHER, Geld- und Währungsrecht [2009] 211 ff; umfassend HUGUENIN passim; MARTY passim; **aA** noch SIEHR, Das IPR der Schweiz [2002] 345 – s auch Rn 119 und 200). Siehe auch das [nicht veröffentlichte] Urteil des Schweizer BG v 20. 9. 1978 mit Bericht von SCHNYDER, Wirtschaftskollisionsrecht (1990) S 89 Rn 125 (betr die Vollstreckung des Unterhaltstitels eines tschechischen Gerichts zur Durchsetzung tschechischer Devisengesetzgebung in der Schweiz); in diesem Fall war weder die Schweiz noch die ČSFR Mitglied des Fonds (Rn 84), Art VIII Abschn 2(b) S 1 IWFÜ war mithin nicht anwendbar (EBKE, IntDevR 259). Für das Fürstentum **Liechtenstein** (191. Mitgliedsstaat des IWF) ist das IWF-Übereinkommen am 21. 10. 2024 in Kraft getreten (Liechtensteinisches Landesgesetzblatt 2024 Nr 358 v 21. 10. 2024; s dazu auch den „Bericht und Antrag der Regierung an den Landtag des Fürstentums Liechtenstein betreffend den Beitritt zum Internationalen Währungsfonds [IWF]" v 16. 4. 2024). Zur Frage der Anwendbarkeit von Art VIII Abschn 2(b) S 1 IWFÜ durch das Gericht eines IWF-Mitgliedstaates, der zugleich EU-Mitgliedstaat ist, im Verhältnis zum Fürstentum Liechtenstein, einem EWR-Mitgliedstaat, s Rn 34, 64. Für das Fürstentum **Andorra** (190. Mitgliedstaat des IWF) trat das IWF-Übereinkommen am 16. 10. 2020 in Kraft, für den pazifischen Inselstaat **Nauru** (189. Mitgliedstaat des IWF) am 12. 4. 2016.

1. Art VIII Abschn 2(b) S 1 IWF-Übereinkommen

86 Art VIII Abschn 2(b) S 1 IWFÜ lautet in der – völkerrechtlich allein verbindlichen (BGHZ 116, 77, 83; OLG Köln 8. 6. 2001 – 20 U 133/00, openJur 2011, 15775 Rn 49 mwNw; EBKE, IntDevR 158; zust MünchKommBGB/MARTINY Art 9 Anh II Rom I-VO Rn 9; ELLENBERGER/BUNTE/SCHEFOLD, BankR-HdB [6. Aufl 2022], Bd II, § 100 Rn 43; ebenso aus schweizerischer Sicht DASSER, in: HONSELL/VOGT/SCHNYDER/BERTI [Hrsg], BaslerKomm/IPR [2. Aufl 2007] Art 147 Rn 26; SAXER, in: FG Schweiz Juristentag 1994 [1994] 329, 330 f; MARTY 18) – **englischen Fassung:**

> „Exchange contracts which involve the currency of any member and which are contrary to the exchange control regulations of that member maintained or imposed consistently with this Agreement shall be unenforceable in the territories of any member."

Art VIII Abschn 2(b) S 1 IWFÜ hat die drei großen Novellierungen des IWF-Übereinkommens vom 22. 7. 1944 (in Kraft getreten am 27. 12. 1945, 2 UNTS 39) in den Jahren **1968** (in Kraft getreten am 28. 7. 1969, 7 ILM 509 [1968]), **1976** (in Kraft getreten am 1. 4. 1978, 15 ILM 546 [1976]; für Deutschland s BGBl 1978 II 13) und **1990** (in Kraft getreten am 11. 11. 1992, 31 ILM 1307 [1992]; für Deutschland s BGBl 1991 II 814, geändert durch 31. 10. 2006 [BGBl 2006 I 2407, zuletzt geändert durch Art 298 der VO vom 31. 8. 2015, BGBl 2015 I 1474, 1517) unverändert überstanden. Die späteren Änderungen des IWFÜ (die letzte Änderung trat am 26. 1. 2016 in Kraft) lassen die Bestimmung ebenfalls unberührt.

87 Die – im Zusammenhang mit der Zweiten Novellierung des IWF-Übereinkommens von 1976 (Rn 86 – dazu GOLD, The Second Amendment of the Fund's Articles of Agreement [1978]) in Abstimmung mit Österreich und der Schweiz überarbeitete – **deutsche Übersetzung** des Art VIII Abschn 2(b) S 1 IWFÜ lautet (BGBl 1978 II 15, 34 f; schwAS 1992, 2589):

> „Aus Devisenkontrakten, welche die Währung eines Mitglieds berühren und den von diesem Mitglied in Übereinstimmung mit diesem Übereinkommen aufrechterhaltenen oder eingeführten Devisenkontrollbestimmungen zuwiderlaufen, kann in den Hoheitsgebieten der Mitglieder nicht geklagt werden.“

Das Fürstentum Liechtenstein hat diese Fassung bei seinem Beitritt zum IWF am 21. 10. 2024 übernommen (Liechtensteinisches Gesetzblatt 2024, Nr 358 v 21. 10. 2024).

Eine einheitliche **französische Übersetzung** gibt es nicht (GOLD, The Fund Agreement III 628 f). Die als „vorläufige Übersetzung“ („traduction préliminaire“) bezeichnete, auf der Bretton Woods-Konferenz zur Verfügung stehende französische Fassung Frankreichs lautete: **88**

> „Les contrats de change qui impliquent la monnaie d'un Etat-membre et qui sont contraires aux réglementations de change dudit [sic] Etat-membre appliquées ou etablies conformément aux termes du présent Accord, ne seront pas exécutoires sur les territoires des autres Etats-membres.“

(Journal Officiel de la République Française, No. 306, vom 27. 12. 1945, S 8593; in den Proceedings and Documents of the United Nations Monetary and Financial Conference. Bretton Woods, New Hampshire, July 1–22, 1944, Department of State Publication 2866, International Organization Conference Series 1, 3 [1948], Bd II, S 1453, ist das Wort „dudit“ zutreffend korrigiert und mit „du dit“ wiedergegeben).

In **Belgien** ist folgender französischer Text maßgebend: **89**

> „Les contrats relatifs aux devises qui portent sur la monnaie d'un membre et qui sont en opposition avec la réglementation du contrôle des changes de ce membre maintenue ou imposée conformément au présent accord **n'auront pas force obligatoire** dans les territoires de tout membre“.

(Moniteur Belge, 13. 3. 1946, N 72, S 2180; vgl Schiedsspruch v 23. 3. 1981, JTrib 131 [1983] 727, 729).

Eine davon leicht abweichende französische Fassung gilt in Belgien seit der zweiten Änderung des IWFÜ im Jahre 1978:

> „Les contrats de change qui mettent en jeu la monnaie d'un membre et sont contraires aux réglementations de contrôle des changes que ce membre maintient en vigueur ou qu'il a introduites en conformité avec les présents Statuts **ne seront pas exécutoires** sur les territoires d'aucun membre.“

(Moniteur Belge, 13. 4. 1978, S 4396).

Die neue belgische Fassung deckt sich weitgehend mit der 1978 von dem **Sprachendienst des IWF** angefertigten (völkerrechtlich aber nicht verbindlichen) französischen Übersetzung des Art VIII Abschn 2(b) S 1 IWFÜ: **90**

„Les contrats de change qui mettent en jeu la monnaie d'un membre et sont contraires aux réglementations de contrôle des changes que ce membre maintient en vigueur ou qu'il a introduites en conformité avec cet Accord, **ne seront pas exécutoires** sur les territoires des membres."

(Gold, The Fund Agreement III 629; Klein, in: Études de droit international en l'honneur de Pierre Lalive [1993] 261).

91 Die französische Übersetzung der **Schweiz** aus dem Jahr 1991 lautet:

„Les contrats de change qui mettent en cause la monnaie d'un Etat membre et sont contraires à la réglementation des changes que cet Etat membre maintient en vigueur ou qu'il a introduites en conformité avec les présents Statuts, **ne sont pas exécutoires** sur les territoires des autres Etat membres."

(Feuille Fédérale 1991 II 1252; zu der **italienischen Fassung** der Schweiz s Foglio Federale 1991 II 1062: „I contratti di cambio riguardanti la valuta di uno Stato membro che risul tino contrari alla regolamentazione dei cambi in esso vigenti o introdotti in conformità del presente statuto, non sono esecutivi sul terrritorio degli altri Stati membri").

92 Die Unterschiede in den französischen Texten betreffen vor allem die Übersetzung des zentralen englischen Begriffs **„unenforceable"** („n'auront pas force obligatoire", „ne seront pas exécutoires" bzw „ne sont pas exécutoires") (zu Einzelheiten der Auslegung dieses Begriffs s Rn 178 ff und 206 ff) sowie die Übersetzung des englischen Tatbestandsmerkmals **„in the territories of *any* member"** (Hervorhebung des Verf) in den französischen Fassungen Frankreichs und der Schweiz („sur les territoires des autres Etat-membres"), des IWF (in der ursprünglichen Fassung von 1945 „des autres Etats-membres" bzw in der Neufassung von 1978 „des membres") und Belgiens („dans les territoires de tout membre" bzw in der Neufassung von 1978 „sur les territoires des membres") (zu Einzelheiten der sich daraus ergebenden unterschiedlichen Auffassungen bezüglich der Anwendbarkeit von Art VIII Abschn 2(b) S 1 IWFÜ auf forumeigenes Devisenrecht s Rn 104).

93 In der **spanischen** Übersetzung lautet Art VIII Abschn 2(b) S 1 IWFÜ:

„Los contratos de cambio que, afectando a la moneda de un miembro, fueran contrarios a las normas sobre control de cambios de dicho miembro mantenidas o establecidas de conformidad con este Convenio ***no tendrán fuerza de obligar*** en los territorios de ningún miembro."

(Boletín Official de Estado, 9-13-1958, No. 220, S 1610); dazu Ruiloba Santana An der int II 1975, 85, 108 ff, 117.

a) Allgemeine Grundsätze

aa) Schuldstatutsunabhängige Anwendung

94 Art VIII Abschn 2(b) S 1 IWFÜ, der nach zutreffender, aber nicht unbestrittener Ansicht sowohl Kollisionsnorm als auch Sachnorm ist (Rn 103), verpflichtet die Gerichte und Verwaltungsbehörden (Ebke JZ 1991, 335, 337 Fn 15; Ebke ZVerglRW 115 [2016] 299, 301 Fn 7; Ellenberger/Bunte/Schefold, BankR-HdB [6. Aufl 2022], Bd II, § 100 Rn 45 ff;

Booysen 353; über die Auslegung und Anwendung der Vorschrift durch die Verwaltungsbehörden der IWF-Mitgliedstaaten liegen allerdings so gut wie keine Erkenntnisse vor) der Mitgliedstaaten des IWF, abkommenskonforme (Rn 166 ff) Devisenkontrollbestimmungen (Rn 139 ff) *anderer* (Rn 104 und 213) Mitgliedstaaten des Fonds zu beachten, selbst wenn die fraglichen Devisenkontrollbestimmungen nicht der *lex contractus* **(Schuldstatut)** angehören (Ebke, IntDevR 159; ebenso MünchKommBGB/Martiny Art 9 Anh II Rom I-VO Rn 10; Ziegler 178; Ellenberger/Bunte/Schefold, BankR-HdB [6. Aufl 2022], Bd II, § 100 Rn 40; Geimer 100 Rn 237; Booysen 353). Zu dem Verhältnis von Art VIII Abschn 2(b) S 1 IWFÜ zu Art 28 **UNCITRAL-KÜbk** s Müller-Chen/Atamer, in: Schlechtriem/Schwenzer/Schroeter, Kommentar zum UN-Kaufrecht (CISG) (8. Aufl 2025) Art 28 Rn 8 mwNw; vgl MünchKommBGB/Martiny Art 9 Anh II Rom I-VO Rn 49.

bb) Territorialitätsprinzip

Das Territorialitätsprinzip (s auch Rn 215 ff) kann im Geltungsbereich des Art VIII Abschn 2(b) S 1 IWFÜ nicht mehr herangezogen werden, um abkommenskonformen Devisenkontrollbestimmungen eines anderen IWF-Mitgliedes die Anerkennung im Forumstaat zu versagen (Ebke, IntDevR 159; zust Ellenberger/Bunte/Schefold, BankR-HdB [6. Aufl 2022], Bd II, § 100 Rn 69; M J Müller 83; Booysen 353). 95

cc) „Revenue Rule“

Entsprechendes gilt für den überkommenen Grundsatz von der Unanwendbarkeit ausländischen öffentlichen Rechts („revenue rule“ – Rn 215; Ebke 23 IntLaw 677, 683 [1989] mwNw; Ebke, in: GS U Hübner [2012] 653, 658; Ebke ZVerglRW 121 [2022] 258, 273; zust Ellenberger/Bunte/Schefold, BankR-HdB [6. Aufl 2022], Bd II, § 100 Rn 69; Booysen 353; Lowenfeld 667; s auch Restatement [Third] of the Foreign Relations Law of the United States [1987] § 822 Comment a; zu Einzelheiten der „revenue rule“, die auf das berühmte Dictum von Lord Mansfield in *Holman* v *Johnson,* 1 Cowp 341, 58 Eng Rep 1120 [1775] zurück geht, und zu ihrer möglichen Rolle im modernen Kollisionsrecht s Briggs SingaporeJLegStud 2001, 280; Mallinak 16 DukeJCompIntL 79 [2006]; Dodge, in: Stephan [Hrsg], Foreign Court Judgments and the United States Legal System [2014] 54; H Buxbaum RdC 399 [2019] 267; Lehmann JPIL 16 [2020] 1; aus historischer Sicht Sack 82 UPaLRev 559 [1933]). 96

dd) Diplomatische Anerkennung

Die Anerkennung ausländischer Devisenkontrollbestimmungen hängt nach Art VIII Abschn 2(b) S 1 IWFÜ auch nicht davon ab, dass der Forumstaat den ausländischen Erlassstaat diplomatisch anerkennt (Ebke, IntDevR 159; Ebke ZVerglRW 115 [2016] 299, 332; Ebke ZVerglRW 121 [2022] 258, 273 f; zust Marty 67 f; Booysen 353. Die Anwendbarkeit bzw Berücksichtigung des Rechts eines vom Forumstaat nicht anerkannten ausländischen Staats wird international unterschiedlich gehandhabt: Gruenbaum RabelsZ 86 [2022] 577, 583 ff). Entscheidend ist allein, dass Forumstaat *und* Erlassstaat dem IWF angehören (s statt aller Ebke, in: FS Kleiner [1993] 304; Ebke, in: GS U Hübner [2012] 653, 658; van Houtte 319 Fn 33; Marty 42; zu der Frage des maßgeblichen Zeitpunkts der Fondszugehörigkeit s Rn 184 und 209). 97

ee) Ordre public

Art VIII Abschn 2(b) S 1 IWFÜ hindert die Gerichte und Verwaltungsbehörden (Rn 94) eines IWF-Mitgliedstaates nicht, einer ihrem Inhalt nach abkommenskonformen (Rn 166 ff) Devisenkontrollbestimmung eines anderen IWF-Mitgliedes mit Hilfe des kollisionsrechtlichen (Art 21 Rom I-VO, früher Art 6 EGBGB) oder verfahrens- 98 rechtlichen (§§ 328 Abs 1 Nr 4, 1041 Abs 1 Nr 2, 1044 Abs 2 Nr 2 ZPO; Art 27 Nr 1 EuGVÜ; § 109 Abs 1 Nr 4 FamFG; zum Exequatur- und Vollstreckungsverfahren ausführlich Wegen/M J Müller, in: FS Ebke [2021] 1047) **ordre public ausnahmsweise** die Geltung zu versagen, wenn und soweit sie von den Behörden des Erlassstaates *in casu* **willkürlich** angewandt wurde oder ihre Anwendung im Einzelfall **diskriminierend** oder **enteignend** wirkt (sehr str – zu Einzelheiten s Ebke, IntDevR 181 ff; Ebke ZVerglRW 115 [2016] 299, 332 mwNw; Ebke RIW 1991, 1, 2; Ebke WM 1994, 1357, 1367; Ebke ZVerglRW 121 [2022] 258, 273; Mann/Proctor [8. Aufl 2022] 389 Rn 15.07 Fn 22 aE [„... will not apply where the system of control is discriminatory ...“] und 390 Rn 15.09 [„... when their application would be discriminatory or penal in character or otherwise obnoxious“]; PWW/Segger-Piening/Remien [19. Aufl 2024] Art 9 Rom I-VO Rn 48 [„Eine ordre public-Kontrolle ist wohl vorzunehmen“]; M J Müller 91 Fn 318; Kleiner 159; Grossfeld, IntEurUntR [2. Aufl 1995223; Völker 147 mwNw; Balfour 140; Berger ZVerglRW 96 [1997] 316, 340 f; Wegen 62 FordhamLRev 1931, 1936 f [1994]; Booysen 353; ausführlich Seidl/Hohenveldern 23 IntLaw 957 [1989] = in: FS Gold [1990] 379; offen lassend Markowski, in: FS Ebke [2021] 631, 634). Gleiches gilt, wenn die betreffende Norm **europarechtswidrig** ist (zur Anwendung von Art VIII Abschn 2[b] S 1 IWFÜ gegenüber EU-/EWR-Mitgliedstaaten s Rn 34, 64).

99 Zwar liest man gelegentlich, der Rückgriff auf den Vorbehalt des ordre public sei „nicht denkbar“ (Ellenberger/Bunte/Schefold, BankR-HdB [6. Aufl 2022], Bd II, § 100 Rn 48 [„Eine Berufung auf den allgemeinen ordre public-Vorbehalt nach Art 21 Rom I-VO ... ist ..., sofern das IWF-Ü Anwendung findet, nicht denkbar“] und stelle einen „schwerwiegenden Systembruch“ dar, „weil Art VIII Abschn 2(b) IWF-Ü gerade verhindern will, dass Devisenkontrollbestimmungen eines anderen Staates mit Hilfe des ordre public beiseitegeschoben werden“ (so Gehrlein DB 1995, 129 ff, 129 l Sp; in dieselbe Richtung stoßend Marty 100 ff; Basedow RdC 360 [2013] 9, 452; Kleiner, La monnaie dans les rélations privées internationales [2010] Rn 434; iE ebenso, aber ohne Begründung Reithmann/Martiny/Thode [9. Aufl 2021] Rn 5.159, der der Ansicht ist, dass abkommenskonforme Devisenkontrollbestimmungen „nicht mithilfe des kollisionsrechtlichen ordre public ... in ihrer Geltung eingeschränkt werden“ können). Diese Ansicht übersieht aber, dass die fragliche Devisenkontrollbestimmung in den erwähnten engen **Ausnahmefällen willkürlicher, diskriminierender oder enteignender** Anwendung bzw **Wirkung** durch den Rückgriff auf den ordre public nicht insgesamt „ausgehebelt“ wird (zu weit daher BGH WM 1971, 411, 412 und ihm folgend Unteregge 57 f; zu weit auch Executive Board Decision No 446-4 v 10. 6. 1949, in: IMF [Hrsg], Selected Decisions of the International Monetary Fund and Selected Documents [40. Aufl 2019], wo es heißt: „... [ii] these courts must not refuse the contract as unenforceable on the ground that the exchange control regulations are contrary to the public policy [ordre public] of the forum“); die ausländische Devisenkontrollbestimmung kommt vielmehr *ausnahmsweise* deshalb nicht zum Tragen, weil ihre Anwendung *in dem konkreten Fall* zu einem Ergebnis führen würde, das mit wesentlichen Grundsätzen des deutschen Rechts, insbesondere den **Grundrechten,** offensichtlich unvereinbar wäre (Ebke WM 1994, 1357, 1367; zust Grothe, Fremdwährungsverbindlichkeiten 127; Pfeiffer ZVerglRW 102 [2003] 141, 181; Schefold IPRax 2007, 313, 317; Wegen 62 FordhamLRev 1931, 1936 f [1994]; Booysen 353; zu der Frage, ob Versuche staatlicher Hoheitsträger, sich mit Hilfe eines Moratoriums – uU kompensationslos – von privatrechtlichen Verpflichtungen aus internationalen Staatsanleihen zu lösen, mit dem deutschen ordre public vereinbar sind, s Baars/Böckel ZBB 2004, 445, 458 mwNw; Tietje 12 ff; Wiesmann 147 ff; s ferner Rn 145 ff). In solchen Fällen ist der Vorbehalt des *ordre public* ein notwendiges Korrektiv (M J Müller 91 Fn 318).

Hierher gehören (in der Praxis heute wohl eher seltene) Fälle, in denen die in Rede stehende Devisenkontrollbestimmung nach ihrem Inhalt oder ihrer konkreten Anwendung Personen wegen ihres Geschlechts, ihrer Abstammung, ihrer Sprache, ihrer Herkunft, ihrer Weltanschauung, ihres Glaubens, ihrer religiösen (s zB die gegen Israeli gerichteten devisenrechtlichen Kontrollen Ugandas in der Rs *J Zeevi & Sons Ltd* v *Grindlays Bank [Uganda] Ltd*, 37 N.Y. 2d 220, 333 N.E. 168 [1975]; dazu Ebke, IntDevR 184; Lowenfeld, International Economic Law [2003] 667 Fn 10; Mann/Proctor [8. Aufl 2022] 390 Rn 15.09; s auch Rn 15 zu bestimmten, insbesondere **gegen Juden** und **nichtjüdische Gegner** des nationalsozialistischen Regimes gerichteten devisenrechtlichen Vorschriften des Deutschen Reichs; s ferner das Schweizer BG 4. 2. 1969, BGE 95 II 109, 115 betr die Diskriminierung von Juden durch ungarisches Devisenrecht, in diesem Fall galt allerdings nicht Art VIII Abschn 2(b) S 1 IWFÜ, weil die Schweiz damals noch nicht Mitglied des IWF war – Rn 85) oder ihrer politischen Anschauungen **diskriminiert** oder in denen die betreffende Devisenkontrollbestimmung **enteignende** bzw enteignungsgleiche **Wirkung** hat (Ebke, IntDevR 182 ff, 184 [wo allerdings vor „einem undifferenzierten oder ideologisch motivierten Rückgriff auf den ordre public" nachdrücklich gewarnt wird]; iE ähnlich MünchKommBGB/Martiny Art 9 Anh II Rom I-VO Rn 10: „Der ordre public kann nur bei diskriminierenden und eindeutig völkerrechtswidrigen Bestimmungen eingreifen" und Rn 46: „Im Einzelfall kann allerdings auch hier der ordre public [Art 21] eingreifen, etwa bei willkürlichen oder diskriminierenden Maßnahmen"; ihm vorsichtig zust PWW/Segger-Piening/Remien [19. Aufl 2024] Art 9 Rom I-VO Rn 48 [„Eine ordre public-Kontrolle ist wohl vorzunehmen"]; klarer M J Müller 91 Fn 318 [„In Extremfällen, bspw. in Fällen willkürlicher, diskriminierender oder enteignender Wirkung, gilt der *ordre public*-Vorbehalt als Korrektiv ..."]; s auch Völker 147, der hervorhebt, man solle „nach Schwere und Tragweite des ‚Übergriffs' differenzieren"; s ferner Seidl-Hohenveldern 23 IntLaw 957 [1989] = in: FS Gold [1990] 379, 382 f; Spender/Burton 61 AustrLJ 65, 76 [1987]). Hierher gehören uU auch Vorschriften, die inländischen Empfängern/Inhabern von Beträgen in ausländischer Währung den Umtausch dieser Beträge in inländische Währung zu einem staatlich festgelegten, höchst ungünstigen Zwangskurs vorschreiben, um dem Staat besonders extreme Abschöpfungsmöglichkeiten zu eröffnen (Rn 215). Das Schweizer Bundesgericht bezeichnet solche Vorschriften als „schwere, bis zur eigentlichen Beschlagnahme der Devisen gehende Eingriffe in wohlerworbene Rechte und in die private Verfügungs- und Vertragsfreiheit" (BG 28. 2. 1950, BGE 76 II, 33, 42). Ob in einem solchen Fall ein Verstoß gegen den ordre public zu bejahren ist, hängt von der Anwendbarkeit sowie dem Inhalt der betreffenden Norm und den Auswirkungen ihrer Verletzung im Einzelfall ab, wobei „ein strenger Massstab anzulegen" ist (BGE 76 II, 33, 42 zum Schweizer IPR). In der Praxis werden Devisenkontrollbestimmungen, die diskriminierende oder enteignende/enteignungsgleiche Wirkung haben, **oft nicht abkommenskonform** sein (Rn 166) und schon deshalb nicht unter Art VIII Abschn 2(b) S 1 IWFÜ fallen (wie zB im Falle *J Zeevi & Sons Ltd* v *Grindlays Bank [Uganda] Ltd*, 37 N.Y. 2d 220, 333 N.E. 168 [1975], cert denied 96 S Ct 126 [1975]; s dazu Ebke, IntDevR 184; Gold, The Fund Agreement III 416; K L Baker 3 MdJIntL 247, 282–283 [1977]; Williams 9 CornellIntLJ 239 [1976]). **100**

ff) Mitgliederbezogenheit

Die Verpflichtung, abkommenskonforme Devisenkontrollbestimmungen anderer Fondsmitgliedstaaten zu beachten, trifft alle der heute (Stand: 1. 4. 2026) **191 Mitgliedstaaten des IWF** (zu den Mitgliedstaaten des IWF zählen seit dem Beitritt des Fürstentums Liechtenstein im Jahre 2024 [Rn 86] alle EU-/EWR-Mitgliedstaaten; dagegen sind Kuba, Monaco, Nordkorea, Taiwan [Republic of China] und der Heilige Stuhl [Vatikanstadt] derzeit nicht Mitglied des IWF [Rn 86]), und zwar unabhängig davon, ob sie sich zu der Konvertierbarkeit **101** ihrer Währung verpflichtet haben (Art VIII 2[a], 3 und 4 IWFÜ) oder – wie viele IWF-Mitglieder – von dem Vorbehalt des Art XIV Abschn 2 IWFÜ 1978 (sog *grandfathering* – dazu Simmons 54 Int'l Org 573, 574 [2000]) Gebrauch machen (ganz hM – Ebke, IntDevR 160 mwNw; Mann/Proctor [8. Aufl 2022] 396 Rn 15.23; van Houtte 314 Fn 9; Ziegler 193; **aA** Drakidis Rev crit d i p 59 [1970] 363, 369 f, 373 und 398).

102 Besonderheiten gelten für die Anwendung von Art VIII Abschn 2(b) S 1 IWFÜ im Verhältnis zwischen EU-Mitgliedstaaten (Rn 3 ff) und zwischen EU-Mitgliedstaaten und Drittstaaten (Rn 228 ff).

gg) Kollisionsnorm versus Sachnorm

103 Art VIII Abschn 2(b) S 1 IWFÜ ist nach zutreffender, aber nicht unbestrittener Ansicht sowohl Kollisionsnorm als auch Sachnorm (zum Streitstand s Ebke, IntDevR 177 ff mwNw; Marty 26 ff; wie hier MünchKommBGB/Martiny Art 9 Anh II Rom I-VO Rn 11; Mankowski, in: FS Ebke [2021] 631, 634; vBar/Mankowski, IPR [2. Aufl 2019] 281; Schefold IPRax 2007, 313, 315; Grothe, Fremdwährungsverbindlichkeiten 601 Fn 3673; Schurig ÖBA 1994, 645, 648; Berger ZVerglRW 96 [1997] 316, 338; Wegen 62 FordhamLRev 1931, 1936 [1994]; Steinhauer 120 f; Ziegler 177 f; Benzler 91; Hinsch/Horn 116; Reithmann/Martiny/Thode [9. Aufl 2021] Rn 5.159; Thode/Wenner 60; Ellenberger/Bunte/Schefold, BankR-HdB [6. Aufl 2022], Bd II, § 100 Rn 45 ff; Schnyder, Wirtschaftskollisionsrecht [1990] S 44 Rn 56; wohl auch Fuchs, Lateinamerikanische Devisenkontrollen 150; Szodruch 277 Fn 1282; **aA** Booysen 354 [„substantive law norm"]; Vischer/Huber/Oser, Internationales Vertragsrecht [2. Aufl 2000] Rn 999; Hahn 393; Mann JZ 1981, 327, 327; Schulze 539 [„Qualität einer internationalen Sachnorm"]; wohl auch M-P Weller, Die Grenze der Vertragstreue 14 Fn 50 [„... Art VIII Section 2 b) IWF-Abkommen ist *materiell-rechtlich* zu qualifizieren" – Hervorhebung d Verf]; offenlassend Kleiner 154; unklar Marty 30 und 40 [„unmittelbar anwendbare internationalprivatrechtliche Sachnorm des materiellen Rechts").

hh) Devisenrecht des Forumstaates

104 Auf Devisenkontrollbestimmungen des Forumstaates ist die Sonderanknüpfungsregel des Art VIII Abschn 2(b) S 1 IWFÜ **nicht anwendbar** (heute ganz hM – öOGH 30. 9. 1992 – 2 Ob 573/92, WBl 1993, 25 = ÖBA 1994, 641, 644 f m Anm Schurig ÖBA 1994, 645, 647; Ebke, IntDevR 179 mwNw; Grothe, Fremdwährungsverbindlichkeiten 169; Mankowski, in: FS Ebke [2021] 631, 641; Soergel/vHoffmann [12. Aufl 1996] Art 34 EGBGB Rn 139; Ellenberger/Bunte/Schefold, BankR-HdB [6. Aufl 2022], Bd II, § 100 Rn 49; Ziegler 178; Jacoment/Didier, Les relations financières avec l'étranger [2. Aufl 1984] 291). Zwar könnte das Wort „any" in dem Tatbestandsmerkmal „in the territories of any member" darauf hindeuten, dass Art VIII Abschn 2(b) S 1 IWFÜ die Devisenkontrollbestimmungen eines jeden („any") Fondsmitglieds, also auch solche des Forumstaates erfassen will (in diesem Sinne Drakidis Rev crit d i p 59 [1970] 363, 378; s auch Jessurun d'Oliveira Ars Aequi 29 [1980] 254, 262). Für ein solches Verständnis könnten die – völkerrechtlich allerdings nicht verbindliche – französische Übersetzung Belgiens aus dem Jahre 1946 („dans les territoires de tout membre"; Rn 88) sowie die – ebenfalls nicht verbindlichen – französischen Übersetzungen in mehreren französischsprachigen wissenschaftlichen Publikationen aus der damaligen Zeit (s nur Oberson, L'Ordre Public en Matière Monétaire [1956] 69 [„dans le territoire de tout Etat-membre"] sowie die Übersetzung im Bulletin de Législation comparée [1946] 29 und in der Rev crit d i p 1951, 586 [„sur les territoires d'aucun Etat-membre"]) sprechen. Die **Entstehungsgeschichte** des Art VIII Abschn 2(b) S 1 IWFÜ enthält aber keine Anhaltspunkte dafür, dass Art VIII Abschn 2(b) S 1 IWFÜ auch forumeigenen Devisenkontrollbestimmungen Geltung verschaffen sollte (iE ebenso Gold, The Fund Agreement III 88 [„Nowhere in the legislative history of Article VIII, Section 2(b) is there a suggestion that the provision applies to what may be called domestic exchange control regulations"] und 763 [„The word ‚any' is unfortunate"]; Delaume 72). Das historische Verständnis spiegelt sich in der französischen Übersetzung Frankreichs aus dem Jahre 1945 („sur les territoires des autres Etats-membres"). Der IWF selbst hat bereits 1949 seine Ansicht bekräftigt, dass Art VIII Abschn 2(b) S 1 IWFÜ nur auf Devisenkontrollbestimmungen *anderer* Mitgliedstaaten, nicht aber solche des Gerichtsstaates anzuwenden ist (Ebke, IntDevR 179; Schurig ÖBA 1994, 645, 647; in diesem Sinne auch Jacoment/Didier, Les relations financières avec l'etranger [2. Aufl 1984] 291 [„dans le territoire de tout autre Etat-membre"]). Dieser heute ganz hM hat sich auch die **Schweiz** bei ihrem Beitritt zum IWF im Jahre 1991 angeschlossen, was in ihrer französischen („sur les territoires des autres Etat membres") und italienischen („degli altri Stati membri") Übersetzung des in Rede stehenden Tatbestandsmerkmals des Art VIII Abschn 2(b) S 1 IWFÜ zum Ausdruck kommt (Rn 91). Die besseren Gründe sprechen also für die heute ganz hM, wonach Art VIII Abschn 2(b) S 1 IWFÜ **keine allseitige Kollisionsnorm** ist, sondern eine – in der Terminologie von Kegel/Schurig (IPR [9. Aufl 2004] 302) – „unvollkommen allseitige" bzw „unvollständige" (Schurig ÖBA 1994, 645, 648 zu öOGH 30. 9. 1992 – 2 Ob 573/92, WBl 1993, 25 = ÖBA 1994, 641) oder „einseitige" (Ebke, IntDevR 179; Soergel/vHoffmann [12. Aufl 1996] Art 34 EGBGB Rn 139; Grothe, Fremdwährungsverbindlichkeiten 169) Kollisionsnorm darstellt, nach der unter bestimmten Voraussetzungen ausländische Devisenkontrollbestimmungen zu beachten sind, nicht aber inländische (vgl Kropholler, IPR [6. Aufl 2006] 106 f). Art VIII Abschn 2(b) S 1 IWFÜ hindert nicht die Anwendung des forumeigenen Devisenrechts als Eingriffsnorm zB mittels Art 9 Abs 2 Rom I-VO (Mankowski, in: FS Ebke [2021] 631, 641; PWW/Segger-Piening/Remien [19. Aufl 2024] Art 9 Rom I-VO Rn 15; Mann/Proctor [8. Aufl 2022] 399 Rn 15.27 Fn 83), und zwar unabhängig vom Schuldstatut (Reithmann/Martiny/Thode [9. Aufl 2021] Rn 5.157).

ii) Mittelbare Geltung

Art VIII Abschn 2(b) S 1 IWFÜ gilt in den meisten Ländern nicht unmittelbar (Ebke, **105**
IntDevR 161; Gold, IMF: Some Effects 13.57 und 13.94; Kägi 97 f; ohne Begründung **aA** MünchKommBGB/Martiny Art 9 Anh II Rom I-VO Rn 10 [„in den Vertragsstaaten direkt anzuwendende Vorschrift"]; gegen die Ansicht Martinys ausdrücklich Gold, The Fund Agreement IV 295; missverständlich Böhlhoff/Baumanns 108 und Mestmäcker RabelsZ 52 [1988] 205, 234), sondern bedarf der Transformation in nationales Recht. Die Notwendigkeit einer **Transformation** in das nationale Recht folgt aus Art XX Abschn 2(a) IWFÜ 1945 (Ebke, IntDevR 161). Besonderheiten gelten freilich in Ländern, in denen völkerrechtliche Verträge ohne weiteren Akt landesrechtlich gelten (Booysen 352; zur Rechtslage in der **Schweiz** s Marty 21 [„Aufgrund des ‚monistischen' Modells bedürfen in der Schweiz Staatsverträge keiner Transformation ins innerstaatliche Recht und erlangen mit der völkerrechtlichen Verbindlichkeit automatisch auch landesrechtliche Gültigkeit"] und 37 [„Mit Inkrafttreten des IMF-Abkommens für die Schweiz ist Art VIII 2(b) landesrechtlich verbindlich geworden, ohne dass es noch einer Umsetzung durch einen besonderen Akt des Gesetzgebers bedürfte"]; s auch Cottier/Oesch SZIER 2004, 121, 129 [monistische Theorie sei in der Schweiz „mittlerweile unumstritten"). Die Bundesrepublik **Deutschland** ist ihrer Verpflichtung aus Art XX Abschn 2(a) IWFÜ 1945 nachgekommen (Bek v 26. 8. 1952, BGBl 1952 II 728; Zust-Ges v 28. 7. 1952, BGBl 1952 II 637) und hat Art VIII Abschn 2(b) S 1 IWFÜ durch das Zustimmungsgesetz in unmittelbar anwendbares deutsches Recht transformiert (Bleckmann ZaöRV 32 [1972] 71, 89). Entspre-

chendes gilt für nahezu alle anderen IWF-Mitgliedstaaten, namentlich für **Frankreich** (BGBl 1959 II 583; vgl Cour de Cassation 16. 10. 1967, Dalloz 1968, J 445 [l Sp]), **Großbritannien** (§ 3[1] des Bretton Woods Agreements Act 1945, 9 & 10 Geo 6, c 19; Mann/Proctor [8. Aufl 2022] 385 f Rn 15.02 mit Fn 3), **Italien** (Fürnrohr 174) und die **USA** (Sec 11 des Bretton Woods Agreements Act von 1945, 22 USC § 286h). Die **Russische Föderation** hat dem Art VIII Abschn 2(b) S 1 IWFÜ im Jahre 1992 innerstaatlich Geltung verliehen (Ziegler 193; zu den rechtlichen Aspekten der Zusammenarbeit der Russischen Föderation mit dem IWF s Blöcker). Gleiches gilt für **Kanada,** die Philippinen und Costa Rica (Mann 59 YaleLJ 421, 428 [1950]). Zur Rechtslage in **China** s Qin IPRax 2011, 603, 604; Shen, 11 JWorldInvestm&Trade 227 (2010).

106 Unklar ist die Rechtslage dagegen in **Australien** und **Mexiko;** in diesen Ländern ist die Transformation des Art VIII Abschn 2(b) S 1 IWFÜ in innerstaatliches Recht fraglich (Ebke, IntDevR 162 f; Fuchs, Lateinamerikanische Devisenkontrollen 175; Gold 57 AustralLJ 560 [1983]; Zamora 7 Houston JIntL 103 [1984]). **Schweden** (Bogdan, Svensk internationaell privat- och processrätt [3. Aufl 1987] 71 Fn 8) und die Republik **Südafrika** (zu Einzelheiten Oelofse 153; Malan JSAL/TSAR 1991, 722; Munyai SAMercLJ 25 [2013] 148; Munyai 4 IJPL 406 [2011]) haben, soweit ersichtlich, Art VIII Abschn 2(b) S 1 IWFÜ nicht zu innerstaatlichem Recht erhoben. Der IWF gibt in seinem Staff Report for the 2025 Article IV Consultation – Informational Annex v 13. 3. 2025, S 2 allerdings an, dass **Schweden** seine Verpflichtungen aus Art VIII Abschn 2(a), 3 und 4 IWFÜ übernommen hat (IMF Country Report No 25/97 v April 2025). Bezüglich Südafrika hebt der IWF in seiner Pressemitteilung v 27. 1. 2025 über den Abschluss seiner Art IV-Konsultationen 2024 hervor, dass **Südafrika**, das dem IWF seit dem 27. 12. 1945 angehört, am 15. 9. 1973 seine Verpflichtungen aus Art VIII Abschn 2, 3 und 4 IWFÜ übernommen hat (IMF, South Africa Staff Report for the 2024 Article IV Consultation – Information Annex, S 2, https://www.treasury.gov.za/comm_media/press/2025; zur Bedeutung solcher Pressemitteilungen des IWF in der gerichtlichen Praxis Rn 169). Die **deutsche Rechtsprechung** hat Art VIII Abschn 2(b) S 1 IWFÜ sowohl auf **schwedische** (BGH IPRspr 1976 Nr 118) als auch auf **südafrikanische** (OLG Bamberg IPRspr 1978 Nr 127; LG Neuruppin 18. 12. 2009 – 2 O 325/05, IPRspr 2009 Nr 149, S 374, 375; s auch OLG Köln 8. 6. 2001 – 20 U 157/98, openJur 2011, 15775 Rn 50 [betr Fin-Rand]) Devisenkontrollbestimmungen angewandt (zust Ebke, IntDevR 272 mwNw; Steinhauer 120 ff; **aA** Gränicher 94). Die heute hM geht zutreffend davon aus, dass Art VIII Abschn 2(b) S 1 IWFÜ in derartigen Fällen anwendbar ist (zust Steinhauer 121 f; Marty 31 f). Ob Art VIII Abschn 2(b) S 1 IWFÜ zu seiner Wirksamkeit der Umsetzung in das nationale Recht eines IWF-Mitgliedstaates bedarf oder nicht (weil dieser zB dem „monistischen" Modell folgt), bestimmt das (Verfassungs-)Recht des betreffenden IWF-Mitgliedstaates (Mann/Proctor [8. Aufl 2022] 385 Rn 15.02 mit Fn 2; ebenso aus Sicht des Schweizer Rechts Cottier/Oesch SZIER 2004, 121, 129).

jj) Auslegung

107 Auch soweit Art VIII Abschn 2(b) S 1 IWFÜ in nationales Recht transformiert wurde, ist er als Bestandteil des internationalen Einheitsrechts – im Interesse einer international einheitlichen Auslegung und Anwendung (s dazu Ebke, in: Attanasio/Norton [Hrsg], Multilateralism 88; s auch Art 36 EGBGB aF; Art 18 EVÜ; Art 7 Abs 1 UNCITRAL-KÜbk; vgl Berger, Aufrechnungsvertrag 353; Linhart passim) – **autonom,** dh aus dem IWF-Übereinkommen selbst auszulegen und nicht aus der Sicht einer nationalen Rechtsordnung, des Schuldstatuts oder des Verständnisses des Rechts des Staates des angerufenen Gerichts (Ebke ZVerglRW 115 [2016] 299, 313 [„... courts of the IMF Member

States are required to construe the provision ‚autonomously' (*autonome Auslegung*), *i.e.*, separate from the concepts, institutions and traditions of their own national legal system and without regard to translations of the terms into their national legal language, but solely on the basis of the authentic and authoritative English text ..."]; MANN/PROCTOR [8. Aufl 2022] 396 Rn 15.25: „The language should not ... be approached as if it were found in a piece of domestic legislation. Rather, the provision must be construed as a part of a multilateral treaty and thus interpreted in accordance with principles of interpretation developed by public international law"; ebenso SOERGEL/vHOFFMANN [12. Aufl 1996] Art 34 EGBGB Rn 139; REINHUBER 57; SCHULZE 539; MARTY 39 ff; zur Notwendigkeit einer **international einheitlichen Auslegung** von Art VIII Abschn 2(b) S 1 IWFÜ und der Rolle des IWF gem Art XXIX[a] IWFÜ s EBKE ZVerglRW 121 [2022] 258, 281 ff; MANN/PROCTOR [8. Aufl 2022] 387 Rn 15.05 Fn 13 [„... a uniform law should have uniform application"] und 396 Rn 15.25; zu den methodischen Fragen der Auslegung internationalen Einheitsrechts grundlegend KROPHOLLER, Internationales Einheitsrecht [1975] 235; s aber auch MAGNUS, in: BASEDOW u a [Hrsg], Aufbruch nach Europa [2001] 572 ff). Heranzuziehen sind die **vier klassischen** völkerrechtlichen **Auslegungsmethoden** (dh die grammatische, die systematische [s aber EBKE WM 1994, 1357, 1361, wo darauf hingewiesen wird, dass das in nur zwei Wochen ausgehandelte IWF-Übereinkommen „an vielen Stellen die systematische Genauigkeit vermissen (lässt), die kontinentale Juristen von den Gesetzgebungswerken in ihren Ländern gewohnt sind und daher bei der Auslegung ihrer nationalen Gesetze zugrunde legen können"; zust MARTY 40], die historische und die teleologische Interpretation). Zur Notwendigkeit, bei der Auslegung und Anwendung des IWFÜ auch dessen **ökonomische Ziele** („economic rationale") zu berücksichtigen, s GOLD, Fund Agreement II 3. Gold nennt es „a cardinal rule of interpretation that the solution of a legal problem involving the Articles [*i.e.*, Articles of Agreement of the IMF] should make maximum economic sense"; zust EBKE ZVerglRW 115 (2016) 299, 313 f; MANN/PROCTOR [8. Aufl 2022] 396 Rn 15.25 [für Berücksichtigung der „paramount purposes of the Fund"]; OLG Karlsruhe IPRspr 1974 Nr 138, S 364, 366.

Von großer Bedeutung für das Verständnis von Art VIII Abschn 2(b) S 1 IWFÜ ist **108** in der Praxis die **rechtsvergleichende Auslegung** (SEUSS 35 unter Hinweis auf Art 31 des Wiener Übereinkommens über das Recht der Verträge v 23. 5. 1969; EBKE ZVerglRW 115 [2016] 299, 313; zust MANN/PROCTOR [8. Aufl 2022] 401 Rn 15.27 Fn 96). Ausländische Gerichtsentscheidungen zu Art VIII Abschn 2(b) S 1 IWFÜ haben für deutsche Gerichte zwar keine Bindungswirkung (so zutreffend CANARIS JZ 1987, 543, 549); sie spiegeln aber die Staatenpraxis, die im Interesse einer möglichst einheitlichen Auslegung and Anwendung von Art VIII Abschn 2(b) S 1 IFWÜ als Norm des internationalen Einheitsrechts (Rn 107) in den IWF-Mitgliedstaaten Beachtung finden sollte (EBKE, in: FS Kleiner [1993] 303, 315; in dieselbe Richtung weisend BOOYSEN 352 [„... decisions of domestic courts play an important role as part of relevant state practice in the international understanding of the provision"]; zust MANN/PROCTOR [8. Aufl 2022] 401 Rn 15.27 [„... in the context of a treaty, the process of interpretation should be directed twoards the achievment of the overriding objectives of the document"]). Eine Auslegung allein aus Sicht des Forumstaates oder des Schuldstatuts ist abzulehnen (FÜRNROHR 213 f; **aA** MANN JZ 1981, 327, 327). **Rechtsvergleichung** und **autonome Auslegung** sind **kein Widerspruch** (KADNER GRAZIANO, in: BLAUROCK/MAULTZSCH [Hrsg], Einheitliches Kaufrecht und Vereinheitlichung der Rechtsanwendung [2017] 13, 33). Die Heranziehung der Rechtsvergleichung bedeutet freilich nicht, dass dadurch stets eine Auslegung zum Zuge kommt, die den Zielen des Art VIII Abschn 2(b) S 1 IWFÜ gerecht wird. Sie hat ua dazu geführt, dass die Gerichte vor allem von Kapital exportierenden Staaten (zB Großbritannien, USA und Deutschland) im Interesse der Gläubiger internationaler Kreditverträge heute eine **enge Auslegung des Tatbestandsmerkmals**

„exchange contracts“ („Devisenkontrakt“) bevorzugen (Rn 114 ff) und sie Art VIII Abschn 2(b) S 1 IWFÜ auf Beschränkungen des internationalen Kapitalverkehrs und auf internationale Kapitalverkehrsgeschäfte nicht mehr anwenden (Rn 117 ff u Rn 124 ff), auch wenn die Gläubiger orientierte Auslegung von Art VIII Abschn 2(b) S 1 IWFÜ mit dem Ziel einer internationalen Zusammenarbeit in monetären Angelegenheiten („coopération monétaire international“, „international monetary cooperation“), die das IWFÜ anstrebt (Rn 25, 220), nur schwer zu vereinbaren ist (Zamora 21 Int'l Law 1055, 1065 [1987] [„... it does not necessarily accord with the goal of international monetary cooperation that the Fund Agreement was intended to foster“]). Die **rechtsvergleichende** Interpretation hatte auch Auswirkungen auf die **Auslegung** des Tatbestandsmerkmals **„unenforceable“** („unklagbar“) und die damit zusammenhängende Frage, in welchem Zeitpunkt ein Verstoß (Rn 177) gegen abkommenskonforme (Rn 166 ff) Devisenkontrollbestimmungen (Rn 139 ff) eines IWF-Mitgliedstaates vorliegen muss, damit ein „exchange contract“ (Rn 114 ff) unklagbar („unenforceable“) ist (Rn 184 ff). Die rechtsvergleichende Auslegung des Art VIII Abschn 2(b) S 1 IWFÜ hatte nicht zuletzt Auswirkungen auf die Frage nach der Behauptungs- und **Beweislast** der Unklagbarkeit (Rn 190 ff). Zu der Notwendigkeit und der Schwierigkeit, die einzelnen Tatbestandsmerkmale des Art VIII Abschn 2(b) S 1 IWFÜ in das nationale Recht einzupassen, s Rn 178 ff. Zur Bedeutung von Interpretationen und **Auskünften des IWF** für die Auslegung und Anwendung von Art VIII Abschn 2(b) S 1 IWFÜ s Ebke ZVerglRW 115 (2016) 299, 315 ff und 333 ff, Mann/Proctor [8. Aufl 2022] 396 Rn 15.25 mit Fn 70 und Rn 168 ff.

l) Schiedsgerichtsbarkeit

109 In der schiedsgerichtlichen Praxis findet Art VIII Abschn 2(b) S 1 IWFÜ ebenfalls zunehmend Beachtung (ICC Award No 15913, Clunet 2015, 216 und Schiedsspruch 23. 3. 1981, JTrib 131 [1983] 727 sowie die Nachw bei Ebke, IntDevR 164 Fn 39; s ferner Sandrock JIntArb 11 [1994] 40, 42; Sandrock 23 IntLaw 933 [1989] = in: FS Gold [1990] 351; Berger ZVerglRW 96 [1997] 316, 337 ff; Peter/de Kuyper/de Candolle [2. Aufl 1995] 29 ff; MünchKommBGB/Martiny Art 9 Anh II Rom I-VO Rn 13; Wegen 62 FordhamLRev 1931, 1937 [1994]; Wegen/M J Müller, in: FS Ebke [2021] 1047, 1054 ff [betr Vollstreckung). Das ist umso bemerkenswerter, als das Problem der Beachtlichkeit ausländischer wirtschaftsrechtlicher Eingriffsnormen in der internationalen **Handelsschiedsgerichtsbarkeit** noch nicht als geklärt angesehen werden kann (s dazu nur Bermann/Mistelis [Hrsg], Mandatory Rules in International Arbitration [2011]; Beulker, Die Eingriffsnormenproblematik in internationalen Schiedsverfahren [2005]; Biehl, Eingriffsnormen und Schiedsvereinbarungen [2019]; Czernich RIW 2016, 701; Gössling, Europäisches Kollisionsrecht und internationale Schiedsgerichtsbarkeit [2019]; Schiffer, Normen ausländischen öffentlichen Rechts in internationalen Handelsschiedsverfahren [1990]; Wilkens, Eingriffsnormen im Gesamtsystem der internationalen privaten Schiedsgerichtsbarkeit [2012]; Derains, in: Études offertes à Berthold Goldman [1982] 29; Drobnig, in: FS Kegel [1987] 95; Greenawalt, 18 AmRevIntArb 103 [2007]; Hochstrasser JIntArb 11 [1994] 57; Kleinheisterkamp RabelsZ 73 [2009] 818; Sandrock RIW 1992, 785; s ferner aus Schweizer Sicht Schnyder, in: FS Bucher [2009] 683; Schnyder RabelsZ 59 [1995] 293; Christen, Die Rechtswahl in der internationalen und nationalen Schiedsgerichtsbarkeit – unter besonderer Berücksichtigung der Problematik der Eingriffsnormen [2014] 51 ff; aus historischer Sicht Dönhoff BB 1950, 413).

110 Zur Bedeutung von Art VIII Abschn 2 (b) S 1 IWFÜ in den Verfahren vor dem **Iran-United States Claims Tribunal** s Gold 18 GeoWashJIntLEcon 537 (1985) = Gold,

Fund Agreement III 289–333; vMehren 31 AmJCompL 713 (1983); Crook 83 AmJIntL 278 (1989); Westberg 4 ICSID Rev/ForeignInvestLJ 215 (1989); Ebke, IntDevR 170 mit Hinweis auf *Mark Dallal* v *Islamic Republic of Iran, Bank Mellat* (formerly International Bank of Iran), 3 Iran-US CTR 10, 14 (1984), dazu Euliss 19 AmUIntLRev 107, 135 ff, 137 [2003]; zur Frage der Anerkennung der Entscheidung des Tribunals im Falle *Dallal* in England s *Dallal* v *Bank Mellat,* (1986) 1 All E R 239, (1986) 2 W L R 745; s ferner *Schering Corporation* v *The Islamic Republic of Iran,* Case No 38, Award No 122-38-3, signed April 13, 1984, 5 Iran-US CTR 361 (1984), 1984 WL 301285 (Iran-US Cl Trib); *Hood Corp* v *The Islamic Republic of Iran, Bank Markazi Iran and Bank Mellat,* Case No 100, Award No 142-100-3 v July 13, 1984, IAL Reporter 8892 (July 13, 1984).

Zur Rolle von Zahlungs- und Kapitalverkehrskontrollen im Internationalen Investitionsrecht und in Verfahren vor dem International Centre for the Settlement of Investment Disputes **(ICSID)** s Rn 157 sowie Bischoff WM 2012, 1371; Kasenetz 41 GeoWashIntLRev 709 (2010); Schill SchiedsVZ 2005, 285; Viterbo, International Economic Law 237 ff; Mitsou JIA 2016, 687. **111**

Zur Anerkennung und **Vollstreckung von Schiedssprüchen** und ausländischen Entscheidungen mit Bezug zu Art VIII Abschn 2(b) S 1 IWFÜ s Wegen/M J Müller, in: FS Ebke (2021) 1047. **112**

b) Tatbestandsmerkmale

Der Anwendungsbereich des Art VIII Abschn 2(b) S 1 IWFÜ hängt maßgeblich von der Auslegung der **sechs wichtigsten Tatbestandsmerkmale** dieser Bestimmung ab: „Devisenkontrakte" („exchange contracts" – Rn 114 ff), „... welche die Währung eines Mitglieds berühren ..." („which involve the currency of any member" – Rn 133 ff), „Devisenkontrollbestimmungen" („exchange control regulations" – Rn 139 ff), „Abkommenskonformität" („maintained or imposed consistently with this Agreement" – Rn 166 ff), „Verstoß" („which are contrary to" – Rn 177) und „unklagbar" („unenforceable" – Rn 178 ff). Über die Auslegung dieser Tatbestandsmerkmale besteht bis heute international keine Einigkeit (Mann/Proctor [8. Aufl 2022] 396 Rn 15.25 [„... a uniformity of approach to Article VIII(2)(b) has not in fact been achieved"]; s dazu rechtsvergleichend Ebke, IntDevR 202 ff; Seuss 5 ff; Fuchs, Lateinamerikanische Devisenkontrollen 149 ff; s auch Lebedoff, 11 FordhamIntLJ 684, 685 [1988]: „It is striking to note that a rather brief provision has resulted in such an extraordinary range of issues, judicial interpretation, and scholarly glosses"). **113**

aa) „Devisenkontrakte"

(1) Enge versus weite Auslegung

Die deutsche Rechtsprechung hat den zentralen Begriff des **„exchange contract"** („Devisenkontrakt") traditionell **weit ausgelegt** (OLG Köln 8. 6. 2001 – 20 U 133/00, openJur 2011, 15775 Rn 50; zu Einzelheiten s Ebke, IntDevR 229 ff; Ebke ZVglRW 115 [2016] 299, 304–306 mwNw; Reithmann/Martiny/Thode [9. Aufl 2021] Rn 5.160 und 5.162; Wegen 62 FordhamLRev 1931, 1938 [1994]; Mann/Proctor [8. Aufl 2022] 402 f Rn 15.27), wohingegen die Gerichte anderer wichtiger kapitalexportierender Staaten, namentlich die Gerichte **Großbritanniens** (Ebke, IntDevR 206 ff; Ebke, in: GS U Hübner [2012] 653, 660; Balfour 124; Seuss 13 ff; Kuckein 290; Mann/Proctor [8. Aufl 2022] 399 f Rn 15.27 betonen, dass der „narrow approach to the interpretation of Article VIII[2][b] must now be regarded as the accepted position so far as the English courts are concerned, following the House of Lord's decision in United City Mer- **114** chants [Investment] Ltd v Royal Bank of Canada", [1983] 1 AC 168; die Autoren verweisen auf die Entscheidung des englischen Court of Appeal in Deutsche Bank v Unitech Global Ltd, [2016] EWCA Civ 199, darin hatte Unitech sich gegen das Zahlungsverlangen der Deutschen Bank aus einem „syndicated facility agreement" mit dem Einwand verteidigt, bei dem Darlehen handele es sich um einen „exchange contract" iSd Art VIII Abschn 2[b] S 1 IWFÜ, der gegen indisches Devisenrecht verstoße und deshalb „unenforceable" sei, der Court of Appeal war jedoch der Ansicht, dass dieses Vorbringen ein „hopeless argument" sei, „since it has been held by high authority [gemeint sind die Entscheidungen in *Terruzzi* und *United City Merchants*] that an exchange contract is a contract to exchange the currency of one country for the currency of another" – erfasst sind danach nur klassische Wechselgeschäfte einer Währung gegen eine andere Währung) und des US-Bundesstaates **New York** (Ebke, IntDevR 215 ff; Ebke, in: GS U Hübner [2012] 653, 659 f; Litvack 13 FordhamJCorp & FinL 805, 816 [2008]; Yianni/de Vera 73 Law & ContempProbs 357, 363 [2010]; Folsom/Gordon 207 f; Link 143; Sandrock WM 1994, 405, 409 ff; Wegen 62 FordhamL-Rev 1931, 1937 f [1994]; Zamora 21 IntLaw 1055, 1063 [1987]) den Begriff „exchange contracts" derart **eng auslegen**, dass Art VIII Abschn 2(b) S 1 IWFÜ im grenzüberschreitenden Waren-, Dienstleistungs-, Zahlungs- und Kapitalverkehr aus Sicht US-amerikanischer bzw englischer Gerichte heute praktisch nicht mehr zur Anwendung kommt (Gold 7 Houston JIntL 1, 11 [1984]; Ebke ZVerglRW 121 [2022] 258, 275 ff; Ebke ZVerglRW 115 [2016] 299, 306 f; Ebke RIW 1991, 1, 3 f; Ebke JZ 1991, 335, 339 f; Ebke JZ 1992, 784 f; Ebke RIW 1993, 614, 616 ff; Ebke WM 1994, 1357, 1358 ff; s ferner Euliss 19 AmUIntLRev 107, 133 [2003]; Yianni/de Vera 73 Law & ContempProbs 357, 363 [2010]; Ebenroth/Neiss RIW 1991, 617; Ehricke RIW 1991, 365, 366 ff; M J Müller 117; für eine extrem enge Auslegung des Begriffs „exchange contracts" aus südafrikanischer Sicht Munyai 4 IJPL 406 [2011]).

115 Hinter der engen Auslegung verbirgt sich idR der Wunsch der Gerichte, das autonome **Internationale Privat- und Devisenrecht des Forum** zur Anwendung bringen zu können (Ebke, in: GS U Hübner [2012] 653, 663 f); dieses ist den einheimischen Kreditgebern und sonstigen Gläubigern regelmäßig günstiger als Art VIII Abschn 2(b) S 1 IWFÜ, bei dem der Schutz von Zahlungsbilanz und Währung des Erlassstaates im Vordergrund steht (Ebke RIW 1991, 1, 3; Ebke, in: FS Wolfrum [2012] 25; Ebke ZVerglRW 121 [2022] 258, 275 ff; zust Mankowski, in: FS Ebke [2021] 631, 632 [„im ersichtlichen Eigeninteresse propagiert"], Litvack 13 FordhamJCorp & FinL 805, 818 [2008]; Szodruch 279; Marty 48; M J Müller 117; Bagheri 82; s auch Mann/Proctor [8. Aufl 2022] 402 Rn 15.27 Fn 97: „Those of a cynical mindset may feel that courts in England and in New York had good reason for adopting a narrower approach to the term. A broader approach might have provided grounds for a challenge to the validity of some of the financial contracts which are made and traded in the London and New York markets"; Munevar/Pustovit SAFE Working Paper No 282 [2020] 6 f [„The UK courts, and later their US colleagues adopting a narrow interpretation took into account the benefits of protecting the position of their jurisdictions on international trade and financial markets"; Ebke ZVerglRW 115 [2016] 299, 304: „... national selfishness and special interests such as the desire to strengthen their domestic financial markets or to protect local creditors [*e.g.,* banks] and investors against exchange controls of other IMF Member States, can become so dominant as to lead courts of the IMF Member States to take a rather restrictive view with respect to the interpretation of the various elements of article VIII, section 2(b) of the IMF Articles of Agreement"). Yianni/de Vera sind der Ansicht, dass die enge Auslegung des Begriffs „exchange contracts" in den betreffenden Staaten die **Effizienz des internationalen Finanzsystems** erhöhen könne (Yianni/de Vera 73 Law & ContempProbs 357, 363 [2010]: „In practice, the narrow construction can provide efficacy to the international financial system in those jurisdictions where it prevails"; krit Ebke ZVerglRW 121 [2022] 258, 278 f). **Krit** dazu aber Zamora 21 Int'l Law 1055, 1065

(1987) („This creditor-oriented view may be seen to strengthen U.S. financial markets, but it does not necessarily accord with the goal of international monetary cooperation that the Fund Agreement was intended to foster").

Maßstab für die Auslegung und Anwendung des Art VIII Abschn 2(b) S 1 IWFÜ durch die **deutschen Gerichte** war dagegen traditionell in erster Linie der Zweck der Bestimmung, den Devisenbestand und die Währung des erlassenden IWF-Mitgliedstaates zu schützen (Ebke IntDevR 229; vgl Ziegler 180); die Interessen der Gläubiger traten dahinter meistens zurück (Ebke RIW 1991, 1, 2; harsche **Kritik** an der weiten Auslegung des Tatbestandsmerkmals „exchange contracts" äußert der englische Court of Appeal in *Wilson Smithett & Cope Ltd v Terruzzi*, [1976] 1 QB 683, 719, 722 und 724, wo diese Auslegung als „tortuous and erroneous construction", als „inconsistent with ordinary intelligence", als „obfuscation" und „intemperate logic" beinhaltend und nicht als „interpretation, but mutilation" bezeichnet wird; mit Recht krit zu dieser Entscheidung Gold 33 IntCompLQ 777 [1984]; s auch Ebke IntDevR 208 f). Die weite Auslegung und Anwendung von Art VIII Abschn 2[b] S 1 IWFÜ nahm einigen Fällen iE einen Teil der [Schutz-]Funktionen eines einheitlichen, kodifizierten **Insolvenz- bzw Restrukturierungsverfahrens für Staaten** wahr (Schier 250: „... section 2 (b) would cause effects similar to a standstill and could even be used as a basis to defend a consensual reorganisation agreement against dissenting creditors"; in dieselbe Richtung weisend M J Müller 250; Weberling 357; ausführlich Ebke ZVerglRW 121 [2022] 258, 276 f und 288 ff), das es bis heute nicht gibt (BVerfGE 118, 124, 135; BGH RIW 2015, 294, 296; Funk, Der Internationale Währungsfonds [2018] 476 ff; s ferner Rn 160). Bei der Auslegung und Anwendung des Art VIII Abschn 2(b) S 1 IWFÜ haben die deutschen Gerichte bis vor kurzem nicht danach unterschieden, ob es sich bei der in Rede stehenden Leistung um Zahlungen für laufende internationale Transaktionen oder Transfers im Zusammenhang mit Geschäften des grenzüberschreitenden Kapitalverkehrs handelte (zur Abgrenzung s Rn 121). Nach der Rechtsprechung reichte es vielmehr aus, dass es sich um Zahlungen oder Transfers aufgrund einer Vereinbarung handelte (vgl Ebke, in: GS U Hübner [2012] 653, 660; vgl Mann/Proctor [8. Aufl 2022] 397 Rn 15.26 [„any form of consensual transaction" in Abgrenzung von „claims in torts or other claims arising against the background of a non-consensual factual matrix"]). 116

(2) Einschränkung

In zwei neueren Entscheidungen hat der BGH in Übereinstimmung mit der Rechtsprechung anderer wichtiger kapitalexportierender IWF-Mitgliedstaaten – namentlich der Gerichte des US-Bundesstaates New York (s die Nachw in Rn 114) und Großbritanniens (s die Nachw in Rn 114) – die Reichweite des Art VIII Abschn 2(b) 1 IWFÜ erheblich eingeschränkt. In seiner **Bulgarien-Entscheidung** hat der II. Zivilsenat des BGH den Anwendungsbereich der Vorschrift auf Zahlungen für laufende internationale Transaktionen beschränkt; **Geschäfte des internationalen Kapitalverkehrs** werden danach von Art VIII Abschn 2(b) S 1 IWFÜ **nicht** mehr **erfasst** (BGH NJW 1994, 390 = RIW 1994, 151 = WM 1994, 54 = WuB VII B 2.-1.94 m Anm Thode; s auch die Bespr-Aufsätze von Ebke WM 1994, 1357; Ebke 28 IntLaw 671 [1994]; Ebenroth/Müller RIW 1994, 269; Ebenroth/Woggon IPRax 1994, 276; K Schmidt ZGR 1994, 665; Geimer 99 Rn 235; zust aus österreichischer Sicht Rautner 28; zust aus Sicht der Schweiz Caroni 206; **aA** M J Müller 92, der sich aus „teleologischen Gesichtspunkten" für die Einbeziehung „des internationalen Kapitalverkehrs" in Art VIII Abschn 2[b] S 1 IWFÜ ausspricht; s auch Mann/Proctor [8. Aufl 2022] 393 ff Rn 15.17 ff [395 Rn 15.22„... it is nevertheless submitted that Article VIII(2)(b) should be construed as extending to capital transactions that have been entered into in contravention of exchange control restricti- 117 ons"]; Mann 59 YaleLJ 421, 426 [1950] hat schon 1950 mit Recht darauf hingewiesen, dass aus der Überschrift des Art VIII Abschn 2 IWFÜ [„Avoidance of Restrictions on Current Payments"] nicht geschlossen werden könne, dass Art VIII Abschn 2[b] S 1 IWFÜ nur auf Geschäfte des laufenden internationalen Zahlungsverkehrs [„current payments"] angewandt werden will: „... it would be preposterous to impart a greater international effect to restrictions on current transactions than to those on capital transfers. Evidently, the caption tallies only with Art VIII § 2[a]. The inaccuracy is probably irrelevant legally, but it does not evoke much confidence in the accuracy of the draft"; Rn 119).

118 Der Senat hat damit einen im neueren Schrifttum (Ebke JZ 1991, 335, 342; Ebke RIW 1991, 1, 6 f; Ebke ZVerglRW 92 [1993] 115 f; Ebenroth/Neiss RIW 1991, 617, 624; Ehricke RIW 1991, 365, 366 f; Palm RIW 1990, 485, 489; Thode WuB VII A. § 38 ZPO 2.92) beklagten, durch die bisherige Rechtsprechung bedingten internationalen **Wettbewerbsnachteil Deutschlands** beseitigt (Reithmann/Martiny/Thode [9. Aufl 2021] Rn 5.149 und 160; vgl vBar/Mankowski, IPR [2. Aufl 2019] 282: „letztlich [...] retaliative, vergeltende Reaktion auf die [anglo-amerikanische Rechtsprechung], um Wettbewerbsnachteile deutscher Unternehmen zu beseitigen"; ebenso Litvack 13 FordhamJCorp & FinL 805, 820 [2008] [„This philosophical change can be attributed to a desire to improve domestic financial markets and to increase protection for local creditors against exchange controls. Another possible reason for this change might be that Germany, because of increased international lending, would benefit from a narrow interpretation"]; Munevar/Pustovit, SAFE Working Paper No 282 [2020] 7 [„Presumably driven by domestic interests to improve protection for creditors"]; zu den Auswirkungen der BGH-Rechtsprechung auf internationale Staatsanleihen bei [drohender] Insolvenz des Staates s Mayer WM 2008, 425, 426 [zu dem Beschluss des BVerfG 8. 5. 2007, BVerfGE 118, 124 = NJW 2007, 2610 – Rn 160]; Szodruch 279; s ferner Rn 119, 125 und 145 ff). Zu der Frage, ob und inwieweit die **Auswirkungen** einer bestimmten Rechtsauffassung auf den **Justizstandort** Deutschland nach der *lex lata* bei der Entscheidung konkreter Rechtsstreitigkeiten zu berücksichtigen sind, s Martens, in: FS Ebke (2021) 644 ff.

119 Der XI. Zivilsenat des **BGH** hat die Bulgarien-Entscheidung des II. Zivilsenats dahin ergänzt, dass ausländische Kapitalverkehrskontrollen von Art VIII 2(b) S 1 IWFÜ nicht erfasst werden (BGH 22. 2. 1994 – XI ZR 16/93, BB 1994, 531 = RIW 1994, 327 = WM 1994, 581 = ZIP 1994, 524 = EWiR 1994, 471 m Anm Ebenroth/Woggon; s ferner Ebke WM 1994, 1357; der XI. Zivilsenat des BGH hat seine Rechtsauffassung ausdrücklich bestätigt: BGH 28. 1. 1997 – XI ZR 42/96, NJW-RR 1997, 686 = RIW 1997, 426 = WM 1997, 560 = BB 1997, 1554 = WuB I E 1 Nr 5.97 m Anm Bateau). Nach der einschränkenden Auslegung durch die beiden BGH-Senate ist Art VIII Abschn 2(b) S 1 IWFÜ **auf Verträge des internationalen Kapitalverkehrs** und Verträge, die von einer Kapitalverkehrskontrollbestimmung eines IWF-Mitgliedstaates erfasst werden, **nicht mehr anwendbar** (vgl OLGBrandenburg 26. 10. 2005 – 4 U 4/03, openJur 2012, 2561 Rn 49 f; OLG Köln 8. 6. 2001 – 20 U 133/00, openJur 2011, 15775 Rn 50; LG Frankfurt aM WM 2003, 783, 785 [betr Inhaberschuldverschreibungen eines ausländischen Staates], insoweit bestätigt durch OLG Frankfurt NJW 2006, 2931; s ferner Ebke WM 1994, 1357, 1368; M J Müller 92 ff; Steinhauer 57; Reithmann/Martiny/Thode [9. Aufl 2021] Rn 5.170; Ellenberger/Bunte/Schefold, BankR-HdB [6. Aufl 2022], Bd II, § 100 Rn 80 ff; MünchKommBGB/Martiny Art 9 Anh II Rom I-VO Rn 16; zust aus Schweizer Sicht Caroni 206; zust aus österreichischer Sicht Rautner 28; **aA** M J Müller 92, der sich aus „teleologischen Gesichtspunkten" für die Einbeziehung „des internationalen Kapitalverkehrs" in Art VIII Abschn 2[b] S 1 IWFÜ ausspricht; s auch Mann/Proctor [8. Aufl 2022] 393 ff Rn 15.17 ff [395 Rn 15.22 „... it is nevertheless submitted that Article VIII(2)(b) should be construed as extending to capital transactions that have been entered into in contravention of exchange control restrictions" s auch Rn 117]; zu den möglichen Folgen der Rechtsprechung im Hinblick auf die Vereinbarung eines deutschen Gerichtsstandes s Ebke WM 1994, 1357, 1368 u Rn 189); insoweit greift dann das autonome Internationale Devisenrecht ein (Ebke, in: GS U Hübner [2012] 653, 662; Krajewski [3. Aufl 2012] 257).

Dasser hat „angesichts der zahlreichen Kritik" an Art VIII Abschn 2(b) S 1 IWFÜ und „dem Einschwenken der deutschen Rechtsprechung auf die restriktive angelsächsische" Praxis der Hoffnung Ausdruck gegeben, „dass auch die **Schweizer Gerichte** die Bretton-Woods-Bestimmung zurückhaltend anwenden werden". Er legt den Gerichten in der Schweiz nahe, „auf alle Fälle undogmatische, ergebnisorientierte Lösungen" anzustreben, „welche den verschiedenen Interessen möglichst gerecht werden und der allgemeinen Regel von Art 19 (schwIPRG), der die Bretton-Woods-Bestimmung als *staatsvertragliche lex specialis* vorgeht, im Geist entsprechen" (Dasser, in: Honsell/Vogt/Schnyder/Berti [Hrsg], BaslerKomm/IPR [2. Aufl 2007] Art 147 Rn 28 aE [Hervorhebungen des Originals]). Vischer/Huber/Oser (Internationales Vertragsrecht [2. Aufl 2000] Rn 1001) vermuten, dass die Schweizer Gerichte dem sich abzeichnenden internationalen Konsens über die enge Auslegung des Art VIII Abschn 2(b) S 1 IWFÜ folgen werden (s auch Vischer, Geld- und Währungsrecht [2009] 211 f; zu Einzelheiten der Auslegung und Anwendung des Art VIII Abschn 2 [b] S 1 IWFÜ aus Sicht des Schweizer Rechts s die Nachw in Rn 85). Marty verspricht sich von der von ihm befürworteten „weiten, aber restriktiven" Auslegung des Begriffs „exchange contracts", dass „auf eine grosse Zahl von internationalen Kapitaltransaktionen die nationalen (dh die schweizerischen) Kollisionsnormen zur Anwendung" kommen; der dann einschlägige Art 19 Abs 1 schwIPRG erhöhe die **„Bewegungsfreiheit der schweizerischen Gerichte"** (Marty 56, unter Hinweis auf Ebke, in: FS Kleiner [1993] 303, 311 Fn 51). 120

(3) Abgrenzung

Die Abgrenzung zwischen Geschäften des internationalen Kapitalverkehrs und Geschäften des laufenden internationalen Zahlungsverkehrs ist durch die Rechtsprechung bisher **nur teilweise geklärt** (Ebke ZVerglRW 115 [2016] 299, 305 Fn 22 mwNw; Evans 5 Fin & Dev 30 [1968]; Ziegler 187 ff; Reithmann/Martiny/Thode [8. Aufl 2015] Rn 5.150; Einsele, Bank- und Kapitalmarktrecht [3. Aufl 2014] 127 Rn 78; M J Müller 92–96). Rechtlicher Ausgangspunkt für die Abgrenzung ist Art XXX(d) IWFÜ, der in den Nr 1–4 beispielhaft Zahlungen für laufende Transaktionen aufzählt (Ebke WM 1994, 1357, 1358; Ebke, in: FS Wolfrum [2012] 28 ff; Ebenroth/Reiner 825; Ziegler 188; Pfeiffer ZVerglRW 102 [2003] 141, 178; Nelson 5 YaleStudWorldPubOrder 1, 9 ff [1979]; **aA** Szodruch 280 f). Danach umfassen Zahlungen des **laufenden Zahlungsverkehrs** insbesondere Zahlungen im Zusammenhang mit dem Waren- und Dienstleistungsverkehr (Wolff, Ausländische Staatsfonds 92), mit Kreditzinsen (s dazu Rn 125) und sonstigen Nettoerträgen, Kredittilgungen (s dazu Rn 125) und Direktinvestitionsabschreibungen in mäßiger Höhe sowie laufende Familienunterhaltsleistungen in mäßiger Höhe (Ebke, IntDevR 231; zust Pfeiffer ZVerglRW 102 [2003] 141, 178; MünchKommBGB/Martiny Art 9 Anh II Rom I-VO Rn 16). Im Umkehrschluss lassen sich daher als **Kapitalverkehrsgeschäfte** qualifizieren: langfristige Kredite (mit über 12 Monaten Laufzeit – Einsele, Bank- und Kapitalmarktrecht [3. Aufl 2014] 127 Rn 78), Transfers von Bankguthaben ins Ausland zu Investitionszwecken, Portfolio Investments (zum Begriff Rn 60, 121) sowie Lebensversicherungen (Ebke, IntDevR 89 f; Ebke WM 1994, 1357, 1358 Fn 11; Reithmann/Martiny/Thode [9. Aufl 2021] Rn 5.170 Fn 5; MünchKommBGB/Martiny Art 9 Anh II Rom I-VO Rn 16; vgl Ebenroth/Woggon 121

IPRax 1993, 151, 151 Fn 8). Zu Kreditverträgen s Rn 125, zu Staatsanleihen s Rn 125 und 157 ff.

(4) Erfasste Geschäfte

122 Über den Kreis der von Art VIII Abschn 2(b) S 1 IWFÜ **im Übrigen erfassten Geschäfte** besteht in Praxis und Wissenschaft **keine Einigkeit** (zum historischen Hintergrund und den Folgen des Streits um eine enge bzw weite Auslegung des Begriffs „exchange contract" s Ebke, IntDevR 204 ff). Auf der Grundlage der – auf F A Mann (IntCompLQ 2 [1947] 97, 102; F A Mann BritYbIntL 26 [1949] 278, 279, enger allerdings F A Mann ModLRev 10 [1947] 411, 418; **aA** jetzt aber vor dem Hintergrund der restriktiven Rechtsprechung englischer Gerichte Mann/Proctor [8. Aufl 2022] 401 Rn 15.27 sub [g]) zurückgehenden und von dem früheren Chefjustitiar des IWF, Sir Joseph Gold, nachdrücklich befürworteten (s nur Gold, The Fund Agreement III 271 und 347; Gold 33 IntCompLQ 777 [1984]; Gold 7 Houston JIntL 1, 11 [1984]) – weiten Auslegung des Merkmals „exchange contract" haben sich in der deutschen Rechtsprechung mehrere **Fallgruppen** herausgebildet, auf die das IWF-Übereinkommen anwendbar ist (s die Systematisierung von Reithmann/Martiny/Thode [9. Aufl 2021] Rn 5.165 ff; s auch Mann/Proctor [8. Aufl 2022] 397 ff Rn 15.27). Art VIII Abschn 2(b) S 1 IWFÜ ist u a (weitere Beispiele bei MünchKommBGB/Martiny Art 9 Anh II Rom I-VO Rn 17 ff; Ebke, IntDevR 229 f; Soergel/vHoffmann [12. Aufl 1996] Art 34 EGBGB Rn 145; Ellenberger/Bunte/Schefold, BankR-HdB [6. Aufl 2022], Bd II, § 100 Rn 84 ff; Reithmann/Martiny/Thode Rn 5.165 ff) angewandt worden auf Geschäfte des grenzüberschreitenden Waren- und Dienstleistungsverkehrs, namentlich auf **Warenkaufverträge** (zB LG Hamburg IPRspr 1954–1955 Nr 164, S 467, 470; s auch OLG Hamburg IPRspr 1958–1959 Nr 168, S 547, 548; OLG Bamberg IPRspr 1978 Nr 127, S 309, 311; BGH IPRspr 1970 Nr 102, S 333, 334 [inzidenter]; **aA** noch OLG Hamburg IzRspr 1958–1959 Nr 135 A, S 369, 372; zum russischen Recht s Ziegler 189 f), **Anwaltshonorarverträge** (BGH 31. 1. 1991 – III ZR 150/88, RIW 1991, 513, 514 = WM 1991, 1009, 1011, allerdings offenlassend, ob der Vertrag gegen französisches Devisenrecht verstieß), **Lizenzverträge** (OLG Bamberg IPRspr 1978 Nr 127, S 309, 310–311; zust Geimer 100 Rn 235 Fn 490) sowie auf das klassische **Devisengeschäft** (**Geldwechselgeschäft** – dazu aus historischer Sicht Miller, Das Geldwechselgeschäft [1912]), also den Austausch der Währung eines Landes gegen die eines anderen (Rn 114; OLG Düsseldorf WM 1989, 1842 = WuB VII B 2.-1.90 m Anm Thode = ZIP 1989, 1387; Schütze, in: Assmann/Schütze, Hdb des Kapitalanlagerechts [1990] S 279 Rn 38; Ellenberger/Bunte/Schefold, BankR-HdB [6. Aufl 2022], Bd II, § 100 Rn 93; Waclawik 62; vgl Mann/Proctor [8. Aufl 2022] 399 Rn 15.27 unter Hinweis auf Nussbaum, Money in the Law [2. Aufl 1950] 542 f [„contracts to exchange the currency of one country for that of another"]; ebenso aus südafrikanischer Sicht Munyai 4 IJPL 406 [2011]), ferner auf **Devisensparverträge** (OLG Frankfurt 5. 4. 2006 – 4 U 153/02, openJur 2012, 27439 Rn 67). Zu Zahlungen im Rahmen von **Devisen- und Währungs-Swaps** s Ebenroth/Reiner, 825; Ellenberger/Bunte/Schefold, BankR-HdB [6. Aufl 2022], Bd II, § 100 Rn 93; Waclawik 62; zu **Devisenterminvereinbarungen** s Ellenberger/Bunte, BankR-HdB [6. Aufl 2022], Bd II, § 100 Rn 93 (bejahend); Waclawik 62–63 (verneinend); zu **derivativen Transaktionen** s Benzler 91; grundlegend zu derivativen Finanzinstrumenten im Recht Reiner 10 ff; s ferner Kronke/Melis/Kuhn (Hrsg), Handbuch Internationales Wirtschaftsrecht (2. Aufl 2017) 1009 ff.

123 Kaufpreissichernde **Bürgschaften** (BGH IPRspr 1970 Nr 100, S 327, 328; OLG München IPRspr 1986 Nr 145, S 346, 348 m Aufs Rehbinder IPRax 1987, 289; Knieper WiRO 2001, 353, 356; Ellenberger/Bunte/Schefold, BankR-HdB [6. Aufl 2022], Bd II, § 100 Rn 108; MünchKommBGB/Martiny Art 9 Anh II Rom I-VO Rn 17; Reithmann/Martiny/Thode [9. Aufl 2021]

Rn 5.166; **aA** für eine Bürgschaft zur Sicherung der Rückzahlungsverpflichtung aus einem „Kreditvertrag des internationalen Kapitaltransfers", also einem wirtschaftlich bedeutenden, langfristigen internationalen Kreditvertrag [der nach neuerer Ansicht des BGH von Art VIII Abschn 2[b] S 1 IWFÜ nicht erfasst ist – Rn 125] OLG Brandenburg 26. 10. 2005 – 4 U 4/03, openJur 2012, 2561 Rn 48) und **Garantien** (Goerke 121; Ellenberger/Bunte/Schefold, BankR-HdB [6. Aufl 2022], Bd II, § 100 Rn 108), welche mit der genehmigungspflichtigen Hauptschuld „auf das engste und untrennbar" verbunden sind (BGH IPRspr 1964–1965 Nr 191, S 574, 576), gelten ebenfalls als „exchange contracts" (MünchKommBGB/Martiny Art 9 Anh II Rom I-VO Rn 17; Reithmann/Martiny/Thode [9. Aufl 2021] Rn 5.166). Zahlungen aus (Dokumenten-)**Akkreditiven** (Letter of Credit – vgl MünchKommBGB/Martiny Art 9 Anh II Rom I-VO Rn 18: „zweifelhaft, aber wohl anzunehmen") sowie deklaratorischen bzw abstrakten **Schuldanerkenntnissen** (vgl MünchKommBGB/Martiny Art 9 Anh II Rom I-VO Rn 17) fallen ebenfalls unter Art VIII Abschn 2(b) S 1 IWFÜ. **Inkassovereinbarungen** (offen gelassen in BGH IPRspr 1979 Nr 139, S 473, 476), die Begründung von **Scheck-** (OLG Düsseldorf RIW 1989, 987) bzw **Wechselverpflichtungen** (BGH IPRspr 1970 Nr 101, S 329, 331; OLG München OLGR 1993, 23; zust MünchKommBGB/Martiny Art 9 Anh II Rom I-VO Rn 18; Geimer 100 Rn 235 Fn 490) und selbst **Schenkungen** (KG IPRspr 1974 Nr 138, S 364, 366; das KG lässt allerdings offen, ob es sich bei dem zugrunde liegenden Rechtsverhältnis um eine Schenkung oder ein Darlehen handelt; MünchKommBGB/Martiny Art 9 Anh II Rom I-VO Rn 19) sollen „exchange contracts" iSd Art VIII Abschn 2(b) S 1 IWFÜ sein (s aber Rn 132). Der **Handelsvertretervertrag** ist nach einer in der Literatur vertretenen Ansicht ebenfalls „Devisenkontrakt" iSv Art VIII Abschn 2(b) S 1 IWFÜ (MünchKommBGB/Martiny Art 9 Anh II Rom I-VO Rn 17 mwNw; Küstner/vManteuffel, Hdb des gesamten Außendienstrechts Bd 1: Das Recht des Handelsvertreters [2. Aufl 1992] S 848 Rn 2461 mwNw; Berger ZVerglRW 96 [1997] 316, 342). Zum **Vertragsstrafeversprechen** s OLG Brandenburg 26. 10. 2005 – 4 U 4/03, openJur 2012, 2561 Rn 48; BGH 28. 1. 1997 – XI ZR 42/96, NJW-RR 1997, 686 = WM 1997, 560.

In seiner Bulgarien-Entscheidung (Rn 83, 117 und 119) hat der BGH klargestellt, dass **124** ein Vertrag über die Erhöhung einer Kommanditeinlage und damit der **Beteiligung an einer Gesellschaft** ein „exchange contract" sein kann, sofern es sich nicht um eine langfristige Beteiligung handelt (BGH NJW 1994, 390 = RIW 1994, 151 = WM 1994, 54 = WuB VII B 2.-1.94 m Anm Thode). Der BGH hat damit die hierzu im Schrifttum vertretene (Ebke RIW 1993, 613, 616 ff; s auch Gold RabelsZ 27 [1962] 606, 649 und MünchKommBGB/Martiny Art 9 Anh II Rom I-VO Rn 16 aE [Einlagenleistung bei einer Gesellschaftsbeteiligung] und Rn 17 [Verkauf von Gesellschaftsanteilen]; vgl Berger ZVerglRW 96 [1997] 316, 342 [betr Kauf von Gesellschaftsanteilen]), aber nicht unbestrittene (K Schmidt ZGR 1994, 665, 672; zweifelnd Ellenberger/Bunte/Schefold, BankR-HdB [6. Aufl 2022], Bd II, § 100 Rn 114; unklar Geimer 100 Rn 235 [„Keine exchange contracts sind Kapitalübertragungen, zB zum Zwecke der Investition in eine Gesellschaftsbeteiligung"]) Ansicht bestätigt (Reithmann/Martiny/Thode [8. Aufl 2015] Rn 5.166; Ebke WM 1994, 1357, 1360).

Dagegen kann Art VIII Abschn 2(b) S 1 IWFÜ nach der Bulgarien-Entscheidung **125** des BGH (Rn 83, 117, 119) – entgegen einer früher in der deutschen Rechtsprechung und Lehre vertretenen Ansicht (zum Stand der Meinungen s Ebke, IntDevR 230 f) – auf wirtschaftlich bedeutende, **langfristige** internationale **Kreditverträge** nicht mehr angewandt werden (BGH NJW-RR 1997, 686 = RIW 1997, 426 = WM 1997, 560 = WuB I E 1 Nr 5.97 m Anm Bateau; zust OLG Brandenburg 26. 10. 2005 – 4 U 4/03 openJur 2012, 2561 Rn 49 f; LG Frankfurt aM WM 2003, 353, 356 = IPRspr 2003 Nr 111; AG Frankfurt aM IPRspr 2007

Nr 124 = NJOZ 2006, 3183; Ebke WM 1994, 1357, 1358; Ebke, in: GS U Hübner [2012] 653, 661; Reithmann/Martiny/Thode [9. Aufl 2021] Rn 5.170; MünchKommBGB/Martiny Art 9 Anh II Rom I-VO Rn 16; Geimer 99 Rn 235; Ellenberger/Bunte/Schefold, BankR-HdB [6. Aufl 2022], Bd II, § 100 Rn 96; Einsele, Bank- und Kapitalmarktrecht [3. Aufl 2014] 127 Rn 78; Ziegler 185; Szodruch 279; Rautner 28; **aA** noch Berger ZVerglRW 96 [1997] 316, 342; Knieper WiRO 2001, 353, 356; offenlassend, ob Darlehnsverträge überhaupt „exchange contracts“ sind, öOGH 9. 7. 1998 – 20b2364/93b, ECLI:AT:OGH0002:1998:00200B02364.96B.0709.00; s ferner M J Müller 87 ff). Entsprechendes gilt für **internationale Staatsanleihen** (LG Frankfurt aM WM 2008, 2062 = IPRspr 2008 Nr 102; LG Frankfurt aM WM 2003, 783, 785; OLG Frankfurt NJW 2006, 2931 = IPRax 2007, 331 m Bespr-Aufsätzen von Baars/Böckel ZBB 2004, 445, Schefold IPRax 2007, 313; Ellenberger/Bunte/Schefold, BankR-HdB [6. Aufl 2022], Bd II, § 100 Rn 101 ff; Cranshaw DZWiR 2007, 133; Kolling BKR 2007, 481; Szodruch 279 f; MünchKommBGB/Martiny Art 9 Anh II Rom I-VO Rn 17; Geimer 99 Rn 235; Rautner 28 f; s ferner Kämmerer ZaöRV 65 [2005] 651, 670; Hagan Law&BusRevAm 8 [2002] 49, 70 [„sovereign defaults“ seien vom IWF als „proprietary acts rather than regulatory measures of general applicability“ behandelt worden]; zu den Staatsanleihefällen s auch noch Rn 157 ff). Die Zahlung von **Kreditzinsen** (Art XXX[d][2] IWFÜ) sowie „Zahlungen in mäßiger Höhe für die **Tilgung** von Krediten“ (Art XXX[d][3] IWFÜ) fallen nach dem Wortlaut des Art XXX(d)(2) und (3) IWFÜ dagegen in den Regelungsbereich des Art VIII Abschn 2 (b) S 1 IWFÜ (Ebke WM 1994, 1357, 1358; Ebke, in: GS U Hübner [2012] 653, 661 f; zust MünchKommBGB/Martiny Art 9 Anh II Rom I-VO Rn 16; M J Müller 95; Schefold IPRax 2007, 313, 316; Ellenberger/Bunte/Schefold, BankR-HdB [6. Aufl 2022], Bd II, § 100 Rn 99 f; Baars/Böckel ZBB 2004, 445, 456; Reithmann/Martiny/Thode [9. Aufl 2021] Rn 5.170; Ziegler 190; Pfeiffer ZVerglRW 102 [2003] 141, 178; **aA** vor dem Hintergrund der Fälle der **argentinischen Staatsanleihen** Szodruch 280: „Die Aufspaltung von Zahlungen auf die Hauptforderung und Zinszahlungen erscheint indes kaum gerechtfertigt und ergibt sich auch nicht zwingend aus dem Wortlaut von Art XXX[d][2] IWF-Übereinkommen“; für eine „einheitliche Betrachtung von Haupt- und Zinsforderung aus dem Anleihengeschäft“ auch Tietje 11 f; Rautner 29. Weberling 357 nennt die Rechtsprechung deutscher Gerichte zur Aufsplittung von Nennwertrückzahlungs- und Zinsansprüchen mit Blick auf die Restrukturierung **griechischer Staatsanleihen** „kritikwürdig“; gerade „angesichts umfassender Restrukturierungsmaßnahmen wie dem griechischen Anleihetausch, die anders als das argentinische Zahlungsmoratorium gleichzeitig Zins- und Rückzahlungsansprüche betreffen,“ erscheine „diese Rechtsprechung weit von der wirtschaftlichen und politischen Realität entfernt“). Was über „**Zahlungen in mäßiger Höhe** für die Tilgung von Krediten hinausgeht“, zählt zum Kapitalverkehr (MünchKommBGB/Martiny Art 9 Anh II Rom I-VO Rn 16).

126 Bei **Kreditzinsen** kommt es entgegen der Ansicht einiger Gerichte (s zB LG Frankfurt aM WM 2003, 783, 785 [Zinszahlungen auf Staatsanleihen fallen unter den Begriff des Kapitalverkehrs; krit dazu M J Müller 93 ff; Baars/Böckel ZBB 2004, 445, 456 Fn 142]; insoweit bestätigt durch OLG Frankfurt NJW 2006, 2931, 2931 = IPRax 2007, 331 [*in casu* Kapitalverkehr, der von Art VIII Abschn 2[b] S 1 IWFÜ nicht erfasst ist; mit Recht krit zu dieser Entscheidung Schefold IPRax 2007, 313, 316; Szodruch 280 f]) nicht darauf an, ob es sich um Zinszahlungen für gewöhnliche, kurzfristige Kreditgeschäfte oder um Zinszahlungen für (volks-)wirtschaftlich bedeutende, langfristige Kreditgeschäfte (zB internationale Konsortialkreditverträge oder internationale Staatsanleihen) handelt (Ebke, in: FS Wolfrum [2012] 28 ff; Ebke, in: GS U Hübner [2012] 653, 661 f). Das folgt aus dem Wortlaut des Art XXX (d)(2) IWFÜ, der ausdrücklich vorsieht, dass Zinszahlungen zu den laufenden Zahlungen zählen, die unter das IWF-Übereinkommen fallen (in diesem Sinne auch Baars/Böckel ZBB 2004, 445, 456 Fn 142; Schefold IPRax 2007, 313, 316; MünchKommBGB/Martiny

Art 9 Anh II Rom I-VO Rn 16; **aA** Tietje 11 f; Szodruch 280; Rautner 29), mag diese Regelung auch als **„eine gewisse Anomalie“** (Ellenberger/Bunte/Schefold, BankR-HdB [6. Aufl 2022], Bd II, § 100 Rn 104) erscheinen (kritisch schon Seuss 38; s auch Weberling 357), weil die Regelung dazu führen kann, dass Zahlungen des Schuldners auf ein und denselben Darlehnsvertrag (kollisions-)rechtlich unterschiedlich zu behandeln sind. M J Müller (Staatsbankrott 96) hat darauf hingewiesen, dass die „als ‚Anomalie‘ empfundene Aufspaltung von der Anleiheemission auf der einen Seite (als Kapitalverkehrsgeschäft nach der Bulgarien-Entscheidung des Bundesgerichtshofs von Art VIII Abschn 2[b] S 1 IWFÜ nicht erfasst) und Zinszahlungen auf die Anleihe sowie Zahlungen von Tilgungsraten in mäßiger Höhe auf der anderen Seite (richtigerweise wegen Art XXX[d] S 1 Nr 2 IWFÜ als Geschäft des laufenden Zahlungsverkehrs von Art VIII Abschn 2[b] S 1 IWFÜ in jedem Fall erfasst), ... Folge der abzulehnenden Ausklammerung von Kapitalverkehrsgeschäften aus dem Anwendungsbereich des Art VIII Abschn 2(b) S 1 IWFÜ“ ist (krit Weberling 357; monographisch zu der Frage, ob der internationale Kapitalverkehr nach dem IWFÜ in den Zuständigkeitsbereich des IWF fällt, Mercurio, Capital Controls and International Economic Law [2023] 49 ff). Zu Zahlungen aus **Zinsderivaten** s Ebenroth/Reiner 825.

Tausch und **Gegengeschäfte** („barter“ und „countertrade“) werden nach hM von Art VIII Abschn 2(b) S 1 IWFÜ nicht erfasst (Ebke, IntDevR 230 mwNw; Reithmann/Martiny/Thode [9. Aufl 2021] Rn 5.166; **aA** Ebenroth/Neiss RIW 1991, 617, 619; MünchKommBGB/Martiny Art 9 Anh II Rom I-VO Rn 19). Zu der umstrittenen Frage, ob Art VIII Abschn 2(b) S 1 IWFÜ auf **Grundstückskaufverträge** anwendbar ist, s OLG Köln 8. 6. 2001 – 20 U 133/00, openJur 2011, 15775 Rn 50 (bejahend); vgl Schotten 266 mwNw; Berger ZVerglRW 96 (1997) 316, 342; MünchKommBGB/Martiny Art 9 Anh II Rom I-VO Rn 17 mwNw (jeweils mit Angabe der Gegenansichten); s ferner Soergel/vHoffmann [12. Aufl 1996] Art 34 EGBGB Rn 145. Zur **Auflassung** und Bestellung von **Grundpfandrechten** s MünchKommBGB/Martiny Art 9 Anh II Rom I-VO Rn 22 mwNw; Ellenberger/Bunte/Schefold, BankR-HdB [6. Aufl 2022], Bd II, § 100 Rn 110 f. Zu den internationalen **Architekten-** und **Bauverträgen** s Thode/Wenner 61. 127

(5) Aufrechnung

Die Frage, ob der Schuldner gegen die Forderung seines Gläubigers mit einer Gegenforderung, die abkommenskonformen (Rn 166 ff) Devisenkontrollbestimmungen (Rn 139 ff) widerspricht, wirksam die **Aufrechnung** erklären kann, ist bisher höchstrichterlich nicht entschieden worden. Das LG Karlsruhe (LG Karlsruhe 24. 8. 1984 – O 15/84 KfH II, IPRspr Nr 118 A, S 278 m zust Anm Löber RIW 1986, 387) hält die Aufrechnung – im Ergebnis zutreffend – für **unzulässig**; die Begründung des Gerichts überzeugt allerdings nicht (Ebke, IntDevR 292 f; Reithmann/Martiny/Thode [9. Aufl 2021] Rn 5.167; Seuss 195; Kegel/Schurig, IPR [9. Aufl 2004] 1117 [„Dem Zivilrechtler freilich dreht sich das Herz um“]; s aber auch Ellenberger/Bunte/Schefold, BankR-HdB [6. Aufl 2022], Bd II, § 100 Rn 115; krit Gold, The Fund Agreement IV 242 f; **aA** Wood 140). Zur Aufrechnung (set-off) nach islamischem Recht **(„muqasa“)** s LG Aachen IPRax 1987, 113; dazu Kegel/Schurig, IPR [9. Aufl 2004] 1118. 128

(6) Ungerechtfertigte Bereicherung

Die Rückforderung des in Erfüllung eines unklagbaren „exchange contract“ Geleisteten nach den Vorschriften über die ungerechtfertigte Bereicherung (§§ 812 ff 129

BGB) ist nach der Rechtsprechung ausgeschlossen, weil **kein rechtsgrundloser Erwerb** vorliegt (BGH IPRspr 1976 Nr 118, S 342, 343; OLG Bamberg IPRspr 1978 Nr 127, S 309, 311 und 312; KG IPRspr 1974 Nr 138, S 364, 366 [sub 3]; s auch OLG Düsseldorf IPRspr 1983 Nr 124, S 307, 311; LG Hamburg IPRspr 1978 Nr 126, S 304, 307; s dazu Ebke, IntDevR 286 f; Reithmann/Martiny/Thode [9. Aufl 2021] Rn 5.168; Ellenberger/Bunte/Schefold, BankR-HdB [6. Aufl 2022], Bd II, § 100 Rn 91; MünchKommBGB/Martiny Art 9 Anh II Rom I-VO R21; Geimer 101 Rn 239; Schotten 266; Mann/Proctor [8. Aufl 2022] 391 Rn 15.12 [unter Hinweis auf den öOGH öZRVgl 1993, 124]; krit Gränicher 97 und 115 f; differenzierend Rauscher, in: FS Lorenz [1991] 471). Die fehlende Rückforderungsmöglichkeit kann zu merkwürdigen Ergebnissen führen, wie der vom Kammergericht (KG IPRspr 1974 Nr 138, S 364) entschiedene **Fall der „lachenden Erben"** zeigt (s dazu Ebke, IntDevR 287 f; zust Schulze 540 Fn 532).

(7) Unerlaubte Handlung

130 Ansprüche aus unerlaubter Handlung wegen Nichterfüllung eines nach Art VIII Abschn 2(b) S 1 IWFÜ unklagbaren Devisenkontraktes sind **grundsätzlich nicht klagbar** (Ebke, IntDevR 309; Mann/Proctor [8. Aufl 2022] 397 Rn 15.26). „Würde man die Klagbarkeit eines solchen Anspruchs aus unerlaubter Handlung zulassen", schreibt das LG Hamburg (IPRspr 1978 Nr 126, S 304, 308) treffend, „würde letztlich doch die von den Vertragsparteien gewollte Umgehung von Devisenbestimmungen entgegen dem Schutzzweck des Abkommens anerkannt" (krit zu dieser Entscheidung Mann/Proctor [8. Aufl 2022] 391 Rn 15.12 Fn 35: „This unhappy result should have been avoided because, by its terms, Art VIII [2][b] applies only to contracts"). Es gibt aber **Ausnahmen** (Ebke, IntDevR 309 ff; MünchKommBGB/Martiny Art 9 Anh II Rom I-VO Rn 20 [etwa für den Fall, dass die die Vertragserfüllung verweigernde Partei der anderen vorgespiegelt hat, der Vertrag verstoße nicht gegen Devisenbestimmungen]; Geimer 102 Rn 240; Mann/Proctor [8. Aufl 2022] 392 Rn 15.14).

(8) Neuer Ansatz: Austauschvertrag

131 Im neueren Schrifttum ist vorgeschlagen worden, den Begriff „exchange contract" übereinkommensautonom auszulegen und ihn iSv „Austauschvertrag" zu verstehen, um eine dem Sinn und Zweck des Art VIII Abschn 2(b) S 1 IWFÜ entsprechende **Einschränkung des Anwendungsbereichs** der Vorschrift zu erreichen (Ebke, IntDevR 240 ff; Ebke RIW 1993, 613, 616 ff; Ebke WM 1994, 1357, 1360; Ebenroth/Woggon IPRax 1993, 151, 153; zust Reithmann/Martiny/Thode [9. Aufl 2021] Rn 5.171; Ziegler 182 ff; in diese Richtung tendierend wohl auch Lowenfeld, International Economic Law [2002] 668 [„... any contract that affects the exchange resources of the country imposing the exchange controls, including a contract for the purchase of goods, charter of a ship, payment of a commission, and deposit of funds"]; **aA** aus Sicht des südafrikanischen Rechts Munyai 4 IJPL 406 [2011] [„Transactions in which money is merely exchanged for goods, commodities, or merchandise should be excluded from the broad and trade inhibiting interpretation of the terms"]). Die Auslegung des Begriffs „exchange contract" iSv **„Austauschvertrag"** liegt sprachlich nahe (so auch Seuss 36; Ebenroth/Woggon IPRax 1993, 151, 153; Ziegler 183); sie steht auch im Einklang mit dem Zweck des Art VIII Abschn 2 (b) S 1 IWFÜ und den Zielen des IWF-Übereinkommens (Ebke RIW 1993, 613, 617; zust Ziegler 183; zur Notwendigkeit einer den Zielen des IWFÜ entsprechenden Auslegung des Begriffs s Mann/Proctor [8. Aufl 2022] 401 Rn 15.27 [„... in the context of a treaty, the process of interpretation should be directed towards the achievement of the overriding objectives of the documents"]). Nach dieser Auslegung würden von dem Merkmal „exchange contract" nur noch gegenseitige Verträge sowie Vertragsverhältnisse erfasst, in denen **Leistung und Gegenleistung in einer finalen oder kausalen Wechselbeziehung** zueinanderstehen (Ebke RIW 1993, 613, 617; zust Ziegler 183 f; Reithmann/Martiny/Thode Rn 5.171). Danach ist es für das

Vorliegen eines „exchange contract“ notwendig, dass der Leistungsempfänger etwas aufwendet, um die Leistung zu erhalten oder weil er die Leistung erhalten hat.

Die Auslegung des Begriffs „exchange contract“ als „Austauschvertrag“ hat zur Folge, dass **Schenkungen** (vgl KG IPRspr 1974 Nr 138, S 364, 366; das KG lässt allerdings offen, ob es sich bei dem zugrunde liegenden Rechtsverhältnis um eine Schenkung oder ein Darlehen handelte) und sonstige **unentgeltliche Zuwendungen,** die nach Ansicht einiger Autoren als „exchange contracts“ zu qualifizieren sind (MünchKommBGB/Martiny Art 9 Anh II Rom I-VO Rn 19), von Art VIII Abschn 2(b) S 1 IWFÜ **nicht erfasst** werden (Ebke, IntDevR 241; zust Reithmann/Martiny/Thode [9. Aufl 2021] Rn 5.171). 132

bb) „... welche die Währung eines Mitglieds berühren ...“

Weitere Einschränkungen des Anwendungsbereichs des Art VIII Abschn 2(b) S 1 IWFÜ ergeben sich aus dem Relativsatz „... welche die Währung eines Mitglieds berühren ...“ (s auch Edwards, International Monetary Collaboration [1985] 488). Die Bedeutung des **Relativsatzes** „... welche die Währung eines Mitglieds berühren ...“ („which involve the currency of any member“) ist **umstritten** (Mann/Proctor [8. Aufl 2022] 407 Rn 15.28: „... this rather general phrase does not lend itself to straightforward interpretation“; krit auch Habermeier 86 Fn 208, nach dessen Auffassung „der Marktbezug zum Erlaßstaat durch dieses interpretationsoffene Involvationskriterium nicht angemessen betont“ werde). Eine offizielle Auslegung dieses Satzes durch das Exekutivdirektorium des IWF iSv Art XXIX IWFÜ liegt nicht vor (zur Frage, ob Auslegungen des IWF für die Gerichte und Verwaltungsbehörden der IWF-Mitgliedstaaten verbindlich sind, s Rn 168 ff). 133

Problematisch ist – und zwar nicht erst seit der zunehmenden Verbreitung und wachsenden wirtschaftlichen Bedeutung „digitaler Währungen“ („digital currencies“ – Rn 79) – der (in der aktuellen Fassung des IWFÜ nicht mehr definierte) **Begriff** der **„Währung“** („currency“) (zum herkömmlichen Verständnis des Begriffs „currency“ s Ebke, IntDevR 246; Gold, The Fund Agreement in the Courts, Bd 3 [1986] 354 f; Edwards, International Monetary Collaboration [1985] 102 f und 667 f; Hahn, Währungsrecht 395; Mann/Proctor [8. Aufl 2022] 407 Rn 15.28). Im materiellen Fondsrecht scheint der Begriff, der dem Konzept der Währung am nächsten kommt, der des Geldes zu sein. Art XIXd) der ursprünglichen Fassung des IWFÜ enthielt für Zwecke der Konkretisierung des Begriffs „monetary reserves“ („Währungsreserven“) eines Fondsmitglieds eine sehr weite Definition („The term currency for this purpose [i.e., the calculation of a member's ‚monetary reserves‘] includes without limitation coins, paper money, bank balances, bank acceptances, and government obligations issued with a maturity not exceeding twelve months“ – s dazu Edwards, International Monetary Collaboration [1985] 102 f; Gold, The Fund Agreement in the Courts, Bd 3 [1986] 355 Fn 56). Diese Umschreibung deckt sich ansatzweise mit dem in der **Wirtschaftstheorie** verbreiteten Verständnis von Währung, die den Begriff „im allgemeineren Sinne von ‚money‘ oder ‚Geld‘ funktionaler Art“ verwendet und die „nach einem auf Aristoteles zurückgehenden Gedanken die **drei** von ihr erfüllten **Funktionen** aufzeigt, nämlich (i) die Funktion als Rechnungseinheit, (ii) die Funktion als Zahlungsmittel (oder Tauschmittel) und (iii) die Funktion der Wertreserve“ (vgl Generalanwalt Giovanni Pitruzzella v 29. 9. 2020 in den verb Rs C-422/19 und C-423/19 *Dietrich u a*, ECLI:EU:C:2020:756 Rn 77). 134

Aus rechtlicher Sicht muss diese ökonomische und funktionale Definition allerdings vor dem Hintergrund der staatlichen Theorie des Geldes wohl ergänzt werden, „und zwar in dem Sinne, dass die Währung eine Schöpfung des Staates oder – im Fall des 135

Euro – der Wirtschafts- und Währungsunion ist und ihre Existenz nur innerhalb einer bestimmten Rechtsordnung verstanden werden kann" (in diesem Sinne für Art 3 Abs 4 EUV: Generalanwalt Giovanni Pitruzzella v 29. 9. 2020 in den verb Rs C-422/19 und C-423/19 *Dietrich u a*, ECLI:EU:C:2020:756 Rn 78). Zu bedenken ist aber, dass das IWFÜ ein multilateraler völkerrechtlicher Vertrag ist, dessen Bestimmungen bzw Tatbestandsmerkmale **„autonom"** und in erster Linie unter Berücksichtigung der Systematik und Ziele des Übereinkommens **auszulegen** sind (Rn 107 ff, 178). Auf das Verständnis der Rechtsordnung einzelner Mitgliedstaaten kann es mithin allein nicht ankommen. Das gilt auch für **„digitale Währungen"** („Kryptowährungen" – zur Phänomenologie und rechtlichen Einordnung „digitaler Währungen" Poelzig/Kläsener ZVerglRW 122 [2023] 252; Yermack, in: Chuen [Hrsg], Handbook of Digital Currency [2. Aufl 2024] 29; Bader cognitio nicht 2023/1, 1, 3 ff; L Müller/Ong AJP/PJA 2/2020, 198, 206 ff; Enz 53 ff; Chuen/Zhao, in: Chuen [Hrsg], Handbook of Digital Currency [2. Aufl 2024] 583; Wu/Zhu, The Fundamentals of Digital Currency [2024] 195; Manger-Nestler ZdR 2024, 170; Broemel RdZ 2024, 13; He/Habermeier/Leckow/Haksar/Almeida/Kashima/Kyriakos-Saad/Oura/Sedik/Stetsenko/Verdugo-Yepes, Virtual Currencies and Beyond: Initial Considerations [IMF Staff Discussion Note, Jan 2016]; Brown-Hruska/Wagener, The Virtual Currency Regulatory Framework in Global Context 13 CapMrktLJ 487 [2018]; Wengert passim. Zur VO [EU] 2023/1114 v 31. 5. 2023 über Märkte für Kryptowerte [MiCAR], ABl L 150/40 v 9. 6. 2023, s Rn 78). Ob eine als gesetzliches Zahlungsmittel deklarierte Währung („Fiatwährung", englisch: „fiat money") eines IWF-Mitglieds sich in physischer Form als Bargeld (Banknoten und Münzen) oder in schriftlicher oder elektronischer Form (zB Saldo eines Bankkontos) darstellt und ob auch eine nicht physische „digitale Währung" wie der geplante digitale Euro als funktionales Bargeldäquivalent (Rn 79) als Währung anerkannt ist, unterliegt dem **Wandel der Zeit** (zur Weiterentwicklung des Wesens der Währung aus historischer Sicht s Generalanwalt Giovanni Pitruzzella v 29. 9. 2020 in den verb Rs C-422/19 und C-423/19 *Dietrich ua*, ECLI:EU:C:2020:756 Rn 79) und der **souveränen Entscheidung** des betreffenden IWF-Mitgliedstaates oder (wie im Falle des Euro) der zuständigen Wirtschafts- und Währungsunion (Generalanwalt Giovanni Pitruzzella v 29. 9. 2020 in den verb Rs C-422/19 und C-423/19 *Dietrich ua*, ECLI:EU:C:2020:756 Rn 81: „Ausdruck der monetären Souveränität des Staates") bzw der zuständigen **Zentralbank**. Für Zwecke des Art VIII Abschn 2(b) S 1 IWFÜ ist entscheidend, dass die Durchsetzung der Forderung aus einem in der jeweiligen Währung ausgedrückten wirtschaftliche Transaktion („exchange contract") Auswirkungen auf die Zahlungsbilanz eines Fondsmitglieds hat.

136 In engem Zusammenhang damit steht die Frage nach der **Bedeutung** des Verbs **„berühren"** (s dazu Ebke, IntDevR 246; Grothe, Fremdwährungsverbindlichkeiten 122 f; MünchKommBGB/Martiny Art 9 Anh II Rom I-VO Rn 23 ff; s ferner Siehr RabelsZ 52 [1988] 41, 70). Die Auslegung dieses Verbs („involve", das auch mit „beinhalten" übersetzt werden könnte) durch die deutsche Rechtsprechung ist uneinheitlich. Die ältere Rechtsprechung (umfangr Nachw bei Ebke, IntDevR 247 Fn 505) ging – gestützt auf eine Mindermeinung im Schrifttum (Mann JZ 1953, 442, 444) – davon aus, dass die Währung eines Mitgliedstaates dann „berührt" ist, wenn die Durchsetzung eines „exchange contract" **nachteilige Wirkungen** für die **Zahlungsbilanz** oder den **Devisen- oder Währungsbestand** eines IWF-Mitglieds hat (Mann/Proctor [8. Aufl 2022] 407 Rn 15.28: „... directed to the protection of the exchange resources of a country"). Nach dieser Auslegung werden Devisenkontrollbestimmungen, die nicht den **Abfluss von Devisen** regeln, sondern dem **Devisenzufluss** zu dienen bestimmt sind, von dem IWF-Übereinkommen nicht erfasst (vgl Ebke, IntDevR 247).

Die im Schrifttum heute **herrschende Ansicht** teilt diese Auslegung jedoch nicht (EBKE, IntDevR 248; MünchKommBGB/MARTINY Art 9 Anh II Rom I-VO Rn 24; REITHMANN/MARTINY/THODE [9. Aufl 2021] Rn 5.173; SEUSS 48 ff; GROTHE, Fremdwährungsverbindlichkeiten 123; vgl M J MÜLLER 96 f; ELLENBERGER/BUNTE/SCHEFOLD, BankR-HdB [6. Aufl 2022], Bd II, § 100 Rn 116 f; berichtend BERGER ZVerglRW 96 [1997] 316, 342; FUCHS, Lateinamerikanische Devisenkontrollen 167; PLATE, in: STOBER/PASCHKE [Hrsg], Deutsches und Internationales Wirtschaftsrecht 16; ZIEGLER 192; GEIMER 100 Rn 235). Nach der zutreffenden herrschenden Ansicht, der sich zahlreiche deutsche Gerichte angeschlossen haben (Nachw bei EBKE, IntDevR 248 Fn 513), wird die Währung eines Fondsmitglieds dann berührt, wenn sich die betreffende Transaktion **auf die Zahlungsbilanz** eines IWF-Mitgliedstaates **positiv oder negativ auswirkt** (zust OLG Köln 8. 6. 2001 – 20 U 133/00, openJur 2011, 15775 Rn 51; OLG Brandenburg 26. 10. 2005 – 4 U 4/03, openJur 2012, 2561 Rn 49 [„… eine Verpflichtung …, die in Form grenzüberschreitender Zahlungsvorgänge den Devisenbestand eines Mitglieds beeinflussen und sich damit auf die Zahlungsbilanz auswirken kann“]; öOGH 9. 7. 1998 – 2 Ob 2364/96b, ECLI:AT:OGH0002:1998:0020OB02364.96B.0709.000). Auf die im Vertrag gewählte Schuld- oder Zahlungswährung kommt es demnach nicht an (EBKE, IntDevR 248; ZIEGLER 192; LOWENFELD 668 f; GROTHE, Fremdwährungsverbindlichkeiten 122; MANN/PROCTOR [8. Aufl 2022] 407 Rn 15.28 lehnen deshalb mit Recht die singapurische Entscheidung in der Rs Bank of India v Trans Continental Commodity Merchants Ltd, [1986] 2 MLJ 342 ab, wonach die Währung eines Mitglieds nur dann berührt sein soll, wenn es sich um die nationale Währung des Landes handelt, dessen Devisenkontrollen in Rede stehen). Staatsangehörigkeit und Wohnsitz des Schuldners sind insoweit ebenfalls unerheblich (vgl MünchKommBGB/MARTINY Art 9 Anh II Rom I-VO Rn 23; OLG Brandenburg 26. 10. 2005 – 4 U 4/03, openJur 2012, 2561 Rn 47). Maßgeblich ist in erster Linie die **wirtschaftliche Verknüpfung** des Sachverhalts bzw der Parteien mit dem Währungsgebiet eines IWF-Mitgliedstaates, insbesondere die Auswirkungen der Transaktion auf die Zahlungsbilanz („balance of payments“) und die Devisenbestände des Mitgliedstaates (EBKE, IntDevR 248; HAHN, Währungsrecht 395; zust MünchKommBGB/MARTINY Art 9 Anh II Rom I-VO Rn 23; REITHMANN/MARTINY/THODE [9. Aufl 2021] Rn 5.173; ELLENBERGER/BUNTE/SCHEFOLD, BankR-HdB [6. Aufl 2022], Bd II, § 100 Rn 116 f; SOERGEL/vHOFFMANN [12. Aufl 1996] Art 34 EGBGBRn 146; eingehend SEUSS 66 ff; s auch FUCHS, Lateinamerikanische Devisenkontrollen 167 ff). Danach wird die Währung eines Mitgliedstaates insbesondere dann „berührt“, wenn der „exchange contract“ **aus dem Erlassstaat heraus erfüllt** wird bzw erfüllt werden soll, ohne dass es auf die devisenrechtliche Gebietsansässigkeit oder die Staatsangehörigkeit der Vertragsparteien ankommt (EBKE, IntDevR 248; GROTHE, Fremdwährungsverbindlichkeiten 123; HAHN, Währungsrecht 395; vgl M J MÜLLER 97; REITHMANN/MARTINY/THODE [9. Aufl 2021] Rn 5.173 f; ELLENBERGER/BUNTE/SCHEFOLD, BankR-HdB [6. Aufl 2022], Bd II, § 100 Rn 120; ZIEGLER 192; vgl MünchKommBGB/MARTINY Art 9 Anh II Rom I-VO Rn 25). „Berührt“ ist die Währung eines IWF-Mitgliedstaates aber auch dann, wenn die betreffende Maßnahme des Erlassstaates dem Zufluss (frei konvertierbarer) ausländischer Währung dient (Rn 219) oder die grenzüberschreitende Zahlung im **Clearing-Verfahren** erfolgt (LG Hamburg IPRspr 1954–1955 Nr 164, S 467, 469). 137

Soll der Schuldner dagegen nur mit **Vermögen außerhalb des Erlassstaates** haften und soll auch kein anderweitiges Vermögen im Erlassstaat in Anspruch genommen werden, greift das IWF-Übereinkommen nicht ein (EBKE RIW 1993, 613, 623; HAHN, Währungsrecht 395; ELLENBERGER/BUNTE/SCHEFOLD, BankR-HdB [6. Aufl 2022], Bd II, § 100 Rn 120; ZIEGLER 192; MARTY 63 f; zu weit daher BGH IPRspr 1962–1963 Nr 163, S 523 mit krit Anm EBKE, IntDevR 249 Fn 517). Handelt es sich um einen Zahlungsvorgang, der sich ausschließ- 138 lich innerhalb des ausländischen Erlassstaats bzw ausschließlich außerhalb des Erlassstaats ohne Auswirkung auf dessen Zahlungsbilanz vollzieht, ist Art VIII Abschn 2(b) S 1 IWFÜ ebenfalls nicht anwendbar (so zutreffend öOGH 9. 7. 1998 – 2 Ob 2364/96b, ECLI:AT:OGH0002:1998:0020OB02364.96B.0709.000). Schließt dagegen ein Staatsangehöriger eines Erlassstaates (IWF-Mitglied), der außerhalb des Erlassstaates ansässig ist, mit einem Angehörigen seines Ansässigkeitsstaates einen „exchange contract", der aus dem Erlassstaat heraus erfüllt werden soll oder zumindest erfüllt werden darf (s dazu die Fallkonstellation, die der Entscheidung des OLG München WM 1989, 1282 = WuB VII B 2.-1.89 m Anm Thode = JZ 1991, 370 mit Bespr-Aufsatz Ebke JZ 1991, 335, zugrunde lag), wirkt sich die tatsächliche **Erfüllung aus dem Erlassstaat** heraus auf dessen Zahlungsbilanz aus (Ebke JZ 1992, 784, 785; Reithmann/Martiny/Thode [9. Aufl 2021] Rn 5.174; **aA** Mann JZ 1991, 614, 615). Zu Zahlungen über ein inländisches Fremdwährungskonto siehe Ellenberger/Bunte/Schefold, BankR-HdB [6. Aufl 2022], Bd II, § 100 Rn 121. Zur Behandlung von **Bürgschaften,** wenn alle Beteiligten im Erlassstaat ansässig sind bzw die Erfüllung der Bürgschaft durch einen nicht im Erlassstaat ansässigen Bürgen gegenüber einem dort ebenfalls nicht ansässigen Gläubiger erfolgt, s MünchKommBGB/Martiny Art 9 Anh II Rom I-VO Rn 27; vgl Kühn/Rotthege NJW 1983, 1233. Zu der Frage, ob die Währung des Erlassstaates „berührt" wird, wenn ein außerhalb des Erlassstaates erwirktes, dem Klagebegehren stattgebendes Urteil in dem Erlassstaat vollstreckt werden soll, zwischen dem Forumstaat (*in casu* Österreich) und dem Erlassstaat (*in casu* die Republik Bosnien und Herzegowina) aber kein **Vollstreckungsabkommen** besteht, s öOGH 9. 7. 1998 – 2 0b 2364/96b, ECLI:AT:OGH0002:1998:00200B02364.96B.0709.000 (*in casu* verneinend).

cc) Devisenkontrollbestimmungen

139 Das IWF-Übereinkommen enthält **keine Definition** des weiteren Merkmals „Devisenkontrollbestimmungen" („exchange control regulations") (Ebke ZVerglRW 115 [2016] 299, 307–309 mwNw in Fn 34 zu dem Begriff „exchange control"). Ein Blick in die übrigen Bestimmungen des IWF-Übereinkommens erhellt den Begriff der „Devisenkontrollbestimmungen" ebenfalls nicht nennenswert (Ebke, IntDevR 252; Marks 8 Int-Tax & BusL 104 [1990]). Die einschlägige Rechtsprechung sorgt ebenfalls nicht für Klarheit (Ebke ZVerglRW 115 [2016] 299, 308–310). François Gianviti, ehemaliger General Counsel und Director des Legal Department des IWF (1986–2004) hat die **zentralen Fragen** auf den Punkt gebracht: „Does the phrase ‚exchange control regulations' include only restrictions on current payments referred to in Article VIII, Section 2(a), which are subject to approval by the Fund? Does it also include restrictions maintained under Article XIV on current payment, exchange measures that are not restrictions, and even restrictions on capital transfers maintained under Article VI, Section 3?" (Gianviti, in: Effros [Hrsg], Current Legal Issues Affecting Central Banks [Bd 1 1992] 1, 11; zu den Beschränkungen iSd Art VIII Abschn 2[a] IWFÜ s UNCTAD, Transfer of Funds [2000] 13 ff). Die **Entscheidung** des **IWF-Exekutivdirektoriums** vom 1. 6. 1960 (E B Decision 1034-[60/27]) gibt den Mitgliedstaaten Kriterien für die Auslegung des Art VIII IWFÜ sowie des Art XIV IWFÜ an die Hand (Ebke, IntDevR 252), die allerdings recht weit sind (Mann/Proctor [8. Aufl 2022] 408 Rn 15.30 Fn 140). In der Entscheidung heißt es:

> „Leitlinie für die Beurteilung der Frage, ob eine Maßnahme eine Beschränkung von Zahlungen und Transfers für laufende Transaktionen gemäß Art VIII, Abschnitt 2 darstellt, ist, ob sie eine unmittelbare staatliche Beschrän-

kung der Verfügbarkeit oder des Gebrauchs von **Devisen *als solchen*** beinhaltet" (Ebke, IntDevR 252 [Hervorhebung d Verf]).

Danach sind Beschränkungen von Zahlungen und Transfers für laufende Transaktionen iSv Art VIII, XIV IWFÜ nur solche Maßnahmen, die die allgemeine Verfügbarkeit oder die Verwendung von Devisen betreffen (weiter möglicherweise MünchKomm-BGB/Martiny Art 9 Anh II Rom I-VO Rn 29, nach dessen Ansicht „exchange control regulations" solche Vorschriften sind, „welche die Bewegung von Geld, Vermögen oder *Dienstleistungen* zum Schutze der Zahlungsbilanz eines Landes zwingend regeln" [Hervorhebung des Verf]; s ferner Ziegler 195). So verstanden ist der Begriff „exchange control **regulations**" in Art VIII Abschn 2(b) S 1 IWFÜ zu unterscheiden von dem Begriff „exchange **restrictions**" in Art VIII Abschn 2(a) IWFÜ (Ebke ZVerglRW 115 [2016] 299, 308 Fn 35). Der Begriff „exchange restrictions" „signifie qu'il doit y avoir une interdiction, un refus d'autorisation (même partiel ou conditionnel), des frais anormaux ou un retard anormal de la part de l'administration" (Gianviti 62 Rev crit d i p 629, 636 f [1973]; englische Übersetzung in Ebke ZVerglRW 115 [2016] 299, 308 Fn 35).

(1) Einzelfälle

Handelsbeschränkungen (zB Embargos) sind daher selbst dann keine Devisenkontrollbestimmungen iSv Art VIII Abschn 2(b) S 1 IWFÜ, wenn sie unmittelbar dem Schutz oder der Aufbesserung der Devisenbestände eines IWF-Mitgliedstaates zu dienen bestimmt sind (Ebke, IntDevR 253; Ebke ZVerglRW 115 [2016] 299, 310; zust Ellenberger/Bunte/Schefold, BankR-HdB [6. Aufl 2022], Bd II, § 100 Rn 125; Reithmann/Martiny/Thode [9. Aufl 2021] Rn 5.177; MünchKommBGB/Martiny Art 9 Anh II Rom I-VO Rn 34; Mann/Proctor [8. Aufl 2022] 409 Rn 15.30; Booysen 353 f [„Restrictions on the payment of international current transactions which a state has introduced as a part of a trade embargo against another state should, however, not be given effect via the IMF agreement"]; zur kollisionsrechtlichen Bedeutung von **Embargovorschriften** als Eingriffsnormen s Cremer BuceriusLJ 2016, 18). Entsprechendes gilt für Bestimmungen über den **Handel mit Feindstaaten** (Bagheri 83; MünchKommBGB/Martiny Art 9 Anh II Rom I-VO Rn 34; Mann/Proctor [8. Aufl 2022] 409 Rn 15.30) und **Zollvorschriften** (MünchKommBGB/Martiny Art 9 Anh II Rom I-VO Rn 34; Marty 76; Mann/Proctor [8. Aufl 2022] 409 Rn 15.30; hiervon zu unterscheiden sind Vorschriften bezüglich der Überwachung von **Barmittelbewegungen an den Außengrenzen** der Union aufgrund der VO [EU] 2018/1672 v 23. 10. 2018 über die Überwachung von Barmitteln, die in die Union oder aus der Union verbracht werden, ABl v 12. 11. 2018 L 284/6, die unter Art VIII Abschn 2[b] S 1 IWFÜ fallen, sofern sie abkommens- und europarechtskonform sind – Rn 72, 77 und 143). Währungsrechtliche Bestimmungen, wie beispielsweise das **Verbot**, effektive **Fremdwährungsschuldverhältnisse** einzugehen, gehören danach ebenfalls nicht zu den Beschränkungen des laufenden internationalen Zahlungsverkehrs (OLG Karlsruhe 15. 12. 1965, IPRspr 1964–1965 Nr 194, S 583, 585 f; zust Chr vBar, IPR, Bd 2 [1991] 397 Fn 620 mwNw; Ellenberger/Bunte/Schefold, BankR-HdB [6. Aufl 2022], Bd II, § 100 Rn 125; Reithmann/Martiny/Thode [8. Aufl 2015] Rn 5.163; Marty 76; s auch Reinhuber 66). Entsprechendes gilt für **erbrechtliche Bestimmungen,** wonach ein Inländer, der eine ausländische Erbschaft ausschlägt, eine verbotene Verfügung vornimmt (vgl LG Mönchengladbach IPRspr 1952–1953 Nr 239, S 469, 471). 140

Beschränkungen rein **konfiskatorischer Natur** fallen ebenfalls nicht unter Art VIII Abschn 2(b) S 1 IWFÜ (Ebke, IntDevR 253; MünchKommBGB/Martiny Art 9 Anh II Rom I-VO Rn 34; Hoge Raad 17. 4. 1964, NTIR 13 [1966] 58, 69 = NJ 1965 no 22 m Anm Scholten). Entsprechendes dürfte für sog ***cours forcé-*** (Zwangskurs- – Rn 218) und ***prescrip-*** 141 *tion*-Bestimmungen (Ebke ZVerglRW 115 [2016] 299, 310) sowie **Preiskontrollen** gelten (Ebke, IntDevR 253; Grothe, Fremdwährungsverbindlichkeiten 169 f; Seuss 123 ff; Reithmann/Martiny/Thode [9. Aufl 2021] Rn 5.177; Ellenberger/Bunte/Schefold, BankR-HdB [6. Aufl 2022], Bd II, § 100 Rn 125; Marty 77 f; Mann/Proctor [8. Aufl 2022] 409 Rn 15.30). Zu **Bardepotpflichten** siehe Ziegler 197; Mann/Proctor [8. Aufl 2022] 409 Rn 15.30. Beschränkungen des laufenden internationalen Zahlungsverkehrs und Überweisungsverkehrs „aus Gründen der nationalen oderinternationalen Sicherheit" (zB **„Freeze Orders"** oder **„Blocking Legislation"**) gehören dagegen zu den „Devisenkontrollbestimmungen" iSv Art VIII Abschn 2(b) S 1 IWFÜ, sofern sie objektiv dem Schutz der Zahlungsbilanz des Erlassstaates und nicht vorwiegend oder ausschließlich politischen Zielen zu dienen bestimmt sind (die Einzelheiten sind umstr: Ebke, IntDevR 255 mwNw; Ebke ZVerglRW 115 [2016] 299, 310; Ellenberger/Bunte/Schefold, BankR-HdB [6. Aufl 2022], Bd II, § 100 Rn 125; s auch Neumann 119 ff; Vischer/Huber/Oser, Internationales Vertragsrecht [2. Aufl 2000] Rn 998; MünchKommBGB/Martiny Art 9 Anh II Rom I-VO Rn 33; Reithmann/Martiny/Thode [9. Aufl 2021] Rn 5.178; Marty 78 f; Corten/Daems/Robert 33 Rev belge dr int 142 [1998]; vgl für den **Libyen** betreffenden Freeze libyscher Vermögenswerte bei US-amerikanischen Banken in Übersee Rutzke 3 AmUIntLRev 241, 245 f [1988]). Das wird vor allem dann anzunehmen sein, wenn die Bestimmungen den plötzlichen und unkontrollierten Abfluss von Zahlungsmitteln als Folge der politischen Ereignisse verhindern sollen.

142 Mit Blick auf die **Blockade iranischer Vermögensgegenstände** in den USA infolge der „hostage crisis" (vom 4. 11. 1979 bis 20. 1. 1981) haben Mann/Proctor unlängst noch einmal betont, dass politisch motivierte Freeze Orders und Blocking Legislation als Sanktionsmaßnahme gegen einen bestimmten Staat nach ihrer Ansicht keine Kapitalverkehrskontrollen iSd Art VIII Abschn 2(b) S 1 IWFÜ darstellen (Mann/Proctor [8. Aufl 2022] 409 Rn 15.30: „... it ought to be clear that ‚freezing' or ‚blocking' legislation designed to impose sanctions against a particular State cannot be treated as forms of exchange control regulation for the purposes of Article VIII(2)(b), because such legislation is not aimed at the protection of the national currency"). Die Autoren räumen allerdings ein, dass ihre diesbezüglichen Ansichten „are by no means settled and are in some respects clouded by IMF Decision No 144-(52/51) of 14 August 1952" (Mann/Proctor [8. Aufl 2022] 409 Rn 15.30 Fn 144; zu Einzelheiten der Decision No. 144-(52/51) s Ebke, IntDevR 254 f). Caroni hat unter Hinweis auf die Praxis des IWF auf der Grundlage der IMF Decision No 144-(52/51) in solchen Fällen mit Recht differenzierend darauf hingewiesen, dass **Finanzsanktionen der Schweiz** in Form der Sperrung von Geldern gegen Staaten (zB aus Gründen der nationalen oder internationalen Sicherheit) „typischerweise sowohl Kapital (Investitionen) als auch Gelder für die Zahlung laufender Geschäfte" umfassen und dass Art VIII Abschn 2(b) S 1 IWFÜ auf derartige Finanzsanktionen anwendbar ist, „zumindest soweit nicht nur Kapital betroffen ist" (Caroni 206 f).

143 Regelungen zur Bekämpfung der **Geldwäsche** (s dazu das Gesetz über das Aufspüren von Gewinnen aus schweren Straftaten [GwG] vom 23. 6. 2017, BGBl 2017 I 1822 [zuletzt geändert durch Art 8 des Gesetzes vom 27. 12. 2024, BGBl 2024 I 438]; s dazu etwa Zentes/Glaab, GwG [4. Aufl 2025]; Herzog, GwG [5. Aufl 2023]; A Elsing [4. Aufl 2025]; zu den neuen EU-Regeln zur Bekämpfung von Geldwäsche Schorn DB 2024, M4; zur Rolle von Krypto-Währungen bei der Geldwäschebekämpfung s Campbell-Verduyn 69 Crime, Law & Social Change 283 [2018]; Choo, in: Chuen [Hrsg], Handbook of Digital Currency [2 Aufl 2024] 259; Wang/Hsieh 37 SecurityJ 25 [2024]; Meister, Die Zahlungsauslösedienstleister [2024] 347 ff), der **Terrorismusfinanzierung** (vgl auch

Art 75 AEUV = ex-Art 60 EGV [Rn 67, 73] und Art 215 AEUV = ex-Art 301 EGV; dazu VITERBO, International Economic Law 177; DROSCHL-ENZI [Hrsg], Geldwäscherei und Terrorismusfinanzierung [2024]; zum Verhältnis von Art 75 AEUV zu Art 215 AEUV s EuGH 19. 7. 2012 – C-130/10 *Parlament/Rat*, ECLI:EU:C:2012:472 Rn 66 ff; **rechtsvergleichend** zum deutschen und österreichischen Recht LEHNER, Die Straftatbestände zur Bekämpfung der Terrorismusfinanzierung [2020]; zum **schweizerischen Recht** s das Bundesgesetz über die Bekämpfung der Geldwäscherei und der Terrorismusbekämpfung [GwG] [Stand: 1. 3. 2024] [das Gesetz gilt für Finanzintermediäre und regelt die Bekämpfung der Geldwäscherei, die Bekämpfung der Terrorismusfinanzierung und die Sicherstellung der Sorgfalt bei Finanzgeschäften], die Verordnung über die Bekämpfung der Geldwäsche und der Terrorismusfinanzierung [Stand: 1. 1. 2023] [die VO regelt die Anforderungen an die berufsmäßige Ausübung der Tätigkeit als Finanzintermediär sowie die Sorgfalts- und Meldepflichten, die Händlerinnen und Händler erfüllen müssen] und die Geldwäschereiverordnung-FINMA [Stand: 1. 1. 2023] [die VO legt fest, wie die Finanzintermediäre die Pflichten zur Verhinderung von Geldwäscherei und Terrorismusfinanzierung umsetzen müssen]) und der **organisierten Kriminalität** können in Anbetracht der Auswirkungen der internationalen Geldwäsche, Terrorismusfinanzierung und organisierten Kriminalität auf die internationalen Kapitalflüsse, den internationalen Zahlungsverkehr, das internationale Finanzsystem sowie die Stabilität von Staaten und Finanzinstituten (s dazu Erwägungsgrund 1 der VO [EU] 2015/847 über die Übermittlung von Angaben bei Geldtransfers v 20. 5. 2015 [ABl EU v 5. 6. 2015 L 141/1], Erwägungsgründe 4 und 7 der VO [EU] 2018/1672 v 23. 10. 2018 über die Überwachung von Barmitteln, die in die Union oder aus der Union verbracht werden [ABl v 12. 11. 2018 L 284/6], das Factssheet „IMF and the Fight Against Money Laundering and Financing of Terrorism" [Stand März 2018] und IMF, 2023 Review of the Fund's Anti-Money Laundering and Combating the Financing of Terrorism Strategy v 5. 12. 2023) ebenfalls **unter Art VIII Abschn 2 (b) S 1 IWFÜ fallen** (EBKE IntLaw 35 [2001] 1475, 1487; EBKE ZVerglRW 115 [2016] 299, 310; EBKE ZVerglRW 100 [2001] 365, 367; ZIEGLER 198 f und 257 ff; VITERBO, International Economic Law 177). Hierunter fallen auch zwecks Verhinderung bzw Bekämpfung von Geldwäsche, Terrorismusfinanzierung (vgl Art 75 AEUV = Art 215 AEUV = ex-Art 301) oder organisierter Kriminalität eingeführte Maßnahmen zur Überwachung von **Bewegungen von Barmitteln** (zB Bargeld, übertragbare Inhaberpapiere, Rohstoffe als hochliquide Wertaufbewahrungsmittel sowie Guthabenkarten), die in die Union oder aus der Union verbracht werden (VO [EU] 2018/1672 v 23. 10. 2018 über die Überwachung von Barmitteln, die in die Union oder aus der Union verbracht werden, ABl v 12. 11. 2018 L 284/6).

Im Zusammenhang mit der Bewältigung der Auswirkungen der **COVID-19-Pandemie** **144**
auf die **Verschuldung** vieler **(Entwicklungs-)Länder** (allg zu den Folgen der COVID-19-Pandemie auf die Staatsverschuldung und möglichen Maßnahmen zu deren Abmilderung s UNCTAD, From the Great Lockdown to the Great Meltdown: Developing Country Debt in the Time of COVID-19 [2020]; OECD, COVID-19 and Global Capital Flows [2020]; IMF, The International Architecture for Resolving Sovereign Debt Involving Private Sector-Creditors – Recent Developments, Challenges and Reform Options [23. 9. 2020]; BALDWIN/WEDER DI MAURO [Hrsg], Mitigating the COVID Economic Crisis [2020]; BALDWIN/WEDER DI MAURO [Hrsg], Economics in the Time of COVID-19 [2020]; STIGLITZ/RASHID VoxEU.org 3 August 2020; PACZOS/SHAKHNOV VoxEU.org 24 September 2020) zeichnet sich – jedenfalls theoretisch – für **Art VIII Abschn 2(b) S 1 IWFÜ** ein **neuer Anwendungsbereich** ab (MUNEVAR/PUSTOVIT, SAFE Working Paper No. 282 [2020] 1 ff; MANN/PROCTOR [8. Aufl 2022] 414 f Rn 15.35 f; s auch schon EULISS 19 AmUIntLRev 107, 128–133 [2003] [S 130: „... placing section 2(b) Regulations on bond payments could have an effect tantamount to a bankruptcy stay"; der Autor anerkennt auf S 143 aber, dass „section 2(b)'s obstacles may be overcome through simple textual amendments and additions to the Agreement as a

whole“ und entwickelt dann konkrete Lösungsvorschläge]; Schier 250: „... section 2(b) would cause effects similar to a standstill and could even be used as a basis to defend a consensual reorganisation agreement against dissenting creditors“; zust Ebke ZVerglRW 115 [2016] 299, 302 und 306 mit Fn 25; in dieselbe Richtung weisend Gianviti 35 IntLaw 1371, 1375–1377 [2001]; M J Müller 250). Das würde allerdings voraussetzen, dass international Einigkeit darüber erzielt werden kann, dass Art VIII Abschn 2(b) S 1 IWFÜ nicht nur den internationalen Zahlungsverkehr, sondern auch den internationalen Kapitalverkehr sowie Kapitalverkehrskontrollen („exchange control regulations“) erfassen soll (dazu monographisch Mercurio, Capital Controls and International Economic Law [2023] 3ff; für die Einbeziehung des internationalen Kapitalverkehrs beispielsweise Mann/Proctor [8. Aufl 2022] 393 ff und M J Müller 92),was namentlich die Kapital exportierenden Staaten kaum akzeptieren dürften (Ebke ZVerglRW 115 [2016] 299, 322; Gianviti, in: Effros [Hrsg], Current Legal Issues Affecting Central Banks [Bd V 1989] 359, 360; Hagan LawBusRevAm 8 [2002] 49, 69–70 – s auch Rn 114 ff, 145). Rechtlich bedürfte es zumindest einer entsprechenden **verbindlichen Auslegung** („authoritative interpretation“) des Art VIII Abschn 2(b) S 1 IWFÜ iSv Art XXIX IWFÜ (uU einer weniger förmlichen Entscheidung des IMF Executive Board), die auch die Gerichte der Mitgliedstaaten binden würde, oder aber – besser, weil verlässlicher – einer entsprechenden **Ergänzung** („amendment“) **des IWF-Übereinkommens** (Ebke ZVerglRW 115 [2016] 299, 321 ff). Beides ist nach diesbezüglichen Erfahrungen aus der Vergangenheit derzeit aber eher **unrealistisch** (ausführlich dazu Ebke ZVerglRW 115 [2016] 299, 321 ff nwNw; für Mann/Proctor [8. Aufl 2022] 406 Rn 15.27 sub [k] mit Fn 129 verstärkt sich dadurch der Eindruck, „that Art VIII[2][b] provides an interesting topic for lawyers, but that it has been ineffective in supporting the exhange control systems of member countries“).

(2) Beschränkungen des internationalen Kapitalverkehrs

145 Ob Beschränkungen des internationalen Kapitalverkehrs unter Art VIII Abschn 2(b) S 1 IWFÜ fallen, ist im Schrifttum heftig umstritten (Rn 83, 117 – zum Meinungsstand s Ebke, IntDevR 231 f und 256 ff; M J Müller 85 ff; Unteregge 35 ff; MünchKommBGB/Martiny Art 9 Anh II Rom I-VO Rn 31; Soergel/vHoffmann [12. Aufl 1996] Art 34 EGBGB Rn 145; für eine Einbeziehung des internationalen Kapitalverkehrs etwa Mann/Proctor [8. Aufl 2022] 393 ff Rn 15.17–15.23 und M J Müller 92; monographisch Mercurio, Capital Controls and International Economic Law [2023] 3 ff). Der XI. Zivilsenat des BGH hat die Frage dahin entschieden, dass Art VIII Abschn 2(b) S 1 IWFÜ **„Kontrollen internationaler Kapitalbewegungen“** iSv Art VI Abschn 3 HS 1 IWFÜ **nicht erfasst** (BGH WM 1994, 581, 582 [l Sp] = NJW 1994, 1868; ausdrücklich bestätigt in BGH NJW-RR 1997, 686 = RIW 1997, 426 = WM 1997, 560 = WuB I E 1 Nr 5.97 m Anm Bateau; s auch Ebenroth/Woggon EWiR 1994, 471; Geimer, LM Internationaler Währungsfonds, Abk üb Nr 9 [8/1994]; Fuchs IPRax 1995, 82; Ebke WM 1994, 1357; Ziegler 196). Ob und unter welchen Voraussetzungen (staatliche) **Zahlungsmoratorien** (also die einseitige Aussetzung des Schuldendienstes bei Zahlungsunfähigkeit oder Überschuldung des zB eine Auslandsstaatsanleihe begebenden Staates) als Devisenkontrollbestimmungen iSv Art VIII 2(b) S 1 IWFÜ Beachtung finden können, ist nach wie vor ungeklärt (vgl Ebke, in: FS Wolfrum [2012] 27 ff; M J Müller 99 ff; Wiesmann 147 ff; Ellenberger/Bunte/Schefold, BankR-Hdb [6. Aufl 2022], Bd II, § 100 Rn 160; Schefold IPRax 2007, 313; s auch MünchKommBGB/Martiny Art 9 Anh II Rom I-VO Rn 32). Siehe aus deutscher Sicht etwa BGH WM 2013, 1264; OLG Frankfurt NJW 2006, 2931 = IPRax 2007, 331; OLG Frankfurt 9. 3. 2012 – 8 U 149/11, juris Rn 45, 47; OLG Frankfurt 4. 5. 2012 – 8 U 188/11, juris Rn 29 (zu Einzelheiten s Ebke, in: FS Wolfrum [2012] 33; Schefold IPRax 2007, 313, 315 f; Szodruch 281–283; Baars/Böckel ZBB 2004, 445, 456; Cranshaw DZWiR 2007, 133,

138; PFEIFFER ZVerglRW 102 [2003] 141, 179; TIETJE/SZODRUCH ZBB 2007, 498, 500; TIETJE 10 ff; MARTY 79; vgl dazu krit M J MÜLLER 87 ff).

Ausländische **Staatsanleihen** (dazu näher Rn 185, 198, 202 und 205) bzw internationale (Konsortial-)Kreditverträge sind idR Kapitalverkehrstransaktionen, die jedenfalls nach der neueren Rechtsprechung des BGH von Art VIII Abschn 2(b) S 1 IWFÜ nicht erfasst werden (Rn 83, 117, 125). Die Zahlung von **Kreditzinsen** sowie „Zahlungen in mäßiger Höhe für die **Tilgung** von Krediten" fallen nach wohl hM dagegen in den Regelungsbereich des Art VIII Abschn 2(b) S 1 IWFÜ (zu Einzelheiten s Rn 125). Einseitige staatliche Beschränkungen von Zinszahlungen und (mäßigen) Tilgungszahlungen werden nach hM daher von Art VIII Abschn 2(b) S 1 IWFÜ erfasst (und sind deshalb zu berücksichtigen, falls die betreffenden **Beschränkungen** abkommenskonform [Rn 166] sind, die übrigen Voraussetzungen des Art VIII Abschn 2[b] S 1 IWFÜ erfüllt sind [Rn 86 ff] *und* man nachträgliche devisenrechtliche Eingriffe in bestehende „Devisenkontrakte" berücksichtigt [zur Berücksichtigung nachträglich angeordneter Eingriffe in „Devisenkontrakte", die bei ihrem Abschluss devisenrechtlich unbedenklich waren, s Rn 185, 196, 203 und 209]), einseitige staatliche Beschränkungen bezüglich der Erfüllung der **Hauptforderung** hingegen nicht (s dazu näher Rn 125). Soweit man die Anwendung des Art VIII Abschn 2(b) S 1 IWFÜ mit der hM auf die Hauptforderung (und ggf mit der Mindermeinung auch auf die Zinsforderungen) ablehnt, liegt keine vorrangig zu berücksichtigende völkervertragliche Regelung iSv Art 3 Nr 2 EGBGB vor; kollisionsrechtlich kommt dann das vergemeinschaftete Internationale Privatrecht (s dazu näher Rn 222 ff), namentlich Art 9 Abs 3 Rom I-VO (Rn 228), bzw das autonome Internationale Privatrecht (Rn 213 ff) zum Zuge (s dazu näher TIETJE 12 ff), das eine sach- und interessengerechte Lösung derartiger Fälle ermöglicht (s dazu näher EBKE, in: FS Wolfrum [2012] 40 ff; EBKE, in: GS U Hübner [2012] 653, 668 ff). **146**

(a) Exkurs: Griechische Staatsanleihen

Aus deutscher Sicht ist problematisch, dass nach Ansicht einiger Gerichte in Deutschland **deutsche Gerichte** für Schadensersatzklagen privater Anleger aufgrund *von gesetzlich angeordneten* Umschuldungsmaßnahmen eines ausländischen Staates hinsichtlich von ihm begebener Anleihen **international nicht zuständig** sind, da deutsche Gerichte in derartigen Fällen wegen des Grundsatzes der Staatenimmunität (Art 20 Abs 2 GG) „nicht dazu befugt [seien], die Verfassungsmäßigkeit eines ausländischen Gesetzes zu hinterfragen" (so zB für Klagen von Gläubigern griechischer Staatsanleihen gegen die Hellenische Republik [Griechenland]: OLG Schleswig 7. 7. 2016 – 5 U 84/15, NZG 2016, 1187 = WM 2017, 285 [nach Ansicht des Gerichts steht der Einwand der Staatenimmunität der deutschen Gerichtsbarkeit auch bei vertraglichen Erfüllungs- und Schadensersatzansprüchen wegen griechischer Staatsanleihen entgegen] m Anm MANKOWSKI EWiR 2015, 431 [bestätigt durch BGH 19. 12. 2017 – XI ZR 796/16, NJW 2018, 854 = WM 2018, 223 = ZIP 2018, 244 m Anm M J MÜLLER NJW 2018, 857]; iE ebenso **LG Osnabrück** RIW 2016, 76 m krit Anm M J MÜLLER RIW 2016, 80). **147**

Der 13. ZS des **OLG Oldenburg** hat die Entscheidung des LG Osnabrück (Rn 147) in seinem Urteil v 18. 4. 2016 im Ergebnis zwar bestätigt, aber eine wichtige Unterscheidung getroffen (OLG Oldenburg 18. 4. 2016 – 13 U 43/15, WM 2016, 1878 m krit Anm M J MÜLLER RIW 2016, 464; GRUND 1 UViennaLRev 34, 51 f [2017]). Nach Ansicht des Senats steht einer in Deutschland erhobenen Klage von Gläubigern griechischer Staatsanleihen gegen die Hellenische Republik (Griechenland), die auf Schadensersatzan- **148** sprüche wegen des Eingriffs in die Position der Anleihegläubiger durch das **griechische Gesetz 4050/2012** (Greek Bondholder Act) v 23. 2. 2012 (dieses Gesetz schuf die Grundlage dafür, dass im Rahmen eines „collective action"-Verfahrens auch diejenigen Privatanleger zwangsweise in die geplante Umschuldung einbezogen werden konnten, die ein zuvor beschlossenes freiwilliges Umtauschangebot hinsichtlich der von ihnen gehaltenen Staatsanleihen nicht angenommen hatten – dazu Witte 9 ManchesterJIntL 307 [2012]), den **Beschluss des Ministerrats v 9. 3. 2012** und die in diesem Zusammenhang erfolgten Maßnahmen der Griechischen Zentralbank zum Zwangsumtausch der Anleihen gestützt wird, der Einwand der Staatenimmunität (Art 20 Abs 2 GG) entgegen (OLG Oldenburg WM 2016, 1878 unter Hinweis auf BGH 8. 3. 2016, WM 2016, 734). Das gilt nach Ansicht des OLG Oldenburg aber nicht, soweit die Gläubiger ihre Klage „allein oder in erster Linie" auf **Rückzahlungsansprüche** aus den ursprünglichen Staatsanleihen stützen; insoweit sei die Hellenische Republik nicht in ihrem hoheitlichen Aufgabenbereich betroffen (OLG Oldenburg 18. 4. 2016 – 13 U 43/15, WM 2016, 1878 in Abgrenzung zu BGH 8. 3. 2016 – VI ZR 516/14, BGHZ 209, 191). Am Ende verneinte das OLG Oldenburg aber die internationale Zuständigkeit deutscher Gerichte nach den Vorschriften der EuGVVO aF (VO [EG] Nr 44/2001 – Brüssel I-VO), die gemäß Art 66 Abs 1 EuGVVO nF (VO [EU] Nr 1215/2012 – Brüssel Ia-VO) auf den zu entscheidenden Fall noch anzuwenden war, weil das Verfahren vor dem 10. 1. 2015 eingeleitet worden war.

149 Die Beurteilung des OLG Oldenburg (Rn 148) steht nicht im Widerspruch zu der Entscheidung des **VI. Zivilsenats des BGH** 8. 3. 2016 – VI ZR 516/14, BGHZ 209, 191 (Vorinstanzen OLG Frankfurt und LG Frankfurt aM). Darin hat der Senat zwar eine von Gläubigern griechischer Staatsanleihen gegen die Hellenische Republik erhobene Klage insgesamt als unzulässig angesehen, weil die deutsche Gerichtsbarkeit nach dem Grundsatz der Staatenimmunität nicht eröffnet sei (BGH 8. 3. 2016 – VI ZR 516/14, BGHZ 209, 191 Rn 11). In dem vom BGH entschiedenen Fall hatten die Kläger ihre Klage aber allein darauf gestützt, dass Griechenland (auf der Grundlage des Gesetzes 4050/2012 [Greek Bondholder Act] v 23. 2. 2012 und den Ministerratsbeschluss v 9. 3. 2012 – dazu Witte 9 ManchesterJIntL 307 [2012]) die Ausbuchung der Anleihen gegen den Willen der Kläger durch Anweisung an die depotführende Bank veranlasst und dadurch Eigentum und Besitz der Kläger an den Schuldverschreibungen verletzt habe. Die Kläger in dem Verfahren, das dem Urteil des BGH 8. 3. 2016 – VI ZR 516/14, BGHZ 209, 191, zugrunde lag, haben sich also gerade nicht – wie in dem Fall des OLG Oldenburg – auf Ansprüche aus den erworbenen Schuldverschreibungen oder auf Ersatzansprüche wegen deren Nichterfüllung gestützt (BGH 8. 3. 2016 – VI ZR 516/14, BGHZ 209, 191 Rn 8, 18). Der VI. Zivilsenat des BGH war entgegen der Ansicht des OLG Oldenburg allerdings der Auffassung, dass der **Grundsatz der Staatenimmunität** der Klage eines Anlegers auch entgegensteht, soweit sie (hilfsweise) auf Schadensersatzansprüche wegen sittenwidriger vorsätzlicher Schädigung bzw wegen rechtswidriger Enteignung oder enteignungsgleichen Eingriffs gestützt ist. Insoweit bestehe das maßgebliche, potentiell haftungsbegründende Verhalten Griechenlands in dem Erlass des Gesetzes 4050/2012 v 23. 2. 2012 sowie dem Beschluss des Ministerrats 9. 3. 2012, aufgrund derer die Mehrheitsentscheidung der Gläubiger über das Umtauschangebot allgemeinverbindlich wurde und bei denen es sich um hoheitliche Maßnahmen *(acta iure imperii)* handelt, deren Rechtmäßigkeitskontrolle der Grundsatz der Staatenimmunität verhindern solle (BGH 19. 12. 2017 – XI ZR 217/16, openJur 2018, 4878 Rn 21 unter Hinweis auf BGH 8. 3. 2016 – VI ZR 516/14, BGHZ 209, 191 Rn 19 ff). Der BGH wies daher die **Revision gegen** das Urteil des **OLG Oldenburg** zurück (BGH

19. 12. 2017 – XI ZR 217/16, openJur 2018, 4878 m Anm M J Müller NJW 2018, 857; die Ansicht des BGH zur Staatensouveränität wird vom EuGH geteilt: EuGH 15. 11. 2018 – C-308/17 *Hellenische Republik v Kuhn*, ECLI:EU:C:2018:911 m Aufs Arnold/Garber IPRax 2019, 385, 388 ff).

Das **BVerfG** hat in seinem Beschluss v 6. 5. 2020 – 2 BvR 331/18, WM 2020, 1111 = ZIP 2020, 1523, die Verfassungsbeschwerde gegen das Urt des BGH 19. 12. 2017 – **XI ZR 217/16**, openJur 2018, 4878 nicht angenommen. Der Bundesgerichtshof habe „nur eine anerkannte und in der Rechtsprechung des Bundesverfassungsgerichts hinreichend geklärte Regel des Völkerrechts angewandt." Die „Kürzung des Nennwerts" von Staatsanleihen durch Gesetz stelle eine hoheitliche Maßnahme (**actum iure imperii**) eines ausländischen Staates dar, die nach den allgemein anerkannten Regeln des Völkerrechts als solche nicht der deutschen Gerichtsbarkeit unterliege. Das BVerfG fand für seine Ansicht Unterstützung in den Entscheidungen anderer Gerichte (ua **EGMR** 21. 7. 2016 – Nr 63066/14, 64297/14 und 66106/14 *Mamatas et autres c Grèce*, NVwZ-RR 2017, 849 Rn 99, 105 [dazu Viterbo 11 Diritti umani e diritto internazionale 294 <2017>]; **EuGH** 15. 11. 2018 – C-308/17 *Kuhn*, ECLI:EU:C:2018:911 Rn 27 ff, 35, 42 f [dazu Mankowski ZIP 2019, 193; M Weller/Walter BKR 2019, 123]; **Corte Suprema di Cassazione**, Sez Unite, ordin 27. 5. 2005. N 6532 [betr argentinische Staatsanleihen]; **öOGH** 22. 1. 2019 – 10 Ob 103/18x [dazu M Weller/Walter BKR 2019, 123; zu den früheren anderslautenden, vom BVerfG angeführten Judikaten des öOGH s Grund 1 UViennaLRev 34, 48, 53 und 60 [2017]). Die Verfassungsbeschwerde gegen das Urt des BGH 8. 3. 2016 – **VI ZR 516/14**, BGHZ 209, 191, wurde vom BVerfG mit nahezu gleichlautender Begründung ebenfalls nicht angenommen (BVerfG 14. 7. 2020 – 2 BvR 1163/16, openJur 2021, 36024). 150

Der XI. Zivilsenat des **BGH** setzt in seinen Urteilen v 19. 12. 2017 in den Rs **XI ZR 796/16** (BGHZ 217, 153 = NJW 2018, 854 = WM 2018, 223 m Anm M J Müller NJW 2018, 857) und **XI ZR 247/16** (openJur 2018, 4972) die Rechtsprechung des VI. Zivilsenats des BGH fort. Der XI. Zivilsenat des BGH wies in der Rs XI ZR 796/16 die Revision gegen das Urteil des OLG Schleswig 7. 7. 2016 – 5 U 84/15, NZG 2016, 1187 = WM 2017, 285 (Rn 147) zurück und entschied, dass der Grundsatz der Staatenimmunität einer Klage auch insoweit entgegensteht, „als sie auf vertragliche Rückzahlungsansprüche aus den ursprünglich erworbenen Staatsanleihen bzw auf vertragliche Ersatzansprüche wegen deren Nichterfüllung gestützt ist" (BGH 19. 12. 2017 – XI ZR 796/ 16, BGHZ 2017, 153=NJW 2018, 854 =WM 2018, 223 Rn 24 mwNw; ebenso BGH 19. 12. 2017 – XI ZR 247/16, openJur 2018, 4972 Rn 26). Für die Frage der Immunität komme es „nicht auf die **Rechtsnatur des Grundverhältnisses** an, sondern auf die Natur der staatlichen Handlung, also die **Rechtsnatur der Maßnahme,** über deren Berechtigung die Parteien streiten" (BGH 19. 12. 2017 – XI ZR 796/16, BGHZ 217, 153 = NJW 2018, 854 = WM 2018, 223 Rn 22 unter Hinweis auf BGH 8. 3. 2016 – VI ZR 516/14, BGHZ 209, 191 Rn 17; ebenso BGH 19. 12. 2017 – XI ZR 247/16, openJur 2018, 4972 Rn 28). Die Beurteilung der Immunität sei „unabhängig von der rechtlichen Einkleidung der geltend gemachten Zahlungsansprüche nicht die Rechtsnatur der Kapitalaufnahme durch Emission von Staatsanleihen, sondern die Rechtsnatur der hoheitlichen Maßnahmen" Griechenlands, die letztlich zur Ausbuchung der Anleihen aus den Wertpapierdepots der Kläger führten (BGH 19. 12. 2017 – XI ZR 796/16, NJW 2018, 854 = WM 2018, 223 Rn 27; ebenso BGH 19. 12. 2017 – XI ZR 247/16, openJur 2018, 4972 Rn 29). 151

Die restriktive Rechtsprechung einiger staatlicher Gerichte rückt die Beilegung von Streitigkeiten im Zusammenhang mit der Restrukturierung von Staatsschulden (So- 152 vereign Debt Restructuring) durch **internationale Schiedsgerichte** und Tribunale immer häufiger in das Blickfeld von Wissenschaft und Praxis (s dazu grundlegend Waibel, Sovereign Debt Before International Courts and Tribunals [2011]; ferner Waibel 101 AmJIntL 711 [2007]; Chan 7 ContempAsiaArbJ 229 [2014]; Halverson-Cross 17 AmRevIntArb 335 [2006]; Sandrock WM 2013, 393; M W Müller, in: Bauerschmidt/Fassbender/Müller/Siehr/Unseld, Konstitutionalisierung in Zeiten Globaler Krisen [2015] 221). Internationale Schiedsgerichte sind nach Ansicht einiger Autoren für die Beteiligten vorzugswürdige Mechanismen zur Streitbeilegung im Zusammenhang mit der Restrukturierung von Staatsschulden (Halverson-Cross 17 AmRevIntArb 335, 377 [2006]; Sandrock 23 AmRevInt Arb 507, 508 [2012]). Besondere Bedeutung hat in diesem Zusammenhang das International Centre for the Settlement of Investment Disputes **[ICSID]** erlangt (Grund 1 UViennaLRev 34, 60 ff [2017]; Olmos Giupponi 30 ICSID Rev 556 [2015]). Vor dem ICSID können Streitigkeiten zwischen Staaten und ausländischen Investoren auf der Grundlage von Internationalen Investitionsabkommen (International Investment Agreements – BIT) verhandelt und entschieden werden. Nach Art 25 der ICSID Convention sind ICSID Tribunals zuständig für „any legal dispute arising directly out of an investment". Die ICSID-Entscheidung in der Rechtssache ***Abaclat*** *et al* v *The Argentine Republic* (formerly Giovanna a Beccara and others v Argentine Republic) (ICSID v 4. 8. 2011, Case No ARB/07/5, mit Aufs Bianco 40 LIEI 315 [2013]) hat den Begriff „investment" iSd Art 25 ICSID Convention vergleichsweise weit ausgelegt, so dass er uU auch Staatsanleihen umfassen kann (Wiesmann 244 ff; enger dagegen ***Salini*** *Construttori SpA and Italstrade v Kingdom of Marocco,* ICSID v 23. 7. 2001, Case No ARB/00/4; danach erfordert ein Investment iSd Art 25 der ICSID Convention: „[i] a contribution, [ii] of a certain duration, [iii] of a nature to generate profits or revenues, [iv] showing a particular risk, and [v] of a nature to contribute to the economic development of the Host State"). In diese Richtung weist auch die Entscheidung im Fall *Giovanni* ***Alemanni*** *and Others* v *The Argentine Republic,* ICSID v 17. 11. 2014, Case No. ARB/07/8, S 296 (das Schiedsgericht hebt hervor, dass „nothing in the ICSID Convention itself presents an obstacle to considering that [government] bonds are capable of constituting investments"); dazu Wiesmann 248 f; Olmos Giupponi 30 ICSID Rev 556 (2015); Grund 1 UViennaLRev 34, 63 f (2017). Zu dem Schiedsspruch des ICSID v 9. 4. 2015 in der Rs ***Poštavá banka***, *SA and Istrokapital SE* v *Hellenic Republic* (wonach griechische Staatsanleihen kein „investment" iSd BIT zwischen der Slowakei und Griechenland darstellen) s Wiesmann 249 ff; Fouret/Khayat ICSID CaseLRev 15 (2016) 558; Chevry 15 WTRev 169 (2016); Montanaro 30 ICSID Rev 549 (2015); Nakajima ICSID Case LRev 15 (2016) 472; Grund 1 UViennaLRev 34, 67–71 (2017); s ferner Glinavos JIDS 5 (2014) 475; Mitsou JIA 2016, 687.

153 Zur Zulässigkeit der **Klage** eines **Investors gegen** einen **EU-Mitgliedstaat** auf der Grundlage eines zwischen EU-Mitgliedstaaten geschlossenen Investitionsschutzabkommens (sog **unionsinterner Bilateral Investment Treaty** [BIT] oder Intra-EU-BIT) s EuGH 6. 3. 2018 – C-284/16 ***Achmea***, ECLI:EU:C:208:158 = SchiedsVZ 2018, 286 m Aufs J Müller/Simon NJOZ 2018, 961. Danach sind Bestimmungen wie Art 8 des BIT zwischen der (früheren) Tschechischen und Slowakischen Föderativen Republik und dem Königreich der Niederlande nicht mit Art 267, 344 AEUV vereinbar (der BGH 31. 10. 2018 – I ZB 2/15, SchiedsVZ 2019, 46 = WM 2018, 2294, hat daraufhin die streitgegenständliche Schiedsklausel für unanwendbar erklärt und den Schiedsspruch aufgehoben. Die gegen den Senatsbeschluss gerichtete Anhörungsrüge hat der BGH 24. 1. 2019 – I ZB 2/15, openJur 2019, 2196, zurückgewiesen). Grundlage des Rechtsstreits war eine Schiedsklausel in dem BIT zwischen der Slowakischen Republik (als Rechtsnachfolgerin der Tschechischen und Slowakischen Föderativen Republik) und den Niederlanden. Das Schiedsgericht in Frankfurt aM hatte auf die Schiedsklage der Versicherungsgruppe Achmea hin die Slowakei zu 22,1 Mio € Schadensersatz verurteilt. Die Slowakei erstrebte daraufhin die Aufhebung des Schiedsspruchs, scheiterte aber zunächst beim OLG Frankfurt aM. Der BGH legte die Sache dem EuGH vor, um die Vereinbarkeit von Schiedsklauseln in Investitionsschutzabkommen zwischen EU-Mitgliedstaaten mit dem EU-Recht klären zu lassen. 2018 entschied der EuGH in seinem Achmea-Urteil, dass solche Schiedsklauseln gegen Art 267, 344 AEUV verstoßen. Daraufhin hob der BGH den Schiedsspruch auf (zu Einzelheiten s Rn 155). Mit seinem Urteil in der Rs ***Achmea*** lässt der EuGH im Spannungsfeld zwischen den Belangen der Einbindung in völkerrechtliche Streitbeilegungsmechanismen und der Wahrung der Autonomie der Rechtsordnung der EU das Pendel deutlich zugunsten der **Autonomiewahrung** ausschlagen. Das Urteil ist stark rechtspolitisch geprägt und lässt auf eine grundsätzlich kritische, ja ablehnende Haltung des EuGH gegenüber der Handelsschiedsgerichtsbarkeit – jedenfalls der Investor-Staat-Schiedsgerichtsbarkeit im Rahmen von unionsinternen BIT – schließen (zu weiteren Einzelheiten und Implikationen des *Achmea*-Falles s van der Beck, Schiedsgerichtlicher Investitionsschutz innerhalb der Europäischen Union [2022]; Behrens RIW 2018, 701; Lavranos/Sigla SchiedsVZ 2018, 348; Stöbener de Mora EuZW 2018, 363; Pirrung, in: FS Kronke [2020] 1507; s auch Tietje, Bilaterale Investitionsverträge zwischen EU-Mitgliedstaaten [Intra-EU-BITs] als Herausforderung im Mehrebenensystem des Rechts [2011]).

Die **Europäische Kommission** teilte die Ansicht des EuGH im Grundsatz und strebte **154**
deshalb die Beendigung der unionsinternen BIT an, von denen viele schon vor den letzten EU-Erweiterungsrunden abgeschlossen worden waren. Die Kommission sieht in solchen Abkommen zwischen Mitgliedstaaten ein Hemmnis für den Binnenmarkt, da sie im Widerspruch zu dem Rechtsrahmen der EU stehen bzw sich mit ihm überschneiden. So schließen diese Abkommen die Streitschlichtung sowohl durch die mitgliedstaatlichen Gerichte als auch den EuGH regelmäßig aus. Die Abkommen können zudem zu Vorzugsbehandlungen von Investoren aus bestimmten Mitgliedstaaten führen, die solche bilateralen Investitionsabkommen innerhalb der EU geschlossen haben. Am 14. 10. 2019 wurde mit den Mitgliedstaaten eine Einigung erzielt, die den Weg für die Beendigung der Intra-EU-BIT ebnete. Das am 5. 5. 2020 in Brüssel von 23 Mitgliedstaaten unterzeichnete und am 29. 8. 2020 in Kraft getretene (ABl EU v 28. 8. 2020 L 281/1) **„Übereinkommen zur Beendigung bilateraler Investitionsschutzverträge zwischen den Mitgliedstaaten der EU“** (ABl EU 29. 5. 2020 L 169/1; BGBl 2021 II 3) schafft die Grundlage für die Beendigung solcher Übereinkommen (Böse, Das Übereinkommen zur Beendigung bilateraler Investititionsschutzverträge zwischen den Mitgliedstaaten der EU [2022]).

Das **BVerfG** hat den Antrag von Achmea auf Erlass einer einstweiligen Anordnung **155**
gegen die Ratifizierung dieses Übereinkommens durch die Bundesrepublik Deutschland abgelehnt (BVerfG 23. 3. 2020 – 2 BvQ 6/20, EuZW 2020, 427; s auch BVerfG 3. 2. 2021 – 2 BvQ 97/20, NVwZ 2021, 561). Gegen das vom Deutschen Bundestag am 19. 11. 2020 beschlossene Gesetz zu dem Übereinkommen vom 5. 5. 2020 (PlenProt 19/192, S 24245 f, Top 32a), dessen Art 1 S 1 die Zustimmung zu dem Beendigungsübereinkommen vorsieht, wurde ebenfalls Antrag auf Erlass einer einstweiligen Anordnung gestellt. Die 2. Kammer des Zweiten Senats des BVerfG verwarf diesen ebenfalls (BVerfG 3. 2. 2021 – 2 BvQ 97/20, openJur 2021, 35514 = NJW 2021, 561). Das **Zustimmungs-**

gesetz wurde am 21. 1. 2021 verkündet (BGBl II 3) und trat gemäß Art 2 Abs 1 am 22. 1. 2021 in Kraft. Die gegen das deutsche Zustimmungsgesetz zum Beendigungsübereinkommen gerichtete Verfassungsbeschwerde von Achmea wurde mangels substantiierter Darlegung einer eigenen Beschwer der Beschwerdeführerin nicht zur Entscheidung angenommen (BVerfG 23. 7. 2024 – 2 BvR 141/22, SchiedsVZ 2025, 33 = WM 2024, 1850). In einem Parallelverfahren wandte sich die Beschwerdeführerin außerdem gegen den Beschluss des BGH v 31. 10. 2018 – I ZB 2/15, openJur 2018, 935 = WM 2018, 2294, mit dem dieser im Rahmen eines Kontrollverfahrens gemäß § 1059 ZPO in Umsetzung des *Achmea*-Urteils des EuGH den **Schiedsspruch aufgehoben** hatte (Rn 153). Die gegen die Aufhebung erhobene Verfassungsbeschwerde der Beschwerdeführerin wurde vom BVerfG ebenfalls nicht zur Entscheidung angenommen (BVerfG 23. 7. 2024 – 2 BvR 557/19, EuZW 2024, 1055 = WM 2024, 1851).

156 Der **EuGH** bleibt unterdessen seiner **harten Linie** gegen innereuropäische Schiedsverfahren im Investitionsschutz treu. Im Oktober 2021 entschied der Gerichtshof, dass auch ad hoc abgeschlossene neue Schiedsvereinbarungen zwischen Investoren und Staaten unwirksam sind, wenn sie einen „Ersatz" für die von der früheren *Achmea*-Entscheidung betroffenen Schiedsklauseln (in casu nach dem Investitionsschutzabkommen zwischen Belgien und Luxemburg einerseits und Polen andererseits) darstellen (EuGH 26. 10. 2021 – C-109/20 *PL Holdings*, ECLI:EU:C:2021:875 Rn 37 ff m Anm Langenfeld EuropaR 2022, 399). Wenige Wochen zuvor hatte der Gerichtshof die Achmea-Grundsätze auch auf den **Vertrag über die Energiecharta** (Energy Charter Treaty [ECT], ABl 1994 L 380/24) übertragen, soweit dieser im innereuropäischen Kontext zur Anwendung kommt (EuGH v 2. 9. 2021 – C-741/19 *Republik Moldau/Komstroy*, ECLI:EU:C:655; s dazu auch BVerfG 31. 7. 2025 – 2 BvR 1277/23, openJur 2025, 18343). Der Präsident des Rates der EU, vertreten durch den belgischen Vorsitz, hat am 27. 6. 2024 dem Verwahrer des Vertrags über die Energiecharta im Namen der EU schriftlich den Rücktritt der EU vom Vertrag über die Energiecharta notifiziert (Pressemitteilung 588/24 v 27. 6. 2024). Der Rücktritt ist ein Jahr nach Eingang der Notifikation beim Verwahrer in Kraft getreten. Die EU-Mitgliedsstaaten können unilateral entscheiden, ob sie im ECT verbleiben und der Modernisierung des ECT zustimmen wollen.

(b) Exkurs: Argentinische Staatsanleihen

157 Am 24. 2. 2015 hat der **BGH** in den **Rs XI ZR 47/14** (BeckRS 2015, 06211 = openJur 20015, 7940 = GWR 2015, 211 [red Leitsatz und Kurzwiedergabe] m Anm Kräft) und **XI ZR 193/14** (DB 2015, 917 m Anm Storck DB 2015, 1277 = RIW 2015, 294 m Bespr-Aufs M J Müller RIW 2015, 717 und Weller/Grotz JZ 2015, 989 = WM 2015, 766 m Anm Mankowski EWiR 2015, 431; D Paulus EWiR 2015, 297 = ZIP 2015, 769 m Anm Schroeter/Krämer LMK 2015, 370161), die **argentinische Staatsanleihen** (zu den Hintergründen und Auswirkungen der argentinischen Staatsschuldenkrise s etwa Butensky 35 BUIntLJ 157 [2017]; Bianco 40 LIEI 315 [2013]; Bickel, Die Argentinien-Krise [2015]; Moro/Beker, Modern Financial Crises [2016]; Bonafè ItalYBIntL 16 [2006] 165; Damill/Frenkel/Rapetti, in: Hermann/Ocampo/Spiegel [Hrsg], Overcoming Country Debt Crises [2010] 179; Handl, in: Wittich/Reinisch/Gattini [Hrsg], Kosovo – Staatsschulden – Notstand – EU-Reformvertrag – Humanitätsrecht [2009] 69; Sandrock RIW 2015, 93; Sandrock RIW 2014, 703) betreffen, entschieden, dass die Republik Argentinien die Erfüllung von Zahlungsansprüchen privater Gläubiger aus von ihr begebenen Inhaberschuldverschreibungen unter Berufung auf den von ihr erklärten **Staatsnotstand** nicht verweigern kann (zum völkerrechtlichen Rechtsschutz s Bischoff WM 2012, 1371; s auch den ICSID Schiedsspruch in der Rechtssache *Abaclat et al* v *The Argentine Republic,* ICSID Case No ARB/07/5

Rn 323 und 325 mit Aufs Bianco 40 LIEI 315 [2013], sowie den ICSID Schiedsspruch in der Rechtssache *LG & E Energy Corp* v *The Argentine Republic,* ICSID Case No ARB/02/1 Rn 267; zu der letztgenannten Entscheidung s BVerfGE 118, 124 = IPRax 2008, 427, 431; zu weiteren Einzelheiten Rautner 68 ff; M-P Weller, Die Grenze der Vertragstreue [2013] 31 ff; Vischer SZIER/RSDIE 21 [2011] 243). In den genannten Verfahren hatten die Kläger Ansprüche aus von der beklagten Republik Argentinien im Jahr 1997 (Rs XI ZR 193/14) bzw im Jahr 1996 (Rs XI ZR 47/14) ausgegebenen **Inhaberschuldverschreibungen** geltend gemacht. Der Kläger in der Rechtssache XI ZR 193/14 begehrte die Rückzahlung des Nominalbetrags des von ihm erworbenen Miteigentumsanteils an den Schuldverschreibungen nebst angefallener bzw fällig gewordener Zinsen. Der Kläger in der Rechtssache XI ZR 47/14 begehrte die Zahlung der aus den Schuldverschreibungen am 13. 11. 2005 fällig gewordenen Zinsen nebst einem nach seiner Behauptung wegen der Nichtzahlung dieser Zinsen entgangenen Gewinn.

Die beklagte Republik Argentinien sah sich seit 1999 mit erheblichen volkswirtschaftlichen Problemen konfrontiert, die sich zumindest zeitweise bis zu einer Finanzkrise des Staates ausgeweitet hatten (Samples 35 NwJIntL & Bus 49, 64 ff [2014]). Mit **Gesetz Nr 25.561** über den öffentlichen Notstand und die Reform des Wechselkurssystems vom 6. 1. 2002 wurde der „öffentliche Notstand auf sozialem, wirtschaftlichem, administrativem, finanziellem und währungspolitischem Gebiet" erklärt. Auf der Grundlage der daraufhin erlassenen **Verordnung 256/2002** vom 6. 2. 2002 zur Umstrukturierung der Verbindlichkeiten und Schuldenzahlungen der argentinischen Regierung wurde der Auslandsschuldendienst durch die Beklagte ausgesetzt, um ihn neu zu ordnen (dazu Schefold IPRax 2007, 313, 314; der Devisenzwangsumtausch von Bankeinlagen in ausländischer Währung in argentinische Pesos [sog *pesification*] nach dem argentinischen Ley No 25.561 de Emergencia Pública y Reforma del Regimen Cambiario v 6. 1. 2002 sowie dem begleitenden Decreto No 214/02 v 3. 2. 2002 wurde vom Obersten Gerichtshof Argentiniens im Urt v 5. 3. 2003 in der Rs *San Luis, Provincia de* v *Estado Nacional* für verfassungswidrig erklärt, wodurch die staatliche Banco de la Nación verpflichtet wurde, der argentinischen Provinz San Luis 247 Mio USD zurückzuzahlen, die zuvor zwangsweise „pesofiziert" worden waren: Jacobs UMiamiIntAmLRev 34 [2003] 391; in späteren Entscheidungen bestätigte der Corte Suprema de Justicia de la Nación dann aber die Verfassungsmäßigkeit von Pesifizierungsmaßnahmen: Hirigoyen LawBusRevAm 14 [2008] 53; zur Pesofizierung in Mexiko Ebke IntDevR 70 ff). Das Gesetz über den öffentlichen Notstand wurde immer wieder – zuletzt ein weiteres Mal bis zum 31. 12. 2015 – verlängert. Aufgrund dessen fielen auch die beiden Kläger mit den von ihnen nunmehr im Klagewege geltend gemachten Ansprüchen aus. **158**

Das **Amtsgericht Frankfurt aM** hatte beiden Klagen im Wesentlichen stattgegeben (AG Frankfurt aM 9. 4. 2013 – 30 C 2877/11 [20], openJur 2022, 14509; AG Frankfurt aM 2. 7. 2013 – 30 C 128/13). Die dagegen gerichteten Berufungen der Beklagten hatte das **Landgericht Frankfurt aM** in der Rechtssache XI ZR 193/14 (Rn 157) vollständig (LG Frankfurt aM 21. 3. 2014 – 2-24 S 139/13, openJur 2015, 4856) bzw in der Rechtssache XI ZR 47/14 (Rn 157) ganz überwiegend (LG Frankfurt aM 13. 1. 2014 – 2-24 S 95/13, openJur 2015, 4855) zurückgewiesen. Es hatte dabei unter anderem die Ansicht der Beklagten abgelehnt, wonach einem Schuldnerstaat, der sich in einer Finanzkrise befunden und mit einer Mehrheit seiner Gläubiger eine Umstrukturierung seiner Schulden vereinbart hat, ein völkerrechtlich begründetes Leistungsverweigerungsrecht gegenüber sog **hold out-Gläubigern** (dazu Fang/Schumacher/Trebesch 69 IFM EconRev 155 [2021]) auch dann zukommen solle, wenn die Bedingungen der zugrunde liegenden Schuldverschrei- **159** bung entsprechende Klauseln (sog **collective action clauses** [CAC] – zu Einzelheiten derartiger Klauseln s etwa Seitz, Umschuldungsklauseln [2014]; Hartwig-Jacob, in: FS Horn [2006] 717; Hoffmann/Keller ZHR 175 [2011] 684; Berdejo 36 NwJIntL & Bus 469 [2016]; Billington, in: Lastra/Buchheit, Sovereign Debt Management [2014] 399; Boudreau 2 HarvBusLRev 164 [2012]; Dey 15 L & BusRevAm 485 [2009]; Sobel 11 CapMktLJ 3 [2016]; Weidemaier/Gulati 54 VaJIntL 51 [2013]; Wong 53 ColumJTransnatL 396 [2015]; zum deutschen Recht s BGH WM 2015, 766, 770 mwNw; zu den **single-limb CAC** in der **Eurozone** nach Art 12 des Vertrags über die Errichtung des Stabilitätsmechanismus [ESMV] s Megliani 32 EBLR 77 [2021]; Aerts/Bizarro 15 CapMktLJ 159 [2020]; Weidemaier 6 JFinReg 125 [2020]; Grosse Steffen/Grund/Schumacher 14 CapMktLJ 134 [2019]; Chung/Papaioannou 25 MultinatFinJ 187 [2021]; M J Müller 381 f) nicht enthalten haben. Die Revisionen der Beklagten hatten vor dem **BGH** (Rn 157) keinen Erfolg. Nach Ansicht des BGH ist keine allgemeine Regel des Völkerrechts im Sinne des Art 25 GG feststellbar, die einen Staat gegenüber privaten Gläubigern berechtigt, die Erfüllung fälliger privatrechtlicher Zahlungsansprüche unter Berufung auf den Staatsnotstand infolge Zahlungsunfähigkeit bzw wegen einer mit der Mehrheit der Gläubiger freiwillig zustande gekommenen Umschuldung zeitweise zu verweigern (BGH 24. 2. 2015 – XI ZR 193/14, RIW 2015, 294, 296; ebenso BGH 24. 2. 2015 – XI ZR 47/14, BeckRS 2015, 06211 = openJur 2015, 7940). Der BGH konnte insoweit an die Rechtsprechung des Bundesverfassungsgerichts anknüpfen (Rn 160 – bestätigt durch BVerfG 3. 7. 2019 – 2 BvR 824/15 und 2 BvR 825/15, NJW 2019, 2761).

160 Das **Bundesverfassungsgericht** hatte in seinem Beschluss v 8. 5. 2007 (2 BvM 1/03 ua, BVerfGE 118, 124 = IPRax 2008, 427 = RIW 2007, 690 = WM 2007, 1315) zu argentinischen Staatsanleihen festgestellt, dass das Völkerrecht weder ein einheitliches noch ein kodifiziertes Insolvenzrecht der Staaten kenne (BVerfGE 118, 124, 135; s dazu nur Paulus WM 2015, 953; Paulus/Tirado, in: Ebke/Seagon/Blatz [Hrsg], Refinanzieren statt Sanieren? [2014] 123 ff; Funk, Der Internationale Währungsfonds [2018] 476 ff; Langen, Völker- und europarechtliche Fragen des Staatsbankrotts: Zur Entwicklung eines Staatsinsolvenzrechts [2014]; vBogdandy/Goldmann ZaöRV 73 [2013] 61; Malcher IP 69 [2014] 78; Smeets/Herzberg Aussenwirtschaft 65 [2010] 379; Beck/Wentzel ORDO 62 [2011] 71; Fuest/Heinmann/Schröder ZEW Discussion Paper 14-053), und entschieden, dass **keine allgemeine Regel des Völkerrechts** feststellbar sei, die einen Staat gegenüber Privatpersonen berechtige, die Erfüllung fälliger Zahlungsansprüche unter Berufung auf den wegen Zahlungsunfähigkeit erklärten Staatsnotstand zeitweise zu verweigern (BVerfGE 118, 124 = NJW 2007, 2610; s dazu etwa Mayer WM 2008, 425; Tietje/Szodruch ZBB 2007, 498; vgl das Rechtsgutachten von Reinisch ZaöRV 68 [2008] 3, 41 [„Es sprechen gute Gründe dafür, dass es keine völkerrechtliche Norm gibt, die eine Anerkennung des völkerrechtlichen Rechtfertigungsgrundes ‚Staatsnotstand' für die Nichterfüllung privatrechtlicher Verpflichtungen fordert. Gleichzeitig gibt es keine Anhaltspunkte dafür, dass das Völkerrecht eine solche Anerkennung verbieten würde"]; s ferner Kleinlein ArchVöR 44 [2006] 405; s dazu auch Rn 98).

161 Nach Ansicht des **BGH** haben die Feststellungen des BVerfG nach wie vor Gültigkeit (BGH 24. 2. 2015 – XI ZR 193/14, RIW 2015, 294, 295 ff; ebenso BGH 24. 2. 2015 – XI ZR 47/14, BeckRS 2015, 06211 = openJur 2015, 7940). Insbesondere habe sich infolge der internationalen Finanzmarktkrise und der **Euro-Rettungsmaßnahmen** zB für **Griechenland** (s dazu Weberling, Die griechische Staatsschuldenkrise und private Gläubiger [2021]; Klemm/Schultheiss [Hrsg], Die Krise in Griechenland: Ursprünge, Verlauf, Folgen [2015]; D'Angelo 78 BrookLRev 1619 [2013]; Butensky 35 BUIntLJ 157 [2017]; Gyparakis 16 JIntBus & L 139 [2016]; Lippert 41 ff, 53 ff; Sandrock RIW 2014, 703; Sandrock RIW 2015, 93; Sandrock RIW 2012, 429;

Schlichting/Schiffer 6 ff; Visvizi Acta oeconomica 62 [2012] 15; Viterbo/Cisotta Diritto dell'Unione europea 2010, 961; Zettelmeyer/Trebesch/Gulati 75 EconPoly 513 [2013]) und **Zypern** (dazu Sandrock RIW 2014, 16; Dopsch/Wutscher EuZW 2014, 729) keine allgemeine Regel des Völkerrechts im Sinne von Art 25 GG mit dem Inhalt herausgebildet, dass sich alle privaten Gläubiger eines Staates im Falle eines wirtschaftlichen und finanziellen **Staatsnotstands** an einer Umstrukturierung der Schulden beteiligen müssen und dem notleidend gewordenen Staat bis zu einer entsprechenden Vereinbarung ein Leistungsverweigerungsrecht hinsichtlich fälliger Zahlungsansprüche aus privaten Rechtsverhältnissen zusteht (BGH 24. 2. 2015 – XI ZR 193/14, RIW 2015, 294, 295; ebenso BGH 24. 2. 2015 – XI ZR 47/14, BeckRS 2015, 06211 = openJur 2015, 7940). Für die obsiegenden Kläger dürfte es allerdings schwierig werden, ihre höchstrichterlich anerkannten Forderungen beizutreiben, da es sich bei der Schuldnerin um einen ausländischen Staat handelt und die Republik Argentinien in Deutschland nur **wenige pfändbare Vermögenswerte** zu haben scheint (s auch Schefold IPRax 2007, 313, 319; zur Anerkennung und Vollstreckung von Schiedssprüchen bzw Gerichtsurteilen gegen Staaten s Baltag 19 AmRevIntArb 391 [2008]; Foster 25 ArizJInt & CompL 665 [2008]; s auch Wegen/M J Müller, in: FS Ebke [2021] 1046 zu Art VIII Abschn 2[b] S 1 IWFÜ).

(c) Exkurs: US-amerikanische Rechtsprechung

Die Rechtsprechung in den USA teilt die Ansicht der deutschen Gerichte (Rn 157 f) **162**
im Ergebnis. So hat das erstinstanzliche Bundesgericht für den Südlichen Distrikt von New York (United States District Court for the Southern District of New York – SDNY) 2003 in einem Verfahren amerikanischer Inhaber argentinischer Staatsanleihen („bonds") es abgelehnt, der damals zahlungsunfähigen Republik **Argentinien** ein Leistungsverweigerungsrecht sowohl hinsichtlich der Hauptforderung („principal") als auch in Bezug auf die Zahlung fälliger Zinsen („interest") gegenüber den (nichtstaatlichen) Klägern zu gewähren (zur Chronik der Ereignisse Rautner 46 ff). Ein solches Leistungsverweigerungsrecht folge nicht aus dem von der beklagten Republik Argentinien geltend gemachten allgemeinen völkerrechtlichen Verbot der rechtsmissbräuchlichen Geltendmachung von Ansprüchen („abuse of rights") und auch nicht aus dem Grundsatz der Rücksichtnahme auf die Interessen des sich in einer schweren Wirtschafts- und Finanzkrise befindlichen beklagten Staates (**„comity"** – *Lightwater Corporation Ltd et al* v *The Republic of Argentina,* 2003 US Dist LEXIS 6156 [SDNY 2003]). Auf Art VIII Abschn 2(b) S 1 IWFÜ ging das Gericht nicht ein, da Staatsanleihen als Kapitalverkehrsgeschäfte nach dem Verständnis der meisten Gerichte in den USA nicht unter Art VIII Abschn 2(b) S 1 IWFÜ fallen (Rn 114). Die Rechtsprechung in den USA hatte Zahlungsmoratorien ausländischer Staaten schon Mitte der 80er Jahre des vergangenen Jahrhunderts keine Geltung in den USA verschafft (Rn 163; Wiesmann 147 ff). Die Gerichte in den USA stellen in derartigen Fällen lieber auf die sog **act of state doctrine** (die aber nicht eingreift, soweit das streitgegenständliche Vermögen in den USA belegen ist – *Lightwater Corporation Ltd et al* v *The Republic of Argentina,* 2003 US Dist LEXIS 6156 [SDNY 2003]: „An act of a nation in failing to make payments on bonds held in other countries does not constitute an act of state dealing with property located within the nation. Thus, [...] the act of state doctrine is not a defense to plaintiffs' claims in this case"; vgl Ebke, in: FS Wolfrum [2012] 31 [„The judiciary places emphasis upon ‚technical' aspects [such as the *situs* of the debt for purposes of the Act-of-State doctrine ..."]; zur Geschichte der *act of state doctrine* s Ebke IPRax 1991, 148, 149 ff; Wiesmann 137 ff; Harrison 47 GeoJIntL 507 [2016]; Fox 33 HarvIntLJ 521 [1992]; Tykshow 43 VaJIntL 275 [2002]; Bazyler 134 UPaLRev 325 [1986]; Dellapenna 35 VillLRev 1 [1990]; Gordon 8 RutgersCambLJ 595 [1977]; Zander 53 AmJIntL 826

[1959]; Rautner 40 ff) bzw die **Staatenimmunität** („sovereign immunity") ab (die Berufung auf die Staatenimmunität verspricht wegen 28 U.S.C. §§ 1602, 1605[a][1] und [2] FSIA in der Regel allerdings keinen Erfolg, weil in den Anleihebedingungen auf die Staatenimmunität zumeist verzichtet wird und die Kapitalaufnahme des Staates durch Begebung von Staatsanleihen nicht als hoheitliche Maßnahme [*acta iure imperii*], sondern als nichthoheitliche wirtschaftliche Tätigkeit [*acta iure gestionis*] qualifiziert wird: M J Müller 291; Wiesmann 131 ff; vgl *Republic of Argentina* v *Weltover, Inc,* 504 US 607 [1992]; vgl BVerfG 14. 7. 2020 – 2 BvR 1163/16 Rn 27). Zur Bedeutung des völkerrechtlichen Grundsatzes der **comity** („comitas") s Tietje 17; Ebenroth/Teitz 54 ff et passim; M J Müller 297 f; Coyne 9 BCIntCompLRev 409 (1986); Bainbridge 10 MdJIntL & Trade 1 (1986); Ebenroth/Teitz 19 IntLaw 225 (1985); Rautner 43 ff.

163 **Art VIII Abschn 2(b) S 1 IWFÜ** wurde in den Argentinien-Fällen entweder erst gar nicht herangezogen oder für nicht anwendbar angesehen (Rn 114). S zB *Allied Bank International* v *Banco Agricola de Cartgo,* 566 FSupp 1440 (SDNY 1983), *aff'd,* 733 F2d 23 (2d Cir 1984) *(withdrawn), vacated,* 757 F2d 516 (2d Cir 1984), *cert dism'd,* 106 S Ct 30 (1985), 473 US 934 (1986); zu Einzelheiten dieses Falles s Ebke, IntDevR 223 ff; s ferner R Buxbaum ch 27; Fuchs IPRax 1994, 148; Coyne BCIntCompLRev 9 (1986) 409; Rendell IntLaw 20 (1986) 819; Note 15 GaJIntLCompL 657 (1985); Note 17 UMiamiIntAmLRev 59 (1985); Note 31 VillLRev 291 (1986); Santucci 14 DenJIntLPol 1 (1985). S auch *Libra Bank Ltd* v *Banco Nacional de Costa Rica,* 570 FSupp 870 (SDNY 1983); zu Einzelheiten dieses Falles s Ebke, IntDevR 236 Fn 448 mwNw; Ebenroth/Teitz passim.

164 Der **Kampf der Anleger** gegen die Republik Argentinien vor Gerichten in den USA dauerte jahrelang an (Kasenetz 41 GeoWashIntLRev 709 [2010]; Olivares-Caminal 15 BusLRevAm 745 [2009]; M J Müller 291 ff). Einen besonders heftigen Streit hatte die Republik Argentinien in den USA mit **Hedgefonds** auszufechten (M J Müller 306 ff; Kaplan 20 StanfordJLBus & Fin 1 [2014]; Sampels 35 NwJIntL & Bus 49 [2014]; Wong 53 ColumJTransnatL 396 [2015]). Die Hedgefonds hatten nach der Staatspleite Argentiniens Ende 2001 argentinische Staatsanleihen unter Geltung US-amerikanischen Rechts billig aufgekauft und einen Schuldenschnitt nicht mitgetragen, sondern Zahlung in Höhe des Nennwerts der Staatsanleihen verlangt (Simon/Crawford 30 MdJIntL 55, 57–58 [2015]). Juristisch brisant waren die sog **pari passu-Klauseln,** die seit Jahrzehnten in vielen (internationalen) Anleiheverträgen enthalten sind (s dazu M J Müller 303 ff; Bratton 53 EmoryLJ 823 [2004]; Buchheit/Pam 53 EmoryLJ 869 [2004]; Olivares-Caminal 15 BusLRevAm 745 [2009]; Samples 35 NwJIntL & Bus 49 [2014]; Turchi 83 FordhamLRev 2171 [2015]; Wong 53 ColumJTransnatL 396 [2015]; zur Sicht des englischen Rechts s Burn 9 CapMktLJ 2 [2014]; Mokal 60 CambridgeLJ 581 [2001]).

165 Der **New Yorker Bundesrichter** Thomas P **Griesa** (1930–2017) sah die „Altforderungen" der Hedgefonds, die sich der Umschuldung widersetzt hatten, und die „Neuforderungen" von Inhabern umgeschuldeter argentinischer Anleihen als gleichrangig („pari passu") an. Daher durfte Argentinien die umgeschuldeten Anleihen nicht bedienen, ohne gleichzeitig die Umschuldungsverweigerer voll zu entschädigen. Bundesrichter Griesa war der Ansicht, dass Argentinien gegen die pari passu-Klausel verstoßen habe, und erließ eine **gerichtliche Anordnung** (order), wonach Argentinien zunächst den beiden Hedgefonds NML Capital und Aurelius eine Summe von 1,33 Mrd USD auszuzahlen hatte, bevor das Land die Forderungen anderer Gläubiger begleichen durfte (*NML Capital, Ltd* v *Republic of Argentina,* 2012 WL 589650 [SDNY]). Das Bundesberufungsgericht für den Second Circuit bestätigte am 26. 10. 2012 die erstinstanzliche Entscheidung teilweise und wies sie zur Klärung einiger offener Fragen („to clarify precisely how it intends this injunction to operate“) an den erstinstanzlichen United District Court for the Southern District of New York zurück (*NML Capital, Ltd et al* v *Republic of Argentina,* 699 F3d 246, 255 [2d Cir 2012]; Zamour 38 YaleJIntL 55 [2013]; Wiesmann 201 ff). Der District Court ergänzte daraufhin am 21. 11. 2012 seine Entscheidung und klärte die offenen Fragen bezüglich der **Zahlungsformel** und die Auswirkungen der Anordnung auf Dritte und bestimmte Banken (*NML Capital, Ltd et al* v *Republic of Argentina,* No 08-CV-6978 [Nov 21, 2012], 2012 WL 5895786 [SDNY]). Die gegen diese Entscheidung gerichtete Berufung wurde vom Bundesberufungsgericht für den Second Circuit am 23. 8. 2013 zurückgewiesen und die ergänzte erstinstanzliche Entscheidung bestätigt (*NML Capital, Ltd et al* v *Republic of Argentina,* 727 F3d 230, 248 [2d Cir 2013]; s dazu auch Sandrock RIW 2014, 703 ff; Kaplan 20 StanfordJLBus & Fin 1 [2014]; Blumrosen/Malet-Deraedt 107 AmJIntL 638 [2013]; Neve 39 NCJIntL & ComReg 631 [2014]). Das gegen die Entscheidung des Second Circuit gerichtete **Revisionsbegehren** *(writ of certiorari)* Argentiniens bezüglich der Anordnung der anteiligen Zahlung *(ratable payment)* an die Klägerin wurde vom **United States Supreme Court** am 7. 10. 2013 abgelehnt; dem Revisionsbegehren bezüglich der Zulässigkeit der *postjudgment discovery,* also der Pflicht Argentiniens zur Offenlegung ihrer außerhalb der USA belegenen Vermögensgegenstände *(extraterritorial assets),* gab der US Supreme Court dagegen statt. In seiner Entscheidung vom 16. 6. 2014 entschied der US Supreme Court, dass Argentinien sich hinsichtlich der *postjudgment discovery* ihrer extraterritorialen Vermögensgegenstände nicht auf die **Staatenimmunität** berufen könne (*Republic of Argentina* v *NML Capital, Ltd et al,* 573 US 134 [2014], 134 S Ct 2250 [2014]; s dazu etwa Halverson-Cross 12 BerkeleyBusLJ 111 [2015]; Simon/Crawford 30 MdJIntL 55 [2015]; Muse-Fisher 102 CalLRev 1671 [2014]; Kingdon 37 BCInt & CompLRev 30 [2014]; der BGH nimmt in seinen Entscheidungen in den Rechtssachen XI ZR 47/14 [Rn 159] und XI ZR 193/14 [Rn 159] auf die Entscheidung des US Supreme Court und weitere bundesgerichtliche Entscheidungen in den Rechtssachen *NML Capital, Ltd et al* v *Republic of Argentina* ausdrücklich Bezug). Zu den Kosten und **ökonomischen Auswirkungen** des *default* Argentiniens s Héber/Schreger 107 AmEconRev 3119 (2017). Zu den Folgen für die Restrukturierung von Staatsschulden nach NML Capital, Ltd v Republic of Argentina s Buchheit/Gulati 12 CapMktLJ 224 (2017).

dd) Abkommenskonformität

Art VIII Abschn 2(b) S 1 IWFÜ erfasst nach seinem Wortlaut nur solche „exchange contracts“ (Rn 114 ff), die „in Übereinstimmung mit diesem Übereinkommen aufrecht erhaltenen oder eingeführten“ („maintained or imposed consistently with this Agreement“) Devisenkontrollbestimmungen (Rn 139 ff) zuwiderlaufen. In der forensischen Praxis zählt die Abkommenskonformität einschlägiger Devisenkontrollbestimmungen oft zu den **schwierigsten Fragen** (Ebke ZVerglRW 115 [2016] 299, 311; Böhlhoff/Baumann, in: Horn [Hrsg], The Law of International Trade Finance [1989] 119 [„Obviously, it is considerably more difficult to examine now whether exchange restrictions comply with the Bretton Woods Agreement“]). Für den Richter ist beispielsweise nicht ohne weiteres erkennbar, ob der IWF die nach Art VIII Abschn 2(a), 3 und 4 IWFÜ erforderliche Zustimmung (vgl Yianni/de Vera 73 Law & ContempProbs 357, 361 [2010]; Ebke ZVerglRW 115 [2016] 299, 311) erteilt hat oder nicht (vgl M J Müller 103). Noch schwieriger wird es in Fällen des Art XIV Abschn 2 IWFÜ, wenn festgestellt werden muss, ob es sich bei der an- **166** wendungswilligen devisenrechtlichen Vorschrift um eine neue bzw wieder eingeführte (und damit zustimmungsbedürftige Maßnahme – Art VIII Abschn 2[a], 3 und 4 IWFÜ) handelt (vgl Yianni/de Vera 73 Law & ContempProbs 357, 361 [2010]) oder ob sie eine „aufrechterhaltene" und „wechselnden Umständen angepasste" und damit zustimmungsfreie (vgl Art XIV Abschn 2 IWFÜ) Beschränkung darstellt (Ebke, IntDevR 269; Ebke ZVerglRW 115 [2016] 299, 311 unter Hinweis auf *Braka* v *Bancomer*, SA, 589 FSupp 1465 [SDNY 1984], aff'd, 762 F2d 222 [2d Cir 1985] und *Callejo* v *Bancomer*, SA, 764 F2d 1101 [5th Cir 1985]; vgl Krajewski [3. Aufl 2012] 255 Rn 856; Marty 81 ff; zu ähnlichen Fragen im Rahmen des Art 64 Abs 1 AEUV s Rn 68). Die **Schwierigkeit einer sicheren Feststellung** der Abkommenskonformität wird dadurch verstärkt, dass die nach dem IWF-Übereinkommen notwendigen Zustimmungen des Fonds so gut wie nie veröffentlicht werden. Entgegen einer weit verbreiteten Meinung gibt insbesondere der jährlich erscheinende Bericht des IWF über „Exchange Arrangements & Exchange Restrictions" keine Auskunft darüber, ob die dort für einzelne Mitgliedstaaten aufgeführten Beschränkungen abkommenskonform sind oder nicht (Ebke ZVerglRW 115 [2016] 299, 311 f; s auch Gold, The Fund Agreement III 640 Fn 15). Für Außenstehende ist es daher praktisch unmöglich, die Abkommenskonformität mit der notwendigen Sicherheit festzustellen (zust Schefold IPRax 2007, 313, 317; speziell bzgl russischer Devisenbeschränkungen s Ziegler 203).

167 Eine **Vermutung der Abkommenskonformität** besteht nach herrschender und zutreffender Meinung nicht (Ebke, IntDevR 274 f; Lowenfeld 669 [„The is no presumption that a particular control is maintained or imposed consistently with the Agreement, whether the country imposing the control is an Article VIII or an Article XIV country"]; M J Müller 71; Ziegler 203; Tribunal de Commerce Courtrai [Belgium] v 9. 3. 1955 – Rs *Emek* v *Bossers & Mouthaan,* 22 ILR 722, 724 [1955]; **aA** für den Fall, dass ein IWF-Mitgliedstaat nach dem IWFÜ Übergangsstatus hat und deshalb berechtigt ist, im Zeitpunkt seines IWF-Beitritts bestehende Zahlungsverkehrsbeschränkungen aufrechtzuerhalten und anzupassen; in einem solchen Fall dürfe die Abkommenskonformität vermutet werden: Ellenberger/Bunte/Schefold, BankR-HdB [6. Aufl 2022], Bd II, § 100 Rn 129). Eine solche (widerlegliche oder unwiderlegliche?) Vermutung lässt sich entgegen einer im Schrifttum vertretenen Ansicht (Kolo, in: Schill, International Investment Law [2010] 371 f [„... the consistency of the restrictions could be presumed where the Fund had not expressed any concerns or made representations to the Member State concerning the maintenance of or amendments to the said regulations ..."]) insbesondere nicht auf die Annahme stützen, der Fonds billige bestehende bzw angepasste Kontrollbestimmungen seiner Mitgliedstaaten, wenn er ihnen gegenüber diesbezüglich keine Bedenken äußere. Das Schweigen des IWF hinsichtlich bestimmter Devisenkontrollbestimmungen eines Mitgliedstaats kann nicht als **„stillschweigende"** oder **„faktische" Zustimmung** des Fonds gedeutet werden (Gold, Fund Agreement IV 31; Ebke ZVerglRW 115 [2016] 299, 312 f; **aA** Kolo, in: Schill, International Investment Law [2010] 371 f; s auch Zamora 32 AmJCompL 99, 147 [1984]). Der von einigen Gerichten und Kommentatoren vorgeschlagene **„pragmatische Ansatz"** („pragmatic approach") zur Feststellung der Abkommenskonformität ist rechtlich ebenfalls weder geeignet noch zielführend (zu Einzelheiten s Ebke ZVerglRW 115 [2016] 299, 312). Insbesondere lässt sich aus der Tatsache, dass ein IWF-Mitgliedstaat ungeachtet seiner bestehenden Devisenkontrollbestimmungen finanzielle Ressourcen des Fonds in Anspruch nehmen konnte, nicht auf die Abkommenskonformität einer bestimmten Devisenkontrollbestimmung dieses Mitgliedstaates schließen (Gold, Fund Agreement IV 31 bezeichnet den „pragmatischen Ansatz" mit Recht als „fallacy" = „Trugschluss" bzw „Denkfehler"; **aA** Kolo, in: Schill, International Investment Law [2010]

371 f [„... consistency of the restrictions could be presumed ... where the Fund has provided financial help to the Member State even though it did not explicitly approve of the regulations"]).

(1) Auskunft des IWF

Bei der Entscheidung, ob einschlägige Devisenkontrollbestimmungen eines IWF-Mitgliedstaates abkommenskonform iSv Art VIII Abschn 2(b) S 1 IWFÜ sind, sollten die Gerichte bzw Verwaltungsbehörden (in der Praxis haben auch Parteien in [Schieds-] Gerichtsverfahrens den IWF um Auskunft ersucht: EBKE ZVerglRW 115 [2016] 299, 339 und 343 mwNw) daher **im Zweifel den Fonds zu Rate ziehen** (MANN/PROCTOR [8. Aufl 2022] 396 Rn 15.25 Fn 70 mwNw Die Anschrift des IWF lautet: International Monetary Fund, Legal Department, Washington, DC 20431, USA). Eine **Pflicht** zur Einholung einer Stellungnahme des Executive Board bzw der Rechtsabteilung des Fonds über die Abkommenskonformität lässt sich aus dem IWF-Übereinkommen nicht herleiten (LOWENFELD 669 f [unter Hinweis auf EBKE, in: FS Gold, 1990, 63, 89 f]; STEINHAUER 56; REITHMANN/MARTINY/THODE [8. Aufl 2015] Rn 5.166; **aA** EDWARDS, International Monetary Collaboration [1985] 481 f), sie kann sich aber aus dem Recht des Forumstaates ergeben (EBKE ZVerglRW 115 [2016] 299, 338 und 351; zum deutschen Recht s EBKE, IntDevR 267 f; zust M J MÜLLER 104 f; ZIEGLER 203 Fn 1202; offen lassend REITHMANN/MARTINY/THODE [9. Aufl 2021] Rn 5.180 aE; aus Sicht des Schweizer Rechts MARTY 85 ff und 122 [„... keine generelle Pflicht nach nationalem Recht der Schweiz, eine Stellungnahme des Fonds einzuholen"]). Der **Fonds** hat den Gerichten und Verwaltungsbehörden seiner Mitgliedstaaten schon 1949 seine Bereitschaft bekundet, darüber **Auskunft** zu erteilen, ob Devisenkontrollbestimmungen eines IWF-Mitgliedstaates im Einklang mit dem IWF-Übereinkommen aufrechterhalten oder eingeführt worden sind (EBKE, IntDevR 267; EBKE ZVerglRW 115 [2016] 299, 318 ff). Der IWF hat in der Vergangenheit Auskunft zB darüber erteilt, ob eine bestimmte Norm eine „exchange control regulation" iSd Art VIII Abschn 2(b) S 1 IWFÜ ist (s zB OLG Karlsruhe WM 1966, 1312, 1314; OLG Düsseldorf OLGR Düsseldorf 1992, 37, 38; OLG Düsseldorf RIW 1989, 987, 987 f; Rechtbank Amsterdam [Afdeling privaatrecht] 29. 5. 2013 – Nr 461863/HA ZA 08/1463 – dazu EBKE ZVerglRW 115 [2016] 299, 309 Fn 39, 341 und 353; berichtend MANN/PROCTOR [8. Aufl 2022] 409 f Rn 15.30 sub [d]), ob sie den internationalen Zahlungsverkehr oder den internationalen Kapitalverkehr betrifft (*Callejo* v *Bancomer, SA,* 764 F2d 1101, 1119 [5th Cir 1985]) bzw ob sie abkommenskonform ist (*Braka* v *Bancomer, SA,* 589 FSupp 1465, 1473 [SDNY 1984], *aff'd,* 762 F2d 222 [2d Cir 1985]). 168

In der Praxis haben die Gerichte der IWF-Mitglieder von dem Auskunftsrecht bisher allerdings selten Gebrauch gemacht (EBKE ZVerglRW 115 [2016] 299, 319 f; krit dazu SCHEFOLD IPRax 2007, 313, 317 zu OLG Frankfurt IPRax 2007, 331 = NJW 2006, 2931; vgl BAARS/BÖCKEL ZBB 2004, 445, 457). Das **OLG Karlsruhe** (15. 12. 1965, IPRspr 1964 Nr 194 = WM 1966, 1312) und das **LG Hamburg** (12 O 226/75 [*Domex, S A v Schlüter*] – der Fall wurde nach Eingang der Stellungnahme des IWF außergerichtlich verglichen: EBKE ZVerglRW 115 [2016] 299, 339 Fn 160), gehören zu den wenigen deutschen Gerichten, die eine Stellungnahme des Fonds zur Abkommenskonformität einer ausländischen Devisenkontrollbestimmung eingeholt haben. Viele Gerichte in Deutschland begnügen sich stattdessen mit einer – zumeist schriftlichen, in einem Fall sogar nur telefonischen (OLG Köln 8. 6. 2001 – 20 U 133/00, openJur 2011, 15775 Rn 54) – Auskunft der **Deutschen Bundesbank** (s zB OLG Köln 8. 6. 2001 – 20 U 133/00, openJur 2011, 15775 Rn 54; OLG Düsseldorf 7. 11. 1991, OLGR Düsseldorf 1992, 37, 39; OLG Düsseldorf 28. 9. 1989, RIW 1989, 987, 988; OLG Karlsruhe 15. 12. 1965, IPRspr 1964 Nr 194 = WM 1966, 1312, 1314) bzw einer **Landeszentralbank** (LG Hamburg 24. 2. 1978, IPRspr 1978 Nr 126, S 304, 306 [Auskunft über die Landeszentralbank Hamburg bei der Central 169

Bank of Kenia]) oder **Girozentrale** (OLG Hamburg 28. 9. 1959, IPRspr 1958–1959 Nr 168, S 547, 548 [in casu Württembergische Girozentrale]). In einem Fall ordnete das Gericht sogar an, dass der Beklagte eine Auskunft der South African Reserve Bank als Nachweis vorlege, dass der Transfer der streitgegenständlichen Lizenzgebühren der Zustimmung der südafrikanischen Behörden bedurfte (OLG Bamberg 5. 7. 1978, IPRspr 1978 Nr 127, S 310, 311). Das OLG Frankfurt holte in einem anderen Fall eine amtliche Auskunft des **Bundeswirtschaftsministeriums** zu nicht frei konvertierbaren Sperrfranken ein (OLG Frankfurt 27. 2. 1969, IPRspr 1971 Nr 116a, S 358, 360). Das OLG Brandenburg 26. 10. 2005 – 4 U 4/03, openJur 2012, 2561 Rn 54, vertraute in seiner tschechisches Devisenrecht betreffenden Entscheidung sogar nur auf eine **Pressemitteilung**, in der der IWF bekannt gegeben hatte, dass die Tschechische Republik ihre Verpflichtungen aus Art VIII Abschn 2, 3 und 4 IWFÜ seit dem 1. 10. 1995 uneingeschränkt akzeptiert, mithin sog Article VIII Status habe, weswegen es „fernliegend" sei, dass die von dem Beklagten behauptete beschränkende Vorschrift für die Eingehung von „Devisen-Bürgschaften" von der Tschechischen Republik als Übergangsregelung gemäß Art XIV Abschn 1 und 2 IWFÜ aufrechterhalten worden sein könnte. Allerdings **folgen** deutsche Gerichte den erhaltenen Auskünften **nicht ausnahmslos** (Ebke ZVerglRW 115 [2016] 299, 325 unter Hinweis auf den Fall, der der Entscheidung des BGH 21. 12. 1976, IPRspr 1976 Nr 118, S 342, 344 zugrunde lag [betr eine Auskunft der Sveriges Riksbank/Schwedischen Reichsbank]).

170 **Außerhalb Deutschlands** haben ebenfalls nur wenige Gerichte (s etwa *Braka* v *Bancomer, SA,* 589 FSupp 1465, 1473 [SDNY 1984], *aff'd,* 762 F2d 222 [2d Cir 1985]; Tribunal d'Arrondissement de Luxembourg [1. 2. 1956], Pasicrisie Luxembourgeoise 1957, 36 – dazu Ebke ZVerglRW 115 [2016] 299, 319 f]) bzw **Parteien** in staatlichen (*Callejo* v *Bancomer, SA,* 764 F2d 1101 [5th Cir 1985]; Rechtbank Amsterdam [Afdeling privaatrecht] Urt v 29. 5. 2013 – Rs Nr 461863/HA ZA 08/1463 – dazu Ebke ZVerglRW 115 [2016] 299, 341 und 353 Fn 222) oder schiedsgerichtlichen (*Schering Corporation* v *The Islamic Republic of Iran,* Case No 38, Award No 122-38-3, signed April 13, 1984, 5 Iran-US CTR 361 [1984], 1984 WL 301285 [Iran-US Cl Trib] – dazu Gold, The Fund Agreement III 303; Ebke ZVerglRW 115 [2016] 299, 341; s ferner den Schiedsspruch v 23. 3. 1981, JTrib 131 [1983] 727, 729) Verfahren den IWF um entsprechende Auskünfte gebeten. Zur Praxis englischer und amerikanischer Gerichte s Ebke ZVerglRW 115 (2016) 299, 320 und 339 Fn 161 mwNw Zu der **Auskunftspraxis des Fonds** und der daran gelegentlich geübten Kritik s Gold, The Fund Agreement III 633 ff; Ebke ZVerglRW 115 [2016] 299, 327 f, 333 f und 339 f.

(2) Rechtsnatur und Bedeutung

171 Das IWFÜ sagt nichts darüber aus, welche **Rechtsnatur** und rechtliche Bedeutung **Stellungnahmen** des Leiters der Rechtsabteilung (Director of the Legal Department) bzw des Executive Board des Fonds zu Anfragen von Gerichten oder Parteien haben (zu Einzelheiten s Ebke ZVerglRW 115 [2016] 299, 335 ff = [mit Änderungen] in: FS Yamauchi [2017] 61; s auch Gold IntCompLQ 3 [1954] 256; Hexner ZaöRV 20 [1959] 60, 73). Ob ein Gericht an Auskünfte oder Stellungnahmen des Fonds gebunden ist, bestimmt sich nicht nach dem IWF-Übereinkommen, sondern nach dem Recht des Forumstaates (Gold IntCompLQ 3 [1954] 256, 265; aus US-amerikanischer Sicht ebenso Ebke 23 IntLaw 677, 698 [1989]; ihm folgend Litvack 13 FordhamJCorp & FinL 805, 824 [2008]: „... the Executive Board's interpretations are not binding on the courts of the member states"). In **Deutschland** sind die **Gerichte** an Auskünfte des Executive Board bzw der Rechtsabteilung des IWF **nicht gebunden** (Schefold IPRax 2007, 313, 317 mwNw; Ellenberger/Bunte/Schefold, BankR-HdB [6. Aufl

2022], Bd II, § 100 Rn 132 [das Tatbestandsmerkmal der Abkommenskonformität bleibe ungeachtet der Stellungnahme des IWF „selbständig auch von einem angegangenen Gericht nachprüfbar"]; ebenso MünchKommBGB/Martiny Art 9 Anh II Rom I-VO Rn 35 mwNw [es sei anzunehmen, „dass – mangels ausdrücklicher staatsvertraglicher oder gesetzlicher Anordnung – die Ansicht des IWF in einem Zivilprozess nicht bindend ist"]). Deshalb kann die Abkommenskonformität in einem Verfahren vor einem deutschen Gericht nachgeprüft werden (MünchKommBGB/Martiny Art 9 Anh II Rom I-VO Rn 35; Ellenberger/Bunte/Schefold, BankR-HdB [6. Aufl 2022], Bd II, § 100 Rn 132). Die **funktionale Zuständigkeit** sowie die **hohe Fachkompetenz** des Leiters der **Rechtsabteilung** des Fonds (s dazu Ebke ZVerglRW 115 [2016] 299, 347 mwNw) geben Auskünften und Stellungnahmen des IWF nach Ansicht vieler Autoren aber jedenfalls einen „besonderen Wert" (Hahn, Währungsrecht 396), vergleichbar einem Sachverständigengutachten („authoritative expert advice" – Gold, The Fund Agreement III 650).

Auskünfte des Executive Board des Fonds bzw durch die Rechtsabteilung des Fonds 172
erteilte Auskünfte (die Auskünfte der Rechtsabteilung des IWF lassen in der Regel nicht erkennen, ob das Auskunftsschreiben dem Executive Board des IWF vorgelegt bzw von diesem gebilligt [„endorsed"] wurde; zu den sich daraus ergebenden Rechtsfragen s Ebke ZVerglRW 115 [2016] 299, 341 ff) betreffend **reine Rechtsfragen** – im Unterschied also zu politischen, regulatorischen, konstitutionellen oder institutionellen Fragen bzw reinen Ermessensentscheidungen (Ebke ZVerglRW 115 [2016] 299, 343 und 349) – sollten bei der Auslegung und Anwendung des Art VIII Abschn 2(b) S 1 IWFÜ als wichtige Entscheidungshilfe iS einer **„persuasive, but not conclusive authority"** behandelt werden (Ebke ZVerglRW 115 [2016] 299, 351 f; ebenso MünchKommBGB/Martiny Art 9 Anh II Rom I-VO Rn 12 [„gewichtige, persuasive authority'"]; Mann/Proctor [8. Aufl 2022] 396 Rn 15.25 Fn 70 [„highly persuasive"]; zur Bedeutung der Figur der „persuasive authority" im Common Law s Lamond 17 HarvRevPhil 16 [2010]; Flanders 62 OklaLRev 55 [2009]; Glenn 32 McGillLJ 261 [1987]), und zwar unabhängig davon, ob der Executive Board des IWF der Stellungnahme der Rechtsabteilung ausdrücklich zugestimmt hat oder nicht (Ebke ZVerglRW 115 [2016] 299, 352 und 357; zu der Frage, ob sich die Auskunftstätigkeit der Rechtsabteilung des IWF [gleichgültig ob mit oder ohne ausdrückliche Zustimmung des IWF Executive Board] mit dem Grundsatz „**Nemo iudex in causa sua**" vereinbaren lässt, s Ebke ZVerglRW 115 [2016] 299, 348 f [bejahend] mwNw auch der Gegenansichten). Das bedeutet allerdings **keine „faktische Bindungswirkung"** der in der Auskunft zum Ausdruck kommenden Ansichten der Rechtsabteilung bzw des Executive Board des Fonds, denn die Entscheidung im Einzelfall liegt letztlich in den Händen des angerufenen Gerichts (Ebke ZVerglRW 115 [2016] 299, 352; iE wohl ebenso Ellenberger/Bunte/Schefold, BankR-HdB [6. Aufl 2022], Bd II, § 100 Rn 132; vgl BGH 21. 12. 1976, IPRspr 1976 Nr 118, S 342, 344 [betr eine Auskunft der Sveriges Riksbank/Schwedischen Reichsbank] – dazu Ebke ZVerglRW 115 [2016] 299, 325 und Rn 169; **aA** van Campenhout 2 AmJCompL 389, 391 [1953] [„conclusive effect"]; Edwards 17 KansasJL&PubPol'y 254 [2008] [„Memoranda prepared by the legal departments (*i.e.,* of the IMF and the World Bank) are given ‚great weight' (usually conclusive weight) in the interpretation process"]).

Das erstinstanzliche Bundesgericht für den Südlichen Distrikt von **New York** teilt die- 173
se Ansicht iE: Das Gericht hat die Stellungnahme des Leiters der Rechtsabteilung des IWF in der Rechtssache *Braka* v *Bancomer, SA* (589 FSupp 1465, 1473 [SDNY 1984], *aff'd,* 762 F2d 222 [2d Cir 1985]) als „authority on international law" bezeichnet und sie seiner Entscheidung zugrunde gelegt. Das Bundesberufungsgericht für den Fünften Circuit ging noch weiter. In seiner Entscheidung im Fall *Callejo* v *Bancomer, SA*

nannte das Gericht die Stellungnahme des IWF zu der Frage, ob die streitbefangenen mexikanischen Devisenkontrollbestimmungen den internationalen Zahlungsverkehr oder den internationalen Kapitalverkehr betreffen, eine „highly persuasive authority" (*Callejo* v *Bancomer, SA,* 764 F2d 1101, 1119 mit Fn 26 [5th Cir 1985]; ebenso Mann/Proctor [8. Aufl 2022] 396 Rn 15.25 Fn 70; zur Bedeutung der Figur der **„persuasive authority"** im Common Law s Lamond 17 HarvRevPhil 16 [2010]; Flanders 62 OklaLRev 55 [2009]; Glenn 32 McGillLJ 261 [1987]). Da es sich um eine Stellungnahme zu einer **reinen Rechtsfrage ohne Ermessensspielraum** („purely legal, nondiscretionary issue") handele, könne es die Auslegung des IWFÜ durch den IWF nur darauf überprüfen, ob sie vernünftig und plausibel sei („... at most, we can only review the Fund's interpretation to determine whether it is reasonable" – *Callejo* v *Bancomer, SA,* 764 F2d 1101, 1120 [5th Cir 1985]). Die englischsprachige **Literatur** teilt die Ansicht der beiden US-amerikanischen Bundesgerichte dem Grunde nach, wenn auch mit feinen graduellen Unterschieden in der Formulierung (Gold, Fund Agreement II 291, der der Ansicht ist, dass das Forum die Auslegung als **„persuasive"** behandeln sollte, sofern sie nach dem Recht des Forum nicht als verbindlich anzusehen sei; Marks 8 IntTax & BusL 104, 124 [1990] [„persuasive authority"]; Litvack 13 FordhamJCorp & FinL 805, 824 [2008] [„persuasive authority"]; Gianviti, in: Effros [Hrsg], Current Legal Issues Affecting Central Banks [Bd V 1989] 359, 360 [„persuasive effect"]; Obeyesekere 27 GermanYbIntL 142, 154 [1984] [**„strong persuasive effect"**]; s auch Edwards, International Monetary Collaboration [1985] 482 [„The court should treat itself as bound by the Fund's determination, unless there is good reason to believe that the Fund was not fully informed of the member's currency practices or that there were irregularities in the process by which the Fund made its determination"]; zurückhaltender wohl Mann/Proctor [8. Aufl 2022] 412 Rn 15.32 Fn 152 aE [„a **very valuable** piece of evidence"]; differenzierend Lowenfeld 670 [**„conclusive"**, falls die Abkommenskonformität vom Fonds nicht bestätigt wird, **„great weight"**, falls die nationalen Bestimmungen als abkommenskonform qualifiziert werden]).

174 Noch größeres Gewicht scheint das **OLG Karlsruhe** der Auskunft des IWF beizumessen: In dem zu entscheidenden Fall ging es um die Frage, ob das brasilianische Dekret No 23501, das es Privaten verbot, in Verträgen, die in Brasilien zu erfüllen waren, eine andere als die brasilianische Währung als Zahlungswährung zu vereinbaren, eine „exchange control regulation" iSd Art VIII Abschn 2(b) S 1 IWFÜ ist. In seiner Stellungnahme hatte der Leiter der Rechtsabteilung des IWF die Frage verneint. Das OLG Karlsruhe schloss sich der Ansicht des Fonds **ohne** weitere **eigene Prüfung** an („Das ***muß*** aus den Auskünften der Deutschen Bundesbank und der Rechtsabteilung des Internationalen Währungsfonds vom 22. 9. 1965 **entnommen werden"** – OLG Karlsruhe WM 1966, 1312, 1314 [Hervorhebung d Verf]; **aA** Ellenberger/Bunte/Schefold, BankR-HdB [6. Aufl 2022], Bd II, § 100 Rn 132 [obwohl die Abkommenskonformität durch Einholung einer Stellungnahme des IWF bestätigt werden könne, bleibe sie als Tatbestandsmerkmal „selbständig auch von einem angegangenen Gericht nachprüfbar"] und Rn 172).

175 Andererseits hat die **Rechtbank Amsterdam** (Afdeling privaatrecht) in seinem Urt v 29. 5. 2013 (Rs Nr 461863/HA ZA 08/1463) entgegen der schriftlichen Auskunft des General Counsel des IWF v 7. 12. 2012, wonach „the exchange control regulations set out in Russia's Federal Law No. 173-FZ ‚On Currency Regulation and Currency Control', as amended, and, in particular, Article 15 of such law, are imposed and maintained consistently with the Fund's Articles of Agreement" entschieden, dass die besagte Vorschrift keine Devisenkontrollbestimmung iSd Art VIII Abschn 2(b) S 1 IWFÜ sei, weil Art 15(4) des Gesetzes „does not restrict the free convertibility of the Russian rouble anywhere in the world" (s dazu Ebke ZVerglRW 115 [2016] 299, 353

Fn 222). Die schriftliche Auskunft des General Counsel v 7. 12. 2012, die von der Beklagten in den Prozess eingeführt worden war, ließ nicht erkennen, ob sie mit **Zustimmung** („endorsement") des **Executive Board** des IWF nach Executive Board Decision No 446-4 v 10. 6. 1949 erteilt worden war oder nicht (Ebke ZVerglRW 115 [2016] 299, 341). Gleiches gilt für das in das Berufungsverfahren eingeführte Schreiben v 20. 8. 2013, in dem der Acting General Counsel des IWF, Ross Leckow, auf Anfrage einer der Parteien des Rechtsstreits bestätigte, dass – wie in der schriftlichen Auskunft des General Counsel v 7. 12. 2012 festgestellt – der Fonds der Ansicht sei, „that Article 15 of [Russia's Federal Law No. 173-FZ ‚On Currency Regulation and Currency Control'], as it was in force on December 7, 2012, is an exchange control regulation and that it is imposed consistently with the Fund's Articles" (Ebke ZVerglRW 115 [2016] 299, 341). Auf Rückfrage der Beklagten bestätigte der Acting General Counsel jedoch, dass der „letter dated December 7, 2012 was approved by the IMF Executive Board in accordance with IMF Executive Board Decision No. 446-4, adopted on June 10, 1949 (enclosed)." The Acting General Counsel fuhr in seinem Schreiben fort, dass „[g]iven that my letter dated August 20, 2013 provided a **clarification** in response to a follow up question from you on [the General Counsel's] letter, no Executive Board approval was necessary for the same" (Ebke ZVerglRW 115 [2016] 299, 340 f zu ähnlichen Fragen in der Rechtssache *Callejo* v *Bancomer, SA*, 764 F2d 1101, 1119 Fn 25 [5th Cir 1985] und in *Schering Corporation* v *The Islamic Republic of Iran*, Case No 38, Award No 122-38-3, signed April 13, 1984, 5 Iran-US Claims Tribunal Reports 361 [1984], 1984 WL 301285 [Iran-US Cl Trib).

(3) Willkür, Diskriminierung, Enteignung

Zu der Frage, ob einer an sich abkommenskonformen Devisenkontrollbestimmung **176**
eines IWF-Mitgliedes nach Art VIII Abschn 2(b) S 1 IWFÜ Geltung zu verschaffen ist, wenn die Bestimmung im konkreten Fall **willkürlich** oder **diskriminierend** angewandt wurde oder **enteignend bzw enteignungsgleich** wirkt (sehr str), s schon Rn 99 f sowie Ebke WM 1994, 1357, 1367; Pfeiffer ZVerglRW 102 (2003) 141, 181; MünchKommBGB/Martiny Art 9 Anh II Rom I-VO Rn 46 aE; **aA** Ellenberger/Bunte/Schefold, BankR-Hdb [6. Aufl 2022], Bd II, § 100 Rn 48; Schefold IPRax 2007, 313, 317. Nicht zu verwechseln mit der Frage der Abkommenskonformität ist die Frage, ob Art VIII Abschn 2(b) S 1 IWFÜ auf Devisenkontrollbestimmungen eines anderen IWF-Mitgliedes anzuwenden ist, welche zwar abkommenskonform, aber nach dem internen Recht dieses Staates **verfassungswidrig** oder aus sonstigen Gründen mit höherrangigem (zB europäischem) Recht unvereinbar sind (s dazu Ebke, IntDevR 272 f; s auch Rn 101).

ee) Verstoß

Art VIII Abschn 2(b) S 1 IWFÜ setzt voraus, dass der „exchange contract" gegen **177**
abkommenskonforme Devisenkontrollbestimmungen eines anderen IWF-Mitgliedstaates „verstößt" („which are contrary to"). Nach dem Wortlaut des Art VIII Abschn 2(b) S 1 IWFÜ kommt es auf ein Verschulden der an dem grenzüberschreitenden Geschäft Beteiligten nicht an. Maßgeblich ist allein, ob der „exchange contract" gegen die anwendungswilligen, abkommenskonformen Devisenkontrollbestimmungen **objektiv verstößt** (Ebke, IntDevR 275; zust Ziegler 199; daher liegt kein Verstoß vor, wenn der streitgegenständliche Darlehensvertrag auf der Grundlage des geltenden Devisenrechts von der zuständigen Behörde des Erlassstaates genehmigt wurde: OLG Brandenburg 26. 10. 2005 – 4 U 4/03, openJur 2012, 2561 Rn 47; s auch öOGH 26. 2. 2002 – 1Ob149/01a, darin ver-

neint der öOGH die Anwendbarkeit von Art VIII Abschn 2[b] S 1 IWFÜ, weil die klagende Partei einen Verstoß gegen slowenische Devisenkontrollbestimmungen nicht einmal behauptet hatte). Demnach ist es unerheblich, ob den Beteiligten die entgegenstehenden Devisenkontrollbestimmungen bekannt waren oder ob sie die devisenrechtlichen Bestimmungen des betreffenden IWF-Mitgliedstaates umgehen wollten (in diesem Sinne auch LG Hamburg IPRspr 1978 Nr 126, S 290 f). Unerheblich ist im Hinblick auf Art VIII Abschn 2(b) S 1 IWFÜ auch, wie der betreffende Mitgliedstaat Verstöße gegen sein Devisenkontrollrecht ahndet (zB zivilrechtlich, strafrechtlich, ordnungswidrigkeitsrechtlich oder verwaltungsrechtlich) (Ebke, IntDevR 275; Reithmann/Martiny/Thode [9. Aufl 2021] Rn 5.181; Ziegler 199; Marty 71). Ob der „exchange contract" gegen das maßgebliche ausländische Devisenrecht verstößt, ist nach dem Recht des Erlassstaates zu beurteilen (s die umfangr Rspr-Nachw bei Ebke, IntDevR 276 Fn 672; s ferner Reithmann/Martiny/Thode [9. Aufl 2021] Rn 5.181; MünchKommBGB/Martiny Art 9 Anh II Rom I-VO Rn 37; Mann/Proctor [8. Aufl 2022] 411 Rn 15.32). Dagegen beurteilt sich die Abkommenskonformität iSv Art VIII Abschn 2(b) S 1 IWFÜ allein nach dem IWF-Übereinkommen und dem **sekundären Fondsrecht** (Ebke, IntDevR 276; zust Reithmann/Martiny/Thode [9. Aufl 2021] Rn 5.181). Mann/Proctor [8. Aufl 2022] 410 Rn 15.31 weisen mit Recht darauf hin, dass ungeachtet der singularischen Fassung der Norm („of that member") ein „exchange contract" gegen Devisenrecht von mehr als einem IWF-Mitgliedstaat verstoßen kann.

ff) „Unklagbarkeit"

178 Die Frage, was unter den Worten **„shall be unenforceable"**, die in der völkerrechtlich unverbindlichen (Rn 86) deutschen Fassung des Art VIII Abschn 2(b) S 1 IWFÜ (Rn 87) mit „kann nicht geklagt werden" übersetzt sind, zu verstehen ist, ist so alt wie das IWF-Übereinkommen (Gold 4 Staff Papers 330 [1955]; Ebke 28 IntLaw 761, 767–769 [1994]). Theoretisch ist klar, dass das Tatbestandsmerkmal „unenforceable" als Teil einer multilateralen völkervertraglichen Norm **autonom auszulegen** ist, also aus dem IWF-Übereinkommen selbst heraus, ohne Rücksicht auf das Rechtssystem und die rechtlichen Institutionen zB des Forumstaates, des Erlassstaates oder des Schuldstatuts (Ebke, IntDevR 180) und auch ohne blinde Anlehnung an das anglo-amerikanische Recht. Krispis (120 RdC 191, 299 [1967-I]) bemerkt dazu treffend: „... the fact that, linguistically, the term [dh unenforceable] ... happens to conincide with a principle of the Anglo-Saxon system is not, of itself, a reason to accept the proposition that it bears the same meaning as the similar-sounding Anglo-Saxon term. Nor is such a reason constituted by the fact that Article VIII resulted from the initiative at Bretton Woods of the U.S. and British representatives." Der auf **aktionenrechtlichen Vorstellungen** des Common Law (Ebke WM 1993, 1169, 1170; Wegen 62 FordhamLRev 1931, 1939 [1994]; Mann/Proctor [8. Aufl 2022] 413 Rn 15.33) beruhende Begriff „unenforceable" bedarf indes – wie das OLG Frankfurt (IPRspr 1971 Nr 116a, S 358, 361) zielführend formuliert – „der Übertragung und der Anpassung an die innerstaatlichen Rechtsbegriffe der jeweiligen Vertragsstaaten" (s dazu Ebke 23 IntLaw 677, 700 [1989]). Die Umsetzung der theoretischen Vorgabe bereitet der Praxis gerade in den kontinentalen Rechtsordnungen aber erhebliche **Schwierigkeiten**, zumal Englisch die einzige völkerrechtlich verbindliche Abkommenssprache ist und daher auf die im Völkerrecht allgemein anerkannte Methode eines Vergleichs verschiedener Sprachfassungen nur begrenzt zurückgegriffen werden kann (Ebke, IntDevR 204 und 296 Fn 789). Auf Übersetzungen des Begriffs „unenforceable" ist wenig Verlass, wie nicht zuletzt die unterschiedlichen französischen Übersetzungen des Begriffs „unenforceable" in den französi-

schen Fassungen des Art VIII Abschn 2(b) S 1 IWFÜ in Belgien, Frankreich und der Schweiz belegen (Rn 88; zu dem anglo-amerikanischen Verständnis s Ebke, IntDevR 276 ff; Mann/Proctor [8. Aufl 2022] 413 Rn 15.33 sub [a]; M J Müller 110 f; Gold, in: Horn [Hrsg], The Law of International Trade Finance [1989] 65, 90). Gleiches gilt für die deutsche Übersetzung. Die von dem OLG Frankfurt (IPRspr 1971 Nr 116a, S 358, 361) gewählte Auslegung des Begriffs „unenforceable" wurde im Revisionsverfahren von dem VIII. Zivilsenat des BGH (IPRspr 1971 Nr 116b, S 362, 363 f) bezeichnenderweise verworfen.

(1) Sachentscheidungsvoraussetzung

Der BGH tat sich anfangs ebenfalls schwer mit der Auslegung des Begriffs „unenforceable". Zu Beginn der 60er Jahre des vorigen Jahrhunderts hatte der VII. Zivilsenat des BGH noch unscharf von einer **Rechtsschutzgewähr** gesprochen (BGH IPRspr 1964–65 Nr 191, S 574, 577 [„... ob danach der Kl von den deutschen Gerichten Rechtsschutz gewährt werden darf ..."]; s auch BGH IPRspr 1962–1963 Nr 163, S 523, 525 [„Dennoch kann der Kl hier ... vor deutschen Gerichten kein Urteil gegen die Bekl erstreiten ..."]). Erst im Jahre 1970 entschied der II. Zivilsenat des BGH, dass „Unklagbarkeit" den Mangel einer (echten) **Sachentscheidungsvoraussetzung** (vgl Schulze 540 Fn 533) bedeute, den das Gericht in jeder Lage des Verfahrens – einschließlich der Revisionsinstanz – von Amts wegen zu beachten habe (BGH IPRspr 1970 Nr 101, S 329, 330; OLG Köln 8. 6. 2001 – 20 U 133/00, openJur 2011, 15775 Rn 54; LG Neuruppin 18. 12. 2009 – 2 O 325/05, IPRspr 2009 Nr 149, S 374, 375; „Prüfung von Amts wegen" bedeutet keine Amtsermittlung, sie beschränkt sich vielmehr auf den dem Gericht unterbreiteten oder offenkundigen Rechtsstoff: BGH 31. 1. 1991 – III ZR 150/88, RIW 1991, 513, 514 = WM 1991, 1009, 1011; OLG Düsseldorf NJW 1991, 3095, 3096; vgl OLG Jena OLGR 2009, 750; Ebke, IntDevR 268, 283; Reithmann/Martiny/Thode [9. Aufl 2021] Rn 5.184 f; Schulze 540 f; Geimer 100 Rn 237; zur Schweizer Sicht s Marty 34 ff). Der Senat trat damit der bis dahin namentlich von dem OLG Frankfurt (IPRspr 1971 Nr 116a, S 358, 361) und dem LG Hamburg (IPRspr 1966–1967 Nr 192, S 626, 627; IPRspr 1954–1955 Nr 164, S 467, 470; das LG Hamburg hat diese Auffassung inzwischen aufgegeben – s Rn 112) in Anlehnung an F A Mann vertretenen Ansicht entgegen, dass ein Verstoß gegen abkommenskonforme (Rn 166 ff) Devisenkontrollbestimmungen (Rn 139 ff) nach Art VIII Abschn 2(b) S 1 IWFÜ die **Unwirksamkeit des „Devisenkontraktes"** (Rn 114 ff) zur Folge habe (mit Recht krit zu der Ansicht von F A Mann Schulze 542: „Damit würde dem Gläubiger nicht lediglich der Rechtsschutz versagt, sondern das Recht selbst genommen"; krit auch Wegen 62 FordhamLRev 1931, 1940 [1994] [„highly questionable"; klar ablehnend Gold, in: Horn [Hrsg], The Law of International Trade Finance [1989] 65, 90: „Unenforceability does not mean invalidity or illegality"; Gold, The Fund Agreement in the Courts IV [1989] 119: „Article VIII, Section 2[b] would not invalidate the contract" und 239: „Unenforceability did not invalidate the claim"; ebenso klar ablehnend der englische Court of Appeal in *Mansouri* v *Singh*, [1986] 2 All E R 625: „The contract is not rendered ‚illegal' by English law nor are acts undertaken in this country in performance of such a contract rendered unlawful"; s ferner Rn 197. In der von Proctor fortgeführten 8. Aufl von Manns großem Werk „The Legal Aspect of Money" wird die Ansicht von F A Mann ausdrücklich aufgegeben; Proctor begreift Art VIII Abschn 2[b] S 1 IWFÜ als **„procedural rule"** [Mann/Proctor, 8. Aufl 2022, 388 Rn 15.06, 397 Rn 15.27 und 412 f Rn 15.33], die die „enforceability of contracts, as opposed to their intrinsic validity" betrifft [Mann/Proctor,8. Aufl 2022, 397 Rn 15.27]). Art VIII Abschn 2(b) S 1 IWF erkläre „exchange contracts" für „unenforceable but does not add the stigma (or the consequences) of illegality" (Mann/Proctor [8. Aufl 2022] 413 f Rn 15.33). Die Qualifikation als „procedural rule" ist allerdings nicht gleichbedeutend mit einer [echten] Sachentscheidungsvoraussetzung im Sinne der Rechtsprechung des II. Zivilsenats des BGH [Mann/Proctor [8. Aufl 2022] 413 f Rn 15.33], denn „[t]he provision 179 establishes a defense rather than a condition for the institution of proceedings“ (GOLD, in: HORN [Hrsg], The Law of International Trade Finance [1989] 65, 90).

180 Der BGH hat an der Ansicht des II. Zivilsenats, dass die in Art VIII Abschn 2(b) S 1 IWFÜ angeordnete Rechtsfolge („unenforceable“) als echte Sachentscheidungsvoraussetzung (Rn 179) einzuordnen ist, seither ausnahmslos festgehalten. Der **III.** (IPRspr 1976 Nr 118, S 342, 343; BGH 31. 1. 1991 – III ZR 150/88, RIW 1991, 513, 514 = WM 1991, 1009, 1011) und der **VIII.** (IPRspr 1971 Nr 116b, S 362, 364; s auch BGH IPRspr 1970 Nr 102, S 333, 334) **Zivilsenat des BGH** schlossen sich der Ansicht des II. Zivilsenats ohne nähere Prüfung an. In seinem Urteil vom 8. 3. 1979 bezeichnet der VII. Zivilsenat des BGH (IPRspr 1979 Nr 139, S 473, 475) diese **Auslegung** bereits als **„gefestigt“** (ebenso der III. Zivilsenat des BGH 31. 1. 1991 – III ZR 150/88, RIW 1991, 513, 514 = WM 1991, 1009, 1011 = WuB VII B 1. Art 5 EuGVÜ 1.91 m Anm THODE). Zu neueren Entwicklungen in der Rechtsprechung des BGH s Rn 204 f.

181 Mehrere **Oberlandesgerichte** (OLG Bamberg IPRspr 1978 Nr 127, S 309, 310; OLG Brandenburg 26. 10. 2005 – 4 U 4/03, openJur 2012, 2561 Rn 50; OLG Düsseldorf NJW 1991, 3095, 3096 = WM 1991, 1009 = IPRspr 1991 Nr 170, S 343; OLG Düsseldorf OLGR 1992, 37; OLG Düsseldorf RIW 1989, 987 = WM 1989, 1042 = WuB VII B 2-1.90 m Anm THODE; OLG Düsseldorf IPRspr 1983 Nr 124, S 307, 308 f; OLG Frankfurt NJW 2006, 2931; KG 8. 7. 1974, IPRspr 1974 Nr 138, S 364, 366; OLG Köln RIW 1993, 938; OLG München OLGR 1993, 23; OLG München WM 1989, 1282, 1283 = WuB VII B 2-1.89 m Anm THODE; OLG München IPRspr 1986 Nr 145, S 346, 348; in casu offenlassend OLG Köln 8. 6. 2001 – 20 U 133/00, openJur 2011, 15775 Rn 52; **aA** aber obiter OLG Hamburg WM 1992, 1941, 1943 = WuB VII B 2.-1.93 m Anm REITHMANN – s dazu noch Rn 203) und die einschlägige **landgerichtliche Rechtsprechung** (LG Hamburg WM 1992, 1600, 1602 = WuB VII B 2-2.92 m Anm ADEN; LG Hamburg IPRspr 1990 Nr 159, S 317, 318; LG Hamburg IPRspr 1978 Nr 126, S 304, 305; LG Karlsruhe 24. 8. 1984 – O 15/84 KfH II, IPRspr 1984 Nr 118 A, S 278, 280 m Anm LÖBER RIW 1986, 387; LG Neuruppin 18. 12. 2009 – 2 O 325/05, IPRspr 2009 Nr 149, S 374, 375 und wohl auch LG Aachen IPRspr 1986 Nr 119 A, S 279; LG Kleve IPRspr 1989 Nr 173, S 381) folgen den Pfaden des BGH.

182 **Verstößt** der Devisenkontrakt (Rn 114 ff) nur **teilweise gegen Devisenrecht** eines IWF-Mitgliedstaates, dann kann nach der Rechtsprechung des BGH nur insoweit aus ihm nicht geklagt werden (BGH IPRax 1992, 377 m Anm HESS IPRax 1992, 358 und FUCHS IPRax 1992, 316 = NJW 1993, 1070 betr Zinshöhe; zust KEGEL/SCHURIG, IPR [9. Aufl 2004] 1118; GEIMER 101 Rn 238). Außerhalb Deutschlands wird das oft anders gesehen (**krit** dazu zB aus Sicht des Schweizer Rechts MARTY 152 [„dogmatisch kaum begründbare [...] Abspaltungen der Erfüllungsansprüche in klagbare und nicht klagbare Bereiche“]; abl aus englischer Sicht MANN/PROCTOR [8. Aufl 2022] 414 Rn 15.33 [„It should not be split into enforceable and unenforceable parts .... A different approach both does considerable violence to the text of the Article and is likely to defeat its objective“]).

(2) Folgen

183 Die Einordnung des Begriffs „unenforceable“ als echte Sachentscheidungsvoraussetzung (Rn 179) begünstigt die Erlassstaaten; auf die Gläubiger internationaler „Devisenkontrakte“ wirkt sie sich **oft nachteilig** aus (EBKE, IntDevR 280 ff; EBKE WM 1993, 1169, 1170 ff; zust ELLENBERGER/BUNTE/SCHEFOLD, BankR-HdB [6. Aufl 2022], Bd II, § 100 Rn 149 [„Trotz guter Argumente, die für die Rechtsprechung des BGH sprechen, bleibt ein Unbehagen, weil die Parteien ein erhebliches Risiko bezüglich eines ‚exchange contract‘ auf sich nehmen, wenn sie nicht von vornherein kalkulieren können, ob dieser im Falle einer gerichtlichen oder schiedsgerichtlichen Inanspruchnahme durchsetzbar ist"]; ZIEGLER 206; SCHULZE 541).

(a) Zeitpunkt

Unbefriedigend aus Sicht der Gläubiger internationaler „exchange contracts" sind vor allem die Auswirkungen der Einordnung der „Unklagbarkeit" als Sachentscheidungsvoraussetzung auf die Frage, in welchem Zeitpunkt ein Verstoß (Rn 177) gegen abkommenskonforme (Rn 166 ff) Devisenkontrollbestimmungen (Rn 139 ff) eines IWF-Mitgliedstaates vorliegen muss, damit Art VIII Abschn 2(b) S 1 IWFÜ eingreifen kann. Der maßgebliche Zeitpunkt für das Vorliegen oder Fehlen von Sachentscheidungsvoraussetzungen ist nach dem prozessrechtlichen System in Deutschland der **Zeitpunkt der letzten mündlichen Verhandlung** – uU also bis zur letzten mündlichen Verhandlung in der Revisionsinstanz (BGH IPRspr 1979 Nr 139, S 473, 475; s auch OLG Brandenburg 26. 10. 2005 – 4 U 4/03, openJur 2012, 2561 Rn 51; OLG Düsseldorf NJW 1991, 3095, 3096; OLG München WM 1989, 1282, 1283; OLG Jena OLGR 2009, 750; OLG Köln 8. 6. 2001 – 20 U 133/00, openJur 2011, 15775 Rn 53). Folglich kommt es bei der Entscheidung, ob eine Forderung wegen Art VIII Abschn 2(b) S 1 IWFÜ klagbar ist oder nicht, nicht auf den Zeitpunkt des **Vertragsschlusses** oder den Zeitpunkt der **Klageerhebung** und auch nicht auf den Zeitpunkt der tatsächlichen **Erfüllung** oder den Zeitpunkt der **Vollstreckung** an; entscheidend ist vielmehr, wie sich die Sach- und Rechtslage am Schluss der mündlichen Verhandlung darstellt (OLG Köln 8. 6. 2001 – 20 U 133/00, openJur 2011, 15775 Rn 53 f; EBKE, IntDevR 281; EBKE WM 1993, 1169, 1170; MünchKommBGB/MARTINY Art 9 Anh II Rom I-VO Rn 44; vgl M J MÜLLER 111; SZODRUCH 277; ELLENBERGER/BUNTE/SCHEFOLD, BankR-HdB [6. Aufl 2022], Bd II, § 100 Rn 146; BAARS/BÖCKEL ZBB 2004, 445, 457). 184

Auf dem Boden der von dem II. Zivilsenat des BGH begründeten Rechtsprechung (Rn 179) ist daher eine Unklagbarkeit anzunehmen, wenn ein Vertrag im **Zeitpunkt** des Vertragsschlusses devisenrechtlich unbedenklich war, im Zeitpunkt der letzten mündlichen Verhandlung aber gegen abkommenskonforme (Rn 166 ff) „Devisenkontrollbestimmungen" (Rn 139 ff) eines IWF-Mitgliedstaates verstößt (s dazu näher EBKE RIW 1991, 1, 7; EBKE JZ 1991, 335, 339; SIEHR, IPR [2001] 333; REITHMANN/MARTINY/THODE [9. Aufl 2021] Rn 5.187; vgl MANN/PROCTOR [8. Aufl 2022] 397 Rn 15.27). Vom Standpunkt der deutschen Rechtsprechung aus ist es gleichgültig, ob es sich um nach Vertragsschluss erlassene und bis zum Schluss der mündlichen Verhandlung fortgeltende Devisenkontrollbestimmungen (mit rückwirkendem Geltungsanspruch) handelt oder ob der ausländische Erlassstaat dem IWF erst nach Abschluss des Vertrages beigetreten ist (EBKE, IntDevR 282 f; BGH IPRspr 1962–1963 Nr 163, S 523, 525 ff). Dass erst nach Vertragsschluss erlassene Beschränkungen in der Praxis durchaus vorkommen, haben erst kürzlich die Fälle der **argentinischen** (s dazu OLG Frankfurt NJW 2006, 2931 = IPRax 2007, 331 m Bespr-Aufsätzen von BAARS/BÖCKEL ZBB 2004, 445, SCHEFOLD IPRax 2007, 313 und CRANSHAW DZWiR 2007, 133; s ferner M J MÜLLER 112; SZODRUCH 277; zu weiteren Einzelheiten der Fälle der argentinischen Staatsanleihen s Rn 157 ff sowie KOLLING BKR 2007, 481; MAYER WM 2008, 425; PFEIFFER ZVglRW 102 [2003] 141; TIETJE passim) und der **griechischen** (s dazu Rn 145 ff) **Staatsanleihen** wieder gezeigt. Ähnlich schwierige Fragen stellten sich im Zusammenhang mit dem Zerfall und der Auflösung der UdSSR im Winter 1991 (YIANNI/DE VERA 73 Law & ContempProbs 357, 367–368 [2010]; s dazu näher Rn 188). 185

Umgekehrt beseitigt der **Fortfall** einschlägiger ausländischer Devisenkontrollbestimmungen **vor Ende der letzten mündlichen Verhandlung** die Unklagbarkeit (s dazu grund- 186 legend BGH IPRspr 1971 Nr 116b, S 362, 363 und 364; s auch BGH IPRspr 1979 Nr 139, S 473, 475; BGH IPRspr 1976 Nr 118, S 342, 346; BGH IPRspr 1970 Nr 100, S 327, 329; zust OLG Brandenburg 26. 10. 2005 – 4 U 4/03, openJur 2012, 2561 Rn 50 [betr ersatzlose Streichung einer tschechischen Devisenkontrollvorschrift vor Ende der letzten mündlichen Verhandlung]; OLG Köln 8. 6. 2001 – 20 U 133/00, openJur 2011, 15775 Rn 53 f [betr das Außerkrafttreten einer südafrikanischen Devisenkontrollbestimmung vor Ende der mündlichen Verhandlung]). Art VIII Abschn 2 (b) S 1 IWFÜ kommt nach der Rechtsprechung auch dann nicht zum Zuge, wenn die ausländischen Devisenkontrollbestimmungen im Zeitpunkt der letzten mündlichen Verhandlung zwar noch bestehen, sie aber wegen devisenrechtlich erheblichen Wechsels der Staatsangehörigkeit, **Wohnsitzverlegung** (öOGH 9. 7. 1998 – 20b2364/93b, ECLI:AT:OGH0002:1998:0020OB02364.96B.0709.000; vgl Mann/Proctor [8. Aufl 2022] 397 f Rn 15.27) oder **Genehmigung des Geschäfts** durch die zuständigen Behörden des Erlassstaates im Zeitpunkt der letzten mündlichen Verhandlung nicht mehr eingreifen (BGH IPRspr 1976 Nr 118, S 342, 346; vgl Mann/Proctor [8. Aufl 2022] 397 Rn 15.27; MünchKommBGB/Martiny [8. Aufl 2021] Art 9 Anh II Rom I-VO Rn 45). Die Unklagbarkeit entfällt auch dann, wenn der Erlassstaat im Zeitpunkt des Abschlusses des „Devisenkontraktes" Mitglied des IWF war, im Zeitpunkt der letzten mündlichen Verhandlung dem **Fonds** aber **nicht mehr angehört** (Ebke, IntDevR 258 mwNw; ebenso Reithmann/Martiny/Thode [9. Aufl 2021] Rn 5.186; vgl MünchKommBGB/Martiny Art 9 Anh II Rom I-VO Rn 47 Fn 182 unter Hinweis auf Gold RabelsZ 38 [1974] 683, 685 f). Nach Meinung des BGH soll Art VIII Abschn 2(b) S 1 IWFÜ auch dann nicht mehr anwendbar sein, wenn der inländische Gläubiger vor Ende der mündlichen Verhandlung den Anspruch gegen seinen ausländischen Schuldner an einen Gebietsansässigen im Lande des Schuldners abgetreten hat (BGH IPRspr 1979 Nr 139, S 473, 474).

187 **Versteinerungsklauseln** („petrifaction clauses"), mit denen die Parteien den Rechtszustand im Zeitpunkt des Vertragsschlusses festzuschreiben suchen, sind für Zwecke des Art VIII Abschn 2(b) S 1 IWFÜ unbeachtlich (Ebke IntDevR 282 mwNw; Ebke, in: FS Kleiner [1993] 319 mwNw; zust Marty 97). Berücksichtigt man, dass in Deutschland von dem Eingang einer Zivilklage bei der ersten Instanz bis zu der Entscheidung durch das Revisionsgericht im Durchschnitt über drei Jahre verstreichen (Ebke WM 1993, 1169, 1170 f mwNw; Ebke 27 IntLaw 563, 566 [1993]), wird deutlich, welches **„unkalkulierbare Risiko"** (Reithmann/Martiny/Thode [9. Aufl 2021] Rn 5.187) Parteien eines internationalen „exchange contract" (Rn 114 ff) laufen, wenn man der bisherigen (Rn 179 ff) Lesart der deutschen Gerichte folgt (zur Kritik daran s Rn 194 ff).

188 Das ganze Ausmaß der deutschen Rechtsprechung wird sichtbar, wenn man sich vor Augen führt, dass seit dem **Zusammenbruch der UdSSR** (s dazu Lowenfeld 597 f) viele Staaten auf dem Territorium der ehemaligen UdSSR dem IWF beigetreten sind (Fuchs, Lateinamerikanische Devisenkontrollen 196 Fn 73; Ziegler 207; Marty 98; zur **Ukraine** s Yianni/de Vera 73 Law & ContempProbs 357, 369–371 [2010]; Bauer-Mitterlehner/Fastovets WiRO 2025, 128, 129), die zum Schutze ihrer Zahlungsbilanz und im Interesse ihrer Bestände an ausländischen Währungen den laufenden internationalen Zahlungsverkehr beschränken (instruktive Darstellung des damaligen russischen Devisenrechts bei M Müller WiRO 2006, 193 und 230; M Müller, Russisches Devisenrecht passim; Blöcker 114 ff). Klagen aus „Devisenkontrakten" (Rn 114 ff), welche deutsche Unternehmen oder Einzelpersonen *vor* dem Beitritt dieser Staaten zum IWF mit Personen aus den neuen IWF-Mitgliedstaaten geschlossen haben und auf die Art VIII Abschn 2(b) S 1 IWFÜ bis dahin nicht anwendbar war (Rn 185), müssten nach der 1970 begründeten

Rechtsprechung des BGH zum Tatbestandsmerkmal „unenforceable" (Rn 179) als unzulässig abgewiesen werden (ZIEGLER 207), was auch **verjährungsrechtlich** nicht ohne Folgen bliebe (zu den verjährungsrechtlichen Folgen nach altem Recht s EBKE, IntDevR 284 f; FUCHS, Lateinamerikanische Devisenkontrollen 204 f; REITHMANN/MARTINY/THODE [9. Aufl 2021] Rn 5.188; nach dem zum 1. 1. 2002 geänderten Verjährungsrecht tritt gemäß § 204 Abs 1 Nr 1 BGB auch bei Erhebung einer unzulässigen Klage *zunächst* Hemmung ein, die Hemmung endet aber gem § 204 Abs 2 S 1 BGB 6 Monate nach der rechtskräftigen Entscheidung über die Abweisung der Klage oder anderweitigen Beendigung des eingeleiteten Verfahrens – s SCHULZE 544 Fn 554; REITHMANN/MARTINY/THODE [9. Aufl 2021] Rn 5.188 aE; zu den Anforderungen an eine Auslandsklage zur Hemmung der Verjährung nach § 204 Abs 1 Nr 1 BGB s HEINZE, in: FS Kronke [2020] 161). Der BGH hat zwar 1994 entschieden, dass Art VIII Abschn 2(b) S 1 IWFÜ auf Geschäfte des internationalen Kapitalverkehrs nicht mehr anwendbar ist, sondern nur noch den laufenden internationalen Zahlungsverkehr erfasst (Rn 28 und 117); das über den Anwendungsbereich des Art VIII Abschn 2 (b) S 1 IWFÜ maßgeblich mitentscheidende Merkmal „exchange contract" (Rn 114 ff) wird von den deutschen Gerichten im Vergleich zu den Gerichten anderer wichtiger IWF-Mitgliedstaaten, namentlich Großbritannien (Rn 53) und USA (Rn 76), aber immer noch sehr weit ausgelegt (Rn 116 und 122 ff; s auch OLG Köln 8. 6. 2001 – 20 U 133/00, openJur 2011, 15775 Rn 50). Daraus entstehen transaktionsseitig **Risiken,** die außer Verhältnis zu den Risiken stehen, welche die Parteien eines „Devisenkontraktes" iSv Art VIII Abschn 2 (b) S 1 IWFÜ vor den Gerichten anderer wichtiger IWF-Mitgliedstaaten zu tragen haben (EBKE, in: FS Gold [1990] 90; REITHMANN/MARTINY/THODE [9. Aufl 2021] Rn 5.187). Zu den Fällen der **argentinischen** Staatsanleihen s Rn 145 ff und 185.

Die **Praxis** hat aus der deutschen Rechtsprechung **Konsequenzen** gezogen: Wichtige internationale (Kredit-)Verträge mit *ausländischen* Kreditgebern und Staatsanleihen werden heute häufig New Yorker oder englischem Recht unterstellt (SZODRUCH 283: „[E]s ist nicht zu leugnen, dass das grenzüberschreitende Kapital Jurisdiktionen meiden wird, die auf Grund einer schuldnerfreundlichen Interpretation von Art VIII Abschn [2][b] IWF-Übereinkommen die Durchsetzung von Zahlungsansprüchen erschweren"; s auch IMF, Progress Report on Inclusion of Enhanced Contractual Provisions in International Sovereign Bond Contracts, Sept 2015, S 3 Fn 7 [http://www.imf.org/external/np/pp/eng/2015/091715.pdf.]: „As of July 31, 2015, of the total outstanding stock of international sovereign bonds, approximately 50 per cent are governed by New York law and approximately 46 percent by English law [as a share of nominal principal amount]"). Für Streitigkeiten aus solchen Rechtsgeschäften wird darüber hinaus häufig **New York** oder **London** als **Gerichtsstand** vereinbart (EBKE RIW 1991, 1, 3; EBKE ZVerglRW 92 [1993] 115, 116; HAHN RabelsZ 58 [1994] 194, 197; SANDROCK 21 IntLaw 1, 5 [1987]; s auch REITHMANN/MARTINY/THODE [9. Aufl 2021] Rn 5.183 [„Die dem Gläubiger nachteiligen Folgen der bisherigen Rechtsprechung sind ein entscheidendes Hindernis für eine Gerichtsstandsvereinbarung oder für eine Schiedsgerichtsvereinbarung in ‚exchange contracts' zugunsten des Forums Deutschland"]; vgl LITVACK 13 FordhamJCorp & FinL 805, 825 [2008] [„The United States, and more specifically, New York, seems like the natural choice"]). Der Gesetzgeber New Yorks hat auf kollisions- und prozessrechtlichem Gebiet schon früh vieles getan, damit das auch so bleibt (EBKE, IntDevR 216 ff; EBENROTH/TZESCHLOCK IPRax 1988, 197; JAYME/NICOLAUS IPRax 1987, 131; LITVACK 13 FordhamJCorp & FinL 805, 827 [2008]). 189

(b) Behauptungs- und Beweislast

Die Einordnung des Begriffs der „Unklagbarkeit" als echte Sachentscheidungsvoraussetzung hat auch Auswirkungen auf die Behauptungs- und Beweislastverteilung 190

(LG Neuruppin 18. 12. 2009 – 2 O 325/05, IPRspr 2009 Nr 149, S 374, 375; eingehend Ebke, IntDevR 284; Ebke WM 1993, 1169, 1171 f; Ebke JZ 1991, 335, 338; Reithmann/Martiny/Thode [9. Aufl 2021] Rn 5.186; M J Müller 111). Die Behauptungs- und Beweislast für Sachentscheidungsvoraussetzungen liegt nach deutschem Recht bei derjenigen Partei, die ein ihr günstiges Sachurteil erstrebt; das ist **regelmäßig der Kläger** (LG Neuruppin 18. 12. 2009 – 2 O 325/05, IPRspr 2009 Nr 149, S 374, 375; Ebke, IntDevR 283 f). Bei einem Verzichtsurteil (§ 306 ZPO) und bei einem Versäumnisurteil gegen den Kläger (§§ 330, 335 Abs 1 Nr 1 ZPO) liegt die Behauptungs- und Beweislast für die von Amts wegen (Rn 179) zu berücksichtigenden (echten) Sachentscheidungsvoraussetzungen dagegen bei dem Beklagten (Ebke WM 1993, 1169, 1171 Fn 40 mwNw; Reithmann/Martiny/Thode [9. Aufl 2021] Rn 5.186). Wenn man – wie der BGH (Rn 179 f) – „Unklagbarkeit" iSv Art VIII Abschn 2(b) S 1 IWFÜ als echte Sachentscheidungsvoraussetzung begreift, verlagert man das **Prozessrisiko** also zwangsläufig auf den Gläubiger, der darlegen und im Bestreitensfall beweisen muss, dass seine Forderung „nicht unklagbar" ist (vgl OLG Düsseldorf OLGR 1992, 37; Geimer 101 Rn 238; vgl M J Müller 111). Das mutet **merkwürdig** an, wenn man bedenkt, dass der Gläubiger mit den devisenrechtlichen Gegebenheiten im ausländischen Erlassstaat typischerweise weniger vertraut ist als der dem Erlassstaat angehörige beklagte Schuldner (aus gutem Grund verpflichtet Art 54 UNCITRAL-KÜbk die Parteien, alle Maßnahmen zu treffen und Formalitäten zu erfüllen, welche erforderlich sein können, damit die Zahlung geleistet werden kann; gedacht ist dabei vor allem an die Einholung notwendiger Devisenausfuhrbewilligungen im Schuldnerstaat durch den Schuldner – s MünchKommBGB/Martiny Art 9 Anh II Rom I-VO Rn 49; Stoffel SchwJZ 1990, 169, 176). Hinzu tritt, dass der Gläubiger nach dem – völkerrechtlich allein verbindlichen (Rn 86) – englischen Wortlaut des Art VIII Abschn 2(b) S 1 IWFÜ die Behauptungs- und Beweislast für das Vorliegen der Klagbarkeitsvoraussetzungen gar nicht tragen soll und sie nach überwiegender Ansicht der Rechtsprechung von IWF-Mitgliedstaaten mit **Common Law-Tradition** im Allgemeinen auch nicht trägt (zu Einzelheiten s Ebke, IntDevR 284; Ebke RIW 1991, 1, 6; Ebke JZ 1991, 335, 338; zust Wegen 62 FordhamLRev 1931, 1941 [1994]; Rautner 29).

191 Befürworter der prozessrechtlichen Einordnung des Begriffs „unenforceable" räumen ein, dass die **Behauptungs- und Beweislastverteilung** infolge der Rechtsprechung des BGH im krassen Gegensatz zu der Behauptungs- und Beweislastverteilung in IWF-Mitgliedstaaten mit Common Law-Tradition steht und „eine internationale Angleichung von Beweislastverteilungen im internationalen Wirtschaftsverkehr" „sehr wünschenswert" sei (Ehricke RIW 1991, 365, 371). Die Behauptungs- und Beweislastverteilung aufgrund der deutschen Rechtsprechung sei jedoch eine „Ausprägung des Schutzgedankens" des Art VIII Abschn 2(b) S 1 IWFÜ (Ehricke RIW 1991, 365, 371). Es muss nachdenklich stimmen, dass bei dieser Argumentation das Ziel jeden international vereinheitlichten Rechts: nämlich die einheitliche Auslegung und Anwendung des Einheitsrechts (vgl Art 36 EGBGB aF; Art 18 EVÜ; Art 7 Abs 1 UNCITRAL-KÜbk; Linhart passim), auf der Strecke bleibt und dass selbst so glühende Verfechter eines weitgehenden Schutzes der Erlassstaaten wie der frühere Leiter der Rechtsabteilung des IWF, Gold, die Behauptungs- und Beweislastverteilung nach der Rechtsprechung des BGH als **über das Ziel** des Art VIII Abschn 2(b) S 1 IWFÜ **hinausschießend** kritisieren (Gold, The Fund Agreement III 267 ff).

(c) Unbegründete Ansprüche

192 **Ungereimtheiten** ergeben sich im internationalen Vergleich auch hinsichtlich solcher Klagen, die bei Geltung deutschen Rechts nach allgemeinen bürgerlich-rechtlichen

Grundsätzen (zB wegen beschränkter oder fehlender Geschäftsfähigkeit einer Vertragspartei) als unbegründet abgewiesen werden müssten (Ebke WM 1993, 1169, 1172). Da die deutschen Gerichte nach der bisherigen Rechtsprechung des BGH aber an einer Sachentscheidung gehindert sind (Rn 179 ff), müssen sie dem Schutz ausländischer Erlassstaaten einen höheren Stellenwert einräumen als beispielsweise dem Schutz Geschäftsunfähiger (§§ 104, 105 BGB) und beschränkt Geschäftsfähiger (§§ 106–113 BGB; Ebke, IntDevR 285 f; Ebke JZ 1991, 335, 338; insoweit zust Marty 236).

(d) Sicherungsgeschäfte

Noch weithin ungeklärt sind außerdem die Auswirkungen der Einordnung als Sachentscheidungsvoraussetzung auf **akzessorische Sicherungsgeschäfte**, dingliche Sicherheiten, Hilfsgeschäfte, die eine unklagbare Forderung im Sinne des Art VIII Abschn 2(b) S 1 IWFÜ befestigen sollen (zB deklaratorische bzw abstrakte Schuldanerkenntnisse, Schuldversprechen, Schuldübernahmen, Vereinbarungsdarlehen, Wechsel- und Scheckverbindlichkeiten, Bürgschaften, Garantieverträge, Sicherungsübereignungen, Grundschulden, Hypotheken uä), und Aufrechnungsfälle (s dazu Ebke, IntDevR 288 ff; Kegel/Schurig, IPR [9. Aufl 2004] 1117 f und Rn 210). Soweit sich die Gerichte mit den damit zusammenhängenden Fragen beschäftigt haben, mussten sie in allgemeinen Aussagen, fragwürdigen Analogien und **bedenklichen Konstruktionen** Zuflucht suchen, die die prozessuale Einordnung des Tatbestandsmerkmals „unenforceable" nur noch zweifelhafter erscheinen lassen (Ebke WM 1993, 1169, 1172; s auch Soergel/vHoffmann [12. Aufl 1996] Art 34 EGBGB Rn 154 [zur Bürgschaft]). 193

(3) Kritik

Wegen dieser und anderer Probleme stößt die Auslegung und Anwendung des Begriffs „unenforceable" durch die deutschen Gerichte in der Literatur (Rn 195 ff), aber auch in der Rechtsprechung (Rn 203 ff) zunehmend auf **Widerspruch**. 194

(a) Literatur

Die prozessuale Einordnung der „Unklagbarkeit" als (echte) Sachentscheidungsvoraussetzung (Rn 179) durch die deutschen Gerichte (Rn 179 ff) stieß erstmals 1990 auf grundlegende **Kritik** (Ebke, IntDevR 293 ff [für materiellrechtliche Einordnung als „unvollkommene Verbindlichkeit"]; s auch Rn 206). In der nach 1990 erschienenen Literatur findet die Rechtsprechung nur noch **geringen Rückhalt** (uneingeschränkt zust ersichtlich nur noch Hinsch/Horn 118 und Gehrlein DB 1995, 129; mit Recht kritisch zu Gehrleins Ausführungen Reithmann/Martiny/Thode [9. Aufl 2021] Rn 5.189 Fn 10 [„tendenziell polemisch" und „insgesamt missglückt"]; vorsichtiger mit seiner Bewertung der prozessualen Einordnung als Sachentscheidungsvoraussetzung Ehricke RIW 1991, 365, 371, der der Ansicht ist, die prozessrechtliche Lösung des BGH „scheine" den Interessen der verschiedenen Parteien „alles in allem" gerecht zu werden und zu gut vertretbaren Ergebnissen zu führen; s auch Staudinger/K Schmidt [1997] Vorbem E 34 zu § 244, der die prozessuale Einordnung als „in dogmatischer Hinsicht ... zweifelhaft" und die materiellrechtliche Einordnung als „besser geeignet" bezeichnet, aus Gründen der „Praktikabilität" [!] aber an der prozessualen Lösung festhalten will. Aufgrund zahlreicher Besonderheiten des Schweizer Rechts hält Marty die Einordnung der „unenforceability" als „unvollkommene Verbindlichkeit" in der Schweizer Rechtsordnung für „nicht sach- und interessengerecht" [Marty 160]). 195

Selbst solche Autoren, die die prozessrechtliche Konstruktion als Sachentscheidungsvoraussetzung grundsätzlich für richtig halten, lehnen die Konsequenzen der höchstrichterlichen Rechtsprechung – namentlich die **rückwirkende Erfassung** von „ex- 196 change contracts" (Rn 185, 203 und 209) – ab (s dazu näher Ebke WM 1993, 1169, 1172 ff mwNw). So bescheinigen Ebenroth/Neiss (RIW 1991, 617, 624) der deutschen Rechtsprechung, die Auslegung des Begriffs „unenforceable" im Sinne einer Sachentscheidungsvoraussetzung stelle „dogmatisch die richtige Lösung" dar. Sie räumen dann aber ein, dass die Lösung des BGH „vom Ergebnis her betrachtet nicht vollends überzeugen" kann (Ebenroth/Neiss RIW 1991, 617, 624; ebenso Ellenberger/Bunte/Schefold, BankR-HdB [6. Aufl 2022], Bd II, § 100 Rn 146 [„problematisch"]; der Rechtsprechung des BGH dagegen ausdrücklich zustimmend Hinsch/Horn 118, „weil nur so das erklärte Ziel der IWF-Mitglieder, ihren Devisenvorschriften gegenseitig Geltung zu verschaffen, erreicht werden" könne). Ebenroth/Neiss raten der deutschen Rechtsprechung daher, ihre **Ansicht** zu **überdenken** (Ebenroth/Neiss RIW 1991, 617, 625). Der BGH solle „entweder nachträglich erlassene Devisenkontrollvorschriften vom Anwendungsbereich des Art VIII Abschn 2(b) IWF-Abkommen ausnehmen oder den Gläubigern zumindest bereicherungsrechtliche Ansprüche zugestehen" (Ebenroth/Neiss RIW 1991, 617, 625; **aA** Marty 94, der der Ansicht ist, dass sich aus der „Zielsetzung des Abkommens ergibt, dass eine Berücksichtigung auch ‚nachträglich' erlassener Devisenerlasse Beachtung finden muss"; ähnlich MünchKommBGB/Martiny Art 9 Anh II Rom I-VO Rn 46, der aber „im Einzelfall" bei „willkürlichen oder diskriminierenden Maßnahmen" den Rückgriff auf den *ordre public* für zulässig hält, was nicht unumstritten ist [Rn 98]). Wie die deutschen Gerichte auf dem Boden der für „dogmatisch richtig" befundenen prozessualen Einordnung der „Unklagbarkeit" nach Abschluss eines „Devisenkontraktes" erlassene Devisenkontrollbestimmungen aus dem Anwendungsbereich des Art VIII Abschn 2(b) S 1 IWFÜ ausnehmen sollen, bleibt allerdings offen (offengelassen auch in Ebenroth, Banking on the Act of State 69 f). Wenn man „unenforceability" prozessual als Sachentscheidungsvoraussetzung begreift, ist die Forderung von Ebenroth/Neiss (RIW 1991, 617, 624) nicht zu verwirklichen. Das gilt auch für die Ansicht von Unteregge (53), der einerseits die prozessuale Einordnung des Begriffs „unenforceable" für zutreffend hält, andererseits auf den Zeitpunkt des Vertragsschlusses abstellen will (s auch Gehrlein DB 1995, 129, 132). Mit dem geltenden deutschen Zivilprozessrecht ist das nicht zu machen (Ebke WM 1993, 1169, 1173; Ebke RIW 1993, 613, 625; zust Reithmann/Martiny/Thode [9. Aufl 2021] Rn 5.190).

197 Uneingeschränkte **Kritik** an der Auslegung des Begriffs „unenforceable" im Sinne einer echten Sachentscheidungsvoraussetzung findet sich bei Seuss, Exterritoriale Geltung von Devisenkontrollen (1991). Die Autorin kommt nach sorgfältiger Abwägung des Für und Wider zu dem Ergebnis, dass die Nachteile der prozessrechtlichen Einordnung die Vorteile der Lösung des BGH überwiegen (Seuss 120 ff). Die Vorverlagerung der Frage des Einflusses von Devisenrecht auf einen Vertrag und dessen Erfüllung in die Sachentscheidungsvoraussetzungen mute **„künstlich und systemwidrig"** an (Seuss 127). Ehlers-Munz (115) äußert ebenfalls Zweifel, ob die Einordnung des Begriffs „unenforceable" als echte Sachentscheidungsvoraussetzung „dogmatisch stimmig" ist; sie schlägt vor, auf das Rechtsinstitut der Stundung zurückzugreifen (zust aus Sicht des Schweizer Rechts Marty 156). Puttfarken (RabelsZ 54 [1990] 605, 608) hält die von der nicht authentischen deutschen Fassung des Art VIII Abschn 2(b) S 1 IWFÜ („kann nicht geklagt werden") ausgehende deutsche Rechtsprechung zum Merkmal „unenforceable" für **„offenkundig falsch"**; die Übersetzung könne „unmöglich stimmen", da Art VIII Abschn 2(b) S 1 IWFÜ sich zuvörderst an die Verwaltung und nur in letzter Linie an die Gerichte wende. Ablehnend äußert sich auch Fuchs; sie hält die prozessuale Einordnung unter Berufung auf F A Mann (Mann, The Legal Aspect of Money [5. Aufl 1992] 393 f; in der 8. Aufl des von Proctor fortgeführten Werkes von Mann wird Mann's Ansicht allerdings ausdrücklich aufgegeben; PROCTOR spricht sich für eine Qualifikation des Merkmals „unenforceable“ als „procedural rule“ iSd des englischen Rechts aus [MANN/PROCTOR [8. Aufl 2022] 388 Rn 15.06, 397 Rn 15.27 und 412 f Rn 15.33] – dazu näher Rn 179) nach „wörtlicher und historischer Auslegung“ mit dem Text des Art VIII Abschn 2(b) S 1 IWFÜ für unvereinbar (FUCHS IPRax 1992, 361 f; unentschieden aber FUCHS, Lateinamerikanische Devisenkontrollen 199 f). HERDEGEN (11. Aufl 2017, 367) betont, dass der „Wortlaut von Art VIII Abschnitt 2 *lit* b des IWF-Abkommens für die Annahme einer wirksamen, nicht gerichtlich durchsetzbaren Verpflichtung“ spricht. SCHULZE lehnt die von F A MANN befürwortete Annahme einer materiellen Unwirksamkeit des gegen IWF-konformes Devisenkontrollrecht verstoßenden Rechtsgeschäfts in Gestalt der Vertragsnichtigkeit (Rn 179) ebenfalls ab (ebenso GOLD, in: HORN [Hrsg], The Law of International Trade Finance [1989] 65, 90: „Unenforceability does not mean invalidity or illegality“) und hält „innerhalb der materiell-rechtlichen Theorie“ die (von EBKE, IntDevR 296 ff begründete) Lehre von der „**Naturalobligation** (unvollkommene Verbindlichkeit)“ für „**vorzugswürdig**“ (SCHULZE 542 f; zust M J MÜLLER 113 ff). Für eine materiellrechtliche Umsetzung des Begriffs „unenforceable“ in Art VIII Abschn 2(b) S 1 IWFÜ sei die Naturalobligation (unvollkommene Verbindlichkeit) **„systematisch die richtige Rechtsfigur“** (SCHULZE 545). Für die Anerkennung als „Naturalobligation“ sprächen „die besseren Gründe“ (SCHULZE 21).

Unmissverständlich ist auch die Stellungnahme von SIEHR (IPR 333): „Bislang hat man [in dem Begriff ‚unenforceable‘] ein Prozesshindernis gesehen. Richtig dagegen dürfte sein und mit dem internationalen Verständnis des Abkommens eher übereinstimmen, dass solche Verträge zwar gültig, jedoch keine klagbaren Ansprüche geben (EBKE 293 ff)“. BAARS/BÖCKEL kritisieren an der prozessualen Einordnung des Begriffs „unenforceable“ unter Hinweis auf den Fall der argentinischen Staatsanleihen (Rn 185 und 202), dass es **„wenig sachgerecht“** sei, nachträglichen Beschränkungen mit Hilfe von Art VIII Abschn 2(b) S 1 IWFÜ Geltung zu verschaffen (**aA** MARTY 94, der der Ansicht ist, dass sich aus der Zielsetzung des Abkommens ergibt, „dass eine Berücksichtigung auch ‚nachträglich‘ erlassener Devisenerlasse Beachtung finden muss“; s dazu auch Rn 200). Das ermögliche es dem Erlassstaat, die „Vertragsbedingungen später eigenmächtig zu Lasten der anderen Partei zu ändern“ (BAARS/BÖCKEL ZBB 2004, 445, 457; vgl SCHEFOLD IPRax 2007, 313, 316). Durch die erforderliche Zustimmung des IWF zu neuen Devisenkontrollbeschränkungen werde den Interessen der anderen Partei nicht Rechnung getragen, da der Fonds nicht die **Interessen Privater** vertrete (BAARS/BÖCKEL ZBB 2004, 445, 457; krit zu einer solchen Argumentation MünchKommBGB/MARTINY Art 9 Anh II Rom I-VO Rn 39). SZODRUCH (278) betont, dass die Systematik des IWF-Übereinkommens dafür spreche, „das Vertrauen der Parteien eines Devisenkontrakts in die Wirksamkeit ihrer Vereinbarung zu schützen und nicht durch die Anerkennung *ex post* erlassener Devisenkontrollen zu unterminieren“. TIETJE (10) warnt ebenfalls vor den „zum Teil **willkürlich anmutenden Konsequenzen**“ der prozessualen Einordnung des Begriffs „unenforceable“ im Hinblick auf die Fälle nach Vertragsschluss in Kraft gesetzter Devisenkontrollbestimmungen. Dass der Kläger bei der prozessualen Lösung auch noch die Behauptungs- und Beweislast für die Einhaltung der IWF-Vorgaben trage (Rn 190), überzeuge ebenfalls nicht (TIETJE 10). 198

1990 hat PALM (RIW 1990, 485, 489) betroffenen deutschen Unternehmen vorgeschlagen, sie sollten die nachteiligen Wirkungen der deutschen Rechtsprechung zu Art VIII Abschn 2(b) S 1 IWFÜ dadurch zu vermeiden suchen, dass sie sich „vertragsgestalterisch die Option verschaff(en), in einem Nichtmitgliedstaat des IWF zu kla- 199 gen". Der von Palm in diesem Zusammenhang aufgezeigte Lösungsweg über eine **Klageerhebung in der Schweiz** ist seit dem Beitritt der Schweiz zum IWF am 29. 5. 1992 (Rn 28) allerdings wohl versperrt, auch wenn noch nicht feststeht, wie das Schweizer Bundesgericht Art VIII Abschn 2(b) S 1 IWFÜ allgemein und die Rechtsfolgeanordnung („unenforceable") im Besonderen auslegen und anwenden wird (zu Einzelheiten s Ebke, in: FS Kleiner [1993] 303; Dasser, in: Honsell/Vogt/Schnyder/Berti [Hrsg], BaslerKomm/IPR [2. Aufl 2007] Art 147 Rn 26 ff; Klein, in: Études de droit international en l'honneur de Pierre Lalive [1993] 261; Mann SZW/RSDA 1992, 34; Saxer, in: FG Schweiz Juristentag 1994 [1994] 329; Vischer/Huber/Oser, Internationales Vertragsrecht [2. Aufl 2000] Rn 997–1002; zu allen Einzelheiten s zuletzt Huguenin passim; Marty passim).

200 Aus Sicht der **Schweiz** haben Vischer/Huber/Oser (Internationales Vertragsrecht [2. Aufl 2000] Rn 999) die Ansicht vertreten, dass ein „Nichteintretensentscheid wegen mangelnder Prozessvoraussetzung" „wenig sinnvoll" ist. Es sei sicherzustellen, „dass nur Beschränkungen, die im Zeitpunkt des Vertragsschlusses bereits bestanden, zu beachten sind" (s auch Vischer, Geld- und Währungsrecht [2009] 213 f). Kleiner (155) hat die rückwirkende Anwendung des Art VIII Abschn 2(b) S 1 IWFÜ auf bestehende Verträge schon vor dem Beitritt der Schweiz zum IWF als „äusserst stossend" bezeichnet (**aA** Marty 94, der der Ansicht ist, dass sich aus der „Zielsetzung des Abkommens ergibt, dass eine Berücksichtigung auch ‚nachträglich' erlassener Devisenerlasse Beachtung finden muss"). Saxer (in: FG Schweizer Juristentag 1994 [1994] 349) hat vorgeschlagen, die Lösung in einer „Vertragsmodifikation aufgrund des hypothetischen Parteiwillens" bzw einer „Liquidation des Vertragsverhältnisses durch die Rückabwicklung des Vertrages in teilweiser Analogie zu den Bestimmungen über den Schuldnerverzug" zu suchen. Marty hat die Ansicht vertreten, dass die prozessrechtliche Einordnung des Begriffs „unenforceable" aufgrund der **Besonderheiten des Schweizer Rechts** „gewichtige Nachteile" mit sich bringe und sich daher „kaum als adäquates Verständnis für die Schweiz" eigne (Marty 152). Andererseits seien die diskutierten materiellrechtlichen Auffassungen bzgl des Tatbestandsmerkmals „unenforceable" (zB Nichtigkeit, Unmöglichkeit, Vertragsrücktritt) ebenfalls nicht „geeignet, eine sachgerechte Lösung zu erzielen, die einem effektiven Gläubigerschutz gleichkommt und die wirtschaftlichen Interessen der Schweiz angemessen berücksichtigt" (Marty 152). Die Qualifikation als „unvollkommene Verpflichtung" bringe „hauptsächlich Nachteile betreffend Sicherungs- und Hilfsgeschäfte mit sich", verunmögliche „eine bereicherungsrechtliche Rückforderung" und führe „bei einem Teilverstoss zu dogmatisch kaum begründbaren Abspaltungen der Erfüllungsansprüche in klagbare und nicht klagbare Bereiche" (Marty 152). Die unlängst von Huguenin (112) vorgeschlagene Lösung mit Hilfe einer Nichtigkeit des „exchange contract" über die *lex fori* (Art 20 OR) greife „tief in die materiellrechtliche Vertragsgrundlage ein" und führe „zu einem definitiven Anspruchsverlust des Gläubigers" (Marty 152). Überdies bestehe die „Gefahr, dass ein Gläubiger nach Bereicherungsrecht keine Rückforderung geltend machen könnte" (Marty 152). „Solch negative Auswirkungen auf die Wirtschaft" seien „weder akzeptabel noch nach dem IWF-Abkommen gefordert" (Marty 152). Die Lösung für die Schweiz **(„Mittelweg")** sieht Marty in der Einordnung des Begriffs „unenforceable" als Vollstreckungshindernis (Marty 154 ff), materiellrechtlich als „Stundung" (Marty 160 ff; in diesem Sinne bereits Ehlers-Munz 115 – Rn 197).

201 Noch weiter geht der Vorschlag von F A Mann: Er hat Deutschland nahegelegt, Art VIII Abschn 2(b) S 1 IWFÜ „aus dem internen Recht [zu] entfernen" (Mann JZ 1991,

614, 615). Die Lösung sieht MANN in der teilweisen Beendigung des IWF-Übereinkommens oder der **Suspendierung** des Art VIII Abschn 2(b) S 1 IWFÜ „in Anlehnung an Art 44(3) iVm Art 62 der **Wiener Konvention** über Staatsvertragsrecht" (MANN JZ 1991, 614, 615). In dieselbe Richtung zielen die Überlegungen von ADEN (WuB VII B 2.-2.92; ADEN Blick durch die Wirtschaft v 13. 10. 1991, S 9). Die Voraussetzungen der Wiener Vertragsrechtskonvention für eine teilweise Beendigung oder Suspendierung des Art VIII Abschn 2(b) S 1 IWFÜ liegen aber nicht vor (zu Einzelheiten s EBKE WM 1993, 1169, 1173 f mwNw; zust FUCHS, Lateinamerikanische Devisenkontrollen 222 ff). MANN selbst nennt seine Überlegungen bezeichnenderweise denn auch **„völkerrechtlich bedenklich"** (MANN JZ 1991, 614, 615).

Offene Ablehnung erfährt die prozessrechtliche Einordnung (Rn 179 ff) auch in literarischen **Stellungnahmen hoher deutscher Richter.** Der ehemalige Stellvertretende Vorsitzende des VII. Zivilsenats des BGH THODE hält die prozessuale Einordnung der Rechtsfolgeanordnung des Art VIII Abschn 2(b) S 1 IWFÜ für „missglückt" (THODE ZBB 1993, 53, 54), weil sie „keine geeignete Grundlage" dafür biete, die Rechtsfragen zu klären, die sich im Zusammenhang mit akzessorischen Sicherungsrechten, dinglichen Sicherheiten sowie Hilfsgeschäften ergeben, die zur Sicherung unklagbarer Forderungen gewährt worden sind (s auch Rn 193 und 210); entsprechendes gelte für die Aufrechnungsfälle (THODE RabelsZ 56 [1992] 382, 385; siehe auch REITHMANN/MARTINY/THODE [9. Aufl 2021] Rn 5.190 ff). Der frühere Richter des Bundesverfassungsgerichts BROSS (WM 1992, 83, 84) verweist auf die **Prozessrisiken,** die die prozessuale Einordnung vor deutschen Gerichten für den Kläger mit sich bringe und die zu den vergleichbaren Prozessrisiken von Klägern in anderen IWF-Mitgliedstaaten außer Verhältnis stünden (ähnlich ELLENBERGER/BUNTE/SCHEFOLD, BankR-HdB [6. Aufl 2022], Bd II, § 100 Rn 149, der der Ansicht ist, es bleibe ein „Unbehagen, weil die Parteien ein erhebliches Risiko bezüglich eines ‚exchange contract' auf sich nehmen, wenn sie nicht von vornherein kalkulieren können, ob dieser im Falle einer gerichtlichen oder schiedsgerichtlichen Inanspruchnahme durchsetzbar ist"). In seiner Entscheidung vom 8. 5. 2007 zu argentinischen Staatsanleihen nimmt das **BVerfG** (BVerfGE 118, 124 = IPRax 2008, 427) Bezug auf das Schreiben des Bundesministers der Justiz vom 30. 12. 2003, in dem betont wird, dass die „fehlende Einklagbarkeit" von Ansprüchen nach Art VIII Abschn 2(b) S 1 IWFÜ der Entscheidungserheblichkeit der Vorlagefrage nicht entgegenstehe. Da die Vorlagefrage die Frage betraf, ob ein Staat gegenüber Privatpersonen berechtigt ist, die Erfüllung fälliger privatrechtlicher Zahlungsansprüche unter Berufung auf den wegen Zahlungsunfähigkeit erklärten Staatsnotstand zeitweise zu verweigern, musste das BVerfG auf Art VIII Abschn 2 (b) S 1 IWFÜ nicht eingehen und sich schon gar nicht auf eine bestimmte Lösung bezüglich der Auslegung des Begriffs der „Unklagbarkeit" festlegen. S auch Rn 188, 197 und 200. **202**

(b) Hanseatisches Oberlandesgericht

Die **unerträgliche Konsequenz** der prozessualen Einordnung der „Unklagbarkeit", dass ein bei seinem Abschluss devisenrechtlich unbedenklicher „Devisenkontrakt" (Rn 184 ff) infolge des späteren Erlasses von Devisenkontrollbestimmungen (Rn 205 ff) oder des späteren Beitritts eines ausländischen Erlassstaates zum IWF nachträglich unklagbar werden kann (Rn 185), ist auch beim HansOLG auf Widerspruch gestoßen. Das Gericht spricht sich in einem **obiter dictum** dafür aus, die Regelung des Art VIII Abschn 2(b) S 1 IWFÜ „nur gelten zu lassen, wenn ihre Voraussetzungen zur Zeit des Vertragsschlusses gegeben waren (und bis zum Schluss der mündlichen Verhand- **203** lung fortbestanden haben)" (HansOLG WM 1992, 1941, 1943 = IPRax 1993, 170 = RIW 1993, 68 = WuB VII B 2.-1.93 m Anm Reithmann; zu Einzelheiten der Entscheidung s Ebke RIW 1993, 613; Ebenroth/Woggon IPRax 1993, 151; Sandrock WM 1994, 405, 413; zu der Revisionsentscheidung [„Bulgarien-Entscheidung"] s Rn 83, 117 und 119). Mit seiner Forderung, es sei auf den Zeitpunkt des Vertragsschlusses und nicht auf den Zeitpunkt der letzten mündlichen Verhandlung abzustellen, lehnt das HansOLG die im Jahre 1970 begründete Rechtsprechung des BGH (Rn 179) der Sache nach ebenfalls ab; denn bei rechtlicher Einordnung der „unenforceability" als echte Sachentscheidungsvoraussetzung ist die Forderung des HansOLG nicht zu verwirklichen (Rn 196 aE; s ferner Ebke WM 1993, 1169, 1173; zust Reithmann/Martiny/Thode [9. Aufl 2021] Rn 5.190. Vgl Schefold IPRax 2007, 313, 316 [zu OLG Frankfurt 13. 6. 2006, NJW 2006, 2931, 2931 f, wo es aber letztlich um die Frage der Abkommenskonformität des fraglichen argentinischen Zahlungsmoratoriums und nicht so sehr um das Problem des maßgeblichen Zeitpunkts geht]).

(c) BGH

204 In der neueren höchstrichterlichen Rechtsprechung finden sich deutliche Hinweise, die auf eine Änderung der bisherigen Rechtsprechung (Rn 179 ff) schließen lassen (Grossfeld, in: Ebke/Kirchhof/Mincke [Hrsg], Sprache und Recht – Recht und Sprache [2009] 54 Fn 9). Der **IX. Zivilsenat des BGH** hat bereits Ende 1991 angedeutet, dass er die von dem II. Zivilsenat des BGH im Jahre 1970 begründete und von anderen Zivilsenaten des BGH übernommene Auslegung des Merkmals „unenforceable" für korrekturbedürftig hält (BGH BGHZ 116, 77, 84 = WM 1992, 87, 90 = WuB VII A § 38 ZPO 2.92 m Anm Thode = EWiR 1992, 203 m Anm Geimer = IPRax 1992, 377 m Anm Fuchs IPRax 1992, 361 und Hess IPRax 1992, 358; Sandrock WM 1994, 405, 413; eingehend Ebke WM 1993, 1169; s auch Wegen 62 FordhamLRev 1931, 1941 [1994] [„Luckily there are signs that the situation may change in Germany, particularly due to the scholarly work of Professor Ebke – that is, that section 2(b) may be looked upon as a defense which is based on the concept of an imperfect obligation"]). Da die Frage aber nicht entscheidungserheblich war, ließ der Senat ausdrücklich offen, ob er einer neueren Meinung im Schrifttum (Rn 195 und Rn 206) folgend den Begriff „unenforceable" im Sinne einer **unvollkommenen Verbindlichkeit** verstanden wissen will (ebenfalls offenlassend OLG Köln 8. 6. 2001 – 20 U 133/00, openJur 2011, 15775 Rn 52) oder ob er als einen „mittleren Weg" zwischen dieser Lehrmeinung und der bisherigen Auffassung des BGH die Einordnung des Merkmals als „prozesshindernde Einrede" vorziehen würde (BGH WM 1992, 87, 90; kritisch zu der Idee, die Unklagbarkeit als „prozesshindernde Einrede" zu begreifen, Ebke WM 1993, 1169, 1174; aus Sicht des schweizerischen Rechts s Marty 120).

205 Unter Hinweis auf die „in der neueren Literatur vertretene Rechtsmeinung" (Rn 195 und Rn 206 ff) hat sich auch der **II. Zivilsenat des BGH** in seiner Bulgarien-Entscheidung (BGH 8. 11. 1993 – II ZR 216/92, NJW 1994, 390 = RIW 1994, 151 = WM 1994, 54 = WuB VII B 2.-1.94 m Anm Thode; s auch die Bespr-Aufsätze von Ebke WM 1994, 1357; Ebke 28 IntLaw 671 [1994]; Ebenroth/Müller RIW 1994, 269; Ebenroth/Woggon IPRax 1994, 276; K Schmidt ZGR 1994, 665) von seiner bisherigen Rechtsprechung zur Auslegung des Begriffs „unenforceable" distanziert und die Möglichkeit in Betracht gezogen, dass Art VIII Abschn 2(b) S 1 IWFÜ nicht die Zulässigkeit einer Klage berührt, sondern lediglich materiellrechtlich dahingehend zu interpretieren ist, dass die Vorschrift mit Devisenkontrollbestimmungen nicht im Einklang stehende Devisenkontrakte zu **unvollkommenen Verbindlichkeiten** ausgestaltet, die keine durchsetzbaren Ansprüche begründen. Letztlich hat der II. Zivilsenat des BGH die Frage mangels Entscheidungserheblichkeit offen gelassen; er hat allerdings deutlich gemacht, dass nach wie vor Ansprüche, welche mit abkommenskonformen Devisenkontrollbestimmungen der Mitgliedstaaten nicht in Einklang stehen, keine durchsetzbaren Ansprüche begründen (im Hinblick auf die Entscheidung des II. Zivilsenats des BGH die Frage mangels Entscheidungserheblichkeit ebenfalls offenlassend **OLG Köln** 8. 6. 2001 – 20 U 133/00, openJur 2011, 15775 Rn 52; das **BVerfG** nimmt in seiner Entscheidung zu argentinischen Staatsanleihen [BVerfG 8. 5. 2007, BVerfGE 118, 124 = IPRax 2008, 427] die „neutrale" Formulierung des Bundesministers der Justiz auf, der in seiner Stellungnahme von der „fehlenden Einklagbarkeit" von Ansprüchen nach Art VIII Abschn 2[b] S 1 IWFÜ spricht; weder der Bundesminister der Justiz noch das BVerfG mussten sich in casu auf eine bestimmte Lösung für die Auslegung des Begriffs der „Unklagbarkeit" festlegen, weil es in der Sache vor dem BVerfG um die Zulässigkeit der Geltendmachung des Staatsnotstands durch Argentinien gegenüber Ansprüchen Privater und nicht um die Berücksichtigung von Devisenkontrollbestimmungen ging – Rn 202). Der ausdrückliche Hinweis des II. und des IX. Zivilsenats des BGH auf die Fragwürdigkeit der bisherigen Auslegung des Begriffs „unenforceable" durch die deutsche Rechtsprechung ist ein **wichtiges Zeichen**, auch wenn es sich dabei in beiden Entscheidungen lediglich um ein obiter dictum handelt. Obiter dicta dieser Art dienen nämlich dazu, „Änderungen in der Rechtsprechung anzukündigen, die als notwendig erkannt worden sind" (Thode WuB VII B 2.-1.94). Thode (WuB VII B 2.-1.94) hat daher zu Recht darauf hingewiesen, dass betroffene „Gläubiger, Rechtsanwälte und Instanzgerichte ... sich schon jetzt darauf einstellen müssen, dass der BGH zukünftig den Begriff ‚unenforceable' nicht mehr als Sachentscheidungsvoraussetzung einordnet, sondern einem Vorschlag des Schrifttums folgt ... und ihn materiellrechtlich als unvollkommene Verbindlichkeit qualifiziert".

(4) Die Lösung: Einordnung als unvollkommene Verbindlichkeit

Die Lösung der sich aus der 1970 eingeleiteten Rechtsprechung (Rn 179) unausweichlich ergebenden Probleme (Rn 183 ff) liegt in der Tat in der Abkehr von der prozessrechtlichen Einordnung des Merkmals „unenforceable" als Sachentscheidungsvoraussetzung (Rn 179 ff) und der Hinwendung zu einer **materiellrechtlichen Qualifikation** als unvollkommene Verbindlichkeit (Schulze 542 f; zu Einzelheiten dieses Lösungsansatzes s Ebke, IntDevR 293 ff; Ebke WM 1994, 1357, 1358 f; Ebke WM 1993, 1169, 1176 f; Ebke RIW 1993, 613, 624 f; Ebke JZ 1991, 335, 341 f; Ebke RIW 1991, 1, 6 f; Ebke, in: FS Kleiner [1993] 303, 316 ff; Ebke 23 IntLaw 677, 693 ff [1989] = in: FS Gold [1990] 63, 81 ff; Ebke 28 IntLaw 761, 767 ff [1994]). Die Ansicht, dass das Merkmal „unenforceable" im deutschen Recht am besten als unvollkommene Verbindlichkeit zu begreifen ist, hat **im Schrifttum breite Unterstützung** gefunden (Reithmann/Martiny/Thode [9. Aufl 2021] Rn 5.189 ff; Thode ZBB 1993, 53, 54; Thode RabelsZ 56 [1992] 382, 385; Schulze 545 [„systematisch die richtige Rechtsfigur"]; Siehr, IPR [2001] 333; Bross WM 1992, 83, 84; Wegen 62 FordhamLRev 1931, 1941 [1994]; Wegen/M J Müller, in: FS Ebke [2021] 1047, 1049; Berger ZVerglRW 96 [1997] 316, 344; Ziegler 208 ff; Tietje 10; s auch Martiny 26 IntLaw 255, 257 [1992]; M J Müller 113 [die Lösung mittels der Rechtsfigur der unvollkommenen Verbindlichkeit werde „am ehesten ... den jeweiligen Interessen gerecht"; s auch Ellenberger/Bunte/Schefold, BankR-Hdb [6. Aufl 2022], Bd II, § 100 Rn 144 und 149 [„Trotz guter Argumente, die für die Rechtsprechung des BGH sprechen", bleibe „ein Unbehagen, weil die Parteien ein erhebliches Risiko bezüglich eines ‚exchange contract' auf sich nehmen, wenn sie nicht von vornherein kalkulieren können, ob dieser im Falle einer gerichtlichen oder schiedsgerichtlichen Inanspruchnahme durchsetzbar ist"). Die neue Auffassung im Schrifttum kann sich auch **rechtsvergleichend** sehen lassen: In anderen IWF-Mitgliedstaaten mit kontinentaler Rechtstradition hat die Auslegung des Begriffs „unenforceable" iS einer unvollkommenen Verbindlichkeit ebenfalls Anhänger gefunden (Niy- 206 onzima 173, s dazu Remien RabelsZ 58 [1994] 190, 192; für das russische Recht Usoikin Zakonodatel'stvo N 8/2001, in Garant 1, 5 [für Einordnung als „unvollkommene Verbindlichkeit"], s dazu Ziegler 208 Fn 1238; s ferner Vischer/Huber/Oser, Internationales Vertragsrecht [2. Aufl 2000] Rn 999 [für materiellrechtliche Einordnung, allerdings offen lassend, ob unvollkommene Verbindlichkeit oder Nichtigkeit]; **aA** für das **Schweizer Recht** Huguenin 112 [für Vertragsnichtigkeit iSv Art 20 OR]; Marty 160 ff [aufgrund von Besonderheiten des Schweizer Rechts gegen die Einordnung als „unvollkommene Verpflichtung" und für eine Auslegung iSv Vollstreckungshindernis/Stundung – Rn 200]). Der **österreichische Oberste Gerichtshof** in Wien hat sich demgegenüber in seiner Entscheidung vom 21. 3. 2001 (ZfRV 2001, 229, 230) über die Anwendung slowenischer Devisenkontrollbestimmungen (die Republik Slowenien trat mit Wirkung vom 14. 12. 1992 als Teilrechtsnachfolgerin der Sozialistischen Föderativen Republik Jugoslawien dem IWF bei: OLG Frankfurt 5. 4. 2006 – 4 U 153/02, openJur 2012, 27439 Rn 18) mit den neuen Tendenzen in der deutschen Rechtsprechung (Rn 204 f) nicht auseinander gesetzt (offenlassend, ob eine Sachentscheidungsvoraussetzung fehlt oder das Klagebegehren mit einer Sachentscheidung abzuweisen ist, auch schon öOGH 9. 7. 1998 – 20b2364/93b [„Durchsetzungsverbot"]).

207 Der **Text** des Art VIII Abschn 2(b) S 1 IWFÜ steht einer materiellrechtlichen Qualifikation des Begriffs „unenforceable" nicht entgegen; im Gegenteil: Gold (The Fund Agreement III 268) hat schon 1986 darauf hingewiesen, dass „[t]he negation of the right to sue is not the true equivalent of the English word ‚unenforceable'. That word normally connotes an inability to succeed in a suit that has been entertained and not a procedural shortcoming connected with the institution of a suit". Drei Jahre später betont Gold, in: Horn (Hrsg), The Law of International Trade Finance (1989) 65, 90 noch einmal: „The provision establishes a defense rather than a condition for the institution of proceedings". Wenn man die „Unklagbarkeit" einer Forderung iSv Art VIII Abschn 2(b) S 1 IWFÜ als unvollkommene Verbindlichkeit begreift, liegt kein prozessualer Mangel vor; der Mangel, der das Gericht an einer der Klage stattgebenden Entscheidung hindert, besteht vielmehr im materiellrechtlichen Bereich: Es besteht eine **Schuld ohne Haftung.** Daher kann bei Vorliegen der Voraussetzungen des Art VIII Abschn 2(b) S 1 IWFÜ die Klage nicht als unzulässig abgewiesen werden; die Klage ist vielmehr **als unbegründet abzuweisen** (Ebke WM 1993, 1169, 1177; Siehr, IPR [2001] 333; Ellenberger/Bunte/Schefold, BankR-Hdb [6. Aufl 2022], Bd II, § 100 Rn 144; MünchKommBGB/Martiny Art 9 Anh II Rom I-VO Rn 39).

208 Die fehlende Klagbarkeit des behaupteten Anspruchs aus einem „Devisenkontrakt" gem Art VIII Abschn 2(b) S 1 IWFÜ wird regelmäßig zeitlich begrenzt sein. Die Rechtsprechung sollte daher bei Vorliegen der Voraussetzungen des Art VIII Abschn 2(b) S 1 IWFÜ die Klage in solchen Fällen nicht endgültig, sondern nur als **„zur Zeit" unbegründet** abweisen (vgl MünchKommBGB/Martiny Art 9 Anh II Rom I-VO Rn 39 Fn 161), weil der behauptete Anspruch als rechtlich verfolgbarer zur Zeit nicht besteht (Ebke WM 1993, 1169, 1177 mwNw; zust Reithmann/Martiny/Thode Rn 5.193 [„derzeit unbegründet"]; M J Müller 114 [unter Hinweis auf RGZ 151, 35, 38]; Munevar/Pustovit, SAFE Working Paper No 282 [2020] 5 [„temporary unenforceability"]; s allgemein Kappel, Die Klageabweisung „zur Zeit" [1999]; Geck BauR 2024, 687; Walchshöfer, in: FS Schwab [1990] 521; zur Reichweite der materiellen Rechtskraft [§ 322 ZPO] bei Klagabweisung als „zur Zeit unbegründet" [positive Rechtskraftwirkung] s BGH 9. 12. 2022 – V ZR 72/21, ZIP 2023, 1045 m Anm Alpes MDR 2023, 690). Die Klagabweisung als „zur Zeit unbegründet" kann im **Tenor** zum Ausdruck gebracht werden, ohne dass dies jedoch zwingend erforderlich wäre (BGH 9. 12. 2022 NJW-RR 2023, 632; BGH 9. 6. 2022 NJW 2022, 2754; BGH 12. 3. 2008 – IV 228/07, openJur

2011, 6256); es reicht, wenn sich die Einschränkung aus den **Urteilsgründen** ergibt (BGHZ 143, 79, 88 f; Hat ein Beklagter ausdrücklich nur beantragt, die Klage als „zur Zeit unbegründet" abzuweisen, während das Gericht die Klage als endgültig unbegründet abgewiesen hat, liegt hierin nicht zwingend ein Verstoß gegen § 308 Abs 1 S 1 ZPO [bzw im Berufungsverfahren § 528 ZPO]: BGH WM 2018, 14 = ZIP 2018, 18). Im Allgemeinen besteht kein Anlass, in solchen Fällen den **Rechtsstreit** in entsprechender Anwendung des § 148 ZPO **auszusetzen** (OLG München JZ 1991, 370, 371). Der Kläger kann auch nicht mit Erfolg geltend machen, die Berufung des Beklagten auf die Unklagbarkeit gem Art VIII Abschn 2(b) S 1 IWFÜ sei **treuwidrig** (OLG Bamberg IPRspr 1978 Nr 127, S 304, 305; Ebke, IntDevR 280 und 304; Geimer 102 Rn 243). Wird der Mangel, dh die fehlende Klagbarkeit der Forderung, später behoben, weil beispielsweise die notwendige behördliche Zustimmung erteilt oder die devisenrechtliche Beschränkung aufgehoben wird oder weil die Voraussetzungen für eine Anwendung der einschlägigen devisenrechtlichen Bestimmung entfallen oder der Erlassstaat später seine Mitgliedschaft im IWF beendet, schließt die **Rechtskraft** des die Klage als „zur Zeit unbegründet" abweisenden Urteils eine **neue Klage** grundsätzlich nicht aus (Walchshöfer, in: FS Schwab [1990] 521, 532 ff; Geck BauR 2024, 687; s auch BGH 9. 12. 2022 – V ZR 72/21, ZIP 2023, 1045 m Anm Alpes MDR 2023, 690; OLG München JZ 1991, 370, 371). Die während der Dauer der Unklagbarkeit (zB bei kurzfristigen Darlehen) anfallenden Zinsen laufen weiter und können nach Ablauf der Devisenkontrollbeschränkung ebenfalls in vollem Umfang durchgesetzt werden (M J Müller 114). Verzugszinsen sollen dagegen nicht verlangt werden können (M J Müller 115 Fn 425 mwNw).

Die Umsetzung des Begriffs „unenforceable" in die deutsche Rechtsordnung mit **209**
Hilfe der Rechtsfigur der **unvollkommenen Verbindlichkeit** führt international zu stimmigen Ergebnissen und trägt damit zu der von Art VIII Abschn 2(b) S 1 IWFÜ erstrebten **Rechtsangleichung** bei (so schon Ebke WM 1993, 1169, 1176; zust Reithmann/Martiny/Thode [9. Aufl 2021] Rn 5.1990 aE; Ziegler 209 f). Die materiellrechtliche Einordnung trägt einerseits dem Schutzbedürfnis des Erlassstaates Rechnung und schont andererseits die Rechte der betroffenen Gläubiger (näher Ebke, IntDevR 303; Ebke JZ 1991, 335, 341 f; Ebke WM 1993, 1169, 1176; vgl M J Müller 114). Das gilt insbesondere für die – nach der bisherigen Rechtsprechung besonders problematischen (Rn 185 und Rn 200) – Fälle, in denen die anwendungswillige ausländische Devisenkontrollbestimmung erst *nach* Abschluss des „exchange contract" erlassen wurde oder der Erlassstaat dem IWF erst *nach* Abschluss des Vertrages beigetreten ist (zu Einzelheiten s Ebke, IntDevR 304 f; Reithmann/Martiny/Thode [9. Aufl 2021] Rn 5.190; Siehr, IPR [2001] 333; **aA** MünchKommBGB/Martiny Art 9 Anh II Rom I-VO Rn 46 [„Eine einschränkende Interpretation würde den Mechanismus des Übereinkommens weitgehend lahmlegen", Martiny will aber „im Einzelfall" etwa bei „willkürlichen oder diskriminierenden Maßnahmen" mit dem ordre public gegensteuern]; zweifelnd Vischer/Huber/Oser, Internationales Vertragsrecht [2. Aufl 2000] Rn 999). Bei Einordnung der „Unklagbarkeit" als unvollkommene Verbindlichkeit ist nämlich – anders als bei der prozessualen Einordnung nach der bisherigen Rechtsprechung (Rn 184) – nicht der Zeitpunkt der letzten mündlichen Verhandlung, sondern der **Zeitpunkt des Vertragsschlusses** entscheidend (Ebke, IntDevR 302 f; Ebke RIW 1991, 1, 5 ff; Ebke WM 1993, 1169, 1176; Reithmann/Martiny/Thode [9. Aufl 2021] Rn 190; vgl MünchKommBGB/Martiny Art 9 Anh II Rom I-VO Rn 46; zweifelnd, ob eine Lösung mit Hilfe der Rechtsfigur der unvollkommenen Verbindlichkeit „zwangsläufig" eine Änderung der „intertemporalen Anwendung nach sich ziehen müsste", M J Müller 112 f).

210 **Interessengerechte** und **dogmatisch saubere Lösungen** lassen sich mit der materiellrechtlichen Einordnung auch in den Fällen erzielen, in denen der Schuldner oder ein Dritter gegenüber dem Gläubiger eines „exchange contract" eine neue Verpflichtung eingeht, um die Forderung aufgrund des unklagbaren „exchange contract" zu befestigen (zu Einzelheiten s Ebke, IntDevR 305 ff; Reithmann/Martiny/Thode [9. Aufl 2021] Rn 5.194; zust Ziegler 209); zu solchen **Sicherungs- und Hilfsgeschäften** gehören (deklaratorische bzw abstrakte) Schuldanerkenntnisse, Schuldversprechen, Schuldübernahmen, Vereinbarungsdarlehen, Wechsel- (zu der Bindungswirkung eines rechtskräftigen Wechselvorbehaltsurteils, falls ein Verstoß gegen Art VIII Abschn 2[b] S 1 IWFÜ vorliegt, s OLG Jena OLGR 2009, 750) und Scheckverbindlichkeiten, Bürgschaften, Garantien, Sicherungsübereignungen, Grundschulden, Hypotheken uä, deren Erfassung im Rahmen des Art VIII Abschn 2(b) S 1 IWFÜ der bisherigen Rechtsprechung nicht überzeugend gelungen ist (Rn 193 und 202; Ebke, IntDevR 288 ff). Die Einordnung der „Unklagbarkeit" als unvollkommene Verbindlichkeit führt dazu, dass akzessorische Sicherungsgeschäfte, dingliche Sicherheiten und Hilfsgeschäfte, die eine unklagbare Forderung im Sinne des Art VIII Abschn 2(b) S 1 IWFÜ befestigen sollen, nicht durchsetzbar sind, weil die Unvollkommenheit der gesicherten Forderung der Durchsetzung der zu ihrer Sicherheit begründeten Forderung entgegensteht (Reithmann/Martiny/Thode [9. Aufl 2021] Rn 5.194; Ebke, IntDevR 305 ff; vgl MünchKommBGB/Martiny Art 9 Anh II Rom I-VO Rn 27).

211 Hinsichtlich der **Darlegungs- und Beweislast** (s dazu Reithmann/Martiny/Thode [9. Aufl 2021] Rn 5.192; M J Müller 115) sowie der Verjährung durch Klageerhebung (s dazu aus Sicht des alten Verjährungsrechts OLG München OLGR 1993, 23; Ebke, IntDevR 303; Reithmann/Martiny/Thode [8. Aufl 2015] Rn 5.179; **nach dem zum 1. 1. 2002 geänderten Verjährungsrecht** tritt nach § 204 Abs 1 Nr 1 BGB dagegen auch bei Erhebung einer unzulässigen Klage *zunächst* Hemmung ein: Schulze 544 Fn 554; Reithmann/Martiny/Thode [9. Aufl 2021] Rn 5.193; s auch BGH 9. 12. 2010 – III ZR 56/10, NJW 2011, 2193 = WM 2011, 321 mwNw [„… nach der ständigen Rechtsprechung des BGH (hemmt) auch die unzulässige Klage eines Berechtigten die Verjährung. … An dieser Rechtslage hat sich durch das Gesetz zur Modernisierung des Schuldrechts vom 26. 11. 2001 (BGBl I 3138) nichts geändert"]) führt die materiellrechtliche Einordnung der Unklagbarkeit als „unvollkommene Verbindlichkeit" ebenfalls zu Ergebnissen, die der Praxis in den meisten IWF-Mitgliedstaaten mit Common Law-Tradition entspricht (Wegen 62 FordhamLRev 1931, 1941 [1994]). Entsprechendes gilt für die Aufrechnungsfälle (Ebke, IntDevR 292 f). Im Einklang mit der Praxis der meisten IWF-Mitgliedstaaten mit Common Law-Tradition (Ebke, IntDevR 175 und 277) sowie vieler Gerichte des romanischen Rechtskreises (Erne 43 Fn 66; Ebke, IntDevR 175) steht es ferner, wenn nach der hier vertretenen materiellrechtlichen Einordnung die „Unklagbarkeit" als **verzichtbare Einrede** verstanden wird (Ebke WM 1993, 1169, 1174; Ziegler 209; Reithmann/Martiny/Thode [9. Aufl 2021] Rn 5.193; zweifelnd Vischer/Huber/Oser, Internationales Vertragsrecht [2. Aufl 2000] Rn 999; krit wohl Schulze 542; abl Mann/Proctor [8. Aufl 2022]413 Rn 15.33: „The point ... cannot be left to the decisions made by the parties in the preparation or pleading of their cases. The court must therefore raise the point on its own initiative; it is its duty to do so ..."). Entgegen der bisherigen Rechtsprechung, wonach die „Unklagbarkeit" von Amts wegen zu prüfen war (Rn 179), bleibt es bei der materiellrechtlichen Einordnung daher der Entscheidung des Schuldners überlassen, ob er Forderungen aus einem „exchange contract" trotz Verstoßes gegen abkommenskonforme Devisenkontrollbestimmungen gegen sich gelten lassen möchte oder ob er von der Möglichkeit Gebrauch machen will, die ihm sein Gegenrecht bietet (zu den diesbezüglichen praktischen Unterschieden zwischen der bisherigen Rechtsprechung und der materiellrechtlichen Einordnung s Ebke WM 1993, 1169, 1174). Ob der Schuldner auf die Geltendmachung der zivilrechtlichen Einrede **verzichten darf** oder er damit eine devisenrechtlich unzulässige „Verfügung" trifft, beurteilt sich nach dem Recht des betreffenden Erlassstaates. Der Erlassstaat bestimmt auch allfällige straf-, ordnungswidrigkeits- oder verwaltungsrechtliche Sanktionen für den Fall eines entsprechenden Verzichts.

Im **Ergebnis** lässt sich daher festhalten, dass die im neueren Schrifttum entwickelte (Rn 195 und 136) und von der Literatur (Rn 129 und Rn 140) sowie zwei Zivilsenaten des BGH (Rn 204 f) positiv aufgenommene und vom BVerfG nicht ausgeschlossene (Rn 205) materiellrechtliche Einordnung des Merkmals „unenforceable" iS einer unvollkommenen Verbindlichkeit eine international weitgehend einheitliche Auslegung und Anwendung des Art VIII Abschn 2(b) S 1 IWFÜ begünstigt, die Folgeprobleme löst und die Risiken der Gläubiger internationaler „exchange contracts" angemessen begrenzt, ohne berechtigte Belange der Erlassstaaten aus den Augen zu verlieren. Mit Recht stellt Martiny (26 IntLaw 255, 257 [1992]; zust Wegen 62 FordhamLRev 1931, 1941 [1994]) daher abschließend fest: „If this approach were to be followed by German courts, it would bridge at least a part of the existing gap between the Anglo-American and the German interpretation." Reithmann/Martiny/Thode (9. Aufl 2021) Rn 5.189 stimmt dieser Einschätzung ausdrücklich zu: „Der Reformvorschlag, den Begriff ‚unenforcable' materiell-rechtlich als unvollkommene Verbindlichkeit und prozessual als Einrede einzuordnen, führt zu der **wünschenswerten Angleichung der Rechtslage** nach deutschem Recht an die Rechtsprechung der Gerichte des angloamerikanischen Rechtskreises." 212

2. Autonomes Internationales Devisenrecht

Die Geltung ausländischer devisenrechtlicher Vorschriften, die von Art VIII Abschn 2(b) S 1 IWFÜ nicht erfasst werden, beurteilt sich nach dem autonomen Internationalen Devisenrecht (vgl Art 3 Nr 2 EGBGB; s schon Rn 1 und Rn 145 ff [für Zahlungsmoratorien]; zu dem einschlägigen Schweizer Recht s Marty 237 ff; zum österreichischen Recht öOGH 30. 9. 1992 – 2 Ob 573/92, WBl 1993, 25 = ÖBA 1994, 641, 644 f m Anm Schurig ÖBA 1994, 645), soweit das „vergemeinschaftete" Internationale Privatrecht der EU keine vorrangigen Regelungen trifft (s dazu Rn 11 ff). Art VIII Abschn 2(b) S 1 IWFÜ stellt **keine abschließende Regelung** dar (Ellenberger/Bunte/Schefold, BankR-HdB [6. Aufl 2022], Bd II, § 100 Rn 152; öOGH 30. 9. 1992 – 2 Ob 573/92, WBl 1993, 25 = ÖBA 1994, 641, 644 f; Mann/Proctor [8. Aufl 2022] 390 f Rn 15.11). Das autonome Internationale Devisenrecht kommt also insbesondere zum Zuge bezüglich der Devisenkontrollbestimmungen von Staaten, welche dem Internationalen Währungsfonds nicht oder nicht mehr angehören (Rn 84; Ebke, IntDevR 312; Reithmann/Martiny/Thode [9. Aufl 2021] Rn 5.181). Beschränkungen des internationalen Kapitalverkehrs durch ein IWF-Mitglied (Rn 117 und Rn 145 [zu Zahlungsmoratorien]) sowie Regelungen eines IWF-Mitglieds zwecks Kontrolle grenzüberschreitender Kapitalbewegungen (Rn 119) fallen nach der Rechtsprechung des BGH ebenfalls nicht in den Anwendungsbereich des Art VIII Abschn 2(b) S 1 IWFÜ (Rn 28 und 117 f; Ebke WM 1994, 1357, 1368; Ebke 28 IntLaw 761 [1994]; ebenso Reithmann/Martiny/Thode [9. Aufl 2021] Rn 5.195). Das autonome Internationale Devisenrecht greift darüber hinaus in **Fällen** ein, in denen Art VIII Abschn 2(b) S 1 IWFÜ aus anderen Gründen nicht zum Zuge kommt, wie beispielsweise bei erbrechtlichen Ansprüchen oder in familienrechtlichen Unterhaltssachen (Ebke, IntDevR 213

313; zust Reithmann/Martiny/Thode [9. Aufl 2021] Rn 5.195; MünchKommBGB/Martiny Art 9 Anh II Rom I-VO Rn 50; Mann/Proctor [8. Aufl 2022] 391 Rn 15.12). Das autonome Internationale Devisenrecht (s auch Art 9 Rom I-VO, der Art 34 EGBGB aF und Art 7 EVÜ ablöst und neben dem abweichenden, aber parallelen Art 16 Rom II-VO für außervertragliche Schuldverhältnisse steht) entscheidet schließlich über die extraterritoriale Geltung des **Devisenrechts des Forum**; denn das Devisenrecht des Forums unterliegt nach heute hM dem Art VIII Abschn 2(b) S 1 IWFÜ ebenfalls nicht (Rn 11 und 104).

214 Die kollisionsrechtliche **Beachtlichkeit ausländischer Devisenvorschriften,** die nicht unter Art VIII Abschn 2(b) S 1 IWFÜ fallen, ist nach wie vor weitgehend ungeklärt (zu Einzelheiten s Ebke, IntDevR 312 ff; Ebenroth/Müller RIW 1994, 269, 272 ff; Ellenberger/Bunte/Schefold, BankR-HdB [6. Aufl 2022], Bd II, § 100 Rn 153 ff; MünchKommBGB/Martiny Art 9 Anh II Rom I-VO Rn 2 ff; M J Müller 327 ff; Unteregge 59 ff; Ziegler 211 ff). Eine gesetzliche Kollisionsnorm fehlte in Deutschland bislang; die Bundesrepublik Deutschland hatte (ähnlich wie Italien, Lettland, Slowenien und das Vereinigte Königreich: Martiny ZEuP 16 [2008] 79, 106 f) bezüglich des Art 7 Abs 1 EVÜ einen Vorbehalt erklärt (Ebke IntDevR 127; zum Hintergrund und zu den Folgen des Vorbehalts s Martiny IPRax 1987, 277; Kropholler, IPR [6. Aufl 2006] 507). Diese Lücke ist – auch und gerade auf dem Gebiet des Internationalen Devisenrechts – von der Rechtsprechung bis heute nicht vollständig ausgefüllt worden (Ellenberger/Bunte/Schefold, BankR-HdB [6. Aufl 2022], Bd II, § 100 Rn 156 ff; s auch Grothe, Fremdwährungsverbindlichkeiten 122 ff; Berger 328 f). Für Verträge, die nach dem 17. 12. 2009 geschlossen wurden, ist **Art 9 Rom I-VO** (s dazu Rn 222 ff), für außervertragliche Schuldverhältnisse **Art 16 Rom II-VO** zu **beachten** (Ellenberger/Bunte/Schefold, BankR-HdB [6. Aufl 2022], Bd II, § 100 Rn 153 ff; MünchKommBGB/Martiny Art 9 Anh II Rom I-VO Rn 48). Für Verträge, die vor dem 17. 12. 2009 geschlossen wurden, gelten Art 34 EGBGB aF und die dazu von der Rechtsprechung und der Lehre entwickelten Grundsätze fort (Reithmann/Martiny/Thode [8. Aufl 2015] Rn 5.143).

a) Schuldstatutstheorie

215 Nach dem Zweiten Weltkrieg hielten die deutschen Gerichte im Grundsatz zunächst an der vom Reichsgericht (s die Nachw bei Ebke, IntDevR 145 Fn 105 und Unteregge 72 Fn 222 f; zur Entwicklung Ziegler 212; MünchKommBGB/Martiny Art 9 Anh II Rom I-VO Rn 2) entwickelten **schuldstatutsabhängigen Anwendung** ausländischen Devisenrechts fest. Vorbehaltlich des ordre public (Art 30 EGBGB aF; heute Art 6 EGBGB; Art 21 Rom I-VO) sind danach ausländische Devisenbestimmungen nur dann zu berücksichtigen, wenn sie dem (subjektiv gewählten oder objektiv ermittelten) Schuldstatut zugehören (Ebke, IntDevR 145; Unteregge 67 f). Die Begründung dafür, dass fremdem Devisenrecht außerhalb des Schuldstatuts die Geltung zu versagen ist, ist zumeist knapp und im Allgemeinen recht vage. Sie ist vor allem in drei Richtungen zu suchen: Außer auf den (negativen) **ordre public** (Art 30 EGBGB aF; heute Art 6 EGBGB; Art 21 Rom I-VO) wird in vielen Urteilen auf den (angeblichen) Grundsatz der Unanwendbarkeit ausländischen öffentlichen Rechts („revenue rule" – Rn 96) sowie die territoriale Begrenztheit (Rn 95 und 216 f) fremder devisenrechtlicher Normen hingewiesen (zu Einzelheiten s Ebke, IntDevR 146 ff; Hemler 18 ff und 66 f; s auch das [nicht veröffentlichte] Urteil des Schweizer BG v 20. 9. 1978 mit Bericht von Schnyder, Wirtschaftskollisionsrecht [1990] S 89 Rn 125 [betr die Ablehnung der Vollstreckung eines gerichtlichen tschechischen Unterhaltstitels zur Durchsetzung der tschechischen Devisengesetzgebung]. Zu der Praxis früherer Ostblock-Staaten, dass Unterhaltsleistungen ausländischer Schuldner an Gläubiger im Erlassstaat nur in frei konvertierbarer Auslandswährung über Devisenbanken des Gläubigerstaates erbracht werden durften und geleistete Zahlungen den Gläubigern im Erlassstaat dann in der Währung des Erlassstaates ausgezahlt wurden, und zwar auf der Grundlage eines offiziell festgelegten, meist ungünstigeren Wechselkurses, s Grothe, Fremdwährungsverbindlichkeiten 338 f [zur Vereinbarkeit solcher Vorschriften mit dem ordre public s Rn 100]. Zum Währungs- und Devisenrecht der Unterhaltsverbindlichkeiten im innerdeutschen Verhältnis vor dem 3. 10. 1990 s Hirschberg).

b) Territorialitätsprinzip

Das **Ende der Schuldstatutstheorie** in der deutschen Rechtsprechung wurde eingeleitet mit der Entscheidung des BGH vom 17. 12. 1959 (BGHZ 31, 367 = IzRspr 1958–1959 Nr 136, S 377 m krit Anm Laumann DAWR 1960, 147; Neumayer RabelsZ 25 [1960] 649; zust Mezger Rev crit 50 [1961] 318; eingehend zu der Entscheidung Drobnig NJW 1960, 1088; Kreuzer 36 ff; Ziegler 217 f; s auch BGH 11. 11. 1952, BGHZ 7, 397 = IzRspr 1945–1953 I Nr 350, S 627 und später BGH 28. 1. 1965, IzRspr 1964–1965 Nr 68, S 226, 231 und 234). In dieser Entscheidung löste der BGH die Anknüpfung ausländischer devisenrechtlicher Bestimmungen aus dem IPR heraus und unterstellte sie dem vom Gedanken der Territorialität beherrschten **öffentlichen Kollisionsrecht** (s dazu Ebke, IntDevR 319 f). Hiernach verdient ausländisches Devisenrecht nur dann Beachtung, wenn es sich um Vorgänge oder Gegenstände handelt, die sich im Erlassstaat abspielen bzw dort belegen sind (s dazu näher Ebke, IntDevR 319; Unteregge 73 ff; vgl MünchKommBGB/Martiny Art 9 Anh II Rom I-VO Rn 3; Soergel/vHoffmann [12. Aufl 1996] Art 34 EGBGB Rn 84). Der **Übergang zur Sonderanknüpfung** ausländischen Devisenrechts beschränkte sich in der Entscheidung des BGH (BGH 28. 1. 1965, IzRspr 1964–1965 Nr 68, S 226, 231 und 234) noch auf das Interzonale Devisenrecht. Ob und inwieweit sich die in der Entscheidung aufgestellten Grundsätze auf Fälle des Internationalen Devisenrechts übertragen lassen, blieb zunächst unklar. Das Kammergericht hielt kurz nach der Entscheidung des BGH in einem englisches und indonesisches Devisenrecht betreffenden Fall noch einmal an der überkommenen Schuldstatutstheorie fest (KG IPRspr 1966–1967 Nr 190, S 618, 620 und 622; das KG erwähnt die Entscheidung des BGH 17. 12. 1959 allerdings nicht). 216

Sieben Monate nach der Entscheidung des Kammergerichts erstreckte der BGH die 1959 für das **Interzonale Devisenrecht** entwickelten Grundsätze in einem obiter dictum (!) auf das Internationale Devisenrecht (BGH IPRspr 1962–1963 Nr 163, S 523, 525). Nach Ansicht des BGH wirkt Devisenrecht als öffentliches Recht nicht über die Grenzen des legiferierenden Staates hinaus (BGH BGHZ 31, 367, 371; zu den Einzelheiten s Ebke, IntDevR 319). Die Lehre von der territorialen Begrenztheit fremden Devisenrechts hinderte den BGH jedoch nicht, etwa Devisenrecht der ehemaligen DDR (Rn 20 ff), unter dem Gesichtspunkt der tatsächlichen Unmöglichkeit iSv § 275 aF zu berücksichtigen (s dazu Grothe, Fremdwährungsverbindlichkeiten 602 ff), wenn eine Genehmigung zum Transfer der geschuldeten Beträge an den Gläubiger in der Bundesrepublik Deutschland entweder „überhaupt nicht vorgesehen oder praktisch unerreichbar" war (BGH IzRspr 1964–1965 Nr 68, S 226, 235; s auch Siehr RabelsZ 52 [1988] 41, 79 f; MünchKommBGB/Martiny Art 9 Anh II Rom I-VO Rn 48; krit Schefold IPRax 2007, 313, 318). Fremdes Devisenrecht kann danach also uU auf der **sachrechtlichen Ebene** am Entscheidungsprozess teilnehmen (dazu ausführlich Unteregge 126 ff; Ellenberger/Bunte/Schefold, BankR-HdB [6. Aufl 2022], Bd II, § 100 Rn 174, 178 ff; Ziegler 224 f; vgl MünchKommBGB/Martiny Art 9 Anh II Rom I-VO Rn 3). Allerdings ist zu berücksichtigen, dass in casu westdeutsches Recht als Vertragsstatut berufen war. Offen ist, ob die Rechtsprechung die sachrechtliche Lösung auch befolgen würde, wenn ausländisches 217

Recht als Vertragsstatut berufen ist (s dazu aus Schweizer Sicht Schnyder, Wirtschaftskollisionsrecht [1990] S 266 Rn 326 mwNw zu sog Dreiecksverhältnissen).

c) Sonderanknüpfung

218 Als Alternative zu der materiellrechtlichen Berücksichtigung ausländischen Devisenrechts wird im Schrifttum zunehmend eine kollisionsrechtliche Sonderanknüpfung zwingenden ausländischen Devisenrechts befürwortet (Ebke, IntDevR 326 ff; Grothe, Fremdwährungsverbindlichkeiten 339; MünchKommBGB/Martiny Art 9 Anh II Rom I-VO Rn 4; Ziegler 226 ff; M J Müller 330 ff; Tietje 12; Hemler 21 ff). Die Sonderanknüpfung ausländischen zwingenden Devisenrechts bedeutet, dass – unabhängig von dem Vertragsstatut *(lex contractus)* – bestimmten ausländischen devisenrechtlichen Bestimmungen Geltung zu verschaffen ist. Allerdings findet bei den ausländischen devisenrechtlichen Bestimmungen noch eine **einschränkende Anwendungskontrolle** statt (Ebke, IntDevR 325; Unteregge 81 ff; allgemein zu der Eingrenzung des Anwendungsbereichs fremder Eingriffsnormen Soergel/vHoffmann [12. Aufl 1996] Art 34 EGBGB Rn 86; Kropholler, IPR [6. Aufl 2006] 506 ff). Im Interesse einer möglichst weitgehenden Liberalisierung des Welthandels und eines möglichst ungehinderten internationalen Zahlungs- und Kapitalverkehrs dürfen Beschränkungen des internationalen Zahlungsverkehrs und des internationalen Kapitalverkehrs nämlich nicht überhandnehmen (Ebke WM 1994, 1357, 1362 ff; s auch Rn 25 ff). Entsprechendes gilt für früher verbreitete staatliche Bestimmungen über **Zwangskurse** *(cours forcé)*, die die Nationalbank eines Landes von der Verpflichtung enthoben, ihre Noten in Gold oder Golddevisen einzulösen (Grothe, Fremdwährungsverbindlichkeiten 169 f; s ferner Botschaft und Beschlussentwurf v 5. 11. 1948, SchweizBBl 1948 III 703) sowie für **Zwangsumtausch**- und Ablieferungspflichten (*surrender requirements*, die inländischen Empfängern/Inhabern ausländischer Währungsbeträge den Umtausch dieser Beträge in die inländische Währung zu Kursen vorschreiben, die mit dem Marktkurs wenig oder nichts zu tun haben [Grothe, Fremdwährungsverbindlichkeiten 538 f] – dazu Rn 215) und ähnliche dem Devisenzufluss dienende Maßnahmen, die dem Erlassstaat **Abschöpfungsmöglichkeiten** eröffnen (zur Vereinbarkeit solcher Vorschriften mit dem ordre public s Rn 100). Devisenkontrollbestimmungen müssen vielmehr auf Fälle beschränkt bleiben, in denen das **Kontrollinteresse des Erlassstaates** die entgegenstehenden Interessen betroffener Privater ausnahmsweise eindeutig überwiegt, und sind abzuschaffen oder zumindest abzumildern, sobald sie zum Schutz der Zahlungsbilanz und der Volkswirtschaft des Erlassstaates nicht mehr notwendig sind (Ebke, IntDevR 323). Das Kollisionsrecht muss diesen Postulaten Rechnung tragen. Eine Sonderanknüpfungsregel, die ausländische Devisenbestimmungen vorschnell zurückweist, ist ebenso abzulehnen wie eine Kollisionsnorm, die ausländischem Devisenrecht aus falsch verstandener Rücksichtnahme praktisch freie Hand lässt (vgl Horn DZWiR 1992, 131, 132).

219 Außerhalb vorrangiger (vgl Art 3 Nr 2 EGBGB) staatsvertraglicher bzw international-einheitsrechtlicher Regelungen sollte ausländischem zwingendem Devisenrecht kollisionsrechtlich mittels **Sonderanknüpfung** Geltung verschafft werden (Ebke, IntDevR 325, 330 ff; Grothe, Fremdwährungsverbindlichkeiten 125, 339; Ziegler 238 ff; MünchKommBGB/Martiny Art 9 Anh II Rom I-VO Rn 4 und 48), **wenn (1)** die betreffende devisenrechtliche Bestimmung international angewandt werden will, **(2)** sie mit den allgemein anerkannten Grundsätzen des Internationalen Währungs- und Devisenrechts und dem Gebot der internationalen Zusammenarbeit in monetären Angelegenheiten („coopération monétaire international“, „international monetary cooperation") im Einklang steht (Rn 25; vgl aus Sicht des Schweizer Rechts KantonsG Wallis 15. 9. 1981, ZWR 16 [1982] 252, 260 [betr Berücksichtigung ausländischen Devisenrechts im Lichte einer **„solidarité internationale"** sowie eigener Maßnahmen des Forumstaates auf dem Gebiet des Kapitaltransfers]) und **(3)** ihre Anwendung im konkreten Fall nicht zu einem Ergebnis führen würde, das mit wesentlichen Grundsätzen des deutschen Rechts, insbesondere den Grundrechten, offensichtlich unvereinbar wäre (Art 6 EGBGB, Art 21 Rom I-VO; Ebke WM 1994, 1357, 1367; Tietje 12 f; Unteregge 90 ff). Erforderlich ist ferner **(4)** ein **„genuine link"** (s dazu allgemein Grossfeld/Ebke, in: Hübner/Oehler/Stern [Hrsg], Satellitenfernsehen und deutsches Rundfunksystem [1983] 39; B Neumann 70 ff; Bippus 53 ff), also eine hinreichend „enge Verbindung" (vgl Art 7 Abs 1 S 1 EVÜ; zu Art 9 Abs 3 S 1 Rom I-VO s Rn 228) zwischen Erlassstaat und Sachverhalt (Unteregge 61 ff, 70 f; Grothe, Fremdwährungsverbindlichkeiten 123 und 170; Ziegler 239; MünchKommBGB/Martiny Art 9 Anh II Rom I-VO Rn 4). Anhaltspunkte dafür, ob die Verbindung eng genug ist, kann das in Art VIII Abschn 2(b) S 1 IWFÜ enthaltene Merkmal „welche die Währung ... berühren" („which involve the currency") liefern (Ebke, IntDevR 326; in diesem Sinne auch Grothe, Fremdwährungsverbindlichkeiten 123; Schnyder, Wirtschaftskollisionsrecht [1999] 273 Rn 336 [„Für das Devisenrecht gilt die Auswirkung auf die Zahlungsbilanz als enge Beziehung"]; zu Einzelheiten dieses Merkmals s Rn 133 ff).

Das Vorliegen eines – von einigen Autoren (Grossfeld/Rogers IntCompLQ 32 [1983] 931; s auch Rogers, in: FS Großfeld [1999] 901; Hentzen RIW 1988, 510; speziell für das autonome Internationale Devisenrecht Ellenberger/Bunte/Schefold, BankR-HdB [6. Aufl 2022], Bd II, § 100 Rn 183 [„... mit Grundwertungen der lex fori übereinstimmen"]; PWW/Segger-Piening/Remien [19. Aufl 2024] Art 9 Rom I-VO Rn 38; Ziegler 239 ff; vgl Ebke ZVerglRW 109 [2010] 397, 421; zum IPR zwischen Wertneutralität und Politik monographisch Hornung und Maultzsch, in: FS Kronke [2020] 363) darüber hinaus geforderten – gewissen **Interessen- und Wertegleichklangs** („shared values") ist im Internationalen Devisenrecht nicht gesondert, sondern im Rahmen der Anwendungsvoraussetzungen (Rn 219) zu prüfen, weil der Interessen- und Wertegleichklang Bestandteil der allgemein anerkannten Grundsätze der internationalen Zusammenarbeit in monetären Angelegenheiten („coopération monétaire international", **„international monetary cooperation"** – Rn 25) ist (Ebke, IntDevR 325, 330 mwNw; s allgemein Carreau, Souveraineté et coopération monétaire international [1970]; Dam, The Rules of the Game [1982]; James, International Monetary Cooperation Since Bretton Woods [1996]; Lastra, International Financial and Monetary Law [2015]; zu ersten Ansätzen zur Schaffung einer internationalen Zusammenarbeit in monetären Angelegenheiten während des Zweiten Weltkriegs s Halasi 9 Social Research 183 [1942]; de Kock 9 SAJEcon 113 [1941]), die Voraussetzung für eine kollisionsrechtliche Berücksichtigung ausländischen Devisenrechts mittels Sonderanknüpfung sind (Rn 219). 220

Für die **kollisionsrechtliche Berücksichtigung** ausländischen Devisenrechts sollte es nach geltendem Recht keinen Unterschied machen, ob drittstaatliche devisenrechtliche Bestimmungen oder Devisenvorschriften des ausländischen Schuldstatuts in Rede stehen (zur Rechtslage nach der Rom I-VO s Rn 228 f). Da eine schuldstatutsabhängige Berücksichtigung fremden Devisenrechts heute überwiegend abgelehnt wird (Rn 218; s auch allgemein Schurig RabelsZ 54 [1990] 217; Busse ZVerglRW 95 [1996] 386; Soergel/vHoffmann [12. Aufl 1996] Art 34 EGBGB Rn 83 mwNw), ist Devisenrecht des ausländischen Staates, dessen Recht den Schuldvertrag beherrscht, in konsequenter Anwendung der Lehre von der Sonderanknüpfung grundsätzlich unter denselben Voraussetzungen zu berücksichtigen wie drittstaatliches Devisenrecht (vgl Krophol- 221

LER, IPR [4. Aufl 2001] 486). Zu der Frage, ob das Gericht die tatsächliche Auswirkung der ausländischen devisenrechtlichen Bestimmung auf das Rechtsverhältnis zwischen den Parteien im Interesse einer sachgerechten Entscheidung **materiellrechtlich berücksichtigen** darf, wenn der kollisionsrechtliche Lösungsweg nicht gangbar ist (zB weil das ausländische Devisenrecht mit den allgemein anerkannten Grundsätzen der internationalen Zusammenarbeit in monetären Angelegenheiten [„coopération monétaire international", „international monetary cooperation"] nicht im Einklang steht [s dazu Rn 25 und 220] oder gegen Völkerrecht [s dazu Rn 209] oder den nationalen ordre public [Art 6 EGBGB; Art 21 Rom I-VO] verstößt [vgl TIETJE 12 f]), s UNTEREGGE 135 ff. Zur Sonderanknüpfung russischen Devisenrechts s die ausführliche Darstellung bei M MÜLLER WiRO 2006, 193 und 230; ZIEGLER 249 ff; zu Russland's Federal Law No 173-FZ „On Currency Regulation and Currency Control" s Rn 175.

IV. „Vergemeinschaftetes" IPR: Rom I-VO

222 Aus der Sicht der EU-Mitgliedsstaaten hat das Internationale Devisenrecht durch die „Vergemeinschaftung" („Verunionisierung") des IPR (Rn 2 ff), namentlich durch die Rom I-VO und die Rom II-VO, eine **weitere Dimension** erfahren (grundlegend MANKOWSKI in: FS Ebke [2021] 631, 633). Während das Verhältnis von Art VIII Abschn 2(b) S 1 IWFÜ zu dem autonomen Internationalen Devisenrecht Deutschlands im Wesentlichen geklärt ist (Rn 213 ff), ist das Verhältnis von Art VIII Abschn 2(b) S 1 IWFÜ zu dem vergemeinschafteten Kollisionsrecht, insbesondere zu dem drittstaatliche Eingriffsnormen betreffenden Art 9 Abs 3 Rom I-VO, noch nicht abschließend geklärt (Rn 2 ff). Art 25 Abs 1 Rom I-VO lässt das Internationale Devisenrecht jedenfalls aus Sicht eines EU-Mitgliedstaates als Forumstaat im Verhältnis sowohl zu anderen EU-Mitgliedstaaten als auch (wegen der universellen Geltung gem Art 2 Rom I-VO) zu Nicht-EU-Staaten (Drittstaaten) in neuem Licht erscheinen. Für Verträge, die nach dem 17. 12. 2009 geschlossen wurden (oder nach diesem Zeitpunkt im gegenseitigen Einvernehmen der Vertragsparteien in einem solchen Umfang geändert wurden, dass davon auszugehen ist, dass ab diesem Zeitpunkt ein neuer Vertrag geschlossen wurde: vgl BAG 26. 4. 2017 – 5 AZR 962/13, BAGE 159, 69 = BB 2017, 1908 Rn 32), ist **Art 9 Rom I-VO** (für Dänemark ist die Rom I-Verordnung [ABl EU 4. 7. 2008, L 177/6] „nicht bindend oder anwendbar" – s Erwägungsgrund 46 der Rom I-VO; das nach der Rom I-VO bezeichnete Recht ist aber auch dann anzuwenden, wenn es nicht das Recht eines Mitgliedstaats ist, auf den die Rom I-VO anwendbar ist [s Art 2 Rom I-VO]; zu den Gründen für die Haltung Dänemarks s NIELSEN IPRax 2019, 449) zu **beachten** (Rn 214 – zu intertemporalen Anwendungsfragen s Art 29 [Inkrafttreten] und Art 28 [keine Rückwirkung] Rom I-VO; BAG 18. 9. 2019 – 5 AZR 81/19, ECLI:DE:BAG:2019:180919.U.5AZR81.19.0 Rn 25; BAG 7. 5. 2020 – 2 AZR 692/19, ECLI:DE:BAG:2020:070520.U.2AZR692.19.0 Rn 20; MARTINY RIW 2009, 737, 752; zu Einzelheiten der Rom I-Verordnung s etwa BONOMI, in: CASHIN RITAINE/BONOMI [Hrsg], Le nouveau règlement européen „Rome I" [2008] 217; BONOMI YbPIL 10 [2008] 285; PFEIFFER EuZW 2008, 622; FERRARI/LEIBLE [Hrsg], Ein neues Internationales Vertragsrecht für Europa [2007]; EBKE ZVerglRW 109 [2010] 397, 408–423). Diese Bestimmung regelt die Geltung von „Eingriffsnormen" bei grenzüberschreitenden **vertraglichen Schuldverhältnissen** (für außervertragliche Schuldverhältnisse s Art 16 Rom II-VO – zur Auslegung des Begriffs „Eingriffsnorm" in Art 16 Rom II-VO s EBKE ZVerglRW 109 [2010] 397, 441; GÜNTHER, Die Anwendbarkeit ausländischer Eingriffsnormen 192 ff).

1. Art 9 Abs 1 Rom I-VO

Gemäß Art 9 Abs 1 Rom I-VO ist eine **Eingriffsnorm** eine zwingende Vorschrift, deren Einhaltung von einem Staat als so entscheidend für die Wahrung seines öffentlichen Interesses, insbesondere seiner politischen, sozialen oder wirtschaftlichen Organisation, angesehen wird, dass sie ungeachtet des nach Maßgabe dieser Verordnung auf den Vertrag anzuwendenden Rechts auf alle Sachverhalte anzuwenden ist, die in ihren Anwendungsbereich fallen (vgl EuGH 17. 10. 2013 – C-184/12 *Unamar*, ECLI:EU:C:2013:663 Rn 48; eine ähnliche Formulierung wie in Art 9 Abs 1 Rom I-VO findet sich bereits in dem Urteil des EuGH in der Rs *Arblade* v *Leloup* [EuGH 23. 11. 1999 – verb Rs C-369/96 und C-376/96, ECLI:EU:C:1999:575 Rn 30; s dazu Bělohlávek 1479 Rn 09.36 und 09.45; s auch EuGH 18. 10. 2016 – C-135/15 *Nikiforidis*, ECLI:EU:C:2016:774 Rn 41). Während der EuGH entscheidend auf die „Wahrung der politischen, sozialen oder wirtschaftlichen Organisation" des betreffenden Mitgliedstaats abstellt, betont Art 9 Abs 1 Rom I-VO, dass es entscheidend auf die **„Wahrung der öffentlichen Ordnung"** des Mitgliedstaats ankomme, wofür die beispielhaft („insbesondere") angeführten Merkmale „politische, soziale und wirtschaftliche Organisation" nur einen, wenn auch wesentlichen Anwendungsfall bilden (Ebke ZVerglRW 109 [2010] 397, 417; Günther, Die Anwendbarkeit ausländischer Eingriffsnormen 130 ff; Hauser, Eingriffsnormen in der Rom I-Verordnung 7 ff. Dabei muss es sich, wie Pfeiffer EuZW 2008, 622, 627 zutreffend hervorhebt, um „hinreichend gewichtige Regelungen" handeln. Zur Methodik der „Eingriffsnorm" iSv Art 9 Abs 1 Rom I-VO s Hemler 41 ff. Zum Verhältnis von Eingriffsnormen und ordre public im Lichte der Rom I-VO und der Rom II-VO s Kokott/Rosch, in: FS Kronke [2020] 265; Günther, Anwendbarkeit ausländischer Eingriffsnormen 47 ff. Kritisch zu der Rechtsprechung des EuGH zu den Eingriffsnormen Kühne, in: FS Wegen [2015] 451, 454 ff). 223

Devisenrechtliche Bestimmungen werden im Regelfall stark oder sogar ausschließlich zur **Verwirklichung öffentlicher Interesse** (namentlich der Volkswirtschaft als Institution, Zahlungsbilanz und Währungsstabilität) und nicht im Individualinteresse einer Partei erlassen (zum Hintergrund s Ebke, IntDevR 118 ff; Hahn 310; Edwards, International Monetary Collaboration [1985] 380 ff; Mankowski, in: FS Ebke [2021] 631, 637; Ellenberger/Bunte/Schefold, BankR-HdB [6. Aufl 2022], Bd II, § 100 Rn 160; aus Schweizer Sicht Schnyder, Wirtschaftskollisionsrecht [1990] S 10 Rn 10 und S 251 f Rn 309 unter Hinweis auf BG 28. 2. 1950, BGE 76 II 33, 41 f und BG 30. 3. 1954, BGE 80 II 49, 52; vgl BAG 7. 5. 2020 – 2 AZR 692/19, ECLI:DE:BAG:2020:070520.U.2AZR692.19.0 Rn 48 [„Erforderlich ist, dass die Vorschrift nicht nur auf den Schutz von Individualinteressen ... gerichtet ist, sondern mit ihr zumindest auch öffentliche Gemeinwohlinteressen verfolgt werden"]). International-devisenrechtliche Bestimmungen werden den **Anforderungen** des Art 9 Abs 1 Rom I-VO **an** eine **Eingriffsnorm** daher grundsätzlich **genügen** (vgl Mankowski, in: FS Ebke [2021] 631, 637; MünchKommBGB/Martiny Art 9 Anh II Rom I-VO Rn 48 [„Devisenrecht ist im Allgemeinen als Eingriffsnorm iS des Art 9 Rom I-VO anzusehen"]; Bělohlávek 1493 Rn 09.84 und 09.87; Ebke, in: FS Wolfrum [2012] 17, 41 [„Exchange control regulations are, as a general rule, ‚overriding mandatory rules' within the meaning of Article 9, section 1 of the Regulation because they are adopted primarily in the public interest of the promulgating state, in particular its economy, its balance of payments, and the stability of its currency"]; Ellenberger/Bunte/Schefold, BankR-HdB [6. Aufl 2022], Bd II, § 100 Rn 161; Rauscher, IPR [5. Aufl 2017] 354 Rn 1323; Bachner ÖJZ 2020, 53, 57; PWW/Segger-Piening/Remien [19. Aufl 2024] Art 9 Rom I-VO Rn 15 betonen, Devisenrecht habe „klassischerweise Eingriffsnormencharakter"; s ferner BG 28. 2. 1950, BGE 76 II 33, 41 f [Devisenvorschriften stellen „durch die Zeitumstände für das eigenstaatliche Interesse hervorgerufene Schutz- 224 massnahmen dar"; es handele „sich um Eingriffe in das private Eigentum sowie die Verfügungs- und Vertragsfreiheit des Einzelnen für die **Zwecke des Staates und seiner Wirtschaft**"]. In einer späteren Entscheidung hat das Schweizer BG die Frage der Beachtenswürdigkeit ausländischen Ordnungsrechts zumindest für Geschäfte des **Devisenschmuggels** [am Rande] offengelassen: BG 30. 3. 1954, BGE 80 II 49, 52).

225 Zu der Frage, ob Devisenrecht als Eingriffsnorm qualifiziert werden kann, wenn man – wie hier – das Tatbestandsmerkmal „unenforceable" des Art VIII Abschn 2 (b) S 1 IWFÜ iS einer materiellrechtlichen Einordnung als verzichtbare, also **parteidispositive Einrede** begreift und nicht als von Amts wegen zu prüfende Sachentscheidungsvoraussetzung (dazu im Einzelnen Rn 211), s grundlegend Mankowski, in: FS Ebke (2021) 631, 635 f, der die Frage unter Hinweis auf Art 46 Abs 1 iVm Art 45 Abs 1 lit a Brüssel Ia-VO zutreffend bejaht (zur Frage, wann eine Norm als „zwingend" anzusehen ist, s auch EuGH 17. 10. 2013 – C-184/12 *Unamar*, ECLI:EU:C:2013:663 Rn 50). Im Übrigen gilt: Ob der Schuldner auf die Geltendmachung der zivilrechtlichen Einrede **verzichten** darf oder er damit eine devisenrechtlich unzulässige „Verfügung" trifft, beurteilt sich nach dem Recht des betreffenden Erlassstaates (Rn 211). Der Erlassstaat bestimmt außerdem allfällige straf-, ordnungswidrigkeits- oder verwaltungsrechtliche **Sanktionen** für den Fall eines entsprechenden Verzichts und sichert damit – wenn auch nicht internationalprivatrechtlich, so doch öffentlichrechtlich – die (international) zwingende Natur des betreffenden Devisenrechts ab (Rn 177 und 211).

2. Differenzierung: Art 9 Abs 2 und 3 Rom I-VO

226 Art 9 Rom I-VO differenziert zwischen Eingriffsnormen des Rechts des Staates des angerufenen Gerichts (Art 9 Abs 2 Rom I-VO – Rn 227) und denen anderer Staaten (Art 9 Abs 3 Rom I-VO – Rn 228).

a) Art 9 Abs 2 Rom I-VO

227 Die Rom I-VO berührt nach dem Wortlaut ihres Art 9 Abs 2 – wie schon unter Art 7 Abs 2 EVÜ, aber ohne Vorbehaltsmöglichkeit (dazu Ellenberger/Bunte/Schefold, BankR-HdB [6. Aufl 2022], Bd II, § 100 Rn 163; Ebke IntDevR 127) – nicht die Anwendung der **Eingriffsnormen** des Rechts des Staates **des angerufenen Gerichts** (EuGH 18. 10. 2016 – C-135/15 *Nikiforidis*, ECLI:EU:C:2016:774 Rn 41; Martiny ZEuP 16 [2008] 79, 103; d'Avout Recueil Dalloz 2008, 2165; Ellenberger/Bunte/Schefold, BankR-HdB [6. Aufl 2022], Bd II, § 100 Rn 163; MünchKommBGB/Martiny Art 9 Anh II Rom I-VO Rn 48). Art 9 Abs 2 Rom I-VO bewirkt dennoch keinesfalls ohne weiteres – also sozusagen automatisch – die Durchsetzung des gesamten inländischen Devisenrechts gegen ein ausländisches Vertragsstatut (Ebke, in: GS U Hübner [2012] 653, 669; missverständlich Leible/Lehmann RIW 2008, 528, 542 [„Die Anwendung von Eingriffsnormen der lex fori ist gem Art 9 Abs 2 Rom I-VO *immer* möglich" [Hervorhebung d Verf]; missverständlich auch Ellenberger/Bunte/Schefold, BankR-HdB [6. Aufl 2022], Bd II, § 100 Rn 163 [„Eingriffsrecht des forum Staates ist *stets* zu berücksichtigen" [Hervorhebung d Verf]). Vielmehr kann eine devisenrechtliche Eingriffsnorm des Forumstaates nur dann gegen das ausländische Vertragsstatut durchgesetzt werden, wenn ihre Nichtdurchsetzung einen wesentlichen Eingriff in berechtigte volkswirtschaftliche, insbesondere die Zahlungsbilanz betreffende Belange (vgl Ebke, in: GS U Hübner [2012] 653, 669; zum Schutzzweck von Devisenkontrollbestimmungen etwa Ebke RIW 1991, 1, 3; Dasser, in: Honsell/Vogt/Schnyder/Berti [Hrsg], BaslerKomm/IPR [2. Aufl 2007] Art 147 Rn 21; Steinhauer 122 f; BG 28. 2. 1950, BGE 76 II 33, 41 f) oder die Stabilität der

Währung des Forumstaates zur Folge haben würde (vgl Rauscher, IPR [5. Aufl 2017] 354 Rn 1323). Das setzt auch und gerade eine **enge Beziehung** des Sachverhalts zu dem Erlassstaat voraus (vgl Kropholler, IPR [6. Aufl 2006] 498; L Hübner, in: FS Ebke [2021] 415, 418, 422–423; Ebke ZVerglRW 109 [2010] 397, 417 mwNw; M J Müller 395), wobei der Wohnsitz des Schuldners im Forumstaat *allein* im Allgemeinen nicht ausreichen dürfte, um die erforderliche enge Beziehung („genuine link" – vgl Rn 219) zu begründen (s dazu die Ausführungen zu vergleichbaren Fragen im Rahmen von Art VIII Abschn 2[b] S 1 IWFÜ in Rn 137 f). Die betreffenden Eingriffsnormen müssen außerdem **mit** den Vorschriften des **Unionsrechts im Einklang** stehen (vgl EuGH 17. 10. 2013 – C-184/12 *Unamar*, ECLI:EU:C:2013:663 Rn 4; ebenso schon Martiny ZEuP 16 [2008] 79, 104; Mankowski, in: FS Ebke [2021] 631, 641; s auch Ebke ZVerglRW 109 [2010] 397, 417 – zu den kapital- und zahlungsverkehrsrechtlichen Vorgaben der Art 63–66 und 144 AEUV s Rn 34 ff).

b) Art 9 Abs 3 S 1 Rom I-VO

Eingriffsnormen anderer Staaten „kann" („may") nach Art 9 Abs 3 S 1 Rom I-VO – **228**
ebenso wie schon nach Art 7 Abs 1 EVÜ, aber ohne die dort bestehende Möglichkeit eines Vorbehaltes (Rn 214) – ebenfalls **„Wirkung verliehen"** werden (Ebke, in: GS U Hübner [2012] 653, 670; Mankowski IPRax 2016, 485, 487 f; Martiny IPRax 2018, 553, 564; Freitag IPRax 2009, 109; Maultzsch, in: FS Kronke [2020] 363; Günther, Die Anwendbarkeit ausländischer Eingriffsnormen 164 ff; Ganzer 267 ff). Anders als nach Art 7 Abs 1 EVÜ gilt dies jedoch nicht für die Eingriffsnormen (iSv Art 9 Abs 1 Rom I-VO – Rn 222 f) jedes beliebigen Staates, sondern nur desjenigen Staates, „in dem die durch den grenzüberschreitenden Vertrag begründeten **Verpflichtungen erfüllt werden sollen oder erfüllt worden sind"** (vgl EuGH 18. 10. 2016 – C-135/15 *Nikiforidis*, ECLI:EU:C:2016:774 Rn 41; Ebke, in: GS U Hübner [2012] 653, 670; Martiny RIW 2009, 737, 746; Leible/Lehmann RIW 2008, 528, 542; zu den schwierigen Auslegungsfragen s zB M J Müller 396 ff; Mankowski IPRax 2016, 485, 487 f; Freitag IPRax 2009, 109, 111 ff; PWW/Segger-Piening/Remien [19. Aufl 2024] Art 9 Rom I-VO Rn 35; s auch Ellenberger/Bunte/Schefold, BankR-HdB [6. Aufl 2022], Bd II, § 100 Rn 165, der darauf hinweist, dass in diesem Zusammenhang „nicht auf den rechtlichen, sondern den **tatsächlichen Erfüllungsort** abgestellt werden sollte, da der Staat, in dem Leistungshandlungen durchzuführen sind, gegebenenfalls auch der Staat ist, der in der Lage ist, diese zu unterbinden"; vgl dazu Hauser, Eingriffsnormen in der Rom I-Verordnung 93; s auch allgemein Jayme ZaöRV 76 [2016] 579, 583 f; für ein Verständnis als Zahlungsort Vischer, Geld- und Währungsrecht im nationalen und internationalen Kontext [2009] Rn 407, 415). Außerdem kann gem Art 9 Abs 3 S 1 Rom I-VO nicht allen Eingriffsnormen dieses Staates Wirkung verliehen werden, sondern nur solchen, die „die **Erfüllung des Vertrags unrechtmäßig** werden lassen" (s dazu Ellenberger/Bunte/Schefold, BankR-HdB [6. Aufl 2022], Bd II, § 100 Rn 182; PWW/Segger-Piening/Remien [19. Aufl 2024] Art 9 Rom I-VO Rn 37; Günther, Die Anwendbarkeit ausländischer Eingriffsnormen 161 ff). Der Sache nach stellt Art 9 Abs 3 S 1 Rom I-VO einen Kompromiss mit denjenigen Staaten (Rn 214) dar, die – wie Deutschland – einen Vorbehalt zu Art 7 Abs 1 EVÜ erklärt hatten (Ebke, in: GS U Hübner [2012] 653, 670 mwNw; Mankowski IPRax 2016, 485, 487).

Bei der Entscheidung, ob den in Betracht kommenden Eingriffsnormen Wirkung zu **229**
verleihen ist, sind Art und Zweck dieser Normen sowie die Folgen zu berücksichtigen, die sich aus ihrer Anwendung bzw Nichtanwendung ergeben würden (Art 9 Abs 3 S 2 Rom I-VO; vgl EuGH 18. 10. 2016 – C-135/15 *Nikiforidis*, ECLI:EU:C:2016:774 Rn 41; Kropholler, IPR [6. Aufl 2006] 513). Bei der dazu notwendigen **Abwägung und Folgenorientierung** (Ellenberger/Bunte/Schefold, BankR-HdB [6. Aufl 2022], Bd II, § 100 Rn 183 ff spricht in die-

sem Zusammenhang von „diskretionärem Ermessen" des Gerichts) sind die Grundwerte des primären und sekundären EU-Rechts bezüglich der Freiheit des Kapital- und Zahlungsverkehrs (s dazu Rn 34 ff; ELLENBERGER/BUNTE/SCHEFOLD, BankR-HdB [6. Aufl 2022], Bd II, § 100 Rn 185) sowie die allgemein anerkannten Grundsätze der internationalen Zusammenarbeit in monetären Angelegenheiten („coopération monétaire internationale", „international monetary cooperation" – s dazu Rn 25 und 220) sowie die weiteren in Rn 219 genannten **Kriterien** zu berücksichtigen (EBKE, in: GS U Hübner [2012] 653, 670; zu dem Spannungsverhältnis von forumfremden Eingriffsnormen im Schuldvertragsrecht zwischen Macht- und Wertedenken s auch MAULTZSCH, in: FS Kronke [2020] 363).

230 Problematisch für die Auslegung und Anwendung des Art 9 Abs 3 S 1 Rom I-VO ist, dass der **Erfüllungsort nicht einfach zu bestimmen** ist, wie die Praxis zu Art 5 Nr 1 EuGVO/LugÜ bzw Art 7 Nr 1 Brüssel Ia-VO zeigt (LEIBLE/LEHMANN RIW 2008, 528, 543; MAGNUS IPRax 2010, 27, 41 f; EBKE ZVerglRW 109 [2010] 397, 421; GÜNTHER, Die Anwendbarkeit ausländischer Eingriffsnormen 147 ff; OKOLI, Place of Performance: A Comparative Analysis [2020] 133 ff; zum Erfüllungsort von Geschäften in Finanzinstrumenten s EINSELE, in: FS Kronke [2020] 61; zur Bestimmung des Erfüllungsorts bei einer auf **Kryptowährung** lautenden Schuld s DRÖGEMÜLLER 250 ff; BADER cognitio 2023/1, 10). Zu den zahlreichen Optionen der Bestimmung des Erfüllungsortes s STAUDINGER/MAGNUS (2021) Art 9 Rom I-VO Rn 170 ff mwNw. Zum Vorgehen für den Fall, dass der Vertrag noch nicht erfüllt ist, s STAUDINGER/MAGNUS (2021) Art 9 Rom I-VO Rn 175. Bei einer **Mehrzahl vertraglicher Erfüllungsorte** ist es denkbar, dass die Eingriffsnormen mehrerer Staaten zu berücksichtigen sind (ELLENBERGER/BUNTE/SCHEFOLD, BankR-HdB [6. Aufl 2022], Bd II, § 100 Rn 166; GÜNTHER, Die Anwendbarkeit ausländischer Eingriffsnormen 155 ff), sofern diese die weiteren Eingriffsanforderungen des Art 9 Abs 3 Rom I-VO erfüllen (vgl OLG Frankfurt 25. 9. 2018 – 16 U 209/17, NJW 2018, 3591 Rn 48). Gleiches gilt bei Auseinanderfallen des Orts der Leistungshandlung und des Ortes des Leistungserfolgs. In derartigen Fällen können die Gerichte den Eingriffsnormen aller Staaten, die die Vertragserfüllung tatsächlich unterbinden oder jedenfalls behindern können, Wirkung verleihen (vgl FREITAG IPRax 2009, 109, 114).

c) Eingriffsnormen außerhalb von Art 9 Rom I-VO

231 Noch nicht abschließend geklärt ist die Frage, ob außer den Eingriffsnormen des Staates des angerufenen Gerichts (Rn 227) oder des Staates, in dem die durch den Vertrag begründeten Verpflichtungen erfüllt werden sollen oder erfüllt worden sind und dessen Eingriffsnormen die Erfüllung des Vertrags unrechtmäßig werden lassen (Rn 228), auch anderen **Eingriffsnormen,** zB solchen **des ausländischen Schuldstatuts** (*lex causae*; dazu ELLENBERGER/BUNTE/SCHEFOLD, BankR-HdB [6. Aufl 2022], Bd II, § 100 Rn 170 f; PWW/SEGGER-PIENING/REMIEN [19. Aufl 2024] Art 9 Rom I-VO Rn 30) **Geltung verliehen** werden kann (s dazu LEIBLE/LEHMANN RIW 2008, 528, 543 unter Hinweis auf MANKOWSKI IPRax 2006, 101, 110 und THORN, in: FERRARI/LEIBLE [Hrsg], Ein neues Internationales Vertragsrecht für Europa [2007] 129, 145 f; FREITAG IPRax 2009, 109, 111; MAULTZSCH RabelsZ 75 [2011] 60, 94 ff; ELLENBERGER/BUNTE/SCHEFOLD, BankR-HdB [6. Aufl 2022], Bd II, § 100 Rn 173 f; GÜNTHER, Die Anwendbarkeit ausländischer Eingriffsnormen 173 ff) oder ob Art 9 Abs 3 S 1 Rom I-VO insoweit eine **Sperrwirkung** zukommt mit der Folge, dass (devisenrechtlichen) Eingriffsnormen von Staaten, in denen es zu keinen Erfüllungshandlungen kommt bzw kein Erfüllungserfolg eintritt, keine Wirkung verliehen werden kann (s dazu näher ELLENBERGER/BUNTE/SCHEFOLD, BankR-HdB [6. Aufl 2022], Bd II, § 100 Rn 168; STAUDINGER/MAGNUS [2021] Art 9 Rom I-VO Rn 193 ff).

Nach Ansicht des **EuGH** ist die Aufzählung der Eingriffsnormen, denen das angerufene Gericht nach Art 9 Rom I-VO Wirkung verleihen kann, in **Art 9 Rom I-VO abschließend** (EuGH 18. 10. 2016 – C-135/15 *Nikiforidis*, ECLI:EU:C:2016:774 Rn 49). Daraus folgt, dass das angerufene Gericht andere Eingriffsnormen als die des Staates des angerufenen Gerichts oder des Staates, in dem die durch den Vertrag begründeten Verpflichtungen erfüllt werden sollen oder erfüllt worden sind, **nicht als Rechtsvorschriften anwenden** darf (EuGH 18. 10. 2016 – C-135/15 *Nikiforidis*, ECLI:EU:C:2016:774 Rn 50). Art 9 Rom I-VO verbietet es nach Ansicht des EuGH aber nicht, Eingriffsnormen eines anderen Staates als den des Forumstaates oder des Erfüllungsstaates als „tatsächliche Umstände" **(„data")** zu berücksichtigen, soweit eine materielle Vorschrift des nach den Bestimmungen der Rom I-VO auf den Vertrag anwendbaren Rechts dies vorsieht (EuGH 18. 10. 2016 – C-135/15 *Nikiforidis*, ECLI:EU:C:2016:774 Rn 51; iE ebenso Einsele WM 2009, 289, 296; W-H Roth EWS 2011, 314, 326; Ellenberger/Bunte/Schefold, BankR-HdB [6. Aufl 2022], Bd II, § 100 Rn 175 und 178 ff; PWW/Segger-Piening/Remien [19. Aufl 2024] Art 9 Rom I-VO Rn 31; OLG München 24. 6. 2020 – 20 U 6415/19, NJW-RR 2020, 1061 Rn 46). Diese Auslegung wird nach Ansicht des EuGH durch den in Art 4 Abs 3 EUV niedergelegten **Grundsatz der loyalen Zusammenarbeit** nicht in Frage gestellt (EuGH 18. 10. 2016 – C-135/15 *Nikiforidis*, ECLI:EU:C:2016:774 Rn 54 f; zu Einzelheiten des Grundsatzes der loyalen Zusammenarbeit s Benrath, Die Konkretisierung von Loyalitätspflichten [2019] 19 ff; Kohler, in: FS Kronke [2020] 253; Günther, Die Anwendbarkeit ausländischer Eingriffsnormen 111 f). Außerhalb des Anwendungsbereichs von Art 9 Abs 3 Rom I-VO ist daher eine **tatsächliche Berücksichtigung ausländischer Devisenvorschriften** durch das angerufene Gericht weiterhin möglich (zur Datum-Theorie grundlegend Jayme, in: GS Ehrenzweig [1976] 35; s auch allgemein Harms, Neuauflage der Datumtheorie im IPR [2019]), zB eine materiellrechtliche Berücksichtigung rein faktischer Folgen devisenrechtlicher Eingriffsnormen, soweit ihre tatsächliche Durchsetzung die Vertragserfüllung wirtschaftlich unmöglich oder unzumutbar machen (§ 275 Abs 2, 3 BGB), oder mit Hilfe materiellrechtlicher Vorschriften wie § 138 BGB (Grothe, Fremdwährungsverbindlichkeiten 601), § 241 Abs 2 BGB (vgl dazu BAG 26. 4. 2017 – 5 AZR 962/13, BAGE 159, 69 = BB 2017, 1908 Rn 34 unter Hinweis auf EuGH 18. 10. 2016 – C-135/15 *Nikiforidis*, ECLI:EU:C:2016:774 Rn 50), § 242 BGB, § 313 f BGB oder § 826 BGB (Ellenberger/Bunte/Schefold, BankR-HdB [6. Aufl 2022], Bd II, § 100 Rn 178 ff mwNw). 232

Zu allfälligen **Konkurrenzen** zwischen Eingriffsnormen der *lex fori* und fremdem Eingriffsrecht sowie Konkurrenzen zwischen Eingriffsnormen der *lex causae* und dritter Staaten s Staudinger/Magnus (2021) Art 9 Rom I-VO Rn 142 ff. 233

Sachregister

Die fetten Bezeichnungen „IntVersVertrR“ und „IntDevR“ beziehen sich auf die jeweiligen Teile „Internationales Versicherungsvertragsrecht“ bzw „Internationales Devisenrecht“. Die mageren Zahlen beziehen sich auf die Randnummern.

J. von Staudingers Kommentar zum Bürgerlichen Gesetzbuch mit Einführungsgesetz und Nebengesetzen

Übersicht vom 15. 7. 2026

Die Übersicht informiert über die Erscheinungsjahre der Neubearbeitungen der Kommentierungen (= Gesamtwerk Staudinger).

Die Übersicht ist zugleich ein Vorschlag für das Aufstellen des „Gesamtwerk Staudinger" (insbesondere für solche Bände, die nur eine Sachbezeichnung haben). Es wird empfohlen, die Austauschbände chronologisch neben den überholten Bänden einzusortieren, um bei Querverweisungen auf diese schnell Zugriff zu haben. Bei Platzmangel sollten die ausgetauschten Bände an anderem Ort in gleicher Reihenfolge verwahrt werden.

	Neubearbeitungen				
Buch 1. Allgemeiner Teil					
Einl BGB; §§ 1–14; VerschG	2004	2013	2018	2024	
§§ 21–79a	2005	2019	2023		
§§ 80–89	2017				
§§ 90–124; 130–133	2012	2017	2021		
§§ 125–129; BeurkG	2012	2017	2023		
§§ 134–138	2003	2011	2017	2021	2024
§§ 139–163	2003	2010	2015	2020	2025
§§ 164–240a	2004	2009	2014	2019	2024
Buch 2. Recht der Schuldverhältnisse					
§§ 241–243	2005	2009	2015	2019	2024
§§ 244–248; PrKG	2016	2021	2024		
§§ 249–254	2005	2017	2021		
§§ 255–304	2004	2009	2014	2019	2025
§§ 305–310; UKlaG	2006	2013	2019	2022	2025
Anh zu §§ 305–310			2019	2022	2025
§§ 311, 311a–c	2012	2018	2023		
§§ 312–312m	2012	2019	2024		
§§ 313, 314	*2028*				
§§ 315–326	2004	2009	2015	2020	2026
§§ 327–327u	2023				
§§ 328–345	2009	2015	2020		
§§ 346–354	2022				
§§ 355–361	2026				
§§ 362–396	2006	2011	2016	2022	2026
§§ 397–432	2005	2012	2017	2022	
§§ 433–480	2004	2013			
§§ 433–448			2023		
§§ 449–473; 480–487			2024		
Wiener UN-Kaufrecht (CISG)	1999	2005	2013	2018	2025
§§ 488–490; 607–609	2010	2015	2025		
§§ 491–512	2004	2012			
§§ 516–534	2005	2013	2021	2026	
§§ 535–556g	2011	2014	2018	2021	2024
§§ 557–580a; Anh AGG	2011	2014	2018	2021	2024
Leasing	2004	2014	2018	2023	
§§ 581–606	2005	2013	2018	2024	
§§ 607–610 (siehe §§ 488–490; 607–609)	./.				
§§ 611–613	2011	2016	2020	2022	2025
§§ 613a–619a	2011	2016	2019	2022	2025
§§ 620–630	2012	2016	2019	2022	2025
§§ 630a–630h	2021				
§§ 631–650h; §§ 650p–650t	2024				
§§ 650i–650o; §§ 650u–650v	2025				
§§ 651a–651y	2003	2011	2016	2024	
§§ 652–661a	2020	2026			
§§ 662–675b	2017				
§§ 675c–676c	2012	2020			
§§ 677–704	2015	2020	2025		
§§ 705–740	2003				
§§ 741–764	2002	2008	2015	2021	
§§ 765–778	2013	2020	2025		
§§ 779–811	2002	2009	2015		
§§ 779–782				2020	2026
§§ 809–811				2023	
§§ 812–822	1999	2007			
§§ 823 A–D	2017				
§§ 823 E–I, 824, 825	2009	2021			
§§ 826–829; ProdHaftG	2003	2009	2014	2018	2021
§§ 830–838	2002	2008	2012	2018	2022
§§ 839, 839a	2007	2013	2020	2026	
§§ 840–853	2007	2015	2023		
AGG	2018	2020			
UmweltHR	2002	2010	2017		
Buch 3. Sachenrecht					
§§ 854–882	2000	2007	2012	2018	2025
§§ 883–888	2002	2008	2013	2020	2026
§§ 889–902	2019	2025			
§§ 903–924	2002	2009	2016	2020	2025

§§ 925–984; Anh §§ 929 ff	2004	2011	2017	2020	
§§ 985–1011	1999	2006	2013	2019	2023
ErbbauRG	2021	2026			
§§ 1018–1112	2025				
§§ 1113–1203	2002	2009	2015	2019	
§§ 1204–1296; §§ 1–84 SchiffsRG	2002	2009	2019		
§§ 1–17 WEG	2018	2023			
§§ 18–49 WEG	2018	2023			

Buch 4. Familienrecht

§§ 1297–1352	2007	2012	2015	2018	2023
LPartG	2010				
§§ 1353–1362	2007	2012	2018	2024	
§§ 1363–1390	2017	2026			
§§ 1408–1563	2018	2023			
§§ 1564–1568b	2004	2010	2018	2024	
§§ 1569–1586b	2014				
§§ 1587–1588; VAHRG	2004				
§§ 1589–1600d	2000	2004	2011		
§§ 1601–1615n	2000	2018	2022		
§§ 1616–1625	2007	2015	2020	2026	
§§ 1626–1633; §§ 1–11 RKEG	2007	2015	2020		
§§ 1638–1683	2004	2009	2016	2020	
§§ 1684–1717	2006	2014	2018	2023	
§§ 1741–1772	2007	2019	2023		
§§ 1773–1895	2004	2014	2020		
§§ 1896–1921	2006	2013	2017		

Buch 5. Erbrecht

§§ 1922–1966	2000	2008	2017		
§§ 1967–2063	2002	2010	2016	2020	
§§ 2018–2063					2025
§§ 2064–2196	2003	2013	2019		
§§ 2087–2196				2026	
§§ 2197–2228	2003	2012	2016	2021	
§§ 2229–2302	2022				
§§ 2303–2345	2015	2021			
§§ 2346–2385	2010	2016			
§§ 2346–2352			2022		
§§ 2353–2370			2023		

EGBGB

Einl EGBGB; Art 1, 2, 50–218	2005	2013	2018	2025	
Art 219–232	2016				
Art 233–248	2016				

EGBGB/Internationales Privatrecht

Einl IPR	2012	2019	2024		
Art 3–6	2013				
Art 3–4		2019	2025		
Art 7–12, 47, 48	2007	2013	2019	2024	
IntGesR	1998	2024			
Art 13–17b	2003	2010			
Art 18; Vorbem A + B zu Art 19	2003				
Haager Unterhaltsprotokoll (HUP)		2016	2021		
Vorbem C–H zu Art 19	2009				
EU-VO u Übk z Schutz v Kindern		2018			
IntVerfREhe 2	2016				
IntVerfREhe (Brüssel IIb-VO)	2015	2023			
Art 19–24	2008	2014	2019	2022	
Art 25, 26	2000	2007			
Art 1–10 Rom I-VO	2011	2016	2021		
Art 11–29 Rom I-VO; Art 46b, c; IntVertrVerfR	2011	2016	2021		
IntVersDevR				2026	
IntVertrVerfR				2026	
Art 1–3; 10–14 Rom II-VO	2023				
Art 38–42	2001				
IntWirtschR	2006	2010	2015	2019	2023
Art 43–46	2015				

Eckpfeiler des Zivilrechts	2014	2018	2020	2022	2024

Demnächst erscheinen

§§ 249–254				2026	
UmweltHR				2026	
§§ 2303–2345				2026	

Verlag Dr. Otto Schmidt und Walter de Gruyter Verlag OHG
Genthiner Str. 13, 10785 Berlin, Telefon (030) 2 60 05-0, E-Mail staudinger@degruyterbrill.com

FSC
www.fsc.org
MIX
Papier | Fördert
gute Waldnutzung
FSC® C083411

Kolibri 360 GmbH
Ferdinand-Jühlke-Straße 7
99095 Erfurt, Deutschland
produktsicherheit@kolibri360.de